자기발전론의 동·서 비교

– 새로운 심리학의 가능성 탐색 Ⅳ

조긍호 (趙兢鎬)

1948년 경기도 양평에서 태어나, 서울대학교 문리과대학 심리학과를 거쳐 동 대학원에서 문학박사학위를 받았다. 전남대학교와 서강대학교 심리학과 교수를 지내고, 현재 서강대학교 명예교수로 있다. "한국 사회 및 성격심리학회" 회장과 "한국심리학회" 회장을 역임하였으며, "대한민국 학술원상"(1999년), "서강학술상"(1999년), "한국심리학회 학술상"(2008년), "과학기술 우수논문상"(2010년), "한국심리학회 공로상"(2014년)을 수상하였다. 서구와 동아시아 사회의 문화차와 그 사상적 배경에 관심을 가지고 있으며, 특히 동아시아인의 특징적인 심리와 행동의 근원을 유학의 고전에서 찾아 그 심리학적 의미를 천착하는 작업에 몰두하고 있다. 저서로는 《불평등사상의 연구》(1992년, 김영한 등 5인 공저, 서강대학교 출판부), 《유학심리학: 맹자 · 순자 편》(1998년, 나남출판, 대한민국 학술원상 수상 저서), 《동양심리학: 서구심리학에 대한 대안 모색》(1999년, 최상진 등 5인 공저, 지식산업사), 《한국인 이해의 개념틀》(2003년, 나남출판), 《이상적 인간형론의 동 · 서 비교: 새로운 심리학의 가능성 탐색 Ⅰ》(2006년, 지식산업사), 《동아시아 집단주의의 유학사상적 배경: 심리학적 접근》(2007년, 지식산업사), 《선진유학사상의 심리학적 함의》(2008년, 서강대학교 출판부), 《사회관계론의 동 · 서 비교: 새로운 심리학의 가능성 탐색 Ⅱ》(2012년, 서강대학교 출판부), 《사회계약론 연구: 홉스 · 로크 · 루소를 중심으로》(2012년, 강정인과 공저, 서강대학교 출판부), 《유학심리학의 체계 Ⅰ: 유학사상과 인간 심리의 기본구성체》(2017년, 서강대학교 출판부), 《심리구성체론의 동 · 서 비교: 새로운 심리학의 가능성 탐색 Ⅲ—도덕심리학의 새 지평》(2017년, 서강대학교 출판부), 《문화, 유학사상, 그리고 심리학》(2019년, 학지사), 《유학심리학의 체계 Ⅱ: 사회적 존재로서의 인간의 삶》(2021년, 학지사) 등이 있으며, 논문으로는 〈동아시아 집단주의와 유학사상: 그 관련성의 심리학적 탐색〉(2007년, 한국심리학회지: 사회 및 성격, 21권 4호, 한국심리학회 학술상 수상 논문), 〈문화성향과 분노통제: 분노수준과 공감의 매개효과를 중심으로〉(2009년, 김지연 · 최경순과 공저, 한국심리학회지: 사회 및 성격, 23권 1호, 과학기술 우수논문상 수상 논문) 등 90여 편이 있다.

서강학술총서
132

자기발전론의 동·서 비교:

새로운 심리학의 가능성 탐색 Ⅳ

조긍호 지음

서강대학교출판부

서강학술총서 132
자기발전론의 동·서 비교
– 새로운 심리학의 가능성 탐색 Ⅳ

초판 1쇄 발행 | 2021년 3월 19일

지 은 이 | 조긍호
발 행 인 | 심종혁
편 집 인 | 전종호
발 행 처 | 서강대학교출판부
등록 번호 | 제2002-000170호

주 소 | 서울특별시 마포구 백범로 35(신수동)
전 화 | (02) 705-8212
팩 스 | (02) 705-8612

ISBN 978-89-7273-372-0 94080
ISBN 978-89-7273-139-9 94080(세트)

값 48,000원

* 잘못된 책은 구입하신 곳에서 바꿔드립니다.

* '서강학술총서'는 SK SUPEX 기금의 후원으로 제작됩니다.

책머리에

이 책은 필자가 유학 경전의 심리학적 독서 작업에 매달리면서 네 권으로 계획하고 진행해온 〈동 · 서 비교 시리즈〉의 마지막 권이다. 몸담아 살아가고 있는 서강(西江)에 심리학과가 설치되어 있지 않아 실증 연구를 수행하기 어려운 사정에 직면한 것이 1980년대 중반이었으니까, 얼추 40년이 다 되어간다. 이러한 배경에서 실증연구를 하지 않아도 되는 분야로 눈을 돌린 것이, 당시 서구심리학계에서 시작되어 한창 위세를 떨치며 연구가 이루어지던 주제인 문화차를 이론적으로 분석하고 정리하는 문제와 그러한 동 · 서의 문화차를 야기한 사상적 배경에 관해 고찰하고 탐색하는 연구의 문제였다.

그리하여 다양한 분야에서 진행되고 있는 문화비교의 연구 결과들을 찾아 읽으면서, 서구인과 동아시아인들이 지 · 정 · 의 등 제반 심성(心性)과 행동 영역에서 결코 좁혀지기 힘든 차이를 보인다는 사실을 확인하고, 당시만 해도 보편적이라고 간주되고 있던 서구심리학은 현대 서구의 문화특수적인 것일 뿐, 절대로 어느 시대 어느 사회의 누구에게나 똑같이 통용되는 보편심리학(普遍心理學)일 수는 없다는 사실을 깨우치게 되었다. 이어서 이러한 서구와 동아시아의 문화차(文化差)는 각각 자유주의(自由主義) 사조와 유학(儒學) 사상이라는 철학적 배경의 차이에서 연유하고 있다는 사실을 인식하고, 글자 그대로의 보편심리학을 구축하기 위해서는 우선 서구와 다른 동아시아의 사상적 배경에 기반을 둔 심리학의 체계를 구성하여, 이 두 지역 심리학의 회통(會通)을 도모할 필요가 있다는 신념을 굳혔다. 이러한 맥락에서 필자는 1980년대 중반에 들어서면서부터 유학 경전의 심리학적 독서 작업에 매달리게 되었던 것이다.

사실 유학의 경전들을 읽고 그 심리학적 함의를 찾아내고자 하는 일은 필자에게는 학부 시절부터의 꿈이었다. 유학적 분위기가 상존(尙存)하고 있던 집안에서 자라난 때문인지 필자는 어릴 적부터 동양고전에 관심이 많았는데, 학부 1학년 때 석사학위논문을 준비하던 고(故) 이수원(李秀遠) 형을 만나 심부름도 하고 이야기도 하고 하는 도중에, 그도 역시 동양고전에 관심이 많다는 사실을 알고는 의기투합하여, 심리학의 정통 수련을 마친 다음에 언젠가는 "동양 사상의 심리학화 작업"을 함께 하기로 굳게 맹세한 일이 있었다. 수원 형 생전에 우리는 이것을 "제3실험실의 결의"라 불렀는데, 수원 형이 쓰고 있던 실험실이 당시 문리과대학 심리학과의 제3실험실이었기 때문이다. 그러니까 필자에게 있어 유학 경전의 독서 작업은 제3실험실의 결의를 실천하는 작업이었던 셈이다.

여하튼 1980년대 중반부터 한 10여년 동안 열심히 《논어(論語)》·《맹자(孟子)》·《대학(大學)》·《중용(中庸)》의 사서(四書)와 《예기(禮記)》 및 《순자(荀子)》 등을 심리학도의 눈으로 읽어 대었다. 그러던 도중에 한국심리학회에서 1997년 늦가을에 개최되는 추계심포지엄의 주제를 〈동양심리학의 모색〉으로 정하고 필자에게 "선진(先秦)유학 사상의 심리학적 함의"에 대해 발표할 기회를 주었는데, 그해 5월 조금 일찌감치 이 논문의 준비를 하는 과정에서 필자에게는 그야말로 "코페르니쿠스적 전환"이라 할 만한 커다란 깨달음(?)을 얻게 되었다. 이러한 깨달음은 이후 심리학을 대하는 필자의 안목을 송두리째 바꾸어 놓았다는 점에서, 필자에게는 말하자면 천동설(天動說)을 대체하여 지동설(地動說)을 등장시킴으로써 16세기의 서구 사회 전반에 충격을 몰고 온 코페르니쿠스적 전환이나 매한가지였다.

이는 서구와 동아시아 문화의 차이는 각각 자유주의와 유학 사상에서 개념화해 온 인간관(人間觀)의 차이로 귀결지어 설명할 수 있다는 사실과, 유학 사상에서 심리학적 관련이 깊은 내용은 인성론(人性論)·군자론(君子論)·도덕실천론(道德實踐論)·수양론(修養論)의 네 체계로 정리할 수 있으며, 이들 각각으로부터 서구심리학과는 다른 심리구성체론·이상적 인간형론·사회관계론·자기발전론의 이론체계를 이끌어낼 수 있다는 사실을 핵심으로 하는 필자 나름대로의 통찰(?)이었다. 이를 통해 필자는 문화구속성과 역사구속성이 심리학이 추구해야 할 인간 삶의 기반이라는 엄정한 현실에 눈을 뜨게 되었던 것이다.

이후 필자의 삶은 이러한 깨달음을 현실화하는 작업에 집중되었는데, 필자는 이러한 작업을 두 가지 시리즈의 책들로 구체화하려 하였다. 그 하나는 〈동·서 비교 시리즈〉로 유학의 네 체계 각각으로부터 심리학적 연구주제를 도출하고, 각각에 대한 서구심리학의 연구 내용과 대조를 이루는 새로운 심리학의 가능성을 탐색해 보려는 작업이다. 이러한 작업은 지금까지 《이상적 인간형론의 동·서 비교》(2006, 지식산업사), 《사회관계론의 동 · 서 비교》(2012, 서강대학교 출판부), 《심리구성체론의 동 · 서 비교》(2017, 서강대학교 출판부)를 출간해내고, 이제 이 시리즈의 마지막 권으로 《자기발전론의 동 · 서 비교》를 펴내게 되었다.

또 하나는 이러한 동 · 서 비교 시리즈의 내용을 기초로 하여, "공자 · 맹자 · 순자 같은 유학의 창시자들이 오늘날 태어나서 심리학자가 되었다면, 그들은 심리학의 체계를 어떻게 구성하였을까?"라는 관점에서, 인간의 존재의의와 그 특성을 파악하는 유학 사상의 기본 입장에 바탕을 둔 새로운 심리학의 체계를 구축해 보려는 작업이다. 세 권으로 계획하고 있는 이러한 〈유학심리학의 체계 시리즈〉는 현재 《유학심리학의 체계 Ⅰ: 유학 사상과 인간 심리의 기본구성체》(2017, 서강대학교 출판부)가 출간되고, 《유학심리학의 체계 Ⅱ: 사회적 존재로서의 인간의 삶》(학지사)이 인쇄 중이며, 마지막 권인 《유학심리학의 체계 Ⅲ: 인간 삶의 목표 추구와 보편심리학의 꿈》은 아직 원고화 작업을 기다리고 있다.

그러니까 이 책의 집필은 필자가 학문적 소명(召命)으로 여기고 있는 두 작업 가운데 한 가지의 마지막 방점(傍點)을 찍는 일이었다. 그런 점에서 이 책의 출간은 개인사(個人史)적으로 필자의 삶에서 대단히 중요한 의미를 지닌다. 그리 크게 보잘 것은 없는 삶이었지만, 좋든 싫든 필자의 일생은 이러한 작업을 통해 평가받게 될 것이기 때문이다. 이제 〈동 · 서 비교 시리즈〉의 작업은 끝마쳤으니, 〈유학심리학의 체계 시리즈〉의 마지막 제3권만 마치면 필자에게 있어 오래된 미래인 "제3실험실의 결의"를 실행하는 작업은 종지부(終止符)를 찍는 셈이 된다. 끝까지 필자를 이 세상에 보내신 분의 가호(加護)가 이어져, 이 작업도 무난히 마칠 수 있기를 염원해 본다.

유학의 인성론에서는 태어날 때부터 갖추어져 있는 인간의 심성을 구성하는 내용 또는 요소에는 어떠한 것들이 있는가 하는 문제를 다루고 있다. 이는 인간 존재의 현실적 위상(位相)을 정립하고자 하는 것으로, 이후 유학 사상이 전개되는 기반을 형성하는 이론체계인데, 이러한 인성론으로부터는 심리학에서 다루어야 할 기본적인 연구 분야에 관한 문제를 이끌어낼 수 있다. 전통적으로 서구에서는 인간의 심성 또는 영혼이 인지 · 정서 · 동기의 세 요소로 구성되어 있다는 삼분(三分)체계론을 전개해 왔으나, 유학자들은 인간의 심성에는 이 세 가지 이외에 도덕성(道德性)이 본유적으로 갖추어져 있다는 사분(四分)체계론을 통해 이 문제에 접근해 왔다. 그러므로 유학심리학에서는 인지 · 정서 · 동기의 연구 이외에 도덕성에 관한 연구가 중요한 연구주제로 등장하게 된다. 이러한 논의는 2017년에 출간한 《심리구성체론의 동 · 서 비교: 새로운 심리학의 가능성 탐색 Ⅲ—도덕심리학의 새 지평》의 주제로 다루어지고 있다.

군자론은 인성론에서 제시하고 있는 바와 같은 제반 심성 내용을 보유하고 있는 현실적 인간이 이루어낼 수 있는 최고의 이상(理想)적인 상태는 어떠한 것인가에 관해 제시하고 있는 이론체계이다. 유학자들은 이를 군자(君子) 또는 성인(聖人)으로 개념화하고 있는데, 유학 사상이 성덕(成德)을 지향하는 윤리(倫理)의 체계라는 점에서 보면, 군자론은 곧 인간 삶의 목표 상태에 관해 정립하고자 하는 논리체계라고 볼 수 있다. 이러한 군자론으로부터는 이상적 인간형론의 문제를 이끌어낼 수 있는데, 전통적으로 서구인들은 개인의 개체성으로부터 인간의 존재의의를 찾으려는 관점에서 자기실현인(自己實現人)을 이상적 인간상의 전형으로 간주하는 데 비해, 인간의 존재의의를 사회관계 속에서 찾으려는 유학 사상에서는 자신을 타인과 집단으로까지 확장하여 받아들이는 존재확대인(存在擴大人)을 이상적 인간상으로 개념화한다. 이러한 차이는 곧바로 정신건강과 심리치료의 문제를 보는 서구와 동아시아 사회의 입론의 차이로 이어진다. 이러한 관점의 차이는 2006년에 출간한《이상적 인간형론의 동 · 서 비교: 새로운 심리학의 가능성 탐색 Ⅰ》에서 논의되고 있다.

사회적 존재로서의 인간의 실제적인 삶의 양태에 관한 사색의 체계가 도덕실천론이다. 곧 이는 이상적 인간상에 도달한 군자와 성인은 어떻게 삶을 영위하고 있는가 하는 문제에 대한 사유체계인 것이다. 유학 사상은 여타 동물과 다른 인간의 고유특성을 도덕성이라고 여긴다. 도덕성이란 다른 사람에 대한 관심과 배려의 체계로서, 삶의 과정에서 다른 사람과 소속집단에 대해 관심을 가지고 그들을 자기 자신보다 우선적으로 배려하는 일로 드러나는 심성의 체계이다. 그러므로 유학자들은 타인에 대한 배려를 통해 사회관계에 조화를 이루는 일이 사회관계의 목표라고 보고, 이러한 목표는 사회관계에서 각자에게 요구되는 역할(役割)을 충실히 수행함으로써 이루어진다고 여긴다. 이에 비해 서구에서는 인간의 고유특성은 합리적 계산능력인 이성(理性)이라 보고, 사회관계의 목표는 합리적 계산에 의한 자기이익의 최대화에 있으며, 이는 공정한 교환(交換)에 따라 이루어진다고 여기는 사회관계론을 제시한다. 인간의 사회생활에 대한 이러한 입장의 차이는 2012년에 출간한《사회관계론의 동 · 서 비교: 새로운 심리학의 가능성 탐색 Ⅱ》에서 그려지고 있다.

마지막으로, 유학의 수양론은 인성론에서 정위(定位)한 바의 현실적 인간이 군자론에서 제시한 바의 이상적 인간상에 도달하기 위해서는 어떻게 해야 하는가 하는 방법론에 관한 이론체계이다. 서구인들은 모든 개인은 성격이나 능력 등 제반 특성을 완비하여 갖추고 있는 실체(實體)라고 생각하여, 개인이 환경세계를 자기에게 맞도록 변화시키는 환경통제력(環境統制力)을 갖추고 있다고 여기며, 이러한 통제력은 스스로가 갖추고 있는 장점을 찾아 늘려나감으로써 증진된다고 받아들인다. 곧 장점확충(長點擴充)이 자기향상의 가장 중요한 통로라는 것이다. 이에 비해 동아시아인들은 인간을 소인(小人)으로 태어나 군자의 상태로 변모될 수 있는 가변체(可變體)라고 인식하여, 끝없이 변화하는 과정 속의 존재로 받아들인다. 그러므로 동아시아 사회에서는 가족과 같은 다른 사람이나 사회의 요구와 기대에 맞추어 자신을 변화시키는 자기통제력(自己統制力)을 증진시키는 수양(修養)이 바람직한 삶의 자세라 여기며, 이러한 자기통제력은 스스로의 단점을 찾아 고쳐나가는 자기개선(自己改善)의 자세를 유발하여 자기발전의 원동력으로 작용하게 된다고 본다. 이러한 사회적 행위자로서의 자기(自己)에 대한 인식과 그 발전 방안에 대한 서구인과 동아시아인의 관점의 차이를 비교 고찰한 것이 이 책《자기발전론의 동 · 서 비교: 새로운 심리학의 가능성 탐색 Ⅳ》의 내용이다.

이 책은 서구인과 동아시아인이 드러내는 자기 관련 행동의 문화차에 관한 연구를 개관하고, 이어서 이러한 차이를 유발해 내는 동·서의 인간관과 이로부터 도출되는 자기에 관한 이론을 대비하여 제시한 제1부와 유학의 수양론에서 이끌어내어지는 자기발전론의 문제를 세 영역으로 나누어 정리한 제2부, 그리고 전통적으로 서구와 동아시아에서 각각 강조해온 관점(개체성과 사회성)의 통합적 발전이 인간발달의 이상이 되어야 한다는 결론을 도출한 제3부의 세 부분으로 구성되어 있다.

제1부의 제1장에서는 우선 현대 문화비교심리학에서 밝혀진 제반 자기 관련 행동의 문화차의 내용을 비교 고찰하여, 서구인과 동아시아인이 실제로 보이는 사회적 행위자로서의 자기에 관한 인식 및 이와 관련된 다양한 행동의 차이에 대해 정리하여 제시하였다. 이 장에서 논술된 자료들은 앞으로 2장과 3장에서 전개되는 서구와 동아시아의 자기 및 자기발전에 대한 이론적 관점을 비교 논의하기 위한 기반이 되었다.

제2장에서는 전통적으로 자유주의 사상가들이 개체성과 합리적 이성 및 실체성을 바탕으로 하여 인간 존재를 파악해온 관점을 진술하고, 이를 기초로 하여 서구심리학에서 제시되고 있는 여러 모양의 자기이론 및 자기발전론들을 개관하여, 자기에 관한 서구인의 기본적인 인식의 내용을 정리하여 보았다. 이들 서구의 자기 관련 이론들은 기본적으로 자유의 주체인 개인이 외부 환경대상을 자기에게 맞도록 변화시키는 것을 통제라고 보는 관점에서 출발하여, 환경통제력을 키우기 위해 자기장점을 확충함으로써 자기효능감을 늘리고, 이러한 효능감 수준에 비추어 수행가능한 목표를 설정하고 이를 추구해가는 과정에서 목전의 작은 욕구를 조절하여 원대한 목표를 달성하는 일이 자기발전의 핵심

이라고 보는 이론으로 귀결되고 있었다.

이어서 제3장에서는 유학자들이 사회성과 도덕성 및 가변성을 주축으로 하여 인간 존재를 이해하는 관점을 기술하고, 이를 기반으로 하여 공자 · 맹자 · 순자 같은 유학의 창시자들이 제안한 수양론과 성리학자들의 거경론(居敬論)을 개관하여, 유학자들이 제시하고 있는 자기 및 자기발전에 관한 이론을 이끌어내었다. 이들 유학자들은 덕성의 주체이자 사회적 관계체인 인간이 조화로운 사회관계의 형성과 유지를 위해 스스로의 사적인 욕구와 감정을 억제하는 것을 통제라고 보는 관점에서 출발하여, 도덕 주체로서의 자기인식을 거쳐 스스로의 이기적 욕구와 감정을 억제하고 이를 도덕적인 차원으로 승화(昇華)시킴으로써, 자기의 단점과 잘못을 개선하여 군자의 상태에 이르는 일이 자기발전의 핵심이라 여기는 수양론을 전개하고 있다.

이와 같이 유학의 수양론으로부터 유도되는 자기에 관한 관심은 도덕주체로서의 자기에 대한 인식, 스스로의 이기적이고 사적(私的)인 욕구와 감정을 억눌러 사회관계의 조화를 이루는 자기억제, 그리고 스스로의 단점과 잘못을 고칠 뿐만 아니라 사적인 욕구와 감정을 도덕적 차원으로 승화함으로써 자기확대를 이루는 문제로 귀결될 수 있다는 것이 제3장의 논의에서 밝혀진 요체였다. 제2부에서는 이 세 가지 문제로부터 도출되는 심리학의 새로운 연구주제를 정리하여, 이어지는 제3부에서 이 책의 결론을 겸해 자기발전에 관한 서구와 동아시아적 관점의 회통(會通)을 도모하기 위한 기초를 놓으려 하였다.

도덕성의 주체로서의 자기가 사회관계에서 도덕성을 실천해야 하는 까닭[所以然]과 이를 위해 마땅히 해야 할 바[所當爲]를 알아내는 과정이 곧 자기인식의 문제이다. 세상의 그 어느 사상체계보다도 교육을 강조하는 유학자들은 이러한 자기인식은 배움[學] 곧 공부(工夫)를 통해 이루어지는 것으로 개념화하고 있는데, 이러한 유학의 교육론이 제4장의 주제로 다루어지고 있다.

유학자들은 이상적 인간상에 이른 군자와 성인은 자기의 사적인 욕구와 감정을 억제[遏人欲]하고 다른 사람을 우선적으로 배려하는 도덕성을 실천하는 사람들이라고 본다. 이러한 자기억제는 인간 삶의 목표인 다른 사람들과의 사이에 조화를 이루는 요체로서, 인간의 도덕적 지향성을 원동력으로 하여 유도되는 수양 활동이다. 그러므로 수양의 핵심은 곧 자기억제로 귀결되며, 공부를 통해 배워야 할 가장 중요한 내용은 바로 이러한 자기억제의 방안이라는 것이 유학 사상에서 도출되는 수양론의 기본 요지이다. 이러한 논지가 제5장의 내용으로 다루어지고 있다.

이러한 자기억제를 통해 욕구와 감정의 승화가 이루어져 "마음에 하고 싶은 대로 해도 도리에 어긋나지 않는 상태"[從心所欲 不踰矩], 곧 도덕성과의 일체화(一體化)가 이루어져 천리를 간직하고 있는 상태[存天理]에 이르는 것이 자기확대의 최종 종착지가 된다. 스스로가 도덕주체라는 자기인식과 도덕실천의 요체인 자기억제를 통해 자기개선을 이룸으로써 자기확대에 이르고자 하는 것이 유학 사상이 추구하고 있는 수양론의 핵심인데, 이러한 논의는 제6장에서 제시되고 있다.

앞에서 보았듯이, 서구에서는 개별적 존재로서의 개체성으로부터 인간의 존재의의를 찾으려는 입장에서 개체로서의 자기실현을 비젼으로 하는 자기발전론을 제시하고 있다. 이에 비해 유학 사상에서는 사회적 관계체로서의 인간의 사회성을 강조하여, 독립적 개인에 머무르지 않고 타인과 집단을 자기 안에 끌어들이는 자기확대를 자기발전의 이상으로 설정하고 있다. 여기서 한 가지 고찰해 보아야 할 것은 인간은 개체적 존재이기도 하지만, 또한 사회적 존재이기도 하다는 사실이다. 이러한 관점에서 보면, 서구와 유학 사상에서 제시해온 자기발전론은 인간발달의 두 측면 가운데 각각 하나의 측면만을 지나치게 강조해왔다는 인상을 지우기 힘들다. 인간의 발달은 개체성과 사회성 중 어느 하나의 측면에만 국한되어 이루어질 수는 결코 없으며, 양자의 회통과 통합이 진정한 자기발전의 이상(理想)이 될 수밖에 없다. 이 책의 결론이라 할 이러한 논의는 제3부 제7장의 내용으로 다루어지고 있다.

이 책의 집필에 들어간 2020년 5월 말에도 연초부터 시작된 미증유의 역병(疫病)이 여전히 기승을 부리고 있었다. 억지로라도 서로 간에 거리를 두어야 하는 상황이 지속되어, 책을 펴서 활자와 벗하는 일밖에는 할 수 있는 것이 거의 없었기 때문에 엉덩이 붙이고 앉아 있는 시간이 평소보다 많아지다 보니, 먼저 책(《유학심리학의 체계 Ⅱ: 사회적 존재로서의 인간의 삶》)과 마찬가지로 이 책도 예정보다 일찍 끝낼 수 있었다. 본래는 2021년 늦봄에나 될 수 있으려나 했는데, 먼저 책을 탈고하자마자 그동안 얼추 준비가 되어 있었던 이 책에 곧 착수하여 서실(書室)에 붙어있는 시간이 길어진 까닭에, 2020년 초가을 감국(甘菊)이 막 피기 시작하는 계절에 초고를 마쳤으니, 반년 남짓이나 빨라진 셈이다. 꽃구경과 바닷길 걷기, 그리고 여럿이 술마시며 담소하기 등 좋아하는 많은 일들을 사회적 거리 두기로 인해 포기해야 했던 댓가로 얻은 새옹지마(塞翁之馬)인가?

고희(古稀)를 넘긴 칠십객이 된지 한참 오래 되었는데도, 책상 앞에 다가앉는 일에 이렇게나 외적 조건의 휘둘림을 받다니……공자께서는 "알기만 하는 것은 좋아하는 것만 못하고, 좋아하기만 하는 것은 즐기는 것만 못하다"(知之者不如好之者 好之者不如樂之者, 《論語》, 雍也 18)고 하셨는데, 필자에게 있어 공부하고 책 쓰는 일은 아직 즐거운 일이기는 커녕 좋아하는 일축에 들기나 하는 것인가? 팔질(八耋)이 그리 멀지 않은 나이에 이르렀는데도, 필자의 함양(涵養)이 이다지도 크게 부족하다는 생각에 새삼 송연(竦然)해진다!

유학의 수양론의 체계로부터 자기발전의 문제를 이끌어내어 이를 유학심리학의 핵심주제 중의 하나로 설정해야 한다는 관점과 이 분야의 문제를 분석하는 동아시아와 서구의 사상적 차이에 대한 혜안(慧眼)을 제공해 주신 분은 필자의 스승이신 고(故) 이인(里仁) 정양은(鄭良殷) 선생님이셨다. 이 책의 내용을 어떻게 정리해야 할지 도무지 갈피를 잡을 수 없는 상황에서, 선생님께서 앞서 발표하신 이 분야에 관한 다섯 편의 논문을 다시 찾아 읽는 일은 필자에게는 그야말로 길을 잃어 오래 헤매던 깊은 산속에서 시원한 옹달샘을 찾은 것이나 진배없었다. 다시 뵐 수 없는 선생님께 한편으로는 고맙고, 또 한편으로는 죄송하다. 1967년 춘삼월 학부 입학 때부터 시작해서 2004년 이월 초 새봄을 눈앞에 두고 돌아가실 때까지 40년 가까이나 모시고 배웠는데도 이 모양이니, 필자에게 청어람(靑於藍)이란 요원한 꿈일 뿐이런가!

이 책도 늙어가는 삶에 활력을 불어넣어 주고 있는 우보행(又步行)

과 서강(西江)의 친구들, 학문적 열의와 함께 공부하는 자세를 다잡아 주고 있는 두륜회(頭崙會)와 동도(同途)의 여러 도반(道伴)들, 그리고 망팔(望八)이 지난 고목(枯木)에 원기를 되살려 주고 있는 아내와 아이들 및 여러 가족 등 많은 사람들의 도움으로 이루어질 수 있었다. 서강대 심리학과의 김향숙(金香淑) 교수와 남상희(南尙希) 박사는 본문의 내용 정리에 필요한 참고서적과 논문을 찾아 보내주는 수고를 아끼지 않았다.

늙어갈수록 점점 의존성(依存性)만 늘어난다. 예전 같으면 혼자서도 별 무리 없이 할 수 있었던 일인데도 어떻게 해야 하나 겁부터 나고, 누군가를 꼭 찾게 된다. 이 책을 쓰면서도 "나 좀 봐줘!" 하는 심정으로 공연히 여러 사람의 손을 참 많이도 빌렸다. "늙으면 애 된다"는 옛말 틀린 것 하나도 없다는 사실을 요즈음처럼 절감하는 적도 별로 없다. 이 자리를 빌려 모든 분께 마음속 깊은 감사의 말씀을 드린다.

2020년(庚子) 9월 초순 가을의 문턱에
지이재(止耳齋) 서실(書室)에서
퇴촌(退邨) 조긍호(趙兢鎬) 삼가 적다

목 차

제1부
동·서의 인간관과 자기심리학의 문제

서구에서는 고대 그리스 시대로부터 인간과 자연, 이성과 감성, 개인과 집단, 신과 악마, 선과 악 같은 이분법으로 세상사를 개념화하는 전통이 이어져 왔다. 이러한 맥락에서 서구심리학에서는 인간과 환경을 대립항으로 놓고, 환경의 자극에서 오는 영향력을 제어하는 것이 통제(control)의 핵심이라 여겨왔으며, 이러한 환경에 대한 통제력이 자기효능감(self-efficacy)을 구성하는 중추라고 인식하는 경향이 강하였다.

서구인이 가지고 있는 통제에 대한 이러한 관념은 서구에서 전개된 자기통제에 관한 연구들로 이어지고 있다. 곧 자기통제란 미래에 설정한 목표의 획득으로 얻게 될 더 큰 욕구의 충족이나 쾌락을 위해 즉각적인 쾌락을 추구하려는 욕구나 즉각적인 고통을 회피하려는 욕구를 제어하는 것이라는 관점이 서구심리학에서 전개된 자기조절이론(self-regulation theory)들의 배경이었다. 그 결과 기존 연구들에서는 자기통제를 증진시키는 원천으로서 행위자 자신에게 돌아가는 보상(물질적 보상 또는 사회적 보상)을 이용하는 패러다임만을 사용하였다. 말하자면, 외적 보상의 크기의 함수로서 표적행동의 유인력이 커지고 동시에 방해요인의 제어력이 줄어들 것이라는 전제에 따라, 미래에 주어질 보상의 크기를 크게 함으로써 표적행동의 유인력을 높이거나 즉각적인 쾌락이나 고통의 방해력을 줄이는 것과 같이, 주로 외적 조건의 조작을 토대로 연구해 왔던 것이다. 외적 조건을 자기에게 맞추어 변화시키는 것을 통제라고 보는 서구인의 관점에 비추어 볼 때, 이는 자연스러운 귀결이었다.

이와는 대조적으로 유학 사상에서는 인간과 자연, 개인과 사회를 서로 대립하는 실체로 보지 않고, 서로가 서로를 내포하고 있어서 넓고 크게 서로를 끌어안아 조화를 이루고 있는 광대화해(廣大和諧)의 존재로 받아들인다. 유학자들은 인간은 태어날 때부터 모든 도덕성의 원천을 본유적으로 갖추고 있는 능동적 주체라고 인식한다. 따라서 모든 일의 원인은 스스로에게 갖추어져 있으므로, 통제해야 할 대상은 외부의 환경세계가 아니라 모든 삶의 주체인 자기 자신이며, 결과적으로 사회관계의 조화를 깨뜨리기 쉬운 자기의 이기적 욕구와 사적 감정을 다스리는 것이 수양(修養)의 핵심이라 여기는 것이다.

이러한 유학 사상의 수양론은 기본적으로 자기 자신이 덕성의 주체라는 명확한 인식을 근거로 하여, 스스로를 억제하고 통제하여 주위 사람들과 조화를 이룸으로써, 그들을 자신의 일부로 받아들여 자기확대(自己擴大)를 이루는 일을 근간으로 하고 있다. 곧 유학자들은 스스로에게서 모든 책임을 구함으로써, 자기의 이기적이고 사적인 욕구와 감정을 억제하고 절제하는 일이 수양의 핵심이라고 여기는 것이다. 이렇게 유학 사상을 배경으로 하고 있는 동아시아인들에게 통제란 곧 자기억제와 자기절제를 의미하는 것이다. 그 결과 이들이 파악하는 자기의 문제는 서구인들의 그것과는 달라지며, 결과적으로 유학의 수양론에 근거하여 탐구될 자기통제론의 내용은 서구심리학의 그것과는 다르게 될 수밖에 없는 것이다.

여기에서는 우선 현대 서구와 동아시아 사람들이 가지고 있는 자기에 대한 관념과 이를 통해 드러내는 여러 가지 자기 관련 행동의 차이를 살펴보고(제1장), 이어서 두 지역인들이 보이는 이러한 현실적인 차이를 유도하는 배경으로서 서구 자유주의와 동아시아 유학 사상에서 인간을 파악하는 관점을 기반으로 하여, 서구심리학에서 전개된 자기조절론(제2장)과 유학 사상가들이 제시하고 있는 수양론(제3장)의 내용을 고찰해 보기로 하겠다.

제1장

자기 관련 행동의 동 · 서 문화차

서구 개인주의의 사상적 배경인 자유주의의 체계에서는 개인 존재를 자유의 보유자, 이성 주체, 그리고 안정적 실체로 개념화하여 인식하고 있다.[1] 그리하여 개인주의 사회에서는 개인의 독립성과 자율적 선택, 독특성과 개성 및 일관성과 안정성을 강조하는 특징을 보인다. 이 사회에서는 모든 행위의 원천을 독립적이고 독특하며 안정적인 개인 내적 속성에서 찾으려 하고, 자율적인 개인의 선택을 중시함으로써 자기를 적극적으로 드러내려 하며, 상황이나 시간이 변화해도 달라지지 않는 일관성과 안정성을 개인의 진정한 모습이라 여겨 받아들인다.

개인주의 사회에서는 사회의 궁극적인 구성단위를 이러한 독립적 · 이성적 · 안정적인 개인 존재에서 찾는다. 그 결과 개인주의 사회에 살고 있는 사람들은 개인중심적인 인간관을 가지게 되며, 타인과는 구별되는 독특하고 독립적이며 안정적인 내적 속성을 통해 스스로

1 서구 자유주의 사상의 인간관에 대해서는 제2장 제1절의 진술 참조.

를 규정하는 독립적 자기관을 보유하게 된다. 이러한 개인중심적 인간관과 독립적 자기관으로부터 이 사회에 살고 있는 사람들의 인지 · 정서 · 동기의 제반 특징들이 연유하게 되는 것이다.

이에 비해 동아시아 집단주의의 사상적 배경인 유학의 체계에서는 개인을 사회적 관계체, 덕성 주체, 그리고 가변적 과정적 존재로 개념화하여 인식한다.[2] 그리하여 집단주의 사회에서는 타인과의 상호연계성과 조화성, 타인에 대한 관심과 배려 및 자기 단점의 확인과 수용을 통한 자기개선을 강조하는 특징을 보인다. 이 사회에서는 모든 행위의 원천을 대인관계 속의 역할과 의무 및 상황적 요인에서 찾으려 하고, 관계 속의 연계성과 조화성을 강조하므로 자기노출은 이에 방해가 된다고 보아 가능한 한 자기를 억제하고 드러내지 않으려 하며, 처해 있는 상황이나 조건에 따라 달라지는 역할에 맞추어 적시에 적합하게 자기를 변화시키는 가변성을 건전한 적응의 양상이라 보아 중시한다.

집단주의 사회에서는 사회의 궁극적인 구성단위를 독립적인 개인이 아니라, 사람들 사이의 관계 및 이러한 관계의 원형인 가족과 같은 일차집단에서 찾는다. 이 사회에서는 사회적 존재 특성을 제거해 버리면, 인간의 존재의의 자체가 사라지게 된다고 받아들인다. 그 결과 집단주의 사회에 살고 있는 사람들은 관계중심적인 인간관을 가지게 되며, 다른 사람과의 관계 속의 역할과 의무 또는 타인에 대한 배려를 통해 스스로를 규정하는 상호의존적 자기관을 보유하게 된다. 이러한 관계중심적 인간관과 상호의존적 자기관으로부터 이 사회에 살고 있는

2 동아시아 유학 사상의 인간관에 대해서는 제3장 제1절의 진술 참조.

사람들의 인지 · 정서 · 동기의 제반 특징들이 나오게 되는 것이다.

현대 문화비교 연구들에서는 자기와 관련된 다양한 분야에서 서구인과 동아시아인 사이에 좁혀지기 힘든 여러 차이가 있음이 밝혀지고 있다. 이들은 자기개념의 유형, 자기존중감의 근원, 자기표현의 양식, 자기향상 방안 및 자기 관련 동기의 문화차의 문제 등으로 나누어 정리할 수 있다. 서구인과 동아시아인이 보이는 이러한 자기 관련 심성과 행동의 문화차에 대한 논의는 서구와 동아시아에서 전개된 자기 및 자기발전에 관한 연구를 개관하는 기본적인 관점을 제공해 줄 것이다.[3]

1. 문화와 자기개념의 유형

서구인들은 인간을 개체성 · 이성 · 실체성을 기반으로 하여 인식한다. 그들은 인간의 존재의의는 개체성에서 도출된다고 여기고, 여타 동물과 다른 인간의 고유특성을 합리적 사고의 근거인 이성에서 찾으며, 태어날 때부터 갖추고 태어난 성격이나 능력 등은 좀처럼 변화하지 않는 실체성을 갖추고 있다고 본다. 그러므로 서구인들은 사회란 개인 존재들의 집합체일 뿐이어서, 개인 존재를 떠나서는 사회 형성의 근거 자체가 상실된다고 받아들인다. 따라서 서구 사회에서는 개체로서의 개인 존재 및 개인의 특성(개성)이 사회생활의 분석 단위로 부각된다.

3 이 장의 논의는 졸저(조긍호, 2003a, pp. 130-135, 181-214; 2006, pp. 535-555; 2007a, pp. 146-187; 2008, pp. 484-495; 2012, pp. 143-285)의 내용을 기반으로 하여 작성하였다.

이에 비해 동아시아인들은 인간을 사회성 · 도덕성 · 가변성을 바탕으로 하여 인식한다. 그들은 인간의 존재의의는 사회적 관계체로서의 사회성에서 나오게 된다고 여기고, 여타 동물과 다른 인간의 고유특성을 다른 사람들에 대한 관심과 배려의 체계인 도덕성에서 찾으며, 인간은 소인(小人)의 상태로 태어나 군자(君子)의 상태로 변화할 수 있는 가변체라고 받아들인다. 그러므로 동아시아인들은 각각의 개별적인 존재가 아니라 그들이 모여 하나의 단위로 묶여진 관계(예: 부모–자식, 군주–신하, 남편–아내, 형–아우, 친구–친구 등)가 사회를 구성하는 기본단위라고 인식한다. 따라서 동아시아 사회에서는 개체로서의 개인 존재가 아니라, 개인들이 모여 이루어지는 특정 관계가 사회생활의 분석 단위로 부각된다.

문화유형에 따른 사회 구성과 분석의 기본단위에 대한 이러한 인식의 차이는 필연적으로 두 사회에서의 세계관 및 세상사에 대한 인식의 틀을 다르게 하고, 결과적으로 인간관 및 자기관의 차이를 유발하게 됨으로써, 결국 지 · 정 · 의(인지·정서·동기) 등 제반 측면에서의 집단주의–개인주의의 문화차를 나오게 만든다.[4]

니스벳(Nisbett, R.)은 서구인(개인주의자)과 동아시아인(집단주의자)의 세계와 자기에 대한 인식의 차이는 고대 그리스와 중국의 생태 조건과 사회 조직 및 관습의 차이에서 비롯되는 철학적 배경의 차이로부터 그 근원을 찾아볼 수 있다는 이론을 제시하고 있다.[5] 그에 따르면, 고대

---

4 Fiske, Kitayama, Markus, & Nisbett, 1998; Kagitcibasi, 1997; Markus & Kitayama, 1991a, b; Matsumoto, 2000; Nisbett, 2003; Nisbett, Peng, Choi, & Norenzayan, 2001; Triandis, 1989, 1990, 1995.

5 Nisbett, 2003, pp. 1–28.

그리스에서는 높은 산으로 막힌 좁은 평지에서 중앙집권화되지 못한 도시국가가 발달하여, 도시 간의 이주와 무역이 활발하였으며, 따라서 시장과 정치 집회에서의 대립과 논쟁이 삶의 중요한 부분이었다. 이에 비해 고대 중국에서는 넓고 비옥한 평원에서 중앙집권화되고 위계화된 사회가 형성되어, 한 지역에 몇 세대 동안 정착하여 농경에 종사하였으므로, 이웃과의 협동과 조화의 추구가 삶의 중요한 부분이었다.

그리하여 그리스인들은 나와 나 아닌 것, 인간과 자연, 하나의 사물과 다른 사물을 엄격히 구별하여 범주화하고, 각각의 일관적이고 불변적인 본질을 추상화하여, 그들을 지배하는 법칙을 찾아내려 노력하게 되었다. 그 결과 맥락과 분리된 독립적인 대상이 주의의 초점으로 부각되어, 이러한 분리된 대상의 안정적 불변적 속성을 인식하는 데 주력하게 되었으며, 결국 범주화(categorization)와 논리(logic) 규칙에 따른 갈등 해결 및 분석적 사고(analytical thinking)의 양식이 발달하게 되었다는 것이다.

반면에, 중국인들은 각 개체로서는 존재 의미가 없고, 모든 것은 상호 연관적인 맥락 속에 존재한다고 생각하였으므로, 항상 변화하는 상황 속에서 상호 연관된 역할과 의무 등의 규범을 파악하여 공동생활의 조화와 질서를 이루려 노력하게 되었다. 그 결과 그들에게는 분리되고 고립된 대상이 아니라 그들이 놓여 있는 전체 장(場, field)이 주의의 초점으로 부각되어, 이러한 맥락 속에서 역동적으로 변화하는 가소성(可塑性)을 파악하여 통일성을 이루어 내는 데 주력하게 되었으며, 결국 관계의 유사성과 중도(中道)의 인식, 변증법(dialectic)에 의한 갈등의 해결 및 총체적 사고(holistic thinking)의 양식이 발달하게 되었다는 것

이다.[6]

1) 독립적 자기관과 상호의존적 자기관

니스벳에 의하면, 이러한 배경에서 지속적으로 고대 그리스 철학의 영향을 받아 온 서구인들은 사회는 상호 분리되고 독립적인 개인들을 기본단위로 하여 구성되는 복수적인 집합에 불과하다고 보아, 집단보다 개인을 중시하는 개인주의의 경향을 띠게 되었다. 그리하여 사회의 이해는 결국 그 구성요소로서의 개인의 이해를 통해서 가능하다고 보게 되고, 개인이 이루어낸 안정적이고 불변적인 독특한 내적 속성(성격·능력·기호·태도·욕구·감정·의도 등)이 개인의 행위와 사회 운용의 원천이라는 개인중심적 인간관을 가지게 되었으며, 스스로를 타인과 분리되고 자율적인 존재로 인식하는 독립적인 자기관을 가지게 되었다는 것이다.

이에 비해 누적적으로 고대 중국 철학의 영향을 받아 온 동아시아

---

6 Witkin(1969; Witkin & Berry, 1975; Witkin & Goodenough, 1977)에 따르면, 지각 장면에서 어떤 사람들(장 독립적 유형, field-independent type)은 각 개별적인 대상을 전체 지각장(知覺場)으로부터 잘 구분하여 각각의 모양 · 색깔 · 크기 · 차이 등을 잘 인식해 내지만, 어떤 사람들(장 의존적 유형, field-dependent type)은 각 개별적인 대상을 전체 지각장으로부터 잘 구별해 내지 못하는데, 이러한 지각의 장 독립성-의존성은 삶의 조건에 의해 영향을 받게 된다. 즉, 개인적 독특성과 이익 · 목표의 추구가 인정되고 강조되는 사회에서는 개별적 대상이 주의의 초점으로 부각되기 때문에 장 독립적 지각 경향이 발달되고, 사회적 역할과 의무의 연쇄망에 주의가 기울여지는 사회에서는 대상들 사이의 관계와 연계성이 부각되기 때문에 장 의존적 지각 경향이 발달된다는 것이다. 이러한 결과는 삶의 조건에 따라 인지 양식이 달라진다는 위에서와 같은 논의의 타당성을 입증해 준다고 볼 수 있다.

인들은 상호 연관된 사람들 사이의 관계 또는 그러한 관계의 원형인 가족과 같은 일차집단을 기본 단위로 하여 구성되는 사회는 그 자체가 하나의 유기체라고 보아, 개인보다 그들이 놓여 있는 장(場)으로서의 집단을 중시하는 집단주의의 경향을 띄게 되었다. 그리하여 그러한 관계 속에서의 각자의 역할과 의무 및 집단 규범이 개인의 행위와 사회 운용의 원천이라는 관계중심적 인간관을 가지게 되었으며, 스스로를 제반 관계의 연쇄망(network) 속에서 타인들과 연계되어 있는 존재로 인식하는 상호의존적인 자기관을 가지게 되었다는 것이다.[7]

문화유형에 따른 이러한 자기관의 차이에 대해서는 많은 문화비교 연구자들이 관심을 기울여 왔는데, 그 중에서 가장 대표적인 사람들은 마커스(Markus, H.)와 기타야마(Kitayama, S.)이다. 그들은 개인주의 사회에서는 "독립적 자기관"(independent self-construal)을 가지게 되고, 집단주의 사회에서는 "상호의존적 자기관"(interdependent self-construal)을 가지게 된다는 사실을 이 두 사회에서의 인지 · 정서 · 동기의 제반 차이를 통해 제시하고 있다.[8] 그들은 종래의 심리학은 "근본적으로 행동의 원천이 되는 독특한 내적 속성들(예: 성격·능력·동기·가치)로 구성되는 독립적 · 자기완비적(self-contained) · 자율적 실체(entity)로서 개인을 보는 소위 서구식 개인관"[9]에 의해 지배되고 있었다고 보면서, 이러한 독립적 자기관은 서구의 개인주의 문화권에서 받아들여지는 것일 뿐, 동아시아의 집단주의 문화권에서도 보편적으로 수용되는 자기인식은

7 Nisbett, 2003, pp. 1–28; Nisbett et al., 2001.

8 Markus & Kitayama, 1991a, b.

9 Markus & Kitayama, 1991a, p. 224.

아니라는 관점에서, 자기에 대한 보편적인 이론은 이 두 문화권의 서로 다른 자기관을 포괄하는 것이어야 한다고 주장하였다.[10]

마커스와 기타야마에 따르면, "독립적 자기관의 본질적 요소는 자기를 자율적이고 독립적인 사람으로 파악한다는 것이다……이와 유사한 다른 명칭들은 '*개인주의적 · 자기중심적 · 분리적 · 자율적 · 개별적 · 자기완비적*' 등을 포괄한다."[11] 그들은 이러한 독립적 자기관의 보유자들은 내적 속성, 자기와 타인을 구분 짓는 명확한 경계, 자기 충족과 선택의 자유 및 탈맥락적이고 추상화된 자기관을 강조하는 것으로 제시하고 있다. "독립적 자기관과는 달리, 상호의존적 자기의 중요한 측면은 자기의 상호의존적이며, 따라서 더욱 공적인 요소들 속에서 찾아진다……이와 유사한 개념이, 내포된 의미는 약간씩 다르지만, '*사회중심적 · 총체적 · 집단적 · 타인중심적 · 조화적 · 구성적 · 맥락적 · 연계적 · 관계적*' 등으로 다양하게 불리어 왔다."[12] 그들은 이러한 상호의존적 자기관의 보유자들은 맥락과 상황, 지위와 역할, 내적 제약, 타인

10 Greenfield(1994, p. 6)는 기존 심리학의 서구중심성에 대한 도전은 Markus와 Kitayama(1991a)의 "독립적 자기–상호의존적 자기" 이론에 의해 정점에 이르렀다고 평가하면서, 다음과 같이 진술하고 있다: "사회심리학에 대한 그들의 도전은 기존 심리학이 보편적인 자기의 기능에 대해 연구해 온 것이 아니라, 독립적 자기라는 문화특수적인 자기의 기능에 대해서만 연구해 왔다는 것이었다. 그들 연구의 이론적 공헌은 자기에 관한 이론이 보편적인 것이 되기 위해서는 독립적 자기와 상호의존적 자기를 모두 포괄해야 한다는 사실을 보여 주었다는 점에 있다. 또한 그들 연구의 실제적 공헌은 심리학이 지금까지 독립적 자기의 연구에 쏟아온 만큼의 노력을 상호의존적 자기의 발달 · 사회화 · 기능 및 변이 등에 쏟아야 한다는 사실을 인식시켰다는 점에 있다. 간단히 말해서, 그들은 기존의 자기에 관한 서구의 연구와 이론적 가정이 서구 문화에 특수한 토착심리학에 불과하였음을 입증했던 것이다."

11 Markus & Kitayama, 1991a, p. 226.

12 Markus & Kitayama, 1991a, p. 227.

중심적 지향 및 사회적 조화와 집단의 복지를 중시하는 참조기준을 가지고 있다고 주장한다. 여기서 마커스와 기타야마를 따라 이 두 자기관의 핵심적인 차이를 표로 제시하면 다음과 같다.[13]

표 1. 독립적 자기와 상호의존적 자기의 핵심적 차이

대비 측면	독립적 자기관	상호의존적 자기관
정 의	사회 맥락으로부터의 분리	사회 맥락과의 연계
구 조	경계적 · 단위적 · 안정적	신축적 · 가변적
주요 특성	내(內)적 · 사(私)적 능력 · 사고 · 감정	외(外)적 · 공(公)적 지위 · 역할 · 관계
과 제	독특성	소속 · 조화
	자기표현	합당한 자리 찾기
	내적 속성 실현	적합한 행위에의 참여
	자기 목표 촉진	타인 목표 촉진
	직접적 의사소통	간접적 의사소통
타인의 역할	자기평가: 타인은 사회비교 대상으로 중요	자기규정: 특정 맥락에서의 타인과의 관계를 통해 자기규정
자존심의 근거	자기표현 능력 내적 속성 타당화 능력	자기조절 및 억제 능력 사회 맥락과의 조화 유지 능력

커챠바샤(Kagitcibasi, C.)는 개인주의와 집단주의 사회의 자기관을 각각 분리적 자기(separated self)와 관계적 자기(relational self)라 개념화하여, 마커스 등과 같은 이론을 제시하고 있다.[14] 그에 따르면, 이 두 문화유형은 내집단 성원들로부터의 분리를 지향하는지(개인주의) 아니면 내집단 성원들과의 결합을 지향하는지(집단주의) 하는 점에서 근본적인 차이가 있다. 그러므로 개인주의 사회에서는 고립되고 독립적인 분리적 자기관을 가지는 반면, 집단주의 사회에서는 상호의존적이고 조화추구적인 관계적 자기관을 가지게 된다는 것이다.

13 Markus & Kitayama, 1991a, p. 230, 표 1.

14 Kagitcibasi, 1990. 1996. 1997.

이상에서 제시된 바와 같은 문화유형에 따른 사고양식(집단주의=총체적 사고양식; 개인주의=분석적 사고양식)과 인간관 · 자기관(집단주의=관계중심적 인간관, 상호의존적 자기관; 개인주의=개체중심적 인간관, 독립적 자기관)의 차이는 집단주의와 개인주의 사회 성원들의 삶의 전체 과정에 영향을 미쳐, 결국 그들의 심성(인지·정서·동기)과 행동에 다양한 차이를 낳는 배경으로 작용하는 것이다.

2) 문화유형에 따른 주의 및 참조기준의 차이

문화유형에 따라 이렇게 자기의 서로 다른 측면에 주의를 기울이고, 결과적으로 서로 다른 자기관을 드러내게 된다는 사실은 몇 가지 흥미 있는 연구들을 통해 확인된다. 트버스키(Tversky, A.)는 마드리드가 뉴욕과 비슷한 정도에 대한 판단은 뉴욕이 마드리드와 비슷한 정도에 대한 판단보다 높으며, 재칼이 개와 비슷한 정도에 대한 판단은 개가 재칼과 비슷한 정도에 대한 판단보다 높다는 결과를 근거로, 판단대상 사이의 "유사성 판단의 비대칭성" (asymmetry in similarity judgment) 현상을 밝혔다.[15] 그는 이러한 현상은 판단자에게 더 특출하고 중요하며 인지적으로 풍부한 대상을 내현적 참조(implicit reference) 또는 비교의 표준(standard of comparison)으로 삼는 경향 때문에 나타나는 것이라고 설명했다. 따라서 덜 특출하고 덜 전형적이며 중요하지 않은 대상(비교의 대상: 이 경우에는 마드리드와 재칼)은 더 특출하고 전형적이며 중

15 Tversky, 1977.

요한 대상(비교의 표준: 이 경우에는 뉴욕과 개)과 매우 유사한 것으로 지각되지만, 반대의 경우에는 그렇지 않다는 것이다.

이러한 관점에서 보면, 개인주의 사회에서는 타인보다 자기에 대한 지식이 더 정교하고 풍부하며 자기가 타인보다 더 특출한 인지의 초점이 되기 때문에[16] 이들은 자기를 비교의 표준으로 삼아서 자기와 타인 사이의 유사성을 판단하게 될 것이다. 이러한 사실은 미국 학생들은 자기가 다른 사람과 유사한 정도보다는 다른 사람이 자기와 유사한 정도가 더 높다고 생각한다는 결과에서 드러난다.[17] 그러나 미국의 학생들에게서도 이러한 경향은 사적(私的) 자의식이 높아서, 자기가 일상생활에서 여러 가지에 대한 판단의 기준으로 작용하는 사람들의 경우에만 나타나지, 사적 자의식이 낮은 사람들의 경우에는 나타나지 않는다.[18] 따라서 전술한 바와 같은 유사성 판단의 비대칭성은 개인주의 사회에서 자기를 참조점(reference point)으로 하여, 자기와 타인 사이의 유사성을 판단하기 때문에 나타나는 결과라고 볼 수 있다.

그러나 미국에 유학하고 있는 인도 학생들에게서는 이와는 달리, 다른 사람이 자기와 유사한 정도보다는 자기가 다른 사람과 더 유사하다고 판단하는 경향이 높게 나타난다.[19] 이는 집단주의 사회에서는 "자기에 대한 지식보다는 다른 사람에 대한 지식이 비교적 더 정교화되고

16 조긍호, 1993, 1996a; 조긍호 · 김은진, 2001; Kunda, 2000; Markus & Kitayama, 1991a, b.

17 Holyoak & Gordon, 1983; Srull & Gaelick, 1983.

18 Srull & Gaelick, 1983, 실험 3.

19 Kitayama, Markus, Tummala, Kurokawa, & Kato, 1990. (Markus & Kitayama, 1991a, pp. 231-232에서 재인용.)

특출하므로"[20] 유사성 판단에서 다른 사람을 기준점으로 삼기 때문에 나타난 결과라고 해석할 수 있다. 곧 개인주의 사회에서는 자기에 대한 표상이 타인에 대한 표상보다 더 정교하고 풍부하지만, 집단주의 사회에서는 타인에 대한 표상이 자기에 대한 표상보다 더 정교하거나 "타인이 최소한 자기만큼 풍부하게 표상되기"[21] 때문인 것이다.

이러한 사실은 우리나라 대학생들을 집단중심성향자(allocentrics: 집단중심성향은 높고, 개인중심성향은 낮은 집단)와 개인중심성향자(idiocentrics: 개인중심성향은 높고, 집단중심성향은 낮은 집단)로 나눈 연구에서도 확인되고 있다. 필자에 따르면, 집단중심성향자들은 친구가 자기에게 유사한 정도(53.3%)보다는 자기가 친구에게 유사한 정도(59.7%)가 크다고 보는 반면, 개인중심성향자들은 자기가 친구에게 유사한 정도(38.2%)보다는 친구가 자기에게 유사한 정도(45.6%)가 더 크다고 보고 있다.[22] 이는 집단주의자들에게는 타인(친구)이 참조의 기준이지만, 개인주의자들에게는 자기가 참조의 기준으로 작용함을 시사하는 것이다.

이렇게 집단중심성향자가 타인을 참조기준으로 삼아 자신을 평가하는 경향이 높다는 사실은 필자의 연구에서 거듭 검증되고 있다. 이 연구에서 대학생들을 집단중심성향자와 개인중심성향자로 나누었을 때, 자기의 경험을 타인의 관점에서 관찰하는 경향은 전자(평균 6.07)가 후자(평균 5.46)보다 유의미하게 높으며, 또한 전자(평균 5.71)는 후자(평균 4.57)보다 여러 가지 결정을 할 때 자신의 의견이나 감정보다 내집단

20 Markus & Kitayama, 1991a. p. 231.

21 Kunda, 2000, p. 522.

22 조긍호, 2005, 연구 2.

원인 타인(친구)의 의견이나 감정을 더 고려하는 경향도 높은 것으로 검출되고 있는 것이다.[23] 이러한 경향은 집단중심성향자들 사이에 동질화를 유발하여, 그들 사이의 유사성을 증가시키는 원천으로 작용하게 된다.

이러한 차이는 개인주의 사회에서 일반적으로 나타나는 "내집단 이질성—외집단 동질성" 지각 경향[24]이 집단주의 사회에서는 "내집단 동질성—외집단 이질성" 지각 경향으로 나타나게 하는 원인이 되는 것이다.[25] 일단의 연구자들은 미국 백인은 외집단원들(5.5 ~ 6.2)이 내집단원들(5.1 ~ 5.8)보다 서로 간에 더욱 유사한 것으로 지각하는 반면, 중국인들은 내집단원들(6.5 ~ 6.7) 사이가 외집단원들(4.8 ~ 5.8) 사이보다 서로 간에 더욱 유사한 것으로 지각함을 확인하였다.[26]

이러한 결과들은 집단주의 사회에서는 타인을 참조로 하여 자기와 타인의 관계를 인식함으로써 결과적으로 자기를 타인과 유사하게 지각하지만, 개인주의 사회에서는 자기를 참조로 하여 자기와 타인의 관계를 지각함으로써 결과적으로 자기의 독특성을 과장하여 지각하게 됨을 뜻하는 것이다. 실제로 우리나라 고등학생과 대학생을 집단중심성향자와 개인중심성향자로 나누고, 이들에게 여러 사회적인 문제에 대해서 자기와 내집단 성원(같은 학교 학생들)이 가지고 있는 의견이나 태도 사이의 합치도를 평정하게 했을 때, 집단중심성향자(53.7%~56.4%)가 개인

23 조긍호, 2003b, 연구 2.

24 Quattrone, 1986.

25 Triandis, 1990, pp. 96–100.

26 Triandis, McCusker, & Hui, 1990.

중심성향자(48.0%~50.0%)보다 내집단 성원과의 합치도를 높게 추정하고 있다.[27] 이러한 사실들은 모두 문화유형에 따라 주의의 초점이 달라지고, 이에 따라 자기와 타인을 인식하는 참조기준이 다름을 나타내주는 것이다.

3) 사적 자의식과 공적 자의식

이렇게 개인주의 사회에서는 자기가 주의의 초점으로 부각되지만, 집단주의 사회에서는 관계를 맺고 있는 타인이 주의의 초점으로 부각된다는 사실은 집단주의 사회에서는 도덕 판단의 근거를 사회관계에서 타인과 맺는 연계성에서 찾지만, 개인주의 사회에서는 자율적 개인의 권리에서 찾는다는 사실이나[28] 집단주의 사회에서는 "공적(公的) 자기"(public self), "집단적 자기"(collective self) 및 "사회적 정체감"(social identity)이 규범적인 자기개념이 되지만, 개인주의 사회에서는 "사적(私的) 자기"(private self) 및 "개인적 정체감"(personal identity)이 규범적인 자기개념이 된다는 사실들에서도 거듭 밝혀지고 있다.[29]

---

27 조긍호 · 김은진, 2001; 조긍호 · 명정완, 2001.

28 Miller, 1984, 1986, 1991; Miller & Bersoff, 1992; Miller, Bersoff, & Harwood, 1990; Miller & Luthar, 1989.

29 Greenwald와 Pratkanis(1984)는 자기 개념은 스스로가 보는 자신의 독특한 특성 · 상태 · 행동의 인식에 근거한 "사적 자기", 일반적 타인이 보는 나에 대한 견해의 인식에 근거한 "공적 자기" 및 특정 내집단 성원들이 보는 나에 대한 견해의 인식에 근거한 "집단적 자기"의 세 가지로 나뉘어질 수 있다는 이론을 제시하고 있는데, Triandis(1989)는 집단주의 사회에서는 이 중에서 공적 자기와 집단적 자기의 개념이 우세하고, 개인주의 사회에서는 사적 자기의 개념이 우세함을 밝히고 있다. 또한 Tajfel(1981)은 "사회정체감 이론"을 통해 개인은 스스로의 특성이나 능력에 기초한 "개인적 정체감"과 집단과의 동일시에서 느끼는 "사회적 정체감"

또한 우리나라의 고등학생과 대학생들을 집단중심성향자와 개인중심성향자로 나누어 비교해 보면, 전자는 후자보다 "공적 자의식"(public self-consciousness) 수준은 높고, "사적 자의식"(private self-consciousness) 수준은 낮다.[30] 또한 상호의존성의 경향은 집단중심성향자가 개인중심성향자보다 높은 반면, 자율성의 경향은 후자가 전자보다 높은 것으로 확인되고 있기도 하다.[31]

이상에서 논의한 결과들은 집단중심성향자들은 사회적 대상으로서의 자기의 외적 측면과 사회관계에 주목하는 경향이 높고, 개인적 특성 · 사고 · 감정 · 가치 · 동기 등 자기의 내적 측면에 주의를 기울이는 경향은 낮은 반면, 개인중심성향자들은 스스로의 외적 측면이나 사회관계보다는 내적 측면에 주의를 기울이는 경향이 높음을 나타낸다. 이러한 사실은 두 문화권 사람들이 드러내는 자기정체감의 차이(집단주의 = 상호의존적 자기관; 개인주의 = 독립적 자기관)는 두 문화권의 성원들이 보이는 주의의 차이 때문에 나타나는 것임을 의미하는 것이다.

2. 문화와 자기존중감의 근원

"윌리엄 제임스(James, W.)[32] 이래 심리학자들은 자기에 대해 긍정

을 갖는다고 보고 있는데, Weldon(1984)과 Triandis(1990)는 집단주의 사회에서는 사회적 정체감의 형성이 일차적인 과제로 등장되지만, 개인주의 사회에서는 개인적 정체감의 형성이 일차적인 과제가 된다는 점을 지적하고 있다.

30 조긍호 · 명정완, 2001.

31 조긍호 · 김지용 · 홍미화 · 김지현, 2002, 연구 3.

32 James, 1890/2005a.

적인 견해를 가지고자 하는 것이 아주 강력한 동기의 하나라는 사실을 지속적으로 밝혀 왔다."[33] 이러한 정적(正的) 자기평가를 위한 욕구는 인간의 보편적인 동기인데,[34] 정적 자기평가 욕구는 해당 사회의 문화적 명제(cultural mandate)를 달성하는 데에서 충족되는 것임이 많은 문화비교 연구의 결과들에서 밝혀지고 있다.[35] 즉, 문화유형에 따라 소속 성원들이 따를 것으로 가정하는 문화적 명제가 달라지는데, 소속 사회의 문화적 명제를 충족시키는 일이 자기존중감(自己尊重感, 自尊感, self-esteem)의 근거가 된다는 것이다. 그러므로 자기존중감의 근원은 문화유형에 따라서 달라지게 된다.

개인의 독립성을 중시하는 개인주의 사회의 문화적 명제는 자율성과 개별성의 추구이다. 따라서 개인주의 사회에서는 자기의 내적 욕구, 권리 및 능력의 표출과 사회적 압력에 대한 저항의 노력을 통해 개인적 역량과 주도성(agency)이 체험되므로, 결과적으로 독특성과 수월성, 자기표현의 유능성 및 외적 제약으로부터의 자유로움이 자기존중감의 근거가 된다. 이에 비해 개인 사이의 상호의존성을 중시하는 집단주의 사회에서의 문화적 명제는 상호연계성, 사회 통합 및 대인 간 조화의 추구이다. 따라서 집단주의 사회에서는 타인에의 민감성, 상황의 필요와 요구에의 적응 및 자기억제와 조절의 노력을 통해 개인적 역량과 주도

33 Matsumoto, 2000, p. 63.

34 Brown, 1998; Heine, Lehman, Markus, & Kitayama, 1999; Sedikides, Gaertner, & Toguchi, 2003; Sedikides & Skowronski, 2000, 2002.

35 조긍호, 2002; Fiske et al., 1998; Heine et al., 1999; Kitayama, Markus, & Kurokawa, 1994; Kitayama, Markus, & Lieberman, 1995; Kitayama, Markus, Matsumoto, & Norasakkunkit, 1997; Kunda, 2000; Markus & Kitayama, 1991a, b, 1994a, b; Matsumoto, 2000; Sedikides et al., 2003.

성이 체험되므로, 결과적으로 이러한 자기억제와 상황적응성 및 대인 관계에서의 조화의 유지가 자기존중감의 근거가 되는 것이다.

1) 개인주의 사회와 독특성 추구 경향

문화유형에 따른 주의의 차이는 두 문화권의 사람들이 중시하고 추구하는 특성의 차이를 낳는다. 집단주의 사회에서는 "내가 누구인가?"의 학습(집단 내에서의 위치 확인 및 내집단과의 동일성 추구)에 사회화(socialization)의 강조점이 주어지고, 따라서 집단과의 관계에 따라 정체감이 정의되므로 사회적 정체감의 형성이 일차적인 과제가 되지만, 개인주의 사회에서는 "내가 무엇을 할 수 있는가?"의 학습(자기의 능력 확인 및 독특성 추구)에 사회화의 강조점이 주어지고, 따라서 개인적인 소유(능력·경험·업적)에 따라 정체감이 정의되므로 개인적 정체감의 형성이 일차적인 과제가 된다.[36] 이러한 배경에서 보면, 개인주의 사회에서의 정적(正的) 자기 평가는 자기 독특성의 확인 및 인식과 깊은 관련을 맺을 것이라 추론할 수 있다. 따라서 개인주의자들은 정적인 자기관을 갖기 위해서 자기의 능력과 정적인 성향의 독특성을 사실 이상으로 과장하여 지각하는 "허구적 독특성 지각"(false uniqueness perception)의 경향을 강하게 보일 것이다.[37]

마이어스(Myers, D.)는 미국 대학생들 가운데 자기의 지도력이 평

36 Kitayama, et al., 1997; Triandis, 1990, pp. 72-77; Weldon, 1984.

37 Goethals, Messick, & Allison, 1991; Marks, 1984; Mullen & Riordan, 1988; Snyder & Fromkin, 1980; Tesser, 1988.

균 이상이라고 생각하는 학생은 70%에 이르고, 60%의 학생들은 남들과 잘 어울리는 능력이 상위 10% 안에 든다고 보고 있으며, 심지어 자기의 사교성이 상위 1% 안에 든다고 생각하는 학생도 25%에 이른다는 사실을 보고하여, 이러한 허구적 독특성 지각 경향이 개인주의 사회의 전형적인 특징임을 밝혀내고 있다.[38] 이러한 허구적 독특성 지각 경향은 비현실적으로 정적인 자기평가의 경향을 드러내는 것으로서, 과장된 통제력 착각 및 비현실적인 낙관주의와 함께 서구 사회에서 나타나는 "정적 착각"(positive illusion)의 일종이라 볼 수 있다.[39]

이러한 허구적 독특성 지각 경향은 개인주의 사회의 특징으로 밝혀져 왔다. 일본과 미국의 대학생들에게 능력(지적 능력, 기억력, 운동 능력), 독립적 성향(독립성, 자기 의견 고수 성향) 및 상호의존적 성향(동정심, 따뜻한 마음씨)의 특성들을 제시하고, "같은 대학의 학생들 중 이 각각의 특성에서 자기보다 우수한 학생의 비율"을 추정해 보도록 하면, 미국의 학생들은 세 특성 모두에서 강한 허구적 독특성 효과를 보이지만(각각 41.5%, 33.5%, 28.0%), 일본의 학생들은 세 특성 모두에서 평균적인 판단 경향(각각 53.5%, 50.0%, 44.5%)을 보임이 발견되었다.[40]

38 Myers, 1987.

39 Taylor & Brown, 1988, 1994a, b.

40 Markus & Kitayama, 1991b: 이러한 연구들에서는 같은 배경을 가진 집단의 학생들 중에서 무선적으로 선별하여 여러 특성에서 자기의 상대적 위치를 추정하도록 했을 때, 이론적으로 기대되는 추정치는 50%일 것이므로, 이보다 낮은 추정치를 보일수록 자기를 허구적으로 독특하게 지각함을 나타내는 것이라고 전제한다. 물론 각 응답자 개개인에게, 특히 우수한 능력이나 특성의 소유자에게 이러한 독특성 과대 지각 경향은 사실을 있는 그대로 반영하는 것일 수도 있다. 그러나 같은 배경의 많은 학생들(예: 우리 학교 학생들)과 비교하여 자기의 상대적 위치를 추정하게 하는 것이므로, 무선적으로 선발된 집단의 이론적인 기대 추정치는 50%일 것이라는 점에서, 자기의 상대적 위치에 대한 추정치가 50%보

또한 일본과 캐나다 대학생들(아시아계 캐나다인과 유럽계 캐나다인)에게 독립적 특성(매력적이다·재미있다·독립적이다·자신감있다·지적이다)과 상호의존적 특성(협조적이다·헌신적이다·배려심깊다·노력형이다·믿음직하다)을 제시해 주고, "같은 연령층의 동성들 중 이 각각의 특성에서 자기보다 나은 사람의 비율"을 추정해 보도록 하였더니, 유럽계 캐나다인은 강한 허구적 독특성 효과(각각 27.5%와 23.7%)를 보이지만, 일본 학생들은 평균적인 반응 경향(각각 47.3%와 43.9%)을 보이며, 아시아계 캐나다인은 그 중간(각각 36.3%와 27.4%)에 위치하고 있음이 밝혀지기도 하였다.[41]

이러한 사실은 우리나라와 미국의 대학생을 비교한 연구에서도 확인되고 있다. 박혜경은 미국과 한국의 대학생들에게 독립적 특성(경쟁적인·개성있는·자유로운·자립심있는)과 상호의존적 특성(공손한·협조적인·호의적인·예의바른)을 제시해주고, "같은 학교 학생들 중 몇 %가 이러한 특성을 가지고 있는지" 평정해 보도록 하였다. 그 결과 미국 대학생들이(독립성: 35.93%; 의존성: 28.06%) 한국 대학생들보다(독립성: 52.52%; 의존성: 43.47%) 강한 허구적 독특성 효과를 보여주고 있었다.[42]

이러한 결과들은 자기의 독특성을 과장하여 지각하는 허구적 독특성 지각 경향은 개인주의 사회의 특징일 뿐, 집단주의 사회에서는 나타나지 않는다는 사실을 시사하는 것이다. 이렇게 개인주의 사회에서 독

다 낮아질수록 허구적 독특성 지각 경향이 높아지는 것이라 볼 수 있다(Heine & Lehman, 1995, 1997; Kunda, 2000; Markus & Kitayama, 1991b; Matsumoto, 2000).

41 Heine & Lehman, 1997.

42 박혜경, 2011.

특성을 중시한다는 사실은 주요 국가별 고교생의 수학 성취도와 수학에 자신 있다는 학생들의 비율을 비교한 결과에서도 드러난다. 이 조사에서 한국 · 일본 · 홍콩 등 집단주의 사회의 고등학생들은 1,000점 만점의 수학시험에서 각각 702점, 669점, 643점의 높은 성취도를 보여주고 있으나, 뉴질랜드 · 영국 · 미국 등 개인주의 사회의 학생들은 동일한 시험에서 각각 559점, 538점, 534점의 성취도를 보일 뿐이었다. 그러나 같은 조사에서 이 시험에 참가한 고교생들 중 "수학에 자신 있다"고 응답을 한 한국 · 일본 · 홍콩의 학생은 각각 6%, 4%, 5%였을 뿐인데 반해, 뉴질랜드 · 영국 · 미국의 학생들 중 "수학에 자신 있다"고 응답을 한 비율은 각각 22%, 24%, 34%에 달하여, 전자보다 4 ~ 5배 이상 높은 결과를 보이고 있었다.[43]

이상의 결과들은 개인주의 사회인들은 자기를 사실 이상으로 독특한 존재라고 인식하지만, 집단주의 사회인들은 그렇지 않음을 여실히 보여주는 것이다. 이러한 차이는 두 문화권에서의 주의의 초점의 차이로부터 직접 도출되고 있는 현상이다.

2) 자기존중감의 근원과 독특성 추구 경향의 문화차

그러나 제임스가 주장하고 있듯이 자기존중감의 추구 욕구가 보편적인 인간의 동기이고, 자기존중감의 근거가 문화적 명제에 달려 있다면, 문화에 따라 정적 자기평가의 통로가 달라질 것이라는 사실은 필연

43 중앙일보, 1998년 10월 29일자, 9면.

적인 결과이다. 어느 사회에서든지 자기에 대한 정적 평가인 자기존중감은 자기의 탁월성에 대한 정적 평가를 기초로 하는 것이다.[44] 따라서 자기존중감은 해당 문화에서 중시하는 성향 또는 특성의 인식을 바탕으로 한다.

미국인(개인주의 사회인)과 독립적 자기관의 보유자들은 개인주의적 성향(자율성·독립성·독창성·자립성·개별성·독특성 등)이 집단주의적 성향(호의성·타협성·협동성·충성심·참을성·자기희생 등)보다 개인적으로 더 중요하다고 평가하며, 또한 집단주의적 성향보다는 개인주의적 성향의 탁월성에 의해 더 자기존중감이 높아지는 것으로 보고 있는데 반해, 일본인(집단주의 사회인)과 상호의존적 자기관의 보유자들은 정반대의 결과를 보인다는 사실은 이러한 논의의 타당성을 입증하고 있다.[45]

이러한 배경에서 보면, 자기의 독특성과 수월성을 사실 이상으로 과장하여 지각하는 허구적 독특성 효과가 개인주의 사회만의 고유한 특징이라기보다는 두 문화에서 중시하는 특성의 유형에 따라 달라질 것이라 추론할 수 있다. 즉, 개인주의 사회에서 중시하는 능력과 독립적 성향에 대한 허구적 독특성의 지각 경향은 집단주의 사회보다는 개인주의 사회에서 더 강하겠지만, 집단주의 사회에서 중시하는 상호의존적 성향에 대한 허구적 독특성의 지각 경향은 개인주의 사회보다는 집단주의 사회에서 더 강하게 나타날 가능성이 있는 것이다.

필자는 우리나라 고등학생(연구 1)과 대학생(연구 2)들을 개인중심

44 Brown, 1998; Heine et al., 1999; Kunda, 2000; Maehr, 1974; Maehr & Nicholls, 1980; Markus & Kitayama, 1991a, b, 1994a, b; Matsumoto, 2000; Sedikides et al., 2003.

45 Sedikides et al., 2003.

성향자와 집단중심성향자로 나누고, 이들에게 세 개씩의 "능력"(지적 능력·기억력·운동능력), "개체성 특성"(독립성·자립성·자기주장성), "배려성 특성"(동정심·온정성·타인이해심)을 제시해 준 다음, "같은 학교 학생들 중 이들 각각의 특성에서 자기보다 우수하다고 생각되는 비율"을 추정하도록 하였다. 그 결과 개인주의 사회에서 중시하는 능력과 개체성 특성에서는 개인중심성향자(능력: 34~35%; 개체성 특성: 29~31%)가 집단중심성향자(능력: 39~47%; 개체성 특성: 44~45%)보다 스스로의 독특성을 과대평가하였으나, 집단주의 사회에서 중시하는 배려성 특성에서는 집단중심성향자(24~31%)가 개인중심성향자(36~39%)보다 스스로의 독특성을 과대평가함이 확인되었다.[46]

물론 이 연구에서도 전반적으로 개인중심성향자(모두 34%)가 집단중심성향자(36~41%)보다 독특성 지각 경향이 큰 것으로 검출되어, 허구적 독특성 지각 경향이 개인주의 사회의 특징임이 드러나고 있기는 하다. 그러나 해당 사회의 문화적 명제와 일치하는 경우 독특성 지각 경향이 높아진다는 이러한 결과는 문화에 따라 자기평가 기준에 차이가 있음을 시사하는 것이다. 즉, 개인주의 사회에서는 제반 능력과 독립적이고 자율적인 개체적 특성의 보유가 대인평가의 기준이 되므로 능력과 독립성 및 자립성의 탁월함이 자기존중감의 근원으로 작용하지만, 집단주의 사회에서는 대인관계에서의 배려와 조화추구적 특성의 보유가 대인평가의 기준이 되므로 이러한 배려성 · 조화성의 우월함이 자기존중감의 근원으로 작용하게 되는 것이다.

46 조긍호, 2002.

3) 자기존중감의 근원과 그 측정의 문제

이와 같은 사실들을 염두에 두고 보면, 서구에서 이루어진 많은 연구들에서 밝히려 했던 바와 같은, 자기의 탁월성을 과장하는 허구적 독특성 지각 경향이 개인주의 문화에서만 나타난다는 생각의 배경에는 긍정적인 자기평가를 통해 자기존중감의 고양을 도모하는 경향은 개인주의 문화의 특징일 뿐이라는 견해가 깔려 있었다고 생각할 수 있다.[47] 실제로 서구에서 이루어진 자기존중감 연구들을 개관하여 보면, 이들 연구에서는 사용된 척도에 관계없이 서구인들의 자기존중감의 평균 또는 중앙치가 이론적 중간점보다 상위에 편포되어 있음이 밝혀지고 있다.[48] 그 뿐만 아니라 "자기존중감 척도"(Self-Esteem Scale: SES) 점수들을 사후종합분석(meta-analysis)해 본 어떤 연구에서 유럽계 캐나다인은 이론적 중간점보다 상위에 편포하며, 중간점 이하인 사람은 7% 미만임에 비해,[49] 일본인의 사후종합분석에서는 이론적 중간점을 중심으로 정상분포하고 있다는 사실이 드러나고 있다.[50]

이러한 결과들은 서구인의 자기존중감 수준이 전반적으로 동아시아인의 그것보다 높음을 나타내는 것이다. 그러나 이러한 연구들은 중대한 실제적 및 이론적인 문제점을 안고 있는 것으로 보인다. 우선 생

47 Heine at al., 1999; Kanagawa, Cross, & Markus, 2001; Kunda, 2000; Markus & Kitayama, 1991a; Matsumoto, 2000.

48 Baumeister, Tice, & Hutton, 1989.

49 Heine et al., 1999, 그림 1, p. 776.

50 Heine et al., 1999, 그림 2, p. 777: 같은 결과가 Diener & Diener(1995)의 분석에서도 나타나고 있다.

각해 볼 수 있는 것은 정적인 자기평가의 욕구가 과연 개인주의 사회에서만 작용하는 것인가 하는 점이다. 앞에서도 언급하였듯이, 윌리엄 제임스 이래 많은 학자들은 이러한 정적 자기평가를 위한 욕구가 인간의 가장 강력하고도 보편적인 동기의 하나일 뿐만 아니라, 심지어는 인간의 진화 과정에서 사회적 수용과 거부의 단서로서의 역할을 해 온 중요한 진화적 이점을 가지는 특성이어서[51] "인류의 진화사(進化史)까지로 그 출현을 추적해 볼 수 있는 동기"[52]라고 보고 있다. 이러한 관점에서 보면, 개인주의 사회일수록 자기존중감 수준이 높다는 결과들은 이들 연구에서 사용된 척도가 서구의 개인주의 사회에서 중시하는 측면을 더 잘 반영하기 때문일 가능성이 있는 것이다.[53]

이러한 연구들에서 주로 사용된 척도는 로젠버그(Rosenberg, M.)의 10 문항짜리 "자기존중감 척도"(Self-Esteem Scale: SES)인데,[54] 이는 대체로 "나는 내가 좋은 특성을 많이 가지고 있다고 생각한다", "나는 나 자신에 대해 좋은 태도를 가지고 있다", "전반적으로 나는 나 자신에 대해 만족한다", "나는 최소한 남들과 같은 기준에서 가치로운 사람이라고 생각한다" 등과 같이 개인주의 문화에서 중시하는 적극적인 자기주장 및 자기고양적 편향의 측면을 드러내는 문항들로 구성되어 있어,[55] 자기억제를 강조하는 집단주의 문화에서도 똑같이 적용되기 어

51 Leary & Baumeister, 2000.

52 Sedikides et al., 2003, p. 62; Sedikides & Skowronski, 2000, 2002.

53 Baumeister et al., 1989; Diener & Diener, 1995; Heine et al., 1999.

54 Rosenberg, 1965.

55 조긍호, 1993, 1996a, b, 1997a, 1999a, 2000, 2002; Heine et al., 1999; Markus & Kitayama, 1991a, b, 1994a, b; Triandis, 1989, 1990, 1995.

려운 점이 있다.

하이네(Heine, S.)와 레만(Lehman, D.)은 유럽계 캐나다인, 아시아계 캐나다인, 일본인의 세 집단에서 로젠버그의 자기존중감 척도(SES)와 싱겔리스(Singelis, T.)의 "독립성/상호의존성 척도"(Independence/Interdependence Scale)[56] 간의 상관을 내어본 결과, SES와 독립성(개인주의적 가치) 간에는 세 집단 모두 유의미한($p < 0.001$) 정적 상관을 보이나(각각 $r = 0.42, 0.43, 0.33$), SES와 상호의존성(집단주의적 가치) 간에는 부적 상관(각각 $r = -0.18$, $p < 0.001$; $r = -0.14$, $p < 0.01$; $r = -0.08$, $p > 0.05$)을 보이고 있음을 밝혀내었다.[57] 이는 자기존중감을 측정하는 척도로 가장 많이 사용되고 있는 로젠버그의 자기존중감 척도(SES)가 개인주의적 가치를 민감하게 반영함을 나타내는 결과이다.

이러한 맥락에서 보면, 집단주의자들의 자기존중감 수준이 개인주의자들의 그것보다 낮게 나온 것은 사용된 척도의 편파성에 기인한 것이지, 사실을 반영한 것이 아닐 가능성이 높다. 따라서 문화 집단 간 자기존중감 수준의 차이를 같은 기준에서 비교해 보기 위해서는 각 문화 집단의 자기존중감의 근원의 차이를 반영한 새로운 측정 척도를 개발하는 데 우선적인 관심을 기울여야 할 것이다.

4) 자기존중감의 근원과 효능감의 문제

이상에서 보듯이, 자기존중감의 근원은 문화 집단에 따라 커다란

56 Singelis, 1994.

57 Heine & Lehman, 1997.

차이를 보인다. 사회행위의 원동력을 개인의 능력 · 성격 · 욕구 등 내적 특성에서 찾음으로써, 이들을 완비한 개인의 독립성과 자율성을 추구하고 중시하는 개인주의 사회에서는 내적 특성의 확인과 적극적 표현 등 독립성과 자기독특성의 추구가 자기존중감의 근거가 된다. 이에 비해 사회행위의 원동력을 관계 속의 역할 · 의무 · 배려 등 상황 특성에서 찾음으로써, 상호의존성과 연계성 및 조화를 추구하고 중시하는 집단주의 사회에서는 상황의 변화에 맞추는 자기조절과 자기억제 및 사회맥락과의 조화의 유지가 자기존중감의 근거가 되는 것이다.[58]

이러한 두 문화권의 자기존중감의 근원의 차이에서부터 자기표현(自己表現)과 통제(統制)의 의미에 대한 문화차가 도출된다. 개인주의 사회에서는 독립성과 자율성을 신장시킬 수 있는 자기주장을 적극 권장한다. 따라서 개인주의 사회에서는 자기의 내적 요구 · 권리 및 능력의 표출과 사회적 압력에 대한 저항의 노력을 통해 개인적 역량이 발휘되는 것으로 받아들이게 되고, 통제란 결국 개별성과 자율성을 성취하기 위하여 사회 상황이나 외적 제약을 변화시키는 것을 의미하게 된다.[59] 그리하여 이들은 "환경 세계를 개인의 욕구에 합치되도록 변화시킬 수 있는 능력"이 통제력의 원천이라 보아, "개인의 욕구에 부합되도록 외부 세계를 변화시키기 위한 노력"[60]을 강조하는 입장에서, 능동성 · 도전 · 저항 · 극복 같은 "외부지향적 행동"(outward behavior)을 중시하고,

58 Bandura, 1997; Fiske et al., 1998; Heine et al., 1999; Kitayama et al., 1997; Kunda, 2000; Markus & Kitayama, 1991a, b; Matsumoto, 2000.

59 Markus & Kitayama, 1991a, b.

60 Rothbaum, Weisz, & Snyder, 1982, p. 8.

수동성 · 후퇴 · 순종 같은 "내부지향적 행동"(inward behavior)은 통제 불능의 상태에서 나오는 병리적 행동이라 간주한다.[61]

이에 비해 집단주의 사회에서는 대인관계 속의 조화와 통합을 도모할 수 있는 자기억제를 권장한다. 따라서 집단주의 사회에서는 타인에의 민감성, 상황의 필요와 요구에의 적응 및 자기억제와 조절의 노력을 통해 개인적 역량이 발휘되는 것으로 받아들이게 되고, 통제란 결국 상호의존성과 연계성을 실현시키기 위하여 개인적 욕구와 목표 및 사적 감정 등 내적 속성을 억제하는 것을 의미하게 된다.[62] 그리하여 이들은 "자기를 외부 세계와 합치되도록 만들고, '현실과 타협'하려는 노력"[63]이 통제력의 원천이라 보아 중시함으로써, 자기의 기대 · 목표 · 욕구 등 내부의 속성을 외부 현실에 맞게 변화시킴으로써 보상을 얻으려 한다.[64]

이렇게 개인주의 사회에서 통제력의 원천을 타인이나 외적 조건과 분리된 개인에게서 찾는 경향은 자기의 통제력을 사실보다 과장하여 지각하는 "통제력 착각"(illusion of control)의 현상이나[65] 자기의 미래를 타인의 미래보다 더 나을 것이라고 기대하는 "비현실적인 낙관주의"(unrealistic optimism)의 경향을 낳게 된다.[66] 그러나 이러한 통제력 착각이나 비현실적 낙관주의의 경향은 통제력의 근거를 개인 내에서 찾으

61 Rothbaum et al., 1982; Weisz, Rothbaum, & Blackburn, 1984.

62 Markus & Kitayama, 1991a, b.

63 Rothbaum et al., 1982, p. 8.

64 Weisz et al., 1984.

65 Crocker, 1982; Langer, 1975; Taylor & Brown, 1988.

66 Brown, 1986; Taylor & Brown, 1988; Weinstein, 1980.

려 하지 않는 집단주의 사회에서는 나타나지 않는다. 즉, 일본인들은 캐나다인들과는 달리 비현실적 낙관주의의 경향을 거의 보이지 않고 있는 것이다.[67] 따라서 통제력 과대 지각이 문화적인 요구로 작용하는 개인주의 문화에서는 이것이 적응 수준을 높여, 지진과 같은 자연재해에도 잘 대처하게 하고 또 행복감을 유발하지만, 그렇지 않은 집단주의 문화에서는 통제력 착각이나 비현실적 낙관주의가 적응 수준이나 자연재해에의 대처 및 행복감의 증진에 아무런 영향을 미치지 못하거나, 오히려 역기능을 갖게 되는 것이다.[68]

통제의 의미에 대한 문화차와 관련하여 한 가지 고찰해 보아야 할 것은 "자기효능감"(self-efficacy)의 문화차의 문제이다. "자기효능감은 자기의 삶에 영향을 미치는 사상(事象, event)들을 통제할 수 있는 능력에 대한 신념"[69]이다. 따라서 효능감은 개인이 가지는 통제력의 주축이 되는 신념이다. 앞에서의 논의에 비추어 보면, 이러한 자기효능감은 개인주의 사회에서는 일차적인 중요성을 갖지만, 집단주의 사회에서는 중요하지 않거나 경험되지 않는 것으로 보일 수도 있다. 그러나 이는 그렇지 않다.

통제감의 주축인 효능감 신념의 기능적 가치는 문화보편적인 것이다.[70] 하지만 여기서의 "보편성(universality)이 탈문화적 관점(culture-free perspective)을 의미하는 것은 아니다. 자기가 바라는 효과를 산출할 수

67 Heine & Lehman, 1995.

68 Diener & Diener, 1995; Heine & Lehman, 1995.

69 Bandura, 2000, p. 212.

70 Bandura, 1997, 2000.

있는 능력에의 신념은 어떤 문화권에서나 확립될 수 있는 것이다. 그러나 효능감 신념이 어떻게 발달되는지, 이것이 어떤 목적을 위해 쓰이는지, 그리고 특정 문화 환경 내에서 이것이 가장 잘 발휘될 수 있는 방법이 무엇인지는 문화적 가치와 실제가 결정하는 것이다. 따라서 효능감의 신념은 집단주의와 개인주의 사회에서 모두 생산성에 기여할 수 있는데, 다만 개인주의자들은 스스로가 사태를 관리할 수 있을 때 가장 효능감을 느끼고 생산적이지만, 집단주의자들은 타인들과 함께 사태를 관리할 때 가장 효능감을 느끼고 생산적일 뿐인 것이다."[71] 집단 작업이 개인주의 사회에서는 "사회태만"(social loafing)을 가져오지만, 집단주의 사회에서는 "사회촉진"(social facilitation)을 가져온다는 사실은 이를 입증하고 있다.[72]

이렇게 개인주의 사회에서의 자기존중감의 근원이 개인으로서 통제력을 갖추고 유능하다는 "개인효능감"(personal efficacy)이라면, 집단주의 사회에서의 자기존중감의 근원은 소속감과 조화감에서 나오는 "집단효능감"(collective efficacy)이다.[73] 개인주의 사회에서 "나도 가치로운 사람이라는 느낌"(자기존중감)은 남이 못하는 일을 내가 할 수 있거나, 남과 다른 나만의 독특한 개성이 드러날 때, 또는 환경과 타인을 통제하여 나에게 맞게 변화시켰을 때 높아지게 되지만, 집단주의 사회에

71 Bandura, 1997, p. 32.

72 Early, 1989, 1993, 1994; Gabrenya, Latané, & Wang, 1983; Gabrenya, Wang, & Latané, 1985; Geen & Shea, 1997; Karau & Williams, 1993: 다른 사람과 함께 작업할 때 개인 혼자서 작업할 때보다 개인당 작업성과가 낮아지는 것이 "사회태만" 현상이고, 그 반대의 경우가 "사회촉진" 현상이다.

73 Bandura, 1997, 2000.

서 "나도 가치로운 사람이라는 느낌"은 나의 사적인 욕구나 감정을 억제하고 남들과 잘 어울리거나, 남들이 나를 유용한 성원으로 받아들여 줄 때, 또는 남들과 같은 소속원으로서 집단의 통합을 위해 함께 노력할 때 높아지게 된다. 이렇게 개인주의 사회에서는 능력이나 독특성 · 독립성 · 자율성 등 개인주의 문화 일치 특성의 탁월성 지각이 자기존중감의 근원이지만, 집단주의 사회에서는 배려성 · 연계성 · 협동성 등 집단주의 문화 일치 특성의 탁월성 지각이 자기존중감의 근원이 되는 것이다.[74]

3. 문화와 자기표현의 양식

인간을 개체중심적으로 이해하는 개인주의 사회에서는 인간의 제반 행위의 원천을 개인 속에 갖추어진 성격 · 능력 · 감정 · 욕구 · 의도 같은 내적 속성에서 찾는다. 뿐만 아니라 개인주의 사회인들은 개인이 환경세계에 대한 통제력을 갖추고 있다고 보아, 환경세계를 통제하여 이를 개인의 욕구 · 감정 · 의도에 맞추어 변화시키려는 경향을 띤다.

74 이러한 배경에서 Fiske 등(1999)은 "자기와 관련된 좋은 느낌의 근원은 문화에 따라 아주 달라서, 이를 '자기존중감'이라고 불러야 할지에 대해 의문을 가지게 된다"(p. 930)고 보고 있으며, Markus와 Kitayama(1991a)는 "자기존중이란 일차적으로 서구의 현상으로, 자기존중감의 개념은 자기만족(self-satisfaction) 또는 문화적 명제의 충족을 반영할 수 있는 다른 용어로 대치"(p. 230)될 필요가 있음을 역설하고 있다. 같은 맥락에서 Heine 등(1999)은 개인주의 사회뿐만 아니라 집단주의 사회의 정적 자기평가 또는 자기존중감을 포괄할 수 있는 새로운 개념화가 필요하다면서, 집단주의자들의 자기평가의 양상을 이해하기 위한 방편으로 자기존중감과 대조되는 "관계존중감"(relationship esteem, p. 786)의 개념을 제시하고 있다.

이들은 개인을 이성의 주체로 인식하므로 사회관계의 장면에서 인간은 자기이익의 확보에 유리한 선택지를 합리적으로 선택하고, 이를 이루기 위해 노력하는 존재하고 간주한다. 그리하여 개인주의 사회인들은 자기의 독특성과 수월성을 과도하게 추구할 뿐만 아니라, 이를 솔직하게 표출하여 적극적으로 자기를 드러내려는 자기주장의 경향이 강하다. 따라서 개인주의 사회에서는 외향성이 전형적인 성격유형으로 받아들여진다.

이에 반해 인간을 상황의존적인 존재라고 보아 관계중심적으로 이해하는 집단주의 사회에서는 상황과 관계 속에 갖추어진 역할 · 의무 및 타인과 소속집단에 대한 관심과 배려에서 사회행위의 근거를 찾는다. 집단주의 사회인들은 인간의 삶은 상황과 환경세계의 영향을 부단히 받으면서 이에 적응해가는 과정이라고 파악하여, 환경세계의 요구와 변화에 맞추어 자기의 욕구 · 감정 · 의도를 변화시키는 것을 통제의 핵심이라 받아들인다. 이들은 개인을 덕성의 주체로 인식하므로 사회관계에서 타인과 소속집단에 대한 관심과 배려를 앞세우고, 타인과 조화로운 관계를 맺기 위해 노력한다. 그리하여 집단주의 사회인들은 사회관계에서 자기를 드러내려 하지 않고 자기를 억제하는 경향이 강하다. 따라서 집단주의 사회에서는 겸양과 양보를 강조하며, 결과적으로 내향성이 전형적인 성격유형으로 받아들여진다.

통제의 대상과 자기표현의 양식에서 나타나는 이러한 문화차, 곧 통제의 대상을 환경세계로 보고 적극적인 자기주장을 강조하느냐(개인주의) 아니면 통제의 대상을 자기 자신이라 보고 자기억제를 강조하느냐(집단주의) 하는 차이는 곧바로 두 문화유형의 정서표현 양식, 선호하는 성격특성, 의사소통 양식 및 친교행동의 차이를 낳게 된다.

1) 사회화와 정서표출규칙의 문화차

문화에 따른 이러한 자기표현에 대한 강조점의 차이는 사회화 과정에 그대로 반영된다. 곧 집단주의 사회에서는 사회관계의 조화를 유지하기 위해 사회화 과정에서 사적인 욕구와 감정의 억제를 강조하는 반면, 개인주의 사회에서는 개인의 독립성과 자율성, 그리고 독특성을 신장시킬 수 있는 자기주장을 적극 권장한다.[75]

이러한 경향은 정서의 "표출규칙"(display rule)에 그대로 이어져서, 집단주의 사회에서는 개인의 사적 감정, 특히 자부심이나 분노와 같은 자아중심적 정서의 표현은 집단의 조화를 깨뜨릴 위험이 있는 것으로 보아 적극적으로 억제한다. 그러나 개인주의 사회에서는 정서표현은 솔직성과 진실성의 반영이라고 보아, 분노나 자부심 같은 정서도 거리낌 없이 표현하도록 권장한다.[76] 이러한 사실은 정서표현에 대한 문화비교 연구들을 통해 확인되고 있다.

미국 성인들을 대상으로 한 어떤 조사에 따르면, 미국인들은 주 1회 정도 가까운 사람들에게 분노를 표출한다.[77] 서구인(개인주의자)들에게서 이러한 분노의 표출은 두 사람 사이의 관계 조정의 기능을 한다. 곧 개인주의자들은 자기의 권리나 독립성이 침해받았을 때 분노를 경

75 Triandis, 1995, pp. 71–72.

76 Gudykunst, 1993, p. 153; Markus & Kitayama, 1991a, b, 1994b.

77 Averill, 1982.

험하므로, 자기의 권위나 독립성 또는 자기상의 증진이 분노 표출의 목적이라는 것이다. 이 조사에 따르면, 미국인들은 화난 사람의 62%와 그 화풀이의 대상이 되었던 사람의 70%가 분노 표출이 두 사람 사이의 관계의 조정에 유익한 결과를 가져왔다고 보고하고 있다.[78] 이와는 대조적으로 집단주의 사회에 속하는 북극지방 우트쿠 이누이트(Utku Inuit)족[79]이나 남태평양의 산호초섬인 이팔루크(Ifaluk)의 원주민들[80]은 분노를 전혀 경험하지 않거나, 또는 전혀 표출하지 않는 것으로 밝혀지고 있다.

일반적으로 집단주의자들은 개인주의자들보다 침묵을 높이 평가하고 잘 견디지만, 개인주의자들은 사람들이 모인 자리에서 서로 말하지 않고 있는 것을 못 견뎌 하는 경향이 있음이 밝혀지고 있다.[81] 이는 개인주의자들이 집단주의자들보다 정서표현을 더 자유롭게 자발적으로 많이 함을 시사하는 결과이다.

집단주의 사회와 개인주의 사회에서의 이러한 정서표출 양상의 차이는 많은 문화비교 연구에서 거듭 밝혀져 왔다. 예를 들면, 일본의 대학생들은 미국 같은 서구 문화권의 대학생들에 비해 분노 · 슬픔 · 기쁨 · 공포 같은 자아중심적 정서의 체험 시간이 짧고, 그 표현 강도가 낮으며, 내집단 성원같이 가까운 사람들과 함께 있을 때는 이 중에서도 특히 분노의 정서를 가능한 한 회피하려는 경향이 있음이 밝혀지고 있

78 Lewis, 1993.

79 Briggs, 1970.

80 Lutz, 1988; Oatley, Keltner, & Jenkins, 2006, pp. 70-72.

81 Triandis, 1994, p. 293; Triandis, 1995, pp. 76-77.

다.[82] 이렇게 보면, 집단주의 사회에서는 어려서부터 스스로 분노를 공개적으로 표현하거나, 타인에게서 분노의 표출을 목격하는 것이 비교적 희귀한 사건이 된다고 생각할 수 있다.

이러한 사실은 미국과 일본의 유아들이 어머니가 보이는 여러 정서에 대해 반응하는 시간을 측정한 연구에서 입증되고 있다. 이 연구에서는 11개월짜리 유아들의 어머니가 기쁨 · 공포 및 분노의 정서를 언어로 표현하면서 유아들이 좋아하는 장난감을 제시해 주었을 때, 이에 접근하려는 동작을 취하기까지 걸린 시간을 측정해 보았다. 그 결과 기쁨과 공포 조건에서는 문화권에 따른 차이가 없었으나, 유독 분노 조건에서만 차이가 있었다. 곧 어머니가 화난 소리를 내면서 장난감을 제시했을 때, 미국의 유아들은 18초 만에 접근 동작을 취했으나, 일본의 유아들은 48초가 지나서야 접근 동작을 시작했다.[83] 이러한 결과는 일본에서는 분노의 표출이 아주 희귀한 사건이므로, 일본의 유아들은 어머니의 분노 표현에 상대적으로 충격을 많이 받았던 때문으로 해석해 볼 수 있다.

이렇게 집단주의자들이 정서표출을 억제하는 경향은 타인의 안면 표정을 보고 정서를 정확하게 재인하는 정확재인율(correct recognition rates)을 떨어뜨린다. 일본인의 안면 표정에 따른 정확재인율은 미국인이나 유럽인보다 10~20% 정도 낮다는 사실이 보고되고 있다.[84] 이러

82 Matsumoto, 1989; Matsumoto & Ekman, 1989; Matsumoto, Kudoh, Scherer, & Wallbott, 1988.

83 Miyake, Campos, Kagan, & Bradshaw, 1986.

84 Izard, 1971, 1977.

한 결과는 "일본인들의 정서표출 및 해독 규칙(decoding rule)이 그들로 하여금 딱히 부적 정서만이 아니라 모든 정서를 제대로 표현하지 못하게 하고, 따라서 제대로 지각하지 못하게 한다는 사실과 관계가 깊다"[85]는 점을 뜻하는 것이다.

정서 상태를 표현하는 표출규칙은 개인이 어릴 때부터 사회화되어, 어떤 사람이 어떤 상황에서 어떤 조절기법을 사용하여 정서를 억제 또는 표현해야 하는지를 구체적으로 결정해 준다.[86] 이러한 표출규칙들은 사회적 맥락 안에서 정서의 표현을 조절하고 규제하기 위한 것이어서, 이는 사람들이 정서 상황에 적응할 때 사용하는 통제의 유형과 양을 결정해 준다. 지금까지 보았듯이, 분노와 슬픔 같은 부정적 정서의 표현은 대인관계에 민감하므로, 가장 많이 조절되는 정서이다. 이러한 정서의 조절은 개인주의 사회보다는 집단주의 사회에서 더 핵심적인 문제로 등장한다고 볼 수 있다. 집단주의 사회에서 "정서의 표현은 개인의 사적인 감정과는 직접적인 관계가 없이, 다만 대인관계의 조화와 화목을 도모하기 위한 공적인 도구적 행위(public instrumental action)로서 간주되는 경우가 더 많기 때문이다."[87]

2) 전형적 성격유형의 문화차

이렇게 자기를 드러내는 양식의 문화차가 문화권에 따른 아동 사

85 Matsumoto & Ekman, 1989, p. 155.

86 Ekman, 1972, 1982.

87 Markus & Kitayama, 1991a, p. 236.

회화 과정에서의 차이에서 기인하는 것이라면, 집단주의 사회에서는 자기를 잘 드러내지 않으려는 경향이 전형적인 성격유형으로 굳어지게 되고, 반대로 개인주의 사회에서는 적극적이고 솔직한 자기표현의 경향이 지배적인 성격 특성으로 자리 잡게 되었을 것이라 추론해 볼 수 있다.

문화비교 연구 결과에 따르면, 일본인과 중국인에게는 자기에게 벌어지는 여러 가지 일이나 사건의 원천이 자기 자신이라기보다는 상황이나 운 같은 외적 요인에서 찾는 외(外)통제형이 많고, 미국인에게는 자기 자신에게서 원인을 찾는 내(內)통제형이 많으며, 집단주의자들은 외적 통제의 신념이 내적 통제의 신념보다 강하고, 개인주의자들은 그 반대이다.[88] 이러한 결과들은 집단주의자들은 스스로를 외부 환경의 영향을 받는 존재라고 인식하는 경향이 강하고, 개인주의자들은 스스로가 외부 환경에 작용을 가하는 존재라고 보는 경향이 있음을 나타내는 것이다. 이러한 맥락에서 보면, 집단주의 사회에서는 자기 내부로 침잠하는 사람(내향성)이, 그리고 개인주의 사회에서는 자기 외부로 발양하는 사람(외향성)이 전형적인 성격유형으로 받아들여질 가능성이 높다.

성격의 "5대 요인 모형"(Big-Five model)을 36개국에 걸쳐 문화비교한 연구의 결과에 따르면, 미국 · 캐나다 · 프랑스 · 독일 · 스위스 같은 서구인들은 외향성과 체험개방성(세련성)이 높은데 반해 호의성 수준은

88 Bond & Hwang, 1986; Cheung, 1986; Liu, 1986; Weisz et al., 1984; Yang, 1986: Rotter (1966, 1975)는 자기에게 주어지는 보상이나 처벌 또는 자기에게 벌어지는 여러 가지 사건이나 결과들의 원천이 자기 자신이라고 생각하는지 아니면 운 · 환경 · 타인 등 외적 조건이라고 생각하는지에 따라, 사람들을 내통제(內統制; internal locus of control) 유형과 외통제(外統制, external locus of control) 유형으로 나눌 수 있다고 보고, 이를 측정하는 척도(I-E Scale)를 제작하였다.

낮아, 자기를 드러내기를 좋아하고 새로운 사건에 대한 개방적인 태도가 높은 대신, 다른 사람을 잘 수용하지 못하는 경향이 강하다. 그러나 한국 · 중국 · 일본 · 대만 같은 동아시아인들은 외향성과 체험개방성은 낮은 대신 호의성 수준은 높아, 내향적이어서 자기를 잘 드러내지 않으려 하고 전통을 고수하려 하며, 대인관계에서 다른 사람에게 매우 포용적인 경향을 보이고 있다.[89]

이렇게 개인주의 사회에서는 외향성 수준이 높고 집단주의 사회에서는 내향성 수준이 높은 경향은, 각국의 개인주의 점수와 외향성 점수 사이의 상관이 $r = 0.64$로 매우 높은 것으로 검출되고 있다는 사실에서 직접적으로 드러나고 있다.[90] 이렇게 개인주의 사회에서는 외향성이 전형적 성격유형인데 반해, 집단주의 사회에서는 내향성이 전형적인 유형인 것이다.

3) 의사소통 양식의 문화차

개인주의 사회에서는 성격 · 능력 · 감정 · 의도 · 의견 · 태도 같은 행위자의 내적 특성이 사회행위의 원동력이라 여기므로, 상황적 단서나 관계의 양상 같은 외적 요인보다는 행위자의 내적 특성이 일차적인 주의의 초점으로 부각된다. 그러므로 의사소통 장면에서도 이러한 내

89 Allik & McCrae, 2004.

90 Hofstede & McCrae, 2004: 여기서 각국의 개인주의 점수는 Hofstede(1980, 1991)의 결과를 지표로 하고, 외향성 점수는 Allik과 McCrae(2004)의 결과에서 외향성 척도의 개인별 점수를 각 국가 내에서 평균한 시민점수(citizen scores)로 계산하여, 36개 국가의 이 두 점수 사이의 상관을 계산한 것이다.

적 특성의 정보를 명시적으로 드러내어 표현하는 "저맥락 의사소통"(low-context communication)의 양식이 두드러진다. 그러나 집단주의 사회에서는 상황적 요구나 역할 및 관계의 양상 같은 외적 요인이 사회행위의 결정요인으로 등장하게 되는 경우가 많고, 따라서 이러한 외적 요인이 주의의 초점으로 등장한다. 그러므로 의사소통 장면에서 이러한 상황 단서에 민감하게 되고, 이러한 상황적 단서는 자명한 것으로 받아들여 더 이상 언급하지 않고 넘어가는 "고맥락 의사소통"(high-context communication)의 양식이 두드러진다.[91]

그렇기 때문에 집단주의 사회에서 자명하다고 여겨지는 많은 것들을 개인주의 사회에서는 명시적으로 이야기해야 하고, 따라서 많은 말이 필요하게 된다. 이와는 달리 집단주의 사회에서는 대부분의 정보가 의사소통 당사자들의 상황이나 그 사람 안에 이미 들어있기 때문에 이를 겉으로 드러내어 이야기할 필요가 없어지고, 따라서 말이 적어진다. 일반적으로 개인주의 사회에서는 다변과 말재주를 높이 평가하지만, 집단주의 사회에서는 침묵과 과묵함을 높이 평가하는 경향이 있는데, 그 까닭은 이러한 의사소통양식의 차이에서 나오는 것이다.

이렇게 개인주의 사회에서는 "저맥락 의사소통"이 지배적인 의사소통의 양식으로 부각되고, 집단주의 사회에서는 "고맥락 의사소통"이 의사소통의 양식으로 두드러지게 되는 의사소통의 맥락적 관련성과 앞에서 언급한 자기표현 강조점의 차이(개인주의 = 적극적 자기주장 강조; 집단주의 = 자기억제 강조)가 어우러져서, 문화유형에 따른 의사소통 양

91 Hall, 1976.

식의 제반 차이가 나타나게 된다.

(1) 직접표현과 간접표현 선호도의 차이

저맥락 의사소통이 특징인 개인주의 사회에서는 의사소통은 상대적으로 상황적 맥락과 분리된 사건으로 받아들여진다. 이 사회에서는 의사소통은 특정 대인관계의 맥락에 대한 의존성이 거의 없이 이루어진다. 그러나 집단주의 사회에서는 의사소통은 이것이 이루어지는 관계의 맥락에 통합적으로 연계된 것으로 받아들여진다. 따라서 이 사회에서는 화자(話者)와 청자(聽者) 사이의 상호작용의 역사와 둘 사이의 공통적인 사전 지식과 이해 같은 것들이 의사소통에 개재하게 된다.

이러한 차이가 두 문화권에서 대화를 표현하는 양식의 차이를 유발한다. 집단주의 사회에서는 대화 상대방과의 관계가 이미 잘 확립되어 있기 쉽고, 따라서 기존 조화상태의 유지에 우선성이 주어지므로, 대화의 표현이 덜 외현적이고 더욱 간접적이다. 상호작용의 맥락이 언어화될 필요가 없는 의미를 이미 전달하기 때문이다. 그러나 개인주의 사회에서는 대화 자체가 맥락에의 의존성이 없는 채로 이루어지기 때문에, 전달할 내용을 외현적으로 직접 표현하여야 한다.[92]

개인주의 사회의 대화에서는 모든 문장에 대명사 "나"(I)가 사용되어 화자가 표현하려는 내용이 중심이 되는 데 반해, 집단주의 사회의 대화에서는 "나"는 대체로 생략하는 대신 맥락적 단서(어조, 말소리의 크기, 몸짓, 자세 등)를 통해 의미를 전달하려는 경향이 많다.[93] 이러한 사

92 Hall, 1966; Smith, Bond, & Kagichibasi, 2006, p. 153.

93 Kashima & Kashima, 1998; Triandis, 1995, pp. 76, 125.

실은 개인주의와 집단주의 사회에서 각각 저맥락 의사소통과 고맥락 의사소통이 지배적인 대화의 양식임을 드러내는 것이다.

이러한 두 문화권에서 지배적인 의사소통 양식의 차이는 많은 문화비교 연구들에서 거듭 밝혀지고 있다. 일본인과 미국인의 의사소통 양식의 차이에 관한 어떤 조사연구에 따르면, 일본인들은 표현의 보류 · 공식성 · 침묵 · 신중함 · 우회적 표현 같은 요인을 의사소통에서 중요한 특징으로 보고 있는데 비해, 미국인들은 자기주장 · 솔직성 · 비공식성 · 자발성 · 다변 같은 요인을 중요한 특징으로 보고 있다.[94] 이러한 결과는 일본인들은 일상적인 대화에서 간접적인 표현을 더 많이 사용하는 반면, 미국인은 직접적인 표현을 더 많이 사용함을 알려주고 있다.

집단주의자들은 간접표현을 선호하고 개인주의자들은 직접표현을 선호한다는 사실은 한국인과 미국인의 비교연구에서도 나타나고 있다. 대화 시에 간접표현을 사용하는 빈도와 상대방의 말 뒤에 숨어 있는 간접적 의미를 탐색하는 빈도를 자기보고의 방법으로 조사하여 "대화간접성"(conversational indirectness)의 지표를 계산해보면, 한국인의 간접성 지수가 미국인의 그것보다 매우 높았다.[95] 이러한 차이는 한국인 · 중국인과 미국인의 비교에서도 마찬가지로 나타나고 있다.[96]

의사소통에서 맥락적 단서를 중요하게 고려하면 내집단원과 외집단원에 대한 의사소통 양식에 차이를 보이지만, 맥락적 단서를 중요하

94 Barnlund, 1975.

95 Holtgraves, 1997.

96 Sanchez-Burks, Lee, Choi, Nisbett, et al., 2003.

게 고려하지 않으면 내−외집단원에 대한 의사소통에 차이를 보이지 않을 것이라 추론할 수 있다. 이러한 사실은 한국 · 일본 · 미국 · 호주인들을 대상으로 한 연구에서 확인되고 있다. 이 연구에서 집단주의 사회인들(한국인·일본인)은 내집단원과의 대화에서는 외현적 표현 없이도 상대방의 감정을 더 잘 이해하였으며, 그들 간에 공유하고 있는 관계망에 대해 더 많이 언급하였고, 서로간의 공통성을 더 잘 표현하고 질문도 더 많이 하였다. 그러나 개인주의자들(미국인·호주인)은 내집단 성원과의 대화와 외집단 성원과의 대화 사이에 차이가 거의 없었다.[97]

(2) 말재주 · 다변(多辯)과 과묵함 · 침묵 선호도의 차이

이상의 결과는 집단주의 사회에서는 자기를 적극적으로 드러내는 자기노출(自己露出, self−disclosure)을 억제하는 경향을 보이지만, 개인주의 사회에서는 자기노출을 권장하는 경향을 보이는 것으로 해석할 수 있다. 문화유형에 따른 이러한 자기노출에 대한 태도의 차이는 두 문화권에서 말의 속도에 대한 시각의 차이를 가져오게 한다. 한국인과 미국인의 말의 속도와 이에 대한 그들의 평가의 차이를 비교해 보면, 미국인들은 말을 빨리 하는 대상이 더 유능하다고 평가하며, 말을 빨리 하는 것은 진실성과 솔직성의 반영이라고 인식하여 그 내용을 더 신뢰한다. 이에 견주어 한국인들은 말을 느리게 하는 대상이 더 유능하다고 평가하며, 말을 느리게 하는 것은 대화 상대방과 맥락을 신중하게 고려하는 것으로 인식하여 그 내용을 더 신뢰한다.[98]

97 Gudykunst, Matsumoto, Ting−Toomey, Nishida, Kim, & Heyman, 1996.

98 Lee & Boster, 1992.

이러한 배경에서 의사소통에서 나타나는 "침묵"(silence)을 받아들이는 태도에 집단 사이에 차이가 있다는 사실을 이해할 수 있다. 집단주의 사회의 의사소통에서는 대화자 사이에 침묵이 흐르는 시간이 비교적 길고, 자주 나타난다. 그러나 개인주의 사회인들은 대화가 끊기고 침묵이 흐르는 것을 못 견뎌 하는 경향이 있다. 집단주의자들에게 침묵은 관계의 친밀함이나, 힘과 권력의 상징, 또는 경우에 따라서는 부동의(disagreement)의 의미로 여겨지는 경향이 있지만, 개인주의자들에게 침묵은 약함 · 수줍음 · 당혹감의 징표이거나 무시의 의미를 띤다.[99]

이와 같이 일반적으로 개인주의자들에게 침묵은 부정적인 것으로 인식되지만, 집단주의자들에게 침묵은 의사소통에서 자연스러운 일로 받아들여져 대화 시에 훨씬 자주 나타난다. 일본인과 미국인의 의사소통 양식을 비교한 연구에 따르면, 일본인들의 의사소통에서는 미국인들의 의사소통에서보다 침묵이 훨씬 자주 나타나며, 미국인들은 대화를 할 때 침묵이 이어지면 자의식 수준이 높아지지만, 일본인들은 침묵이 이어져도 자의식이 유발되지 않는다. 처음 보는 낯선 사람과 대화할 때 침묵이 이어지면 미국인들은 불편함(uncomfortableness)을 많이 느끼지만, 일본인들은 침묵이 이어져도 불편해하지 않는다.[100] 이렇게 일본인들은 침묵을 자연스러운 일로 받아들여 대화 시에 이를 의도적으로 활용하려 하지 않지만, 미국인들은 이를 대화 시에 전략적으로 활용하는 경향이 강하다.

집단주의 사회에서는 "침묵은 금, 웅변은 은" 같이 말이나 행동하

99 Bruneau & Ishii, 1988.

100 Hasegawa & Gudykunst, 1998.

기 전에 다시 생각해보는 일과 말을 신중하게 하는 일을 중시하며, 다변(多辯)을 경계하는 격언이나 속담이 많다는 사실은 이 사회에서 의사소통의 상황에서 과묵함과 침묵에 커다란 가치를 부여하고 있음을 웅변해주고 있다.[101] 특히 동아시아 사회에 집단주의 문화를 형성해 왔던 사상적 기초인 유학 사상에서는 그 창시자인 공자로부터 다변을 경계하고 눌변(訥辯)을 권장하는 것이 전통이었다.[102] 이렇게 집단주의 사회에서 자기표현의 억제를 강조하는 배경에는 바로 이러한 유학 사상이 놓여 있다고 추론할 수 있을 것이다.

4) 친교행동의 문화차

집단주의 사회인들은 개인주의 사회에 사는 사람들보다 사회관계에서 자기를 잘 드러내려 하지 않고 자기 자신 속에 침잠하는 경향이 강하다. 그러므로 집단주의 사회인들은 친구를 잘 사귀지 못할 가능성이 높다. 이에 비해 개인주의자들은 사회관계에서 자기를 잘 드러내므로, 아무 하고나 잘 사귈 가능성이 높다.

이러한 추론이 여러 연구에서 사실로 드러나고 있다. 네덜랜드에

101 Giles, Coupland, & Wiemann, 1992; Smith et al., 2006, p. 158.

102 《論語》에서는 "말을 잘하고 얼굴빛을 잘 꾸미는 사람 중에 어진 사람이 적다"(巧言令色 鮮矣仁, 學而 3: 이는 朱熹의 《論語集註》의 편차에 따른 〈學而〉편 3장을 가리킨다. 앞으로 《論語》의 인용은 이 예를 따른다; 陽貨 17), "군자가……일에 민첩하고 말을 삼가면……배우기를 좋아한다고 이를 만하다"(君子……敏於事而愼於言……可謂好學也已, 學而 14), "군자는 말은 어눌하게 하고, 실행에는 민첩하고자 한다"(君子欲訥於言而敏於行, 里仁 24), "어진 사람은 그 말을 참아서 한다"(仁者其言也訒, 顔淵 3)와 같이 자기표현을 삼가는 것을 중요한 덕목으로 강조하고 있다.

살고 있는 여러 인종의 사람들을 집단중심성향자와 개인중심성향자로 나누어 친교행동을 비교한 연구에서는 개인중심성향자들이 집단중심성향자들보다 "절친한 친구"(best friend)라고 지목한 사람의 수는 많았지만, 그와의 관계의 "밀접도"(closeness)는 집단중심성향자보다 낮다는 사실이 확인되었다.[103] 홍콩인과 미국인의 친교행동을 비교한 연구에서도 같은 결과가 얻어졌는데, 홍콩인들이 미국인보다 "절친한 친구"의 수는 적었지만, 그와의 관계의 밀접도는 매우 가까운 것으로 나타났던 것이다.[104] 이러한 결과들은 집단주의 사회에서 친구 사이의 우정은 더욱 강렬하고 집중적이며 배타적인 성격을 띰을 나타내준다. 즉 집단주의 사회인들은 소수의 친구들과 아주 밀접하고도 오래 지속되는 관계를 형성하는 것이다.

두 문화유형 사이에는 이렇게 친구의 수와 그 관계의 밀접도에 차이가 있을 뿐만 아니라, 관계가 형성되는 과정의 "빠르기"(tempo)에도 차이가 있다.[105] 개인주의 사회에서는 사교적이고 많은 친구를 갖는 것이 좋은 일로 받아들여진다. 낯선 사람과 관계를 처음 맺을 때 개인주의 사회인들은 쉽게 접촉할 뿐만 아니라, 단순히 인사 정도만 나누어도 친구가 되었다고 생각한다. 그러나 그들 사이의 관계는 그리 오래 지속되지 못한다. 그들에게 있어 개인의 "외부층"(outer layer of the self)에는 쉽게 침투할 수 있지만, 그 "내부층"에는 쉽게 접근하기 힘들다. 그러나 집단주의 사회인들에게 있어서 개인의 "외부층"은 매우 견고하여 침

103 Verkuyten & Masson, 1996.

104 Wheeler, Reis, & Bond, 1989.

105 Kagitcibasi, 1996.

투하기 힘들지만, 그들은 일단 타인을 친구로 받아들이면 그에게 자기의 "내부층"을 쉽게 열어 보이는 것이다.

이와 같이 개인주의자들은 많은 사람과 쉽게 그리고 빨리 관계를 맺지만, 그 관계는 피상적인 수준에 머무르기 쉽고 따라서 오래 지속되기도 힘들다. 그러나 집단주의자들은 소수의 사람들과 오랜 시간을 들여 관계를 형성하지만, 일단 친교관계가 형성되면 그 관계가 매우 밀접할 뿐만 아니라 쉽게 깨어지지 않고 오래 지속되는 것이다.

4. 문화와 자기향상의 방안

위에서 보았듯이, 정적(正的)인 자기상을 추구하려는 경향은 인간사회에서 누구나 가지는 문화보편적인 욕구이지만, 문화유형에 따라 정적인 자기상을 구성하는 내용에 대한 생각은 서로 다르다. 그러므로 이러한 정적인 자기상을 이루기 위해 자기향상(self-improvement)을 도모하는 방안에 대한 입장이 문화유형에 따라 서로 달라질 것이라는 사실은 자명한 일이다.

개인주의 사회에서는 개인이 보유하거나 이룩한 능력 · 태도 · 가치관 · 성격 · 정서 등 고정적이고 안정적인 내적 속성에 의해 개인의 존재의의가 드러나게 된다고 본다. 따라서 이 사회에서는 스스로가 긍정적인 내적 속성을 가능한 한 많이 가지는 일이 자기향상의 지름길이라고 보아, 자기가 가진 긍정적 속성을 될 수 있는 대로 많이 확충하여 이를 적극적으로 드러내 보이려 노력하게 될 것이다.

이에 비해 집단주의 사회에서는 개인의 내집단과의 연계성과 책임의 수행을 통해 개인의 존재의의가 드러나게 된다고 본다. 따라서 이 사회에서는 집단의 조화와 통합을 이루기 위해 자기의 장점을 드러내는 대신, 자기의 단점을 찾아 이를 개선하는 데에서 자기향상이 이루어진다고 보게 될 것이다.

이렇게 정적인 자기상을 구성하는 내용에 대한 문화유형 사이에 차이(개인주의 = 독립성·독특성·수월성; 집단주의 = 상호의존성·연계성·조화성)가 있게 되면, 그에 따라 자기향상의 방안에 문화차(개인주의 = 자기고양·장점확충; 집단주의 = 자기비판·단점개선)가 발생하게 될 것임은 자명한 사실이다. 문화유형에 따른 이러한 자기향상 방안의 차이는 두 사회에서 전형적으로 여기는 통제의 양상과 스스로가 갖추고 있는 장점과 단점에 대한 인식에 차이가 난다는 사실에서 연유하는 것으로 볼 수 있다.

1) 일차통제와 이차통제

지금까지 서구에서 제시된 통제에 관한 이론들은 모두 환경세계를 개인의 욕구에 합치되도록 변화시킬 수 있는 능력을 통제의 핵심이라 보아왔다.[106] 이러한 이론들에서는 "개인의 욕구에 부합하도록 외부 세계를 변화시키기 위한 노력"[107]을 강조하는 입장에서, 능동성 · 도전 및 저항과 극복 같은 "외부지향적 행동"을 중시하고, 수동성 · 후퇴 및 순

106 예: Bandura, 1977, 1997; Seligman, 1975; White, 1959 등.

107 Rothbaum et al., 1982, p. 8.

종 같은 "내부지향적 행동"을 통제 불능의 상태에서 나오는 병리적 현상으로 간주해 왔던 것이다.

그러나 이러한 내부지향적 행동은 병리적 현상이 아니라, 자기의 제한된 능력과 운 같은 외적 제약의 작용 가능성을 인정하고, 동료나 집단에 대한 의존과 연합을 형성함으로써, 무모한 개인적인 도전으로부터 오는 실패와 그로 인한 실망감과 무기력으로부터 개인을 보호하고, 나아가 심리적 안정을 얻게 하는 긍정적 기능을 갖는 적응유형의 하나라고 볼 수 있다. 이러한 내부지향적 행동들은 "자기를 외부 세계에 합치되도록 만들고, '현실과 타협'하려는 노력"[108]에서 나오는 것이어서 전자의 "일차통제"(primary control)와 대비하여 "이차통제"(secondary control)라 부를 수 있다. 곧 일차통제는 타인 · 대상 및 환경 조건 같은 외부의 현실을 자기에게 합치하도록 영향을 끼침으로써 보상을 얻으려 하지만, 이차통제는 자기의 기대 · 목표 · 원망(願望) 같은 자기 내부의 속성을 외부 현실에 맞게 변화시킴으로써 보상을 얻으려 하는 것이다.[109]

실제로 사람들은 일차통제만을 추구하는 것이 아니고, 이차통제를 추구하기도 한다. 곧 "사람들은 때때로 개인주의와 개인적 자율성을 제한하고, 타인 · 대상 또는 환경세계의 조건들과의 연합 또는 합치를 높이는 행위를 통해서 기존 현실에 적응하려는 이차통제를 추구"[110]하기

108 Rothbaum et al., 1982, p. 8.

109 Weisz et al., 1984, p. 956, 표 1 참조.

110 Weisz et al., 1984, p. 956.

도 한다. 실제로는 "일차통제와 이차통제의 정합이 최적의 적응"[111]이 된다.

이러한 일차통제와 이차통제의 선호 비율은 문화에 따라 차이가 있음이 밝혀지고 있다. 일본인들은 미국인보다 외통제형[112]이 많고, 타인 및 집단과 맺는 연합을 선호하며, 아동 양육과 사회화 양식, 종교와 철학, 직업 및 심리치료의 장면에서도 이차통제를 추구하는 경향이 많음이 드러나고 있다.[113] 이는 집단주의 사회에서는 이차통제가 선호되고 실제로 이러한 통제 유형이 많지만, 개인주의 사회에서는 일차통제가 선호되고 실제로 이러한 통제 유형이 많음을 나타내주는 결과이다. 집단주의 사회에서 이차통제가 보편적인 통제양식임은 싱가포르인을 대상으로 한 연구 결과에서도 밝혀졌으며,[114] 최상진은 이러한 이차통제가 한국인의 통제 유형의 특징이라는 관점을 제시하기도 한다.[115] 또한 중국인에게는 외통제형이 내통제형보다 많으며, 외적 통제의 신념이 내적 통제의 신념보다 강하다는 결과들도 이차통제가 집단주의 문화권의 특징임을 드러내주고 있는 것이다.[116]

개인주의 사회에서 일차통제가 통제의 기본 양식인 것과 달리 집단주의 사회에서는 이차통제가 통제의 기본 양식이 되는 까닭은, 두 문

---

111 Rothbaum et al., 1982, p. 8.

112 여기서 내통제형은 일차통제가 특징적인 통제 유형의 사람이고, 외통제형은 이차통제가 특징적인 통제 유형의 사람이라고 볼 수 있다.

113 Weisz et al., 1984.

114 Chang, Chua, & Toh, 1997.

115 최상진, 1995.

116 Bond & Hwang, 1986; Cheung, 1986; Liu, 1986; Yang, 1986 등.

화권의 주의의 초점 차이 때문일 가능성이 검출되고 있다. 필자는 우리나라의 고등학생과 대학생을 집단중심성향자와 개인중심성향자로 나누고 이들이 선호하는 통제양식을 측정해 본 결과, 일차통제 양식의 선호도는 후자가 전자보다 높음에 비해, 이차통제 양식의 선호도는 전자가 후자보다 높음을 밝혀, 문화성향과 통제양식 선호도의 상호작용 효과가 유의미함을 검출해 내었다. 그런데 이러한 상호작용 효과는, 두 문화성향자들이 "타인을 주의의 초점으로 삼는 경향"을 공변인(共變因, covariate)으로 하여 공변량분석(covariance analysis)을 할 경우에는, 그 효과가 사라지고 있다.[117] 이는 집단중심성향자와 개인중심성향자의 기본적인 차이는 전자가 후자보다 타인을 주의의 초점으로 삼는 경향이 크기 때문으로, 이러한 주의의 초점 차이가 두 문화성향자들의 통제양식 선호의 차이를 매개하는 요인임을 뜻하는 결과이다.

곧 집단중심성향자들은 자기보다 타인이나 상황 조건을 주의의 초점으로 삼는 경향이 크고, 따라서 세상사의 원인을 타인이나 상황 조건에서 찾음으로써, 통제력의 원천을 상황 조건에 두게 되고, 따라서 상황 조건이나 타인보다는 자기 자신을 통제의 대상으로 보는 이차통제의 양식을 선호할 가능성이 커진다.[118] 이와는 대조적으로 개인중심성

---

117 조긍호, 2003b.

118 지각의 장에서 특출성(salience)이 높은 자극은 지각자의 주의를 끌고, 지각자는 이렇게 자기의 주의를 끄는 자극을 상황 변화 또는 행동의 원인으로 인식하는 경향이 강하며(Taylor & Fiske, 1975, 1978), 따라서 사람들은 자기들의 주의의 초점이 되는 자극에 원인을 귀속하는 경향이 강하기 때문에, 지각적으로 주의의 초점이 되는 자극을 통제력의 원천으로 보게 되는 현상은 인간의 지각 경험에서 사실상 자동적으로 이루어지는 추론 과정인 것이다(Jones & Nisbett, 1972; McArthur & Baron, 1983; Nisbett, 2003; Taylor, Peplau, & Sears, 2003; Zebrowitz, 1990).

향자들은 세상사의 원인을 안정적인 성향을 보유하고 있는 행위자 자신에게서 찾으므로, 통제력의 원천을 행위 당사자인 자기 자신에게 두게 되고, 따라서 자신보다는 상황 조건이나 타인을 통제 대상으로 볼 가능성이 커지는 것이다. 미국과 일본의 대학생들에게 환경을 스스로 통제했던 경험과 환경에 맞추어 스스로 적응하였던 경험을 기술하게 하였더니, 미국 학생들은 스스로 통제했던 경험을 더 많이 보고한 반면, 일본 학생들은 환경에 적응했던 경험을 더 많이 보고하고 있다는 연구 결과는 이러한 사실을 잘 드러내준다.[119]

아시아인이나 아시아계 미국인(집단주의자)들은 내적인 개인적 조건에 대한 스스로의 통제력을 높게 지각하는 반면, 유럽계 미국인(개인주의자)들은 외부 사태에 대한 통제력을 높게 지각한다는 결과는 집단주의자들에게 통제는 내부지향적이지만, 개인주의자들에게 통제는 외부지향적임을 잘 드러내 주고 있다.[120] 따라서 개인주의 사회에서 통제력 지각의 핵심은 스스로의 자유선택 여부에 있지만, 집단주의 사회에서는 그렇지 않다고 볼 수 있다.

이러한 사실은 아동에게 글자 짜맞추기 과제를 자유 선택하도록 하거나 어머니가 지정해 주고 수행하게 했을 때, 미국의 아동들은 자유선택조건의 수행율이 어머니 지정조건의 수행율보다 높았으나, 중국과 일본의 아동들은 어머니 지정조건의 수행율이 자유선택조건보다 훨씬 높았다는 결과에서도 입증되고 있다.[121] 이 결과는 개인주의 사회에서

119 Morling, Kitayama, & Miyamoto, 2002.

120 Morling, 1997; Morling, et al., 2002; Sastry & Ross, 1998.

121 Iyengar & Lepper, 1999.

는 아동기부터 중요한 타인인 어머니도 개인적 통제력을 저해하는 존재로 받아들여 자유선택이 통제력 지각의 가장 중요한 조건이 되지만, 집단주의 사회에서는 중요한 타인(어머니)이 결코 개인의 통제력을 저해하는 존재가 아니며, 오히려 이러한 중요한 타인과 맺는 연합 형성은 이차통제를 증진함을 뜻하는 것이다. 이렇게 집단주의 사회에서 어머니와 연합을 형성하는 것이 아동의 자기통제를 증진시켜 과제에 대한 몰입을 유도한다는 사실은 우리나라의 아동을 대상으로 한 일련의 연구에서도 밝혀지고 있다.[122]

이상에서 본 바와 같이, 개인주의 사회인들은 자기 자신이 주의의 초점으로 부각되고, 결과적으로 외부 환경을 통제의 대상으로 인식하여, 환경세계를 자기에게 맞게 변화시키는 것을 통제의 핵심으로 받아들인다. 이에 반해 집단주의 사회인들은 타인과 환경 조건 등 외부 대상이 주의의 초점으로 부각되고, 따라서 자기 자신을 통제의 대상으로 받아들여, 자기 자신을 환경세계에 맞게 변화시키는 것을 통제의 요체라고 인식하는 것이다.

2) 자기고양 편향과 겸양 편향

집단주의 사회에서는 개인적 욕구나 목표의 추구는 집단 내에 갈등을 일으키고 조화를 해치는 원인이 된다고 본다. 따라서 집단주의 사회에서는 사회관계에서 자기억제를 강조하게 되고, 결과적으로 겸양

122 정영숙, 1994, 1995, 1996.

과 조화 및 양보와 협동을 중시하게 된다. 그러므로 어떤 행동이나 성취 결과의 원인을 찾는 귀인(歸因, attribution) 장면에서 자기은폐(self-effacing)나 자기비하(self-derogation) 같은 "겸양 편향"(modesty bias)의 양상이 나타난다. 이와는 반대로 개인주의 사회에서는 개인적 욕구나 목표의 추구는 자율적 인간의 당연한 권리라고 본다. 따라서 개인주의 사회에서는 자기주장을 강조하게 됨으로써, 결과적으로 대인관계에서 자기존대를 추구하고, 독특성과 적극성을 중시하게 된다. 그러므로 성취 결과의 귀인 장면에서 "자기고양 편향"(self-enhancing bias) 또는 "자기증진 편향"(self-serving bias)이 나타난다.[123]

자존감은 개인이 해당 사회의 문화적 명제를 충족시키고 있다고 지각할 때 증가하는 것이다.[124] 앞에서 보았듯이, 집단주의 사회의 문화적 명제는 조화성과 연계성의 확립이다. 따라서 이 문화에서는 자기의 정적 측면은 그렇게 강조하지 않는 대신, 부적 측면은 확인하고 수정해 감으로써 집단의 조화를 도모하는 데서 자존감이 증가하게 된다. 그러므로 필연적으로 자기은폐나 자기비하의 경향이 도출되는 것이다. 이와는 대조적으로, 개인주의 사회의 문화적 명제는 독립성과 자율성이다. 따라서 이 문화에서는 자기의 부적 측면은 회피하고 감추는 대신, 정적 측면은 확인하고 드러내는 데서 자존감이 증가하게 된다. 그러므로 필연적으로 자기고양의 경향이 나온다.[125]

123 Diener & Diener, 1995; Heine & Lehman, 1995; Kitayama et. al., 1997.

124 Kitayama et. al., 1997.

125 Diener & Diener, 1995; Heine & Lehman, 1995; Kitayama & Markus, 1995; Kitayama et. al., 1997; Taylor, 1983; Taylor & Brown, 1988.

바로 이러한 배경에서 개인주의 사회인 미국의 대학생에게서 발견되는 전형적인 자기고양 편향(자기의 성공에 대해서는 능력 같은 내적 성향에 귀인, 실패에 대해서는 운이나 과제 곤란도 같은 외적 상황에 귀인)이[126] 집단주의 사회에서는 반대의 경향, 곧 자기 성공에 대해서는 과제 용이도나 운으로 귀인하고, 자기 실패에 대해서는 노력 부족이나 능력 부족으로 귀인하는 겸양 편향으로 나타나게 되는 것이다.[127]

일본인 대학생들에게 글자 짜맞추기 검사를 실시한 후, 자기 점수와 경쟁 상대의 점수를 환류(feedback) 정보로 제시해 줌으로써 성공(자기 점수가 상대방보다 높은 조건)과 실패(자기 점수가 상대방보다 낮은 조건)를 조작한 실험에서, 미국인들과는 달리 자기 성공에 대해서는 과제의 용이도에 귀인하고, 실패에 대해서는 능력 부족에 귀인하는 경향이 검출되었다. 또한 이 실험의 실패 조건에서는 성공 조건에서보다 검사 결과에 대한 확신도가 더 컸으며, 관련되는 문제 상황에 대해 추가적인 정보를 요구하는 경향은 더 작았다. 흥미롭게도, 상대방과 이후의 상호작용이 없을 것으로 믿게 한 비공개 상황과 경쟁 상대를 사람이 아닌 컴퓨터로 대체한 상황에서도 똑같은 결과가 나타났다.[128]

이러한 결과는 타인과의 비교에서 자기가 열등한 것으로 밝혀지면, 제시된 정보에 대한 신뢰도가 저하하고, 또한 추가적인 정보를 요구하는 경향이 높아지는 것으로 나타난 미국 대학생들의 결과와는 반

126 Davis & Stephan, 1989; Greenberg, Pyszczynski, & Solomon, 1982; Weiner, 1979, 1986.

127 Bond & Hwang, 1986; Shikanai, 1978; Takata, 1987; Yamauchi, 1988, 1990 등.

128 Takata, 1987.

대되는 것이다.[129] 이러한 사실은 일본에서는 자기고양 편향 대신 자기은폐 편향 또는 자기비하 편향이 일반적인 사회비교의 양식임을 의미한다.[130]

집단주의 사회에서 나타나는 이러한 겸양 편향은 자기 성취에 대한 귀인에서만 나타나는 것은 아니다. 미국의 대학생들은 자기의 성취에 대해서는 전술한 대로 자기고양 편향을 보이지만, 직접적인 경쟁 상대의 성공에 대해서는 외부(운) 귀인, 실패에 대해서는 내부(기술과 노력) 귀인하는 타인비하 편향(other-derogation bias)을 보인다.[131] 그러나 일본인은 자기 성공에 대해서는 운, 실패에 대해서는 능력과 노력 부족에 귀인하는 겸양 편향을 보이지만, 경쟁 상대의 성공에 대해서는 능력과 노력에 귀인하고(타인고양 편향, other-enhancing bias), 실패에 대해서는 운에 귀인하는 타인보호 편향(other-protection bias) 또는 타인증진 편향 (other-serving bias)을 보인다.[132] 이러한 경향은 같은 집단주의 문화권인 중국인에게서도 똑같이 나타나고 있다.[133] 이렇게 집단주의 사회에서 자기 귀인을 할 때는 겸양 편향이 나타나고, 타인 귀인을 할 때는 타인증진 편향이 나타난다는 결과들은, 이 문화권에서 조화와 양보 같은 관계지향적 행동을 추구하는 경향이 강함을 잘 드러내준다고 볼 수 있을 것이다.

집단주의 사회에서 이러한 자기비하와 타인증진 편향은 개인적인

129 Schwartz & Smith, 1976.

130 Markus & Kitayama, 1991a, b.

131 Snyder, Stephan, & Rosenfield, 1976.

132 Yamauchi, 1988, 1990.

133 Bond, Hewstone, Wan, & Chiu, 1985; Hewstone, Bond, & Wan, 1983.

성취 귀인의 장면에서 뿐만 아니라, 집단작업 결과에 대한 귀인에서도 나타남이 밝혀지고 있다. 김혜숙은 우리나라의 대학생들은 집단의 작업 결과에 대해 귀인할 때, 집단 성공에 대해서는 자신의 능력이나 노력보다는 동료의 능력이나 노력이 우수하거나 많았기 때문이라 귀인하고, 집단 실패에 대해서는 자신의 능력이나 노력이 동료의 능력이나 노력보다 못했기 때문이라 귀인하는 결과를 밝혀냈다. 이러한 경향은 귀인 결과가 공개되는 장면에서 뿐만 아니라 공개되지 않는 익명의 상황에서도 마찬가지였다.[134] 이러한 결과는 집단주의 문화권에서 사회행위의 근본 원리로서 겸양이 가지는 가치를 잘 드러내주는 것이다.

이러한 겸양 편향은 개인주의자들이 보기에는 남에게 좋은 인상을 심어주기 위한 일종의 자기 증진의 한 책략이라 생각할 수도 있다.[135] 그러나 집단주의자들에게 "이러한 타인고양 편향은 심리적으로 진실한 자기 지각을 반영하거나 또는 이에 수반되는 것이다."[136] 이러한 사실은 앞서 제시한 연구에서 일본인들에게 겸양 편향은 비공개 상황이나 컴퓨터 대체 상황에서도 나타난다는 결과에서 확인할 수 있다. 곧 개인주의자들에게는 능력의 탁월성이 자존심의 근거이기 때문에 자연스럽게 자기고양 행동이 유발되지만, 집단주의자들에게는 사회관계 속에서 조화를 유지하는 일이 자존심의 근거이기 때문에 겸양을 통한 자기조절과 억제 행동이 자연스럽게 유발된다고 볼 수 있는 것이다.[137]

---

134 김혜숙, 1995, 1997.

135 Cialdini & De Nicholas, 1989; Markus & Kitayama, 1991a.

136 Markus & Kitayama, 1991a, p. 244.

137 Heine & Lehman, 1995; Kitayama et. al., 1997; Markus & Kitayama, 1991a.

자기표현과 성취 귀인에 대한 이러한 입장의 차이는 결국 두 문화권에서 중요한 것으로 추구하는 특성의 차이를 유발한다. 곧 집단주의 사회에서는 대인관계에서 조화를 이룰 수 있는 양보와 협동을 추구하고, 개인주의 사회에서는 개인적인 독특성과 수월성을 가능하게 하는 적극성 · 솔직성 및 경쟁을 추구하는 것이다.[138] 이러한 귀인 편향의 차이는 곧바로 개인주의와 집단주의 사회에서 선호되는 자기증진의 책략에 차이를 가져오는 또 다른 원천으로 작용하고 있다.

3) 집단주의 사회와 부적 특성 및 정서의 수용성

집단주의 사회에서는 자기를 계속 상황에 조화롭게 적응시켜 개선할 수 있는 과정적 존재로 보는 반면, 개인주의 사회에서는 자기를 안정적이고 고정된 실체적 존재로 파악한다.[139] 그리하여 집단주의 사회에서는 자기의 부적(負的) 측면은 자기개선의 과정에서 필연적으로 요구되는 것으로 보아 무난히 수용하며, 삶의 과정에서 겪는 실패는 더 많은 노력이 필요하다는 징표로 받아들인다. 그러나 개인주의 사회에서 부적 측면은 부적인 자기개념의 원천이 되므로 적극 회피하고, 그 대신 정적(正的) 측면을 적극적으로 탐색하게 되며, 그 결과 삶의 과정에서 경험하는 실패는 능력 부족의 징표로 받아들여, 자기개념에 심각

138 Triandis, Bontempo, Villareal, Asai와 Lucca(1988)는 대학생을 대상으로 한 개인주의 성향의 요인 분석적 연구에서 미국인들의 개인주의의 제1요인은 전체 변량의 35.2%를 차지하는 "경쟁을 동반하는 자립"(self-reliance with competition)임을 밝혀, 경쟁이 개인주의 성향을 구성하는 중요한 특성이라는 사실을 제시하고 있다.

139 Choi, 2002; Choi & Choi, 2002; Fiske et al., 1998; Kitayama et al., 1997.

한 위협을 불러온다.[140] 이렇게 부적 특성과 부적 감정에 대한 수용도가 문화유형에 따라 달라지면, 결과적으로 두 문화권에서 제안하는 자기 발전을 위한 방안에 차이가 유발될 것이다.

(1) 부적 특성 수용도의 문화차

집단주의 사회인들은 자기가 가지고 있는 부정적 특성에 대한 수용도에 있어서 개인주의 사회인들보다 클 것이라는 사실은 미국 성인의 자기개념을 구성하는 긍정적 특성은 부정적 특성의 4~5배나 되지만,[141] 일본인,[142] 중국인[143] 및 한국인[144]에게서는 그렇지 않거나 또는 부정적 특성으로 자기를 기술하는 경향이 높다는 결과들에서 입증되고 있다. 또한 이러한 사실은 유럽계 캐나다인들의 자기존중감의 분포는 이론적 중간점으로부터 압도적 다수(약 93%)가 정적인 방향으로 편포되어 있으나, 일본인의 자기존중감 분포는 이론적 중간점을 기준으로 정상분포하고 있다는 결과에서도 잘 드러나고 있다.[145]

이러한 결과를 토대로 해서 보면, 집단주의자들에게서는 스스로가 긍정적 특성과 부정적 특성을 공유하고 있다고 받아들이는 "바넘 효과"(Barnum effect)가 개인주의자들에게서보다 더 크게 나타날 것이라고 추론할 수 있다. 최인철은 한국과 미국의 대학생들에게 서로 반대되는 특성(예: "무례하다"와 "예의바르다")을 포괄하는 여러 성격 특성들을 제시하

140 Morris & Peng, 1994; Pittman, 1998.

141 Holmberg, Markus, Herzog, & Franks, 1997.

142 Kitayama et al., 1995; Markus, Mullally, & Kitayama, 1997.

143 Bond & Cheung, 1983; Stigler, Smith, & Mao, 1985.

144 Ryff, Lee, & Na, 1995; Schmutte, Lee, & Ryff, 1995.

145 Heine et al., 1999, p. 776-777, 그림 1과 그림 2.

고, 자기의 성격과 일치하는 정도를 평정하게 했다. 그는 이때 서로 반대되는 특성에 대한 일치도 평정치의 합이 논리적으로 100이 되도록 해놓았다. 평정 결과, 미국 학생들은 서로 반대되는 특성에 대한 일치도 평정치의 합이 대략 100에 근접하였으나, 한국 학생들의 평정치의 합은 100보다 훨씬 컸다.[146] 이러한 결과는 미국인들은 자기가 긍정적 특성을 많이 가지고 있고 부정적 특성은 그만큼 적게 가지고 있다고 생각하지만, 한국 학생들은 스스로가 긍정적 특성과 부정적 특성을 함께 공유하고 있다고 인식한다는 사실을 나타낸다.

이렇게 집단주의 사회에서는 부정적 특성에 대한 수용의 폭이 넓기 때문에, 개인주의 사회에서 지배적인 자기고양 편향(자기의 성공에 대해서는 내부 귀인; 실패에 대해서는 외부 귀인)이 집단주의 사회에서는 나타나지 않거나, 그 반대의 겸양 편향(자기의 성공에 대해서는 외부 귀인; 실패에 대해서는 내부 귀인)이 나타나게 되며,[147] 미국인들은 성공 상황이 실패 상황보다 훨씬 자존심과 관련이 높은 것으로 받아들이지만, 일본인들은 반대로 실패 상황이 성공 상황보다 자존심과 관련이 높은 것으로 받아들이는 것이다.[148]

(2) 부적 정서 수용도의 문화차

집단주의 사회에서는 사람들 사이의 연계성의 확립이 문화적 명제로 부각된다. 따라서 여기에서는 타인에 대한 배려와 조화의 유지를 강

146 Choi, 2002; Choi, & Choi, 2002.

147 조긍호, 1993, 1996a; 한규석, 1991, 2002; Diener & Diener, 1995; Fiske et al., 1998; Heine & Lehman, 1995; Kitayama & Markus, 1995; Kitayama et al., 1994, 1995, 1997; Markus & Kitayama, 1991a, b, 1994a 등.

148 Kitayama et al., 1997.

조하게 되고, 결과적으로 자기억제와 자기의 부적 측면의 발견 및 이의 개선에 초점이 맞추어진다. 그리하여 긍정적인 자기상이나 긍정적 감정보다는 자기의 부정적인 측면과 부정적 감정에 더 민감하고, 또 이의 경험에 대해 더 수용적이 될 가능성이 높다. 이와는 대조적으로 개인주의 사회에서는 독립성이 문화적 명제이다. 따라서 개인주의 문화에서는 자기의 독특성을 강조하게 되고, 결과적으로 적극적인 자기주장과 자기현시를 정당한 것으로 받아들이게 되므로, 긍정적인 자기상과 긍정적인 감정의 추구를 지향하게 된다. 그러므로 긍정적 감정을 드러내는 것은 사회적으로 적절하고 또 바람직한 것으로 받아들여진다.[149]

이러한 사실은 인도인은 "수치심"(shame)을 공손함 · 겸양 · 사회질서의 유지를 위해 자기의 파괴적 힘을 억제할 수 있는 능력과 연결된 덕(德)이라 보아 긍정적으로 받아들이는 데 반해, 미국인은 이를 자기 위신의 실추와 관련되는 것으로 보아 부정적으로 받아들인다는 데서도 잘 드러나고 있다.[150] 또한 서양인에게는 "고통"의 회피가 보편적인 반응이지만, 중국인이나 인도인은 고통을 인간이 되는 과정의 한 부분으로서 사람을 고상하게 만드는 것으로 보아, 이를 "좋은 느낌"(good feeling)과 연합된 것으로 받아들인다는 사실도 위의 논의를 지지해 주는 결과이다.[151]

집단주의 사회는 개인주의 사회보다 부정적 정서에 대해 매우 수

149 Diener & Diener, 1995; Diener & Larsen, 1993; Heine & Lehman, 1995; Kitayama & Markus, 1995; Kitayama et. al., 1997; Markus & Kitayama, 1994b.

150 Shweder, 1993.

151 Das, 1992; Kleinman, 1988.

용적이라는 사실은 "주관적 안녕"(subjective well-being)의 문화차에 관한 연구들에서 분명하게 밝혀져 왔다. 이러한 연구들에서는 미국의 학생들은 긍정적 감정을 더욱 규범적이라고 믿는 반면, 한국과 중국 같은 동아시아의 학생들은 부정적 감정 경험에 대해 더 수용적임이 발견되었다.[152] "이러한 결과에 근거해서 보면, 개인주의 사회에서 삶의 만족도는 자기에 대한 긍정적인 느낌에 더 많이 근거하게 되지만, 이와는 대조적으로 집단주의 사회에서 삶의 만족도는 이 사회에서 더욱 지배적인 부정적인 초점의 영향을 받으므로, 개인이 당면하는 문제와 사회적 갈등이 얼마나 많은가 하는 점에 더욱 의존하게 될 것이다."[153]

이러한 추론은 한국 · 일본 · 미국의 대학생을 대상으로 한 연구에서 그대로 드러나고 있다. 이 연구에 따르면, 실제로 부정적 감정 경험의 빈도에서는 국가 간에 차이가 없으나, 긍정적 감정은 미국 학생들이 한국이나 일본 학생들보다 더 자주 경험하는 것으로 나타나고 있다. 감정 경험의 이상적(理想的) 수준에 대한 평정에서도 미국 학생들이 한국이나 일본 학생들보다 이상적인 긍정적 감정의 빈도를 더 높게 보고 있으나, 이상적인 부정적 감정의 빈도 평정에서는 한국이나 일본의 학생들이 미국 학생들보다 높게 평정하고 있다. 또한 감정 경험의 적절성과 사회선망도를 기준으로 할 때, 긍정적 감정의 사회선망도는 문화 간에 차이가 없는 것으로 나타나고 있으나, 부정적 감정의 적절성과 선망도는 한국과 일본 학생들이 미국 학생들보다 훨씬 높게 지각하고 있다.[154]

152 Diener, Suh, Smith, & Shao, 1995.

153 Diener & Diener, 1995, p. 662.

154 차경호, 1995.

이러한 결과들은 개인주의 사회에서는 긍정적 감정을 비교적 많이 경험하는 것이 사회 규범으로 되어 있음에 반해, 집단주의 사회에서는 부정적 경험에 대한 사회적 용인도가 높아서, 긍정적 정서의 경험에 대한 사회 규범은 상대적으로 낮음을 의미하는 것이다. 이러한 사실은 한국 · 중국 · 미국의 대학생을 비교한 연구에서도 드러나고 있다.[155]

또한 미국 · 한국 · 중국의 성인들에게 보통 때 느끼는 정서 경험과 현재 느끼고 있는 정서 경험에 대해 조사한 또 다른 연구에서 미국인들은 긍정적 정서 경험의 빈도가 부정적 정서 경험의 빈도보다 유의미하게 높으며, 이 양자 사이에는 강한 역상관이 있지만, 한국인과 중국인의 경우 긍정적 정서 경험과 부정적 정서 경험의 빈도 사이에 아무런 차이가 없으며, 두 정서 경험 사이에도 아무런 상관이 없는 것으로 검출된다는 사실이 밝혀지고 있다.[156] 이러한 사실은 개인주의 사회에서는 긍정적 정서가 전형적으로 추구되는 정서이므로 부정적 정서를 회피하려는 경향이 강하지만, 집단주의 사회에서는 부정적 정서에 대한 거부감이 적어 이를 무난히 수용함을 드러내는 것이다.

이렇게 집단주의 사회에서 부정적 정서에 대해 훨씬 수용적이라는 사실은 집단주의 사회에서는 이러한 부정적 정서에 대해 "과인지화"(過認知化, hypercognized)되어 있음을 의미하는 것이다.[157] 이러한 사실은 우리나라 대학생들에게 최근 2~3일 동안의 자신의 기분 상태를 72개 정서어를 놓고 평가하게 하여, 이를 요인분석과 군집분석으로 처리한

155 Suh & Diener, 1995.

156 Bagozzi, Wong, & Yi, 1999.

157 Heelas, 1986; Levy, 1984.

결과, 유쾌 정서보다는 불쾌 정서가 훨씬 세분되어 나타난다는 점에서 드러나고 있다.[158] 중국어에서 "수치심"과 관련된 글자가 113개나 된다는 사실은 집단주의 사회에서 부정적 정서가 과인지화되어 있음을 웅변하고 있다.[159]

이러한 결과는 한국어 정서어들의 인지구조를 분석한 연구에서 긍정적 정서는 하나의 군집으로 묶이지만, 부정적 정서는 하나로 묶이지 않고 다양한 종류로 분류되는 것으로 나타난 결과에서도 거듭 확인되고 있다.[160] 서구의 연구 결과에서는 긍정적 정서가 다양한 종류로 세분되어 나타난다.[161] 이러한 결과들은 모두 우리나라 대학생들의 정서어의 인지구조와 정서 체험의 구조가 부정적 정서에 과도하게 민감하도록 구성되어 있음을 시사하는 것이다.

집단주의 사회에서 부정적 정서에 대해 수용적이고 따라서 부정적 감정에 과인지화되어 있는 것과는 달리, 개인주의 사회에서는 긍정적 정서가 규범적 정서이고 따라서 이에 대해 과인지화되어 있다. 한국 · 중국 · 일본 같은 동아시아 집단주의 사회를 지배해 온 유학 사상은 개인의 정서적 느낌보다는 대인간 조화와 의무의 중요성을 강조해 왔다. 따라서 이들 사회에서 전형적으로 긍정적 감정 규범이 낮다는 사실은 개인적 행복과 같은 자기중심적 감정을 권장하지 않는 집단주의 문화의 특징이 반영되어 있는 것이라 볼 수 있다.[162] 이와는 대조적으로

158 이만영 · 이훙철, 1990.
159 Li, Wang, & Fischer, 2004.
160 안신호 · 이승혜 · 권오식, 1993.
161 Watson & Tellegan, 1985.
162 이에 대해서는 졸저(조긍호, 2007a, 제4장, pp. 247-320) 참조.

개인주의 사회는 개인의 이익과 쾌락의 추구를 기본으로 하는 사회이다.[163] 이러한 관점에서 보면, 개인주의 사회에서는 집단주의 사회와는 달리 일상생활의 정서 추구에서도 정서의 쾌락적 색조에 크게 영향을 받는다고 볼 수 있다. 따라서 그들은 부정적 정서를 배척하고, 긍정적 정서를 추구하는 경향이 강한 것이다.

4) 자기향상의 방안: 자기고양과 자기개선

이상에서 보듯이, 개인주의 사회에서는 개인이 모든 내적 속성을 완비하고 있는 불변적이고 안정적인 실체라고 인식하므로, 독립성과 독특성의 추구가 문화적 명제로 부각되고, 결과적으로 자기의 장점과 고유성에 민감하게 되어, 긍정적인 자기상과 자기에 대한 긍정적인 감정을 추구하게 된다. 더군다나 개인주의 사회인들은 환경세계를 자기에게 맞게 변화시키는 것을 통제의 핵심으로 받아들일 뿐만 아니라 자기의 장점과 긍정적인 특성 및 감정을 중심으로 스스로를 인식하려는 경향이 강하다. 그러므로 이들은 자기의 장점을 찾아내어 확충함으로써, 비록 그것이 사실이 아닐지라도 자기를 남보다 우월한 존재로 고양시키는 일을 자기향상의 핵심이라고 인식할 개연성이 높아진다.

---

163 Hofstede, 1980, 1991: 사실 현대 서구의 심리학에서 인간의 사회행동을 설명하는 "단순하면서도 최고의 이론체계"(simple and sovereign theories)로 제시된 것은 "쾌락주의"(hedonism)와 "이기주의"(egoism)였다(Allport, 1968, p. 10). 여기서 쾌락주의는 사람은 고통을 피하고 쾌락을 중시한다는 견해이고, 이기주의는 사람은 자기의 쾌락과 이익을 무엇보다도 중시한다는 관점이다. 현대심리학에서는 "강화의 원리" 또는 "효과의 법칙"이 쾌락주의를 대신하게 되었으며(Dollard & Miller, 1950), 이는 개인주의 사조에 힘입어 이기주의와 연합하게 되었던 것이다.

이와는 대조적으로 집단주의 사회에서는 개인이 다양한 상황과 관계에 따라 규정된다고 본다. 상황에 따른 인간의 변화가능성을 전제하는 집단주의 사회에서는 연계성이 문화적 명제이므로, 타인에 대한 배려와 조화의 유지를 강조하게 되고, 결과적으로 긍정적인 자기상이나 자기에 대한 긍정적인 감정보다는 자기의 부정적인 측면과 부정적 감정에 더 민감하고, 또 이러한 경험을 더 쉽게 수용할 가능성이 높다. 그러므로 집단주의 사회인들은 자기의 단점을 확인하여 이를 고쳐나감으로써, 현재보다 더 나은 사람이 되는 일을 자기향상의 요체라고 인식하게 될 가능성이 커진다.

(1) 개인주의 사회와 장점확충 및 자기고양

위에서 본 바와 같이, 개인주의 사회에서는 자기고양의 방향으로 문화적 압력이 존재하게 되어, 자기의 부정적 특성과 감정은 회피하거나 축소하는 대신, 자기의 긍정적 특성과 감정에 주의를 기울이고 이를 정교화하게 된다. 결과적으로 개인주의 사회에서 자기화(self-making)는 자기 속에 갖추어져 있는 안정적이고 일관적인 긍정적 특성(성격과 능력의 장점)을 확인하고 고양시키는 일이 주축이 되며, 이러한 자기고양이 자존심의 근거가 된다.[164]

이러한 사실은 자기의 성공에 대해서는 스스로의 내적 요인("나의 능력이 출중하기 때문" 또는 "내가 열심히 노력한 때문")에서 원인을 찾고, 자기의 실패에 대해서는 운이나 과제곤란도 같은 외적 조건("운이 나빴기 때문" 또는 "문제가 너무 어려웠기 때문")에서 찾으려 하는 것처럼, 자기

164 Fiske et al., 1998; Kitayama et al., 1994, 1995, 1997.

를 사실 이상으로 고양하여 보려는 자기고양 편향이 서구 사회의 특징으로 나타난다는 연구 결과들에서 잘 드러나고 있다.

그리하여 개인주의 사회에서는 부정적 특성보다는 긍정적 특성을 더욱 규범적이고 정상적인 것으로 받아들여, 이러한 긍정적 특성의 보유에 따른 자기만족도가 곧 행복감을 유발하는 근거가 된다. 이러한 사실은 개인주의 사회에서는 자기의 긍정적 측면의 확인에 근거한 자기만족도가 삶의 만족도와 행복감의 직접적인 지표가 된다는 사실에서 확인된다.[165] 이와 같은 맥락에서 보면, 개인주의 사회인들은 자기의 단점이나 부정적 감정은 자기개념에 심각한 위협이 되는 것으로 인식하므로, 자기의 장점이나 긍정적인 감정을 자꾸 확인하고 확충하려 노력할 것이다. 즉 개인주의 사회에서는 장점확충을 통해 자기발전을 도모하려 할 것이다.[166]

지금까지 보아온 바와 같이, 서구인들에게 있어 "자기화"는 자기의 독특성과 수월성을 주축으로 하는 자기만족감을 바탕으로 하여 이루어지는 것이다. 그들은 자기완비적이고 독립적이며 자율적인 개체로서의 자기가 갖추고 있는 독특성을 찾아내고 이를 확충함으로써, 점점 더 남들과 확실하게 구분되는 데에서 가치로운 존재로서의 자기의 의미를

165 Diener & Diener 1995; Heine & Lehman, 1995; Kwan, Bond, & Singelis, 1997.

166 2000년대에 들어서면서 서구의 정신건강 및 심리치료의 분야에 자기긍정을 통한 행복감의 추구를 요점으로 하는 긍정심리학(positive psychology)이 대유행하고 있다는 사실(권석만, 2019, pp. 26–27)은 이러한 맥락에서 이해할 수 있다. 그러나 다음에 제시될 동아시아의 자기향상 방안과 견주어 생각해보면, 긍정심리학은 지금까지 제시되었던 서구심리학의 다른 이론들과 마찬가지로 서구의 인간 이해의 틀에 국한된 서구의 문화특수적인 관점의 하나로 남게 될 가능성이 높다고 볼 수 있다.

찾으려 하는 것이다.[167] 이러한 과정에서 개인은 남들과 점점 더 견고하고 분명한 경계를 가진 "분리된 존재"(seperated person)가 되어 가는 것이며, 이러한 자기견고화와 자기고양을 통한 자기만족감의 추구가 서구인들이 이상적 인간이 되는 길의 핵심으로 여기는 "자기실현"의 밑바탕이 되는 것이다.[168]

(2) 집단주의 사회와 단점확인 및 자기개선

집단주의 사회에서는 자기비판과 이를 통한 자기개선의 방향으로 문화적 압력이 존재하게 되어, 자기의 부정적 특성과 감정에 주의를 기울이고 이를 정교화하게 된다. 그리하여 집단주의 사회에서 자기화는 타인이나 집단의 기대에 비추어 보아 자기에게 결여된 것이 무엇인가를 찾아내어, 이를 수정하는 자기개선이 주축이 되며, 이러한 자기개선이 자존심의 근거가 된다.[169] 이 사회에서는 이러한 자기개선을 통해 타인과 집단의 기대에 맞추어감으로써, 사회 성원들과 조화를 이루는 일을 바람직한 사회생활의 표본으로 받아들인다.

서구인들에게서 전형적으로 나타나는 자기고양 편향이 동아시아인들에게서는 그 반대의 경향으로 나타나, 자기의 성공에 대해서는 외적 요인("운이 좋았기 때문" 또는 "문제가 쉬웠기 때문")에 원인을 돌리고, 자기의 실패에 대해서는 내적 요인("능력이 부족하기 때문" 또는 "열심히 노력하지 않았기 때문")에서 원인을 찾으려는 겸양 편향이 두드러진다는 연구 결과들은 이러한 사실을 잘 드러내준다.

---

167 Markus & Kitayama, 1991a.

168 이에 대해서는 졸저(조긍호, 2019, pp. 322-325; 2021, pp. 112-117) 참조.

169 Fiske et al., 1998; Kitayama et al., 1994, 1995, 1997.

그리하여 집단주의 사회에서는 집단 내의 조화와 사회관계 속에서 자기가 차지하는 적합한 위치에 주의를 기울이게 되어, 조화를 해치거나 남에게 피해를 줄지도 모르는 부정적 측면의 확인과 개선에 힘쓰게 되므로, 이러한 노력이 곧 행복감의 바탕이 된다. 이러한 사실은 집단주의 사회에서는 자기만족도와 행복감은 아무런 상관이 없고, 타인에게 받아들여지는 수용감이나 대인관계에서 이루어지는 조화감이 행복감의 직접적인 지표가 된다는 연구들에서 확인되고 있다.[170] 또한 집단주의 사회에서 개인이 느끼는 행복감은 자기가 보유한 긍정적 특성의 지각 정도와는 무관하고, 자기가 부정적 특성을 지니고 있지 않다는 지각 정도가 행복감의 직접적인 지표가 된다는 결과도 이러한 추론의 타당성을 입증해 주고 있다.[171]

이와 같은 맥락에서 보면, 집단주의 사회인들은 자기의 단점이나 부정적인 감정에 주의를 기울여, 이의 근원을 파악하여 개선하는 일을 자기발전의 핵심 방안으로 받아들일 것이라 추론할 수 있다. 곧 집단주의 사회에서는 자기의 단점을 찾아내어 이를 고쳐나가는 자기개선이 자기발전의 통로가 되는 것이다.

지금까지 보아온 바와 같이, 동아시아인들에게 있어 "자기화"는 관계를 맺고 있는 다른 사람들과의 유사성과 연계성 및 다른 사람에게 수용됨으로써 얻게 되는 관계만족감을 근거로 하는 것임을 드러낸다. 그들은 스스로나 타인을 사회적 관계체로 인식하여 이러한 관계를 조화롭게 유지하려 하며, 그러기 위해서 자기의 단점을 찾아 이를 고쳐나가

170 Diener & Diener 1995; Heine & Lehman, 1995; Kwan et al., 1997.

171 Kitayama & Karasawa, 1995.

는 일을 삶의 과정에서 중요하게 여긴다. 그러므로 그들은 타인과의 유사성을 강조하여 타인을 그들 속에 수용하려 하고, 또 자기 자신도 타인에게 인정받고 받아들여지기 위해 자기개선의 노력을 기울인다. 동아시아인들은 이러한 과정에서 남들과 하나로 어우러진 "조화로운 존재"(ensembled person)가 되어 가며, 이러한 상호연계성의 확대와 자기개선의 추구가 동아시아인들이 상정하는 이상적 인간이 되는 길, 곧 "존재확대"의 바탕이 되는 것이다.[172]

5. 자기실현의 동기와 자기확대의 동기

지금까지 분명하여졌듯이, 개인주의 사회에서는 능력 · 성격 · 태도 · 감정 · 신념 등 행위의 모든 원동력을 그 자체 속에 완비한 개인이 사회 구성의 기본단위라고 본다. 이 사회에서는 타인이나 집단과 분리된 이러한 개인의 독특성과 자율성 및 독립성의 달성이 사회적 명제이고, 자기의 장점이나 독특성 · 자율성 · 독립성 등 긍정적 특성의 확충을 통한 자기고양을 자기향상의 방안이라고 본다. 따라서 독특하고 자율적이며 독립적인 실체로서의 개인이 개인주의 사회에서 보는 이상적 인간이다.[173] 이러한 개인의 독특성 · 자율성 · 독립성을 달성하여, 개인이 잠재적으로 지닌 모든 내적 성향을 이루어내는 "자기실현"(self-

172 이에 대해서는 졸저(조긍호, 2019, pp. 325-328; 2021, pp. 117-120) 참조.
173 Fiske et al., 1998; Johnson, 1985; Miller, 1997.

actualization)이 개인주의 사회에서의 삶의 이상인 것이다.[174] 이렇게 보면, "자기실현 동기"는 개인주의 사회의 핵심적인 근본 동기라고 볼 수 있을 것이다.

이에 비해 집단주의 사회에서는 인간을 사회관계 속에서의 상호의존적인 존재로 파악하며, 이러한 관계 속의 역할과 규범 및 사회적 연대가 개인의 특성보다 더 중요한 행위의 원동력이라고 본다. 이 사회에서는 상호연관된 관계적 존재인 개인들이 이러한 관계와 역할의 연쇄망 속에 참여하여 자기개선을 통해 자기향상을 도모함으로써, 상호의존성과 조화로운 관계, 그리고 원만한 사회의 통합을 이루는 것이 인간 삶의 이상이라고 본다.[175]

그러나 이 경우의 상호의존성은 사회관계의 중요성에 대한 관심과 지향을 의미하지, 자신의 개인적 가치에 관심이 없다는 것은 아니다. 즉, 상호의존적인 삶이란 자기의 상실이나 자기에 대한 관심의 부재를 의미하는 것이 아니라, 개인의 주의 · 인지 · 감정 · 동기가 관계 및 규범에 터해서 조직화되는 것을 의미할 뿐인 것이다.[176] 그러므로 집단주의 사회에서는, 어떤 의미에서 보면, 더 잘 발달되고 분화된 자기관이 요청되는 것이다. 즉, 이들에게 있어서는 자기의 여러 측면들이 서로 분리되어 일치하지 않을 수 있으므로,[177] 이들 간의 조화로운 관계 설정이 중요해지게 되는 것이다.[178]

174 Maslow, 1968, 1954/1970; Wilson, 1997.

175 Fiske et al., 1998; Miller, 1997; Tu Wei-Ming, 1985, 1996.

176 Fiske et al., 1998.

177 Triandis, 1989, 1990.

178 인도인들에게 있어서 "자기"는 구획된 실체(bounded entity)로서의 individual(분

이러한 관점에서 보면, 집단주의 사회에서는 자기의 여러 측면, 예를 들면 스스로가 보는 "사적 자기", 일반적인 타인이 보는 나에 대한 견해인 "공적 자기" 및 집단의 성원들이 보는 나에 대한 견해인 "집단적 자기" 사이에 조화를 이루어, 상호의존성을 최대화하는 것을 이상적 인간의 중요한 특징이라고 받아들인다고 추론할 수 있다.[179] 이러한 통합과 조화는 나에 대한 다양한 견해를 가지고 있는 타인이나 집단을 나 자신 속에 끌어들여 나 자신과 동일시하는 데에서 가장 잘 이루어질 수 있을 것이다. 따라서 타인이나 집단을 자신의 중요한 속성의 하나로서 자신의 정의 안에 포함시키는 "자기확대"(self-expansion)가 집단주의 사회의 삶의 이상이고, 따라서 "자기확대 동기"가 집단주의 사회의 핵심적인 근본 동기라고 볼 수 있을 것이다.

아론(Aron, A.)과 그 동료들은 이러한 "자기확대 동기"가 인간의 기본적인 동기의 하나라고 제안하고, 이는 타인과의 밀접한 애착 관계의 형성을 통해 이루어질 수 있음을 밝히고 있다.[180] 이러한 자기확대는 밀접한 관계형성 이외에도 중요한 타인에의 인식이나 소속 집단의 인식을 활성화함으로써도 이루어지는 것으로 밝혀지고 있으며,[181] 타인의 역할을 수행하여 타인의 조망을 취득하는 절차에 의해서도 자기확대가

리할 수 없는 통합된 존재)이 아니라, 상호 연관되어 있지만 개별적인 여러 측면들의 dividual(분리할 수 있는 분절된 존재)로 받아들여진다(Bharati, 1985, pp. 219-225; DeVos, Marsella, & Hsu, 1985, p. 14; Marriott, 1976, p. 111)는 지적은 이러한 사실을 극적으로 드러내 주고 있다.

179 Baumeister, 1986.

180 Aron & Aron, 1986; Aron, Aron, & Smollan, 1992; Aron, Aron, Tudor, & Nelson, 1991.

181 Brewer & Gardner, 1996; Hinkley & Anderson, 1996; Smith & Henry, 1996.

이루어진다.[182]

이상의 논의에서 보면, 개인주의 사회에서는 독립적이고 자율적인 개인의 "자기실현 동기"를 가장 근본적인 동기로 보는 반면, 집단주의 사회에서는 "타인을 자신 속에 포괄하여"[183] 개체로서의 개인의 범위를 확장하려는 "자기확대 동기"를 가장 근본적인 동기로 보는 것이다. 자기실현 동기를 근본 동기로 보는 개인주의의 배경에는 신-악마, 선-악, 인간-자연, 마음-신체, 자기-타인, 개인-집단(사회)을 대립적인 관계로 파악하는 서구의 이원론적 철학이 깔려 있다.[184] 이에 비해 자기확대 동기를 근본 동기로 보는 집단주의의 배경에는 동양의 일원론적 철학이 깔려 있어서, 인간과 자연, 자기와 타인, 개인과 집단(사회) 등을 서로 대립적인 것으로 파악하지 않고, 서로를 포괄할 수 있는 것으로 파악한다.[185]

또한 개인주의의 배경에는 자유의지(free will)에 따른 합리적 선택으로 인간의 목표지향성을 이해하려는 자유주의적 전통이 놓여 있다. 반면에 집단주의, 특히 동아시아 집단주의의 배경에는 인간을 관계 속의 존재로 파악하며, 이러한 관계 속의 조화와 사회성의 실현을 인간 발달의 궁극적인 지향처로 보는 유학 사상이 놓여 있다. 유학 사상의 핵심은 바로 인간의 존재 확대 또는 확장이라고 요약할 수 있는 것이

182 이수원, 1993, 1994; Davis, Conklin, Smith, & Luce, 1996.

183 Aron & Aron, 1986, p. 19.

184 White, 1993, p. 31.

185 Fiske et al., 1998; Johnson, 1985; Markus & Kitayama, 1991a, b; Miller, 1997; White, 1993.

다.[186]

동아시아인의 삶의 배경이 되어 왔던 유학 사상에서는 자기개선과 이를 통한 자기확대를 삶의 목표로 설정하고 있다. 유학 사상에서는 모든 일의 책임을 스스로에게서 찾음으로써[反求諸己] 스스로의 단점을 고쳐나가는 자기개선을 자기발전의 핵심으로 본다. 이는 공자 · 맹자 · 순자 등 초기 유학자들뿐만 아니라 성리학자들에게서도 공통적으로 나타나는 유학 사상의 핵심적인 입장이다.

이러한 자기개선은 곧 자기를 확대하여 도덕적 완성을 이루는 근본이 된다. 즉, 공자가 말한 이른바 주위 사람 및 온 천하 사람들과 하나가 되어 그들을 편안하게 해주는 안인(安人)과 안백성(安百姓)은 곧 자기개선을 통해 자기를 닦는 수기(修己)를 기초로 하여 이루어지는 것으로, 공자는 이를 "자기를 닦음으로써 주위 사람들을 편안하게 해주는 일"[修己以安人] 및 "자기를 닦음으로써 온 천하 사람들을 편안하게 해주는 일"[修己以安百姓]이라고 표현하고 있는 것이다.[187]

이렇게 유학 사상의 핵심은 바로 인간의 존재 확대 또는 확장이라고 요약할 수 있는데, 《대학(大學)》에서 제시되고 있는 격물(格物)–치지(致知)–성의(誠意)–정심(正心)–수신(修身)–제가(齊家)–치국(治國)–평천하(平天下)의 팔조목(八條目)의 동기위계설[188]도 이러한 생각을 잘 드러

186 조긍호, 1998, 1999b, 2003a; Bond & Hwang, 1986; Hsu, 1971, 1985; Johnson, 1985; King & Bond, 1985; Tu Wei–Ming, 1985.

187 子路問君子 子曰 修己以敬 曰 如斯而已乎 曰 修己以安人 曰 如斯而已乎 曰 修己以安百姓 修己以安百姓 堯舜其猶病諸 (《論語》, 憲問 45): 이는 朱熹의 《論語集註》의 편차에 따른 《論語》의 憲問篇 45장을 가리킨다. 앞으로 《論語》의 인용은 이 예를 따른다.

188 古之欲明明德於天下者 先治其國 欲治其國者 先齊其家 欲齊其家者 先修其身 欲

내고 있다. 즉, 팔조목 각각에서 상위 조목은 하위 조목의 목표로서, 최상위 목표인 평천하까지 자기확대가 이루어질 수 있고, 또 그렇게 되도록 노력해야 함을 역설하고 있는 것이다. 조선조의 성리학에서도 거경(居敬)의 최종 목표는 곧 덕을 모음으로써[聚德] 인간의 본성을 완성하고 실천하는 데 있다[踐形盡性]고 봄으로써,[189] 자기개선과 이를 통한 자기확대를 삶의 최종 지향처로 삼고 있는 것이다.

이상에서 보아 왔듯이, 서구인의 삶의 배경이 되어 왔던 자유주의 사상에서는 자유의 보유자로서의 자율성과 독립성, 이성 주체로서의 합리성, 안정적 실체로서의 자기완비성과 독특성 등에서 개인 존재의 이상을 설정하고, 이러한 이상을 추구함으로써 개체로서의 가능성과 잠재력을 최대로 발휘하는 자기실현을 인간 삶의 목표로 규정하여 왔다. 그러므로 서구인의 삶의 가장 기본적인 동기는 자기실현의 동기가 된다.

그러나 이러한 태도는 인간 삶을 개체로서의 존재 특성에만 국한시켜 이해하고자 하는 것이다. 동아시아인의 삶의 배경이 되어 왔던 유학 사상에서는 이러한 개체적 존재 특성만 가지고는 인간 삶을 이해하는 데 한계가 있다고 본다. 그들은 개체로서의 존재를 넘어서는 사회적

修其身者 先正其心 欲正其心者 先誠其意 欲誠其意者 先致其知 致知在格物 物格而后知至 知至而后意誠 意誠而后心正 心正而后身修 身修而后家齊 家齊而后國治 國治而后天下平 (《大學》, 經): 이는 朱熹의 《大學集註》의 편차에 따른 《大學》의 〈經〉편을 가리킨다. 앞으로 《大學》의 인용은 이 예를 따른다.

189 此敬之一字 乃聚德之本 而踐形盡性之要也 (《栗谷全書 一》, 聖學輯要, 修己中, 正心章 477): 이는 成均館大學校 大東文化研究院 간 《栗谷全書》 제1권의 p. 477에 있는 《聖學輯要》 중 〈修己中〉편의 正心章을 가리킨다. 앞으로 栗谷의 인용은 이 예를 따른다.

특성에서 인간 존재의 의의를 찾으려 한다. 그러므로 이들은 자기확대 동기를 인간 삶의 가장 기본적인 동기로 제시하고 있는 것이다.

이러한 맥락에서 보면, 자기실현과 개체로서의 존재 특성에만 초점을 맞추어 온 서구심리학에서의 "자기"에 대한 탐구는 지나치게 좁은 조망에서 연구를 진행해 온 것으로 보인다. 또한 동아시아에서는 자기의 관계적 특성에 얽매여 자기가 가지는 개체성을 지나치게 도외시 해왔다는 비판을 받을 수 있을 것이다. 그러므로 서구 개인주의와 동아시아 집단주의의 틀에서 벗어나서, 유학 사상을 배경으로 하고 있는 동아시아인의 삶의 내용을 포괄적으로 바라보고, 또 자유주의 사조를 배경으로 하고 있는 서구인의 삶을 깊이있게 이해하기 위해 구축될 새로운 심리학에서는 "자기"에 관한 이해의 조망도 좀 더 폭 넓게 정립될 필요가 있을 것이다.

제2장
자유주의의 인간관과 서구심리학의 자기 관련 연구

현대 서구인의 기본적인 삶의 태도인 개인주의적인 경향성은 고대 그리스 시대로부터 이어져 온 뿌리 깊은 인간중심적인 사고 양식에 바탕을 두고 있다. 그러나 그리스 · 로마에서 싹튼 인간중심주의가 서구 사회에 개인중심주의로 뿌리를 내리기 위해서는 종교가 인간의 삶을 온통 지배함으로써 개인성이 발휘될 기회가 말살되었던 오랜 중세시대를 거쳐야 하였다. 서구 역사에서 중세의 몰락을 거쳐 17세기의 거대한 진보에 이르는 격랑기, 곧 근대가 출현한 배경에는 14~16세기 이탈리아를 중심으로 전개된 르네상스 운동과 16세기 북유럽을 중심으로 전개된 기독교개혁 운동이 놓여 있다.

개인화가 서구 역사 흐름의 대세로 자리 잡게 만든 르네상스와 기독교개혁 운동에 이어, 17세기에 접어들면서 명예혁명 · 과학혁명 ·

상업혁명과 같은 격변을 거쳐 정치 · 사상 · 경제 등 제반 삶의 영역에서 자유주의 사조가 대두되면서, 개인주의는 서구인들의 삶의 기초로 굳어지게 되었다. 18세기 계몽주의 운동과 두 차례의 시민혁명(1776년의 미국 독립혁명과 1789년의 프랑스 대혁명)에 이어서 19세기의 산업혁명으로 인한 도시화와 교육 수준의 향상 및 결과적으로 활발해진 여권(女權)과 민권(民權) 운동은 17세기까지만 해도 이념적 모토로만 운위되던 자유와 평등 및 이성과 진보의 가치가 서구 사회에서 현실생활의 규범으로 굳건히 뿌리를 내리게 한 계기가 되었다.[1]

이러한 과정을 거쳐 서구 사회에 정착하여 그 사상적 기반이 된 자유주의의 철학적 핵심은 개인주의이다. 자유주의는 "개인을 사회와 사회 제도 및 사회 구조에 앞서는 것으로 보고, 사회보다 더 현실적이고 더 기본적인 것으로" 간주하며, "사회나 집단보다는 개인에게 더 높은 가치를 부여"하는 사상 체계이다. "따라서 개인의 권리와 요구는 사회의 그것보다 도덕적으로 우선한다"[2]고 보는 것이 바로 자유주의로서, 이는 근대 개인주의의 이론적 및 현실적인 바탕인 것이다. 17세기가 이러한 자유주의가 성숙한 시기라면, 곧 르네상스와 기독교개혁 운동으로부터 발아한 개인주의의 싹이 크게 꽃피워 서구인들의 삶의 기반으로 구축된 시기도 바로 17세기부터라고 할 수 있다.

이러한 역사적 배경에서 볼 때, 서구인들이 개인의 자유와 이익추구를 그 무엇보다 중요하게 고려하는 삶의 자세를 지니고, 결과적으로

---

1 서구 사회에 개인주의가 대두되고 성장해온 배경에 대해서는 졸저(조긍호, 2006, pp. 143-193) 참조.

2 노명식, 1991, p. 31.

삶의 과정에서 개체로서의 개인이 관심과 주의의 최우선적인 초점으로 부각될 수밖에 없었던 것은 당연한 논리적인 귀결이었다. 그러므로 서구인들은 사회란 개인 존재들의 집합체일 뿐이라고 여기며, 개인 존재를 떠나서는 사회 형성의 근거 자체가 상실된다고 생각한다. 따라서 서구 사회에서는 개체로서의 개인 존재, 곧 자기(自己, self)와 개인의 특성이 사회생활의 분석 단위로 부각된다.

이 장에서는 서구에서 전개된 자기 및 자기발전에 관한 이론들을 간단히 살펴보기로 하겠다. 이를 위해 서구인의 삶의 기본 철학인 자유주의 사상가들이 인간을 어떠한 존재로 인식해 왔는가를 알아보고, 이어서 이러한 인간관에 기반을 두고 서구인들이 개념화해 온 자기관을 우선적으로 살펴보기로 하겠다. 이러한 인간관과 자기관이 어느 사회에서나 자기에 관한 연구 및 자기발전에 관한 이론의 토대를 형성할 것이기 때문이다.

1. 자유주의의 인간관과 자기관

현대 서구인의 삶의 기본 양식이 되어 있는 개인주의의 이념적 뿌리는 자유주의 사조이다. 자유주의는 개인을 집단이나 사회에 앞서는 것으로 보아, 사회보다 더 현실적이고 더 기본적인 것으로 여기는 신념체계이다. 곧 자유주의는 서로 독립된 개체로 살아가는 개인이 사회의 존재론적 구성단위라고 보는 신념체계이며, 이렇게 "개인이 사회에 우선하고, 개인이 사회보다 더 절실하다"고 여김으로써, "논리상 사회는 개인들의 산술적 총계에 불과한 하나의 허구"[3]라고 인식한다. 사회보다 개인의 우선성을 주장하는 개인주의적 요소가 자유주의적 정체성의 제일의 특성인 것이다.[4]

이렇게 자유주의는 개인 존재의 총합체가 곧 사회라는 관념, 곧 사회의 존재론적 구성단위는 개인이라고 보는 관념을 전제로 하고 있으며, 그런 점에서 개인주의를 그 자체 속에 내포하고 있는 사상체계이다. 그러므로 자유주의적 인간관과 사회관은 개인주의적인 인간관과 사회관이다. 곧 자유주의의 기본적인 인간관도 개인주의와 마찬가지로 "개인중심적 인간관"인 것이다.

1) 자유주의의 인간관

자유주의의 이러한 개인중심적 인간관은 자유주의가 추구하는 가치들에서 그 구체적 내용이 확인될 수 있다. "자유주의는 일관성과 포괄성을 가지고 있는 하나의 세계관"으로서, 자유주의가 추구하고 있는 가치들은 그것이 개념화하는 인간관과 사회관 속에서 통합적인 의미를 갖추기 때문이다. 곧 "자유주의적 가치들은 자유주의의 인간관과 사회관에 결부"[5]되어 있는 것이다. 학자에 따라 자유주의와 근대 개인주의가 추구하는 핵심 가치와 거기에 담긴 내용 사이의 관련성을 개념화하는 양식에는 서로 차이가 있다. 그러나 이들이 제시하는 내용은 서로

3 노명식, 1991, p. 43.

4 Gray, 1885/2007, pp. 16, 155-156.

5 노명식, 1991, p. 30.

유사한 가치들이 중복되고 있는데, 이러한 자유주의가 추구하는 가치들은 "자유와 권리", "이성과 진보", 그리고 "평등과 존엄성"의 세 가지 묶음으로 정리해 볼 수 있다.[6]

자유주의가 추구하는 이러한 세 차원의 가치에서 자유주의 체계가 사회 구성의 기본단위인 개인 존재를 파악하는 관점을 직접 끌어낼 수 있다. "자유와 권리"의 가치에서는 인간 존재의 상호 독립성을 강조함으로써, 인간의 존재의의의 출처를 개체성에서 찾아 개인을 "자유의 보유자"로 파악하는 입장이 나온다. 이어서 "이성과 진보"의 가치에서는 인간의 합리성을 강조함으로써, 여타 동물과 다른 인간의 고유 특성을 합리성의 근거인 이성에서 찾아 개인을 "이성의 주체"로 여기는 입장이 나온다. 그리고 "평등과 존엄성"의 가치에서는 인간의 자기완비성을 강조함으로써, 개인이 갖추고 있는 변화하지 않는 고정적인 특성에서 시·공간 차원에서의 인간의 위상을 찾아 개인을 언제 어디에서나 일관적이고 안정적인 "완비적 실체"로 개념화하는 입장이 나오게 된다.[7]

(1) 자유의 보유자

개인주의의 사상적 배경이 되어 온 자유주의 사조는 사회의 궁극적인 구성단위를 상호 평등하고 독립된 존재인 개인에게서 찾는다. 사회는 이러한 평등하고 독립적인 개인들의 복수적인 집합에 불과하다는

---

6 필자(조긍호, 2007a, pp. 77-81; 2012, pp. 79-83)는 노명식(1991), 조긍호(2006, pp. 90-143), Dülmen(1991/2005), Gray(1995/2007), Laurent(1993/2001), Lukes(1973) 등이 제시하고 있는 자유주의의 가치를 이 세 가지로 종합하여 제시하고 있다.

7 서구 자유주의의 인간관은 졸저(조긍호, 2006, pp. 426-441; 2007a, pp. 81-97; 2008, pp. 75-92; 2012, pp. 109-119; 2017a, pp. 49-60)의 내용을 기초로 재정리하였는데, 필요한 경우에는 관련 내용을 그대로 따오기도 하였다.

것이다. 개인은 다른 사람들이 미치는 영향력과는 관계없이 존재하는 독립적 개체로서, 스스로 자기의 행위를 선택하여 수행할 수 있는 자율성을 보유하고 있는 독특한 존재라고 간주된다. 이와 같이 개인주의 사회에서는 사회의 구성단위인 개인 존재가 가지는 제일의 특징을 개인이 "자유(自由)의 보유자"라는 사실에서 찾는 것이다.

"개인주의의 핵심적 가치는 개인의 자유이다."[8] 자유주의에서는 그 어느 가치보다도 자유가 최고의 위치를 차지하며, 개인적 자유 이외에 자유주의가 추구하는 모든 다른 가치들은 개인적 자유와 밀접하게 관련되어 있다. 개성의 적극적인 발휘를 인정하고 존중하는 르네상스와 신앙과 양심의 자유라는 관념을 탄생시킨 기독교개혁을 거치면서 정치적 자유, 표현의 자유, 경제적 자유 같은 근대적 자유의 관념이 보급되었던 것이다.

17세기에 들어서면서 이러한 시민적 제 자유는 자연권(自然權)이라는 관념 곧 인간이 천부적으로 갖추고 있는 권리라는 인식과 함께 뿌리를 내리게 되었다. 그리하여 "홉스와 로크 시대에 이르면, 어떤 권위도 침범할 수 없는 자연적 초시간적 천부의 권리의 구체적 실체로서의 개인이라는 관념"이 자연권 사상과 함께 다양한 삶의 기반으로 굳어지게 되었으며, "여기서 시민적 제 자유(civic liberties)가 당연한 권리로서 주장되기에 이른 것이다."[9] 이렇게 근대적인 개인적 자유의 개념은 개인의 권리라는 개념과 동전의 앞뒷면처럼 쌍벽을 이루는 관계에 있다. 개인의 자유는 개인의 권리 수호를 목표로 하는 것이고, 개인의 권리는

8 노명식, 1991, p. 53.

9 노명식, 1991, pp. 57-58.

개인의 자유 확보를 그 바탕으로 하는 것이다.

자유주의가 추구해 온 제일의 이념은 이와 같이 개인적 자유의 확보에 있었다. 자유주의의 이념에 비추어 볼 때, 개인은 자율적으로 신앙과 양심 및 도덕 표준을 누구의 간섭이나 제재도 받지 않고 스스로 선택하고 준수할 자유를 가진 존재이다. 개인은 이렇게 자율적으로 선택한 신앙 · 양심 · 사상 및 도덕 표준을 누구의 간섭이나 제재도 받지 않고 말이나 글 또는 행동으로 표현할 수 있는 자유를 가지고 있다. 자유주의의 이념에 따르면, 이러한 모든 자유는 개인에게 천부의 권리이기도 한 것이다.

이상에서 보듯이, 개인 존재가 "자유의 보유자"로서 지니는 가장 기본적인 특징은 자율적인 선택의 가능성이 그에게 주어져 있다는 사실이다. 개인은 스스로의 판단과 원망(願望)에 따라 자율적으로 자기에게 가장 유리하거나, 가장 적합하거나, 또는 가장 타당한 신앙 · 양심 · 사상 · 도덕률 · 정치체제 및 경제체제를 선택할 권리를 갖추고 있으며, 이것이 바로 개인적 자유의 내용인 것이다. 따라서 개인적 자유의 핵심은 바로 이러한 개인의 자율성에서 찾을 수 있다.

자유의 보유자인 개인의 가장 기본적인 특징인 자율성은 "개인이 독자적이고 합리적인 가치 판단의 주체임을 의미"[10]하는 것으로, 개인이 타인이나 사회 또는 여러 사회적 장치와는 분리된 독특한 존재라는 독립성과 독특성의 개념을 전제로 한다. 곧 개인의 사고와 행동은 독립적인 존재인 개인의 것이며, 그의 통제 밖에 있는 작인(作因, agent)이나

10 김영한, 1975, p. 111.

원인에 지배되지 않고, 순전히 그 자신만의 독특한 의지와 의사에 따라 결정된다는 자발적 방향설정 또는 자기결정성이 곧 자율성의 내용이다. 말하자면, 자율성은 개인의 독립성과 자기결정성 및 독특성을 통해 드러나는 가치인 것이다.

이렇게 개인을 집단이나 사회보다 우선하는 존재라고 인식하게 되면, 인간의 존재의의를 그 무엇보다도 자유와 권리의 주체로서의 개인이 갖는 개체성에서 찾으려는 태도가 나온다. 곧 자유주의를 사상적 기반으로 삼고 있는 현대 서구인들은 인간이 인간으로서 존재하는 의의가 집단이나 사회에서가 아니라 집단이나 사회를 구성하는 기본단위로서의 개인이 갖추고 있는 개체적 특성에서 나오는 것으로 간주하게 된다. 그러므로 서구인들은 개인의 모든 행위의 원동력을 개체성에서 찾게 되고, 결과적으로 개인 존재 및 그가 보유하고 있는 특성을 사회생활 또는 인간 이해의 분석 단위로 삼게 되는 것이다.

(2) 이성의 주체

자유주의자들이 다른 동물은 갖추지 못하고 인간만이 갖추고 있는 인간의 고유특성이라고 여기는 것은 이성(理性)의 능력이다. 인간은 이러한 이성의 능력을 갖추고 있기 때문에 합리적으로 사고하고 판단하며, 따라서 이러한 이성은 인류 사회가 진보하고 발전할 수 있는 원동력이 된다는 것이다. 물론 자유주의자들은 인간에게 이러한 이성의 능력만이 아니라 이기적인 제반 욕망도 갖추어져 있다는 점을 인정한다. 그러나 욕망은 인간만이 아니라 동물들도 갖추고 있는 것이므로, 욕구가 인간의 고유특성일 수는 없다. 동물과 다른 인간의 특성은 바로 인간만이 "이성의 주체"라는 사실에서 찾을 수 있으며, 따라서 인간만이 합리적인 사고와 판단을 통해 진보와 발전을 이룰 수 있는 존재라는 것이 그들의 인간파악의 특징인 것이다.

이렇게 자유주의자들은 인간을 이성과 욕망의 복합체라고 간주한다.[11] 자유주의자들은 개인은 기본적으로 이기적인 정열과 욕망에 따라 활동하고 행동하는 존재로서, 자기 자신의 행복과 쾌락 및 만족의 추구가 인간 행동의 제일 동인(動因)이라고 본다. 따라서 자유주의자들은 이러한 쾌락 추구를 위해 적극적으로 노력할 권리가 모든 개인에게 천부적으로 주어져 있을 뿐만 아니라, 아무런 외적인 간섭과 제재만 없다면 최대한의 쾌락 추구라는 자기본위적 목표가 달성될 수 있다고 간주한다.

여기에서 자유주의의 욕망관과 이성관이 만나게 된다. 자유주의에서는 인간은 이기적인 쾌락 추구의 욕망과 함께 "이성의 주체"로서, 자기가 가지고 있는 욕망의 내용을 인식함은 물론, 이를 자기에게 유리하게 충족시킬 수 있는 방안을 합리적으로 선택할 수 있는 존재라고 보는 것이다. 이렇게 자유주의에서는 욕구의 인식과 그 실현 방안의 선택이 전적으로 개인이 가지고 있는 이성의 결과라고 보아, 욕망에 대한 이성의 우월성을 가정한다.[12]

---

11 노명식, 1991 p. 38.

12 욕망이 있고, 그것을 추구하는 동력이 있는 것만으로는 그 욕망의 충족이 보장되지 않는다. 이를 자기에게 가장 적절하고 유리한 방안을 선택하여 행동으로 옮겨야 욕망의 충족 여부가 결정된다. 이성은 이러한 계산과 선택의 기능을 수행하는 인간의 본성이다. 이성은 개인이 가진 서로 다른 욕망들이 경쟁할 때, 그리고 나의 욕구와 타인의 욕구가 충돌할 때 "가장 경제적인 방법으로 최대의 만족을 얻는 방법을 가르친다." 따라서 "이성은 본질적으로 자기이익을 가장 효과

자유주의는 계몽사상으로 이어지면서 인간의 이성에 대해 초기보다 더 적극적이고도 낙관적인 관점을 밝히고 있다. 그들은 개인이나 사회는 이러한 합리적인 이성의 기능에 의해 자연과 인간성에 대한 합리적 이해를 할 수 있게 된다고 여긴다.[13] 이렇게 이성은 인간과 자연 및 인류 사회를 지배하는 보편적 원리를 발견해 낼 수 있는 과학적 탐구의 근거이며, 결과적으로 인류 사회의 진보는 바로 이성이 인간에게 본유적으로 갖추어져 있다는 사실 때문에 가능하게 된다고 자유주의자들은 보고 있는 것이다. 이와 같이 자유주의를 사상적 배경으로 하고 있는 개인주의 사회에서는 인간 존재를 "이성의 주체"로 파악하는 특징을 띤다.

이상에서 보듯이, 이성의 주체로서 개인은 다른 사람들과의 충돌을 최소화하는 범위 안에서 자기의 개인적인 욕구를 실현할 수 있는 최선의 방책을 강구함으로써 자기이익의 최대화를 꾀할 수 있는 존재이다. 이성은 합리적 선택의 근거이고, 앞에서 살펴본 자율성은 자유로운 선택을 의미하는 것이었다는 점에서, 이성의 주체로 개인 존재를 파악하는 자유주의의 입장은 개인의 "자율성"이라는 요소와도 관련을 맺고 있다고 할 수 있다. 이성 주체인 개인은 스스로의 이성에 따른 합리적 선택을 적극적으로 추구할 수 있는 권리를 지니고 있고, 이러한 과정에서 자기이익이 최대로 보장된다고 여긴다. 그러므로 이성의 주체인 개

적으로 추구할 수 있는 계산 능력"(노명식, 1991, p. 41)을 본질로 한다. 이렇게 욕망이 이성보다 선행하는 것일지는 모르지만, 그 충족 여부는 오로지 그 충족 방안에 대한 합리적인 계산과 선택에 달려 있게 마련이고, 이러한 관점에서 보면 인간의 삶에서 이성은 욕망보다 우월한 것이다.

13 노명식, 1991, p. 42.

인들은 합리적이고 자율적인 선택을 거쳐 자기의 이익을 최대한도로 확보하기 위해 적극적으로 "자기주장"을 하는 일을 자연스럽게 받아들여 강조하게 된다.

(3) 완비적 실체

서구 사회에서는 일찍부터 모든 사물이 안정적이며 일관적인 특성을 보유하고 있다고 믿고, 이를 사물의 본질이라 여겼다. 이러한 안정적이며 일관적인 특성을 보유하고 있는 것은 자연 사물뿐만 아니라 동 · 식물과 같은 생물들, 그리고 심지어는 사람도 마찬가지라 여겼으며, 각각이 가지고 있는 안정적인 실체로서의 본질을 파악하게 되면, 세상의 모든 삼라만상을 이해할 수 있을 것이라 생각했다. 이렇게 완비적인 실체(self-contained entity)로서 사물의 본질을 이해하려는 경향은 서구 문화 발상의 원천인 그리스 문명에서부터의 전통이었다.[14] 이러한 태도는 서구에서 과학이 발달하는 데 크게 영향을 미쳤는데, 17세기의 자유주의 시대에 이러한 전통은 더욱 확고해져서 과학혁명을 낳는 계기가 되었다.[15]

이와 같은 맥락에서 서구 사회에서는 모든 행위와 심리적 경향의 원천이 되는 내적 성향(성격·능력·감정·동기 등)을 개개인이 본유적으로 갖추고 있으며, 이러한 내적 성향은 시간과 상황에 따라 거의 달라지지 않는 고정적이며 안정적인 경향을 띤다고 인식하는 전통이 강하였다. 자유주의 사상가들은 사람은 누구나 스스로의 행동을 주도할 수 있는

---

14 Nisbett, 2003, pp. 1–28, 29–39; Nisbett et al., 2001.

15 민석홍, 1984, pp. 453–455; 조긍호, 2006, pp. 167–173; Russell, 1959/2003, pp. 312–321.

고정적이고 안정적인 내적 속성을 갖추고 있으며, 또한 이를 개발하여 자기실현을 이룰 수 있는 자율성을 갖추고 있다는 점에서 인간은 평등하고, 그러한 내적 속성들은 각 개인에게 특유하다는 점에서 인간은 존엄하다고 보았다. 곧 안정적이고 불변하는 내적 속성을 갖추고 있다는 사실은 누구나 마찬가지고(평등성), 또 이러한 내적 속성은 안정적일 뿐만 아니라 불변적이기 때문에 그 특유성과 유일성을 갖는다는 점(존엄성)에서 인간의 평등성과 존엄성의 근거가 생겨난다는 것이다.[16]

이렇게 개인은 누구나가 변치않는 성향을 갖춘 "완비적 실체"이기 때문에 스스로에 대한 주권을 갖추고 있고, 이러한 점에서 누구나 평등하고 존엄한 존재이다. "자유주의의 철학적 핵심은 개인주의이고, 개인주의에 있어서의 개인의 개념은 본질적으로 보편적이고 평등주의적이다."[17] 비록 그 내용은 서로 다를지라도, 누구나가 똑같이 불변적인 성향을 갖추고 있는 완비적 실체이고, 이러한 점에서 누구나가 똑같은 주권적 실체라는 사실에서 인간 존엄성의 근거를 찾을 수 있는 것이다.

이와 같이 안정적이고 불변적인 심리적 속성이 개인에게 원천적으로 부여되어 있다는 사실은 개인을 단순히 그러한 속성들의 담지자로서 파악하는 개인에 대한 추상적 관념을 산출한다. 더구나 이는 자유주의 이론가들의 자연권 사상과 사회계약설의 기초가 되어 있는 관념이기도 하다.[18] 곧 자유주의의 핵심인 자연권 사상과 사회계약설은 개인존재에게 안정적이며 불변적인 기본권과 내적 성향이 본유적으로 갖추

16 조긍호, 2006, pp. 167-173; Lukes, 1973, pp. 45-51, 73-78, 125-137.

17 노명식, 1991, p. 82.

18 Lukes, 1973, pp. 73-78.

어져 있다는 사실을 전제로 하여 성립되고 있는 것이다.[19]

완비적 실체로서 개인 존재를 파악하는 자유주의의 이념을 그 사상적 배경으로 하고 있는 개인주의 사회에서는 세계를 서로 구별되는 불변적이고 안정적인 속성을 보유한 대상들로 구성되는 고정되고 안정된 곳이라고 볼 뿐만 아니라, 개인의 성격 특성이나 능력도 선천적이고 안정적인 것이어서 시간이나 노력에 따라 달라지지 않는다고 간주한다. 이렇게 개인주의 사회에서는 개인의 행위를 안정적이고 불변적인 내적 속성의 발현이라고 보아, 내적 속성과 외적 행위의 불일치, 내적 속성들 사이의 상황 간 불일치 및 외적 행동들의 상황 간 불일치는 개인의 정체성에 심한 혼란을 야기하게 되고, 결과적으로 "안정성"과 "일관성"을 추구하는 경향이 강해지는 것이다. 또한 이렇게 완비적 실체로 개인 존재를 파악하게 되면, 자기가 미리부터 갖추고 있는 "장점의 확충"을 자기향상의 방법으로 중시하게 된다.

2) 서구 개인주의 사회의 자기관

지금까지 살펴본 바와 같이 자유주의의 사조에서는 인간을 자유의 보유자, 이성의 주체, 그리고 완비적 실체로 개념화하여 받아들인다.

---

19 자연권 사상가들은 개인은 그의 행위와 심성의 모든 본질적 원천을 본유적으로 갖추고 있는데, 이는 고정적 · 불변적 · 안정적인 것으로서, 결코 남에게 양도할 수도 없고, 또 그 어떤 것으로부터 침해받아서도 안 되며, 이것이 바로 국가 형성 이전의 자연상태의 모습이라고 본다. 자연상태에서 개인이 가지는 스스로에 대한 원천적인 주권(sovereignty)은 바로 이러한 고정적 불변적 속성의 본유적인 소여성(所與性, givenness)에 그 근거가 있으며, "이러한 개인적 주권이 집단권위(Group–authority)의 유일한 원천으로서, 사회는 개인의 의지와 권력의 집합체(aggregate)일 뿐"(Lukes, 1973, p. 74)이라고 자유주의자들은 인식하고 있는 것이다.

이러한 자유주의의 인간관은 이를 사상적 기반으로 하여 살아가고 있는 서구 사회인들이 자기를 파악하는 관점에 그대로 연결된다. 곧 인간 존재를 개체성 · 합리성 · 실체성을 바탕으로 하여 인식하는 서구인들이 자기를 파악하는 관점도 자유의 보유자로서의 독립성과 자율성, 이성 주체로서의 자기고양과 자기주장, 그리고 완비적 실체로서의 일관성과 안정성을 핵으로 하여 구축되고 있는 것이다.[20]

인간의 존재의의를 자유의 보유자로서의 개인 존재가 갖는 개체성에서 찾으려는 개인주의 사회에서는 행위원동력으로서의 자기가 주의의 초점으로 부각되고, 결과적으로 이 사회에 살고 있는 사람들은 개인의 독립성과 자율성 및 독특성을 강조하고 삶의 과정에서 이를 추구하려 한다. 그러므로 서구인들은 자기와 타인을 평가하는 기준을 자기 자신에게서 찾음으로써 자기의 독특성을 과도하게 추구하고, 타인과 자신의 행동의 원인을 독특한 개인 내적 특성에서 찾는 경향이 확연하게 나타나며, 자부심 같은 자기중심적인 정서의 체험빈도가 높고, 개인지향적 동기의 강도가 강하다.

이어서 여타 동물과는 다른 인간의 고유특성을 이성 주체로서의 인간의 합리성에서 찾으려는 개인주의 사회에서는 통제의 대상을 환경세계로 보아 환경세계를 자기에게 맞추어 변화시키려 하고, 결과적으로 이 사회인들은 자기주장과 자기고양을 강조하고 추구하려 한다. 그리하여 서구인들은 경쟁과 대결을 통해 갈등을 해결하려는 경향이 높고, 자기와 타인의 행동 원인을 자기의 자존심을 고양시킬 수 있는 측

20 이 부분의 논의는 졸저(조긍호, 2019, pp. 322-325)의 내용을 거의 그대로 따랐다.

면에서 찾는 자기고양의 경향이 강하며, 분노와 같이 대인관계를 해칠 가능성이 있는 감정일지라도 솔직하고도 적극적으로 표출하려 하고, 외적 환경을 변화시켜 자기에게 맞추려는 환경통제의 동기가 강하다.

그리고 인간을 행동의 원인이 되는 제반 특성을 갖추고 있는 완비적인 실체로 개념화하여 받아들이는 개인주의 사회에서는 자기향상의 방안을 개인이 갖추고 있는 다양한 장점들을 찾아 확충하는 일에서 찾게 되고, 결과적으로 이 사회인들은 시간적 상황적 변이에도 불구하고 변치않는 안정성과 일관성을 강조하고 추구하려 한다. 이러한 맥락에서 서구인들은 개인의 성격과 능력은 상당히 안정적이어서 시간이나 개인의 노력에 따라 크게 변화하지 않는다고 인식하고, 스스로가 타고난 장점의 확충을 통해 자기발전이 이루어진다고 생각하여, 스스로의 긍정적 특성과 긍정적 감정을 중시하고 추구하는 경향이 강하다. 또한 그들은 자기 주변에서 일어나는 세상사를 대체로 일관적 안정적인 것으로 인식하고, 성취의 결과를 안정적 요소인 능력에 귀인하는 경향이 두드러지며, 일상생활에서 일관성 추구의 동기가 강하게 드러난다.

이러한 결과들에서 보듯이, 삶의 과정에서 서구인들의 관심은 대체로 독립적인 자기의 개별성과 독특성 및 수월성을 확인하고 이를 드러내는 데에 쏠려 있다. 그들은 자기와 타인의 차이를 찾아내고, 이로부터 자기만의 고유성을 확인하여 이를 적극적으로 확충함으로써, 자기에 대한 만족감을 높여가는 데에서 "사람됨" 또는 "자기화"(自己化, self-making)의 의미를 찾는다.

그러므로 서구인들에게 있어서 자기의 독특성과 수월성 및 자기에 대한 만족감은 "나도 가치 있는 사람"이라는 느낌, 곧 자기존중감(自己

尊重感, 自尊感, self-esteem)의 바탕이 된다. 서구에서 제시된 자존감을 측정하는 척도의 문항들은 모두 자기독특성이나 수월성 또는 자기만족도에 근거를 두고 있으며,[21] 서구인들의 자존감의 평균 또는 중앙치는 이론적 중간점보다 상위에 편포하고 있는 것이다.[22]

서구인들이 이렇게 자기독특성을 주축으로 하는 자기관을 가지고 있다는 사실은 자기가 가지고 있는 능력과 긍정적인 특성의 독특성을 사실 이상으로 과장하여 인식하는 "허구적 독특성" 지각 경향이 서구인에게서 과도하게 나타난다는 사실에서도 드러난다.[23] 이러한 자기독특성의 과잉지각 경향은 서구인들로 하여금 "비현실적인 낙관주의"(unrealistic optimism)에 빠지게 만드는 원천으로 작용한다.[24]

이러한 사실들은 서구인들에게 있어 "자기화"는 자기의 독특성과 수월성을 주축으로 하는 자기만족감을 근거로 하여 이루어지는 것임을 알 수 있게 한다. 그들은 자기완비적이고 독립적이며 자율적인 개체로서의 자기가 갖추고 있는 독특성을 찾아내고 이를 확충함으로써, 점점 더 남들과 확실하게 구분되는 데에서 가치로운 존재로서의 자기의 의미를 찾으려 하는 것이다.[25] 이러한 과정에서 개인은 남들과 점점 더 견고한 경계를 가진 "독립적인 개체"가 되어 가는 것이며, 이러한 자기견고화와 자기고양을 통한 자기만족감의 추구가 서구인들이 지향하는 삶의 목표로 부각되는 것이다.

---

21 예: Rosenberg, 1965.

22 Baumeister et al., 1989.

23 Myers, 1987.

24 Heine & Lehman, 1995.

25 Markus & Kitayama, 1991a, b.

3) 서구심리학에서의 자기에 관한 연구의 흐름

이러한 개체로서의 자기(self) 또는 자아(ego)의 문제는 태도(attitude)에 대한 연구와 함께 현대 사회심리학에서 가장 활발하게 연구가 이루어진 주제였다.[26] 태도의 연구가 20세기 초 · 중반의 사회심리학의 중심 주제였다면,[27] 자기의 연구는 1970년대 이후의 20세기 후반부터 시작하여[28] 21세기 초반에 이르기까지[29] 사회심리학의 핵심 연구주제가 되어온 것이다.

자기의 문제를 심리학 연구의 중심 무대에 처음으로 등장시킨 사람은 미국심리학의 창시자라 할 윌리엄 제임스(William James)였다. 그는 스스로가 저술한 심리학 교과서인 《심리학의 원리》(*The Principles of Psychology*)의 제10장에 자기의식(the consciousness of self)이라는 제목을 붙여 무려 110쪽을 할애하여 진술함으로써, 자기의 문제를 심리학의 중요한 주제의 하나로 다루기 시작하였다.[30]

---

26 태도의 개념이 사회심리학의 가장 중심적인 개념이라고 언명했던 G. W. Allport(1935, 1968)는 1943년의 논문에서 "우리는 분명히 자아심리학(ego-psychology)의 연구가 앞으로 크게 꽃피우리라고 예측할 수 있다"(Allport, 1943, p. 451)고 진술하여, "자기"가 "태도"와 함께 사회심리학의 핵심 개념이라는 사실을 명백히 하고 있다. Baumeister(1998, p. 681)도 1974년부터 1993년까지 20년 사이에 심리학계에서 발표된 자기 관련 연구의 수는 31,550편으로, 같은 기간에 발표된 태도 관련 연구물과 비슷한 양이라는 Ashmore와 Jussim(1998)을 인용하여 같은 의견을 피력하면서, "앞으로 다가올 21세기를 전망해 보면, 자기에 대한 연구는 21세기에도 계속 사회심리학의 중심 연구주제가 될 것임이 분명하다"고 진술하고 있다.

27 Allport, 1935, 1968.

28 Baumeister, 1998, p. 681.

29 Swann & Bosson, 2010, p. 589.

30 James, 1890, pp. 291-401; 모두 세 권으로 이루어진 정양은(2005a)의 우리말 번

이 장에서 그는 자기의 내용을 "인식적 자기"(I)와 "경험적 자기"(me)로 나누고, 경험적 자기를 물질적 자기(material self), 사회적 자기(social self) 및 정신적 자기(spiritual self)의 세 가지로 나누어,[31] 자기에 대한 세 측면의 경험적 내용으로 잡고 있다. 이에 비해 인식적 자기는 순수 자아(pure ego) 또는 순수 자기(pure self)로서,[32] 이는 자기에 대한 경험적 내용이 아니라 스스로의 개인적 정체감(sense of personal identity)[33]에 대한 개인적 통일성(personal unity)을 가져오는 내적 원리(inner principle)이다.[34] 이렇게 제임스는 경험적 자기의 내용은 수시로 변할 수 있지만, 그럼에도 불구하고 순수 자기가 있기 때문에 스스로의 인식에 통일성이 유지된다고 여겨, 순수 자기에 의한 자기통일성을 자기 연구의 핵심주제로 설정하고 있다.

그러나 스스로의 존재에 연속성(continuity)과 통일성을 부여하는 원천으로서의 순수 자기를 심리학 연구의 중심 무대에 올려놓으려는 제임스의 기획은 "실증주의(positivism)의 지도 아래 명백한 경험적 준거체(empirical referents)가 부족한 개념(constructs)은 연구 대상으로부터 배

역본에서는 제1권의 pp. 525-722가 "제10장 자기의식"이다.

31 "물질적 자기"는 육체와 의복 등 물질적 측면의 자기를 말하고(James, 1890, pp. 292-293: 정양은, 2005a, 《심리학의 원리 1》, pp. 527-529), "사회적 자기"는 명성이나 명예 또는 불명예 같은 동료들로부터 얻는 인정을 말하며(pp. 293-296: pp. 529-532), "정신적 자기"는 스스로에 대한 반성(reflection)을 거쳐 얻게 되는 능력(예: 지능)이나 성격 특성(예: 자율성) 등 스스로의 정신능력 또는 정신적 소질에 대한 인식을 말한다(pp. 296-302: pp. 532-543).

32 "인식적 자기"를 James(1890)는 "순수 자아"(pure ego, pp. 292, 329: 정양은, 2005a, pp. 527, 588) 또는 "순수 자기"(pure self, p. 342: p. 608)라 부르고 있다.

33 James, 1890, p. 330. (정양은, 2005a, p. 589.)

34 James, 1890, p. 342. (정양은, 2005a, p. 608.)

제하려는 주류심리학에 의해 반세기 이상의 기간 동안 철저히 무시되고 사그라져 갔다."[35] 이렇게 주류심리학자들이 손을 놓은 "자기"에 관한 연구를 사회학의 상징적 상호작용론자(symbolic interactionist)들이 꿰차게 되면서, "자기"의 개념은 제임스의 본질적 의미[36]를 잃고, 타인과의 상호작용의 장면에 따라 수시로 달라지는 일시적(ephemeral)인 양상을 띠는 개념으로 변질되고 말았다.[37]

그러다가 1960년대 후반에 이르러 인지혁명(cognitive revolution)에 이은 정보처리과정(information processing)에 관한 연구 경향의 득세로 인해, 개인의 스스로에 대한 인지적 표상(cognitive representation)의 결과 갖추어지는 스스로에 대한 지식체계인 자기개념(self-concept) 또는 자기도식(self-schema)이 자신과 타인에 대한 정보를 인식하고 조직화하며 기억하는 과정에서 통합적이고도 일관되는 영향을 미친다는 사실이 밝혀짐으로써, 자기의 문제는 제임스의 기획과 함께 사회심리학의 중심 무대에 돌아왔다. 게다가 1980년대에 사회심리학자들이 사회행동

35 Swann & Bosson, 2010, p. 589; 이러한 점을 Swann과 Bosson(2010, p. 591)은 "비록 현대심리학이 논리실증주의(logical positivism)에 크게 경도되어 있었다는 사실을 통해 심리학이 '자기'에 대해 가지게 된 역사적인 반감을 대부분 설명할 수 있기는 하지만, '자기'라는 개념이 중다의미를 갖는 것으로 사용될 뿐만 아니라 경우에 따라서는 상호 모순적으로 사용되고 있다는 사실도 '자기'의 문제가 초기 심리학자들에 의해 무시된 배경이 되었다는 사실을 부인할 수는 없다"라고 거듭 진술하여, 연구 대상으로서의 "자기"의 불확실성과 그 개념의 불명확성이 제임스의 기획이 주류심리학자들에 의해 거부당한 원인으로 보고 있다.

36 이는 개인 존재에 연계성(connectedness)과 완전성(unbrokenness)을 부여하는 원천으로서의 자기의 연속성(continuity)과 통일성(unity)을 의미한다(James, 1890, p. 335; 정양은, 2005a, p. 596; Swann & Bosson, 2010, p. 589).

37 Niedenthal & Beike, 1997, pp. 112-113; Swan & Bosson, 2010, pp. 589-591.

에 미치는 동기의 영향에 관심을 기울이기 시작하면서,[38] 자기가 갖는 스스로의 행동에 대한 선택 · 수행 · 점검 및 조절의 집행기능(executive function)에 관심을 쏟게 되어,[39] 자기에 관한 심리학적 연구는 제임스의 기획으로 완전히 복귀하였다.[40]

이후 사회심리학에서의 자기에 관한 연구는 매우 다양한 방향으로 전개되어, 그 내용을 간략하게 정리한다는 것은 매우 어려운 일이다.[41] 그러나 이들 연구들은 자기의 내용에 대한 반성적 표상(reflexive representations)에 관한 연구, 자기에 대한 정서적 반응과 평가에 관한 연구, 그리고 자기발전을 위한 동기 과정에 관한 연구들로 나누어 볼 수 있다.

자기의 내용에 관한 연구들은 자기에 대한 반성적 표상을 통해 성격특성, 능력, 여러 대상에 대한 의견과 태도, 타인들의 나에 대한 반응과 인정 등 스스로의 제반 측면에 대한 지식을 확인해내는 연구들로부

---

38 Pittman, 1998, p. 549.

39 Baumeister, 1998, pp. 680−681.

40 Swan과 Bosson(2010, pp. 589−591)은 《사회심리학 편람》(*The Handbook of Social Psychology*, 5th ed.)에 실린 〈Self and Identity〉라는 개관논문에서 1970년대 이후의 이러한 경향을 "자기에 대한 신(新) 제임스적인 기획"(neo-Jamesian visions of self)이라 부르고 있다.

41 사회심리학 교재로 널리 쓰이는 Baumeister와 Finkel(2010), Fiske와 Taylor(1991), Gilovich, Keltner, Chen과 Nisbett(2013), Myers(2010) 및 Taylor, Peplau와 Sears(2006)의 교과서에 실린 "자기" 관련 장들의 진술과 Baumeister(1998), Markus와 Wurf(1987) 및 Swann과 Bosson(2010)의 "자기"에 관한 연구들의 개관 논문에서 보면, 자기에 관한 연구들은 여러 가지 서로 다른 제목을 띠고 매우 다양하게 이루어져, 이를 간단하게 정리하기가 상당히 어렵다. Baumeister(1998)는 이러한 사실을 지적하여 "자기에 관한 연구들을 뒤쫓아 요약하여 정리한다는 것은 마치 소방전에서 쏟아지는 물줄기로부터 물 한 컵을 받아 마시려는 것처럼 어려운 일"(p. 681)이라 표현하고 있다.

터 비롯된다. 개인이 스스로에 대해 갖추고 있는 표상의 내용은 자기지식(self-knowledge), 자기개념(self-concept), 자기도식(self-schema) 등 다양한 용어로 불린다. 이러한 연구들에서는 자기에 관한 지식 내용이 여러 가지 복합적인 측면의 표상 구조를 가진다는 사실과 이들 사이의 관계[42] 및 이러한 자기 관련 지식체계가 자신과 타인에 대한 정보의 처리 및 기억 과정에 미치는 영향 등에 관하여 인지적 차원의 분석이 이루어졌다.

이러한 인지적 차원의 연구들은 제임스의 "경험적 자기"(me)의 분류와 맥을 같이 하는 것으로, 기본적으로 자기에 대한 질료(質料, substance)적 측면의 연구라 볼 수 있다. 현대심리학이 인간의 심성을 구성하는 질료를 구명하려는 노력에서 출발했다는 역사적 사실에 입각해서 보면,[43] 경험적 자기의 내용을 확인하려는 인지적 차원의 연구들이

42 자기에 대한 지식을 "사(私)적 자기"(private self: 스스로가 보는 자신의 독특한 특성 · 상태 · 행동의 인식에 근거한 자기), "공(公)적 자기"(public self: 일반적 타인이 보는 나에 대한 견해의 인식에 근거한 자기), "집단적 자기"(collective self: 특정 내집단 성원들이 보는 나에 대한 견해의 인식에 근거한 자기)의 세 가지로 분류한 Greenwald와 Pratkanis(1984)의 이론, "실제 자기"(actual self)와 "가능 자기"(possible selves: 개인이 이룰 수 있는 또는 이루고자 하지 않지만 그렇게 될 가능성이 높은 자기)로 구분한 Markus와 Nurius(1986)의 이론, "실제 자기"(actual self), "이상 자기"(ideal self: 이상으로 설정해 놓고 스스로가 되고 싶어 하는 자기), "당위 자기"(ought self: 스스로가 또는 중요한 타인이 마땅히 그렇게 되어야 한다고 믿는 자기)의 세 가지로 구분한 Higgins(1987, 1989)의 이론 등 여러 가지 제안들이 있다. 이들 연구자들은 각각의 자기지식이 어떤 경우에 활성화되는지 또는 이들 사이의 일치 또는 불일치에 따라 어떠한 결과가 유발되는지에 대해 관심을 갖고 접근하였다. 예를 들면, Higgins 등(Higgins, Bond, Klein & Strauman, 1986)은 "실제 자기"와 "이상 자기"가 일치하지 않으면 우울(depression) 관련 정서가 유발되고, "실제 자기"와 "당위 자기"가 일치하지 않으면 불안(anxiety) 관련 정서가 유발된다는 "자기개념 불일치 이론"(self-concept discrepancy theory)을 제시하고 있다.

43 정양은(1970/2005b, pp. 186-189); 정양은(2005b, p. 186)은 이러한 사실을 지

자기 연구의 시발점이 되고 있다는 사실은 당연한 일이다. 그러나 자기를 구성하는 인지적 내용이 해명된다고 해서 곧바로 자기가 갖는 시간적인 연속성과 통일성에 대한 이해가 이루어지는 것은 아니다. 그러므로 자기의 내용에 대한 인지적 차원의 연구는 자기의 연속성과 통일성에 관한 연구, 곧 제임스의 기획으로 완전히 복귀한 것이라고 볼 수는 없다.

연속성과 통일성은 인지적 내용과는 달리 감정적으로 느껴지는 정서 반응일 뿐만 아니라, 이를 지향하는 동기적인 속성을 띠는 것이다.[44] 이렇게 보면, 자기에 관한 정서적 반응과 동기적 행동의 연구에서 진정한 자기의 연구에 대한 제임스의 기획이 드러나는 것으로 생각할 수 있다. 곧 자기표상의 문제는 자기에 대한 질료적 인식의 문제일 뿐이므로

적하여 "서양 사상에서 가장 오랜 전통을 유지한 것이 Mind는 어떤 질료(質料, substance)로 구성되고 있다는 생각이다. 따라서 Mind를 구성하고 있는 질료를 해명하는 것이 심리학의 가장 근본적인 과제였다. 서양 사상에서 발전한 심리학은 따라서 이 Mind의 질료를 밝혀보려는 것이 학문적인 시발이었다. 그리하여 Mind의 질료를 Idea, Image, Impression 또는 Reflexion 등이라고 생각하는 사상이 발전되었다"라고 진술하고 있다. 이러한 관점에서 보면, 자기에 관한 연구가 그 개념을 구성하는 반성적 표상체(자기지식 · 자기도식 · 자기개념 등)들의 확인에서부터 시작되고 있다는 사실은 심리학사적 관점에서 지극히 타당한 전개과정이었다고 할 수 있다.

44 정양은(1976/2005b, pp. 209−213); 정양은(2005b, p. 210)은 Husserl이 인간 심성의 근본이라고 제기하는 "(삶의) 원초적인 가능성은 인간 심성 자체에 속하는 본유적인 것이며, Self에 속하는 것"이라면서, "William James가 Self의 개념을 분류함에 있어서 순수아(純粹我, pure Ego)를 독립시켰는데, 그의 순수아가 이 본유적인 가능성을 지적한 것이라 해석할 수 있을 것 같다. 이 순수아에 속하는 본유적인 가능성은 인간으로 하여금 행동을 하게 하는 원동력이 될 수 있다. 가능성의 존재란 그 가능성을 실천한다는 의미를 함축할 수 있다. 즉, '할 수 있다'는 사실은 하려고 하는 동기를 자아내게 된다"고 지적하여, 연속성과 통일성을 지향하는 동기적 속성에서 James가 제시하는 순수아의 진정한 모습을 찾을 수 있다고 진술하고 있다.

제임스가 제안한 의미에서의 자기에 관한 연구의 중심이 되기 어렵고, 독립체로서의 긍정적 자기평가와 자기제시를 지향하는 정서적 반응에 대한 연구와 자유의 주체로서 갖는 자기 관련 행동과 목표의 선택 · 점검 및 조절의 동기적 측면에 관한 연구가 자기 연구의 핵심이 된다고 볼 수 있는 것이다.

2. 긍정적 자기평가와 자기제시: 자기존중감과 자기고양의 추구

자기에 대한 지식, 개념 또는 도식은 자신의 행동, 능력, 성격 특성, 다양한 대상에 대한 지식과 태도 및 주위 사람들의 나에 대한 인상과 인정의 여부 등에 대한 인지적 표상을 통해 구성되는 것이다. 이러한 자기지식은 얼마나 실제적인 자기의 모습과 일치할까? 곧 스스로가 스스로에 대해 가지고 있는 자기지식은 과연 정확할까? 아니 사람들은 스스로에 대해 사실과 일치하는 정확한 자기개념을 가지는 것을 선호할까? 아니면 자기에 대해 사실 이상으로 긍정적인 자기개념을 가지려고 할까? 또 기왕에 스스로에 대해서 가지고 있는 자기개념이 일관적으로 유지되는 것을 더 좋아할까, 아니면 긍정적인 방향으로 변화되는 것을 더 좋아할까?

자기지식을 구성하는 정보의 선택과 관련된 동기는 자기에 대해 정확한 지식을 제공하는 정보를 추구하려는 "정확한 평가 동기"(accurate appraisal motive), 자기에 대해 사실과 어긋나더라도 긍정적인 지식을 제공하는 정보를 추구하려는 "자기고양 동기"(self-enhancement motive), 기존의 자기지식과 일치하는 정보를 추구하려는 "일관성 동기"(consistency motive)의 세 가지로 나눌 수 있다.[45] "선험적인 근거에 터해서 보면, 정확한 자기평가의 동기가 가장 강력하고, 그 다음이 일관성 동기이며, 자기고양의 동기가 가장 약할 것이라 예측할 수 있다."[46]

그러나 서구인을 대상으로 하여 수행된 경험적 연구들의 결과는 이러한 예측과 정반대의 결과를 보여주고 있다. 즉 자기고양의 동기가 가장 강하고, 그 다음이 일관성 동기이며, 정확한 자기평가의 동기가 가장 약한 것으로 드러나고 있는 것이다. 이 세 가지 중 자기고양 동기는 일관성 추구 동기 및 정확성 동기와는 비교할 수 없을 정도로 압도적으로 강력한 것으로 밝혀지고 있다.[47] 즉 사람들은 자기에 대해서 정확한 지식을 제공하는 정보나 기존해 있는 자기지식과 일치하는 정보보다는 자기에 대해서 긍정적인 평가를 하게 만들어 자기를 사실 이상으로 돋보이게 하는 정보를 선호한다. 말하자면, 사람들은 무엇보다 자기관(self-view)의 긍정성(positivity)을 최대화하려는 열망을 가지고 있다는 것이다.[48]

그러므로 일반적으로 서구인들이 보유하고 있는 자기개념은 사실

45 Baumeister, 1998, pp. 688-689.

46 Baumeister, 1998, p. 689.

47 Baumeister, 1998; Paulhus & Levitt, 1987; Sedikides, 1993; Sedikides & Gregg, 2008; Taylor & Brown, 1988.

48 Leary, 2007; Swann & Bosson, 2010, pp. 604-605: Baumeister(1998)는 이러한 자기고양 동기에 의한 긍정적 정보 편향 현상은 의식적 숙고의 결과 나타나는 것이 아니라, 인간의 인식체계 자체가 갖는 자연적 속성에 따라 아무런 조건이 없이 자동적으로 나타나는 것이라 보아, 이를 "자동적 자기중심성(automatic egotism)에 의한 반응"(p. 689)이라 부르고 있다.

과 다르게 긍정적인 방향으로 편향되어 있다. 이러한 경향은 앞 장에서 보았듯이, 서구인들은 자기의 독특성을 사실 이상으로 과장하여 인식하고,[49] 나도 살만한 가치가 있는 사람이라고 느끼는 자기존중감도 정(正)적인 방향으로 편포되어 있으며,[50] 자기 성격의 진술에 있어서도 과도하게 정적인 편포 현상을 보이고,[51] 성취 결과의 귀인 장면에서도 지나칠 정도로 자기고양적 편향(자신의 성공에 대해서는 능력이나 노력 같은 내적 요인에 귀인; 자신의 실패에 대해서는 운이나 과제곤란도 같은 외적 요인에 귀인)을 드러낸다[52]는 사실에서 잘 드러나고 있다.

이와 같이 서구인들의 자기평가는 사실과 달리 대단히 긍정적인 방향으로 기울어져 있다. 이렇게 자기의 긍정적인 측면을 과장하여 인식하는 경향은 서구인들의 현실적응 과정에 긍정적인 영향을 미쳐 그들의 정신건강 수준을 증진시키고,[53] 행복감과 삶에 대한 만족 수준을 높이는 것으로 드러나고 있다.[54] 그러므로 서구인들은 자기의 긍정적인 측면을 사실 이상으로 부각시켜 보이려 하고, 현실생활에서 과도하게 행복을 추구하려 하며, 자기의 장점을 확충함으로써 자기발전을 도모하려는 경향을 크게 보인다.

49 Myers, 1987; Taylor & Brown, 1988, 1994a, b 등.

50 Baumeister et al., 1989; Diener & Diener, 1995; Heine et al., 1999 등.

51 Alicke, 1985; Brown, 1986; Holmberg et al., 1997 등

52 Davis & Stephan, 1989; Diener & Diener, 1995; Greenberg et al., 1982; Heine & Lehman, 1995; Kitayama et. al., 1997; Weiner, 1979, 1986 등.

53 Taylor & Brown, 1988, 1994a, b.

54 Diener & Diener, 1995; Diener, Suh, Lucas, & Smith, 1999; Sedikides, Rudich, Gregg, Kumashiro, & Rusbult, 2004.

1) 착각적 자기인식과 그 효과

서구인들에게서 특징적으로 나타나는 자기고양 동기는 자기에 대한 긍정적 정보를 지나칠 정도로 과도하게 추구하게 하여, 결국 사실 이상으로 긍정적인 자기개념을 갖도록 유도한다. 이렇게 실제적으로 정확한 자기지식 대신에 긍정적인 자기지식을 추구하려는 과정을 "정(正)적 착각"(positive illusion)[55] 또는 "자기기만"(self-deception)[56]이라 부른다. 이러한 착각적 또는 기만적 자기인식의 기제에는 어떠한 것들이 있으며, 이는 개인의 적응 과정에 어떠한 영향을 미치는가?

(1) 착각적 자기인식의 기제

사회적인 정보를 처리하는 과정과 그 결과를 다루는 사회인지(social cognition) 문제에 관한 초기의 연구자들은 인간의 정확한 정보처리 능력을 신뢰하는 관점에서 사회적인 사고자(social thinker)로서의 인

---

55 Taylor & Brown, 1988: "오류나 편향은 처리 정보에 대한 부주의한 탈락이나 일시적인 무시에 의해 야기되는 단기적인 실수나 왜곡"이지만, "착각은 특정한 방향성이나 형태를 갖는 더욱 일반적이고 지속적인 종류의 오류와 편향을 의미"하기 때문에, 자기에 대한 긍정적 정보를 의도적으로 선호함으로써 스스로에 대해 사실 이상으로 긍정적인 평가를 하는 것은 "오류"나 "편향"이라기 보다는 "착각"이라고 보아야 한다는 것이 Taylor와 Brown(1988, p. 194)의 주장이다.

56 Baumeister, 1998: Baumeister(1998, pp. 690−691)는 자기에 대한 정확한 정보 대신 자기에게 유리한 정보를 선호함으로써 과도하게 긍정적인 자기개념을 가지는 것은 스스로를 속이는 것이나 마찬가지라고 보아 이를 자기기만(self−deception)이라 부르고, 이러한 자기기만을 가져오는 기제를 다음과 같은 아홉 가지로 제시하고 있다: 자기고양 귀인편향, 자기에 대한 부정적 자료 가치의 저하, 부정적 자료처리 시간의 단축, 부정적 자료의 망각, 부정적 자료 해석의 왜곡, 자기 장점은 특출하지만 단점은 보통의 일반적인 것이라 인식, 애매한 정보 의미의 긍정성을 부각시켜 왜곡적으로 해석, 그리고 자기에 대한 비판이 자기 소속집단에 대한 편견에서 나온 것이라 해석하여 그 가치를 저하시킴.

간을 "일상적 과학자"(naive scientist)라 여기고 연구를 진행하였다. 곧 마치 과학자들이 객관적으로 정보를 수집하고 누구나 확인할 수 있는 논리적인 방식으로 정보들을 결합하여 정확한 추론과 결론을 도출하듯이, 일상인들도 자신과 타인 및 사회적인 사건을 인식하고 판단할 때 과학자들과 마찬가지로 객관적 논리적인 과정을 거쳐 정확한 결론에 도달할 것이라고 간주하였던 것이다.[57] 초기의 귀인 모형(attributional model)에 관한 이론이나[58] 사회적 사건의 예측과 추론에 관한 이론들은[59] 이러한 일상적 과학자 모형에 기초한 대표적인 연구들이었다.

그러나 귀인 과정에서 객관적인 정보 수집과 처리 대신 자기에게 불리한 정보는 무시하고 유리한 정보에만 기초하여 자기고양의 방향으로 원인을 추론하는 귀인편향이 일반적으로 나타난다는 점이 드러나고,[60] 또 사회적 사건을 예측하고 추론하는 과정에서도 객관적이고 논리적인 추론규칙보다는 오류적 판단의 원천이 되는 여러 추단율(推斷律, heuristics)과 편향이 작용한다는 결과들이 확인됨으로써,[61] 일상적 과학자 모형에 기초하여 인간의 사회인지 과정을 분석하는 것은 잘못이라는 사실이 밝혀졌다. 이러한 과정을 거쳐 인간이라는 인식체계는 여러 가지 편향이나 효율적인 추단율에 취약한 정보처리자일 뿐만 아니라 자기이익 추구 동기의 영향에서 벗어날 수 없는 존재이어서, 현실 세계와 자기 자신 및 주위 사람들에 대한 인지 과정에서 여러

57 Fiske & Taylor, 1991, pp. 9-14; Taylor & Brown, 1988, p. 194.

58 예: Kelley, 1967.

59 예: Kahneman & Tversky, 1973.

60 Fiske & Taylor, 1991, pp. 66-86; Ross, 1977.

61 조긍호, 1989; Kahneman, Slovic, & Tversky, 1982; Nisbett & Ross, 1980.

가지 착각적 추론과 판단이 이루어질 수밖에 없다는 사실을 인식하게 되었다.[62] 곧 사회적 사고자로서의 인간은 사회인지 과정에서 정확성(accuracy)보다는 효율성(efficiency)과 자기의 이익(advantage)을 추구하는 존재라는 것이다.[63]

62 Baumeister, 1998, p. 690; Fiske & Taylor, 1991, pp. 9–14.

63 Fiske와 Taylor(1991, pp. 9–14)에 따르면, 인간의 사회행동은 객관적인 자극조건의 함수로서가 아니라 자극조건에 대한 지각과 인식의 함수로서 이해될 수밖에 없기 때문에, 사회심리학은 출발 초기부터 인지론적일 수밖에 없었고, 따라서 행동의 원인 상태로서의 환경조건과 그에 대한 결과적인 반응 사이의 사회행위자를 "사회적 사고자"(social thinker)라 여기고 연구를 진행하는 전통을 이어왔다. 사회심리학자들은 이러한 사회적 사고자의 사회행위는 인지 과정 이외에도 동기 과정이 영향을 끼친다고 보고, "행동에 영향을 끼치는 인지와 동기의 두 요인을 염두에 두고, 시기에 따라 사회적 사고자를 다음 네 가지 관점으로 개념화하여 왔다: 일관성 추구자(consistency seeker) · 일상적 과학자(naive scientist) · 인지적 절약자(cognitive miser) · 동기적 책략자(motivated tactician)"(p. 10). 이 가운데 일관성 추구자와 동기적 책략자는 사회행동의 원천을 인지와 동기 모두에서 찾으려는 모형이고, 일상적 과학자와 인지적 절약자는 인지만을 사회행동의 원천으로 받아들이는 모형이다.
일관성 추구자 모형은 1950년대의 균형이론과 인지부조화이론 등 태도 형성과 변화 과정에 관한 연구자들이 가지고 있던 관점이다. 이 모형은 태도와 행동 사이 및 태도와 태도 또는 행동과 행동 사이에 일관성을 추구하려는 동기와 태도/행동에 대한 인지 과정의 상호작용을 사회행위의 원천으로 간주하는 관점이다. 일상적 과학자 모형은 1970년대 귀인이론의 배경이 되었던 입장으로, 인간이 무한히 정확한 추론능력을 갖추고 있다고 전제하는 관점이며, 인지적 절약자 모형은 1970년대 후반과 80년대 초반 귀인 과정의 편향과 사회적 사건의 추론 과정에 개재하는 오류들이 밝혀지면서 인간의 추론능력이 갖는 결함을 전제로 하는 관점이다. 이 두 모형은 인간의 사회행동을 순전히 인지 과정의 분석에 기초해서 이해하려는 입장을 취하고 있다. 물론 전자는 인지능력의 한계를 인정하지 않고, 객관적 논리적인 추론 과정을 거쳐 누구나 정확한 추론과 판단을 할 것이라는 전제를 배경에 깔고 있지만, 후자는 인간의 인지 능력에는 한계와 결함이 있으며, 그러한 한도 안에서 가능한 한 최대로 효율적인 추론과 판단을 하려 한다는 전제를 깔고 있다는 차이가 있다. 마지막으로 동기적 책략자 모형은 1980년대 이후 인지 과정의 편향과 결함이 부각되고 사회행동에 미치는 동기와 정서의 영향이 새롭게 관심을 끌면서, 1980년대 중반 이후 자기의 문제를 비롯한 사회심리학의 거의 모든 연구를 이끌고 있는 관점이다. 이 모형은 1980년대 후반에 들어서 등장한 관점으로[1984년에 출간된 Fiske & Taylor의 *Social Cognition* 초판에서는 위의 세 모형만 제시될 뿐(pp. 8–12), 동기적 책략자 모형은 등장하지 그러므로 자기인식의 과정에서도 자기에 대한 정확한 정보보다는 자기에게 유리한 정보를 추구함으로써, 결과적으로 사실 이상으로 긍정적인 자기개념을 가지게 된다. 테일러(Taylor, S.)와 브라운(Brown, J.)은 서구인들이 추구하는 이러한 사실 이상으로 긍정적인 자기개념을 오류(error)나 편향(bias)이라기보다는 착각(錯覺, illusion)의 일종이라고 보아, 이를 "정(正)적 착각"(positive illusion)이라고 불렀다. 그들은 이러한 정적 착각의 내용으로 "비현실적으로 긍정적인 자기관"(unrealistically positive views of the self), "통제력 착각"(illusions of control), 그리고 "비현실적인 낙관주의"(unrealistic optimism)의 세 가지를 들고 있다.[64]

서구인들은 대부분 스스로의 부정적 측면보다는 긍적적 측면을 더 잘 기억하고, 더 중요하게 여기며, 스스로와 더 관련이 깊을 뿐만 아니라 더 많이 보유하고 있다고 인식함으로써, 자기에 대한 지각이 매우 심하게 긍정적인 방향으로 기울어져 있어서, 자신은 평균적인 다른 사람들보다 매우 나은 사람이라고 생각하며, 남들의 나에 대한 평가보다 스스로의 나에 대한 평가가 훨씬 긍정적이다.[65] 대부분의 사람들이 평균적인 사람들보다 훨씬 좋은 사람이라는 것은 논리적으로 불가능할 뿐만 아니라, 동일한 대상("나")에 대한 많은 관찰자들의 평가보다 한 사람(자신)의 평가가 높다는 것은 현실을 반영한 것이 아닐 가능성이 있으므로, 이렇게 긍정적인 방향으로 편향되어 있는 자기관은 사실을 반

않는다], 자기이익과 긍정적 정서의 추구 경향 및 인지 과정의 상호작용에서 사회행동의 원천을 찾으려는 입장을 견지하고 있다.

64 Taylor & Brown, 1988.

65 Greenwald, 1980, 1981.

영하는 것이 아니라 비현실적이거나 착각일 가능성이 높다.[66]

복권 당첨과 같이 순전히 운에 의해 결정되는 일일지라도 자신이 선택했다든지 하여 스스로가 관련되어 있으면, 그 결과에 대해 스스로가 영향력을 미치고 있다고 생각하는 경향이 통제력 착각 현상이다.[67] "개인적 통제력은 자기개념과 자기존중감의 핵심"[68]이기 때문에, 사실과는 달리 환경적 사건에 대한 스스로의 통제력을 과장하여 인식하는 이러한 통제력 착각 현상도 자기 자신에 대하여 비현실적인 과대평가를 유도하는 것이다.

대부분의 사람들은 자기의 미래가 밝을 것이라고 낙관한다. 자기는 장래에 직업을 잃지도 않을 것이고, 교통사고나 범죄의 피해도 당하지 않을 것이며, 여러 가지 질병에도 걸리지 않을 것이라는 등 자기의 미래에 대해 비현실적으로 낙관적인 예측을 한다.[69] 이렇게 스스로의 미래에 대해 사실 이상으로 낙관적인 예측을 하는 경향을 "비현실적인 낙관주의"라 하는데, 동료들이나 많은 다른 사람들의 미래에 대한 예측이나 통계적인 기준(실업율·교통사고율·유병율 등) 보다 자기의 미래를 훨씬 낙관적으로 예측하기 때문에, 이러한 판단 경향은 착각이거나 비현실적인 과장인 것이다.[70]

이러한 정적 착각들(비현실적으로 긍정적인 자기관, 통제력 착각, 비현실적인 낙관주의)은 스스로가 사실 이상으로 긍정적인 특성이나 측면을

66 Taylor & Brown, 1988, pp. 195-196.

67 Langer, 1975.

68 Taylor & Brown, 1988, p. 196.

69 Markus & Nurius, 1986; Tiger, 1979.

70 Taylor & Brown, 1988, pp. 196-197.

보유하고 있으며, 현실 세계에서 벌어지는 제반 일들과 심지어는 장래에 대해서도 스스로가 상당한 통제력을 행사하고 있다고 잘못 받아들임으로써, 스스로의 사람됨을 현실과 동떨어지게 매우 긍정적으로 평가하게 만든다. 이러한 제반 요인의 작동으로 인해 대부분의 서구인들은 비현실적으로 긍정적인 자기개념을 자신의 본모습으로 알고 추구하는 것이다.

(2) 착각적 자기인식과 정신건강의 기준

현실 세계와 자기 자신에 대해 있는 그대로 정확하게 지각하고 인식하는 것을 정신건강의 제일의 기준이라 보는 관점은 심리학 연구의 초기부터 이어져 온 전통이었다.[71] 곧 현대심리학은 "개인이 보는 현실 세계가 그 실제의 모습과 일치하도록 지각하는 것이 정신적으로 건강한 사람들의 현실 지각의 특징"[72]이어서, "현실 세계를 있는 그대로 인식하는 능력이 효율적인 적응 과정에 있어 근본적이며, 이는 건강한 성격 발달의 가장 중요한 전제조건 중의 하나"[73]라 하여, 정확한 현실 지각과 자기인식을 정신건강의 핵심기준으로 삼는 전통을 고수해 왔던 것이다.

이러한 관점은 사회적 사고자로서의 인간을 "일상적 과학자"로 간주하는 전통에 의해 더욱 굳어졌다고 볼 수 있다. 그러다가 행동의 원인 귀속 과정에서 드러나는 여러 가지 귀인편향(attributional bias)이나 사회적 사건의 추론 과정이 논리적 추론규칙에 따르지 않고 여러 가지

71 Baumeister, 1998, pp. 689-690; Taylor & Brown, 1988, pp. 193-194, 197-200.

72 Jahoda, 1958, p. 6.

73 Jourard & Landsman, 1980, p. 75.

손쉬운 단정 규칙[推斷律, heuristics]에 따름으로써 나타나는 다양한 착각적 내용들이 밝혀지면서, 인간이라는 인식체계가 노정하는 다양한 편향과 착각들이 속속 드러나게 되었다. 게다가 이러한 편향과 착각은 객관적 현실에 대한 오류적 지각이나 인식이 아니라 인간의 정보처리 기제 자체가 갖는 기본적인 결함에서 나오는 어쩔 수 없는 한계라는 관점("인지적 절약자" 모형)이 대두되고,[74] 이어서 1980년대에 들어서 외계 인식 과정이 정서와 동기의 영향에 따라 왜곡될 수밖에 없다는 관점("동기적 책략자" 모형)이 사회인지 분야의 연구들을 주도하게 되면서,[75] 전통적인 정신건강의 기준은 커다란 변화를 맞게 되었다.

그리하여 1980년대 중 · 후반부터는 현실 세계의 편향적 착각적 인식이 인간의 정상적인 인지 과정에서 보편적으로 일어나는 일일 뿐만 아니라 이러한 편향과 착각은 지각자 자신과 환경 세계의 중심 측면을 반영하는 중요성을 갖는다는 근거에서,[76] 정확한 자기지각을 하는 사람들보다는 정적 착각을 가지고 사실 이상으로 긍정적으로 자기를 평가하는 사람이 더욱 정신적으로 건강하다는 관점이 대두되어 이 분야의 연구들을 주도하고 있다.[77]

1980년대 이후에 이루어진 정신건강과 자기평가 및 사회인지 사이의 관계를 다룬 연구들의 결과는 정신건강에 대한 전통적인 견해(정확한 자기평가가 정신건강의 기준이라는 견해)가 잘못이라는 사실을 입증하

74 Fiske & Taylor, 1984, pp. 8−12.

75 Fiske & Taylor, 1991, pp. 9−14.

76 Baumeister, 1998; Greenwald, 1980; Kahneman et al., 1982; Nisbett & Ross, 1980; Taylor, 1983; Taylor & Brown, 1988 등.

77 Taylor & Brown, 1988.

고 있다. 정신건강 수준이 높은 사람보다는 자존감 수준이 낮고 우울증적 성향이 있는 사람이 정확한 균형적 자기평가를 하는 경향이 높고,[78] 긍적적 자기 정보나 부정적 정보를 똑같이 기억하며,[79] 자기평가와 그에 대한 관찰자들의 평가 결과가 일치하여,[80] 정신건강의 수준이 낮은 사람일수록 객관적이고 정확한 자기평가를 하는 것으로 드러나고 있다.

또한 우울증의 증세를 보이는 사람들은 통제력 착각의 경향을 보이지 않고,[81] 우울증 증세를 보이거나 자존감 수준이 낮은 사람일수록 자신의 장래에 대해 더욱 객관적으로 예측하는 경향이 높고,[82] 자기의 미래가 다른 사람의 미래보다 더 밝을 것으로 예측하지도 않아,[83] 정신건강 수준이 낮은 사람일수록 자기의 통제력과 미래에 대해 객관적으로 정확하게 평가하는 경향이 있는 것으로 밝혀지고 있다.

게다가 정확한 자기의식의 정도를 측정하는 척도[84] 점수와 우울증 점수와의 사이에 높은 정(正)상관이 있을 뿐만 아니라,[85] 자기기만 척도[86]와 우울증 점수와의 사이에 강한 역(逆)상관이 있는 것으로 밝혀지

78 Coyne & Gotlieb, 1983; Ruehlman, West, & Pasahow, 1985; Watson & Clark, 1984.

79 Kuiper & Derry, 1982.

80 Lewinsohn, Mischel, Chaplin, & Barton, 1980.

81 Alloy, Abramson, & Viscusi, 1981; Greenberg, Vasquese, & Alloy, 1988.

82 Ruehlman et al., 1985.

83 Alloy & Ahrens, 1987; Pyszczynski, Holt, & Greenberg, 1987.

84 Fenigstein, Scheier, & Buss(1975)의 Self-Consciousness Scale: 이 척도의 점수가 높을수록 정확하게 자기를 평가하는 경향이 높음을 나타냄.

85 Ingram & Smith, 1984; Smith, Ingram, & Roth, 1985.

86 Sackeim & Gur(1979)의 Self-Deception Scale: 이 척도의 점수가 높을수록 긍정적 자기평가의 경향이 높음을 나타냄.

기도 하였다.[87] 이러한 사실들은 모두 정신적으로 건강한 사람일수록 자기를 사실 이상으로 긍정적으로 평가하고, 환경 세계에서 벌어지는 사건들에 대해 스스로가 비현실적으로 강한 통제력을 가지고 있다고 여기며, 자기의 장래에 대해서도 사실과는 달리 매우 낙관적으로 바라보는 경향이 있음을 알려주고 있다.

이러한 연구 결과들을 통해, 전통적으로 받아들여져 왔듯이 현실과 자기에 대한 객관적이고 정확한 인식이 정신건강의 기준이 아니라, 자기 자신과 자기를 둘러싼 현실 세계에 대해 사실 이상으로 긍정적인 인식을 하는 것이 정신건강의 기준이 되어야 한다는 사실을 알 수 있다. 그렇다면, 이러한 긍정적인 자기평가가 정신건강 수준을 높이는 기제는 무엇인가? 즉 긍정적인 자기평가는 어떠한 효과를 가져오기에 정신건강의 수준을 높이게 되는가? 이렇게 스스로를 사실 이상으로 긍정적으로 평가하는 정적 착각이 정신건강의 수준을 높이는 기제는 정적 착각이 정신건강 수준을 높이는 다른 기준들과 밀접히 관련되어 있기 때문이다.[88]

정신건강 수준이 높은 사람들은 행복감 및 만족감 수준이 높은 사람들인데, 일반적으로 정적 착각 수준이 높아 긍정적으로 자기를 평가하는 사람일수록 행복감 수준이 높은 것으로 드러나고 있다.[89] 뿐만 아

---

87 Roth & Ingram, 1985; Sackeim, 1983.

88 Taylor와 Brown(1988, pp. 197–200)은 정신건강의 기준에 대한 이전 연구자들의 결과들을 개관하여, 이들이 제시하는 공통적으로 중요한 정신건강의 기준으로 행복감 또는 만족감, 타인에 대한 배려 능력, 창의적 생산적 작업 능력을 들고, 이들 각각과 정적 착각 사이의 관련성에 관해 논의하고 있다.

89 Freedman, 1978; Sedikides et al., 2004; Taylor & Brown, 1988, p. 198.

니라 실험적으로 자기고양의 방향으로 성취귀인(자기의 성공에 대해 내부귀인, 실패에 대해 외부귀인)하거나 자기비하의 방향으로 성취귀인(자기의 성공에 대해 외부귀인, 실패에 대해 내부귀인)을 하도록 조작한 다음 두 집단의 행복감을 측정해 보면, 전자의 행복감 수준이 후자의 그것보다 훨씬 높은 것으로 드러나고 있다.[90] 게다가 우울증 수준이 높은 사람들에게 실험적 조작을 통해 타인보다 자기를 더 나은 사람으로 평가하도록 유도하면, 행복한 기분이 유의미하게 증가하는 것으로 나타나기도 하였다.[91] 이러한 실험연구의 결과들은 긍정적 자기평가가 행복감 수준을 고양시킨다는 사실을 시사한다.

또한 정신건강 수준이 높은 사람들은 타인에 대한 관심과 배려의 수준이 높은 사람들인데, 정적 착각 수준이 높은 사람일수록 동료들 사이에서 인기도도 높고,[92] 자존감 수준과 낙관주의 경향이 높은 대학생일수록 고독감과 우울증에 대한 대처를 더 잘하는 것으로 드러나,[93] 정적 착각에 의한 긍정적 자기평가가 사회적 결합의 수준을 높이는 것으로 확인되고 있다. 이렇게 정적 착각이 타인에 대한 관심과 배려의 능력에 영향을 미치는 것은 정적 착각이 행복감과 같은 긍정적인 감정을 산출하기 때문이다.[94]

그리고 정신건강 수준이 높은 사람들은 창의적 생산적인 작업 능력이 높은 사람들인데, 정적 착각은 지적인 창의 기능을 촉진시킬 뿐

90 MacFarland & Ross, 1982.

91 Gibbons, 1986.

92 Bohrnstedt & Felson, 1983.

93 Curtona, 1982.

94 Diener, 1984; Isen, 1984.

만 아니라 작업동기와 지속성을 증진시켜 작업성과를 높임으로써 정신건강 수준에 긍정적인 영향을 미치는 것으로 드러나고 있다.[95] 자기 자신에 관한 정적 착각은 행복감과 같은 긍정적 감정을 유발하고 이러한 긍정적 감정은 지적인 기능(intellectual functioning)에 매우 긍정적인 효과를 미치는 것으로 드러나고 있다.[96] 뿐만 아니라 긍정적인 자기관(자기고양적 평가, 통제력 착각, 과도한 낙관주의)을 가지면 주어진 과제에 더 열심히 그리고 더 오래 몰두하고,[97] 결과적으로 과제 수행에 성공할 가능성이 커진다.[98]

이와 같이 정적 착각을 통해 사실 이상으로 긍정적인 자기평가, 과장된 통제감 및 미래에 대한 과도한 낙관적 예측을 하게 되면, 기분 좋은 감정과 행복감이 높아지고 다른 사람들과 원만한 관계를 맺게 하여, 결과적으로 스트레스에 성공적으로 적응하는 대처자원이 되고, 과제 수행 시 동기와 지구력이 높아져 창의적 생산적 작업에서 바람직한 성취를 이룰 가능성이 높아짐으로써, 전반적으로 정신건강의 수준이 향상된다.[99]

(3) 착각적 자기인식의 문제점과 한계

현대 서구 사회에서 "심리학의 중요한 목표 중 하나는 심리학의 연구를 통해 얻어진 지식을 활용하여, 심리적 부적응(不適應)으로 인해

95 Taylor & Brown, 1988, pp. 198-199.

96 Isen, Daubman, & Nowicki, 1987.

97 Felson, 1984.

98 Baumeister, Hamilton, & Tice, 1985; Greenwald, 1980.

99 Baumeister, 1998, pp. 689-690.

고통을 겪고 있는 사람들이 그러한 증상에서 벗어나도록 도와줌으로써, 더욱 효과적이고 생산적이며 행복한 삶을 영위하도록 이끌어주는 것"[100]이라는 전제에서 연구를 진행해왔다. 즉 현대 서구심리학에서 가장 많이 연구되며, 또 가장 많은 학자들이 관심을 쏟고 있는 문제는 바로 이러한 정신건강심리학의 문제인 것이다. 현대 심리학의 메카인 미국의 경우뿐만이 아니라, 그 영향을 고스란히 받고 있는 우리나라에서도 가장 많은 심리학자들이 활동하고 있는 분야가 임상심리학과 상담심리학이라는 사실은 이러한 경향을 잘 드러내준다.

앞에서 자기에 대한 정적 착각으로 인해 스스로의 사람됨이나 통제력 및 장래에 대해 사실 이상으로 과도하게 긍정적으로 평가하는 경향은 행복감과 긍정적 정서 상태의 유발, 타인에 대한 관심과 배려 수준의 증진, 그리고 과제에 대한 몰입과 지속성 및 성취 수준의 고양과 같은 효과를 가져옴으로써 정신건강의 수준을 끌어올리는 효과를 유발한다는 사실을 지적하였다. 즉 긍정적인 방향으로의 착각적 자기인식이 정신건강의 중요한 기준이 된다는 것이다. 그러나 정적 착각으로 인해 과도하게 긍정적인 자기인식을 하는 것이 항상 이렇게 적응적이고 좋은 결과만을 가져오는가? 그렇지는 않다.

이러한 정적 착각은 그 자체 여러 가지 "내재적인 위험"(inherent risks)을 내포하고 있는 것으로 드러나고 있다. 예를 들면, 과도한 통제력 착각과 이로부터 연유하는 과도한 자신감은 환경 세계에 내재한 위험을 무시하고 계속 집착하게 만들어 건강상실과 같은 공황적 결과를

100 Matsumoto, 2000, p. 251.

초래하기도 하고, 비현실적인 낙관주의는 통제불가능한 과제에 지나치게 몰두하게 함으로써 스스로에게 맞지 않는 일이나 직업에 집착하여 떠나지 못하게 만들기도 하며, 자기가 추구하고 있는 일이나 대상이 옳다는 지나친 신념은 자기의 목표추구에만 집착하게 함으로써 타인의 가치와 권리를 무시하게 유도하기도 한다.[101]

이러한 위험보다 더욱 중요한 사실은 이러한 정적 착각이 모든 문화권에서 공통적으로 나타나는 현상은 아니고, 따라서 이러한 정적 착각과 정신건강 사이의 관계도 범문화적인 보편성을 띠는 것은 아니라는 점이다. 이러한 정적 착각은 자율적이고 자기충족적인 독립적 자기관을 강조하는 개인주의 문화권에서 두드러져서 자기고양 편향으로 나타나지만, 관계 속의 조화와 타인에 대한 배려를 추구하는 상호의존적 자기관을 강조하는 집단주의 문화권에서는 이와는 반대로 겸양 편향이 두드러지게 나타난다.[102] 그러므로 정적 착각을 통한 자기존대의 추구가 문화적 명제로 작용하는 개인주의 사회에서는 이것이 행복감을 유발하여 정신건강의 기준으로 작용하지만, 그렇지 않은 집단주의 사회에서는 정적 착각을 통한 자기존대가 행복감의 증진에 역기능을 갖거나 또는 아무런 상관이 없게 되는 것이다.[103]

앞 장에서 보았듯이, 개인주의 사회에서는 자기고양의 편향이 일

101 Baumeister, 1998, pp. 689–690; Pelham, 1993; Sedikides et al., 2004; Taylor & Brown, 1988, pp. 203–205.

102 조긍호, 1993, 1996a, b; Diener & Diener, 1995; Heine & Lehman, 1995; Kitayama et al., 1997; Markus & Kitayama, 1991a, b, 1994b 등.

103 Diener & Diener, 1995; Heine & Lehman, 1995; Kitayama et al., 1994: Kwan et al., 1997.

반적으로 나타나고 따라서 자기존대를 높이 평가하지만, 집단주의 사회에서는 겸양 편향이 일반적으로 나타나고 따라서 자기억제를 존중한다. 그러므로 서구 개인주의 사회에서 정신건강을 규정하는 중요한 기준은 적극적인 자기표현과 자기주장 및 자기존대의 추구이지만, 동아시아를 비롯한 집단주의 사회에서 정신건강을 규정하는 기준은 자기억제 및 겸양의 추구이다. 적극적으로 자기의 사적 감정과 욕구를 표출하고 자기존대를 추구하는 사람은 개인주의 사회에서는 바람직하지만 집단주의 사회에서는 사회의 통합을 해치는 사람일 뿐이며, 자기의 감정과 욕구를 잘 억제하고 겸손을 추구하는 사람은 집단주의 사회에서는 바람직하지만 개인주의 사회에서는 솔직하지 못하거나 정신적인 문제를 야기할 가능성이 높은 사람일 뿐인 것이다.

2) 자기애와 자기존중감 및 주관적 안녕

정적 착각을 통해 긍정적 자기평가를 하게 되면 자기애(自己愛, narcissism)의 수준이 높아진다.[104] 비현실적으로 긍정적인 자기평가를 통해 자기를 지나치게 아끼고 사랑하게 된 자기애자(自己愛者)들은 사회적 사건과 자신 및 타인에 대한 주도성(agency) 수준이 지나치게 높고 타인과의 유대감(communion) 수준은 낮아, 매우 긍정적으로 자기를 인

104 자기애는 정신병질적 증상을 드러내는 정신병질적 자기애(psychopathological narcissism)와 그러한 증상을 나타내지 않고 다만 자기사랑의 정도가 심할 뿐인 정상적 자기애(normal narcissism)로 나눌 수 있는데(Sedikides et al., 2004), 여기서의 자기애는 후자를 가리킨다.

식하는 대신 타인은 심히 부정적으로 지각함으로써,[105] "비호의적 외향자"(disagreeable extraverts)[106] 또는 "거부적 애착유형"(attachment style of dismissives)[107]이라고 불린다.

이러한 대인관계의 까칠함(interpersonal abrasiveness) 때문에 "자기애의 수준이 높은 사람은 정신적으로 건강하지 못한 사람이라는 가설이 초기의 주류 성격 및 사회심리학 교과서의 주요 내용"[108]일 정도였으나, 최근에는 자기애의 수준이 높은 사람은 그러한 대인관계의 문제점에도 불구하고 정신적으로 건강한 사람이라는 주장이 힘을 얻고 있다.[109] 세디키데스(Sedikides, C.) 등의 최근 연구에 따르면, 이러한 자기애의 수준은 일상적인 슬픔과 성향적 우울증(연구1), 일상적 및 성향적 고독감(연구 2), 일상적 불안감(연구 4), 성향적 신경증(연구 5)과는 강한 역(逆)상관을 보이고, 일상적 및 주관적 안녕감(연구 3)과는 강한 정(正)상관을 보여, 자기애의 수준이 높을수록 정신건강 수준도 높은 것으로 드러나고 있다.[110] 이러한 결과는 서구 사회에서 착각적 자기인식이 정신건강의 기준이 된다는 위에서의 논의의 타당성을 입증해주는 것이다.

(1) 자기존중감: 착각적 자기인식과 정신건강의 연결고리

이렇게 자기애의 수준이 정신건강의 수준을 높이는 것은 자기존중감 수준이 양자 사이에서 중재변인(mediating variable)의 역할을 하기 때

105 Sedikides et al., 2004, pp. 400−401.

106 Paulhus, 2001.

107 Griffin & Bartholomew, 1994.

108 Sedikides et al., 2004, p. 401.

109 Campbell, 2001; Rose, 2002; Sedikides & Gregg, 2001.

110 Sedikides et al., 2004.

문이다.[111] 자기존중감은 스스로의 사람됨에 대한 긍정적 평가의 결과 나오는 인간으로서의 자기의 가치에 대한 믿음인데,[112] 이는 자기애의 수준과 일관적으로 정(正)적인 관련성을 보인다. 즉 자기애가 높을수록 자기존중감 수준도 높아지는 것이다.[113] 이러한 양자(자기애와 자기존중감) 사이의 강한 관련성을 보고, 어떤 연구자들은 자신들의 논문 제목을 "자존감 중독으로서의 자기애"(narcissism as addiction to self-esteem)라 붙이고 있을 정도이다.[114]

자기애 수준이 정신건강의 수준을 높이는 것처럼 자기존중감도 직접적으로 정신건강에 영향을 미친다. 자기존중감은 불안감,[115] 우울증[116] 및 고독감[117]과 강한 역상관을 보이며, 주관적 안녕감과는 강한 정상관을 보이는 것으로 밝혀지고 있다.[118] 이러한 결과들은 자기존중감 수준이 높을수록 정신건강의 수준도 직선적으로 증진됨을 나타내는 것이다.

자기애와 정신건강 사이에, 그리고 자기존중감과 정신건강 사이에 직선적인 정적인 관계가 있다면, 자기애와 정신건강 사이에서 자기존중감이 중개 역할을 할 가능성이 있다. 세디키데스 등의 연구에서는 자기애와 우울증 및 고독감 사이의 관계에서 자기존중감이 중개 역할을

111 Sedikides et al., 2004.

112 Rosenberg, 1965.

113 Campbell, Rudich, & Sedikides, 2002; Rhodewalt, Madrin, & Cheney, 1998.

114 Baumeister & Vohs, 2001.

115 Pyszczynski & Greenberg, 1987; Tarlow & Haaga, 1996.

116 Tennen & Herzberger, 1987.

117 Jones, Freemon, & Goswick, 1981; Leary & Baumeister, 2000.

118 Baumeister, Campbell, Krueger, & Vohs, 2003; DeNeve & Cooper, 1998.

하는 것(연구 1)으로 드러나고 있다.[119] 자기존중감의 이러한 중개 역할은 자기애와 슬픔 · 고독감 · 불안 · 주관적 안녕감 사이의 관계에서(연구 2와 연구 3), 자기애와 주관적 안녕감 및 부부 관계 안녕감 사이의 관계에서(연구 3), 자기애와 우울증 · 고독감 · 주관적 안녕감 사이의 관계에서(연구 4), 그리고 자기애와 우울증 · 불안 · 고독감 · 신경증 사이의 관계에서(연구 5) 일관되게 나타나는 것으로 드러나고 있다.[120] 이러한 결과들은 모두 자기애는 자기존중감의 수준을 높이고, 이렇게 높아진 자기존중감이 정신건강의 수준을 증진시키게 됨을 시사한다. 즉 이 삼자 사이에는 "자기애 → 자기존중감 → 정신건강"의 직선적 관계가 존재하는 것이다.[121]

---

119 Sedikides et al., 2004, pp. 402–403: 이 연구 1에서는 자기애와 정신건강 사이에 직선적인 정적 관계가 있으며, 또한 자기존중감과 정신건강 사이에도 직선적인 정적 관계가 있는데, 이때 자기존중감의 영향을 통제하면 자기애가 정신건강에 미치는 영향이 사라진다는 사실이 밝혀지고 있다. 이는 자기애와 정신건강 사이의 관계는 자기존중감에 의해 중개된다는 사실을 의미하는 결과이다(Baron & Kenny, 1986). 즉 자기애의 수준은 자기존중감의 수준을 높이고, 그렇기 때문에 결과적으로 정신건강의 수준이 증진된다는 것이다.

120 Sedikides et al., 2004.

121 자기애가 정신건강에 영향을 미치는 것은 자기존중감의 중재효과 때문만이 아니라, 자기애자들의 방어적 반응편향(자기애자들이 제반 정신건강의 지표 척도에서 자기의 정신건강이 좋은 것으로 방어하기 위해 좋게 응답하려는 편향)이나 억압(자기애자들이 나쁜 정신건강 상태를 억압하는 식으로 반응) 또는 인상관리 책략(자기애자들이 남에게 잘 보이기 위해 정신건강 수준이 높은 것처럼 위장하여 반응)이 자기애와 정신건강 사이에서 영향을 미치기 때문일는지도 모른다. Sedikides 등(2004)은 이러한 가능성을 검증해보기 위해 방어적 반응편향 척도(Marlowe–Crowne Social Desirability Scale: Crowne & Marlowe, 1964), 억압성 척도(Repression Scale: Weinberger, Schwartz, & Davidson, 1979), 인상관리 척도(Balanced Inventory of Desirable Responding: Paulhus, 1991)를 통해 응답자들의 방어적 반응편향 수준과 억압성 수준(연구 4) 및 인상관리 수준(연구 5)을 측정하고, Baron과 Kenny(1986)의 모형에 따라 중다회귀 분석을 해 보았다. 그 결과 자기존중감의 경우와는 달리 이러한 요인들은 자기애와 정신건강 수준 사이에서 아무런 영향을 미치지 못하는 것으로 드러남을 발견하였다. 이러한 결과들은 자

이렇게 서구 개인주의 사회에서 일반적으로 나타나는 긍정적 자기 평가는 개인의 자기존중감 수준을 증진시키고, 결과적으로 그들의 정신건강 수준에 긍정적인 영향을 미치게 된다. 서구인들에게 있어서 이러한 고양된 자기존중감의 효과는 자기애자들이 드러내는 대인관계 상의 냉담함(callousness)을 극복하고도 남을 정도로 자기애와 정신건강 사이에서 강력한 긍정적인 영향을 미치는 것이다.[122]

(2) 문화유형과 자기존중감의 추구 책략

자기에 대한 긍정적인 평가를 통해 높은 수준의 자기존중감을 유지하고자 하는 자기고양의 동기(self-enhancement motive)는 인간에게 있어 보편적인 동기일 뿐만 아니라,[123] 인류의 원시적 환경 속에서도 동료들과의 관계에서 스스로가 차지하는 위치를 점검하여 자기존중감을 유지하는 일은 개인 존재의 생존 및 재생산 성공에 있어서 기본적인 중요성을 갖는 일이었을 것이므로,[124] 인간 종의 진화사(進化史)를 통해서 볼

기애가 정신건강에 영향을 미치는 것은 순전히 자기존중감의 중재효과 때문이라는 사실을 알려주는 것이다.

122 Sedikides et al., 2004, pp. 411-413; 세디키데스 등은 "자기애자들의 마음은 잘 갖추어진 다목적용 스포츠 차량(sports utility vehicle)과 같다: 이 차의 운전석에 앉으면 근사하겠지만, 동료 운전자들은 이 차에 부딪쳐 자기 차가 찌그러지지 않도록 조심해야 한다"(p. 412)는 익살맞은 비유를 들어 이러한 현상을 설명하고 있다.

123 Sedikides et al., 2003: Sedikides 등(2003, p. 62)은 서구 문화사를 개관하면서, 서구 사회에서 높은 수준의 자기존중감을 확보하려는 동기는 고대 그리스의 소피스트(Sophist)들로부터 시작하여 Cicero 같은 로마 철학자를 거쳐, 14~16세기의 르네상스 운동, 17세기의 Hobbes 같은 자유주의자들, 18세기의 Bentham과 Mill 같은 공리주의자들 및 미국의 독립선언서로 이어지다가, William James 이후의 현대심리학자들에 이르기까지 지속적으로 강조하여 온 보편적인 인간의 동기임을 밝히고 있다.

124 Leary & Baumeister, 2000; Sedikides & Skowronski, 2000, 2002.

때도 "주관적으로 높은 수준의 자기존중감을 갖는 일은 중요한 진화적 이득을 갖는 일"[125]이었을 것이다. 그러므로 스스로를 긍정적으로 평가함으로써 높은 수준의 자기존중감을 확보하고 유지하는 일은 어느 사회 어느 문화권에서나 보편적으로 추구되는 일이었다.

그러나 사회심리학자들이 본격적으로 문화에 대한 연구를 진행하던 초기(1980년대와 1990년대) 자기에 관한 연구자들은 이러한 자기존중감 추구 경향은 서구 개인주의 문화권에서 나타나는 현상일 뿐 동아시아 집단주의 사회인들은 긍정적인 자기개념을 가지고 있거나 또 바라지 않으며,[126] 따라서 동아시아인들은 높은 수준의 자기존중감을 가지고 있지도 않을 뿐만이 아니라 추구하지도 않는다고 주장하여,[127] 자기존중감 고양 동기의 보편설을 부정하고 서구 문화 특수설을 제시하였다.[128] 자기존중감의 서구 특수설을 주장하는 사람들은 동아시아인들의 자기존중감 수준은 이론적 중간점을 중심으로 정상분포하거나 하위에 분포함에 반해 서구인의 자기존중감 수준은 이론적 중간점보다 상위에 편포되어 있다는 사실,[129] 동아시아인들과는 달리 서구인들은 스스로가 여러 가지 능력과 성격 특성 등에서 소속 집단의 평균적인 사람보다 매우 특출하게 우수하다거나 긍정적이라고 인식(허구적 독특성 인식)하고

---

125 Sedikides et al., 2003, p. 62.

126 Kanagawa et al., 2001; Markus & Kitayama, 1991a.

127 Heine et al., 1999; Heine, Kitayama, Lehman, Takata, Ide, Leung, & Matsumoto, 2001.

128 이 두 관점(자기고양 동기의 보편설과 서구 특수설) 사이의 대립에 관한 논의는 Sedikides 등(2003) 참조.

129 Baumeister et al., 1989; Diener & Diener, 1995; Heine et al., 1999.

있다는 사실들[130]에 근거를 두고, 자기존중감의 고양 경향은 서구 문화의 특수한 경향일 뿐이라는 관점을 제시하고 있다.

하지만, 이러한 연구에서 자기존중감을 측정하는 데 사용되고 있는 척도[131]가 개인의 독립성과 특출성을 드러내는 것과 같이 서구 개인주의 문화에서 중시하는 적극적인 자기주장 및 자기고양적 편향의 측면을 드러내는 문항들로 구성되어 있어,[132] 자기억제와 대인간 조화 및 내집단에의 소속감의 측면에서 자기존중감의 근거를 찾는 동아시아 집단주의 사회인의 자기존중감 수준을 측정하는 도구로는 적합하지 않다. 뿐만 아니라 자기의 특출성을 과장하여 인식하는 허구적 독특성 지각 경향이 서구 개인주의 사회인들에게서만 나타나는 것으로 알려져 있었지만, 꼭 그렇지는 않은 것으로 밝혀지고 있다. 즉 집단주의 사회인이나 집단중심성향자들도 집단주의 사회에서 중시하는 대인관계에서의 배려성과 관련된 특성에서는 스스로의 독특성을 과장하여 인식하는 경향을 보이는 것이다.[133]

세디키데스 등은 미국인(개인주의 사회인)과 독립적 자기관의 보유자들은 개인주의적 성향(자율성·독립성·독창성·자립성·개별성·독특성)과 행동이 집단주의적 성향(호의성·타협성·협동성·충성심·참을성·자기희생)과 행동보다 개인적으로 더 중요하다고 평가하며, 또한 집단주의적 성

130 Heine & Lehman, 1997; Markus & Kitayama, 1991b; Myers, 1987.

131 Rosenberg, 1965.

132 조긍호, 1993, 1996a, b, 1997a, b, 1999a, 2000, 2002; Heine & Lehman, 1997; Heine et al., 1999; Markus & Kitayama, 1991a, b, 1994a, b; Triandis, 1989, 1990, 1995.

133 조긍호, 2002; Sedikides, Gaertner, & Vevea, 2005.

향보다는 개인주의적 성향의 탁월성에 의해 더 자기존중감이 높아지는 것으로 보고 있는데 반해, 일본인(집단주의 사회인)과 상호의존적 자기관의 보유자들은 정반대의 결과를 보인다는 사실을 밝혀내고 있다.[134] 그들은 이러한 결과에 터해서, 어느 사회에서든지 자기에 대한 정적 평가인 자기존중감은 해당 문화에서 중시하여 문화적 명제로 굳어진 특성과 행동 양식에 대한 정적 평가를 기초로 하는 것이어서, 자기존중감 추구 경향은 해당 문화에서 중시하는 성향 또는 특성의 인식을 바탕으로 하는 인간의 보편적인 동기라는 사실을 확인하고 있다.[135]

이렇게 서구 개인주의 사회인들은 서구 사회의 문화적 명제인 개인의 독립성 · 자율성 · 독특성 및 적극적인 자기주장과 장점의 확장, 그리고 일관성과 안정성의 추구를 통해 긍정적으로 자기를 평가함으로써 자기존중감의 수준을 높이려 하며, 이러한 높은 수준의 자기존중감은 서구인들이 현실 세계에 적응하는 과정에서 정신건강의 수준을 증진시키는 원천이 되는 것이다.

---

134 Sedikides et al., 2003.

135 Sedikides 등(2003, pp. 62-63)은 사람들은 누구나 자기존중감을 고양시키려는 보편적인 동기를 가지고 있는데, 다만 이러한 동기를 추구하는 책략에서 문화에 따라 차이를 보일 뿐이라고 주장한다. 즉 누구나 태어나 살고 있는 해당 문화에서 중시하는 특성에 대한 특출성(개인주의 사회: 독립성 · 독특성 · 자율성 등 개체성 관련 특성과 능력 및 행동; 집단주의 사회: 조화성 · 연계성 · 유사성 등 사회성 관련 특성과 능력 및 행동)을 강조하여 인식함으로써 자기존중감을 고양시키려 한다면서, 이를 "자기개념 고양 책략자 모형"(self-concept enhancement tactician model: SCENT model)이라 부르고 있다.
William James(1980, p. 310: 정양은, 2005a, p. 556)는 [자기존중감 = 성공(success)/포부(pretensions)]이라는 공식으로 자기존중감 추구 동기의 보편성을 제시하고 있다. 즉 해당 사회에서 이상적으로 설정한 특성이나 행동에 대한 수준(포부)에 비추어 이를 얼마나 갖추고 있는지(성공) 하는 비율로 자기존중감이 결정된다는 것이다. 이때 해당 사회에서 추구하는 포부의 내용이 문화에 따라 달라질 것이므로, 이 공식은 SCENT model의 원형이라고 볼 수 있을 것이다.

(3) 자기존중감과 주관적 안녕

고대로부터 인간은 높은 "삶의 질"(quality of life)을 유지하는 "좋은 삶"(good life)을 이상으로 추구해 왔는데,[136] 이러한 좋은 삶의 기준에 대해서는 문화나 종교 또는 사상적 전통에 따라 다양한 관점들이 제시되고 있지만, 정신건강과 행복감을 좋은 삶의 중요한 두 가지 기준으로 여기는 데에는 대체로 의견이 일치하고 있다.[137] 앞에서 보았듯이 자기존중감은 정신건강의 수준을 증진시키는 핵심원천이다. 뿐만 아니라 이러한 자기존중감은 행복감을 유발하는 요인이기도 하다.[138]

서구 사회에서 자기의 삶에 대한 통제력 착각의 수준이 높고, 또 장래에 대한 낙관주의적 예측을 많이 하여 높은 수준의 자기존중감을 유지하고 있는 사람들은 그렇지 않은 사람들에 비해 현재의 삶에 대해 느끼는 행복감 수준이 높은 것으로 검출되고 있다.[139] 또한 아시아 등 집단주의 사회에서 자기존중감과 행복감 사이의 상관(r = 0.15)은 그리 높지 않은데 비해, 서구 개인주의 사회에서 자기존중감과 주관적 안녕감 사이에는 매우 높은 상관(r = 0.65)이 검출되고 있다는 사실[140]은 개인주의자인 서구인들에게서 자기존중감이 차지하는 중요성을 잘 드러내주는 결과인 것이다. 이렇게 보면, 자기존중감은 삶의 질을 좌우하는 두 요소인 정신건강과 행복감의 증진에 결정적인 영향을 미침으로써, 서구인들이 좋은 삶을 영위하는 데 있어 핵심적으로 중요한 요인으로

136 Diener & Suh, 2000, p. 3.

137 Edgerton, 1992.

138 Taylor & Brown, 1988.

139 Freedman, 1978.

140 Diener, 1984.

작용한다.

행복감에 영향을 미치는 요인들을 찾아내고 집단 간에 그 차이를 분석해보기 위해서는 객관적으로 행복감을 측정하는 방안에 대한 연구가 선행되어야 한다. 이를 위해 디너(Diener, E.)는 "주관적 안녕감"(subjective well-being: SWB)의 개념을 제시하였는데,[141] 이는 "개인의 자기 삶에 대한 만족도(life satisfaction)와 정서적 안녕(emotional well-being)의 두 가지 평가로 측정된다."[142] 여기서 삶의 만족도는 개인이 자기의 삶 전반에 대해 얼마나 만족하는지에 대한 인지적 측면의 평가이고, 정서적 안녕은 삶에서 느끼는 감정 반응에 대한 정서적 평가로, 일상생활에서 느끼는 긍정적 정서의 빈도에서 부정적 정서의 빈도를 뺀 값으로 계산된다.[143] 즉 행복감은 개인이 평가하는 자기 삶에 대한 인지적 차원의 만족도와 일상생활에서 부정적 정서보다 긍정적 정서를 얼마나 더 많이 느끼는지 하는 정서적 평가의 두 요인의 평가로 측정할 수 있다는 것이 주관적 안녕감 이론의 골자이다.[144]

이후 이 분야의 연구자들은 주관적 안녕감을 행복감과 동의어로 여기고 연구를 해왔는데,[145] 이러한 주관적 안녕감 수준은 문화유형과 밀접한 관련이 있는 것으로 드러나고 있다. 국가 수준의 개인주의 점수와 주관적 안녕감 점수 사이에는 매우 밀접한 정(正)상관(r = 0.52)이 있

---

141 Diener, 1984.

142 Diener & Diener, 1995, p. 653.

143 [주관적 안녕감(SWB) = 삶의 만족도 + 정서적 안녕]으로 계산되는데, 이때 정서적 안녕은 [PA(긍정적 정서 빈도) − NA(부정적 정서 빈도)], 곧 긍정적 정서 경험의 빈도에서 부정적 정서 경험의 빈도를 뺀 값이다.

144 Diener & Fujita, 1994.

145 Ratzlaff, Matsumoto, Kouznetsova, Raroque, & Ray, 2000, p. 37.

는 것으로 검출되고 있다.[146] 즉 개인주의 문화의 나라일수록 집단주의 문화의 나라보다 전반적인 주관적 안녕감 수준이 높은 것이다.[147]

개인주의와 주관적 안녕감의 이러한 밀접한 관련성은 국가 수준에서 뿐만 아니라 개인 수준에서도 나타난다. 즉 같은 사회에 살고 있는 사람들 중에서도 개인중심성향이 집단중심성향보다 높은 개인중심주의자들은 그 반대인 집단중심주의자들보다 높은 수준의 주관적 안녕감을 경험하는 것으로 드러나고 있는 것이다.[148]

그런데 문화유형에 따라 자기존중감의 요인이 다르듯이(개인주의 문화: 독립성과 주도성 요인; 집단주의 문화: 사회성과 유대감 요인),[149] 주관적 안녕감에 영향을 미치는 요인도 문화유형에 따라 달라진다. 개인주의 사회에서는 개인의 특출성과 유능성 및 주도성이 자기존중감의 요인으로 작용하듯이, 이러한 요인이 곧바로 그들의 주관적 안녕감에 영향을 미친다. 곧 개인주의 사회에서는 주도성에 근거한 자기존중감이 높을수록 삶의 만족도와 기분 좋은 감정을 많이 경험하여, 결과적으로 주관적 안녕감 수준이 높아지는 것이다. 이에 비해 집단주의 사회에서는 타인과의 연계감과 타인의 인정 및 타인으로부터의 수용감이 자기존중감의 요인으로 작용하듯이, 이러한 유대감에 근거한 자기존중감이

---

146 Suh, Diener, Oishi, & Triandis, 1998.

147 집단주의 사회인 일본인(36%)이나 한국인(49%)보다 개인주의 사회인 미국인(83%)과 캐나다인(78%) 중 스스로가 "평균수준 이상으로 행복하다"고 보고하는 수가 유의미하게 많다(Diener & Diener, 1995)는 결과는 이러한 사실을 잘 드러내준다.

148 Kasri, 1997; Watson, Sherbak, & Morris, 1998; Ratzlaf et al., 2000, pp. 44-47 참조.

149 조긍호, 2002; Sedikides et al., 2003, 2005.

삶의 만족도에 영향을 미쳐 그들의 주관적 안녕감 수준을 높이는 요인으로 작용한다.[150]

이렇게 집단주의 사회에서도 가족이나 친구 같은 내집단원으로부터 얻는 사회적 지원(social support)이 중개변인으로 작용하여 삶의 만족도 수준을 증진시키기는 하지만,[151] 전반적으로 서구 개인주의 사회인들이 보고하는 주관적 안녕감 수준은 동아시아를 비롯한 집단주의 사회인들의 그것보다 유의미하게 높다.[152] 그렇다면 서구인들이 동아시아인들보다 더 행복하다고 느끼는 까닭은 무엇일까?[153]

우선 생각해 볼 수 있는 것은 정서적 안녕감의 요인이다. 정서적 안녕감은 살아가면서 얼마나 긍정적인 정서 경험을 많이 하느냐의 지표로, 일상생활에서 경험하는 긍정적 정서의 빈도에서 부정적 정서의 빈도를 뺀 값으로 계산된다. 그런데 긍정적 정서와 부정적 정서의 경험 빈도와 이에 대한 사회적 규범 및 부정적 정서에 대한 수용도는 문화유형에 따라 큰 차이가 있는 것으로 밝혀지고 있다.[154]

서구 개인주의 사회인들은 긍정적 정서 경험의 빈도가 부정적 정서 경험의 빈도보다 유의미하게 높으며, 이 양자 사이에는 강한 역(逆)

---

150 Kwan et al., 1997; Triandis, 2000, p. 26.

151 여러 연구자들(예: Bettencourt & Dorr, 1997; Sinha & Verma, 1994; Ratzlaf et al., 2000, pp. 47-49 참조)은 집단주의 사회에서는 소속집단에의 유대감에서 오는 집단적 자존감(collective self-esteem)에서 얻는 사회적 지원(social support)이 삶의 만족도를 증진시키는 핵심요인으로 작용한다는 결과를 보고하고 있다.

152 Diener, Diener, & Diener, 1995; Diener & Suh, 1999; Diener, Suh et al., 1995; Suh, 2000.

153 서은국(Suh, 2000, pp. 72-80)은 다음에 제시되는 네 가지 중 동기적 요인과 인지적 요인의 두 가지를 그 원인으로 제시하고 있다.

154 이에 대해서는 졸저(조긍호, 2003a, pp. 245-250; 2012, pp. 242-246) 참조.

상관이 있지만, 동아시아 집단주의 사회인들은 긍정적 정서 경험과 부정적 정서 경험의 빈도 사이에 아무런 차이가 없으며, 두 정서 경험 사이에도 아무런 상관이 없는 것으로 검출되고 있다.[155] 또한 개인주의 사회에서는 긍정적 정서를 더욱 규범적이라 여겨 긍정적 정서를 수용하고 부정적 정서를 배척하는 경향이 크지만, 집단주의 사회인들은 부정적 정서가 자기개선을 유도한다고 여겨 부정적 정서에 대한 수용도가 크고, 따라서 부정적 정서의 경험 및 표출 빈도가 높은 경향이 있다.[156] 이러한 논의에 비추어 보면, [긍정적 경험 빈도 − 부정적 경험 빈도]로 계산되는 정서적 안녕감 수준은 동아시아 집단주의 사회인보다 서구 개인주의 사회인이 높을 수밖에 없고, 결과적으로 개인주의 사회인의 주관적 안녕감이 높아지게 되는 것이다.

이어서 동기적 요인을 생각해 볼 수 있다. 서구와 동아시아에서는 행복의 근원과 가치에 대한 관점이 서로 다른 철학이 발달하였다. 서구인들은 개인적 행복의 추구는 침해할 수 없는 인간의 권리라고 여기고, 행복한 삶을 이루는 원동력은 개인의 능력에 달려 있다고 봄으로써, 개인에게 스스로의 행복을 추구할 수 있는 자유와 기회를 제공하는 데 힘을 기울이는 사회체제를 지향하여 왔다.[157] 그러므로 서구인들에게 있

155 Bagozzi et al., 1999.

156 Diener, Suh et al., 1995: Diener와 Diener(1995, p. 662)는 "이러한 결과에 근거해서 보면, 개인주의 사회에서 삶의 만족도는 자기에 대한 정(正)적인 느낌에 더 많이 근거하게 되지만, 이와는 대조적으로 집단주의 사회에서 삶의 만족도는 이 사회에서 더욱 지배적인 부(負)적인 초점의 영향을 받으므로, 개인이 당면하는 문제와 사회적 갈등이 얼마나 많은가 하는 점에 더욱 의존하게 될 것"이라 진술하고 있다.

157 Suh, 2000, pp. 73-76; 이러한 사고는 그리스 철학으로부터의 전통이었다: "아리스토텔레스의 《니코마코스 윤리학》과 《에우데모스 윤리학》이 밝히고자 하는

어서 최대의 관심은 스스로의 노력에 의해 행복을 추구하는 일이었으며, 따라서 그들은 행복을 추구하는 일에 온통 관심과 열정을 쏟는다. 이러한 맥락에서 서구인들은 스스로의 통제력을 과신하고, 스스로의 장래에 대해 과도하게 낙관적으로 인식하며, 현재의 삶에 대한 만족도의 수준도 높다고 평가하는 경향이 나오게 되는 것이다.[158]

이에 반해 동아시아인들은 행복과 불행의 조건은 외적 조건에 달려 있으니, 이에 휘둘리지 말고 사람이 할 수 있는 일, 곧 대인관계의 화목을 이루어 조화로운 삶을 유지하는 일에 힘을 쏟아야 한다는 관점을 오래 전부터 받아들여 왔다.[159] 또한 동아시아인들은 행복과 불행은 오래 지속되는 것도 아니고, 복을 가져오는 일이 항상 그런 것도 아니고 곧 불행으로 변할 수도 있다고 보았다.[160] 그러므로 동아시아인들은 서구인에 비해 행복에 대해 가치를 덜 부여하고, 일상적 대화에서 행복에 대해 생각을 별로 하지 않으며,[161] 삶의 만족도에 대한 이상 수준도 낮게 설정하는 경향을 보인다.[162]

핵심적인 내용은 물론 어떤 삶이 가장 행복한 것인가 하는 것이라는 건 두말할 나위도 없는 일"(박종현, 2001, p. 168)이라는 지적은 이러한 사실을 단적으로 드러내고 있다.

158 Greenwald, 1980; Taylor & Brown, 1988.

159 유학 사상에서는 행복과 불행은 그 성취의 여부가 외적 조건에 달려 있는 在天者(在外者)라 여기고(예: 死生有命 富貴在天, 《論語》, 顔淵 5), 본유적인 도덕성을 실천하여 조화로운 사회관계를 유지하는 일은 스스로가 하기에 따라 이루어지는 在我者(在己者)라고 보아, 일상생활에서 전자를 추구하지 말고 후자를 적극적으로 추구해야 한다고 주장한다. 이러한 관점은 졸저(조긍호, 2003a, pp. 424-469; 2007a, pp. 464-418; 2017a, pp. 262-334) 참조.

160 동아시아인들이 잘 알고 있는 유명한 새옹지마(塞翁之馬)의 일화는 이러한 관점을 잘 드러내준다.

161 Diener, Suh et al., 1995.

162 Diener, Suh, Oishi, & Shao, 1996.

행복에 대해 부여하는 가치의 이러한 문화간 차이는 행복을 추구하는 동기에 차이를 유발하여 일상생활의 과정에서 이를 추구하는 노력을 다르게 함으로써, 서구인의 전반적인 주관적 안녕감의 수준을 동아시아인의 그것보다 높게 유지하게 만드는 원동력으로 작용하게 되는 것이다.[163]

이러한 동기적 요인의 차이는 문화유형에 따른 인지 과정의 차이를 유발하여 결과적으로 주관적 안녕감의 차이를 야기한다.[164] 스스로를 자유의 보유자로 인식하는 서구 개인주의 사회인들은 자신의 대부분의 행위의 원동력을 성격 · 능력 · 태도 · 기호 같은 자기의 내적 속성에서 찾는다. 따라서 그들은 환경적 조건보다 자기의 내적 속성에 주의를 기울이고, 따라서 다양한 사건이나 정보를 자기와의 관련성 속에서 처리하는 경향이 강하다. 그러므로 서구인들은 자기중심적으로 정보를 선택하고 해석하며 평가하는 데 익숙해지고, 따라서 자기고양의 경향이 유발되어 결과적으로 주관적 안녕감의 평가에서도 이러한 자기고양의 경향이 나타난다.[165]

이에 반해 인간을 사회적 관계체로 인식하여 사회행위의 원동력을 규범이나 타인의 기대 같은 외적 조건에서 찾는 동아시아 집단주의 사회인들은 자기의 내적 속성보다는 타인이나 규범 같은 외적 조건이 주의의 초점으로 부각되고, 따라서 타인이나 규범 등 외적 조건을 기준으로 다양한 정보를 선택하고 처리하는 경향이 강해진다. 그러므로 동아

163 Suh, 2000, pp. 73–76.

164 Suh, 2000, pp. 76–80.

165 Lyubomirsky & Ross, 1997.

시아인들에게서는 자기고양의 경향이 줄어드는 대신 자기의 내적 측면은 별로 중요하게 고려하지 않는 경향이 나타나게 되어, 결과적으로 주관적 안녕감에 대해서도 별로 중시하지 않게 되는 것이다.[166]

이 이외에도 자기표출에 대한 사회화 과정의 차이로 인해 야기되는 반응 편향(response bias)의 차이를 통해 문화유형에 따른 주관적 안녕감의 차이 문제에 접근할 수도 있다. 개인주의 사회에서는 "내가 무엇을 할 수 있나?"의 학습(자기 능력과 독특성의 확인과 추구)에 사회화의 강조점이 주어지고, 따라서 개인적인 소유(능력·경험·업적)와 이의 적극적인 표출에 따라 자기존중감이 높아지므로, 스스로를 긍정적으로 드러내려 한다. 이에 비해 집단주의 사회에서는 "내가 누구인가?"의 학습(집단 내에서의 위치 확인 및 내집단과의 동일성 추구)에 사회화의 강조점이 주어지고, 따라서 집단과의 관계(내집단 성원들의 인정과 내집단 규범에의 동조)에 따라 자기존중감이 규정되므로, 가능한 한 자기를 드러내지 않고 집단 속에 숨으려는 경향이 강해진다.[167] 그러므로 주관적 안녕감 척도에 대한 반응에서도 서구인들에게서는 자기를 잘 드러내는 극단적인 응답 경향이 두드러지고, 동아시아인들에게서는 별로 튀지 않는 중립적인 응답 경향이 두드러지게 되어, 전자의 반응이 후자보다 더 긍정적인 경향을 띠게 되는 것이다.

---

166 Lu & Shih, 1997; Suh et al., 1998.

167 Kitayama et al., 1997; Triandis, 1990, pp. 72-77.

3) 긍정적 자기제시와 장점의 확충

앞에서 보았듯이, 서구인들의 자기평가는 사실과 달리 대단히 긍정적인 방향으로 기울어져 있다. 서구인들은 자기의 독특성을 사실 이상으로 과장하여 인식하는 허구적 독특성 지각 경향을 보이고, 자기의 사람됨에 대한 가치평가인 자기존중감도 이론적 중간점보다 상위의 긍정적인 방향으로 편포되어 있으며, 자기 성격에 대해서도 과도하게 긍정적인 방향으로 기울어져 평가하고, 자기의 장래도 과도하게 낙관적으로 예측하며, 성취 결과의 귀인 장면에서도 지나칠 정도로 자기고양적 편향(자신의 성공에 대해서는 능력이나 노력 같은 내적 요인에 귀인; 자신의 실패에 대해서는 운이나 과제곤란도 같은 외적 요인에 귀인)을 드러낸다.

이렇게 자기의 긍정적인 측면을 과장하여 인식하는 경향은 서구인들이 살아가면서 경험하는 행복감과 삶에 대한 만족 수준을 높이고, 현실적응 과정에 긍정적인 영향을 미쳐 그들의 정신건강 수준을 증진시키는 것으로 드러나고 있다. 그러므로 서구인들은 자기의 긍정적인 측면을 사실 이상으로 부각시켜 보이려 하고, 현실생활에서 과도하게 행복을 추구하려 하며, 자기의 장점을 확충함으로써 자기발전을 도모하려는 경향을 크게 보인다.

(1) 긍정적 자기제시: 자기과시 및 보호의 추구

서구 사회에서는 모든 행위의 원동력을 개인이 보유하고 있는 여러 가지 능력과 성격 특성, 의지력 같은 동기적 속성, 행복감 같은 기분 좋은 감정 상태, 여러 가지 대상에 대한 태도와 지식 등 내적 속성에서 찾는다. 그러므로 서구인들은 스스로가 이러한 내적 속성들을 갖추고 있는 것으로 인식하여, 스스로의 유능성에 대해 긍정적인 평가를 함으로써 자기존중감을 높이려 하고, 또 이를 타인들에게 나타내 보이려 노력한다.

이렇게 자기의 능력이나 특성 같은 내적 속성을 긍정적으로 드러내 보이고자 하는 자기제시(self-presentation) 동기는 다양한 인상관리(impression management) 행동을 유발한다. 이는 타인에게 좋은 인상을 심어줌으로써 자기가 바라는 궁극적인 목표를 얻기 쉽게 하려는 도구적인 목표에서 나오는 도구적 행동이기도 하고, 특정한 긍정적인 방향으로 자기상(self-image)을 구축하거나 기존의 자기상을 유지하기 위한 표현 행동이기도 하다.[168] 인상관리를 위한 이러한 자기제시 행동에는 다양한 유형들이 있을 수 있으나, 중요한 것은 다음의 세 가지로 정리하여 제시할 수 있다.[169]

자기의 유능함이나 스스로의 긍정적인 성격 특성 또는 타인과의 비교에서의 우월성을 드러내고 과시하는 방향으로 행동하거나 귀인함으로써 상대방이 나에 대해 긍정적인 인상을 가지도록 유도하는 방안이다. 서구 사회에서 많이 나타나는 성취 결과에 대한 자기고양 귀인편향(자기 성공에 대해서는 능력의 출중함에 귀인하고, 자기 실패에 대해서는 운이 나쁨에 귀인하는 식으로, 자기존중감을 증진시키거나 손상하지 않도록 귀인하는 경향)은 이러한 책략을 가지고 자기를 제시하는 대표적인 예이다. 낯선 사람에게 자기의 능력이나 과거의 업적, 또는 유명인과의 인연 등에 대해 선전하듯 떠벌리는 것도 이러한 경우의 자기제시에 해당

168 Baumeister, 1998, pp. 703-707.

169 Fiske & Taylor, 1991, pp. 229-241.

한다.[170]

"분명히 그럴 것이라고 예상되는 실패로 인해 야기될 자존감 상실에 대비한 반응"[171]으로 나타나는 핑계 만들어놓기, 곧 "자기장애화"(self-handicapping)도 인상관리를 위한 대표적인 자기제시 행동의 하나이다. 자기의 유능성 수준이 드러나게 될 중요한 시험을 앞두고 있는 사람이 시험 전에 술을 마시거나 검사불안(test-anxiety)을 호소함으로써, 예상되는 실패에 대한 핑계거리를 미리 마련해 놓는 일이 자기장애화의 예이다. 이때 그 시험에서 실패하게 되면 그 원인을 전날 마신 술이나 만성적인 검사불안에 돌릴 수 있고, 그렇게 되면 이러한 핑계거리를 미리 만들어놓지 않아서 실패의 원인을 자기의 능력 부족에 돌림으로써 예상되는 자기존중감의 상실에 미리 대비할 수 있는 것이다.[172]

어떤 일에서의 실패(예: 테니스 시합에서의 패배)와 같이 자기존중감에 위협이 되는 사건과 마주치고 이에 대한 귀인을 도저히 자기고양적으로 할 수 없을 때, 이와는 관련 없는 자기의 장점이나 다른 측면의 능력(예: 바이올린 연주 실력)을 언급하거나 드러내 보임으로써, 앞선 일의 실패로부터 오게 될 자기존중감 상실의 위협에서 벗어나려고 하는 것 같은 "보상적 자기부풀리기"(compensatory self-inflation) 행동도 또 다른 유형의 자기제시 행동이다.[173] 다양한 분야에서의 자기의 장점을 찾아냄으로써 자기존중감을 증진시키려는 이러한 보상적 자기부풀리기는

170 Fiske & Taylor, 1991, pp. 230-233; Baumeister, 1998, pp. 704-705.

171 Snyder & Smith, 1982, p. 107.

172 Arkin & Baumgardner, 1985.

173 Greenberg & Pyszczynski, 1985.

자기확인(self-affirmation)의 한 형태이기도 하다.[174]

이러한 인상관리를 위한 자기제시 행동은 딱히 다른 사람을 향하기만 하는 것이 아니라 그 효과가 자기 자신에게 향하는 것일 수도 있다. 즉 다른 사람에게만 잘 보이려는 것이 아니라, 스스로도 고양된 자기존중감을 가지고 이를 유지함으로써 자기를 보호(self-protection)하려는 것이 자기제시 행동의 목표인 것이다. 자기존중감 수준이 높은 사람일수록 인상관리를 위한 자기제시 책략을 많이 쓴다는 결과는 이러한 사실을 잘 드러내준다.[175] 이러한 관점에서 보면, 이러한 자기제시 행동은 집단주의 사회보다는 전반적으로 자기존중감 수준이 높은 개인주의 사회에서 더 많이 나타나는 자기고양 행동의 일환이라고 할 수 있다. 그렇다면, 이렇게 자기존중감의 고양과 보호를 위한 자기제시 행동이 개인주의 사회에서 더 많이 나타나는 까닭은 무엇인가?

우선 생각해 볼 수 있는 것은 개인주의 사회에서는 사회행위의 원동력을 개인의 능력과 특성 등 내적 속성에서 찾음으로써, 자기의 유능성을 과시하기 위한 동기가 집단주의 사회보다 더 강할 것이라는 점이다. 어떤 일의 실패로 인한 자기존중감의 상실은 그 원인을 개인의 능력 부족에서 찾기 십상인 개인주의 사회에서가 그 원인을 외적인 요인(예: 사회적 지원의 부족)이나 내적인 요인일지라도 안정적인 것이 아니어서 자기존중감을 덜 건드리는 요인(예: 노력의 부족)에 주로 귀인하는 집단주의 사회보다 더 클 것이다. 반대로 성공을 출중한 능력에 귀인(개인주의 사회)하면, 노력이나 사회적 지원에 귀인(집단주의 사회)하는

174 Steele, 1988.

175 Baumeister et al., 1989.

것보다 자기존중감이 더 높아질 것이다.[176] 그러므로 자기제시를 통해 자기의 유능성을 과시함으로써 자기존중감을 고양시키고 보호하려는 경향은 집단주의 사회보다 개인주의 사회에서 강하게 나타날 것이다.

집단주의 사회의 문화적 명제는 사회적 유대감의 추구이지만, 개인주의 사회의 사회적 명제는 독립성과 독특성의 추구이다. 그러므로 집단주의 사회에서는 사회화 과정에서 너무 튀거나 자기를 드러내지 않을 것을 강조하지만, 개인주의 사회에서는 자기를 적극적으로 드러내 보일 것을 강조한다.[177] 이러한 배경에서 집단주의 사회에서는 사회관계에서 침묵과 과묵함을 선호하지만, 개인주의 사회에서는 다변(多辯)과 솔직한 자기표현을 선호하는 경향이 강하게 나타난다는 사실이 이해된다.[178] 바로 이러한 자기표현 양식의 차이로부터 개인주의 사회인의 자기제시 행동의 특징이 나오게 된다고 볼 수도 있다.

사회화 과정에서의 자기표현 양식의 차이가 미치는 영향과 밀접한 관계가 있기는 하지만, 문화권에 따른 친교행동의 차이에서도 자기제시 행동이 집단주의 사회보다 개인주의 사회에서 더 두드러지게 나타나는 까닭의 일단을 찾아볼 수 있다. 사회화 과정에서 자기은폐를 강조하는 집단주의 사회에서는 친교대상자로 사회관계에서 자기를 잘 드러내지 않는 내향성자(introvert)와 겸양 편향자를 더 선호하지만, 적극적인 자기표현을 강조하는 개인주의 사회에서는 적극적으로 자기를 드

176 개인주의 사회에서는 능력을 성취의 제1요인으로 인식하고, 집단주의 사회에서는 노력을 성취의 제1요인으로 받아들인다. 이러한 차이에 대해서는 졸저(조긍호, 2012, pp. 256-260) 참조.

177 Triandis, 1995, pp. 71-72.

178 이러한 사실은 제1장의 3절 "문화와 자기표현의 양식" 항목 참조.

러내는 외향성자(extrovert)와 자기고양 편향자를 선호한다.[179] 또한 개인주의 사회일수록 집단주의 사회보다 친구를 쉽게 잘 사귀고 친구의 수도 많으며, 친구의 수가 많을수록 주관적 안녕감 수준도 더 높은 것($r = 0.87$)으로 드러나고 있다.[180] 이러한 맥락을 고려해 볼 때, 개인주의 사회에서는 더 많은 사람에게 자기의 장점을 더 적극적으로 드러내고자 하는 경향이 강해진다고 추론할 수 있는 것이다.

(2) 자기향상의 방안: 장점의 확충을 통한 자기고양의 추구

자기존중감의 고양과 보호를 위해 긍정적으로 자기를 제시하고자 하는 일은 집단주의 사회인보다 개인주의 사회인들에게서 더 일반적으로 나타나기는 하지만, 이렇게 긍정적인 자기상을 추구하려는 경향은 인간 사회에서 누구나 가지는 문화보편적인 욕구이다. 그러나 문화유형에 따라 인간관이 다르고, 결과적으로 긍정적인 자기상을 구성하는 내용에 대한 생각이 서로 다르다. 그러므로 이러한 긍정적인 자기상을 이루기 위해 자기향상(self-improvement)을 도모하는 방안에 대한 입장이 문화유형에 따라 서로 달라질 것이라는 사실은 자명한 일이다.

개인주의 사회에서는 개인이 보유하거나 이룩한 능력 · 태도 · 가치관 · 성격 · 정서 등 고정적이고 안정적인 내적 속성에 의해 개인의 존재의의가 드러나게 된다고 본다. 따라서 이 사회에서는 스스로가 긍정적인 내적 속성을 가능한 한 많이 가지는 일이 자기향상의 지름길이라고 보아, 자기가 가진 긍정적 속성을 적극적으로 드러내 보이려 노력

179 Bond & Forgas, 1984; 친교행동의 문화차에 대해서는 졸저(조긍호, 2012, pp. 225-229) 참조.

180 Veenhoven, 1994. (Triandis, 2000, p. 27에서 재인용.)

하게 될 것이다. 이에 비해 집단주의 사회에서는 개인의 내집단과의 연계성과 사회적인 책임의 수행을 통해 개인의 존재의의가 드러나게 된다고 본다. 따라서 이 사회에서는 집단의 조화와 통합을 이루기 위해 자기의 장점을 드러내는 대신, 자기의 단점을 찾아 이를 개선하는 데에서 자기향상이 이루어진다고 보게 될 것이다.

개인주의 사회에서는 독립성이 문화적 명제이므로 개인의 독특성을 강조하게 되고, 결과적으로 자기의 장점과 고유성에 민감하게 되어, 정적인 자기상과 자기에 대한 정적인 감정을 추구하게 된다. 이 사회에서는 스스로가 성취한 독특성과 장점의 확충에 의한 자기고양을 자기향상의 통로라고 본다. 즉, 개인주의 사회에서는 자기고양의 방향으로의 문화적 압력이 존재하게 되어, 자기의 단점이나 부적 측면은 회피하거나 절감하는 대신, 자기의 정적 측면에 주의를 기울이고, 이를 정교화하게 된다. 그 결과 개인주의 사회에서의 자기화는 자기 속에 갖추어져 있는 안정적이고 일관적인 정적 특성을 확인하고 고양시키는 일이 주축이 되어, 이러한 자기고양을 통해 자기향상을 이루는 일이 자기존중감의 근거가 된다.[181]

개인주의 사회에서는 부정적 특성보다는 긍정적 특성을 더욱 규범적이고 정상적인 것으로 받아들여,[182] 이러한 긍정적 특성의 보유로 인한 자기만족도가 곧 행복감을 유발하는 기초가 된다.[183] 개인주의 사회

181 조긍호, 1997a, b, 2003a, b, 2007a, b; Diener & Diener, 1995; Diener & Larsen, 1993; Fiske et al., 1998; Heine & Lehman, 1995; Kitayama & Markus, 1995; Kitayama et al., 1995, 1997; Markus & Kitayama, 1994a, b.

182 Alicke, 1985; Brown, 1986; Holmberg et al., 1997.

183 Diener & Diener, 1995; Heine & Lehman, 1995; Kwan et al., 1997.

에서 자기의 정적인 측면을 부적인 측면보다 더욱 규범적이고 정상적인 것으로 받아들이는 경향은 성격 특성의 경우에만 나타나는 것은 아니다. 그들은 정서의 체험에 있어서도 정적 정서 경험을 부적 정서 경험보다 더욱 바람직한 것으로 받아들일 뿐만 아니라, 실생활에서 더욱 자주 경험한다.[184] 그리하여 개인주의 사회에서는 부적 정서 경험의 빈도에 대비하여 정적 정서 경험의 빈도가 높을수록 행복감이나 주관적 안녕감이 높아지는 것이다.[185]

이와 같이 개인주의 사회에서는 자기의 장점이나 긍정적 특성 및 긍정적 정서 경험의 확충이 자기향상의 통로라고 받아들여, 이를 적극적으로 추구하는 경향이 강하다. 그들은 자신을 긍정적 특성을 중심으로 개념화하고, 긍정적 정서를 가능한 한 많이 경험하려 하며, 자기의 자존감을 높이는 방향으로 성취 결과를 귀인하는 경향을 보인다. 같은 연장선 상에서 그들은 자기의 단점이나 부정적 특성, 그리고 부정적 정서의 경험은 애써 외면하려 하거나 적극적으로 회피하려 한다. 요컨대, 개인주의 사회에서 지배적인 자기향상의 방안은 자기의 긍정적 측면의 확충을 통한 자기고양인 것이다.

앞에서 어느 한 측면의 실패로 인한 자기존중감 상실의 위험으로부터 벗어나기 위해 그것과는 관련 없는 다른 측면의 장점이나 능력을 찾아 자기존중감을 보호하려는 보상적 자기부풀리기가 개인주의 사회에서 자주 나타나는 자기제시의 중요한 측면임을 살펴보았다. 이러한 보상적 자기부풀리기는 서구인들에게 있어서 자기확인의 한 방편이

184 차경호, 1995; Suh & Diener, 1995.

185 Diener, Suh et al., 1995; Suh & Diener, 1995.

다.[186] 이와 같이 서구 개인주의 사회에서는 다양한 분야에서의 자기의 능력과 장점을 찾아 모으는 장점의 확충이 강력한 자기향상의 방안으로 대두되는 것이다.

4) 긍정심리학: 서구적 행복관의 추구

지난 세기 말엽부터 비롯하여 21세기에 접어들면서 서구 개인주의 사회의 중심이라 할 미국의 심리학계에서는 긍정심리학(positive psychology)이 대두되어 학계와 대중의 호응을 받으며 발전하고 있다. 우울증의 근원으로서의 "학습된 무기력"(learned helplessness) 이론으로 유명한 셀리그만(Seligman, M.)의 주도로 시작된 이 흐름은 종래까지의 심리학이 "정신장애, 심리적 결함, 부적응 행동, 이상심리와 같이 인간의 부정적 측면에만 관심"을 지니고 "인간의 어두운 측면만을 다루는 학문 분야로 전락하게 되었다"고 지적하면서,[187] "긍정심리학은 행복을 비롯한 인간의 긍정적인 측면을 과학적으로 탐구하는 학문 분야"가 되어야 한다고 주장한다.[188]

(1) 긍정심리학의 연구주제

한 마디로 "행복의 과학적 탐구"라 할 긍정심리학의 연구진에는 주관적 안녕감 연구의 창시자인 디너(Diener, E.)도 참여하고 있으며, 행복과 이를 가져오는 인간의 특성에 대한 심리학적 연구를 학문적 목표로

186 Greenberg & Pyszczynski, 1985; Steele, 1988.

187 권석만, 2008/2019, p. 19.

188 권석만, 2008/2019, p. 18.

내세우고 있다.[189] 이들은 인간의 삶을 좀 더 행복하고 풍요롭게 할 다음 세 가지 주제에 초점을 맞추고 있다.[190]

첫째는 인간이 주관적으로 경험하는 다양한 긍정적 심리상태에 대한 연구이다. 이러한 긍정상태(positive states)에는 다양한 긍정 정서(즐거움·만족감·사랑·친밀감·기쁨·충족감 같은 좋은 감정 상태), 자신에 대한 긍정적 평가로부터 오는 자기존중감, 자신의 미래에 대한 낙관주의적 사고, 그리고 이들 긍정적 정서와 긍정적 자기평가 및 낙관적 자기관들로부터 연유하는 신체적인 활동성과 의욕(희망·열정·활기·확신감 같은 신체 활동성을 증가시키는 요인) 등이 포함된다. 이러한 긍정상태의 구성요소와 이들 사이의 관계, 이러한 요인들이 행복한 삶에 미치는 영향, 그리고 이러한 긍정상태를 증진시키는 방안 등을 밝히고자 한다.

둘째는 개인이 지니는 긍정적인 특성, 곧 개인의 긍정적인 성격특성과 다양한 장점 및 유능성 등에 대한 연구이다. 이러한 긍정특성(positive traits)은 수시로 달라지는 일시적인 상태특성이 아니라, 개인이 장기적 지속적으로 드러내는 긍정적인 행동 양식이나 탁월한 성향을 의미한다. 이에는 다양한 성격특성(독립성·독특성·자율성·적극성·솔

189 긍정심리학 연구 흐름의 창시자인 Seligman(2002)은 본인이 저술한 이 분야 소개서의 제목을 《진정한 행복》(*Authentic Happiness*)이라고 붙여, 긍정심리학의 가장 기본적인 학문적 목표가 행복에 관한 연구임을 분명히 하고 있다. 또한 권석만은 2008년에 출간하여 2019년까지 16쇄가 나온 이 분야 연구들의 소개서인 《긍정심리학》이란 책의 부제를 "행복의 과학적 탐구"라고 달아, 이러한 사실을 확인해주고 있다. 주관적 안녕감의 연구를 통해 심리학계에서 행복의 연구를 과학적 연구의 반열에 올려놓은 Ed Diener는 2008년에 창설된 "국제긍정심리학회"(International Positive Psychology Association)의 초대 회장에 취임하여, Seligman과 함께 이 분야의 연구를 주도적으로 이끌고 있다.

190 권석만, 2008/2019, pp. 24–25; Seligman, 2000, 2002; Seligman & Csikszentmihalyi, 2000.

직성·용기·자기주장성·안정성·일관성·끈기·낙관성·유모어감·열정 등 긍정적인 성격 특성)과 여러 분야의 능력(지능·창의성·기술·운동능력·음악적 재능 같은 제반 영역의 유능성) 및 강점(예를 들면, 짐싸기·청소하기·응원하기·흉내내기 등 여러 분야의 활동에서 드러나는 남들보다 뛰어난 측면) 등이 포함된다. 여기에서도 이러한 긍정적인 특성들 사이의 관계, 이러한 요인들이 삶의 행복과 장래의 발전에 미치는 영향, 그리고 이러한 특성들을 증진시키는 방안 등을 과학적으로 밝히고자 한다.

셋째는 사회구성원의 행복과 자기실현을 지원하는 긍정적인 기관에 관한 연구이다. 이는 인간은 혼자서는 살 수 없고, 다양한 사람들 및 조직 속에서 서로 영향을 주고받으며 살 수밖에 없다는 삶의 조건에서 나오는 연구주제이다. 이러한 긍정기관(positive institutions)에는 가족 · 학교 · 직장 · 동호회 · 친교모임 · 시민운동조직 등이 포함되는데, 이들 조직이 구성원 개개인의 행복과 능력의 발휘를 효과적으로 지원할 수 있어야 개인이 행복할 수 있고 또 조직도 발전할 수 있는 것이다. 그러므로 긍정심리학은 행복하고 건강한 가족 · 학교 · 직장 · 지역사회 등의 특성과 실현 방법을 연구함으로써, 행복에 대한 학술적 연구에 그치지 않고 이를 이루기 위한 실천적 개입에도 관심을 기울인다.

긍정심리학에서는 이러한 긍정 상태와 긍정특성 및 긍정기관들이 모두 개인이 행복한 삶을 이루는 데 핵심적으로 중요한 요인들이라고 전제하고, 과학적 탐구를 통해 그러한 증거들을 확인하려 노력하고 있다. 이렇게 긍정심리학에서 관심을 기울여 연구하는 내용을 보면, 이 중에서 긍정기관에 관한 관심과 연구를 빼면 모두 이 절에서 다루어 온 내용(서구 개인주의 사회의 긍정적 자기평가와 그 효과)과 중첩되는 것임을 알 수 있다.

위에서 개관한 결과들에서 보면, 부정적 감정보다 긍정적 감정을 많이 경험하는 사람일수록 정신건강의 수준도 높고 행복감도 상승되며,[191] 착각적 자기인식(비현실적으로 긍정적인 자기평가, 과도한 통제력 착각, 과도한 낙관주의)으로 인해 긍정적인 자기평가를 하는 사람일수록 정신적으로 건강하고 행복감을 더 많이 느끼며,[192] 자기존중감 수준이 높은 사람일수록 정신건강 수준과 행복감의 수준이 높으며,[193] 자기애의 수준이 높아 자기를 과도하게 아끼고 사랑하는 사람일수록 정신적으로 더 건강하고 행복감도 많이 느끼며 생활하는 것으로 드러나고 있다.[194] 이렇게 긍정심리학에서 탐구하는 긍정상태와 긍정특성은 모두 서구 개인주의 사회에서 중요하게 추구하는 긍정적인 자기존중감과 자기평가 및 자기고양을 가져와, 결과적으로 정신건강과 행복감을 유발하는 요인들인 것이다.

(2) 긍정심리학의 문화특수성

앞 장에서 자기 관련 행동의 동 · 서 문화차를 다루면서, 그리고 이 장의 초반부에 서구 개인주의 사회의 인간관과 자기관에 관해 논의하면서, 서구 개인주의와 동아시아 집단주의 문화권에서 개념화하는 자기향상 방안의 차이에 대해 언급한 바 있다. 이러한 차이에서 밝혀진

---

191 Diener et al., 1995; Suh & Diener, 1995; Taylor & Brown, 1988 등.

192 Baumeister, 1998; Diener, 1984; Freedman, 1978; Isen, 1984; Sedikides et al., 2004; Taylor & Brown, 1988 등.

193 Baumeister et al., 2003; DeNeve & Cooper, 1998; Diener, 2000; Freedman, 1978; Sedikides et al., 2004 등.

194 Baumeister et al., 2003; DeNeve & Cooper, 1998; Sedikides et al., 2004 등.

서구 개인주의 문화권에서 추구하는 자기향상의 방안의 내용이 그대로 긍정심리학의 연구 관심에 반영되고 있는 것이라고 볼 수 있다.

집단주의 사회에서는 개인이 다양한 상황과 관계에 따라 규정된다고 본다. 인간의 상황에 따른 변화가능성을 전제하는 집단주의 사회에서는 연계성이 문화적 명제이므로, 타인에 대한 배려와 조화의 유지를 강조하게 되고, 결과적으로 긍정적인 자기상이나 자기에 대한 긍정적인 감정보다는 자기의 부정적인 측면과 부정적 감정에 더 민감하고, 또 이러한 경험을 더 쉽게 수용할 가능성이 높다. 이와는 대조적으로 개인주의 사회에서는 개인이 모든 내적 속성을 완비하고 있는 불변적이고 안정적인 존재라고 인식하므로, 독립성과 독특성의 추구가 문화적 명제로 부각되고, 결과적으로 자기의 장점과 고유성에 민감하게 되어, 긍정적인 자기상과 자기에 대한 긍정적인 감정을 추구하게 된다.

이와 같이 집단주의 사회에서는 자기비판과 이를 통한 자기개선의 방향으로 문화적 압력이 존재하게 되어, 자기의 부정적 특성과 감정에 주의를 기울이고 이를 정교화하게 된다. 그리하여 집단주의 사회에서 자기화는 집단의 기대에 비추어 보아 자기에게 결여된 것이 무엇인가를 찾아내어, 이를 수정하는 자기개선이 주축이 되며, 이러한 자기개선이 자존심의 근거가 된다. 이에 견주어 개인주의 사회에서는 자기고양의 방향으로 문화적 압력이 존재하게 되어, 자기의 부정적 특성과 감정은 회피하거나 축소하는 대신, 자기의 긍정적 특성과 감정에 주의를 기울이고 이를 정교화하게 된다. 결과적으로 개인주의 사회에서 자기화는 자기 속에 갖추어져 있는 안정적이고 일관적인 긍정적 특성(성격과 능력의 장점)을 확인하고 고양시키는 일이 주축이 되며, 이러한 자기고

양이 자존심의 근거가 된다.[195]

이와 같은 맥락에서 보면, 집단주의 사회인들은 자기의 단점이나 부정적인 감정에 주의를 기울여, 이의 근원을 파악하여 개선하는 일을 자기발전의 핵심방안으로 받아들일 것이라 추론할 수 있다. 곧 집단주의 사회에서는 자기개선이 자기발전의 통로가 되는 것이다. 이에 비해 개인주의 사회인들은 자기의 단점이나 부정적 감정은 자기개념에 심각한 위협이 되는 것으로 인식하므로, 자기의 장점이나 긍정적인 감정을 자꾸 확인하고 확충하려 노력할 것이다. 즉 개인주의 사회에서는 장점 확충을 통해 자기발전을 도모하려 할 것이다.

그리하여 개인주의 사회에서는 부정적 특성보다는 긍정적 특성을 더욱 규범적이고 정상적인 것으로 받아들여, 이러한 긍정적 특성의 보유에 따른 자기만족도가 곧 행복감을 유발하는 근거가 된다. 그러나 집단주의 사회에서는 집단 내의 조화와 사회관계 속에서 자기가 차지하는 적합한 위치에 주의를 기울이게 되어, 조화를 해치거나 남에게 피해를 줄지도 모르는 부정적 측면의 확인과 개선에 힘쓰게 되므로, 이러한 노력이 곧 행복감의 바탕이 된다. 이러한 사실은 개인주의 사회에서는 자기의 긍정적 측면의 확인에 근거한 자기만족도가 삶의 만족도와 행복감의 직접적인 지표가 되지만, 집단주의 사회에서는 자기만족도와 행복감은 아무런 상관이 없고, 타인에게 받아들여지는 수용감이나 대인관계에서 이루어지는 조화감이 행복감의 직접적인 지표가 된다는 연구들에서 확인되고 있다.[196] 또한 집단주의 사회인 일본에서 개인이 느

195 Fiske et al., 1998; Kitayama et al., 1994, 1995, 1997.

196 Diener & Diener, 1995; Heine & Lehman, 1995; Kwan et al., 1997.

끼는 행복감은 자기가 보유한 긍정적 특성의 지각 정도와는 무관하고, 자기가 부정적 특성을 지니고 있지 않다는 지각 정도가 행복감의 직접적인 지표가 된다는 결과도 이러한 추론의 타당성을 입증해 주고 있다.[197]

이러한 맥락에서 보면, 긍정적 자기평가와 자기존중감, 자기애 및 긍정적 정서 경험이 정신건강과 행복감의 수준을 높이는 것은 서구 개인주의 사회인들만의 특징이고, 동아시아 집단주의 사회인에게서는 잘 나타나지 않는다. 이렇게 보면, 과거의 심리학이 부정적 측면의 인간이해(정신장애, 심리적 결함, 부적응 행동, 이상심리 등)에 몰두함으로써, "인간의 긍정적 측면을 탐구하고 육성하는 두 가지 중요한 사명을 망각한 채 반쪽짜리 심리학으로 전락"[198]하였듯이, 긍정심리학은 서구 개인주의 사회인, 그 중에서도 특히 미국인의 행복관의 추구에 지나치게 몰두함으로써 세계 인구의 2/3가 훨씬 넘는 동아시아를 비롯한 집단주의 사회인의 이해에는 눈을 감는 1/3쪽짜리 심리학으로 전락할 가능성을 스스로 내포하고 있는 것이다.

3. 환경통제력과 자기효능감: 자기조절 노력의 바탕

자기의 문제를 심리학의 연구주제로 부각시킨 윌리엄 제임스는 자기에 대한 표상 내용이 수시로 변화할 수 있음에도 불구하고 항상 자기

197 Kitayama & Karasawa, 1995.

198 권석만, 2008/2019, p. 19.

는 연속성과 통일성을 갖는 존재라고 인식하며, 바로 이러한 연속성과 통일성을 가져오는 순수자기가 자기 연구의 핵심이 되어야 한다고 여겼다.[199] 바로 자기의 이러한 연속성과 통일성이 행동의 능동적인 선택과 주도 및 자신과 환경세계에 대한 적극적인 통제력의 행사 같은 자기가 가지는 제반 집행기능(executive function)의 근거가 된다.

이러한 능동적 적극적인 실행기능이 없다면, 자기는 자신과 타인을 인식하고 그들과 세계에 대한 정보의 흐름을 지각하고 해석할 뿐인 수동적 관찰자로 머물고 말 것이다. 실제로 자기가 가지는 이러한 행위 주도력과 통제력이 자기의 가장 근본적이고 지배적인 양상인 것이다.[200] 인간은 스스로가 이러한 환경 세계에 대한 통제력을 갖추고, 이를 행사하여 환경세계를 자신에게 맞도록 유도할 수 있는 능력, 곧 자기효능감(自己效能感, self-efficacy)을 갖추고 있다고 여기는 것은 서구 사회인이 가지는 자기관의 기본 특징이다.

서구인들은 인간은 이러한 효능감의 신념을 가지고, 이를 통해 현실 세계에 작용을 가하여 이를 통제할 뿐만 아니라, 자기점검(self-monitoring)과 자기조절(self-regulation)을 통하여 환경세계로부터 최대한의 자기이익을 얻으려 노력한다고 간주한다. 이러한 서구 사회에서의 자기점검과 자기조절은 표적 행동의 유인력의 크기를 조절하여 설정하고, 자기의 현재 수준과 이러한 목표 사이의 상응 여부를 점검하여 앞으로의 노력 수준을 가늠해 내는 과정을 중심으로 진행된다.[201] 즉 서

199 Swann & Bosson, 2010, pp. 589-591.

200 Baumeister, 1998, pp. 712.

201 Baumeister,, 1998, PP. 716-720.

구 사회에서는 자기조절 또는 자기통제를 외적 조건이 가지는 보상의 함수로 이해하려는 전통이 강하였던 것이다.[202]

서구에서는 이렇게 환경세계의 강제력과 이에 대항하는 인간의 통제력과 유능성을 대립 관계로 설정하여 놓고, 자기가 가지는 집행기능의 문제에 접근해 왔다고 볼 수 있다. 즉 전통적으로 서구에서는 인간과 환경을 대립항으로 놓고, 환경의 자극에서 오는 영향력을 제어하는 것이 통제의 핵심이라 여겨왔으며, 이러한 환경에 대한 통제력이 자기효능감을 구성하는 중추라고 인식해 왔던 것이다. 이는 인간과 자연, 이성과 감성, 개인과 집단, 신과 악마, 선과 악 같은 이분법으로 세상사를 개념화하는, 고대 그리스 시대부터 이어져 온 서구식 사상체계가 빚어내는 필연적인 결과였다.[203] 이렇게 인간을 얽어매는 환경세계의 구속력에서 벗어나려는 시도가 자기점검과 자기조절 등 서구에서 제시된 자기발전을 위한 노력들의 근거가 되고 있는 것이다.

1) 통제에 대한 서구인의 관념: 환경통제력

현대 서구심리학에서 전개된 통제에 관한 관념은 다양하지만, 환경세계를 개인의 욕구에 합치되도록 변화시키는 것을 통제의 본질이라고 본다는 점에서는 견해가 일치하고 있다.[204] "통제에 대한 서구인들의 관념은 일차적으로 자기 내적 속성의 적극적인 주장과 결과적으로 사

202 정영숙, 1994, 1995.

203 White, 1993, p. 31.

204 이 부분의 진술은 졸저(조긍호, 2017a, pp. 232-236)의 내용을 거의 그대로 따랐다.

회 상황 같은 외부 환경적 측면을 변화시키려는 시도를 의미하는 것이다." 곧 "서구인들이 가지고 있는 통제의 개념은 기본적으로 자기의 내적 속성의 주장과 이를 위해 결과적으로 사회적 상황 같은 외적 측면을 자기에게 맞게 변화시키려는 시도라는 의미를 내포"[205]하는 것이다.

이렇게 서구인들은 자기와 환경세계 중에서 변화시키고 통제해야 할 대상은 자신이 아니라 환경세계라고 본다. "자유의 보유자"로서 개인은 자율적인 합리적 선택 능력을 가지고 있는 존재이고, 따라서 모든 통제력의 원천이 자유의 보유자이면서 "이성의 주체"인 개인에게 있다고 간주하는 입장에서 보면, 이렇게 통제력의 원천을 자기에게서, 그리고 통제의 대상을 외부 환경세계에서 찾는 것은 당연한 논리적인 귀결인 것이다.

이와 같이 통제를 개별성과 자율성을 성취하기 위하여 사회 상황이나 외적 제약을 변화시키는 것을 의미하는 것으로 받아들이는 서구 개인주의 사회에서는, 자기의 내적 욕구 · 권리 및 능력의 표출과 사회적 압력에 대한 저항의 노력을 통해 개인적 역량이 체험될 수밖에 없다. 따라서 이 사회에서는 자기표현의 유능성 및 외적 제약으로부터의 자유로움이 자존감과 자기효능감의 근거가 된다. 이들에게 효능감이란 "개인이 주어진 목표 획득에 필요한 행위를 조직하고 수행할 수 있는 가능성에 대한 신념"[206]이다. 곧 개인이 갖추고 있는 환경통제력에 대한 신념, 곧 스스로가 통제력의 원천이며, 이를 통해 통제해야 할 대상은 외부 환경이라는 신념이 바로 자기효능감인 것이다.

205 Markus & Kitayama, 1991a, p. 228.

206 Bandura, 1997, p. 3.

이러한 특징은 서구에서 전개된 자기조절에 관한 연구들에 그대로 반영되고 있다.[207] 이러한 이론들에서는 "개인의 욕구에 부합되도록 외부 세계를 변화시키기 위한 노력"[208]을 강조하는 입장에서, 능동성 · 도전 및 저항과 극복 등 외부지향적 행동(outward behaviors)을 중시하고, 수동성 · 후퇴 및 순종 등 내부지향적 행동(inward behaviors)을 통제 불능의 상태에서 나오는 병리적 현상이라 간주해 왔던 것이다.[209]

이러한 맥락에서, 현대 서구 자기조절론들에서는 통제력의 근거를 개인의 자기효능감 신념 같은 개인이 갖추고 있는 통제 관련 능력에서 찾는다. 여기서 통제 관련 신념들은 개인의 목표추구를 방해하는 외적 요인의 영향력을 제어함으로써 목표를 지속적으로 추구하는 개인의 능력에 대한 신념을 말한다. 서구인들에게 이러한 통제 관련 신념은 성격이나 지능 같은 개인의 내적 속성의 하나로서, 개인의 "자기개념"과 함께 발달하는 것이다. 곧 "신생아는 '자기'에 관한 인식이 없이 태어나지만, 환경과의 상호작용을 통해 '자기'에 대한 인식이 사회적으로 구성되어진다. 따라서 개인적 주도성(환경통제력)에 대한 인식도 주변에서 벌어지는 사건들 사이의 인과관계의 지각과 자기 행위를 통한 인과 연쇄의 이해를 통해 자기 스스로가 원인행위자(causal agent)라는 사실을 인식하는 데까지 점진적으로 발달해 간다."[210]

이와 같이 서구인들이 볼 때 통제 능력은 자기 행동을 통해 외부

207 예: Bandura, 1977, 1997; Seligman, 1975 등.

208 Rothbaum et al., 1982, p. 8.

209 Rothbaum et al., 1982; Weisz et al., 1984.

210 Bandura, 1997, p. 164: 자기효능감의 발달에 관해서는 Bandura(1997, pp. 162-211) 참조.

사물에 작용을 가함으로써 외부 환경의 변화를 유발할 수 있다는 신념을 근거로 하여 발달한다. 그러므로 이들에게 있어서 통제란 외부 대상에 대한 제어를 의미하는 것이다. 곧 외부 환경세계를 변화시켜 자기의 의도에 맞게 변화시키는 것이 통제이다. 이렇게 서구인들은 통제의 대상을 환경세계라고 보며, 따라서 자기효능감은 환경통제력을 의미하는 것이다. 즉, 환경의 영향을 제어하여 개인이 목표한 표적행동의 실행을 지속하는 것이 통제의 내용이자 자기효능감의 바탕이 된다.

이상에서 보듯이, 서구인들은 인간 존재를 자유와 권리의 주체, 이성의 주체 및 안정적 실체로 개념화하여 받아들인다. 이러한 자유주의적 인간관은 곧바로 서구인이 인식하는 자기관의 내용을 형성한다. 곧 서구인들은 "자기"란 "독립성과 자율성을 갖추고 합리적으로 사고하고 판단하는 완비적인 실체"라고 받아들이며, 그렇기 때문에 자기는 외부 환경세계를 나의 요구에 맞추어 변화시키는 환경통제력을 갖추고 있다고 여긴다. 그러므로 서구인들은 자기가 갖추고 있는 이러한 환경통제력이 자기발전의 원동력으로 작용하게 된다고 상정하는 것이다.

2) 자기효능감과 자기점검

앞에서 보았듯이, 집단주의 사회에서는 충동의 억제와 집단지향적인 성취를 강조하는 반면, 개인주의 사회에서는 독립성과 자율성을 신장시킬 수 있는 자기주장을 적극 권장한다. 이러한 강조점의 차이로부터 통제의 의미와 자존감의 근거에 대한 문화 간 차이가 유발된다.[211] 곧 집단주의 사회에서는 타인에 대한 민감성, 상황의 필요와 요구에 대한 적응 및 자기억제와 조절의 노력을 통해 개인적 역량이 체험되므로, 통제란 결국 상호의존성과 연계성을 실현하기 위하여 개인적 욕구와 목표 및 사적 감정 같은 내적 속성을 억제하는 것을 뜻하게 된다. 따라서 이 사회에서는 이렇게 자기를 억제하고, 상황에 잘 적응해가며, 대인관계에서 조화를 유지하는 일이 자존감의 근거가 된다.

이와는 반대로 개인주의 사회에서는 자기의 내적 욕구와 권리 및 능력을 자유롭게 표출하고, 사회적 압력에 대해 저항하려는 노력을 통해 개인적 역량이 체험되므로, 통제란 결국 개별성과 자율성을 성취하기 위하여 사회 상황이나 외적 제약을 변화시키는 것을 뜻하게 된다. 따라서 이 사회에서는 독특성 · 수월성 · 자기표현의 유능성 및 외적 제약으로부터 자유로움이 자존감의 근거가 되는 것이다.

두 문화권에서 자기존중감을 낳는 근원의 차이는 그대로 자기표현과 통제 양상의 문화차를 유발한다. 이러한 자기표현과 통제 양상의 차이는 자기가 통제력을 갖추고 있다는 신념인 자기효능감의 문화차와 직접 연결된다. 이렇게 자기효능감의 근거를 자기통제력에서 찾게 되면, 보통 집단주의 사회에서는 자기효능감이 중요하지 않거나 경험되지 않을 것이라고 생각하기 쉬운데, 이는 그렇지 않다.

"통제감의 주축인 효능감 신념"[212]의 기능적 가치는 문화보편적인 것이다. 하지만 "보편성이 탈문화적 관점(culture-free perspective)을 의미

211 Markus & Kitayama, 1991a, pp. 228-230.

212 Bandura, 2000, p. 212.

하는 것은 아니다. 자기가 바라는 효과를 산출할 수 있는 능력에의 신념은 어떤 문화권에서나 확립될 수 있는 것이다. 그러나 효능감 신념이 어떻게 발달되는지, 이것이 어떤 목적을 위해 쓰이는지, 그리고 특정 문화환경 내에서 이것이 가장 잘 발휘될 수 있는 방법이 무엇인지는 문화적 가치와 실제가 결정하는 것이다. 따라서 효능감의 신념은 집단주의와 개인주의 사회에서 모두 생산성에 기여할 수 있는데, 다만 개인주의자들은 스스로가 사태를 관리할 수 있을 때 가장 효능감을 느끼고 생산적이지만, 집단주의자들은 타인들과 함께 사태를 관리할 때 가장 효능감을 느끼고 생산적일 뿐이다."[213]

따라서 개인주의 사회에서는 "개인효능감"(personal efficacy)이 중요하지만 집단주의 사회에서는 "집단효능감"(collective efficacy)이 중요하며,[214] 이들은 각각 개인주의와 집단주의 사회의 "일차통제"와 "이차통제"의 주축이 되는 신념체계라고 볼 수 있다. 이렇게 개인주의 사회에서 중시하는 개인효능감은 자율성과 유능성을 추구하는 동기인 "주도성 동기"(agency motive)를 충족시키는 근거이고, 집단주의 사회에서 중

213 Bandura, 1997, p. 32.

214 Bandura, 1997. pp. 31-33, 470-472; 2000, pp. 211-213: 개인주의 사회에서 효능감의 근원은 개인으로서 유능하다는 "개인효능감"이다. 자기가 외부 환경에 대해 통제력을 가지고 있다는 신념이 곧 개인효능감의 내용이다. 이렇게 개인주의 사회에서 "나도 가치 있는 사람이라는 느낌"은 남이 못하는 일을 내가 할 수 있거나, 남과 다른 나만의 독특성이 드러날 때, 또는 환경과 타인을 통제하여 나에게 맞게 변화시켰을 때 높아지는 것이다. 이에 비해 집단주의 사회에서 효능감의 근원은 집단에 대한 소속감과 집단 속의 조화감에서 나오는 "집단효능감"이 된다. 개인주의 사회와는 달리, 집단주의 사회에서 "나도 가치 있는 사람이라는 느낌"은 나의 사적인 욕구나 감정을 억제하고 남들과 잘 어울리거나, 남들이 나를 유용한 성원으로 받아들여줄 때, 또는 남들과 같은 소속원으로서 집단의 통합을 위해 함께 노력할 때 높아지는 것이다.

시하는 집단효능감은 내집단에의 소속감과 대인간 연계성을 추구하는 동기인 "유대성 동기"(communion motive)를 충족시키는 근거인 것이다.[215]

개인주의 사회에서 중시하는 자기효능감이 이와 같이 자기의 유능성과 통제력에 대한 신념에 기반을 두는 것이라면, 이는 개인이 일상생활에서 설정한 목표를 추구하는 과정에서 이러한 목표 상태와 비교하여 자신의 현 상태를 점검하고 조절하는 특징적인 자기점검의 행동을 유발한다.[216] 이러한 자기점검의 결과 자기의 현재의 상태와 노력 수준이 설정된 목표와 합치하게 되면 이를 유지하지만, 그렇지 않으면 자기의 현 상태를 변화시키거나, 노력의 수준을 높이거나 또는 설정된 목표의 수준을 변경하게 된다. 이것이 서구에서 제시된 자기조절론들의 이론적 골자로, 이렇게 자기발전을 위한 노력인 자기조절은 곧 환경통제력과 자기효능감에 바탕을 둔 자기점검의 과정을 기반으로 하고 있는 것이다.

이렇게 환경에 대한 통제 능력과 이러한 능력을 통해 환경세계에 영향을 가함으로써 자기에게 유리한 결과를 가져올 수 있다는 자기의 유능성에 대한 자신감(자기효능감)을 현실세계에 적용하여 자기의 실행기능을 능동적 적극적으로 발현하는 것이 곧 자기점검과 자기조절의 과정이다. 그러므로 자기조절의 과정은 연속성과 통일성을 갖추고 있는 자기가 능동적으로 실제의 행동을 선택하고 주도적으로 이끌어감으로써, 자기의 이익을 적극적으로 추구하는 대표적인 실행양상인 것이다.

215 Swann & Bosson, 2010, pp. 603-610.

216 Snyder, 1974, 1987.

4. 목표의 설정과 추구: 현대 서구심리학의 자기조절이론

이상에서 분명하여졌듯이, 서구 개인주의 사회에서는 자기의 내적 욕구 · 권리 및 능력의 표출과 사회적 압력에 대한 저항의 노력을 통해 개인적 역량이 체험되므로, 통제란 결국 개별성과 자율성을 성취하기 위하여 사회 상황이나 외적 제약을 변화시키는 것을 의미하게 된다. 따라서 이 사회에서는 독특성 · 수월성 · 자기표현의 유능성 및 외적 제약으로부터의 자유로움이 자존감의 근거가 된다.

이러한 특징은 서구에서 전개된 자기조절에 관한 연구들에 그대로 반영되고 있다. 지금까지 서구에서 제시된 통제에 관한 이론들은 모두 통제를 "환경 세계를 개인의 욕구에 합치되도록 변화시킬 수 있는 능력"이라 여겨 왔다. 이러한 이론들에서는 "개인의 욕구에 부합되도록 외부 세계를 변화시키기 위한 노력"[217]을 강조하는 입장에서, 능동성 · 도전 및 저항과 극복 등 외부지향적 행동을 중시하고, 수동성 · 후퇴 및 순종 등 내부지향적 행동을 통제 불능의 상태에서 나오는 병리적 현상이라 간주했던 것이다.[218]

이러한 배경에서 서구의 현대심리학에서는 "자기통제(self-control)란 개인에게도 유익하고 사회적으로도 바람직한 결과를 가져오는 어떤 행동(표적행동)과 그 행동의 실행을 방해하는 요인이 있을 때, 방해요인의 영향을 제어하고 표적행동을 실행하도록 자신을 규제하는 것"[219]이

217 Rothbaum et al., 1982, p. 8.

218 Rothbaum et al., 1982; Weisz et al., 1984.

219 정영숙, 1995, p. 86.

라는 관점에서 연구를 진행해왔다. 이러한 자기통제 또는 자기조절에 관한 심리학적 연구들에서는 개인이 설정한 목표추구 활동의 과정에서 이를 방해하는 혐오사건이나 방해요인의 영향을 제어함으로써 자기효능감을 유지하는 일이 자기통제 또는 자기조절의 핵심이라고 보았던 것이다. 즉 자기통제란 미래에 설정된 목표의 획득으로부터 오는 더 큰 욕구의 충족이나 쾌(快)를 위해 즉각적인 쾌를 추구하려는 욕구나 즉각적인 고통을 회피하려는 욕구를 제어하는 것이라는 입장이 이러한 연구들의 배경이었다.

그 결과 "자기통제에 관한 기존 연구들에서는 자기통제를 증진시키는 원천으로서 행위자 자신에게 돌아가는 보상(물질적 보상 또는 사회적 보상)을 이용하는 패러다임만을 사용하였다."[220] 말하자면, 외적 보상의 크기의 함수로서 표적행동의 유인력이 커지고, 동시에 방해요인의 제어력이 줄어들 것이라는 전제에서, 미래에 설정된 보상의 크기를 크게 함으로써, 표적행동의 유인력을 높이거나 즉각적인 쾌나 고통의 방해력을 줄이는 등 외적 조건의 조작을 통해 주로 연구해 왔던 것이다.

이렇게 서구 사회에서는 통제란 "기본적으로 개인의 내적 속성을 적극적으로 주장함으로써, 결과적으로 공적인 행동과 사회 상황 같은 외적 측면을 변화시키려는 시도"[221]를 의미하는 것이라는 관점에서, 외부 환경을 개인에게 맞추어 변화시킴으로써 개인의 목표를 성취할 수 있는 자기효능감을 높이거나 유지하는 데에 연구의 초점을 두어왔다고 볼 수 있다. 이들에게 효능감이란 "개인이 주어진 목표 획득에 필요한

220 정영숙, 1994, p. 2.

221 Markus & Kitayama, 1991, p. 228.

행위를 조직하고 수행할 수 있는 가능성에 대한 신념”[222]이다. 곧 개인이 갖추고 있는 환경통제력에 대한 신념, 곧 스스로가 통제력의 원천이며, 이를 통해 통제해야 할 대상은 외부 환경이라는 신념이 바로 자기효능감인 것이다.

이러한 자기효능감의 바탕 위에서 스스로가 성취해 낼 수 있는 목표를 설정하고, 이를 이루어내기 위해 필요한 인지적인 준비(계획·연습·책략 선택 등)를 갖추며, 설정한 목표를 이루기 위해 필요한 내용과 현실 사이의 관계를 검토하여 행위나 목표를 수정하거나 지속하는 자기점검과 평가가 상시적으로 이루어지는 과정이 곧 자기통제 또는 자기조절의 과정[223]이라는 것이 서구에서 전개된 자기조절론의 핵심이다.[224]

1) 목표의 설정과 그 효과

자기조절에 관한 연구자들은 “자기통제 행동이란 어떤 목표를 달성하기 위해 수행되는 행동”[225]이라는 전제에서 출발한다. 장래에 설정된 목표를 달성함으로써 주어질 물질적 보상이나 사회적 보상이 가져올 쾌락을 얻기 위해서는, 이를 추구하는 과정에서 개인이 체험하는 고통과 표적행동을 수행하는 과정에서 만나는 여러 가지 유혹 및 충동을

222 Bandura, 1997, p. 3.

223 Fiske & Taylor, 1991, pp. 195−211; Markus & Wurf, 1987, pp. 307−314.

224 이 부분은 졸저(조긍호, 2008, pp. 457−481)의 내용에 약간의 첨삭을 거쳐 거의 그대로 옮겼다.

225 Markus & Wurf, 1987, p. 308.

이겨내야 한다. 그러나 여러 종류의 방해요인들로 인해 장차 바람직한 결과를 가져오는 표적행동을 실행하지 못하는 경우가 많은 것이 사실이다. 이러한 방해요인들이 강하게 작용하는 상황 속에서도 표적행동을 실행하는 것이 곧 자기통제라는 주장이 자기조절 연구자들의 공통적인 논점이다.

이러한 연구들에서는 "행위자가 고통을 겪더라도 그 고통을 참아내고 표적행동을 꾸준히 실행하는 것, 수행해야 할 어떤 일보다 더 재미있는 유혹물이 있더라도 그 유혹을 물리치고 표적행동을 수행하는 것, 그리고 즉각적으로 충족하고 싶은 욕구가 각성되었을 때에라도 적절한 시기가 될 때까지 그 만족을 지연하는 것은 행위자가 자기를 통제하는 것으로 간주한다."[226]

이와 같이 자기조절 이론가들이 말하는 자기통제란 방해요인을 제어하고 표적행동을 계속 실행하는 것을 의미한다. 이러한 자기통제를 증진시키는 방안으로 제시되어 온 대표적인 것은 표적행동을 실행한 후에 발생할 바람직한 결과에 주목하게 하는 것이었다. 윌리암 제임스는 일찍이 "의지가 전적으로 '자발적'일 때, 이것이 이루어내는 핵심적 성과는 하기 힘든 대상에 주목하여 그 대상을 마음에 꽉 붙잡아두는 것이다……따라서 주의하려는 노력이 의지의 본질적 현상"[227]이라고 말한 바 있는데, 이것은 자기통제를 촉진시키는 방안으로서 표적행동의 실행 후에 발생할 결과에 주목하는 일의 중요성을 지적한 것이다. "제

226 정영숙, 1994, p. 3.

227 James, 1890, Vol. 2, pp. 561-562. (정양은 역, 2005a, 《심리학의 원리 3》, p. 2220.)

임스의 이러한 착상에는 표적행동을 실행하도록 유인하는 측면을 부각시키면, 개인은 방해요인을 제어하여 표적행동을 실행하도록 동기화될 것이라는 전제가 깔려 있다."[228] 이렇게 외적인 표적행동의 유인가를 높임으로써 자기통제를 증진시키려는 것이 곧 목표 설정이 지향하는 바인 것이다.

현대심리학에서 목표설정이 자기통제 과정에 미치는 효과에 대해 집중적으로 탐색하고 있는 사람은 로크(Locke, E.)이다.[229] 로크의 "목표설정이론"(goal-setting theory)은 "다른 동물과 달리 인간의 경우에는 목적을 지니고 행동하기 때문에 대부분의 인간 행동이 목표와 의도에 의해서 결정된다고 가정한다. 그러므로 개인이 의도적으로 설정한 목표의 난이도 수준에 따라서 동기 수준이 달라진다고 주장한다."[230] 그러니까 이 이론의 골자는 설정 목표의 난이도 수준이며, 그에 따라 목표추구의 동기 수준이 달라진다는 것이다.

목표설정이론의 기본 가설은 장차 실현하기를 바라는 바람직한 상태인 목표를 매우 높고 구체적으로 설정할수록, 목표가 아예 없거나, 낮은 목표를 설정하거나, 그저 최선을 다하라는 식으로 애매한 목표를 설정할 때보다 목표를 추구하는 행동의 동기 수준이 높아진다는 것이다. 이렇게 목표를 높고 구체적으로 설정함으로써 표적행동의 외적인 유인가(誘引價, incentive)를 높이면, 자동적으로 이를 달성하려는 동기

228 정영숙, 1994, p. 7.

229 Locke, 1968, 1991; Locke & Latham, 1990: Locke의 목표설정이론에 대해서는 한덕웅(1985, pp. 607-658; 1994, pp. 366-386; 2004, pp. 223-234) 참조.

230 한덕웅, 2004, p. 223.

가 높아진다는 것이 이 이론의 핵심이다. 곧 외적 유인가의 조작을 통해 이를 달성하려는 동기를 끌어올릴 수 있다는 것이 이 이론의 기본 전제인 것이다.

이와 같이 목표설정의 효과가 목표추구 행동의 동기화에 있다면, 높고 구체적인 목표는 어떠한 심리적 기제를 통해 개인의 동기를 끌어올리는가? 이에 대해 로크는 네 가지 기제를 제시하고 있다: 첫째는 활동의 방향 설정이다. 설정된 목표는 주의를 기울일 대상과 활동의 방향을 결정한다. 둘째는 활동의 활성화이다. 설정된 목표는 신체적 정신적 에너지를 써서 열심히 노력하게 만든다. 셋째는 활동의 지속성이다. 설정된 목표는 시간적으로 오랫동안 노력을 계속 투입하도록 한다. 넷째는 활동의 책략 강구이다. 설정된 목표는 목표를 설정한 사람으로 하여금 목표 달성을 위해 사용할 수 있는 적절한 책략을 강구하도록 동기화시킨다.[231]

목표설정은 이 네 가지 기제를 통해 목표추구 활동의 동기 수준을 높이게 된다는 것이다. 이때 목표 수준이 구체적이고 높아질수록 활동의 방향이 명확해지고, 활성 수준이 높아지며, 지속적으로 목표에 매달리게 되고, 이의 달성에 필요한 적절한 책략을 강구하기가 쉬워지기 때문에, 목표 수준이 애매하거나 낮을 때보다 동기 수준이 높아지게 된다는 것이 목표설정이론의 주장이다.

"로크의 이론이 자기조절 과정과 관련해서 중요한 시사점을 제공하는 이유는 목표가 설정된 후에 작동하는 자기조절 과정이 제안되

231 Locke, Shaw, Saari, & Latham, 1981, p. 145.

어 있기 때문이다."[232] 이 이론에서는 목표의 수행 결과가 환류(還流, feedback)되어 목표와 수행 사이에 차이가 작으면, 자기 수행에 대해 만족하게 되어 목표와 수행이 유지되거나 목표를 더 높여 잡게 되지만, 환류 결과 목표와 수행 사이에 차이가 크면 자기 수행 결과에 대해 불만족하게 된다고 가정한다. 이렇게 되면 개인의 자기효능성 수준에 따라 수행의 개선이 이루어지거나(높은 자기효능성의 경우), 이루어지지 않는다(낮은 자기효능성의 경우)는 것이다.[233] 이와 같이 목표의 설정은 이를 달성하려는 동기 수준을 높여 목표추구 활동을 강하게 지속적으로 수행하게 할 뿐만 아니라, 목표와 수행 결과를 상시 점검하게 하는 효과도 갖는다는 것이 이 이론이 주장하는 요지이다.

2) 목표 수행 활동을 위한 인지적 준비

자기통제 과정에서 목표설정 다음의 단계는 목표 달성을 위한 계획과 책략 선택의 단계이다. 이 단계에서 작용하는 인지 과정은 목표 획득에 필요한 절차적 지식(procedural knowledge) 또는 책략에 대해 개인이 보유하고 있는 목록 및 어떤 책략이 어떠한 경우에 그리고 어떠한 목표를 달성하는 데 효율적이라는 사실에 대한 초인지적 지식(metacognitive knowledge)을 동원하는 것이다.[234]

목표를 달성하기 위해 효율적인 행동 책략을 선택하기 위해서는

---

232 한덕웅, 1994, p. 369.

233 Locke & Latham, 1990, p. 202. (한덕웅, 1994, p. 369의 그림 3-4를 재해석함)

234 Flavell, 1979; Mischel, 1981; Sternberg, 1984.

개인이 적절한 책략들의 목록을 보유하고 있어야 한다. 즉각적으로 이용할 수 있는 책략의 목록은 적절한 상황에서 자동적으로 수행되고, 또한 특정한 사건의 지식구조와 연계되는 "사건도식"(script)과 같은 절차적 지식의 형태를 띤다.[235] "사건도식이란 사건들이 일관성 있게 시간에 따라서 이루어지는 시계열(時系列)에 대해서 개인이 지니는 기대를 말한다……개인이 달성하려는 행동의 목표 설정과 관련지워 볼 때 사건도식이 중요한 이유는 목표지향 행동의 실행에서 이 사건도식이 행동을 실행하는 동안에 발생하는 절차지식이거나 혹은 반응의 지침이 될 수 있기 때문이다……이 도식은 사건의 인식과 행동적 사건의 실행을 나타내기 위해서 사용되는 개념이므로, 계획 수준에서 행동의 기준을 마련하게 된다."[236] 초인지적 지식은 목표를 달성하기 위해 어떠한 행동이 효율적일는지를 계획하기 위해 사용되는데, 아무런 절차적 지식이 없거나 개인이 의식적으로 자신의 행동을 변경하려는 경우에는 이러한 초인지적 지식을 활용하여 하위 수준의 책략들을 결합함으로써 새로운 계획을 세울 수 있다.[237]

이러한 인지적 준비는 앞 단계에서 설정된 목표를 달성하는 데로 효율적으로 집중되어야 한다. 그러기 위해서는 목표 달성을 위해 선택되는 책략이 개인의 자기개념을 증진시키거나 자기개념의 정확성과 일관성을 유지하는 데 도움이 되는 것이어야 한다. 이렇게 선택되는 책략은 개인의 상황 통제력 안에 있는 것이기 때문에 표적행동의 실행과 방

235 Abelson, 1976; Schank & Abelson, 1977.

236 한덕웅, 2004, pp. 280-281.

237 Markus & Wurf, 1987, pp. 310-311.

해요인의 제어에 모두 효율적인 방략이 되는 것이다.

기본적으로 "자기통제가 필요한 상황이란 방해요인들이 표적행동의 실행을 방해하고 있는 상황이다. 그러므로 개인이 자신을 통제하고 설정한 목표를 달성하려면, 표적행동을 실행한 후 발생할 바람직한 결과에 관심을 가지고 있어야 할 뿐만 아니라, 방해요인들의 영향을 제어할 수 있도록 자신의 생각이나 정서 또는 행동을 규제할 수 있어야 한다."[238] 이렇게 보면, 목표 수행을 위한 인지적 준비는 우선 표적행동의 실행 후에 얻게 될 물질적 사회적 보상에 주의를 기울여 이를 계속 행동의 동인으로 삼는 것과 방해요인의 유혹을 제어하고 지속적으로 표적행동의 수행을 위해 노력하는 것의 두 가지로 집약할 수 있다.

현대심리학의 창시자의 한 사람인 윌리엄 제임스는 "미래의 목표를 추구하고, 목표에 도달하는 수단을 선택하는 것이 정신이 있다는 표지이자 준거"[239]라고 하여, 목표 설정과 추구 및 이를 위한 책략의 강구와 선택이 동물과 다른 인간만의 특징임을 밝히고 있다. 그는 이러한 사실을 "목적을 지향하여 수단을 선택한 것으로 보이는 행동을 제외하고는, 그 어떤 행동도 틀림없는 정신의 표출이라 말할 수 있는 행동은 없다"[240]고 강조하고 있기도 하다. 이러한 관점을 그가 내린 심리학의 정의, 곧 "심리학은 정신생활을 다루는 과학(science of mental life)이며, 정신생활에 나타나는 현상과 조건들을 연구하는 학문"[241]이라는 사실과

238 정영숙, 1994, pp. 1-2.

239 James, 1890, Vol. 1, p. 8. (정양은, 2005a, 《심리학의 원리 1》, p. 27.)

240 James, 1890, Vol. 1, p. 11. (정양은, 2005a, p. 32.)

241 James, 1890, Vol. 1, p. 1. (정양은, 2005a, p. 15.)

결부시켜 보면, 목표를 설정하고 이를 달성하기 위해 여러 가지 책략을 선택하는 과정에 관한 탐구는 현대 서구심리학의 가장 중핵적인 연구 내용을 형성해 왔다고 볼 수 있을 것이다.

3) 목표 수행 활동의 점검과 평가

추구해야 할 유인가 높은 외적 목표가 설정되고, 이의 달성을 위한 적절한 책략이 선택되고 나면, 실제로 이를 동원해서 목표추구 활동을 수행해야 한다. 이러한 목표추구 활동의 과정에서 개인은 스스로의 활동이 설정한 목표를 달성하는 데 얼마나 적절한지를 상시로 점검하고 평가해 보게 되는데, 이것이 바로 자기통제 또는 자기조절의 과정이다.

이러한 목표수행 활동의 점검과 평가, 곧 "자기조절은 개인의 주의가 내부의 자기에게로 지향되느냐 아니면 외부의 환경 세계로 지향되느냐 하는 데 따라 달라진다."[242] 초기의 연구들에서는 개인이 자기 자신에게 주의를 기울일수록 상황 속에서의 자기 자신을 인과(因果)의 원천으로 인식하게 되고, 따라서 이는 인과의 적절한 정보를 점화(點火, priming)시키기가 더 쉽기 때문에 목표수행 활동의 점검과 평가를 더 효율적으로 하게 만든다고 가정하였다.[243] 그러나 머지않아 환경에 주의를 기울이느냐 아니면 자기에게 주의를 기울이느냐 하는 구분이 그리 큰 의미가 없다는 관점이 제기되었다. 그 까닭은 주의는 항상 유동적이어서 환경과 자기 사이에서 수시로 변화하기 때문이라는 사실, 그

242 Fiske & Taylor, 1991, p. 204.

243 Fenigstein & Levine, 1984.

리고 외부 자극이 개인 내부로 주의를 기울이게 하는 경우도 많다는 사실이 밝혀졌기 때문이다.[244]

이렇게 보면, 목표수행의 점검과 평가 과정에서 순전히 자기 내부로만 주의를 기울일 수도 없고, 또 순전히 외부 환경에만 주의를 기울일 수도 없음이 분명해진다. 자기조절 과정에서 개인의 주의는 설정된 목표와 이를 추구하는 자기의 상호작용으로 결정된다고 볼 수 있다. 그러므로 자기조절 과정에서 주의의 문제는 전적으로 개인 내부로 집중되느냐 아니면 환경세계로 집중되느냐 하는 문제가 아니라, 행위자인 자기의 속성 또는 내용들에 자기조절의 비중이 더 주어지느냐 아니면 추구되는 목표의 달성 과정에 더 비중이 주어지느냐 하는 문제가 된다고 볼 수 있는 것이다.

목표를 달성하기 위한 활동을 수행하면서 자신이 하는 활동이 목표를 달성하는 데에 얼마나 효율적일지에 관심을 기울이게 되면, 설정된 목표에 비추어 자기 행동을 점검하고 평가하는 자기조절 과정이 자동적으로 작동된다. 그것이 긍정적인 것이든 부정적인 것이든 간에 표준이 주어지면, 사람들은 자동적으로 자기의 행동을 이 표준과 비교하여 적절하게 조절하게 되는 것이다. 이때 외적으로 설정된 유인가 높은 목표나 이상적으로 설정해 놓은 자기상이 표준으로 작용한다. 사람들은 이러한 표준에 맞추기 위해 자신의 행동을 조정하고, 이렇게 조정된 행동을 이상적인 표준과 비교해 보아, 자신의 행동이 표준에 맞는지 아니면 그렇지 못한지를 결정하게 된다는 것이다.

244 Carver, 1979; Carver & Scheier, 1981. (Fiske & Taylor, 1991, pp. 204–211 참조.)

(1) 삼 단계 순환 과정

목표 추구 활동이 목표 달성에 얼마나 효율적인지에 관심을 기울이게 되면, "자기 행동의 점검 → 자기 행동의 효율성에 대한 판단 →자기에 대한 평가 또는 강화"라는 삼단계의 자기조절 순환 과정이 작동된다는 것이 목표 달성 과정에 초점을 맞추는 자기조절이론들의 기본 가정이다. 이러한 관점은 많은 연구자들이 제안하여 왔으나, 초기에 이러한 연구의 서막을 연 사람으로는 반두라(Bandura, A.)와 칸퍼(Kanfer, F.)를 들 수 있다.[245]

그들은 자기점검(self-monitoring) 단계에서 사람들은 행동의 질과 빈도 등 다양한 측면에서 자기 행동에 대해 주의를 기울인다고 가정한다. 그리고 나서 이렇게 관찰된 행동을 자신 또는 중요한 타인이 설정한 표준(목표)과 비교하여, 그 적합성 또는 효율성을 판단하게 된다. 마지막으로 개인은 자신의 행동이 이러한 표준에 비추어 보아 효율적이라 평가되면 스스로의 적합성을 인정하거나 기타 여러 가지 유형의 보상을 통해 강화하게 되지만, 그렇지 못하게 되면 스스로를 비난하는 등으로 처벌을 하게 된다는 것이다. 이들의 이론에서는 이 마지막 단계에서의 자기강화가 목표추구 행동에 대한 자기조절이 이루어지는 원천으로 작용한다고 본다.[246]

이렇게 이들의 이론에서 "자기조절이 이루어지는 기능들은 시계열로 볼 때 차례대로 (가) 자신의 행동, 행동 결정 요인 및 행동의 효과를 스스로 점검하며 환류하는 자기관찰 기능, (나) 자신의 행동을 개인이

245 Bandura, 1978, 1991; Kanfer, 1970, 1990.

246 Markus & Wurf, 1987, p. 311-312.

설정한 기준 환경의 상황과의 관계에서 판단하는 기능 및 (다) 이 판단에 따른 자기반응 기능의 세 가지이다."[247] 그들은 이러한 과정들이 의식적으로 진행되며, 이러한 삼 단계의 의식적인 순환 과정을 통해 개인은 목표의 달성을 위해 효율적으로 자기의 행동을 조정할 수 있게 된다고 보고 있는 것이다.[248]

(2) 인공두뇌적 자기조절이론

컴퓨터 모형에 입각하여 정보처리 상에서의 "환류 과정"(feedback process)에 초점을 맞추어 이러한 순환 모형적 자기조절 과정을 확장하고 있는 것이 카버(Carver, C.)와 샤이어(Scheier, M.)의 "인공두뇌적 자기조절이론"(cybernetic theory of self-regulation)[249]이다. 곧 "그들은 순환적 환류 과정에 기초하여 자기조절의 통제이론(control theory of self-regulation)을 제시하고 있는 것이다."[250]

이 이론에 따르면, 목표가 설정되어 달성해야 할 표준에 주의를 기울이게 되면, 자기의 행동과 이 표준을 비교하게 되고, 이때 양자 사이에 차이가 지각되면 그 차이 정보가 목표 수행 활동에 환류됨으로써, 이에 따른 감정적 반응과 이러한 차이를 해소하려는 동기가 유발되어, 자기 행동을 표준에 맞추어 조정하는 자기통제가 이루어진다는 것이다. 이러한 과정을 "환류 과정"이라 하는데, 사람들은 표준에 일치하거나 또는 도저히 이에 맞출 수 없어 포기할 때까지 행동을 점검하고 평

247 한덕웅, 1994, p. 336.

248 Bandura의 자기조절이론의 자세한 내용은 한덕웅(1994, pp. 329–340) 참조.

249 Carver & Scheier, 1981, 1982, 1990; Scheier & Carver, 1988.

250 Markus & Wurf, 1987, p. 312.

가하며 조정하는 환류 과정을 지속한다는 것이다. 목표 달성 과정에 주의를 기울여 목표와 행동 사이의 차이가 지각되면, 이러한 일련의 "환류 고리"(feedback loop)가 작동하게 된다는 것이 "인공두뇌적 자기조절 이론"의 골자이다.[251]

이 분야의 초기 이론에서는 실내 온도 조절 장치와 같은 "자동제어 장치"(automatic control-system), 곧 "기계체계의 작동 과정에 착안하여 행동의 조절이 이루어지는 과정을 다루었다."[252] 예를 들어, 실내 온도 조절 장치에 표준(예: 섭씨 25도)을 설정해 놓고 작동시키면, 현재의 실내 온도(예: 섭씨 20도)와의 차이가 감지되고, 이 차이가 온도 조절 장치에 환류되면, 표준에 도달할 때까지 보일러를 작동시킴으로써 실내 온도를 설정된 표준에 합치되도록 만든다. 인간의 자기조절 과정도 이와 마찬가지라는 것이 이 이론의 전제이다. 곧 "표준(목표) 상태에의 주의 → 자기 행동의 점검 및 표준과의 차이 지각 → 차이 정보 환류 → 차이 감소를 위한 동기 유발 → 행동의 변화"의 순환 과정이 목표 달성이 이루어질 때까지 자동적으로 진행된다는 것이다.[253]

이 이론은 앞에서 제시된 반두라 및 칸퍼의 순환 과정 모형과 논리적인 구조가 유사하지만, 세 가지 점에서 근본적인 차이를 보인다.[254] 첫째, 반두라와 칸퍼는 단일 행동에 대한 자기조절 과정을 다루고 있지만, 이 이론은 자기조절 과정의 상호연관적인 위계를 설정함으로써, 세

251 Fiske & Taylor, 1991, p. 207.

252 한덕웅, 2004, p. 272; Fiske & Taylor, 1991, pp. 207-208.

253 이 이론에 대해서는 한덕웅(1994, pp. 341-365; 2004, pp. 271-292) 참조.

254 Markus & Wurf, 1987, p. 312.

부적인 행동 같은 하위 위계의 행동으로부터 자기증진 같은 고차적인 위계의 행동에 이르기까지 전 범위에 걸친 자기조절의 과정을 다루고 있다. 이 이론에서는 자극의 강도, 감각, 형상화, 변환, 관계, 시계열적 순서, 계획 및 원리 같은 8단계 목표 및 통제 위계를 설정하고, 각 단계마다 상호연관적으로 "환류 고리"가 작동한다고 보는 것이다.

둘째, 반두라와 칸퍼는 의식적인 수준의 자기조절에 대해서만 다루고 있지만, 이 이론은 행동의 의식적 통제뿐만 아니라, 비의식적 및 자동적 과정의 자기조절까지를 모두 다루고 있다. 인공두뇌적 자기조절이론에서는 목표위계 및 통제위계의 가정을 통해 행동의 감각적 방출 같은 하위 위계의 자기조절로부터 이상적인 자기상의 확립 같은 고차 위계의 자기조절까지를 모두 포괄함으로써, 비의식적이거나 자동적으로 이루어지는 행동의 '환류 고리'도 다루게 되는 것이다.

셋째, 반두라와 칸퍼는 자기조절 과정의 성공에 핵심적인 요소는 자기강화라고 보지만, 이 이론에서는 자기조절 노력의 핵심적인 결정 요소는 자기강화에 의한 보상이 아니라 표준과 현재의 행동 사이의 차이에 대한 정보라고 본다. 반두라와 칸퍼는 설정된 목표 자체가 자기조절 과정을 작동시키는 동기적 속성을 가진다고 보아, 자기의 행동이 이 목표에 근접했을 때 개인이 느끼는 긍정적 감정이나 이 목표의 달성으로 인해 얻게 될 보상에 대한 기대가 자기조절의 근본적인 원천으로 작용한다고 여긴다. 그러나, 인공두뇌적 자기조절이론에서는 개인 행동에 대한 환류, 곧 자기 행동과 표준 사이의 차이에 대한 정보가 자기조절을 위한 동기와 정서의 원천이 된다고 보고 있다. 말하자면 반두라와 칸퍼는 설정된 목표가 갖는 동기적 속성을 강조함으로써 행동주의적 관점을 드러내고 있는 반면에, 카버와 샤이어의 이론은 환류되는 차이 정보 자체가 갖는 동기적 속성을 강조함으로써 정보처리적 관점을 드러내고 있는 것이다.

4) 서구 자기조절이론의 특징: 외적 유인가의 조작을 통한 통제력의 증진

이상에서 현대 서구심리학에서 이루어진 자기조절에 관한 연구들을 살펴보았다. 이러한 연구들에서는 환경과 개인을 서로 대립하는 실체로 개념화하고, 개인이 환경세계를 자기의 욕구에 합치하도록 변화시킬 수 있는 능력을 통제력의 원천이라 보는 전제를 배경에 깔고 있다. 서구인들은 변화시켜야 할 대상은 외부 환경세계이며, 개인은 이러한 환경통제를 통해 자기발전을 이룰 수 있다고 보아 왔다. 곧 서구인들은 개인의 내적 속성의 주장을 강조하고, 환경세계를 변화시켜 내적 속성의 증진을 꾀하려는 노력을 강조하는 입장에서 자기통제 또는 자기조절의 문제에 접근해 왔던 것이다.

이러한 맥락에서 서구에서 이루어진 자기조절에 관한 연구들은 주로 외적 자극의 유인가의 조작을 통해 자기통제 과정에 관한 연구를 수행해 왔다고 볼 수 있다. 이들은 "자기통제란 개인에게도 유익하고 사회적으로도 바람직한 결과를 가져오는 어떤 행동(표적행동)과 그 행동의 실행을 방해하는 요인이 있을 때, 방해요인의 영향을 제어하고 표적

행동을 하도록 자신을 규제하는 것"[255]이라는 관점에서, 표적행동의 유인가를 높임으로써 방해요인의 제어력을 감소시키려는 전략을 통해 자기통제의 문제에 접근해 왔던 것이다.

이렇게 표적행동의 유인가를 높이려는 전략이 곧 목표 설정의 방안이다. 곧 달성해야 할 목표를 외부에 높고 구체적으로 설정함으로써 자기통제의 동기를 높이려 했던 것이다. "목표설정이론"에서는 설정되는 목표가 구체적일수록, 그리고 그 유인가가 클수록 방해요인을 제어하려는 동기 수준이 강해져서, 결과적으로 표적행동의 수행 수준이 높아지게 된다고 가정하고 있는 것이다. 이러한 연구들에서는 "표적행동의 실행을 이끄는 유인물로서 행위자에게 주어지는 물질적 보상이나 사회적 보상만을 사용하였다."[256] 즉, 환경세계에서 주어지는 물질적 사회적 보상의 획득이 개인이 자기를 통제하고 표적행동을 실행하는 목적이라는 것이 이러한 연구들의 기본 가정이었던 것이다.

서구의 자기조절에 관한 연구들이 모두 외적 유인가의 설정에만 초점을 맞추었던 것은 아니다. 그들은 달성해야 할 목표를 "가능한 자기"나 "이상 자기" 또는 "당위 자기" 같이 자기의 미래상으로 설정하고 연구를 진행하기도 하였다. 그러나 이러한 자기의 미래상도 외적으로 설정된 유인가 높은 목표와 마찬가지로 "실제적 자기"의 제어를 위한 동기적 기능을 갖는다는 것이 이들의 공통적인 관점이다. 이러한 미래적 자기상의 핵심적 속성은 외부 환경세계에 대한 개인의 통제력에 대한 신념, 곧 자기효능감 신념의 증진이다.

---

255 정영숙, 1995, p. 86.

256 정영숙, 1994, p. 9.

이러한 자기효능감이 중요한 이유는 이를 근거로 해서 외부 환경 세계를 개인의 목표에 합치하도록 변화시킬 수 있기 때문이다. 외적으로 설정된 목표는 자기효능감에 기초한 자기 선택적 성취를 근거로 해서 달성될 수 있다. 그러므로 바람직한 자기의 미래상에 도달하려는 근본적인 목적은 외부 환경에 대한 통제력을 높임으로써, 외적으로 설정된 목표의 달성으로 얻게 될 물질적 사회적 보상을 획득하기 쉽게 하려는 데 있다고도 추론해 볼 수 있다. 이러한 추론에 기대어 보면, 자기의 속성과 관련된 자기조절 연구도 외적 목표설정 방안의 연구와 같은 논리적 근거를 갖고 있는 것으로 생각해 볼 수 있을 것이다. 이렇게 현대 서구심리학에서 전개된 자기조절 연구들에서는, 미래에 설정된 목표를 추구하는 과정에서 방해요인을 제어하고 자기를 통제하는 근본적인 목적을 이러한 과정을 통해 얻게 될 물질적 사회적 보상의 획득에 두고 있는 것이다.

제3장
유학 사상의 인간관과 수양론

오랜 세월 동안 동아시아인들의 삶을 지배해온 이념체계는 2,500여년 전 고대 중국에서 발원한 유학 사상이었다. 고대 중국인은 넓고 비옥한 평원에서 치수와 관개 같이 많은 사람의 협력이 필요한 농경에 종사하여 삶을 영위하였으므로, 이웃과의 협동과 조화의 추구가 삶의 중요한 부분이었다. 게다가 이 사회에는 오래전부터 중앙집권화된 왕조국가가 출현하여, 위계화되고 질서 잡힌 강력한 관료조직이 사회를 지배하고 있었다.

농경이란 외부 환경, 특히 한발과 홍수 같은 기후 조건에 크게 의존하는 삶의 양식이므로, 고대 중국인들은 기후의 변화 같은 환경 조건에 특히 주의를 기울이며 살아갈 수밖에 없었다. 또한 격자 같이 꽉 짜인 사회 조직의 일원으로 살아야 했으므로, 그들은 함께 살아가고 있는 다른 사람들과의 관계와 이러한 관계 속에서 각자에게 주어진 본분을 지키는 일에 항상 신경을 써야 했다. 이러한 배경에서 중국인들은 각 개체로서는 존재 의미가 없고, 모든 것은 상호 연계적인 맥락 속에 존재한다고 생각하게 되었다. 그러므로 그들은 항상 변화하는 상황 속에서 상호 연관된 역할과 의무 같은 규범을 파악하여, 공동생활의 조화와 질서를 이루려 노력하는 집단주의적인 삶의 태도를 굳게 간직하게 되었다.

이러한 고대 중국인의 삶의 양식과 그로부터 비롯된 사고방식을 배경으로 하여 태동된 것이 유학 사상이다. 개체적 특성보다는 사회적 특성에서 인간의 존재 근거를 찾고, 인간이 인간다운 까닭을 타인에 대한 관심과 배려의 체계인 도덕성에서 구하며, 소인(小人)의 상태로 태어나 군자(君子)의 상태로 변화할 수 있는 가변성을 인간의 존재 양식이라 여기는 것이 유학 사상의 핵심으로, 이는 동아시아 사회에 집단주의 문화가 조성되는 이론적 기반이 되었다.

이러한 유학 사상은 고대 중국에서 태동되었지만 그 문화적 영향에서 벗어날 수 없었던 한국과 일본 등으로 전파되어, 동아시아 사회를 지배하는 이념체계로 성장하였다. 그리하여 동아시아 사회인들은 아직까지도 유학적 가치관과 행동 및 사고 양식의 영향을 받으며 살아가고 있다. 바로 이러한 "마음의 유교적 습성들"(the Confucian habits of the heart)[1]이 동아시아 사회에 집단주의 문화를 꽃피운 바탕이 된 것이다.

유학은 인간이 갖추고 태어나는 본유적인 특성에 관한 인성론(人性論)을 바탕으로 하여, 이러한 인간이 이룰 수 있는 이상적 상태를 군자

1 Tu, Wei-Ming, 1996, p. 343.

또는 성인(聖人)으로 설정하고[君子論], 이러한 이상적 인간의 실제적인 삶의 모습은 어떠하며[道德實踐論], 어떻게 하면 이러한 이상적 상태에 도달할 수 있겠는지[修養論] 하는 네 부분의 이론으로 구성되고 있는 사상체계이다. 이 중에서 수양론은 실천적 인간학(人間學)으로서의 유학의 자기발전론으로, 일상생활의 영역에서 인간이 스스로의 발전을 위해 노력해야 할 바를 정리하여 제시하고 있는 이론체계이다.

이 장에서는 수양론을 통해 유학 사상에서 도출되는 자기와 자기발전에 관한 관점들을 간단히 살펴보기로 하겠다. 이를 위해 유학자들이 인간을 어떠한 존재로 이해하여 왔는지를 알아보고, 이어서 이러한 인간관에 기반을 두고 동아시아인들이 개념화해 온 자기론을 우선적으로 살펴보기로 하겠다. 이러한 인간관과 자기론이 유학자들이 제시하는 수양론의 이론적 토대를 형성할 것이기 때문이다.

1. 유학 사상의 인간관과 자기관

유학은 춘추(春秋) 시대 공자(孔子, B.C. 551~479)에 의해 창시되어, 전국(戰國) 시대 맹자(孟子, B C. 371~289)와 순자(荀子, B.C. 321~230) 같은 걸출한 사상가에 의해 기초가 닦인 사상체계이다.[2] 이 시기는 주(周,

2 이 시대의 유학을 진(秦, B.C. 221~207) 통일 이전 시대의 유학이라 하여 선진유학(先秦儒學) 또는 원시유학(原始儒學)이라 하는데, 이 시기는 이후 중국 · 한국 · 일본 등 동아시아의 정신사를 지배해 왔던 유학 사상의 기초가 확립되었던 시기였다. 그 뒤로 유학은 관학(官學)으로 승격되어 국가의 통치이념으로 부각된 한(漢, B.C. 202~A.D. 220)대로부터 당(唐, 618~907)대에 이르는 약 1,000년 동안의 한당유학(漢唐儒學), 불교 및 도교와 경합하면서 형이상학적 철학 체

B.C. 1050~256) 왕실이 쇠퇴하고, 여러 제후국들이 패권을 다투면서 합종연횡(合從連衡)에 열을 올리던 불안한 시대였다. 이렇게 혼란한 춘추 · 전국 시대의 최대의 위기는 사회가 온통 이기적인 자기이익 추구에 혈안이 되어, 인간관계의 근본이 무너졌다는 데 있었다.

따라서 이 시기의 유학자들이 무너져버린 인간관계의 원형을 결코 해체될 수 없는 가족과 같은 일차집단에서 찾아, 이 관계에서 이루어지는 조화와 질서를 사회관계에까지 점진적으로 확장하는 일이 사회의 조화와 평화, 그리고 통일을 이루는 근본이라고 생각하게 된 것은 어쩌면 당연한 귀결이었다. 곧 개인과 집단 중에서 집단을 더 중시하고, 인간 존재의 사회성(인간의 상호의존성)과 도덕성(타인에 대한 관심·배려·헌신)을 회복하는 일이 이 시기 유학자들의 관심사였으며, 그런 점에서 유학은 동아시아 집단주의 문화의 사상적 모태로 자리 잡게 되었다.

이렇게 유학 사상은 사회의 존재론적 구성단위는 부모-자식, 군주-신하, 남편-아내, 어른-아이, 친구-친구 같은 개인들 사이의 관계라고 여기며, 그러므로 개인 사이의 관계를 개체로서의 개인보다 앞세우는 집단주의를 그 자체 속에 내포하고 있는 사상체계이다. 그러므로 유학 사상의 인간관과 자기관은 관계중심의 집단주의적인 인간관과 자기관이다. 곧 유학 사상의 기본적인 인간관은 "관계중심적 인간관"인 것이다.

계로 확립된 송(宋, 960~1270)대 이후의 신유학(新儒學, 일명 性理學), 유학에 차용된 도교와 불교의 사변적 경향을 제거하고 선진유학의 순수한 형태로 돌아가자는 청(淸, 1616~1912)대의 고증학(考證學)적 유학 등으로 발전하여 왔다(김승혜, 1990, pp. 307-333).

1) 유학 사상의 인간관

동아시아인의 삶의 기반이 되어온 유학 사상에서 추구하고 있는 가치는 인간 존재의 "사회성"과 "도덕성" 그리고 "변화가능성"이라고 정리할 수 있다. 인성론 체계에서는 사회성과 도덕성의 가치가 강조되고 있으며, 군자론에서는 사회성과 도덕성에 더해서 가변성의 가치가 중요하게 대두되며, 도덕실천론에서는 사회성과 도덕성의 가치가 다시금 강조되고, 수양론에서는 가변성의 가치를 축으로 해서 도덕성과 사회성의 합일이 추구되고 있는 것이다. 이렇게 유학 사상은 사회성 · 도덕성 · 가변성의 가치를 축으로 해서 인간 존재의 기본특성을 파악하고, 또 이러한 세 가지 가치를 핵심으로 삼아 인간이 지향해야 할 삶의 양식을 제시하고 있는 철학체계인 것이다.

이러한 맥락에서 보면, 유학 사상에서는 인간을 사회적 관계체(關係體), 덕성 주체, 및 무한한 가변체(可變體)로 파악한다고 생각할 수 있다. 말하자면, 인간은 개체로서 지닌 존재 가치를 뛰어넘어 사회에 대한 책임을 스스로 짊어지고 실천해야 하는 존재[關係體]로서, 능동적 주체적인 도덕 인식과 실천[德性主體]을 통하여 존재확대를 이루어낼 수 있는 가변성[可變體]을 보유하고 있다는 것이다.[3]

3 어떻게 보면, 유학 사상의 핵심은 바로 "인간의 존재확대"라고 요약할 수 있다. 유학자들은 인간이 인간된 까닭을 도덕적 존재로서의 인간의 사회성에서 찾음으로써 존재확대의 가능성을 따져보고, 존재확대의 이상적 모형을 군자(君子)와 성인(聖人)으로 설정하여 삶의 목표로 삼은 다음, 그러한 목표를 이루기 위한 방법을 제시하고 있는 것이다. 유학 사상에서 제시하는 인간의 존재확대의 길은, 타인에 대한 관심을 가지고 그들을 배려하여, 자기 자신뿐만 아니라 다른 사람들도 군자와 성인이 되도록 도와줌으로써, 인간이 추구해야 할 도(道) 안에서 다른 사람과 자신의 일체화를 이루는 일이다. 이렇게 타인에 대한 관심과 배려를

유학자들이 인간을 이러한 세 가지 관점에서 파악하고 있다는 사실은 유학의 창시자인 공자의 《논어(論語)》 첫 머리 〈학이편(學而篇)〉 1장에 제시되어 있는 삼호(三乎)에 관한 언급과 공자에 이어 선진(先秦) 유학 체계를 완성한 맹자의 《맹자(孟子)》 〈진심상편(盡心上篇)〉 20장에 제시되어 있는 군자삼락(君子三樂)에 관한 논의에서 잘 드러난다.

> 배우고 그것을 항상 익히면, 또한 기쁘지 아니하겠는가? 벗이 먼 곳으로부터 찾아오면, 또한 즐겁지 아니하겠는가? 남이 알아주지 않는다고 하더라도 노여워하지 않는다면, 또한 군자답지 아니하겠는가?[4]

> 군자에게는 세 가지 즐거움이 있는데, 천하에 왕노릇 하는 일은 여기에 들지 못한다. 부모님이 함께 생존해 계시고, 형제들에게 아무런 탈이 없는 것, 이것이 첫 번째 즐거움이다. 위로 하늘에 부끄러움이 없고, 아래로 사람들에게 부끄러움이 없는 것, 이것이 두 번째 즐거움이다. 천하의 뛰어난 인재들을 얻어서 이들을 가르쳐 기르는 것, 이것이 세 번째 즐거움이다. 군자에게는 이러한 세 가지 즐거움이 있을 뿐, 천하에 왕노릇 하는 일은 이러한 군자의 즐거움에 들지 못한다.[5]

인간 삶의 기본 동인으로 삼는 유학 사상은 오랫동안 이를 기본 철학으로 삼고 살아왔던 동아시아 사회에 집단주의적인 삶의 양식과 사유 방식이 꽃피게 한 사상적 배경이었던 것이다(조긍호, 2008, p. 43).

4 學而時習之 不亦說乎 有朋自遠方來 不亦樂乎 人不知而不慍 不亦君子乎 (《論語》, 學而 1): 이는 朱熹의 《論語集註》의 편차에 따른 《論語》 學而篇 1장을 가리킨다. 이하 《論語》의 인용은 이 예에 따른다.

5 君子有三樂 而王天下不與存焉 父母俱存 兄弟無故 一樂也 仰不愧於天 俯不怍於人 二樂也 得天下英才而教育之 三樂也 君子有三樂 而王天下不與存焉 (《孟子》, 盡心上 20): 이는 朱熹의 《孟子集註》의 편차에 따른 《孟子》 盡心上篇 20장을 가리킨다. 이하 《孟子》의 인용은 이 예에 따른다.

여기서 공자의 1호[學而時習之 不亦說乎]와 맹자의 3락[得天下英才而敎育之 三樂也]은 무한한 가변체(배움을 통해 군자와 성인까지도 될 수 있는 존재)인 인간 존재의 특성을, 2호[有朋自遠方來 不亦樂乎]와 1락[父母俱存兄弟無故 一樂也]은 사회적 관계체(가족 및 다른 사람과 맺는 관계 속에서 다른 사람들과 함께 어울리면서 살아가야 하는 존재)인 인간 존재의 특성을, 그리고 3호[人不知而不慍 不亦君子乎]와 2락[仰不愧於天 俯不怍於人 二樂也]은 덕성 주체(도덕적 주체로서의 스스로에게서 모든 일의 원인을 찾고, 스스로 모든 책임을 져야 하는 존재)인 인간 존재의 특성을 드러내고 있는 것이다.[6]

(1) 사회적 관계체

유학자들은 인간을 함께 살아가고 있는 다른 사람들과 맺는 관계 속의 존재로 규정하고, 이러한 관계가 사회를 구성하는 근본적인 기본 단위라고 인식한다. 곧 인간 존재의 생물적 특성이나 개체적 특성보다는 사회적 특성을 중심으로 인간의 제반 문제를 바라보고자 하는 것이 유학 사상의 가장 큰 특징이다.

이렇게 유학은 인간의 존재의의를 사람과 사람 사이의 관계라는 사회성에서 찾으려 하는 사상체계이다. 사람은 부모와 자식, 군주와 신하, 남편과 아내, 어른과 아이, 친구와 친구 사이의 관계 속에서 태어나서, 이러한 관계 속에서 살다가, 관계 속에서 죽어가는 존재이므로, 이러한 관계를 떠나서는 인간의 존재의의를 찾을 수 없다고 보는 것이 유

6 동아시아 유학사상의 인간관은 졸저(조긍호, 2006, pp. 297-352; 2007a, pp. 98-134; 2008, pp. 43-75; 2012, pp. 119-136; 2017a, pp. 99-120)의 내용을 재정리하여 구성하였는데, 필요한 경우에는 관련 부분을 그대로 따오기도 하였다.

학 사상이다. 이렇게 인간의 사회적 존재 특성을 내세워 인간을 "사회적 관계체"로 파악하는 것이 유학자들의 인간 파악의 기본 관점이다.

공자 《논어》에서 공자는 자기 사상의 핵심인 인(仁)을 "무릇 인이란 자기가 서고자 하면 남을 먼저 세워주고, 자기가 이루고자 하면 남이 먼저 이루게 해주는 일"[7]이라거나, "자기가 바라지 않는 것을 남에게 베풀지 않는 일,"[8] 또는 "남을 사랑하는 일"[9]로서, "자기의 사적 감정과 사욕을 억제하고, 예(禮)의 규범체계로 돌아가는 것이 인을 행하는 일"[10]이라 제시하여, 타인에 대한 관심과 배려가 인의 핵심이라 보고 있다. 이러한 사실은 공자가 인간의 사회성을 인간 존재의 핵심으로 규정하고 있음을 드러내는 것이다.

공자는 사회적 관계체로서의 사람들이 사회관계 속에서 질서와 조화를 유지하여 관계적 존재로서의 존재의의를 달성하는 길은 각자에게 주어진 역할과 의무를 충실히 수행하는 일이라고 보고, 이를 정명론(正名論) 체계로 제시하고 있다. 그는 곧 "군주는 군주의 역할을 다하고, 신하는 신하의 역할을 다하며, 부모는 부모의 역할을 다하고, 자식은 자식의 역할을 다하는 것"[11]이 사회에 질서와 조화를 가져오는 정사(政事)의 근본이기 때문에, 자기에게 정사를 맡겨준다면 "반드시 이름

7 夫仁者 己欲立而立人 己欲達而達人 (《論語》, 雍也 28)

8 仲弓問仁 子曰……己所不欲 勿施於人 (顔淵 2); 子貢問曰 有一言而可以終身行之者乎 子曰 其恕乎 己所不欲 勿施於人 (衛靈公 23)

9 樊遲問仁 子曰 愛人 (顔淵 22)

10 顔淵問仁 子曰 克己復禮爲仁 (顔淵 1)

11 齊景公問政於孔子 孔子對曰 君君 臣臣 父父 子子 (顔淵 11)

을 바로 잡는 일[正名: 각자에게 주어진 역할을 충실히 수행하도록 하는 일]부터 하겠다"[12]고 말하고 있는 것이다.

맹자 맹자는 인의(仁義)는 다른 것이 아니라, 어버이를 친애하고[親親], 어른을 공경함[敬長]에서 비롯하는 것이라 하여, 도덕의 근거를 대인관계에서 찾고 있다.[13] 곧 맹자는 "인(仁)의 핵심은 어버이를 모시는 것이고, 의(義)의 핵심은 형을 따르는 것이며, 지(智)의 핵심은 이 두 가지를 깨달아 이를 버리지 않는 것이고, 예(禮)의 핵심은 이 두 가지를 조절하고 아름답게 꾸미는 것"[14]이라고 본다. 이렇게 맹자는 인간 행위의 당위적 규범인 인의예지(仁義禮智)의 핵심을 바로 친친(親親)과 경장(敬長)에서 구하고 있는 것이다.

이는 인간 존재의 기초를 부모-자식과 형-아우의 관계에서 구하고 있는 것이라 해석할 수 있다. 그리하여 여기에서 체득한 인의의 도를 백성을 친애하고, 사물을 아끼고 사랑하는[親親而仁民 仁民而愛物][15] 단계까지 확장하여 실천하기에 이르러야 한다는 것이 바로 맹자 사상의 핵심이다. 이를 맹자는 "도는 가까이에 있는데 이를 멀리에서 구하고, 할 일은 쉬운 데에 있는데 이를 어려운 데서 구하려 한다. 사람마다 자기 어버이를 친애하고 자기 어른을 공경한다면, 천하가 화평하게 될

12 子路曰 衛君待子而爲政 子將奚先 子曰 必也正名乎 (子路 3)

13 親親 仁也 敬長 義也 無他 達之天下也 (《孟子》, 盡心上 15)

14 仁之實 事親是也 義之實 從兄是也 智之實 知斯二者弗去是也 禮之實 節文斯二者是也 (離婁上 27)

15 君子之於物也 愛之而不仁 於民也 仁之而不親 親親而仁民 仁民而愛物 (盡心上 45)

것"[16]이라고 지적하였다. 이러한 점에서 맹자가 군자의 세 가지 즐거움 가운데 첫 번째를 "부모가 모두 생존해 계시고 형제들에게 아무 탈이 없는 것"[17]으로 잡고 있는 까닭을 이해할 수 있는데, 이는 바로 이러한 인의(仁義) 체득과 실천의 객관적 대상이 존재하고 있기 때문에 즐겁다는 의미라고 풀이할 수 있다.

이러한 관점에서 보면, 맹자도 공자와 마찬가지로 인간의 존재의의를 사람과 사람 사이의 관계[人倫]에서 찾고 있음이 분명하다. 곧 부자 · 군신 · 부부 · 장유 · 붕우 사이의 관계에서 인간의 존재 특성이 부각되므로, 개별적인 존재에서는 인간 존재의 의미를 찾을 수 없다는 것이 맹자의 주장인 것이다. 부자 · 군신 · 부부 · 장유 · 붕우 사이의 관계에서 각각 친(親) · 의(義) · 별(別) · 서(序) · 신(信)이 있도록 하는 것이 바로 사람이 지켜야 할 다섯 가지 도리인데, "사람이 편안히 살고 가르침이 없으면 새나 짐승과 같아질 수밖에 없으므로, 성인이 이를 걱정하여 이 다섯 가지 사람의 도리를 가르치게 하였다"[18]는 오륜설(五倫說)의 지

16 道在爾而求諸遠 事在易而求諸難 人人親其親 長其長 而天下平 (離婁上 11)

17 父母俱存 兄弟無故 一樂也 (盡心上 20): 여기서 맹자가 말하는 군자의 세 가지 즐거움이 모두 인간의 사회성을 강하게 함축하고 있다는 사실을 주목할 필요가 있다. 一樂은 인의 체득과 실천의 대상(부모와 형제)이 존재하고 있기 때문에 느끼는 즐거움이고, 二樂은 실제로 인의를 체득하여 일상생활의 대인관계에서 실천함으로써 느끼는 즐거움이며[仰不愧於天 俯不怍於人 二樂也], 三樂은 다른 사람들에게 스스로가 체득한 인의의 도를 가르쳐주는 즐거움[得天下英才而敎育之 三樂也]이라고 해석할 수도 있다. 이렇게 보면, 맹자는 군자의 즐거움을 모두 사람들 사이의 관계에서 설정되는 것으로 보고 있으며, 사회 속에서 사회적 존재로서 성덕(成德)을 지향하는 데 즐거움의 근거가 있으므로, "천하를 지배하고 다스리는 것은 군자의 즐거움에 들지 못한다"(王天下不與存焉)는 당당함이 나오는 것이라 하겠다.

18 人之有道也 飽食暖衣 逸居而無敎 則近於禽獸 聖人有憂之 使契爲司徒 敎以人倫 父子有親 君臣有義 夫婦有別 長幼有序 朋友有信 (滕文公上 4)

적은 이러한 입장을 단적으로 드러내는 것이다. 이를 보면, 사람의 도리는 바로 사람들 사이의 관계에서 찾을 수 있고, 따라서 인간은 개별적인 존재로 태어나고 살아가는 것이 아니라, 이러한 관계 속에서 태어나고 살아가는 존재, 곧 사회적 관계체인 존재라는 것이 맹자의 인간 파악의 기본 관점이라 하겠다.

또한 맹자도 공자의 정명론의 체계를 이어 받아, 각 관계 속에서 이루어지는 역할과 의무 수행이 각 관계의 질서를 유지하는 핵심 요건이라 보고 있다. 맹자는 이러한 견해를 "군주다운 군주가 되려면 군주의 역할과 도리를 다해야 하고, 신하다운 신하가 되려면 신하의 역할과 도리를 다해야 한다"[19]고 진술하고 있다.

순자 순자도 인간의 사회성을 강조하며, 따라서 사회관계가 인간의 존재 특성을 규정하는 것으로 파악하고 있다. 순자는 다른 생물체에 견주어 인간 존재는 생득적으로 허약하고 무력한 까닭에 단결이 필요하고,[20] 개인적인 능력과 기술의 한계로 말미암아 협동과 상부상조가 필요하기 때문에,[21] 사람은 필연적으로 모여서 사회생활을 할 수밖에 없다[人生不能無群]고 본다.[22] 이러한 점은 그의 명분사군(明分使群)의 예

19 欲爲君 盡君道 欲爲臣 盡臣道 (離婁上 2)

20 力不若牛 走不若馬 而牛馬爲用 何也 日 人能群 彼不能群也 人何以能群 日 分 分何以能行 日 以義 故義以分則和 和則一 一則多力 多力則彊 彊則勝物 (《荀子》, 王制 20-21): 이는 富山房本 漢文大系 卷十五《荀子集解》의 王制篇 pp. 20-21을 기리킨다. 이하《荀子》본문의 인용은 이 예에 따른다.

21 故百技所成 所以養一人也 而能不能兼技 人不能兼官 離居不相待則窮 群而無分則爭 窮者患也 爭者禍也 救患除禍 則莫若明分使群矣 (富國 2-3)

22 故人生不能無群 群而無分則爭 爭則亂 亂則離 離則弱 弱則不能勝物 (王制 21); 人之生不能無群 群而無分則爭 爭則亂 亂則窮矣 故無分者人之大害也 有分者天下

론(禮論)을 통해 쉽게 이해될 수 있다. 곧 사람은 군신 · 부자 · 형제 · 부부 같은 사회윤리 관계나 사 · 농 · 공 · 상 따위의 사회직분 관계 속의 존재로서, 이러한 관계 속에서 예에 따라 규정되는 각자의 역할[分]을 충실히 수행함으로써 사회생활[群]을 영위해야 하는 존재라는 것이다.[23] 이러한 관점은 인간을 상호 독립적이고 분리된 존재가 아니라, 사회관계에 따라 본질적으로 연관을 맺고 있는 상호의존적인 존재로 파악하는 시각을 잘 드러내는 것이다. 이러한 시각은 《순자(荀子)》의 〈왕제편(王制篇)〉에 나오는 다음의 지적에서 잘 드러난다.

> 군신 · 부자 · 형제 · 부부의 관계는 처음이자 마지막이고, 마지막이자 처음으로서, 천지와 더불어 이치를 같이 하고, 만세를 통하여 영구히 지속되는 것으로, 무릇 이를 일러 "위대한 근본"[大本]이라 한다.[24]

이는 군신 · 부자 · 형제 · 부부 같은 사회관계가 지니는 보편성을 지적한 것으로서, 이러한 사람들 사이의 관계가 사회의 가장 궁극적인 단위임을 표현하는 것이라 볼 수 있다. 바로 이러한 사실에서도 인간을 사회적인 관계체로 보는 순자의 관점을 확인해 볼 수 있는 것이다.

순자도 맹자와 마찬가지로 공자의 정명론의 체계를 이어 받아, 각

之本利也 (富國 6-7)

23 夫貴爲天子 富有天下 是人情之所同欲也 然則從人之欲 則勢不能容 物不能贍也 故先王案爲之 制禮義以分之 使有貴賤之等 長幼之差 知賢愚能不能之分 皆使人載其事 而各得其宜 然後慤祿多少厚薄之稱 是夫群居和一之道也 (榮辱 39-40): 王先謙(1891)의 《荀子集解》에서는 知賢愚에서 知는 智로 읽어야 하고, 賢은 원문에서 삭제되어야 하며, 慤祿은 穀祿이 되어야 한다고 본다.

24 君臣父子兄弟夫婦 始則終 終則始 與天地同理 與萬歲同久 夫是之謂大本 (王制 19-20)

관계 속에서 이루어지는 역할과 의무 수행이 각 관계의 질서를 유지하는 핵심 요건이라 보고 있다. 순자는 이러한 견해를 좀 더 자세히 분석하여, 조화로운 사회관계를 이루기 위해서는 우선 사회관계에서 각자가 해야 할 역할과 의무를 명백히 하고[明分] 실생활에서 이를 실행해야 한다[守分]고 보고, 이를 명분사군론(明分使群論)[25] 또는 군거화일론(群居和一論)[26]으로 제시하고 있다.

인간의 존재의의의 출처: 사회성 서구 사회에 개인주의 문화가 태동되는 직접적인 배경이 된 자유주의 사조와 동아시아 집단주의 문화의 기반이 되고 있는 유학 사상의 핵심적인 차이는 인간의 존재의의를 어디에서 찾을 것인가의 문제에 대한 견해의 차이에서 도출된다. 서구의 자유주의 사조는 인간의 존재의의를 상호 분명한 경계를 가진 독립적인 개인의 개체성에서 찾으려는 입장을 기초로 하여 성립되고 있는 사상체계이다. 이 체계에서는 개인은 천부적인 자유와 권리의 보유자로서, 사회란 이러한 독립적이고 평등한 개인들의 집합 그 이상도 이하도 아니라고 본다. 그러므로 서구인들은 인간의 존재의의는 이러한 각 개인의 개체성을 주축으로 하여 드러나는 것으로 인식하며, 결국 사회행위의 분석 단위를 "자유의 보유자"로서의 개인 존재라고 파악함으로써, 개인의 독립성 · 자율성 · 독특성을 강조하는 개인주의적인 삶의 양식을 드러내게 되는 것이다.

이에 반해 동아시아 집단주의 사회의 이념적 기반인 유학 사상은

25 富國 2-3.

26 榮辱 39-40.

인간의 존재의의를 부모-자식, 남편-아내, 형-아우, 군주-신하, 친구-친구 같은 사회관계를 맺고 살아가는 인간의 사회성에서 찾으려는 관점을 바탕으로 하여 성립되고 있다. 유학의 체계에서는 개인은 다른 사람(부모·형제·친척·군주 등)과의 관계 속에서 태어나서 살아가고 있는 존재로서, 이러한 관계를 떠나서는 그 존재 의미를 찾을 수 없는 "사회적 관계체"라고 개념화하여 받아들인다. 그러므로 동아시아인들은 인간의 존재의의는 타인과 관계를 맺는 바탕으로서의 각 개인의 사회성을 주축으로 하여 드러난다고 인식하며, 결국 사회행위의 분석 단위를 관계적 속성(규범·역할·의무·예절 등)이라고 간주함으로써, 관계 상대자들과의 연계성 · 조화성 · 유사성을 강조하는 집단주의적인 삶의 태도를 드러내는 것이다.

이렇게 인간의 존재의의를 개체성에서 찾느냐(서구 자유주의) 아니면 사회성에서 찾느냐(동아시아 유학 사상) 하는 차이는 필연적으로 인간의 사회행위의 원동력을 개인의 속성에서 찾을 것이냐(서구 개인주의) 아니면 사회적 관계적인 속성에서 찾을 것이냐(동아시아 집단주의) 하는 관점의 차이를 유발한다. 이렇게 보면, 서구의 개인주의 문화와 동아시아 집단주의 문화는 일차적으로 각각 인간의 존재의의를 개체성과 사회성에서 찾으려는 입장의 차이에서 파생된다고 추론할 수 있을 것이다.

(2) 덕성의 주체

유학자들은 사회적 관계체로서의 사람들에게 있어서 다른 동물이 갖지 못하는 인간만의 고유특성은 사회생활에 필요한 기본특성, 곧 도덕성(道德性)이라 본다. 이렇게 인간의 중핵특성을 도덕성이라고 보는 관점은 인간의 존재의의를 사회성에서 찾으려는 유학 사상에서 필연적으로 도출되는 것이다. 이러한 도덕성의 근원은 타인 및 그들과 함께 삶을 영위하는 터전인 사회에 대한 관심과 배려에 있다는 것이 유학자들의 생각이다.

그들은 이러한 덕의 바탕이 인간에게 본래부터 갖추어져 있다는 전제에 따라, 사람은 스스로가 도덕의 주체라는 사실을 깨달아 이를 능동적 주체적으로 삶의 장면에서 실천함으로써, 개인적이고 이기적인 욕구와 감정 같은 나머지 인성(人性) 요소들이 덕에 맞추어 통제되도록 하는 것이 바른 삶의 자세라는 주장을 편다. 이렇게 유학 사상에서는 사회적 존재로서의 인간이 지향해야 할 바람직한 삶의 자세는 능동적 주체적인 도덕 인식과 실천이라고 보아, 인간을 "덕성의 주체"로 파악한다.

공자 《논어》에서 공자는 "인(仁)의 실천은 오로지 자신에게 달려 있는 일이지, 남에게 달려 있는 일이겠는가?"[27]라고 하여, 덕의 근거가 인간에게 본유적으로 갖추어져 있다는 관점을 드러내고 있다. 공자에 따르면 자기에게 모든 도덕성의 근거가 갖추어져 있다는 사실을 깨달은 사람이 군자(君子)로서, 이렇게 군자는 스스로가 덕성의 주체라는 사실을 확고히 인식하고 있기 때문에, "남에게 모든 책임을 돌리는 소인(小人)과는 달리, 모든 일의 책임을 자기 자신에게서 찾으려 한다."[28]

이렇게 스스로가 덕성의 주체라는 자각을 도덕성의 바탕으로 강조

27 爲仁由己 而由人乎哉 (《論語》, 顔淵 1)

28 君子求諸己 小人求諸人 (衛靈公 20)

하는 시각은 공자로부터 면면히 이어지는 유학 사상의 전통이다. 공자는 "내가 인(仁)을 행하고자 하면, 곧바로 인이 이르게 된다"[29]고 보아, 도덕성이란 자기 몸에 그 근거가 갖추어져 있는 것이긴 하지만, 이를 자각하는 일이 무엇보다 중요함을 역설하고 있다. 그리하여 그는 인을 행하는 것은 자기에게 달려 있는 일이지, 남에게 달린 것이 아니므로, "능히 가까이 자기 몸에서 취해서 남에게 비유할 수 있으면, 인을 행하는 방도라고 이를 만하다"[30]고 보고 있다. 이와 같이 공자는 덕성의 주체인 스스로에 대한 자각이 일상생활에서 도덕성을 실천하는 바탕임을 강조하고 있는 것이다.

맹자 이러한 인간의 도덕적인 능동성과 주체성의 근거를 맹자는 인의예지 같은 도덕의 뿌리가 인간에게 본래부터 내재하고 있다는 사실에서 구하고 있다. 여기서 한 걸음 더 나아가 맹자는 인간이 본래 갖추고 있는 선단(善端)을 잃지 않고 그대로 간직[存心]하기 위해서는 우선 스스로가 덕성의 주체라는 사실을 주체적으로 인식하여 이를 확충해야 한다고 보아, 다음과 같이 진술하고 있다.

> 사람은 누구나 남에게 차마 모질게 하지 못하는 마음을 가지고 있다……사람이 누구나 남에게 차마 모질게 하지 못하는 마음을 가지고 있다는 사실은 누구든지 어떤 어린아이가 우물에 빠지게 된 것을 문득 보았다면, 누구나 깜짝 놀라 불쌍하게 여기는 마음을 가지게 된다는 데서 드러난다……이로 보건대, 곤경에 빠진 사람을 불

29 仁遠乎哉 我欲仁 斯仁至矣 (述而 29)

30 夫仁者 己欲立而立人 己欲達而達人 能近取譬 可謂仁之方也已 (雍也 28)

> 쌍히 여기는 마음[惻隱之心]이 없으면 사람이 아니요, 자기의 옳지 않음을 부끄러워하고 남의 옳지 않음을 미워하는 마음[羞惡之心]이 없으면 사람이 아니요, 사양하는 마음[辭讓之心]이 없으면 사람이 아니요, 옳고 그름을 가리려는 마음[是非之心]이 없으면 사람이 아니다. 불쌍히 여기는 마음은 인의 시초[仁之端]요, 부끄러워하고 미워하는 마음은 의의 시초[義之端]요, 사양하는 마음은 예의 시초[禮之端]요, 옳고 그름을 가리려는 마음은 지의 시초[智之端]이다. 사람이 이 네 가지 시초[四端]를 갖추고 있다는 사실은 마치 사람에게 사지(四肢)가 갖추어져 있는 것과 마찬가지다……무릇 나에게 갖추어져 있는 네 가지 시초를 모두 넓혀서 채울 줄 알게 되면, 마치 불이 처음 타오르고 샘물이 처음 흘러내리듯 할 것이니, 진실로 이를 채울 수 있으면 사해(四海)를 보전하고도 남음이 있을 것이지만, 진실로 이를 채우지 못하면 부모를 섬기기에도 부족할 것이다.[31]

맹자는 이렇게 사람에게는 인의예지 같은 도덕의 근거가 되는 측은지심 · 수오지심 · 사양지심 · 시비지심의 사단(四端)이 갖추어져 있고, 그렇기 때문에 인간의 본성은 착하다고 본다. 이것이 이른바 성선설(性善說)의 요지인데, 이를 통해 맹자가 제시하려고 한 것은 인의예지의 바탕이 인간 본성 속에 주체적으로 내재되어 있는 자연적인 것이지, 외부에서 주어지는 인위적인 것은 아니라는 사실이다.[32] 이는 마치 사람이 팔 · 다리를 가지고 태어나는 것처럼 본래부터 갖추어져 있는 인

31 人皆有不忍人之心……所以謂人皆有不忍人之心者 今人乍見孺子將入於井 皆有怵惕惻隱之心……由是觀之 無惻隱之心 非人也 無羞惡之心 非人也 無辭讓之心 非人也 無是非之心 非人也 惻隱之心 仁之端也 羞惡之心 義之端也 辭讓之心 禮之端也 是非之心 智之端也 人之有是四端也 猶其有四體也……凡有四端於我者 知皆擴而充之矣 若火之始然 泉之始達 苟能充之 足以保四海 苟不充之 不足以事父母(《孟子》, 公孫丑上 6)

32 仁義禮智 非由外鑠我也 我固有之也 弗思耳矣 (告子上 6)

간의 본성이라는 것이다.

맹자의 성선설에서도 도덕의 본유성보다 더욱 중요한 것은 이러한 사실에 대한 주체적 자각의 문제이다. 맹자는 인의예지를 비롯한 모든 인간 행위의 근거를 주체적 인식에서 구함으로써 인간의 도덕적 능동성과 주체성을 강조했던 것이다. 이러한 사실은 인간이 본래 갖추고 태어난 선단을 잃지 않고 그대로 간직[存心]하려면 우선 주체적으로 도를 인식해야[明道] 하고, 이러한 도의 주체적 인식을 위해서는 "모든 일의 책임을 스스로에게 돌이켜 찾아야 한다[反求諸己]"[33]는 주장에서도 잘 드러나고 있다. "만물의 이치는 모두 나에게 구비되어 있으므로"[34] 내가 모든 일의 주체이고, 따라서 모든 일이 나에게서 비롯하는 것이다. 그리하여 덕성의 주체인 자기에게서 모든 책임과 근거를 찾아야 한다는 것이 바로 맹자의 인간 이해의 핵심이다.

순자 순자도 덕성 주체인 인간의 능동적 자각을 강조하고 있는데, 이는 그의 독특한 인도론(人道論)을 통해 확인할 수 있다. 그는 "도(道)는 하늘의 도도 아니고, 땅의 도도 아니며, 사람이 행해야 할 바로서 군자가 따르는 것"[35]이라는 인도론의 근거에 따라, "군자는 자기에게 달려 있는 일[在己者]을 삼가 행할 뿐, 하늘에 달린 일[在天者]을 사모하지

33 愛人不親 反其仁 治人不治 反其智 禮人不答 反其敬 行有不得者 皆反求諸己 其身正而天下歸之 (離婁上 4)

34 萬物皆備於我矣 (盡心上 4)

35 道者非天之道 非地之道 人之所以道也 君子之所道也 (《荀子》, 儒效 9-10): 楊倞은 《荀子注》에서 人之所以道也를 人之所行之道也로 풀고 있으며, 王先謙도 《荀子集解》에서 人之所以道也의 道를 行의 誤字로 보고 있다.

않으며……그렇기 때문에 날로 발전한다"[36]는 천인지분(天人之分)의 논리를 전개한다. 그에게 "자기에게 달린 일이란 마음과 뜻을 닦고, 덕행에 힘쓰며, 인식과 판단을 명확히 하고, 오늘날에 태어났지만 옛 사람의 도에 뜻을 두는 것,"[37] 곧 스스로가 도덕의 주체임을 자각하고, 이를 일상생활에서 실천하려 노력하는 일인 것이다. 이러한 생각은 인간을 외부 환경 조건의 영향을 받기만 하거나, 환경 조건에 따라 수동적으로 규정되기만 하는 존재가 아니라, 능동적으로 스스로를 규정하는 덕성의 주체로 파악하는 시각을 명백히 드러내는 것이다.

순자는 사단과 같은 본유적인 정감에서 도덕성의 근거를 찾는 맹자와는 달리, 사물과의 차이에서 인간만이 갖는 독특한 본유적인 특성을 도덕성이라고 보는 입장에서 도덕의 본유설을 주장하고 있다. 이러한 입장은 다음의 진술문에서 단적으로 드러나고 있다.

> 그러므로 사람이 사람된 까닭은 동물과는 달리 다만 두 다리로 서고, 몸에 털이 없다는 사실에서 연유하는 것은 아니다. 이는 사람이 변별함[辨]을 가지고 있다는 데에서 연유하는 것이다. 무릇 새나 짐승도 부모와 자식의 관계는 있지만 부모 자식 간의 친애함은 없고[父子之親], 암컷과 수컷은 있지만 남녀의 직분의 분별[男女之別]은 없다. 그러므로 옳고 그름을 가려 도덕적으로 행동하는 것은 사람의 본성이므로, 사람의 도리에 옳고 그름을 가려 행동하지 않을 수 없는 것이다.[38]

---

36 故君子敬其在己者 而不慕其在天者……是以日進也 (天論 28-29)

37 若夫心意修 德行厚 知慮明 生於今而志乎古 則是其在我者也 (天論 28)

38 故人之所以爲人者 非特以其二足而無毛也 以其有辨也 夫禽獸有父子 而無父子之親 有牝牡 而無男女之別 故人道莫不有辨 (非相 9-10)

> 물과 불은 기(氣)는 가지고 있으나 생명[生]은 없다. 초목은 생명은 있으나 지각[知]은 없다. 새와 짐승은 지각은 있으나 올바름[義]은 없다. 사람은 기도, 생명도, 지각도 가지고 있을 뿐만 아니라, 또한 올바름을 가지고 있다. 그러므로 천하에서 가장 귀한 존재가 되는 것이다.[39]

이러한 논의에서 보면, 사람은 우주 안에서 유일하게 변(辨)과 의(義) 같은 도덕성의 기초를 본유적으로 갖추고 있는 존재이다. 사람은 이러한 도덕성[辨과 義]을 통해 사람을 포함한 천지 만물과 직분을 나누어[分] 사회생활[群]을 할 수 있으며, 이것이 인간 존재의 특이성이다.

인간의 고유특성: 도덕성 서구 자유주의와 동아시아 유학 사상의 또 다른 핵심적인 차이는 동물과 달리 인간만이 독특하게 갖는 고유한 특성을 무엇으로 보느냐 하는 관점의 차이이다. 인간의 심성 또는 영혼은 이성 · 감성 · 욕구의 세 가지 요소로 구성되고 있는데(삼분체계론), 이 중에서 욕구와 감성은 인간뿐만이 아니라 다른 동물들도 갖추고 있는 특성이지만, 이성은 인간만이 갖추고 있는 특성으로서 다른 동물은 갖추고 있지 못하다고 간주하는 것이 서구의 전통이었다. 그러므로 인간이 갖추고 있는 삼 체계 중에서 이성이 가장 우월한 특성이라는 이성우월주의의 관점으로 인간을 이해하려는 것이 고대로부터 면면히 이어져 온 서구 철학의 특징이었다. 이렇게 서구 사회에서는 "이성 주체"로서의 인간의 합리성과 자기이익 추구 및 적극적인 자기주장을 인간의 고

39 水火有氣而無生 草木有生而無知 禽獸有知而無義 人有氣有生有知 亦且有義 故最爲天下貴也 (王制 20)

유한 특성으로 중시하고 있는 것이다.

이에 비해 동아시아 유학 사상에서는 인간의 심성은 지성 · 감성 · 욕구의 세 요소 이외에 도덕성으로 이루어져 있다는 사분체계론으로 이해한다. 이 중에서 나머지 요소들은 동물들도 갖추고 있으나 도덕성은 인간에게만 고유한 특성이므로, 인간은 도덕성을 주축으로 하여 파악하여야 하는 존재라는 덕성우월주의가 유학자들이 인간을 이해하는 기본 관점이었다. 이러한 입장은 선진유학자들에게서 시작되어 신유학자들에게로 이어져 온 유학 사상의 전통으로, 유학 사상은 인간의 본유적인 도덕성을 중핵으로 하여 성립되고 있는 이론체계이다. 이렇게 동아시아 사회에서는 인간을 "덕성 주체"로 개념화하여, 타인과 집단에 대한 관심과 배려 곧 도덕성에서 나오는 겸양과 자기억제를 동물과 다른 인간의 기본적인 특성으로 강조하는 것이다.

이렇게 동물과 다른 인간의 고유한 특성을 이성이라고 보느냐 아니면 덕성이라고 보느냐 하는 차이는 인간의 심성을 구성하는 체계들 사이의 관계를 이성을 중심으로 하여 개념화하느냐 아니면 덕성을 중심으로 하여 개념화하느냐 하는 차이를 유발한다. 그러므로 자유주의의 인간관은 감성이나 욕구보다 이성의 우월성을 강조하는 서구의 전통적인 이성중심주의의 관점을 이어받고 있는 반면, 유학 사상의 인간관은 지 · 정 · 의에 대한 덕성의 우월성을 전제하는 덕성중심주의를 표방하게 된다. 이렇게 서구의 이성중심주의는 인간을 이성 주체로 파악하는 자유주의의 인간관과 연결되고, 동아시아의 덕성중심주의는 인간을 덕성 주체로 이해하는 유학사상의 인간관에서 직접 도출되는 것이다.

(3) 무한한 가변체

유학은 성덕(成德)을 지향하는 체계로서, 인간은 누구나 도덕적인 완성을 이루고, 이를 사회생활에 실천하는 군자나 성인이 될 수 있는 가변적인 존재라고 유학자들은 보고 있다. 유학 사상은 인간이란 가르침[敎]과 배움[學]을 통해 누구나 덕을 이룰 수 있는 가변적인 존재, 곧 "무한한 가변체(可變體)"라고 파악하는 입장을 바탕으로 하여 성립한다. 성덕이란 다른 사람들과의 바람직한 관계를 통해 이루어지는 것이므로, 이렇게 덕을 이루어 군자와 성인의 경지에 이를 수 있는 무한한 가능체로 인간 존재를 파악하는 인간관은 인간의 사회성과 도덕성을 중시하는 관점에서 연역되어 나오는 입장이다.

이러한 맥락에서 유학은 교육의 중요성을 인식하고, 이를 강조하는 입장을 편다. 이는 선진(先秦)유학 이래로 내려오는 유학의 전통이라고 볼 수 있다. 유학 사상에서 이렇게 배움과 가르침을 중시한다는 것은, 유학자들이 인간을 고정적 안정적인 특성을 지니고 태어나는 불변적인 실체로서가 아니라, 무한한 가변성을 지닌 가능체로서의 존재로 이해한다는 사실을 의미하는 것이다.

공자 《논어》에서 공자는 스스로를 "배우기를 좋아하는 사람"[好學者][40] 및 "가르치기를 게을리하지 않는 사람"[誨人不倦者][41]이라고 하여, 가르치고 배우는 일을 강조하였다. 배우고 가르치는 일, 그리고 배운 내용을 강구하고 실천함으로써 자기를 개선하는 일은 공자와 제자들이

40 十室之邑 必有忠信如丘者焉 不如丘之好學也 (《論語》, 公冶長 27)

41 子曰 若聖與仁 則吾豈敢 抑爲之不厭 誨人不倦 則可謂云爾已矣 (述而 33)

자기를 성찰하는 핵심 내용이었던 것이다.[42]

공자는 스스로를 호학(好學)이라고 자평했지만, 제자 가운데는 안회(顔回)만이 "배우기를 좋아하는 사람"이라고 하면서, 호학의 조건으로 "같은 잘못을 두 번 저지르지 않는 일"[不貳過]을 들고 있다.[43] 그는 "잘못을 하고도 고치지 않는 것이 바로 잘못"[44]이라고 보고, "잘못이 있으면, 고치기를 꺼리지 말아야 한다"[45]고 강조한다. 이렇게 자기를 성찰하여 잘못을 고침으로써, 항상 자기개선을 이루려 노력하는 자세,[46] 이것이 《논어》에서 도출되는 대인평가 기준의 하나로, 이는 인간을 무한한 가능체로 인식하는 공자의 시각을 잘 드러내는 것이다.

맹자 이러한 공자의 입장은 후대의 유학자들에게 그대로 이어지고 있는데, 그 가운데 맹자의 관점은 자못 독특한 데가 있다. 맹자도 교육을 중시하여, "천하의 영재를 얻어서 이들을 교육하는 일은 군자의 세 가지 즐거움 가운데 하나로서, 천하를 지배하고 다스리는 일은 군자의 즐거움에 들지 못한다"[47]라고 진술함으로써, 교육을 그 무엇보다 중

42 默而識之 學而不厭 誨人不倦 何有於我哉 (述而 2); 子曰 德之不修 學之不講 聞義不能徙 不善不能改 是吾憂也 (述而 3); 曾子曰 吾日三省吾身 爲人謀而不忠乎 與朋友交而不信乎 傳不習乎 (學而 4)

43 哀公問 弟子孰爲好學 孔子對曰 有顔回者好學 不遷怒 不貳過 不幸短命死矣 今也則亡 未聞好學者也 (雍也 2)

44 過而不改 是謂過矣 (衛靈公 29)

45 過則勿憚改 (學而 8; 子罕 24)

46 見賢思齊焉 見不賢而內自省也 (里仁 17); 三人行 必有我師焉 擇其善者而從之 其不善者而改之 (述而 21); 內省不疚 夫何憂何懼 (顔淵 4)

47 《孟子》, 盡心上 20: 오늘날 쓰이는 "教育"이란 용어는 맹자가 이 장에서 제시한 君子三樂 중 세 번째 즐거움[得天下英才而教育之 三樂也]을 기술하면서 처음 사용한 말이다.

요한 일로 내세우고 있다. 그는 한 걸음 더 나아가 교육을 선각자 또는 군자의 의무라고까지 격상시켜,[48] "중정(中正)의 도를 얻은 사람은 그렇지 못한 사람을 교육하고, 재능 있는 사람은 재능 없는 사람을 교육해야 한다……만일 중정의 도를 얻은 사람이 그렇지 못한 사람을 버리고, 재능 있는 사람이 그렇지 못한 사람을 버려 교육하지 않는다면, 현명한 사람과 어리석은 사람의 차이는 거의 없을 것이다"[49]라는 입장을 밝히고 있다.

이러한 배움의 목표는 도덕의 근거가 자신 속에 본래부터 갖추어져 있다는 사실을 자각하고, 이를 실생활에서 실현함으로써 인간의 존재의의를 완성하는 일이다. 《논어》에서는 이를 "군자는 배움으로써 그 도를 이룩한다"[50]고 표현하고 있으며, 맹자는 "배움의 도란 다른 것이 아니라, 그 놓쳐버린 마음을 찾는 데 있을 뿐이다"[51]라고 하여, 도덕적 자각을 중요하게 여기고 있다. 맹자는 교육의 요체가 자신이 덕성의 주체라는 점에 대한 자각에 있다는 사실을 다음과 같이 강조하고 있다.

> 군자가 올바른 방법으로 깊이 탐구하여 나아가는 것은 스스로 깨달아 얻고자 하는 것이다. 스스로 깨달아 도를 얻으면 이에 처하는 것이 안정되고, 그렇게 되면 도를 활용하는 데 더욱 깊이가 있게 된

48 天之生此民也 使先知覺後知 使先覺覺後覺也 予天民之先覺者也 予將以斯道覺斯民也 非予覺之而誰也 (萬章上 7): 萬章下篇 1장에서 伯夷 · 伊尹 · 柳下惠 · 孔子와 비교하여 聖人의 품격을 논하면서 伊尹을 기술하는 데에도 같은 말이 나오고 있어, 맹자가 교육의 책임을 얼마나 통감하고 있는지 알 수 있게 한다.

49 中也養不中 才也養不才……如中也棄不中 才也棄不才 則賢不肖之相去 其間不能以寸 (離婁下 7)

50 君子學以致其道 (《論語》, 子張 7)

51 學問之道無他 求其放心而已矣 (《孟子》, 告子上 11)

다. 이렇게 도를 활용하는 데 깊이가 있게 되면, 자기의 좌우 가까이에서 항상 그 근원을 파악하게 된다. 그러므로 군자는 도를 깨달아 스스로 얻고자 하는 것이다.[52]

이 인용문에서 강조하듯이, 맹자는 스스로에게 본유적으로 갖추어져 있는 인의(仁義)의 도를 스스로 자각하여 체득하도록 하는 것이 교육의 기본적인 목표라고 보고 있다. 이렇게 인의를 자각하여 체득하게 되면 도에 처하는 것이 더욱 안정되고, 도를 활용하는 데 더욱 깊이가 있게 되며, 좌우 가까이에서 항상 도의 근원을 파악하는 사람, 곧 이상적 인간이 될 수 있다는 것이다.

순자 《논어》가 학(學)이라는 글자로 시작된다는 사실[學而時習之 不亦說乎]이 공자가 무한한 가능체로서 인간을 파악하는 관점을 상징적으로 보여 주듯이, 《순자》 33편 가운데 첫 편이 〈권학편(勸學篇)〉이고, 처음 나오는 글자가 학(學)이라는 사실[學不可以已]도 순자가 인간의 가변성과 교육에 의한 변화가능성을 얼마나 강조하고 있는가를 단적으로 드러내 준다.[53]

순자는 배움의 목표가 도의 자각을 통해 소인의 상태에서 이상적 인간의 상태로 변화하는 일에 있다는 사실을 직접 지적하여, "배움의 궁극적인 목표는 사(士)가 되는 데서 시작하여 성인(聖人)이 되는 데서

---

52 君子深造之以道 欲其自得之也 自得之 則居之安 居之安 則資之深 資之深 則取之左右逢其原 故君子欲其自得之也 (離婁下 14)

53 君子曰 學不可以已 靑取之於藍 而靑於藍 氷水爲之 而寒於水……君子博學 而日參省乎己 則智明而行無過矣 (《荀子》, 勸學 1-2)

끝난다"[54]라거나 "배우는 사람은 본디 성인이 되기 위해 배우는 것"[55]이라고 진술하고 있다. 순자는 성인은 태어나면서부터 성인이 아니라, 사람이 할 일을 배우고 닦음으로써 보통 사람에서 변화하여 이르는 상태임을 강조한다.[56] 배움의 목표가 인간의 존재의의를 완성한 성인의 상태에 도달하는 일이고, 따라서 성인은 배움을 통해서 이루어진다는 이러한 관점은 유학자들에게 공통적인 것이다.

인간의 존재양상: 가변성 서구 자유주의와 동아시아 유학 사상에서 인간을 파악하는 관점의 세 번째 차이는 인간을 고정 불변의 실체로서 이해하느냐 아니면 끊임없이 변화하는 과정 속의 가변체로 인식하느냐 하는 것이다. 자유주의 사상가들은 사람은 누구나 스스로의 행동을 주도할 수 있는 불변적이고 안정적인 내적 속성을 완비하고 있으며, 또한 이를 개발하여 자기실현을 이룰 수 있는 자율성을 갖추고 있다는 점에서 인간은 평등하고, 그러한 내적 속성들은 각 개인에게 특유하다는 점에서 인간은 존엄하다고 보았다. 즉 그들은 인간의 평등성과 존엄성의 근거를 누구나 안정적인 속성을 갖추고 있는 "완비적 실체"라는 사실, 곧 인간의 완비성에서 찾으려 하였던 것이다.

이에 비해 유학은 성덕을 지향하는 체계로서, 인간이란 가르침과 배움을 통해 누구나 덕을 이룰 수 있는 무한한 가능성을 갖추고 있는

54 學惡乎始 惡乎終……其義則始乎爲士 終乎爲聖人 (勸學 12)

55 聖人者道之極也 故學者固學爲聖人也 (禮論 14)

56 涂之人百姓 積善而全盡 謂之聖人 彼求之而後得 爲之而後成 積之而後高 盡之而後聖 故聖人也者 人之所積也 (儒效 36); 今使塗之人伏術爲學 專心一志 思索孰察加日縣久 積善而不息 則通於神明 參於天地矣 故聖人者 人之所積而致也 (性惡 14)

"가변체"라고 파악하는 입장을 바탕으로 하여 성립한다. 인간은 먼저 도를 이룬 사람들의 가르침을 따라 배움으로써 자기성찰과 자기개선을 이루어내고, 그럼으로써 현재의 불완전한 소인의 상태에서 장차 이상적인 군자와 성인의 상태로 변화될 수 있는 가변적인 존재이며, 인간의 삶은 이러한 궁극적인 성덕의 상태를 지향해 가는 과정이라고 유학자들은 본다. 이러한 맥락에서 유학자들은 관계 속의 존재인 인간은 타인과 맺는 관계의 양상에 따라 달라지는 역할과 의무에 맞추어 스스로를 변화시키는 가소성을 갖추고 있다는 사실을 강조한다.

이렇게 서구에서 인간을 고정적이고 불변적인 실체로 이해하는 관점은 그들이 인간의 고유한 특성을 이성이라고 보아 이성우월주의를 주장하는 입장과 자연스럽게 연결된다. 이성은 누구에게나 갖추어져 있는 안정적이고 합리적인 계산 능력이어서, 일상생활의 과정에서 각자가 자기에게 가장 적합한 행위를 자율적이고도 합리적으로 계산하고 선택할 수 있는 근거가 되기 때문이다. 그러나 유학 사상에서 인간을 가변체로 이해하는 관점은 인간의 고유한 특성을 도덕성이라고 보아 덕성우월주의를 주장하는 입장과 자연스럽게 연결된다. 유학자들은 도덕성이란 고정 불변하는 것이 아니라 상황과 관계에 따라 달라지는 것이어서, 삶의 과정에서 확충해야 하는 것으로 보기 때문이다.[57] 이렇게 서구의 이성중심주의는 인간을 고정적 실체로 이해하는 자유주의적 인

57 도덕의 원칙이 고정 불변한 것이 아니라 상황과 관계에 따라 달라지는 것이라는 유학자들의 관점은 도덕 판단의 고정적인 보편원칙을 강조하는 섭공(葉公)과 상황과 관계에 따른 변이를 강조하는 공자의 대립(葉公語孔子曰 吾黨有直躬者 其父攘羊 而子證之 孔子曰 吾黨之直者 異於是 父爲子隱 子爲父隱 直在其中矣, 《論語》, 子路 18)에 잘 드러나 있다.

간관과 연결되고, 동아시아의 덕성중심주의는 인간을 가변체로 파악하는 유학 사상의 인간관에서 그 논리가 도출된다고도 볼 수 있는 것이다.

2) 유학 사상의 자기관

이상에서 보았듯이, 유학은 사회성 · 도덕성 · 가변성의 가치를 기본 축으로 하여 인간을 이해하려는 사상체계이다. 사회성을 중시하는 관점에서 유학자들은 인간의 존재의의를 개인의 개체적 특성에서가 아니라 사회적 특성에서 찾으려 하며, 따라서 인간을 다른 사람과 맺는 사회관계 속의 존재 곧 사회적 관계체라고 받아들인다. 또한 사회적 존재로서의 인간의 사회성을 강조함으로써 유학자들은 여타 동물과 다른 인간의 고유특성을 관계 상대방과 사회에 대한 배려의 체계인 도덕성이라 간주하여, 인간을 덕성의 주체라고 받아들인다. 그리고 가변성을 강조하는 입장에서 인간의 중핵특성인 도덕성은 태어날 때부터 완성된 형태로 갖추어져 있는 것이 아니라 가능태로 갖추어져 있다가, 사회생활을 하는 동안의 개인적인 노력에 따라 변화하여 이상적 상태에 이를 수 있다고 여겨, 인간을 무한한 가변체로 파악한다. 유학 사상이 중시하는 이러한 세 차원의 가치로부터 유도되는 유학의 인간관은 그에 상응되는 세 측면의 자기관과 중시하는 특성 및 행동 양식을 낳는다.

(1) 역할 · 의무의 복합체: 연계성과 조화성의 추구

위에서 본 바와 같이, 인간을 사회적 관계체라고 개념화하여 파악하는 유학자들은 사람들은 태어날 때부터 기본적으로 사회관계를 맺고 함께 삶을 영위하고 있는 다른 사람들에 대한 관심과 배려를 지닌 존재로 보아, 모든 사회행위의 원동력을 사회관계 속에 주어진 쌍무적인 역할에서 찾음으로써, 인간 존재의 사회성을 강조하고 있다.

유학 사상에서는 이렇게 인간의 사회생활과 사회행위의 원동력을 사회관계 속의 역할과 의무에서 찾음으로써, 개체로서의 개인 존재를 "역할 · 의무의 복합체"로 간주한다. 그리하여 개인이 수행하는 대부분의 사회행위의 원동력을 이러한 관계 속에 내재하고 있거나 이러한 관계가 요구하고 있는 역할과 의무 및 타인에 대한 배려에서 찾으려 하게 되며, 사회행위의 목표를 다른 사람 및 내집단과 원만하고 평화로운 관계를 맺고 유지하는 것에 두게 된다. 그러므로 인간 존재의 사회성을 앞세우는 유학 사상을 삶의 철학으로 받아들여 온 동아시아 사회인들은 개체로서의 개인의 독립성과 자율성의 추구보다는 사회관계에서의 "연계성"의 확립과 "조화성"의 추구를 강조하는 집단주의적인 행동 양식을 드러내게 되는 것이다.

(2) 도덕의 인식과 실천자: 배려성과 자기억제의 추구

앞에서 보았듯이, 공자 · 맹자 · 순자 같은 유학의 선구자들은 모두 인간을 다른 동물과 구별짓는 고유한 속성은 인간만이 다른 사람과 사회에 대한 관심과 배려의 체계인 도덕성을 갖추고 있다는 사실에서 찾는다. 유학자들은 스스로가 덕성의 주체라는 사실에 대한 개개인의 확고한 자각으로부터 모든 일이 자기결정적이라는 분명한 인식이 나오게 된다고 보아, 결과적으로 일상생활에서 모든 일의 책임을 스스로가 지려 하는 삶의 태도[反求諸己]를 갖는 일이 중요함을 강조한다.

유학 사상에서는 이렇게 인간의 도덕적 주체성을 강조하므로, 개체로서의 개인을 이성이나 감성 또는 욕구의 주체로서보다는 덕성의 주체, 곧 "도덕의 인식과 실천자"로 간주하게 된다. 결과적으로 이러한 유학 사상을 기본 철학으로 삼고 살아온 동아시아인들은 삶의 과정에서 적극적인 자기주장보다는 "자기억제"와 "타인에의 배려"를 강조하는 집단주의적인 삶의 태도를 발전시켜 왔다. 개인적인 욕구와 감정의 자유로운 표출은 사회와 그 기본단위인 내집단의 조화를 깨치게 되기 쉬우며, 이는 관계를 맺고 있는 타인에 대한 관심과 배려를 앞세우는 덕성 주체로서의 삶의 자세에도 어긋나게 되는 까닭이다.

(3) 가변적 과정적 존재: 가변성과 자기개선의 추구

유학만큼 교육의 중요성을 강조하고 있는 사상체계도 드물다. 유학자들의 이러한 배움에 대한 예찬은 인간의 무한한 가능성에 대한 믿음에 근거를 두고 있다. 유학자들은 사람에게 본래부터 인식능력과 도덕적 행위능력이 갖추어져 있음을 전제하고 있다. 맹자는 "생각하지 않고도 알 수 있는 도덕적 인식능력"인 양지(良知)와 "배우지 않고도 행할 수 있는 도덕적 행위능력"인 양능(良能)의 본유설을 주장하고 있고,[58] 순자도 역시 도덕적 인식능력[知]과 도덕적 행위능력[能]의 본유설을 인정하고 있다.[59] 바로 이러한 도덕적 인식능력과 도덕적 행위능력을 통해 사람은 스스로가 도덕 주체라는 사실을 자각하여 배울 수 있고, 이

58 人之所不學而能者 其良能也 所不慮而知者 其良知也 (《孟子》, 盡心上 15)

59 所以知之在人者 謂之知 知有所合 謂之智 所以能之在人者 謂之能 能有所合 謂之能 (《荀子》, 正名 3)

러한 배움을 실생활에서 실행함으로써 성인의 상태로 변화될 수 있다는 것이 유학자들의 한결같은 주장이다.

이러한 인식능력과 행위능력의 본유성에 대한 입장은 바로 인간의 무한한 가능성에 대한 확신의 배경이 되어, 자기성찰과 자기개선을 통해 성인의 상태로 변모될 수 있는 근거를 이룬다. 곧 개체로서 개인은 불변적인 속성을 갖춘 고정적 실체가 아니라, 가르침과 배움 그리고 자기성찰과 자기개선을 통하여 자기향상을 이룰 수 있는 "가변적이고 과정적인 존재"라고 유학자들은 인식하는 것이다. 이와 같이 개인은 가변적이고 과정적인 존재이지, 절대로 불변적이거나 고정적인 존재로 볼 수 없다고 보는 유학 사상의 관점에서는 자기가 가지고 있는 단점을 확인하고 수용하며, 배움을 통해 이를 개선함으로써 자기향상을 이룰 수 있다고 보아, 인간의 "가변성"과 "자기개선"을 강조한다. 따라서 유학 사상의 영향을 강하게 받은 동아시아 사회인들은 상황에 따른 행위가변성을 중시하고, 자기의 단점을 수용하고 고침으로써 자기발전을 도모하려는 특징을 강하게 드러내는 것이다.

2. 유학 사상에서 보는 자기의 문제: 덕성 주체의 자기인식과 자기확대

이상에서 동아시아 집단주의의 이념적 바탕인 유학의 체계에서 인간을 파악해 온 세 가지 관점과 이로부터 도출되는 자기관의 모습을 살펴보았다. 이제 이 책에서 다루는 핵심 내용인 유학의 수양론에 들어가

기 전에 유학 사상에서 자기론이 가지는 이론적 특징에 대해 간략하게 고찰해 보기로 할 터인데, 이를 위해 우선 선진유학의 경전들에서 아(我), 오(吾), 기(己) 및 인(人) 같은 용어가 어떠한 개념으로 사용되고 있는지부터 살펴보기로 하겠다.

유학의 경전들에서 자기를 가리키는 대표적인 용어로 쓰이는 글자는 "아"(我)인데, 이는 《논어》에 46회, 《맹자》에 149회, 그리고 《순자》에 78회 나온다.[60] 대체로 아(我)는 인격 전체로서의 자기를 가리켜 말할 때 쓰인다.[61] 이에 비해 "오"(吾)는 《논어》에 105회, 《맹자》에 117회, 그리고 《순자》에 70회 나오는데, 대체로 남에게 자기를 가리켜 말하거나 "나의 ~" 식으로 자기의 소유물을 가리켜 소유격으로 말할 때 사용된다.[62]

---

60 《論語》·《孟子》·《荀子》에서 해당 글자가 출현하는 횟수는 각각 《論語引得》(Harvard-Yenching Institute, 1940), 《孟子引得》(Harvard-Yenching Institute, 1940), 《荀子引得》(Harvard-Yenching Institute, 1950) 참조.

61 예를 들면, "인(仁)이 멀리 있는가? (그렇지 않다.) 내가 인을 바라기만 하면, 인이 곧 이에 이르게 된다"(仁遠乎哉 我欲仁 斯仁至矣, 《論語》, 述而 29), "나는 배우기를 싫어하지 않고, 가르치기를 게을리 하지 않았다"(我學不厭而教不倦也, 《孟子》, 公孫丑上 2), "인의예지(仁義禮智)는 밖으로부터 나에게 녹아들어온 것이 아니다. 내가 본래부터 갖추고 있었던 것이다"(仁義禮智非由外鑠我也 我固有之也, 告子上 6), "무릇 마음과 뜻이 닦여지고, 덕행이 두터우며, 아는 것과 생각이 밝고, 오늘날에 태어났으면서도 옛날의 도에 뜻을 두고 이루려 하는 것, 이것은 모두 나에게 갖추어져 있는 바이다"(若夫心意脩 德行厚 知慮明 生於今而志乎古 則是其在我者也, 《荀子》, 天論 28) 같은 데에서 아(我)는 모두 인격 전체로서의 자기를 의미하는 용어로 쓰이고 있다.

62 예를 들면, "나는 날마다 세 가지로 내 몸을 살펴본다"(吾日三省吾身, 《論語》, 學而 4), "노인장께서 천리를 멀다 하지 않고 오셨으니, 또한 내 나라를 이롭게 할 방도가 있겠습니까?"(叟不遠千里而來 亦將有以利吾國乎, 《孟子》, 梁惠王上 1), "내가 너희들에게 배우는 사람이 가져서는 안 될 옳지 못한 몸가짐에 대해 말해주겠다"(吾語汝學者之嵬容, 《荀子》, 非十二者 37) 같은 데에서 오(吾)는 화자(話者)가 자기를 가리키거나 자기에게 소속된 것을 가리켜 소유격으로 말할 때 쓰이고 있다.

다음으로 "기"(己)는 《논어》에 28회, 《맹자》에 34회, 그리고 《순자》에 77회 출현하는데, 대체로 다른 사람과 대비해서 자기 자신을 가리켜 말할 때 사용된다. 이때 기(己)는 다른 사람(남)을 가리키는 인(人)과 함께 서로 대비적으로 쓰이는 것이 보통이다.[63] 재미있는 것은 《논어》에 162회, 《맹자》에 509회, 그리고 《순자》에 792회 나오는 인(人)은 기(己)와 대비하여 나 아닌 다른 사람을 가리키는 용어로 사용되기도 하지만, 두루 인간 일반을 통칭하는 용어로 사용되기도 한다는 사실이다.[64]

이러한 맥락에서 보면, 유학의 경전들에서 다른 사람과 구별되는

---

63 예를 들면, "남이 나를 알아주지 않는 것을 걱정하지 말아라"(不患人之不己知, 《論語》, 學而 16, 憲問 32), "내가 서고자 하면 남을 먼저 세워주고, 내가 이루고자 하면 남이 먼저 이루게 해주어라"(己欲立而立人 己欲達而達人, 雍也 28), "내가 바라지 않는 일을 남에게 베풀지 말아라"(己所不欲 勿施於人, 顏淵 2, 衛靈公 23), "행동하고 나서 원하는 효과를 얻지 못하거든, 그 책임을 모두 자기에게 돌이켜 찾아보아야 한다"(行有不得者 皆反求諸己, 《孟子》, 離婁上 4), "도대체 자기가 잘못을 저질러놓고 남에게 책임을 돌리는 일은 사정에 어둡고 어리석은 일이 아니겠는가?"(失之己 反之人 豈不迂乎哉, 《荀子》, 榮辱 25), "지혜로운 사람은 남으로 하여금 나를 알도록 만들고, 어진 사람은 남으로 하여금 나를 사랑하도록 만든다"(知者使人知己 仁者使人愛己, 子道 17) 같은 데에서 기(己)는 남[人]과 대비되는 자기 자신을 가리키는 용어로 사용되고 있다.

64 예를 들면, "그 사람됨이 효성스럽고 공손하면서 윗사람 범하기를 좋아하는 사람은 드물다"(其爲人也孝弟 而好犯上者鮮矣, 《論語》, 學而 2), "부귀는 사람으로서 누구나 바라는 바이지만, 그 도로써 얻은 것이 아니라면 이를 누리지 말아야 한다"(富與貴是人之所欲也 不以其道得之 不處也, 里仁 5), "측은지심이 없으면 사람이 아니고, 수오지심이 없으면 사람이 아니며, 사양지심이 없으면 사람이 아니고, 시비지심이 없으면 사람이 아니다"(無惻隱之心 非人也 無羞惡之心 非人也 無辭讓之心 非人也 無是非之心 非人也, 《孟子》, 公孫丑上 6), "측은지심을 사람이면 누구나 다 갖추고 있고, 수오지심을 사람이면 누구나 다 갖추고 있으며, 공경지심을 사람이면 누구나 다 갖추고 있고, 시비지심을 사람이면 누구나 다 갖추고 있다"(惻隱之心 人皆有之 羞惡之心 人皆有之 恭敬之心 人皆有之 是非之心 人皆有之, 告子上 6), "그러므로 사람이 사람 된 까닭은 다만 두 다리로 서고 몸에 털이 없다는 이유 때문은 아니다. 이는 옳고 그름을 변별할 수 있기 때문이다"(故人之所以爲人者 非特以其二足而無毛也 以其有辨也, 《荀子》, 非相 9-10) 같은 데에서 인(人)이 인간 일반을 통칭하는 용법으로 사용되고 있다.

개인적 존재로서의 자기는 "아"(我)와 "기"(己)라는 용어로 표현되고 있음을 알 수 있다. 그러나 개인으로서의 자기는 인간 일반의 한 부분이므로, 아(我)와 기(己)로 표현되는 자기의 속성은 인간 일반[人]의 속성을 그대로 이어받고 있는 셈이다. 바로 이 지점에서 유학의 자기론과 인성론이 만나게 되며, 따라서 유학적 자기론은 유학의 인성론의 특징을 그대로 띠게 된다고 볼 수 있다.

1) 인성론과 자기론 및 수양론의 관계

서구에서는 인간의 심성에 본유하고 있는 요소를 이성 · 감성 · 욕구의 삼분체계로 파악하고, 이 중에서 여타 동물과는 달리 인간에게만 고유한 요소를 합리적 계산 능력인 이성이라고 보아, 이성우월주의를 통해 인간의 삶을 이해하려는 전통을 형성해 왔다.[65] 그리하여 서구인들은 이성의 능력을 통해 환경세계의 대상을 인식하여 그에 대한 표상 · 관념 · 지식을 얻는 과정과 그 내용을 분석하려 해 왔다. 그들은 외부 대상에 대한 표상 · 관념 · 지식이 인간의 심성을 구성하는 질료(質料, substance)라 보고, 이렇게 "심성(Mind)을 구성하고 있는 질료를 해명하는 것이 심리학의 가장 근본적인 과제"[66]라고 여겼다. 이러한 맥락에서 자기에 관한 서구의 연구들이 우선 자기지식 또는 자기개념의 내용 분석에 관심을 기울였던 까닭을 짐작할 수 있다.

---

65 심성에 관한 서구의 삼분체계론과 이성중심주의에 대해서는 졸저(조긍호, 2017b, pp. 26-73) 참조.

66 정양은, 1970/2005b, p. 186.

이렇게 서양 사상에서는 인간의 심성을 체험적 사실들과 동일한 것으로 간주하는 입장에서, 이 체험적 사실들을 분석하여 심성을 이해하려 하였다. 그러므로 인간 심성의 실체란 다름 아닌 체험적 사실들의 실체이다. 이러한 입장은 당연히 심성의 실체에 대한 반성적 사고를 가능하게 하고, 따라서 과학적인 심리학을 발전시킬 수 있었다. 그러나 "동양 사상에서는 불교에서나 유교에서나 다 같이 '심'(心)은 체험적 사실과는 다른 것으로 간주한다. 체험적 사실은 질료를 형성하는데, '심'(心)이 체험적 사실과 다른 개념이라면 거기에는 질료가 있을 수 없다. 그러므로 '심'(心)의 실체라는 개념은 동양 사상에서는 제기되지 못할 이론적인 당연성이 있다. 그리하여 '심'(心)을 실체로서 파악하지 않고, 다만 그 작용으로서만 이해하려는 것이 서양 사상과 다르다. 환원하면, 서양 사상에서는 체험적 자료가 곧 Mind인데 반하여, 동양에서는 그 자료 자체보다 그 자료를 가능하게 하고 또 그 자료에 따른 동정유행(動靜流行)의 법칙성을 내포하고 있는 것이 '심'(心)이다."[67]

이와 같이 "동양에서는 '심'(心)이 내포하고 있는 질료적인 소재와 달리, '심'(心) 자체가 존재한다는 전제에서 출발한다."[68] 곧 서양 사상이 현상이나 표상 또는 상상과 같은 인간 외(外)적 사물에 관심을 가졌는데 반해, 동양 사상은 인간이 자성(自省)하여 모든 것의 중심이라 간주하는 아(我) 또는 자아(自我) 등으로 불리는 현상적인 문제에 관심이 있었다. 즉 "동양 사상의 중심은 인간 외적 요소를 탈피한 인간성에 관한 사색에 있었다"고 볼 수 있다. "그리하여 이 심성 내에 있는 모든 인간

67 정양은, 1970/2005b, p. 189.

68 정양은, 1970/2005b, p. 187.

외적, 즉 이방적(異邦的, moi-etranger) 존재들을 제거한 다음에 남는 것을 자아(自我) 또는 아(我, Self)라 부르며, 따라서 이 Self를 밝히는 것이 심리학의 본령이라 생각하는 것이 동양적 사상"[69]인 것이다.

이러한 맥락에서 보면, 유학 사상에서의 자기론은 곧 심성론이 되며, 이는 다시 인간 본성에 본유하고 있는 특성에 관한 이해, 곧 인성론과 연결된다고 볼 수 있다. 말하자면, 자기[己] 또는 아(我)의 속성은 태어나면서부터 인간의 인성에 본유하고 있는 속성들과 그 작용으로 환원하여 이해할 수 있는 것이다.

서구의 삼분체계론과는 달리 유학 사상에서는 인간의 심성에는 태어나면서부터 지성 · 감성 · 욕구 이외에 도덕성의 요소도 갖추어져 있다는 사분체계론을 주장하며, 이 네 체계 가운데 여타 동물과 달리 인간만이 갖추고 있는 특성은 도덕성이어서, 도덕성이 인간의 삶을 좌우하는 심성의 요소라는 덕성우월주의의 관점을 제시한다.[70] 이러한 도덕성은 다른 사람에 대한 관심과 배려의 체계로서, 개인이 사회생활을 원만히 유지하게 하는 근거가 되는 심성의 요소이다. 그러므로 도덕성은 인간 존재의 사회성에서 필연적으로 도출되어 나오는 특성이다.

인간은 이러한 도덕성을 갖추고 있기 때문에 생물적 이기적 욕구와 감정의 추구가 가져오게 될 폐단을 인식하고 이를 억제함으로써, 다른 사람들과 조화로운 사회관계를 맺고 이를 유지할 수 있을 뿐만이 아니라, 이기적인 욕구와 감정을 도덕적인 차원으로 승화시킴으로써 자

69 정양은, 1976/2005b, p. 209.

70 인간의 심성에 관한 유학의 사분체계론과 덕성우월주의의 관점에 대해서는 졸저(조긍호, 2017b, pp. 76-162) 참조.

기개선을 이루어, 군자와 성인 같은 이상적 인간의 상태에 도달할 수도 있다. 유학 사상에서 개념화하는 자기의 작용 또는 자기가 해야 할 당위적인 의무는 이렇게 자기억제와 자기개선을 통해 존재확대를 이루는 일에 있다.

이러한 자기억제와 자기개선을 통해 이상적 인간의 상태에 도달하는 방법론을 제시하고 있는 것이 바로 수양론(修養論)의 체계이다. 이렇게 보면, 수양론은 유학 사상에서 인간의 본유적인 특성에 관한 이론체계[人性論] 및 이에서 도출되는 자기론과 밀접하게 연결될 수밖에 없다는 사실이 분명해진다. 즉, 사회적 관계체로서의 인간에게 본유적으로 도덕성의 바탕이 갖추어져 있으며, 이러한 도덕성은 그 자체 인간의 심성을 구성하는 다른 요소들(지성·감성·욕구)을 지배하는 중핵적인 심성의 요소라고 개념화한다는 사실에서부터 유학의 자기론과 수양론이 성립할 이론적 근거가 도출된다. 말하자면, 인간을 덕성의 주체로 상정하는 입장이 곧 유학의 제반 이론체계가 구축되는 터전인 것이다.

2) 통제에 대한 동아시아인의 관념

유학 사상에서는 인간을 사회성 · 도덕성 · 가변성을 중심으로 하여 이해함으로써, "동아시아인들에게 통제란 자기 자신을 다양한 대인적 상황에 맞추어 조정하는 것을 의미한다. 따라서 통제력의 주도적 행사는 일차적으로 자기의 내부로 지향하여, 사회관계의 조화로운 평형상태를 해칠 가능성이 있는 개인적 원망(願望)과 목표 및 사적 감정 같은 내적 속성을 억제하는 데로 집중된다."[71] 곧 동아시아인들에게 통제는 환경 조건에 맞추어 자기 자신을 변화시키는 자기억제와 자기절제를 의미하는 것이다. 이러한 통제에 대한 동아시아인의 개념 규정의 특징은 그들의 자기통제론, 곧 수양론에 그대로 나타나고 있다. 유학의 수양론에서는 자기의 욕구와 사적 감정을 제어하여, 덕성 주체로서 갖추고 있는 도덕성을 일상생활에서 실천하는 것이 군자가 되는 일의 핵심이라고 보는 것이다.[72]

이와 같이 통제를 타인과의 연계성과 관계의 조화를 성취하기 위하여 자기의 욕구나 사적 감정을 변화시키는 것을 의미하는 것으로 받아들이는 동아시아 집단주의 사회에서는 타인에의 민감성, 상황의 필요와 요구에의 적응 및 자기억제와 조절의 노력을 통해 개인적 역량이 체험될 수밖에 없다. 따라서 이 사회에서는 이러한 자기억제와 상황적 응성 및 대인관계에서의 조화의 유지가 자존심과 효능감의 근거가 된다. 유학 사상의 수양론에서는 동아시아 사회의 이러한 특징이 잘 반영되어 있다.

이와 같이 유학의 수양론에서는 모두 통제력의 근거를 도덕적 주체로서 개인이 갖추고 있는 도덕적 자각에서 찾아, 자기 자신의 욕구나 감정을 억제하는 것을 통제의 핵심이라고 보고 있다. 즉, 환경세계를 나에게 맞추어 변화시키는 대신, 자기 자신을 다른 사람이나 상황에 맞추어 변화시키는 것을 통제라고 보는 것이 유학자들의 기본 관점인 것

71 Markus & Kitayama, 1991a, p. 228.

72 이 부분과 다음 항목의 진술은 졸저(조긍호, 2017a, pp. 241-250)의 내용에 약간의 첨삭을 거쳐 구성하였다.

이다. 그들은 이러한 자기통제의 목적은 자기의 사적 욕구와 감정의 절제를 통한 자기개선에 있다고 본다.

이러한 맥락에서 보면, 통제 과정에서 능동성 · 도전 및 저항과 극복 같은 외부지향적 행동을 중시하는 서구인들과는 달리, 동아시아인들은 수동성 · 후퇴 및 순종 같은 내부지향적 행동을 중시할 것이라 추론할 수 있다. 서구인들은 이러한 내부지향적인 통제 행동을 병리적 현상으로 간주하지만, 동아시아인의 관점에 서면 이는 병리적 현상이 아니라, 자기의 제한된 능력과 운 같은 외적 제약의 작용 가능성을 인정하고, 동료나 집단에 대한 의존과 연합을 형성함으로써, 무모한 개인적인 도전으로부터 오는 실패와 그로 인한 실망감과 무기력으로부터 개인을 보호하고, 심리적 안정을 얻게 하는 긍정적 기능을 갖는 적응유형의 하나라고 볼 수 있다.[73]

이상에서 보았듯이, 유학 사상은 사회성 · 도덕성 · 가변성을 기반으로 하여 인간을 이해함으로써, 사회적 관계체로서 지닌 연계성과 유사성, 덕성 주체로서의 조화성의 추구와 자기억제, 그리고 가변적 과정적 존재로서의 유연한 적응성을 강조하는 집단주의적인 삶의 태도를 중시한다. 이러한 유학자들의 관점으로부터 유학 사상에서 전개된 자기통제론, 곧 수양론의 특징들이 자연스럽게 도출되는 것이다.

3) 유학적 자기통제: 자기억제와 자기개선

이상에서 보듯이, 유학의 수양론은 사회성 · 도덕성 · 가변성을 기

---

73 Rothbaum et al., 1982, p. 8; Weisz et al, 1984, p. 956, 표 1 참조.

반으로 하여 인간을 파악하는 유학 사상의 기본 입장으로부터 직접적으로 도출되는 것이다. 인간은 사회관계 속의 존재로서 다른 사람들과 조화로운 관계를 유지해야 하고(사회성), 그러기 위해서는 조화를 해칠 가능성이 큰 자기의 욕구와 감정을 억제하고 조절할 필요가 있으며(도덕성), 이를 통해 자기의 단점을 찾아 고치는 자기개선을 이루어 수양의 목표를 달성할 수 있다(가변성)는 것이 유학자들의 자기통제론, 곧 수양론의 요지이다. 이렇게 인간 존재의 사회성을 중시하는 유학자들의 입장은 자기통제의 논리적 배경(사회관계의 조화 유지)을 형성하고, 도덕성을 중시하는 관점은 자기통제의 대상(자기의 사적인 욕구와 감정)을 제시하며, 가변성을 중시하는 견해는 자기통제를 거쳐 이루려는 목표(자기개선)를 규정하고 있는 것이다.

이러한 유학자들의 수양론은 모두 인간의 향악성(向惡性)을 억제 또는 제거하고 도덕성의 근거를 보존하는 데에 초점을 두고 있다. 공자 · 맹자 · 순자 같은 선진유학자들은 인간의 향악성이 생물적 이기적 욕구와 사적 감정에서 나온다는 점에 생각이 일치하고 있다. 그러므로 이들의 수양론은 모두 사적 욕구와 감정을 통제하는 일을 근간으로 하고 있으며, 이러한 맥락에서 유학자들의 수양론은 곧 자기통제론으로 연결되는 것이다.

인성론의 사분체계론에서 제시하고 있듯이, 유학자들은 인간이 도덕적 지향성도 갖추고 있지만, 생물체로서의 생존욕구와 이기적 욕구 및 사적인 감정의 체계도 갖추고 태어난다고 본다. 이러한 사적 욕구와 감정은 인간으로서 없을 수 없는 것이지만, 이것이 지나치게 되면 여러 가지 폐단을 일으키게 된다는 데서 문제가 생긴다. 더욱이 이러한 생물적 이기적 욕구의 충족 여부는 외적 조건에 의지하고 있다는 데서 문제는 더욱 심각해진다. 사적 감정도 외적 조건에 의해 유발되는 것으로, 다양한 폐단을 불러일으키는 원천이 되기도 한다. 이러한 욕구와 사적 감정에 휘둘리게 되면, 마음의 올바름을 얻지 못함으로써, 도덕적 지향성을 잃게 되기 쉽다. 그러므로 수양의 핵심은 이러한 욕구와 감정을 통제하는 데로 모아질 수밖에 없다는 것이 유학자들의 견해이다.

이렇게만 보면, 유학자들의 수양론이 인간의 억제와 통제에만 초점을 맞추고 있는 것으로 보이기 쉽다. 그러나 유학자들의 수양론을 논의할 때는 필히 이들이 인간의 도덕적 지향성과 도덕적 자각을 강조하고 있다는 사실을 염두에 두어야 한다. 인간은 스스로에게 갖추어져 있는 도덕적 지향성을 인식하고, 이를 일상생활에서 키워냄으로써 자기개선을 이루어, 이상적 인격(군자와 성인)의 상태에 도달할 수 있는 존재라는 것이 이들의 기본 관점인 것이다.

이러한 유학자들의 입장은 그들의 수양론에 잘 반영되어 있다. 공자의 수양론은 자기의 사적인 욕구와 감정을 극복하고 예(禮), 곧 도덕성의 체계로 돌아가는 일이 수양의 핵심이라는 수기론(修己論)이다. 맹자의 수양론은 마음의 생각하는 기능을 다하여 스스로에게 갖추어져 있는 도덕성의 근거를 명확히 깨달음으로써, 도덕주체로서의 인식을 명확히 하는 존심론(存心論)이 핵심이다. 순자의 수양론은 인도의 표준인 예를 인식한 다음, 이에 자세히 통달하여 예의 체계를 체득하는 체도론(體道論)이 중심이다.

이렇게 유학자들의 수양론은 모두 자기통제를 그 핵심으로 하고 있다. 공자 · 맹자 · 순자는 모두 자기의 사적 욕구와 감정을 절제하고 통제함으로써, 도덕적 지향성을 굳건하게 견지하는 일이 바로 수양의 요체라고 보고 있는 것이다. 이렇게 이들은 통제의 대상은 바로 자기 자신이지 외부 대상이 아니라고 여긴다.

이러한 자기통제를 통해 스스로가 갖추고 있는 도덕적 지향성을 올바로 인식하게 되고, 이에 비추어 자기를 성찰하여 봄으로써 자기의 잘못을 고쳐나갈 수 있게 된다는 것이 유학자들의 공통적인 주장이다. 이렇게 자기통제의 효과는 곧 자기개선을 이루는 일로 모아진다고 할 수 있다. 자기의 욕구와 감정을 통제함으로써 자기개선을 이루어 도덕적으로 바람직한 사람이 되는 것, 이것이 선진유학자들이 수양론의 체계를 통해 주장하려는 기본 논지인 것이다.

3. 선진유학의 수양론

선진유학의 특징은 인간론을 중심으로 하고 있다는 것인데, 인간론의 문제 가운데서도 "인성론보다는 실천적인 수양론이 핵심을 이루고 있다……선진유학 사상에서는 인간은 누구나 천부적인 덕을 닦음으로써 군자와 성인이 되어야 한다는 것을 배움의 첫째 목표로 제시하였고, 이 면에서 공자 · 맹자 · 순자의 가르침은 완전히 일치하고 있다."[74] 이는 유학이 기본적으로 지행합일(知行合一)을 통한 성덕(成德)을 지향하는 이론체계라는 점에서 쉽게 이해될 수 있는 사실이다.

74 김승혜, 1990, p. 328.

공자는 개인적인 이기적 욕구와 감정을 극복하고, 대인관계 안에서 자기를 다하는 충(忠)과 자기를 미루어 남에게까지 미쳐가는 서(恕)를 통해 덕을 높이고 존숭하는 일[崇德]을 인(仁)을 이루는 방법으로 제시하고 있다.[75] 맹자는 본유적으로 갖추고 있는 도덕성을 잃지 말고 마음 속에 간직함으로써[存心] 스스로가 해야 할 일을 밝게 깨달아 사회생활 속에 이루어지게 하는 명도(明道)를 통하여 도덕적 내면성을 확충하는 일을 수양의 방법으로 강조하고 있다.[76] 순자는 인도의 표준인 예를 밝게 깨닫고[察道] 이를 일상생활에서 실천하여[行道] 예와 일체가 됨으로써[體道][77] 인간의 욕심과 감정이 예에 의하여 바르게 방향을 잡아 편안하게 되는 정안례(情安禮)를 이루는 일,[78] 곧 배움을 통해 성인이 이루어 놓은 예를 체현하는 문화교육을 수양의 방법으로 중시하였다.[79]

선진유학자들이 제시하는 이러한 수양론에서는 공통적으로 자기의 이기적인 욕구와 사(私)적인 감정을 억제하는 일을 핵심으로 삼고 있다. 공자는 이를 극기(克己)라 표현하고 있고,[80] 맹자는 과욕(寡欲)이

75 顔淵問仁 子曰 克己復禮爲仁 一日克己復禮 天下歸仁焉 (《論語》, 顔淵 1); 子曰 參乎 吾道一以貫之 曾子曰 唯 子出 門人問曰 何謂也 曾子曰 夫子之道 忠恕而已矣 (里仁 15); 子貢問曰 有一言而可以終身行之者乎 子曰 其恕乎 己所不欲 勿施於人 (衛靈公 23)

76 孟子曰 盡其心者 知其性也 知其性 則知天矣 存其心 養其性 所以事天也 (《孟子》, 盡心上 1)

77 心知道 然後可道 可道然後能守道 以禁非道……知道察 知道行 體道者也 (《荀子》, 解蔽 11-13)

78 禮者所以正身也……無禮何以正身……禮然而然 則是情安禮也 (修身 36-37)

79 김승혜, 1990, p. 328.

80 克己復禮爲仁 (《論語》, 顔淵 1)

라 제시하고 있으며,[81] 순자는 도욕(道欲)과 절욕(節欲)[82]을 수양의 핵심으로 제시하고 있다. 이렇게 선진유학자들은 통제의 대상은 자기 자신이라는 관점에서, 자기를 통제하여 사회와 주변 사람들에게 맞추어 가는 일을 강조하고 있는 것이다.

이러한 사적 욕구와 감정을 억제하는 일은 스스로가 도덕의 주체라는 사실을 인식하고 스스로 도덕적 승화를 이루어 인격을 수양하는 기초이다. 이를 기초로 하여 개인은 스스로에게 갖추어져 있는 덕의 근거를 존숭하고(공자), 사람으로서 해야 할 일을 명확히 알고 행하며(맹자), 스스로 도와 일체를 이루어 편안해지는(순자) 인격적 완성의 상태에 이르게 된다는 것이 선진유학자들의 수양론에서 주장하는 핵심이다.[83]

1) 공자의 수기론(修己論): 극기(克己)와 숭덕(崇德)

공자는 도덕적 완성을 이룬 군자의 특징을 자기 인격을 닦아 삼가게 되는 일[修己以敬], 다른 사람과 조화로운 관계를 맺는 일[修己以安人], 그리고 사회적 책무를 자임하고 다하는 일[修己以安百姓]의 세 가지로 들고 있다.[84] 여기서 주목할 것은 그가 안인(安人)과 안백성(安百姓)

81 養心莫善於寡欲 (《孟子》, 盡心下 35)

82 凡語治而待去欲者 無以道欲 而困於有欲者也 凡語治而待寡欲者 無以節欲 而困於多欲者也 (《荀子》, 正名 19-20)

83 선진유학의 수양론에 대해서는 졸저(조긍호, 2008, pp. 407-457)의 내용에 약간의 첨삭을 가한 다음, 체제를 바꾸어 정리하였다.

84 子路問君子 子曰 修己以敬 曰 如斯而已乎 曰 修己以安人 曰 如斯而已乎 曰 修己以安百姓 修己以安百姓 堯舜其猶病諸 (《論語》, 憲問 45)

도 모두 수기(修己)를 근거로 해야 한다고 명시하고 있다는 사실이다. 곧 공자는 다른 사람과 조화를 이루는 안인도 자기의 인격을 닦는 수기를 근거로 하지 않고는 이루어질 수 없고, 사회적인 책무를 자임하는 안백성도 수기를 근거로 하지 않고는 이루어질 수 없다고 보고 있는 것이다. 이렇게 공자에게 자기의 인격을 닦는 수기는 모든 삶의 기초가 되는 일이다. 그렇다면, 이러한 수기는 무엇을 하는 일인가?

《논어》에서 공자는 인(仁)에 대해 "자기를 극복하고[克己], 예로 돌아가는 일[復禮]"[85]이라 하여, 극기(克己)와 복례(復禮)를 인을 이루는 두 가지 기본적인 요소로 보고 있다. 여기서 자기를 극복하는 극기는 자기의 인격을 닦는 일, 곧 자기 수양을 말하고, 예로 돌아가는 복례는 사람들과의 관계에서 예를 실천하여 사회관계의 조화와 통일을 이루는 일, 곧 도덕실천을 말하는 것이다. 이렇게 보면, 공자의 도덕실천론은 곧 복례론으로 수렴되고, 수기론은 극기론으로 통합되는 것이라 볼 수 있다.

사적인 욕구와 감정을 극복하는 극기를 통해 이루고자 하는 것은 스스로에게 갖추어져 있는 도덕성을 인식하여 이를 높이고 존숭하는 인격적 수양이 무르익은 상태, 곧 숭덕(崇德)에 이르는 일이다. 이러한 숭덕의 상태는 사적 욕구와 감정의 극복만을 통해 이루어지지는 것은 아니라는 것이 공자의 주장이다. 거기에는 끊임없는 자기성찰과 반성을 통한 자기개선이 요구된다는 것이다.

(1) 극기(克己): 사(私)적 욕구와 감정의 극복

이렇게 자기를 극복하는 극기를 통해 자기 수양을 이루는 일이 《논

85 顔淵問仁 克己復禮爲仁 一日克己復禮 天下歸仁焉 爲仁由己 而由人乎哉 (顔淵 1)

어》에서 제시하고 있는 수기론의 핵심이라면, 자기에게서 극복해야 할 것은 무엇인가? 공자는 자기 수양을 통해 극복해야 할 내용을 개인이 가지고 있는 생물체적 이기적 욕구, 자기제시 욕구, 그리고 사적인 감정의 세 가지로 제시하고 있다.

생물체적 이기적 욕구의 극복 공자는 《논어》에서 사람에게 식(食)·색(色)·거(居)·생(生) 같은 생물체적 생존욕구, 부(富)·귀(貴)·이(利) 같은 이기적 욕구, 언(言)·벌(伐) 같은 자기제시 욕구 및 인(仁)·선(善) 같은 도덕적 욕구가 본유적으로 갖추어져 있다고 본다.[86] 이 가운데 도덕적 욕구 이외의 나머지 욕구들, 특히 생물체적 욕구와 이기적 욕구는 그 충족 여부가 스스로의 통제 범위를 벗어나는 욕구이다.[87] 이렇게 생물체적 욕구와 이기적 욕구의 충족 여부는 외적 조건에 달려 있어서 스스로 통제할 수 없기 때문에, 이러한 욕구에 가리워지면 여러 가지 폐단에 빠지게 되어 악으로 흐를 가능성이 높아진다.[88]

이렇게 생물체적 욕구와 이기적 욕구는 내재적인 통제가능성이 없어서, 이를 그대로 방치하거나 추구할 경우 여러 가지 폐단에 빠지게 되기 때문에, 이들을 절제하고 제어할 필요가 있다는 것이 공자의 생각이다. 이러한 외적 조건의 통제를 받는 욕구의 절제와 제어에 관한 공자의 논지는 다음과 같은 진술들 속에서 엿볼 수 있다.

86 유학의 욕구이론에 대해서는 졸저(조긍호, 2017a, pp. 262-334) 참조.

87 이러한 사실은 《論語》의 여러 곳에서 언급되고 있는데, 대표적인 것은 다음과 같은 구절이다: 子曰 富而可求也 雖執鞭之士 吾亦爲之 如不可求 從吾所好 (述而 11); 死生有命 富貴在天 (顔淵 5)

88 里仁 5, 12; 公冶長 10; 顔淵 10; 子路 17; 陽貨 15; 微子 7.

> 군자는 먹는 데서 배부르기를 구해서는 안 되고, 거처하는 데서 편안하기를 구해서는 안 된다.[89]

> 부(富)와 귀(貴)는 사람들이 바라는 바이다. 그러나 그 도(道)로써 얻은 것이 아니면, 이에 머무르지 말아야 한다.[90]

위의 첫 번째 인용문에서는 생물체적 욕구의 절제를 강조하고 있고,[91] 두 번째 인용문에서는 이기적 욕구의 제어를 논술하고 있다.[92] 이와 같이 생물체적 이기적 욕구는 그 충족 여부가 외적 조건에 달려 있어서 스스로가 통제할 수 있는 동기가 아닐 뿐만 아니라, 이러한 동기를 무분별하게 추구하다 보면 삶의 전체 과정에서 많은 문제를 일으키는 폐단에 빠지게 된다. 그러므로 이러한 욕구들은 될 수 있는 대로 제어하고 통제하는 것이 바른 삶의 자세이며, 자기 수양의 핵심이라는 것이 공자의 주장이다.

자기제시 욕구의 극복 공자는 "말을 잘 하고, 얼굴 빛을 잘 꾸미는 사람은 인(仁)이 부족"[93] 하기 마련이어서, "말을 삼가는 것은 인에 가까워지는 한 가지 조건이 된다"[94]고 보아, 자기제시 욕구의 억제를 강조하

89 子曰 君子食無求飽 居無求安 (學而 14)

90 富與貴 是人之所欲也 不以其道得之 不處也 (里仁 5)

91 《論語》에서 생존 욕구의 절제에 대해서는 이 밖에도 子路 8; 憲問 11; 衛靈公 8, 31, 37; 季氏 7 등에서 언급되고 있다.

92 이기적 욕구의 제어에 대해서는 이 밖에도 學而 15; 述而 15; 泰伯 13; 子路 17; 憲問 13; 季氏 7 등에서 언급되고 있다.

93 子曰 巧言令色 鮮矣仁 (學而 3; 陽貨 17)

94 子曰 剛毅木訥近仁 (子路 27); 司馬牛問仁 子曰 仁者其言也訒 曰 其言也訒 斯謂之仁矣乎 子曰 爲之難 言之得無訒乎 (顔淵 3)

고 있다.[95] 자기제시 욕구의 억제를 강조하는 이러한 입장은 다음 진술에 잘 드러나고 있다.

> 공자께서 "나는 말을 하지 않으려고 한다"고 말씀하시자, 제자인 자공(子貢)이 "선생님께서 말씀을 하시지 않는다면, 저희들이 어떻게 도(道)를 전술하겠습니까?"라고 여쭈었다. 그러자 공자께서는 "하늘이 무슨 말씀을 하시더냐? 그래도 사시가 운행되고, 온갖 사물이 생장하지 않더냐? 하늘이 무슨 말씀을 하시더냐?"라고 대답하셨다.[96]

이 인용문에서 공자는 자기표현을 삼가는 것은 하늘의 도라고까지 표현하여, 자기제시 욕구의 억제를 매우 강조하고 있다.[97] 이러한 자기제시 욕구의 억제에 대하여 그는 말을 참고 조심하는 것[訒 · 訥] 이외에, "말에는 믿음이 있도록 해야 한다,"[98] "일에는 민첩하고, 말은 신중히 해야 한다,"[99] "말보다 행동이 앞서야 한다"[100]거나 "예가 아니면 말

---

95 《論語》에는 言이란 말이 124회 출현하는데, 이 중에서 자기표현의 억제와 관련된 내용이 대략 1/3 정도(40 여회)에 이른다는 사실이 이를 입증하고 있다(《論語引得》 참조).

96 子曰 予欲無言 子貢曰 子如不言 則小子何述焉 子曰 天何言哉 四時行焉 百物生焉 天何言哉 (陽貨 19)

97 자기제시 욕구의 제어는 이 밖에도 學而 14; 里仁 24; 顔淵 3; 憲問 2와 같이 여러 곳에서 강조되고 있다.

98 與朋友交 言而有信 雖曰未學 吾必謂之學矣 (學而 7); 言必信 (子路 20)

99 子曰 君子……敏於事而愼於言……可謂好學也已 (學而 14); 子曰 君子欲訥於言而敏於行 (里仁 24)

100 子貢問君子 子曰 先行 其言而後從之 (爲政 13): 이렇게 읽는 것은 何晏의 《論語集解》 같은 古注의 전통으로, 朱熹의 《論語集註》의 新注에서는 先行其言 而後從之라 읽는데, 集註에서는 이렇게 읽고도 古注와 같이 풀이하고 있다; 子曰 古者言之不出 恥躬之不逮也 (里仁 22)

하지 말라"[101]는 등으로 구체적인 주문을 하고 있기도 하다.

이와 같이 공자는 자기를 드러내려 하지 않고 가능한 한 억제하며, 또 모든 일의 원인을 자신에게서 찾아 그 책임을 스스로가 떠맡는 자세가 군자에게 요구되는 특성이라고 보아 중시하고 있으며,[102] 이렇게 자기제시 욕구를 제어하는 것을 자기 수양의 중요한 요체로 강조하고 있는 것이다.

사적 감정의 극복 공자는 "희(喜)·노(怒)·애(哀)·구(懼)·애(愛)·오(惡)·욕(欲)"의 칠정(七情) 가운데 외적 조건에 따라 유발되는 성격이 강한 "기쁨[喜]·성냄[怒]·두려움[懼]·미워함[惡]·하고 싶어함[欲]" 같은 정서와 그 밖에 이들과 유사한 "성내고 원망함"[慍], "걱정하고 근심함"[患], "근심하고 괴로워함"[憂], "원망함"[怨], "두려워함"[畏], "겁내고 무서워함"[恐], "싫어함"[疾], "분하게 여겨 화냄"[忿], "슬프게 여기고 걱정함"[戚], "자기를 내세우고 자랑함"[伐] 같은 정서를 억제하고 배척한다. 이러한 감정들은 모두 사적인 "자기중심적 정서"들이다.[103]

공자는 이러한 사적인 자기중심적 정서는 외적 조건에 따라, 또는 외적 조건이 자신의 포부나 바람 및 욕구와 일치하거나[喜·欲·伐] 불일치하기[怒·懼·惡·慍·患·憂·怨·畏·恐·疾·忿·戚] 때문에 나타

101 子曰 非禮勿視 非禮勿聽 非禮勿言 非禮勿行 (顔淵 1)

102 君子求諸己 小人求諸人 (衛靈公 20); 子曰 不患無位 患所以立 不患莫己知 求爲可知也 (里仁 14); 子曰 不患人之不己知 患其不能也 (憲問 32); 子曰 君子病無能焉 不病人之不己知也 (衛靈公 18)

103 유학의 정서이론에 대해서는 졸저(조긍호, 2017a, pp. 336-398) 참조.

나는 것이라 보고 있다.[104] 이렇게 사적인 "자기중심적 정서"들은 외적 조건 그 자체나 외적 조건과 자신의 현 상태(포부·욕구·원망)의 일치 여부에 따라 유발되는 재외자(在外者)에 속하는 정서들이어서, 스스로의 노력에 따라 유발될 수 없을 뿐만이 아니라, 도덕적 수양에 방해가 되거나 집단의 조화를 해칠 수 있기 때문에,[105] 통제하고 억제해야 한다고 공자는 보고 있다. 곧 공자는 사적 감정도 개인의 인격 수양에 방해가 된다고 여겨, 자기 수양의 과정에서 통제해야 할 대상이라고 주장하고 있는 것이다.

(2) 극기의 목표: 숭덕(崇德)

이상에서 보듯이, 공자는 생물체적 이기적 욕구, 자기제시 욕구, 그리고 사적 감정은 그 충족 조건이나 유발 조건이 외부 환경 요소에 달려 있어서, 이를 무분별하게 추구하면 대인관계의 조화를 해치거나 여러 가지 잘못에 빠지게 될 가능성이 높으므로, 적극적으로 억제해야 한다고 본다. 이렇게 사적 욕구와 감정을 다스리는 일은 인간에게 본유적으로 갖추어져 있는 도덕적 지향성을 높이고 존숭하는 기초가 된다는 것이 공자 수기론의 핵심이다. 그는 이러한 극기를 통해 도덕 주체로서의 자기인식을 확고히 함으로써, 스스로가 갖추고 있는 도덕성을 높이고 존숭하는 숭덕(崇德)[106]을 이룰 수 있게 된다고 여긴다.

공자는 숭덕(崇德)하는 것에 대해 배우기를 청하는 제자 자장(子張)

---

104 이러한 관점은 다음과 같은 구절에 잘 드러나 있다: 子曰 君子謀道 不謀食…… 君子憂道 不憂貧 (衛靈公 31); 人不知而不慍 不亦君子乎 (學而 1)

105 子曰 放於利而行 多怨 (里仁 12); 顔淵曰 願無伐善 無施勞 (公冶長 25)

106 김승혜(1990, pp. 106-107)는 修己는 崇德으로부터 시작된다고 하여, 숭덕을 수기의 효과 또는 목표로 제시하고 있다.

에게 "자기를 다하는 충(忠)과 사람들 사이에 신뢰롭게 하는 신(信)을 위주로 하여 의(義)로 옮겨가는 일[徙義]이 곧 덕을 높이는 일[崇德]이다"[107]라고 답하여, 도덕적 지향성[義]를 회복하고 실천하는 일이 곧 덕을 높이고 존숭하는 숭덕임을 밝히고 있다. 또한 공자는 번지(樊遲)라는 제자의 숭덕에 대한 물음에 "할 일을 남보다 먼저 하고, 그에 대한 보상은 남보다 뒤에 받는 것"[108]이라고 대답하여 타인에 대한 관심과 배려, 곧 도덕성의 실천과 회복이 덕을 높이는 숭덕의 핵심이라 보고 있다. 이러한 숭덕은 곧 스스로가 도덕 주체임을 인식하여, 자기를 다하고 사람들 사이에 조화를 취하는 일로서, 공자가 강조하는 도덕실천의 관점을 잘 드러내는 원리인 것이다.

이렇게 극기를 통해 "도덕적 지향성을 회복하게 되면 악이 모두 소멸된다"[109]는 것이 공자의 견해이다. 그러므로 공자의 수기론은 이기적 사적 욕구와 감정을 극복하고, 덕의 근원을 회복하는 일, 그리하여 도덕 주체로서의 자기인식을 확고히 하는 일을 목표로 삼는 논리체계인 것이다.

(3) 숭덕의 길: 자기성찰과 자기개선

이상에서 보듯이 공자는 개인의 사적 욕구(생물체적 욕구, 이기적 욕구, 자기제시 욕구)와 감정을 억제하는 일이 자기를 극복하는 극기의 기본이라고 여기고 있다. 그러나 공자가 개인이 갖추고 있는 욕구와 감정을 모두 극기의 대상이라고 보고 있는 것은 아니다. 공자는 도덕적 지

107 子張問崇德辨惑 子曰 主忠信 徙義 崇德也 (顔淵 10)

108 樊遲問崇德……子曰 善哉 問也 先事後得 非崇德與 (顔淵 21)

109 苟志於仁矣 無惡也 (里仁 4)

향의 욕구와 타인지향적 정서는 적극 함양해야 한다고 여긴다.

공자는 사람에게 인(仁), 선(善), 역할수행, 도덕실천 같은 도덕적 지향성의 욕구가 갖추어져 있다고 본다. 이러한 욕구는 나머지 다른 욕구들과는 달리 스스로가 통제할 수 있는 것이기 때문에, 적극적으로 추구해야 한다는 것이 공자의 생각이다. 다른 욕구들은, 특히 생물체적 욕구와 이기적 욕구의 충족 여부는 외적 조건에 달려 있어서 스스로의 통제 범위를 벗어나지만, 도덕적 욕구는 스스로가 통제할 수 있기 때문이다. 그는 "인을 행하는 것은 자기에게 달려 있는 일이지, 어찌 다른 사람에게 달려 있는 일이겠는가?"[110] 라고 하여, 이러한 관점을 드러내고 있다.

이렇게 도덕적 욕구는 내재적으로 통제가능하므로, 이를 행하는 데 힘이 미치지 못하는 사람은 없다.[111] 따라서 이를 추구하면 어디에서나 원망을 받지 않고,[112] 또한 스스로뿐만 아니라 다른 사람들도 선으로 이끌기 때문에,[113] 이는 사람이 일생 동안 견지하고 추구해야 할 가장 핵심적인 동기[114]가 되는 것이다. 이렇게 도덕적 욕구를 인간의 가장 중핵적인 욕구로 보고, 실생활에서 이를 적극 함양하고 실천하도록 권장하는 것이 《논어》에서 도출되는 욕구이론의 가장 큰 특징이다.

또한 공자가 모든 감정의 억제를 주장하는 것은 아니다. 그는 "슬퍼함[哀]·사랑함[愛]·부끄러워함[恥]·즐거워함[樂]·좋아함[好]·기

110 爲仁由己 而由人乎哉 (顔淵 1)

111 有能一日用力於仁矣乎 我未見力不足者 (里仁 6)

112 己所不欲 勿施於人 在邦無怨 在家無怨 (顔淵 2)

113 子欲善而民善矣 (顔淵 19)

114 子貢問曰 有一言而可以終身行之者乎 子曰 其恕乎 己所不欲 勿施於人 (衛靈公 23)

뻐함[說]" 같이 타인에 대한 관심에서 나오는 정서[哀·愛]나 도덕적 관심에서 나오는 정서[恥] 및 인의를 체득한 군자의 마음속으로부터 우러나오는 정서[樂·好·說] 들은 타인을 일차적인 참조대상으로 삼는 "타인지향적 정서"라고 보아 권장하고 있다. 이들은 모두 타인에 대한 관심과 배려에서 나오는 정서라는 공통점을 가지고 있어서, 도덕적 완성을 이룬 군자의 특징적인 정서라는 것이다.

이와 같이 공자는 사적이고 이기적인 지향성에서 우러나오는 욕구나 감정은 적극적으로 억제할 것을 주장하지만, 도덕적 지향성에서 우러나오는 욕구와 감정은 적극 옹호하고 권장한다. 이점이 바로 공자의 극기론의 핵심이다. 이렇게 보면, 공자가 주장하는 수양의 목표는 사적인 욕구와 감정의 지배에서 벗어나 도덕적 욕구와 감정을 함양함으로써, 도덕적 완성을 이룬 군자가 되는 일이라고 생각할 수 있다.

그런데 사적인 욕구와 감정을 억제하기만 하면, 저절로 도덕적 욕구와 감정이 함양되는 것인가? 이 점이 공자의 커다란 숙제였다고 할 수 있는데, 그는 그렇지 않다고 본다. 도덕적 지향성이 함양되어 군자가 되는 데에는 매우 커다란 노력이 요구된다는 것이다. 그 요체는 배움을 통한 자기성찰과 이를 근거로 한 자기개선이다.

자기성찰 《논어》는 "배움"[學]이라는 말로 시작될 만큼 배움을 강조하고 있는데, 학(學)이라는 글자는 《논어》에 무려 64회나 등장하고 있다.[115] 공자는 스스로를 "배우기를 좋아하는 사람[好學]"[116] 및 "가르치

115 《論語引得》 참조.

116 子曰 十室之邑 必有忠信如丘者焉 不如丘之好學也 (公冶長 27)

기를 게을리하지 않는 사람[誨人不倦]"[117]이라고 하여, 가르치고 배우는 일을 중시하고 있다.[118] 배우고 가르치는 일, 그리고 배운 내용을 강구하고 실천함으로써 자기를 개선하는 일은 공자와 제자들이 자기를 성찰하는 핵심 내용이었다.[119] 제자인 안연(顔淵)은 "선생님께서는 차근차근히 사람을 잘 이끌고 가르치시어, 글로써 나의 지식을 넓혀주시고, 예로써 나의 행동을 단속해 주셨다"[120]고 진술하여, 공자의 교육자적인 풍모를 전해주고 있다. 공자는 가르침을 베풀면 누구나 착하게 된다고 보아, 사람을 가리지 않았다.[121]

이러한 배움은 배우는 사람으로 하여금 자기를 돌아보고 반성하는 자기성찰로 이끌기 때문에 수양의 핵심적인 방법이 된다. 이러한 사실은 증자(曾子)의 다음 진술에 잘 드러나 있다.

> 나는 매일 세 가지로 내 몸을 살펴보고 반성하노니, 그것은 "남을 위해 일을 도모해 줌에 혹시 충성스럽지 못하지는 않았는가?", "친구들과 더불어 사귐에 신실하지 못하지는 않았는가?", "배운 것을

117 子曰 若聖與仁 則吾豈敢 抑爲之不厭 誨人不倦 則可謂云爾已矣 (述而 33)

118 《論語》의 제일 첫 머리가 學而時習之 不亦說乎(學而 1)라고 하여, 배움[學]이란 말로 시작한다는 사실은 공자와 그 제자들이 "가르치고 배우는 일"을 얼마나 중시하였는지 하는 단적인 증거가 된다. 《論語》에는 好學이란 말이 16회 출현하여(《論語引得》 참조), 배움의 중요성을 역설하고 있다.

119 子曰 黙而識之 學而不厭 誨人不倦 何有於我哉 (述而 2); 子曰 德之不修 學之不講 聞義不能徙 不善不能改 是吾憂也 (述而 3)

120 顔淵喟然歎曰……夫子循循然善誘人 博我以文 約我以禮 (子罕 10)

121 子曰 有敎無類(衛靈公 38): 何晏 등의 古注의 전통에서는 이를 "가르치는 데에는 그 대상을 가리지 않는다"(人在見敎 無有種類)고 보아, 가르침을 베풀기 이전의 그 대상 측면에서 해석하고 있으나, 朱熹의 新注에서는 "가르침을 받으면 모두가 선해져서, 선악의 차이가 없어진다"(故君子有敎 則人皆可以復於善 而不當復論其類之惡矣)고 보아, 가르침을 베푼 이후의 효과 측면에서 해석하고 있다.

익히지 않은 것은 없는가?" 하는 것이다.[122]

이 진술문에서 증자는 배운 것을 익히고 이를 대인관계에 적용하여 실천하는 일이 자기성찰의 내용임을 밝히고 있다. 이렇게 배움은 자기성찰의 근거가 되기 때문에 공자는 그토록 배움을 중시했던 것이다.

자기개선 공자는 스스로를 호학(好學)이라고 자평했지만, 제자 중에서는 안회(顔回)만이 "배우기를 좋아하는 사람"이라고 하면서, 호학의 조건 가운데 하나로 "같은 잘못을 두 번 저지르지 않는 일[不貳過]"[123]을 들고 있다. 그는 "잘못을 하고도 고치지 않는 것이 바로 잘못"[124]이라고 보고, "잘못이 있으면, 고치기를 꺼리지 말아야 한다"[125]고 강조한다. 그는 "내게 잘못이 있으면, 사람들이 반드시 알려주니, 나는 참 다행이다"[126]라고까지 표현하여, 잘못을 고치는 일이 바로 스스로를 개선하는 첩경이 됨을 역설하고 있다. 이러한 태도는 그의 제자인 자공(子貢)의 다음과 같은 진술에서 잘 드러나고 있다

> 자공이 "군자의 허물은 일식 · 월식과 같아서, 잘못이 있으면 사람들이 모두 알아보고, 잘못을 고치게 되면 사람들이 모두 우러러본다"고 말하였다.[127]

---

122 曾子曰 吾日三省吾身 爲人謀而不忠乎 與朋友交而不信乎 傳不習乎 (學而 4)

123 哀公問 弟子孰爲好學 孔子對曰 有顔回者好學 不遷怒 不貳過 不幸短命死矣 今也則亡 未聞好學者也 (雍也 2)

124 子曰 過而不改 是謂過矣 (靈衛公 29)

125 過則勿憚改 (學而 8; 子罕 24)

126 子曰 丘也幸 苟有過 人必知之 (述而 30)

127 君子之過也 如日月之食焉 過也 人皆見之 更也 人皆仰之 (子張 21)

그러나 이렇게 잘못을 고치는 일은 매우 어려운 일이어서,[128] 군자와 소인의 구별은 잘못을 고치느냐 아니면 이를 고치지 않고 꾸미느냐에 달려 있다.[129] 이렇게 자기를 성찰하여 잘못을 고침으로써 항상 자기 개선을 이루려 노력하는 자세,[130] 이것이 《논어》에서 도출되는 수양론의 핵심인 것이다.

2) 맹자의 존심론(存心論): 과욕(寡欲)과 명도(明道)

맹자는 "군자가 사람의 본성으로 여기는 것은 인의예지(仁義禮智)로, 이는 사람의 마음[心]에 뿌리를 두고 있는 것"[131]이라고 하여, 인간의 본성은 사람만이 독특하게 가지고 있는 마음에서 찾을 수 있으며, 사람의 마음속에는 인의예지의 뿌리가 갖추어져 있으므로 착하다고 본다. 곧 맹자는 사람은 다른 동물과는 달리 반성적 사고의 능력을 갖춘 마음을 본유적으로 가지고 있으며, 바로 이러한 사실에서 인간의 본성을 이해해야 한다고 보는 것이다.

> 마음의 기관[心之官]은 생각하는 기능을 갖추고 있다. 그러므로 마음을 통해 생각하면 스스로가 갖추고 있는 도덕성의 근거를 깨달아 얻을 수 있지만, 생각하지 않으면 스스로가 도덕 주체라는 사실을

128 子曰 已矣乎 吾未見能見其過而內自訟者也 (公冶長 26)

129 子曰 人之過也 各於其黨 觀過 斯知仁矣 (里仁 7); 子路有聞 未之能行 唯恐有聞 (公冶長 13); 子夏曰 小人之過也 必文 (子張 8)

130 子曰 見賢思齊焉 見不賢而內自省也 (里仁 17); 子曰 三人行 必有我師焉 擇其善者而從之 其不善者而改之 (述而 21); 子曰 內省不疚 夫何憂何懼 (顔淵 4)

131 君子所性 仁義禮智根於心 (《孟子》, 盡心上 21)

깨닫지 못한다. 이렇게 마음의 생각하는 기능은 태어날 때부터 하늘이 사람에게 부여해 준 것이다.[132]

여기서 마음의 생각하는 작용이란 가치 의식의 자각을 말하는 것이다. 곧 가치 의식의 자각이 마음의 작용인 것이다.[133] 이로써 보면, 맹자가 말한 성선(性善)은 곧 가치 의식의 자각 주체가 개인 자신이며, 이러한 가치 의식의 자각심이 본래 개인에게 갖추어져 있다는 점에서 인간의 본성은 착하다는 의미라고 볼 수 있다.[134]

그러나 맹자는 사람이 이러한 마음을 간직하지 못하고, 환경의 영향이나[135] 과다한 욕구의 가리움[136] 등으로 인해 스스로에게 내재적으

---

132 心之官則思 思則得之 不思則不得也 此天之所與我者 (告子上 15)

133 心之官則思의 내용을 "마음의 기능은 가치 의식을 자각하는 것"이라고 보는 것은《孟子》를 연구하는 여러 학자들의 공통된 견해이다. 위의 인용문을 해석하면서 勞思光(1967/1986, p. 131)은 다음과 같이 말하고 있다: "이러한 가치 의식이 발휘될 수 있는가 없는가는 자각심 자체의 자각이 어떠한가를 보아서 결정된다. 마음[心]이 물욕(物欲)에 빠져 있으면, 의지(意志)는 신체의 욕망을 방향으로 삼는다. 그리하여 이치대로 할 수 없다. 역시 가치를 실현할 수 없게 된다. 그러나 마음이 물욕에 빠지지 않고 이치대로 유창하게 행하면, 즉 본래 있던 가치 자각을 방향으로 삼는다. 의지 선택이 어떤 방향인가는 자각심이 스스로 결정하는 데에 말미암는 것이다. 그러므로 생각하면 그것을 얻고, 생각하지 않으면 그것을 얻지 못한다고 한 것이다. 이것은 맹자의 도덕 주체에 대한 해명임을 알 수 있다. 이 의미가 밝혀지면, 도덕 의지, 도덕 책임 등의 관념은 모두 이것으로 미루어 알 수 있다."

134 이는 맹자 자신이 "만약 그 실정을 말한다면, 착하게 될 가능성을 갖추고 있다는 것, 이것이 바로 착하다는 의미이다"(乃若其情 則可以爲善矣 乃所謂善也, 告子上 6)라고 지적한 데에서 잘 드러난다. 여기서 맹자가 말하는 선(善)이란 "그렇게 되고 싶은 것, 바람직한 것"(可欲之爲善, 盡心下 25)의 의미라는 점을 생각해 보면, 마음의 생각하는 작용을 통하여 가치 의식을 자각함으로써 누구나가 되고자 바라는 상태인 선을 이룰 수 있다는 것[可以爲善], 이것이 바로 맹자가 말하는 성선(性善)의 근본 의미인 것이다.

135 滕文公下 6; 告子上 2, 7, 8, 9; 告子下 2, 6; 盡心上 36.

136 告子上 15; 盡心上 24; 盡心下 24, 35.

로 갖추어져 있는 선단을 내쳐 버리거나[放心] 잃어 버리기[失心] 쉽다고 본다.[137] 그러므로 스스로에게 본유적으로 갖추어져 있는 가치 의식의 자각심을 잃지 않고 간직하여[存心], 타고난 본성을 잘 기르도록[養性] 주체적으로 노력해야 할 필요가 생기는 것이다. 맹자는 이렇게 존심·양성하는 일을 도덕성 그 자체와 인간 삶의 근거인 하늘을 섬기는 일[事天]이라고까지 높이고 있다.

> 그 마음의 생각하는 기능을 다 발휘하는 사람은 자기의 본성을 깨달아 알게 되나니, 본성을 알면 곧 모든 일의 생성 근거인 하늘을 알게 된다. 그러므로 그 마음을 잘 보존하여 본성을 기르는 일은 하늘을 섬기는 일인 것이다.[138]

이렇게 마음을 잘 간직하여 스스로가 도덕 주체임을 자각하는 일은 군자가 되는 수양의 핵심이다. 맹자는 "군자가 보통 사람과 다른 점은 그 마음을 잘 보존하여 간직하고 있기 때문이다. 군자는 인(仁)으로써 자기를 단속하여 마음을 보존하고, 예(禮)로써 자기를 단속하여 마음을 보존하고 있는 사람이다"[139]라고 하여, 자기 마음을 보존하여 간직하는 존심(存心)이 군자가 되는 첩경이라고 주장하였다. 이와 같이 존심

137 《孟子》에서 放心과 失心에 대하여 언급하고 있는 대표적인 구절은 離婁下 12(大人者 不失其赤自之心者也), 告子上 8(雖存乎人者 豈無仁義之心哉 其所以放其心者 亦猶斧斤之於木也……故苟得其養 無物不長 苟失其養 無物不消 孔子曰 操則存 舍則亡 出入無時 莫知其鄕 惟心之謂與), 告子上 10(此之謂失其本心), 告子上 11(仁 人心也 義 人路也 舍其路而不由 放其心而不知求 哀哉……學問之道無他 求其放心而已矣) 등을 들 수 있다.

138 盡其心者 知其性也 知其性 則知天矣 存其心 養其性 所以事天也 (盡心上 1)

139 君子所以異於人者 以其存心也 君子以仁存心 以禮存心 (離婁下 28): 같은 진술이 離婁下 19(人之所以異於禽獸者 幾希 庶民去之 君子存之)에도 보인다.

을 통해 인의를 체득함으로써 도덕 주체로서의 존재 특성을 확고히 할 수 있게 된다는 것이 맹자의 수양론의 대지인 것이다.

이렇게 존심을 통해 스스로에게 본유하고 있는 선단(善端)을 잃지 않고 간직하는 데에는 그 방해요소인 사적 욕구를 절제하는 일, 즉 과욕(寡欲)이 절대적으로 필요하다는 것이 맹자의 입장이다. 욕구를 절제함으로써 사람이 해야 할 일을 명확히 깨달아[明道] 스스로가 해야 할 일만을 행하고 해서는 안되는 일은 하지 않음으로써, 인격적 수양을 이룰 수 있기 때문이다. 공자와 마찬가지로 맹자도 이러한 인격 수양의 과정에서는 끊임없는 노력과 자기반성이 요청된다고 주장한다.

(1) 과욕(寡欲): 욕구의 절제

인간이란 결코 완선(完善)의 상태로 태어나는 것이 아니다. 단지 착하게 될 수 있는 싹을 지니고 있을 뿐이며, 이러한 점을 자각하여 착하게 될 수 있는 존재일 뿐이다.[140] 따라서 인간은 "이러한 선단을 넓혀서 채워야 부모를 모시고 사해까지도 보전할 수 있게 되지만, 그렇지 못하면 부모조차도 모실 수 없는 존재이다."[141] 그러므로 인간은 자신에게 갖추어져 있는 본래의 착한 마음을 구하여 얻어야 한다. "이렇게 본래 갖추어져 있는 마음은 구하면 얻어지고, 그대로 두면 잃어버리게 마련이다. 이것은 나에게 갖추어져 있는 것[在我者]을 구하는 것이기 때

140 惻隱之心 人皆有之 羞惡之心 人皆有之 恭敬之心 人皆有之 是非之心 人皆有之 惻隱之心 仁也 羞惡之心 義也 恭敬之心 禮也 是非之心 智也 仁義禮智非由外鑠我也 我固有之也 弗思耳矣 故曰 求則得之 舍則失之 (告子上 6)

141 凡有四端於我者 知皆擴而充之矣 若火之始然 泉之始達 苟能充之 足以保四海 苟不充之 不足以事父母 (公孫丑上 6)

문에, 구하면 반드시 얻어질 것이다."[142] 이렇게 "본래의 마음을 구하여 그것을 간직하고, 또 본래의 성을 기르는 것은 바로 하늘을 섬기는 일"[143]이기도 하다. 그렇다면, 맹자에게 있어 이렇게 마음을 간직한다는 것은 무엇을 의미하는 것인가?

맹자에 따르면, 환경의 영향으로 인해 어쩔 수 없는 경우도 있지만, 인간을 방심(放心) 또는 실심(失心)하게 만들어 불선(不善)으로 이끄는 대표적인 요인은 물욕이다. 앞에서도 언급하였듯이, "눈과 귀 같은 감각기관은 생각하는 기능이 없어서, 외부 사물에 가려진다. 감각기관이 외부 사물과 교접하면, 거기에 이끌려버릴 뿐"[144]이므로, 이렇게 물욕에 가려 좋은 맛, 아름다운 용모, 듣기 좋은 소리, 좋은 냄새, 편안함 같은 입 · 눈 · 귀 · 코 · 사지의 욕구를 추구하는 것이 곧 방심하게 되어 소인(小人)이 되는 까닭인 것이다.

그리하여 맹자는 "마음이라는 커다란 기관을 좇으면 대인이 되고, 감각기관 같은 작은 기관을 좇으면 소인이 된다"[145]거나, "사람의 몸에는 귀한 부분도 있고 천한 부분도 있으며, 작은 것도 있고 큰 것도 있는데(여기서 귀하고 큰 것은 마음, 천하고 작은 것은 감각기관을 가리킴), 작은 것으로 큰 것에 해를 끼쳐서는 안 되며, 천한 것으로 귀한 것에 해를 끼쳐서도 안 된다. 그 작은 것을 기르는 사람은 소인이고, 그 큰 것을 기르는 사람은 대인(大人)이다"[146]라고 표현하여, 감각기관의 물욕에 빠지

---

142 求則得之 舍則失之 是求有益於得也 求在我者也 (盡心上 3)

143 存其心 養其性 所以事天也 (盡心上 1)

144 耳目之官 不思而蔽於物 物交物 則引之而已矣 (告子上 15)

145 從其大體爲大人 從其小體爲小人 (告子上 15)

146 體有貴賤 有小大 無以小害大 無以賤害貴 養其小者爲小人 養其大者爲大人 (告子

는 것이 불선의 요인임을 지적하고 있는 것이다.

그런데 여기서 주목할 것은 맹자가 생물체적 · 감각적 · 이기적 욕구를 전적으로 부정한 것은 아니라는 사실이다. 이러한 욕구들도 인간 본성의 일부이므로,[147] 이것이 전적으로 없을 수는 없고, 다만 그 조절이 문제가 되는 것이다. 이러한 점을 맹자는 다음과 같이 지적하고 있다.

> 마음을 기르는 데에는 욕심을 줄이는 것[寡欲]보다 더 좋은 일은 없다. 그 사람됨이 욕심이 적으면, 본래의 착한 마음을 간직하지 못하는 바가 있다고 하더라도 그런 경우가 드물게 마련이고, 반대로 그 사람됨이 욕심이 많으면, 어쩌다가 본래의 착한 마음을 간직하는 수가 있다고 하더라도 그런 경우 또한 드물게 마련이다.[148]

이러한 지적에서 분명한 것은 욕심이 많은 것[多欲]이 불선의 요인이지, 욕구 그 자체가 불선의 요인은 아니라는 점이다. 생물체적 감각적 욕구는 생존을 위해 극히 필요한 것이다. 그러므로 이것이 없이는 생명을 유지할 수 없을 것이라는 의미에서 무욕(無欲)할 수는 없는 것이다. 그러나 이러한 욕구의 충족은 전적으로 외적 조건에 의지하고 있어서,[149] 마음의 생각하는 기능을 통해 다스리지 않으면 필연적으로 이에 이끌릴 수밖에 없다[150]는 데서 문제가 발생하는 것이다. 따라서 다욕

上 14)

147 萬章上 1; 告子上 7; 盡心下 24.

148 養心莫善於寡欲 其爲人也寡欲 雖有不存焉者寡矣 其爲人也多欲 雖有存焉者寡矣 (盡心下 35)

149 口之於味也 目之於色也 耳之於聲也 鼻之於臭也 四肢之於安佚也 性也 有命焉 君子不謂性也 (盡心下 24)

150 耳目之官 不思而蔽於物 物交物 則引之而已矣 (告子上 15)

하게 되면 외부 사물에 이끌려 이에 가려지게 된다는 것이 맹자의 주장인 것이다.

이렇게 다욕에 가려져서 그 본심을 잃어버리는 것이 불선하게 되는 요인인 것이다. 그러므로 인간은 생물체적 이기적 욕구의 이끌림에서 벗어나서 자신에게 갖추어져 있는 본래의 착한 마음을 구하여 얻어야 한다. 이것이 바로 욕구의 절제[寡欲]를 통한 존심의 길인 것이다.

(2) 과욕의 목표: 명도(明道)

맹자는 생물체적 이기적 욕구의 폐단에서 벗어나는 일은 욕구를 절제하는 일에만 그쳐서는 안 되고, 한 걸음 더 나아가 도덕적 지향성에 의해 제반 욕구들을 제어하도록 해야 한다고 본다. 다음 진술문은 이러한 관점을 잘 드러내고 있다.

> 삶[生: 생존 욕구] 또한 내가 바라는 것이고, 의[義: 도덕적 지향성] 또한 내가 바라는 것이다. 그런데 이 두 가지를 함께 얻을 수 없다면, 삶(생존 욕구)을 버리고 의(도덕적 지향성)를 취해야 한다. 삶 또한 내가 바라는 것이지만, 삶보다 더 간절하게 바라는 것[義]이 있으므로, 구차하게 삶을 얻고자 하지 않는 것이다……이렇게 삶보다 더 간절하게 바라는 것이 있는데……오직 어진 사람만이 이러한 마음을 갖는 것은 아니다. 사람은 누구나 다 이러한 마음을 가지고 있지만, 오직 어진 사람만이 이런 마음을 잃지 않고 간직하는 것이다.[151]

이 인용문에서는 도덕적 지향성에 의한 생존 욕구의 제어에 대해

151 生亦我所欲也 義亦我所欲也 二者不可得兼 舍生而取義者也……是故所欲有甚於生者……非獨賢者有是心也 人皆有之 賢者能勿喪耳 (告子上 10)

논술하고 있다. 그런데 이렇게 욕구를 절제하거나, 제어할 수 있는 것은 마음이라는 기관의 생각하는 기능 때문이다. 곧 "눈과 귀 같은 감각기관은 생각하지 못하고 외부의 사물에 가려진다. 감각기관이 외부의 사물과 만나면 거기에 이끌려 버릴 뿐이지만, 마음의 기관은 생각을 한다. 이렇게 생각을 하면 욕구의 바름을 얻고, 생각하지 못하면 얻지 못하는데, 이것은 하늘이 사람에게 부여해 준 능력으로, 먼저 그 큰 것(도덕적 지향성의 주관자인 마음)을 바로 세우면, 그 작은 것(생물체적 이기적 욕구의 주관자인 감각기관)이 큰 것의 자리를 빼앗을 수 없는 것이다."[152]

그러나 욕구의 절제나 도덕적 지향성에 의한 욕구의 제어가 그렇게 쉬운 일은 아니다. 생존 욕구나 이기적 욕구가 충족되지 않은 채로 도덕적 지향성을 추구하는 바른 마음을 가진다는 것은 아주 어려운 일로, 보통 사람들은 생물체적 이기적 욕구가 충족되지 않으면 도덕적 지향성을 추구하지 못하는 것이다.[153] 그렇지만 도덕적 지향성은 자발적인 통제가 가능한 것[在我者]이므로, "마음과 뜻을 한결같이 하지 못하면 깨달아 알지 못하지만,"[154] "그 마음을 다하면 스스로에게 갖추어져 있는 도덕적 지향성의 본성[性]을 깨달아 알게 되는 것"[155]이다.

이러한 상태는 바로 욕구의 승화가 이루어진 상태라고 할 수 있는데, 그렇게 되면 "해야 할 일"[所爲]과 "해서는 안 될 일"[所不爲] 및 "바

152 耳目之官 不思而蔽於物 物交物 則引之而已矣 心之官則思 思則得之 不思則不得也 此天之所與我者 先立乎其大者 則其小者不能奪也 (告子上 15)

153 無恒產 而有恒心者 惟士爲能 若民則無恒產 因無恒心 (梁惠王上 7); 民之爲道也 有恒產者 有恒心 無恒產者 無恒心 (滕文公上 3)

154 不專心致志 則不得也 (告子上 9)

155 盡其心者 知其性也 (盡心上 1)

라야 할 것"[所欲]과 "바라서는 안 될 것"[所不欲]을 잘 구별하게 된다. 곧 "사람은 해서는 안 될 일이 있게 된 후에야 해야 할 일을 이룰 수 있게 되므로,"[156] 소위(所爲)와 소불위(所不爲), 소욕(所欲)과 소불욕(所不欲)(도덕적 지향성과 여타 욕구들)을 잘 구별하여, "할 일만을 행하고 해서는 안 될 일은 하지 않으며, 바랄 것만을 바라고 바라서는 안 될 것은 바라지 않는 경지,"[157] 곧 인간의 도리를 밝게 깨닫는 명도(明道)의 경지에 이르는 것이 바로 욕구의 승화가 이루어진 상태인 것이다. 이렇게 되면 "인의(도덕적 지향)에 배가 불러서 맛있는 음식(생물체적 이기적 욕구)을 더 이상 바라지 않게"[158]되는 것으로, 이러한 욕구의 승화, 곧 명도가 바로 존심이 추구하는 목표라고 볼 수 있다.

이와 같이 생물체적 이기적 욕구의 절제를 통해 도덕적 지향성이 인간의 본성 속에 갖추어져 있다는 사실을 깨닫는 것, 그리하여 바라야 할 것과 바라서는 안 될 것, 해야 할 일과 해서는 안 될 일을 명확하게 구분하는 명도가 이루어지는 것이 바로 군자가 되는 길의 핵심이라는 주장이 맹자 수양론의 대지인 것이다.

(3) 명도의 길: 전심치지(專心致志)와 반신(反身)

사람이 갖추고 태어나는 도덕적 지향성, 곧 "인의예지는 밖으로부터 사람에게 주어지는 것이 아니라, 사람이 본래부터 가지고 있는 것이다."[159] 사람에게 갖추어져 있는 "이러한 인의예지의 도는 마치 대로와

156 人有不爲也 而後可以有爲 (離婁下 8)

157 無爲其所不爲 無欲其所不欲 如此而已矣 (盡心上 17)

158 飽乎仁義也 所以不願人之膏粱之味也 (告子上 17)

159 仁義禮知非由外鑠我也 我固有之也 (告子上 6)

같아서 결코 알기에 어렵지 않은데도 사람들의 병폐는 단지 이를 구하지 않을 뿐"[160]인 것이다. 곧 자기에게 도덕적 기초가 갖추어져 있고, 따라서 자기 자신이 도덕 주체임을 자각하는 것이 본래의 착한 마음을 간직하여 기르는 요체이다.[161]

이렇게 자기가 도덕 주체임을 자각하는 것이 바로 명도이다. 이러한 도덕 주체로서의 자각이 바로 맹자 성선설의 요지인데, 이러한 도덕적 자각의 요체는 본래의 선성(善性)에 비추어 마땅히 해야 할 일[所爲]과 해서는 안 될 일[所不爲]을 분별하는 것이다.[162] 곧 소위(所爲)와 소불위(所不爲), 소욕(所欲)과 소불욕(所不欲)을 분별하는 일이 명도의 내용인 것이다. 그렇다면, 이러한 도덕적 자각을 이루기 위해서는 어떻게 해야 하는가?

전심치지(專心致志) 맹자에 따르면, 스스로가 도덕 주체임을 자각하여 마땅히 해야 할 일과 하지 말아야 할 일을 분별하는 명도를 이루는 데에는 "마음과 뜻을 한결같이 하는 일", 곧 전심치지(專心致志)가 중요하다. "그 마음을 다하는 사람은 그 본성을 깨달아 알게 되지만,"[163] "마음과 뜻을 한결같이 하지 못하면 이를 깨달아 얻지 못하므로,"[164] 오로지 자기 마음 속에 본래 갖추어져 있는 "도덕성[仁義]에만 뜻을 두고

160 夫道若大路然 豈難知哉 人病不求已 (告子下 2)

161 君子深造之以道 欲其自得之也 自得之 則居之安 居之安 則資之深 資之深 則取之左右逢其原 故君子欲其自得之也 (離婁下 14)

162 勞思光, 1967/1986, pp. 123-127.

163 盡其心者 知其性也 (盡心上 1)

164 不專心致志 則不得也 (告子上 9)

지향해야"[165] 도덕 주체로서의 자각을 이룰 수 있는 것이다.

이러한 전심치지는 곧 스스로 노력하고 쉬지 않는 자강불식(自彊不息)을 전제로 하는 것이다. 이에 대해 맹자는 항상 쉬지 않고 흐르는 물을 예로 들어 설명하고 있다.[166] 곧 샘이 깊은 물이 쉬지 않고 흘러내리듯이 마음과 뜻을 한결같이 하여 쉬지 않고 노력하는 것, 이것이 바로 자기를 닦는 사람의 태도라는 사실을 맹자는 여기서 지적하고 있는 것이다. 그는 이러한 자강불식에 대해 "산 중에 있는 샛길도 사람들이 줄곧 밟고 다니면 큰 도로가 되지만, 한동안 내버려두면 다시 잡초에 막히고 만다"[167]라고 표현하고 있기도 하다.

이렇게 맹자는 "흐르는 물은 웅덩이를 채우지 않고는 앞으로 나아가지 않는다. 마찬가지로 군자가 성인의 도에 뜻을 둔 이상 꾸준히 노력하여 자기의 도덕 수양이 빛을 발휘할 정도가 되지 못하면, 높은 경지에 도달하지 못한 것이므로,"[168] 전심치지하여 자강불식하는 일이 수양의 요체라고 보고 있는 것이다.

반신(反身) 도덕 주체로의 자각을 이루는 방안으로 맹자가 또 한 가지 강조하고 있는 것은 자기를 돌이켜 반성하는 일, 곧 반신(反身)이다. "군자는 인과 예로써 자기를 검속하여 마음을 보전해야 하는데…… 어떤 사람이 있어 나에게 포악무도한 태도로 대한다면, 스스로가 어질

165 何謂尙志 曰 仁義而已矣 (盡心上 33)

166 徐子曰 仲尼亟稱於水曰 水哉 水哉 何取於水也 孟子曰 原泉混混 不舍晝夜 盈科而後進 放乎四海 有本者如是 是之取爾 (離婁下 18)

167 山徑之蹊間 介然用之而成路 爲間不用 則茅塞之矣 (盡心下 21)

168 流水之爲物也 不盈科不行 君子之志於道也 不成章不達 (盡心上 24)

지 못하고, 무례하고……자기를 다하지 못한 점이 없었는지를 반드시 스스로 돌아보아야 한다"[169]고 맹자는 주장한다. 이러한 자기반성의 중요성에 대해서는 다음과 같은 진술문에 잘 표현되고 있다.

> 내가 남을 사랑하는데도 그가 나에게 친근해지지 않으면 내 스스로의 인이 부족하지 않은지 반성해야 하고, 사람을 다스리는데도 잘 다스려지지 않으면 내 지혜가 모자르지 않은지 반성해야 하고, 남에게 예로써 대했는데도 그가 예로써 답하지 않으면 나의 공경함이 부족함이 없는지 반성해야 한다. 어떤 일을 행함에 있어 그에 상응하는 결과를 얻지 못할 때에는 모두 자기에게 돌이켜 그 까닭을 찾아보아야 한다[反求諸己]. 자기 몸이 바르고 나서야 천하가 나에게 돌아오는 것이다.[170]

이렇게 모든 책임을 자기에게 돌이켜 찾는 것은 "만물의 이치가 모두 나에게 갖추어져 있기 때문이다. 그러므로 자기를 반성하여 보아 성실하다면 즐거움이 이보다 더 클 수가 없는 것이다."[171] 따라서 "스스로 반성하여 보아 내가 옳다면, 나는 비록 천만 사람이 있는 곳이라도 가서 대적할 수 있다"[172]는 당당함을 지니게 된다. 이와 같이 스스로에게서 모든 책임을 구하여 항상 반성하는 일이 도덕 주체로서의 자각을 이룰 수 있는 또 하나의 길인 것이다.

이러한 자기반성과 자기성찰은 자기를 개선하여 군자가 되는 과정

169 君子以仁存心 以禮存心……有人於此 其待我以橫逆 則君子必自反也 我必不仁也 必無禮也…我必不忠 (離婁下 28)

170 愛人不親 反其仁 治人不治 反其智 禮人不答 反其敬 行有不得者 皆反求諸己 其身正 而天下歸之 (離婁上 4)

171 萬物皆備於我矣 反身而誠 樂莫大焉 (盡心上 4)

172 自反而縮 雖千萬人吾往矣 (公孫丑上 2)

의 핵심이다. 맹자는 인간 존재의 생성 근거인 하늘이 사람으로 하여금 성덕하여 군자가 되게 하려면, 그에게 시련을 주어 자기를 반성하고 성찰하게 함으로써 자기를 개선할 기회를 부여하는 법이라고 하여,[173] 이러한 관점을 피력하고 있다.

이와 같이 자기성찰과 자기반성을 통해 자기 잘못을 고침으로써 자기개선을 이루는 일은 도덕적 자각을 이룬 군자의 특징이다. 이들은 자기를 반성하여 보아 "자기가 옳지 않다는 사실을 깨닫자마자, 속히 이를 그만두며,"[174] 이렇게 자기 잘못을 고침으로써 다른 사람들의 모범이 된다[175]는 것이 맹자의 견해이다. 그러므로 이렇게 자기반성을 통해 자기의 잘못을 고쳐가는 일은 도덕 주체로서의 자각을 이루는 과정의 요체인 것이다.

3) 순자의 체도론(體道論): 도욕(道欲) · 절욕(節欲)과 정안례(情安禮)

순자는 하늘이 부여한 것으로서 태어나면서부터 스스로 그러하며 그 재질이 질박한 인간의 본성[性]은 사람이 배우고 일삼아 노력해서 사려를 쌓고 행위능력을 익히면, 도리어 문화와 이치가 융성한 인위[僞]로 변화될 수 있다고 본다.[176] 이것이 바로 성(性)을 변화시키고 위

173 故天將降大任於是人也 必先苦其心志 勞其筋骨 餓其體膚 空乏其身 行拂亂其所爲 所以動心忍性 曾益其所不能 人恒過 然後能改 困於心 衡於慮 而後作 (告子下 15)

174 如知其非義 斯速已矣 (滕文公下 8)

175 且古之君子 過則改之……古之君子 其過也如日月之食 民皆見之 及其更也 民皆仰之 (公孫丑下 9)

176 凡性者天之就也 不可學 不可事 禮義者聖人之所生也 人之所學而能 所事而成者也 不可學 不可事 而在人者 謂之性 可學而能 可事而成之在人者 謂之僞 是性僞之分

(僞)를 일으키는 화성기위(化性起僞)로서, 이를 통해 본성과 인위적인 노력의 통합, 곧 성위지합(性僞之合)이 이루어지게 되며,[177] 이러한 본성과 인위적인 노력의 통합을 이루는 과정이 바로 수양의 과정이다.

이러한 수양은 예(禮)를 기초로 하여 이루어지는 것이다. 예란 성인이 화성기위하여 만들어낸 것으로서,[178] 인도(人道)의 표준[179]이자 만세의 법칙으로서,[180] 인간 생활 전체의 규범으로 작용하는 것이므로,[181] 순자에게 예는 바로 개인이 스스로를 바로잡는 도구이면서[182] 동시에 국가와 온 세상을 바로잡는 도구이기 때문이다.[183]

순자는 "예를 인식한 다음 이에 자세히 통달하고[察道], 예를 인식한 다음 이를 일삼아 실천하면[行道], 예와 일체가 된 사람[體道者]"[184]이 된다고 본다. 여기서 행도는 예의 밝은 인식을 근거로 하여, 이를 일상

也 (《荀子》, 性惡 3); 生之所以然者 謂之性 性之和所生 精合感應 不事而自然 謂之性……心慮而能爲之動 謂之僞 慮積焉 能習焉 而後成 謂之僞 (正名 2)

177 無性則僞之無所加 無僞則性不能自美 性僞合 然後成聖人之名 一天下之功 於是就也 故日 天地合而萬物生 陰陽接而變化起 性僞合而天下治 (禮論 24)

178 故先王案爲之制禮義以分之 (榮辱, 39); 先王惡其亂也 故制禮義以分之 (王制 6; 禮論 1); 古者聖王 以人之性惡 以爲偏險而不正 悖亂而不治 是以爲之起禮義 制法度 (性惡 2); 禮義者聖人之所生也 (性惡 3); 禮義者 是生於聖人之僞 非故生於人之性也 (性惡 5); 聖人積思慮 習僞故 以生禮義 而起法度 然則禮義法度者 是生於聖人之僞 非故生於人之性也 (性惡 6) 등.

179 禮者人道之極也 (禮論 13)

180 使本末終始 莫不順比 足以爲萬世則 是禮也 (禮論 24)

181 故人無禮則不生 事無禮則不成 國家無禮則不寧 (修身 25-26); 禮義者 治之始也 (王制 19); 天地以合 日月以明 四時以序 星辰以行 江河以流 萬物以昌 好惡以節 喜怒以當 以爲下則順 以爲上則明 萬物變而不亂 貳之則喪也 禮豈不至矣哉 立隆以爲極 而天下莫之能損益也 (禮論 11-12) 등.

182 禮者所以正身也……無禮何以正身 (修身 36); 禮及身而行修 (致仕 16)

183 國無禮則不正 禮之所以正國也 譬之猶衡之於輕重也 (王覇 11); 禮者表也 非禮昏世也 (天論 36)

184 知道察 知道行 體道者也 (解蔽 13)

생활에서 실천하는 일을 말한다. 곧 순자의 도덕실천은 예의 인식을 전제로 하는 셈이다. 이렇게 도덕실천의 전제가 되는 예의 밝은 인식을 이루어 이를 체득하는 일이 바로 순자가 보는 수양의 핵심이다. 순자의 수양론은 곧 도의 인식을 통해 도와 일체를 이루는 일, 곧 체도론(體道論)인 것이다.

이렇게 예의 체득을 통해 인격적 수양에 이르는 데에는 그 방해요소인 사적 욕구가 올바른 방향을 잡도록 할 뿐만 아니라 그 추구 방법을 절제하는 일, 즉 도욕(道欲)과 절욕(節欲)이 절대적으로 필요하다고 순자는 본다. 욕구를 인도하고 그 추구를 절제함으로써 욕구의 도덕적 승화가 이루어져 스스로 안정된 마음 상태를 간직하는 정안례(情安禮)의 상태에 도달할 수 있기 때문이다. 물론 유학자로서 순자도 자기반성을 통한 인격의 수양을 강조한다는 점에서는 공 · 맹과 일치하고 있다. 그러나 순자는 이러한 인격 수양의 과정에서 지적 능력을 통한 치우치지 않는 자기인식을 강조하는 측면을 보인다는 점에서 공 · 맹과 다른 특징을 보인다.

(1) 도욕(道欲)과 절욕(節欲): 욕구의 인도와 절제

순자는 인도(人道)의 표준인 예의는 성인이 본성을 변화시키고 인위를 일으켜서[化性起僞] 만들어낸 것으로, 누구나 인위적인 노력에 따라 인식하고 체득할 수 있다고 본다. 이것이 바로 성위지합을 이루어 자기를 수양하는 핵심이라는 것이 순자의 생각이다. 순자는 "예의는 성인이 만들어낸 것으로, 사람이 배워서 할 수 있고[所學而能] 또한 일삼아서 이루어지는[所事而成] 것"[185]이라고 진술하여, 이러한 관점을 드러내고 있다. 여기서 "일삼는다"[所事]는 말이 일상생활에서의 수양을 가리키는 것이라 보면, 이는 인도의 표준인 예의는 수양을 통해 체득할 수 있음을 단적으로 표현하고 있는 것이라 할 수 있다.

순자에게 있어 수양의 필요성은 인간의 향악성(向惡性)에서 직접 도출된다. 몸과 마음을 두기를 삼가고, 일삼아 익히는 것을 신중히 하지 않고, 타고난 생물적 욕구와 사적 감정을 방자하게 따르기만 한다면 악으로 빠질 수밖에 없으므로, 수양을 통해 예의의 도를 체득함으로써 성위지합을 이루도록 노력해야 한다는 것이다.[186]

순자는 생물적 이기적 욕구를 제한 없이 추구하면, 천하의 온갖 폐해가 이로부터 일어나게 된다고 본다.[187] 이기적 욕구를 앞세우고 도덕적 지향성을 뒤로 돌리는 것은 치욕을 불러오는 일이며,[188] 이렇게 되면 욕구에 가려 큰 이치에 어둡게 됨으로써,[189] 의혹에 빠진 채 무슨 일을 해도 즐겁지 않고,[190] 무엇이 화인지 복인지도 모르게 된다.[191] 또한 사물의 노예가 되어[以己爲物役][192] 인륜도 저버리고,[193] 아무 일이나 마구

185 禮義者聖人之所生也 人之所學而能 所事而成者也 (性惡 3)

186 居楚而楚 居越而越 居夏而夏 是非天性也 積靡使然也 故人知謹注錯 愼習俗 大積靡 則爲君子矣 縱情性而不足問學 則爲小人矣 (儒效 36)

187 天下害生縱欲 (富國 2)

188 先利而後義者辱 (榮辱 25)

189 蔽於一曲 闇於大理 (解蔽 1)

190 以欲忘道 則惑而不樂 (樂論 7)

191 離道而內自擇 則不知禍福之所託 (正名 25)

192 故欲養其欲 而縱其情……夫是之謂以己爲物役 (正名 26-27)

193 人情何如……妻子具 而孝衰於親 嗜欲得 而信衰於友 爵祿盈 而忠衰於君 人之情乎 人之情乎 甚不美 又何問焉 (性惡 15)

하는 소인이 되고 마는 것이다.[194]

이러한 폐단에서 벗어나는 길은 생물적 이기적 욕구의 추구를 절제하는 수밖에 없다고 보는 점에서도 순자는 공 · 맹과 같은 입장이다. 이러한 욕구와 감정을 제어하고 이를 올바르게 인도하는 것이 바로 인위적인 수양이라는 것이다.

> 무릇 수양[治]에 대해 말하면서 사람들의 욕구가 모두 없어지기를 기다리는 것은 욕구를 바르게 인도해 줌[道欲]이 없이 욕구가 있다는 사실에 곤란해 하는 것이다. 무릇 수양에 대해 말하면서 사람들의 욕구가 적어지기를 기다리는 것은 욕구의 추구를 절제하는 법[節欲]을 가르쳐줌이 없이 욕구가 많다는 사실에 곤란해 하는 것이다……욕구는 충족되던 충족되지 못하던 간에 일어나게 마련이지만, 사람이 구하는 것은 가능한 바를 좇는다. 충족되지 못할지라도 욕구가 일어나는 것은 하늘[天]로부터 자연적으로 받은 바이기 때문이고, 가능한 바를 좇는 것은 마음[心]으로부터 나온 것이기 때문이다……마음이 가능하다고 여겨 추구하는 것이 이치에 맞으면, 비록 욕구가 많다고 해도 수양이 잘 이루어지는데 무슨 해가 되겠는가?……마음이 가능하다고 여겨 추구하는 것이 이치에 맞지 않으면, 비록 욕구가 적다고 해도 어찌 혼란스러움[亂]에만 그칠 것인가? 그러므로 수양이 잘 이루어지느냐 아니면 그렇지 못하냐 하는 것[治亂]은 마음이 가능하다고 여겨 추구하는 것이 무엇이냐에 달려 있는 것이지, 사람이 본성적으로 바라는 바가 얼마나 많으냐 또는 적으냐에 달려 있는 것이 아니다……욕구란 비록 다 채우지는 못할지라도 이에 가까이 갈 수는 있고, 다 없애지는 못할지라도 구하는 바를 절제할 수는 있는 것이다.[195]

194 唯利所在 無所不傾 如是則可謂小人矣 (不苟 17)

195 凡語治而待去欲者 無以道欲 而困於有欲者也 凡語治而待寡欲者 無以節欲 而困於多欲者也……欲不待可得 而求者從所可 欲不待可得 所受乎天也 求者從所可 所受

이 인용문에서는 생물체적 이기적 욕구의 추구를 절제하는 일[節欲]과 예의 체계에 의해 욕구가 올바르게 방향을 잡도록 인도하는 일[道欲]을 욕구의 폐단에서 벗어나는 방법으로 제시하고 있다.[196] 이렇게 욕구를 절제하는 절욕(節欲)과 욕구를 올바르게 인도하는 도욕(道欲)을 통해 욕구의 바름을 얻고, 그럼으로써 혼란에서 벗어나 바른 몸가짐의 상태로 나아가는 것, 이것이 군자가 되는 지름길이라는 것이 《순자》에서 도출되는 수양론의 특징인 것이다.

(2) **도욕 · 절욕의 목표: 정안례(情安禮)**

이와 같이 생물체적 이기적 욕구의 추구를 절제하는 절욕과 이러한 욕구가 예의의 지도를 받아 올바르게 방향을 잡도록 인도하는 도욕을 통해 욕구의 지배에서 벗어나고, 그럼으로써 인도의 표준인 예의 체계를 밝게 인식할 수 있다는 것이 바로 순자의 수양론의 대지이다. 이러한 절욕과 도욕을 거쳐 "인간의 욕심과 감정이 예에 의하여 바르게 방향을 잡아 편안하게 되는 정안례(情安禮)"[197]를 이룰 수 있게 된다고 보는 것이 순자의 수양론의 특징인 것이다. 정안례를 이루는 일이 수양의 핵심이라는 사실에 대해 순자는 다음과 같이 지적하고 있다.

> 예는 몸을 바르게 하는 것이고, 스승은 예를 바르게 해준다. 예가 없으면 어떻게 몸을 바르게 하며, 스승이 없으면 어떻게 예가 올바

乎心也……心之所可中理 則欲雖多 奚傷於治……心之所可失理 則欲雖寡 奚止於亂 故治亂在於心之所可 亡於情之所欲……欲雖不可盡 可以近盡也 欲雖不可去 求可節也 (正名 19-22)

196 이 밖에도 修身 29, 40; 不苟 4; 榮辱 37, 39; 儒效 19; 王制 7; 彊國 7; 正論 32 등에서 절욕(節欲)과 도욕(道欲)에 대해 논술하고 있다.

197 김승혜, 1990, p. 328.

> 른 것인 줄 알겠는가? 예가 그와 같기에 내가 그것을 받아들이니, 내 욕구와 감정이 예 안에서 안정된다[情安禮]. 스승이 그와 같이 말하므로 내가 그것을 받아들이니, 내 앎이 스승과 같아지게 된다. 욕구와 감정이 예 안에서 안정되고, 앎이 스승과 같아지면, 이것이 곧 성인인 것이다.[198]

이 인용문에서 드러나고 있듯이, 개인의 욕구와 감정은 스승의 지도를 받아 예를 옳다고 인정하여 받아들임으로써, 예에 의해 올바른 방향을 잡아 편안하게 될 수 있다. 곧 "사람이 욕구를 가지고 있다고 해서 혼란에 빠지거나 욕구가 모두 없어진다고 해서 수양이 잘되는 것도 아니고, 욕구가 많다고 해서 혼란에 빠지거나 욕구가 적어진다고 해서 수양이 잘되는 것도 아니다."[199] 다만 예에 따라 욕구를 올바르게 인도함으로써, 예의 체계에 맞도록 욕구와 감정을 추구하여 정안례를 이루는 일, 이것이 바로 순자가 보는 수양의 목표인 것이다.

⑶ 정안례의 길: 성실함과 참기(參己) 및 억강보약(抑强補弱)

이상에서 보듯이, 예를 바르게 인식하여 이에 따라 욕구와 감정을 바르게 인도하고, 그 추구를 절제함으로써 예를 편안하게 받아들이는 일이 순자가 보는 수양의 핵심이다. 이러한 수양은 예를 밝고 자세하게 인식하여 체득하는 체도(體道)를 전제로 한다. 곧 순자의 체도론은 예의 인식과 이의 수용을 근거로 하여 성립하는 것이다. 그렇다면, 이러한 예를 인식하여 올바른 것으로 받아들이기 위해 구체적으로 해야 할

198 禮者所以正身也 師者所以正禮也 無禮何以正身 無師吾安知禮之爲是也 禮然而然 是情安禮也 師云而云 則是知若師也 情安禮 知若師 則是聖人也 (修身 36-37)

199 有欲無欲異類也 生死也 非治亂也 欲之多寡異類也 情之數也 非治亂也 (正名 20)

일은 무엇인가?[200]

성실함과 참기(參己) 순자가 자기를 닦는 방법으로 강조하고 있는 것은 참됨을 견지하는 성실함[誠]이다. 성실하게 자기를 닦음으로써, 자기의 본성을 변화시켜 도와 일체를 이룰 수 있다는 것이 순자의 주장이다.

> 군자가 마음을 기르는 데에는 성실함[誠]보다 더 좋은 방법은 없다. 성실함이 지극하게 되면, 다른 일은 필요 없는 것이다. 이는 오로지 인(仁)을 지키고, 의(義)를 행하는 일이다. 마음을 성실하게 하여 인을 지키면 겉으로 드러나게 되고, 겉으로 드러나면 신묘한 힘을 가지게 되며, 신묘한 힘을 가지면 능히 내적으로 감화가 이루어진다.

200 순자의 인성론에서 특이한 점은 공자와 맹자는 인간의 덕성 주체적인 측면만을 강조하고 있는데 반해, 순자는 인간의 덕성 주체적인 측면만이 아니라 지성 주체적인 측면도 이에 못지않게 강조하고 있다는 사실이다(김승혜, 1990, pp. 233-242; 牟宗三, 1979, pp. 224-225; 정인재, 1981; 蔡錦昌, 1989, pp. 55-94; 蔡仁厚, 1984, pp. 405-428; 黃公偉, 1974, pp. 454-458). 그러나 그에게서도 이러한 지적 능력을 통해 사람이 인식해야 할 가장 중요한 것은 "다른 동물과는 달리 인간만이 본유하고 있는 도덕성"(水火有氣而無生 草木有生而無知 禽獸有知而無義 人有氣有生有知 亦且有義 故最爲天下貴也, 王制 20; 人之所以爲人者 非特以其二足而無毛也 以其有辨也 夫禽獸有父子 而無父子之親 有牝牡 而無男女之別 故人道莫不有辨, 非相 9-10)이다. 이러한 도덕성의 인식은 상황에 맞는 도덕적 행위의 선택과 이를 기초로 한 도덕성의 일상적 실천의 근거로서 중요하다는 것이 순자의 기본 입장인 것이다(然而塗之人也 皆有可以知仁義法正之質 皆有可以能仁義法正之具 然則其可以爲禹明矣……今塗之人者 皆內可以知父子之義 外可以知君臣之正 然則其可以知之質 可以能之具 其在塗之人明矣, 性惡 13-14). 필자가 앞선 책(조긍호, 2008, pp. 434-450)에서 순자의 수양론을 진술하면서, 蒙培元(1990/1996, p. 178)과 김승혜(1990, p. 259)를 따라 지적 인식의 "크고 맑고 밝은 상태"(大淸明)를 강조하는 허일이정(虛壹而靜)과 이를 통한 "지적 편향의 탈피"(解蔽 11-13)를 언급(pp. 440-444)한 것은 이러한 근거에서였다. 그러나 이는 지적 인식능력의 기능 함양의 문제에 국한되는 것으로, 인격 전반의 수양과는 어느 정도 거리가 있는 것이라 보아, 여기에서는 제외하기로 하였다.

마음을 성실하게 하여 의를 행하면 이치에 맞게 되고, 이치에 맞으면 밝게 되며, 밝아지면 능히 외적으로 개조가 이루어진다. 내적 외적으로 변화가 교대로 일어나는 것을 일러 천덕(天德)이라 한다……천지가 아무리 위대할지라도 성실하지 않으면 만물을 화육하지 못하고, 성인이 아무리 지혜로울지라도 성실하지 않으면 만민을 감화시키지 못하며, 부모와 자식이 아무리 친할지라도 성실하지 않으면 소원해지고, 임금이 아무리 존귀할지라도 성실하지 않으면 비천하게 될 것이다. 무릇 성실함은 군자가 지키는 바이고, 또한 사람 다스리는 일[政事]의 근본인 것이다.[201]

이 인용문은 양심(養心)의 방법인 성실함의 효험에 대해서 말하고 있다. 순자는 여기서 양심의 방법인 성실함을 "일종의 정신 상태 혹은 심리 상태라고 생각했지, 결코 도덕 원칙이나 형이상학적인 존재라고는 생각하지 않았다."[202] 곧 성실함은 "인간의 전체적인 삶의 자세"[203]로서, 이를 통해 "오랫동안 선으로 옮겨가서 그 처음의 상태로 돌아가지 않는"[204] 화성(化性) 곧 성위지합이 이루어질 수 있다고 보는 것이다. 이렇게 순자는 "수양의 가장 중요한 길로 천지인이 모두 함께 나누는 덕인 성실함을 다하도록 권고하는 것이다."[205]

그렇다면, 사람이 성실하게 한결같이 해야 할 일은 무엇인가? 위의

---

201 君子養心 莫善於誠 致誠則無它事矣 唯仁之爲守 唯義之爲行 誠心守仁則形 形則神 神則能化矣 誠心行義則理 理則明 明則能變矣 變化代興 謂之天德……天地爲大矣 不誠則不能化萬物 聖人爲知矣 不誠則不能化萬民 父子爲親矣 不誠則疏 君上爲尊矣 不誠則卑 夫誠者君子之所守也 而政事之本也 (不苟 11-13)

202 蒙培元, 1990/1996, p. 177.

203 김승혜, 1990, p. 259.

204 長遷而不反其初 則化矣 (不苟 13)

205 김승혜, 1990, p. 259; 蒙培元, 1990/1996, pp. 177-179.

인용문에서는 이를 "인을 지키고 의를 행하는 일"이라 제시하고 있다. 이러한 인의는 순자에게서는 예의로 통합될 수 있는 것이다.[206] "성실함을 드러내고 거짓을 제거하는 것, 이것이 바로 예의 핵심"[207]이라는 순자 자신의 진술에서도 예의가 바로 성실함을 드러내는 근거임을 볼 수 있다. 이러한 맥락에서 생각해 보면, "인을 지키고 의를 행하는 일"은 곧 "예의를 지키고 행하는 일"로 귀결된다. 즉 예의를 인식하고 실천하는 일이 곧 성실함을 한결같이 견지하는 일이 되는 것이다.

이러한 예의는 인도(人道)의 표준[208]으로, 자기 몸을 바르게 하는 도구[209]이다. 그러므로 예의에 한결같이 한다는 것은 곧 항상 자기를 돌아보아 자기 몸을 바르게 한다는 의미이다. 순자는 이러한 자기반성의 자세를 "자기에게 참험하여 본다"는 참기(參己) 또는 "자기를 살펴본다"는 자성(自省)이라 표현하고 있다. 그는 이러한 논지를 "군자가 널리 배우고, 이를 매일 자기에게 참험하여 살펴보면, 예를 밝게 깨닫게 되고, 일상생활의 제반 행위에 아무런 잘못도 없게 될 것"[210]이라거나, "남이 착

206 張其昀, 1984, p. 157, 186; 김승혜, 1990, pp. 261-271: 순자에게서 仁義가 禮義로 통합될 수 있다는 사실은 《荀子》에서 義를 仁과 연용해서 사용한 경우(32회, 22%)보다는 禮와 연용해서 사용한 경우(112회, 78%)가 압도적으로 많다(《荀子引得》 참조)는 점에서도 드러나고 있다.

207 著誠去僞 禮之經也 (樂論 7)

208 禮者人道之極也 (禮論 13)

209 禮者所以正身也……無禮何以正身 (修身 36)

210 君子博學 而日參省乎己 則智明而行無過矣 (勸學 2): 《荀子集解》에 인용된 俞樾은 본문 중 省乎 두 글자는 본래는 없었던 것으로, 후대인들이 參을 三으로 읽어 《論語》 學而 4장의 吾日三省吾身에 의거하여 잘못 첨가한 것으로 보고 있다. 따라서 그는 參을 驗의 뜻으로 보아, 參己를 "자기에게 참험하여 살펴본다" 또는 "자기에게 비추어 살펴본다"의 의미로 풀이하고 있다. 또한 그는 智도 知의 오자로 보아 智明을 知明으로 풀이하고 있다. 여기서는 이러한 俞說을 따랐다.

한 것을 보거든 마음을 가다듬어 반드시 스스로 내 자신을 돌이켜 보고, 남의 착하지 않은 것을 보거든 걱정스럽게 혹시 나에게도 그러한 결점이 없나 스스로 살펴보아야 한다"[211]는 진술에서 드러내고 있다. 누구나 예를 높여서 이를 바른 표준으로 삼은 다음에, 안으로 스스로를 살펴서 자기의 본분을 다하도록 노력하는 것이 바로 예법(禮法)의 핵심[212]이기 때문이다.

억강보약(抑强補弱)과 중도(中道) 순자가 수양의 방법으로 한 가지 더 제시하고 있는 것은 "인간의 혈기(血氣), 곧 협의의 인간 본성으로서의 욕(欲)"[213]을 다스리는 치기(治氣)이다. 여기서 기는 욕구만이 아니라, 일상생활에서의 행동 양식도 모두 가리키는 것이다. 순자는 이러한 치기에 대해 다음과 같이 제시하고 있다.

> 기를 다스리고 마음을 키우는 방법[治氣養心之術]은 혈기가 너무 강하면 조화를 이루어 줌으로써 부드럽게 하고, 생각이 너무 깊이 빠지게 되면 평이하고 곧은 도로써 하나로 통일시켜 준다. 용기와 담력이 너무 거세면 인도하고 훈도하여 도와주고, 행동이 지나치게 빠르면 움직임을 묵중하게 하여 조절하도록 해준다. 뜻이 좁고 작으면 넓고 크게 하여 틔워 주고, 자기를 지나치게 비하하고 이익을 너무 탐하면 높은 뜻을 갖게 하여 고취시켜 준다. 재능이 용렬하면 스승과 좋은 벗을 사귀어 구습을 버리도록 해주고, 지나치게 게

211 見善 修然必以自存也 見不善 愀然必以自省也 (修身 22): 《荀子集解》에서는 修然必以自存也의 存도 "살펴본다"는 省의 의미로 풀고 있다.

212 君臣上下 貴賤長幼 至于庶人 莫不以是爲隆正 然後皆內自省 以謹於分 是百王之所以同也 而禮法之樞要也 (王霸 25)

213 김승혜, 1990, p. 246.

> 으르고 자포자기하면 화와 재난이 닥치리라는 사실을 깨우쳐 주며, 지나치게 고지식하여 트이지 못하였으면 예악으로써 통합하도록 해준다. 무릇 치기양심지술은 예에 따르는 것보다 빠른 길이 없고, 스승을 얻어 감화를 받는 것보다 긴요한 일이 없으며, 예를 좋아하여 이에 전일하는 것보다 더 신통한 길이 없는 것이다.[214]

이 인용문에서 순자가 제시하고 있는 치기의 방법은 예를 통해서 너무 강한 것은 억누르고, 너무 약한 것은 보충해 줌으로써[抑强補弱] 조화를 이루도록 하여, 도 곧 예에 합치되도록 하는 것이다. 이렇게 예를 통해 억강보약(抑强補弱)함으로써 조화를 이루어 도에 합치되도록 치기할 수 있는 것은 "예의가 곧 중도(中道)"[215]로서, "예란 긴 것을 잘라내어 짧은 것을 이어주고, 남는 것을 덜어내어 부족한 것에 보태주는 체계이어서……올바름을 행하는 아름다움이 크게 이루어지도록 해 주기"[216] 때문이다.

이와 같이 예는 중도의 체계이므로, 이에 의해 넘치는 것은 억누르고 모자라는 것은 보충하여, 욕구와 행위의 올바름을 얻도록 하는 일이 곧 치기의 핵심이다. "무릇 사람이 좋아하는 것을 취하려 함에 있어서

---

214 治氣養心之術 血氣剛彊 則柔之以調和 知慮漸深 則一之以易良 勇膽猛戾 則輔之以道順 齊給便利 則節之以動止 狹隘褊小 則廓之以廣大 卑濕重遲貧利 則抗之以高志 庸衆駑散 則刦之以師友 怠慢僄弃 則炤之以禍災 愚款端慤 則合之以禮樂通之以思索 凡治氣養心之術 莫徑由禮 莫要得師 莫神一好 (修身 27-29): 《荀子集解》에서는 知慮漸深의 漸을 潛으로, 通之以思索을 衍文으로 보고 있다. 이 인용문에서 "순자는 '치기양심지술'을 논하고 있지만, 여기서는 치기에 중점을 두고, 양심에 대해서는 적극적인 설명이 없다"(蔡仁厚, 1984, p. 486). 따라서 이 인용문은 전적으로 치기의 방법에 대해 논하고 있는 것이다.

215 曷謂中 禮義是也 (儒效 9)

216 禮者斷長續短 損有餘 益不足……而滋成行義之美者也 (禮論 20)

는 그 취하려 하는 것에 순수하지 않은 것도 끼어 오게 마련이고, 싫어하는 것을 버리려 함에 있어서는 그 버리려 하는 것에 나쁜 것만이 아니라 좋은 것도 끼어서 버려지기 마련이므로, 사람은 항상 이를 달아볼 수 있는 저울을 갖추고 있지 않아서는 안 된다"[217]고 순자는 본다. 이러한 저울은 바로 인도의 표준인 예의이다.[218] 예의를 기준으로 하여 욕구와 행위를 지도하고 조절해야 한다는 사실을 순자는 다음과 같이 진술하고 있다.

> 좋아할 만한 것을 보거든 반드시 앞뒤로 그 싫어할 만한 점이 없는지 생각해 보고, 이로울 만한 것을 보거든 반드시 앞뒤로 그 해로움을 끼칠 만한 점이 없는지 생각해 보아서, 그 득실을 두루 저울질하고 깊이 생각해 본 다음, 좋아하거나 싫어하고, 취하거나 버릴 것을 결정해야 한다. 이렇게 하면, 언제나 잘못에 빠지지 않을 것이다.[219]

이렇게 인간의 욕구와 행위는 모두 복합적이어서[220] "도(道)에 따라 욕구를 제어하면[以道制欲] 즐거움이 따를 뿐 혼란스럽지 않으며, 욕구만을 따름으로써 도를 잊게 되면[以欲忘道] 만물에 현혹되어 즐거움이 없어지므로",[221] 인도의 표준인 예의에 따라 욕오(欲惡)와 취사(取舍)의

217 凡人之取也 所欲未嘗粹而來也 其去也 所惡未嘗粹而往也 故人無動而不可以不與權俱 (正名 24): 《荀子集解》에서는 不可以不與權俱의 不可以를 衍文이라 본다.

218 人道의 표준인 禮를 저울이라 표현하는 것은 《荀子》 전체에서 산견된다: 儒效 38(禮者人主之所以爲群臣寸尺尋杖檢式也), 王覇 11(禮之所以正國也 譬之猶衡之於輕重也), 致仕 19(禮者節之準也), 解蔽 10(兼陳萬物 而中縣衡焉…何謂衡 曰道), 正名 25(道者古今之正權也) 등에서 그 예를 찾아볼 수 있다.

219 見其可欲也 則必前後慮其可惡也者 見其可利也 則必前後慮其可害也者 而兼權之熟計之 然後定其欲惡取舍 如是則常不失陷矣 (不苟 17)

220 김승혜, 1990, p. 246.

221 以道制欲 則樂而不亂 以欲忘道 則惑而不樂 (樂論 7)

양단을 함께 고려함으로써, 욕구를 지도하고 조절해야 한다는 것이 순자의 생각인 것이다. 곧 예에 따라 억강보약하는 일은 예에 의해 중도를 취하는 태도를 말하는 것이다.

4. 조선조 성리학의 수양론: 거경론(居敬論)

이기적 욕구와 사적 감정을 억제하는 자기통제에 기반을 두고 자기개선을 통해 이상적 상태의 인간에 이르고자 하는 이러한 선진유학자들의 수양론은 이후 유학적 수양론의 전범이 되어 왔다. 윤리학적 체계나 통치이념의 체계에 머물고 있었던 선진유학 사상에 형이상학적 근거를 마련함으로써 굳건한 존재론적 토대를 가진 철학의 반열에 올려놓은 신유학(新儒學)에서도 공자 · 맹자 · 순자 등 선진유학자들의 수양론을 그대로 물려받고 있는 것이다.

신유학자들, 특히 조선(朝鮮)조 성리학(性理學)자들의 수양론은 한마디로 거경론(居敬論)이라고 부를 수 있다. 거경은 경(敬) 상태에 머물러 생물적 이기적 욕구와 사적 감정을 억제하고 도덕적 욕구와 타인지향적 감정 상태로 승화할 수 있는 근거가 되는 마음가짐 및 삶의 자세를 말하는 것이다. 이러한 "경(敬)은 마음의 주재로서, 온갖 일의 근본이 되는 것"[222]이어서, "경은 성인이 되고자 하는 학문[聖學: 유학 전체를

222 敬者一心之主宰 而萬事之本根也 (《退溪全書 一》, 聖學十圖, 大學經 203): 이는 成均館大學校 大東文化研究院 刊(1997) 《退溪全書》 제1권의 聖學十圖 중 大學經의 p. 203을 가리킨다. 앞으로 退溪의 인용은 이 예를 따른다; 蓋心者一身之主宰 而敬又一心之主宰也 (《退溪全書 一》, 聖學十圖, 心學圖說 208); 爲學莫如先立其

가리킴]의 처음이자 마지막이 되는 요체"[223]라는 데에 조선조 성리학의 쌍벽인 퇴계(退溪 李滉, 1501~1570)와 율곡(栗谷 李珥, 1536~1584)의 생각이 일치하고 있다. 이러한 경 상태에 머무르는 거경(居敬)의 목표에 대해서 퇴계는 다음과 같이 간결하게 표현하고 있다.

> 대체로 마음을 다잡는 공부[心學]의 방법은 비록 많지만, 그 요점을 종합해서 말하면, 사람의 욕구를 억제하고[遏人欲] 천리를 보존하는[存天理] 두 가지에 불과하다……무릇 욕구를 억제하는 일은 인심(人心)의 측면에 속하는 것이고, 천리를 보존하는 일은 도심(道心)에 속하는 것이라 할 수 있다.[224]

이것이 유명한 퇴계의 "알인욕(遏人欲) · 존천리(存天理)"의 입장인데, 율곡도 같은 관점을 다음과 같이 피력하고 있다.

> 대체로 인심은 마구 자라나도록 해서는 안 되며, 이를 절제하고 단속하는 일을 중히 여겨야 하고, 도심은 마땅히 간직하고 길러내야 하며, 이를 미루어 나가고 넓히는 일을 아름답게 여겨야 한다.[225]

主宰 曰 何如可以能立其主宰乎 曰 敬可以立主宰 (《退溪全書 四》, 言行錄一, 論持敬 175)

223 敬之一字 豈非聖學始終之要也哉 (《退溪全書 一》, 聖學十圖, 大學經 203); 敬爲聖學之始終 豈不信哉 (《退溪全書 一》, 聖學十圖, 敬齋箴 210); 敬者聖學之始終也 (《栗谷全書 一》, 聖學輯要, 修己上, 收斂章 431): 이는 成均館大學校 大東文化研究院 刊(1971) 《栗谷全書》 제1권의 聖學輯要 중 修己上의 收斂章 p. 431을 가리킨다. 앞으로 栗谷의 인용은 이 예를 따른다.

224 大抵心學雖多端 總要而言之 不過遏人欲存天理兩事而已……凡遏人欲事當屬人心一邊 存天理事當屬道心一邊 可也 (《退溪全書 二》, 書, 答李平叔 259)

225 大抵人心不可滋長 而節約爲貴 道心宜保養 而推廣爲美也 (《栗谷全書 二》, 語錄上 232)

여기서 인심(人心)은 생물적 이기적 욕구를 말하고, 도심(道心)은 도덕적 욕구를 말하는 것이지만, 인심에는 자기지향적인 사적 감정인 칠정(七情)이 포함되고, 도심에는 타인지향적 감정인 사단(四端)이 포함되는 것으로 볼 수 있다.[226] 그러므로 "알인욕"은 생물적 이기적 욕구와 사적 감정을 억제하는 일을 말하고, "존천리"는 도덕적 욕구와 타인지향적 감정을 간직하여 욕구와 감정의 승화를 이루는 일을 말하는 것이다. 이렇게 보면, 거경론은 이기적 욕구와 사적 감정의 억제[遏人欲]를 초점으로 하여, 욕구와 감정의 승화[存天理]를 통해 이상적 인격[君子 · 聖人]에 이르는 일을 목표로 삼고 있는 이론체계라 할 수 있을 것이다.[227]

1) 알인욕(遏人欲): 이기적 욕구와 사적 감정의 억제

인심도심설(人心道心說)에 따르면, 인심이란 사람의 생물적 특징에서 나오는 이기적 욕구[形氣之私]의 근원이다. 이를 퇴계는 "인심은 욕

226 退溪와 栗谷은 도심(道心)이 곧 순선(純善)인 사단(四端)이라고 본다는 점에서는 생각이 같다. 그러나 양자의 인심(人心)과 칠정(七情)의 관계에 대한 생각은 다르다. 즉, 退溪는 人心은 곧 七情이라고 보는 데 반해(人心七情是也 道心四端是也, 《退溪全書 二》, 書, 答李宏仲問目 226; 人心爲七情 道心爲四端……二者之爲七情四端固無不可, 《退溪全書 二》, 書, 答李平叔 259), 栗谷은 七情에는 본래 四端이 포함되므로, 따라서 이에는 人心과 道心이 섞여 있다고 본다(四端不能兼七情 而七情則兼四端, 《栗谷全書 一》, 書, 答成浩原 192; 若七情則已包四端在其中 不可謂四端非七情 七情非四端也……七情之外 更無四端矣 然則 四端專言道心 七情合人心道心而言之也, 《栗谷全書 一》, 書, 答成浩原 199; 七情則人心道心善惡之摠名也……四端卽道心及人心之善者也……論者或以四端爲道心 七情爲人心 四端固可謂之道心矣 七情豈可只謂之人心乎 七情之外無他情 若偏指人心 則是擧其半 而遺其半矣, 《栗谷全書 一》, 說, 人心道心圖說 283). 이러한 양자의 차이에 대해서는 한덕웅(1994, pp. 123-127; 1999. pp. 197-204, 218-222) 참조.

227 이 절은 졸저(조긍호, 2017a)에 진술된 성리학의 욕구이론인 人心道心說(pp. 302-319)과 정서이론인 四端七情說(pp. 377-387)의 내용을 결합하여 구성하였다.

구에 눈을 뜬 것"[228]이라거나, "인심이란 사람 욕구[人欲]의 근본이고, 인욕(人欲)이란 인심이 흘러내린 것"[229] 또는 "인심이란 말은 이미 도심과 상대해서 성립되는 것으로, 자기 몸의 이기적 측면에 속하는 것"[230]이라고 하여, 인심이 생물적 욕구와 이기적 욕구의 근원임을 확실히 하고 있다. 같은 입장을 율곡은 "배고프면 먹을 것을 바라고, 힘들면 쉬기를 바라고, 정기가 강하면 이성을 생각하는 것 같이 몸의 쾌락을 위하여 발동하는 욕구를 인심이라 한다"[231]고 구체적으로 표현하고 있다.

이렇게 인심은 생물적 이기적 욕구의 근원으로서, 이를 추구하면 여러 가지 폐단에 빠지게 되므로, 이를 억제하고 도덕적 욕구의 근원인 도심을 보존하도록 해야 한다는 것이 인심도심설의 주장이다. "사람이 착하지 못하게 되는 것은 욕구의 꾀임을 받게 되기 때문인데, 욕구의 꾀임에 빠졌음에도 이를 알지 못하면, 천리(天理: 도덕적 욕구, 도덕성의 근거)가 모두 없어져도 돌아올 줄 모르거나"[232] 그 본심을 잃어서 뜻을 빼앗기는 지경[233]에 빠지고 마는 것이다.

이러한 폐단에 빠지지 않기 위해서는 인심을 억제해야 하는데, 퇴

---

228 人心卽覺於欲者……實以生於形氣 則皆不能無人心 (《退溪全書 一》, 聖學十圖, 心學圖說 208)

229 人心者 人欲之本 人欲者 人心之流 (《退溪全書 二》, 書, 答僑姪問目 307)

230 人心之名 已與道心相對而立 乃屬自家體段上私有底 (《退溪全書 二》, 書, 答李平叔 259)

231 情之發也 有爲道義而發者 如欲孝其親 欲忠其君 見孺子入井而惻隱 見非義而羞惡 過宗廟而恭敬之類 是也 此則謂之道心 有爲口體而發者 如飢欲食 寒欲衣 勞欲休 精盛思室之類 是也 此則謂之人心 (《栗谷全書 一》, 說, 人心道心圖說 282)

232 甚哉 慾之害人也 人之爲不善 欲誘之也 誘之而弗知 則至於滅天理而不反 (《栗谷全書 一》, 聖學輯要, 修己中, 矯氣質章 467)

233 欲如口鼻耳目四肢之欲 雖人之所不能無 然多而不節 未有不失其本心者……凡百玩好皆奪志 (《栗谷全書 一》, 聖學輯要, 修己中, 養氣章 469)

계는 이를 "알인욕"(遏人欲)이라 표현하고 있다.[234] 율곡도 "평상시에 엄숙하고 삼가함으로 자신을 지켜서, 생각이 떠오를 때마다 그것이 어디에서 연유하고 있는지를 잘 살펴야 한다. 그래서 만일 그것이 생물적 이기적 욕구[人心]에서 발동되었음을 알게 되면, 힘을 다하여 이를 이기고 다스려서, 이것이 자라나지 않도록 해야 한다"[235]라고 말하여, 똑같은 견해를 밝히고 있다.

이렇게 억제해야 할 인심에는 생물적 이기적 욕구만이 있는 것이 아니라, "외부의 사물이 감각기관을 자극하여, 곧 외부 사물에 의해 유발되는 칠정(七情)"[236]도 인심에 속한다는 것이 퇴계의 생각이다.[237] 사단(四端)과 칠정을 엄격히 구분하는 퇴계(사단은 도심; 칠정은 인심)에 비해, 율곡은 다양한 정서 가운데 칠정이 더 포괄적인 것으로서 사단은 칠정에 포함되지만[七包四], 다만 각 정서를 느껴야 할 때[所當] 당연히 해당 정서를 느끼는 당위적인 착한 정서일 뿐이라는 것이다.[238]

---

234 凡遏人欲事當屬人心一邊 存天理事當屬道心一邊 可也 (《退溪全書 二》, 書, 答李平叔 259)

235 惟平居 莊敬自持 察一念之所從起 知其爲聲色臭味而發 則用力克治 不使之滋長 知其爲仁義禮智而發 則一意持守 不使之變遷 (《栗谷全書 一》, 聖學輯要, 修己上, 窮理章 453)

236 喜怒哀懼愛惡欲 何從而發乎 外物觸其形而動於中 緣境而出焉爾 (《退溪全書 一》, 書, 答奇明彦 406)

237 人心七情是也 道心四端是也 (《退溪全書 二》, 書, 答李宏仲問目 226); 人心爲七情 道心爲四端 (《退溪全書 二》, 書, 答李平叔 259)

238 夫人之情 當喜而喜 臨喪而哀 見所親而慈愛 見理而欲窮之 見賢而欲齊之者 (已上喜哀愛欲 四情) 仁之端也 當怒而怒 當惡而惡者 (怒惡 二情) 義之端也 見尊貴而畏懼者 (懼情) 禮之端也 當喜怒哀懼之際 知其所當喜 所當怒 所當哀 所當懼 (此屬是) 又知其所不當喜 所不當怒 所不當哀 所不當懼者 (此屬非 此合七情 而知其是非之情也) 智之端也 善情之發 不可枚擧 大槪如此 若以四端準于七情 惻隱屬哀 羞惡屬惡 恭敬屬懼 是非屬于其當喜怒與否之情也 七情之外更無四端矣 (《栗谷全書 一》, 書, 答成浩原 199)

퇴계는 칠정은 외부 사물의 자극에 따라 발동하는 정서이기 때문에, "선악이 정해지지 않은 것"[239]이거나 "본래는 선하지만 악으로 흐르기 쉬운 것"[240]이라 보고 있다. 칠정의 발동이 중도에 맞지 않아 그 이(理)를 잃게 되면, 악하게 된다는 것이다. 곧 인간이 악하게 되는 원천 가운데 하나가 칠정이 그 이치를 잃는 것에 있다고 퇴계는 본다. 율곡도 칠정에는 선 · 악이 혼재해 있다고 본다. 그는 "칠정은 이기적인 마음[人心]과 착한 마음을 합하여 말하는 것"[241]이라고 하여, 이러한 견해를 표명하고 있다. 이렇게 선 · 악이 혼재해 있는 칠정이 악으로 흐르게 되는 것은, 칠정을 마땅히 느껴야 할 때[所當]와 느끼지 말아야 할 때[所不當]를 분명히 구분하지 못하고 혼동하기 때문이라는 것이다.[242]

이렇게 성리학자들은 칠정이 사람을 악으로 흐르게 하는 가능성이 있기 때문에, 이는 될 수 있는 대로 억제되어야 한다고 본다. 칠정이 악으로 흐를 가능성이 높아지는 것은, 이것이 외부 대상에 의해 유발되는 타율적인 정서라는 점, 그리고 포부 · 기대 · 욕구 같은 자기의 현재 상태를 기준으로 하여 유발되는 자기중심적 정서인 만큼 이기적 욕구와 결합될 가능성이 높아진다는 점 때문이다. 그러므로 이러한 자기중심적인 타율적 정서는 성덕을 지향하는 과정에서 방해가 되거나 부정적

---

239 七情善惡未定也 (《退溪全書 一》, 書, 答奇明彦 406)

240 七情本善而易流於惡 (《退溪全書 一》, 書, 答奇明彦 412)

241 若七情則已包四端在其中 不可謂四端非七情 七情非四端也……七情之外 更無四端矣 然則 四端專言道心 七情合人心道心而言之也 (《栗谷全書 一》, 書, 答成浩原 199); 七情則人心道心善惡之摠名也……四端卽道心及人心之善者也……論者或以四端爲道心 七情爲人心 四端固可謂之道心矣 七情豈可只謂之人心乎 七情之外無他情 若偏指人心 則是擧其半 而遺其半矣 (《栗谷全書 一》, 說, 人心道心圖說 283)

242 《栗谷全書 一》, 書, 答成浩原 199.

인 영향을 미치므로, 철저히 통제하고 조절해야 한다는 것이 성리학자들의 공통된 견해인 것이다.

이렇게 거경의 핵심으로서의 "알인욕"은 생물적 이기적 욕구와 외부 사물에 의해 유발되는 칠정과 같은 타율적 정서를 억제하는 일이다. 이러한 사(私)적 욕구와 감정의 추구는 개인으로 하여금 불선(不善)이나 악(惡)으로 흐를 가능성을 높여, 사회관계의 조화를 해치고 인격 수양에 해를 끼치기 때문이다.

2) 자기억제: 이상적 인격 함양의 전제

성리학의 욕구이론인 인심도심설이 기대고 있는 첫 번째 논거는 인심은 사람의 생물적 특성에서 나오는 이기적 욕구[形氣之私]의 근거이고, 도심은 사람의 본성에 뿌리를 두고 있는 바른 도덕적 욕구[性命之正]의 근거로서, 이 두 가지는 성인과 어리석은 사람을 가릴 것 없이 사람이면 누구나 다 가지고 있다는 퇴계의 주장이다.[243] 이러한 사실을 율곡은 "무릇 좋은 소리 · 색깔 · 냄새 · 맛에 대한 욕구를 인심이라 하고, 인의예지(仁義禮智)에 대한 지향을 도심이라 한다"[244]거나 "군주에게 충성하고 어버이에게 효도하는 것 같은 종류는 도심이고, 배고프면 먹기

---

243 赤子心 是人欲未汨之良心 人心卽覺於欲者 大人心 是義理具足之本心 道心卽覺於義理者 此非有兩樣心 實以生於形氣 則皆不能無人心 原於性命 則所以爲道心(《退溪全書 一》, 聖學十圖, 心學圖說 208)

244 夫聲色臭味之類 所謂人心也 仁義禮智之類 所謂道心也 (《栗谷全書 一》, 聖學輯要, 修己上, 窮理章 453)

를 바라고 추우면 옷 입기를 바라는 것 같은 종류는 인심이다"[245]라는 등으로 똑같은 생각을 여러 곳에서 표현하고 있다.

이 가운데에서 "도심은 순전히 천리(天理)일 뿐이어서, 이에는 선(善)만 있고 악(惡)은 없지만, 인심에는 천리도 있고 인욕(人欲)도 있어서, 이에는 선도 있고 악도 있다"[246]는 것이 이들의 생각이다. 이렇게 도심이 순수한 선[純善]인 까닭은 도심이 곧 인성(人性)의 중핵인 사단(四端)이기 때문이다.[247] 따라서 선악 혼재 상태인 인심(생물적 이기적 욕구)보다 순선 상태인 도심(도덕적 욕구)이 중핵적인 인간의 욕구 상태가 되어야 한다는 것이 조선조 성리학자들의 관점이었는데, 이 점은 선진유학자들의 견해와 동일한 것이다.

성리학자들의 정서이론인 사단칠정설의 기본 논거도 역시 "칠정은 외부 사물이 감각기관을 자극하여 나오는 것, 곧 외부 사물에 의해 유발되는 것이지만, 사단은 마음속에 간직하고 있는 인의예지(仁義禮智)의 본성에서 나오는 것"[248]이라는 주장이다. 따라서 칠정은 인심에 속하는 것이어서 "선 · 악 혼재"이지만,[249] "사단은 모두 선하기만

245 忠於君 孝於親之類 道心也 飢欲食 寒欲衣之類 人心也 (《栗谷全書 二》, 語錄上 231)

246 道心純是天理 故有善而無惡 人心也 有天理也 有人欲 故有善有惡 (《栗谷全書 一》, 說, 人心道心圖說 282)

247 人心七情是也 道心四端是也 (《退溪全書 二》, 書, 答李宏仲問目 226); 人心爲七情 道心爲四端 (《退溪全書 二》, 書, 答李平叔 259); 四端專言道心 七情合人心道心而言之也 (《栗谷全書 一》, 書, 答成浩原 199; 論者或以四端爲道心 七情爲人心 四端固可謂之道心矣 七情豈可只謂之人心乎 (《栗谷全書 一》, 說, 人心道心圖說 283)

248 惻隱羞惡辭讓是非 何從而發乎 發於仁義禮智之性焉爾 喜怒哀懼愛惡欲 何從而發乎 外物觸其形而動於中 緣境而出焉爾 (《退溪全書 一》, 書, 答奇明彦 406)

249 七情善惡未定也 (《退溪全書 一》, 書, 答奇明彦 406); 七情本善而易流於惡 (《退溪全書上 一》, 書, 答奇明彦 412)

한 것"[250]이라는 것이 퇴계의 입장이다. 또한 율곡은 측은은 희(喜)·애(哀)·애(愛)·욕(欲)의 순선자(純善者), 수오는 노(怒)·오(惡)의 순선자, 사양은 구(懼)의 순선자, 그리고 시비는 이러한 칠정의 소당(所當)과 소부당(所不當)을 아는 순선자라고 보아[251] 같은 견해를 드러내고 있다.

성리학자들의 관점에서 도심은 곧 순선(純善)인 사단과 같은 것이다. 퇴계는 "도심은 마음의 본체를 가지고 말하여 시종(始終)과 유무(有無)를 관통하는 것이고, 사단은 마음의 단서를 가지고 말하여 마음이 발현되는 데에 나아가 그 단서를 가지고 말한 것이다"[252]라고 하여, 사회적 대상인 다른 사람을 대상으로 도심이 발하여 나타난 정(情)이 곧 사단임을 지적하고 있다. 사단은 대인관계에서 다른 사람을 지향 대상으로 하여 나타나는 사회적 정서이다.[253] 그러므로 도심은 사회관계에서 다른 사람을 목표 대상으로 하여 나타나는 욕구와 정서의 본체가 되는 마음 상태라고 볼 수 있다.

이상에서 보듯이, 인의예지를 지향하는 도덕적 욕구가 인간의 가장 중핵적인 욕구이고, 사단과 같이 타인을 지향 대상으로 하는 선한 정서가 인간의 중핵적인 정서이며, 이 두 가지 착한 욕구와 감정의 근원인 도심이 실생활에서 함양되고 권장되어야 할 마음의 본체라는 것이 성리학자들이 제시하는 수양론의 기본 논지이다. 거경은 바로 이렇게 선한 본성을 간직함으로써 이상적 인격의 상태에 접근하는 삶의 자

250 四端皆善也 (《退溪全書 一》, 書, 答奇明彦 406, 412)

251 《栗谷全書 一》, 書, 答成浩原 199.

252 道心以心言 貫始終而通有無 四端以端言 就發見而指端緖 (《退溪全書 二》, 書, 答李平叔 259)

253 정양은, 1970/2005b, pp. 195-200.

세인 것이다.

3) 존천리(存天理): 인격 함양의 길

성리학자들은 생물적 이기적 욕구의 근원인 인심의 폐단에서 벗어나는 일은 단순히 이를 억제하거나 절제하는 일에만 머물러서는 안 되고, 도심으로 이를 제어함으로써 도심의 주재가 이루어지도록 해야 한다고 주장한다. 이것이 바로 존천리(存天理)의 논지이다. 퇴계는 "인심이란 도심과 상대해서 성립하는 것으로, 사람 몸의 이기적 측면에 속한 것이어서, 이렇게 인심은 이미 이기적인 한 방향에 떨어져 있는 것이기 때문에, 다만 도심의 명령을 들어서 도심과 하나가 되도록 해야 한다"[254]라는 말로 이러한 논점을 전개하고 있다. 율곡은 이러한 주장을 다음과 같이 좀 더 적극적으로 표현하고 있다.

> 마음을 다스리는 사람은 어떤 생각이 발동할 때 이것이 도심임을 알게 되면, 이를 넓혀서 채워야 한다. 그러나 이것이 인심임을 알게 되면, 정밀하게 잘 살펴서 반드시 도심을 가지고 이를 제어함으로써, 인심이 항상 도심의 명령을 따르도록 해야 한다. 이렇게 되면, 인심도 또한 도심이 될 것이다.[255]

율곡은 이렇게 인심이 도심에 의해 제어되어 도심과 하나가 되면

---

254 人心之名 已與道心相對而立 乃屬自家體段上私有底 蓋旣曰私有 則已落在一邊了 但可聽命於道心而爲一 (《退溪全書 二》, 書, 答李平叔 259)

255 治心者 於一念之發 知其爲道心 則擴而充之 知其爲人心 則精而察之 必以道心節制 而人心常聽命於道心 則人心亦爲道心矣 (《栗谷全書 一》, 說, 人心道心圖說 282-283)

"도덕성[理義]이 항상 보존되고, 생물적 이기적 욕구[物欲]가 뒤로 물러날 것이니, 이로써 만사를 응대하면 중도[中]에 맞지 않는 일이 없게 될 것"[256]이라고 주장하고 있다.

이렇게 도심에 따른 인심의 제어가 이루어져서 인심 또한 도심이 될 수 있는 것은 인심과 도심이 서로 다른 두 마음이 아니기 때문이다. 퇴계는 이를 "인심은 욕구에 눈을 뜬 것이고……도심은 의리(義理)에 눈을 뜬 것이지만, 이는 두 가지 종류의 마음이 있다는 말은 아니다"[257]라고 표현하고 있다. 이렇게 인심과 도심은 선악 혼재이냐 아니면 순선(純善)이냐 하는 정도의 차이를 나타낼 뿐이어서, 순선인 도심을 간직함으로써[存天理] 도심 상태로 승화되는 일이 가능한 것이다. 이러한 사실을 율곡은 다음과 같이 진술하고 있다.

> 이러므로 인심과 도심은 서로를 겸할 수 없고[不能相兼: 인심이면서 동시에 도심이 될 수는 없고], 서로 처음과 끝이 되는 것이다[相爲終始]……무릇 사람의 마음은 직접 성명(性命)의 바름에서 나온 것일지라도, 이것을 선(善)으로 완성시키지 못하고 여기에 이기적인 욕구[私意]가 개재되면, 처음에는 도심이었다 하더라도 끝내는 인심이 되고 말 것이다. 이에 비해 신체적 조건[形氣]에서 나온 것이라 하더라도, 바른 이치[正理]를 거스르지 않으면, 도심과 어그러지지 않을 것이다. 이때 혹시 바른 이치를 거스르는 일이 있다고 하더라도, 잘못을 알아서 제압함으로써 그 욕구를 따르지 않게 되면, 처음

---

256 夫如是則理義常存 而物欲退聽 以之酬酌萬變 無往而非中矣 (《栗谷全書 一》, 聖學輯要, 修己上, 窮理章 453)

257 人心卽覺於欲者……道心卽覺於義理者 此非有兩樣心 (《退溪全書 一》, 聖學十圖, 心學圖說 208)

에는 인심이었다 하더라도 끝내는 도심이 되는 것이다.[258]

여기서 인심과 도심이 "서로 처음과 끝이 된다"는 것은 이 둘 사이의 위계구조를 말한 것이다. 따라서 도심에 따라 인심을 제어하게 되면, "자아중심적 개체지향적인 인심"이 "상호의존적 대인관계지향적인 도심"[259]으로 통합되고, "사물지향적인 칠정"이 "타인지향적인 사단"으로 통합되는 욕구와 정서의 승화가 이루어져, 인격의 함양이 이루어진다는 것이 퇴계와 율곡 등 조선조 성리학자들의 주장인 것이다.

성리학자들이 이렇게 사람의 욕심을 버리고[遏人欲] 천리를 보존함으로써[存天理] 욕구의 승화를 이루는 방법으로 제시하는 것이 경 상태에 머무르는 거경(居敬)이다. 그렇다면, 어떻게 해야 경 상태에 머무를 수 있게 되는가? 퇴계는 정이(程頤, 호 伊川, 1033~1107)를 인용하면서 주일무적(主一無適: 마음을 하나에 집중시켜서 다른 곳으로 흩어지지 않도록 하는 일)·정제엄숙(整齊嚴肅: 몸가짐을 정돈하여 가지런히 하고, 마음을 엄숙하게 지니는 일)·상성성법(常惺惺法: 항상 밝게 사람의 도리를 지키는 일)·불용일물(不容一物: 마음을 거두어들여 다른 생각이 그 속에 들어오지 못하게 하는 일)의 네 가지를 대표적인 경 공부의 방법으로 제시하고 있다.[260] 퇴계는 이 밖에도 여러 곳에서 이 네 가지 경 공부의 방법에 대해

258 是故人心道心不能相兼 而相爲終始焉……今人之心 直出於性命之正 而或不能順而遂之 間之以私意 則是始以道心 而終以人心也 或出於形氣 而不咈乎正理 則固不違於道心矣 或咈乎正理 而知非制伏 不從其欲 則是始以人心 而終以道心也(《栗谷全書 一》, 書, 答成浩原 192)

259 한덕웅, 1994, p. 37.

260 或曰 敬若何以用力耶 朱子曰 程子嘗以主一無適言之 嘗以整齊嚴肅言之 門人謝氏之說 則有所謂常惺惺法者焉 尹氏之說 則有其心收斂 不容一物者焉云云 敬者一心之主宰 而萬事之本根也 (《退溪全書 一》, 聖學十圖, 大學經 203)

언급하고 있으며,[261] 율곡도 이 네 가지 경 공부의 방법을 받아들이고 있다.[262]

한 마디로 경 상태는 주의 분산 없는 주의 집중의 인지적 기능[主一無適 · 不容一物][263]과 함께 실생활에서 도에 합치하는 목표를 선택하고 이에 적합한 행동을 활성화하는 동기적 기능[整齊嚴肅 · 常惺惺法][264]도 지니는, 심적 자기통제의 전체 과정에 해당한다고 볼 수 있다. 거경(居敬)의 기능을 이렇게 심적 자기통제라고 보면, 경이 생물적 이기적 욕구와 칠정[人心]을 제어하고 도덕적 욕구와 사단[道心]을 발양시키는 기능을 한다는 사실은 쉽게 이해된다. 이를 율곡은 다음과 같이 진술하고 있다.

> 경 상태에서는 안으로 욕구가 싹트지 않고, 밖으로 사물의 유혹이 들어오지 못한다……경은 사람의 욕구[人欲]를 대적하는 방도로서, 사람이 항상 경 상태에 있게 되면, 천리가 스스로 밝아지고, 사람의 욕구는 위로 떠오르지 못하게 되는 것이다.[265]

---

261 蓋心者一身之主宰 而敬又一心之主宰也 學者熟究於主一無適之說 整齊嚴肅之說與夫其心收斂 常惺惺之說 其工夫也盡而優 入於聖域而不難矣 (《退溪全書 一》, 聖學十圖, 心學圖說 208); 敬之爲說者多端 何如不陷於忘助之病乎 日 其爲說雖多而莫切於程射尹朱之說矣 (《退溪全書 四》, 言行錄一, 論持敬 175)

262 又日 主一之謂敬 無適之謂一……程子日 整齊嚴肅則心自一 一則無非僻之干矣 嚴威儼恪 非敬之道 但敬須從此入 上蔡謝氏日 敬是常惺惺法 和靖尹氏日 敬者 其心收斂 不容一物之謂 或問 三先生言敬之異 朱子日 譬如此室 四方皆入得 若從一方入至此 則三方入處皆在其中矣 (《栗谷全書 一》, 聖學輯要, 修己中, 正心章 476)

263 김성태, 1989, pp. 160-181.

264 한덕웅, 1994, pp. 91-96.

265 敬則內欲不萌 外誘不入……敬所以抵敵人欲 人常敬則天理自明 人欲上來不得 (《栗谷全書 一》, 聖學輯要, 修己中, 正心章 476)

이렇게 경(敬)에 힘입어 생물적 이기적 욕구와 칠정을 제어할 수 있기 때문에 "악을 버리고 선을 따르는 일은 역시 경을 위주로 하는 일[主敬]과 도에 대한 올바른 이해[明理]에 달려 있을 수밖에 없는 것이다."[266] 이렇게 욕구와 정서 통제의 기능을 통해 "경은 온갖 사악함을 다 이기게 되므로,"[267] 거경(居敬)은 곧 욕구와 정서 승화를 통해 천리를 간직하는 직접적인 방도가 된다는 것이 바로 조선조 성리학자들의 입장이었던 것이다.

266 其欲去惡而從善 亦在主敬與明理而已 (《退溪全書 二》, 書, 答金而精 94)

267 敬勝百邪 (《栗谷全書 一》, 聖學輯要, 修己中, 正心章 476)

제2부
유학의 수양론에서 도출되는 자기발전론의 문제

유학 사상에서는 사회생활이 이루어지는 기반인 제반 사회관계의 조화를 해칠 뿐만 아니라 개인에게 여러 가지 폐해를 끼쳐 결국 악으로 이끌게 되는 핵심 요인을 개인이 지니고 있는 생물적 이기적 욕구와 사적 감정 상태에서 찾으려 한다. 이러한 향악(向惡)의 요인을 억제하고, 태어날 때부터 개인에게 갖추어져 있는 도덕성을 회복함으로써 자기개선을 도모하여야 인간 삶의 목표인 이상적 인간, 곧 존재확대의 상태에 이를 수 있게 된다고 여기는 것이 유학 사상에서 제시하는 자기통제론, 곧 수양론의 핵심 논지이다.

이렇게 유학의 수양론은 도덕 주체로서의 개인이 스스로에게 태어날 때부터 본유적으로 도덕성이 갖추어져 있다는 사실을 인식하고, 이를 통해 자기를 악으로 이끌게 되는 요인들을 억제하고 자기의 잘못을 고쳐나감으로써, 관계상대방들과 조화로운 사회관계를 맺고 그들과 일체화를 이루는 일을 목표로 삼는 이론체계라고 볼 수 있다. 곧 유학의 수양론은 자기억제와 자기개선을 통해 존재확대를 이루고자 하는 자기 통제론인 것이다.

유학은 사회성 · 도덕성 · 가변성의 세 가치를 주축으로 하여 인간 존재를 이해하려는 이론체계이다. 사람은 사회관계를 벗어나서는 그 존재의 의미를 찾을 수 없다고 보아, 인간의 존재의의를 개체적 특성이 아니라 사회적 특성에서 찾으려는 것이 유학 사상의 가장 기본적인 특징이다. 이러한 사회적 존재로서의 인간에게만 부여되어 있는 고유특성은 다른 사람들에 대한 관심과 배려의 체계인 도덕성이다. 유학자들은 인간의 고유특성으로서의 도덕성은 인간의 사회성이 발휘될 수 있는 심성적 바탕으로, 사(私)적 욕구와 감정의 통제를 통해 조화로운 사회생활을 이룰 수 있는 근거라고 본다. 또한 유학 사상에서는 사회적 존재인 인간이 스스로에게 갖추어져 있는 도덕성을 인식하고 실천하여 이상적 인격의 상태(군자·성인)를 이룰 수 있는 것은 인간이 고정된 실체가 아니라 무한히 변화할 수 있는 가변성을 갖추고 있는 존재이기 때문이라고 여긴다.

이러한 맥락에서 보면, 유학적 수양론은 인간 존재의 사회성의 가치로부터 자기통제의 논리적 배경(사회관계의 조화 유지)을 제공받고, 도덕성의 가치로부터 자기통제의 근거(덕성우월주의: 도덕성에 의한 욕구와 감정의 제어)와 대상(자기의 사적인 욕구와 감정)을 제시받으며, 가변성의 가치로부터 자기통제를 거쳐 이루려는 목표(자기개선을 통한 존재확대)를 설정받고 있는 이론체계라고 할 수 있다. 물론 스스로가 도덕 주체라는 인식이 이러한 자기통제 전체 과정의 전제가 되고 있음은 두말할 나위도 없이 당연한 일이다.

여기에서는 이러한 유학적 수양론에서 도출되는 심리학적 연구문제를 세 개의 장을 통해 도출해 보기로 하겠다. 제4장에서는 자기통제의 전제로서의 도덕적 주체 인식의 문제를 유학의 교육론을 중심으로 논의하여 보기로 하겠다. 제5장에서는 유학의 욕구이론과 정서이론을 중심으로 하여 유학적 수양론의 핵심인 자기억제의 근거와 그 과정에서 도출되는 문제들을 살펴보기로 하겠다. 마지막으로 제6장에서는 자기개선을 거쳐 존재확대에 이르는 과정의 문제를 군자론과 연결지어 고찰해 보기로 하겠다.

제4장

도덕인식과 실천의 문제: 교육론과 공부론

유학적 수양론, 곧 자기통제론의 기본적인 전제는 스스로가 도덕성의 근거를 본유적으로 갖추고 있는 덕성의 주체라는 사실에 대한 자기인식에 있다. 생물적 이기적 욕구와 사적 감정 등 인간을 악으로 이끌 가능성이 있는 요인들을 제어할 수 있는 도덕성을 스스로가 갖추고 있다는 사실을 인식하여야 일상생활에서 자기억제를 실행할 수 있을 것이기 때문이다. 스스로가 덕성의 주체라는 사실에 대한 인식은 사람의 도리[人倫]에 대한 배움과 가르침을 통해 이루어진다. 그러므로 유학자들의 자기통제론은 필연적으로 그들의 교육론(敎育論) 및 공부론과 연결될 수밖에 없다.

인간 존재의 사회성과 도덕성을 기반으로 하여 성립하고 있는 유학 사상은 인간의 무한한 변화가능성을 전제로 하여 제반 이론을 전개한다. 인성론에서는 모든 생물체 중에서 인간만이 도덕성을 갖추고 있다는 사실에서 인간의 발전가능성의 근거를 찾는다. 인간에게 본유적으로 갖추어져 있는 도덕성의 인식과 실천을 통해 이상적 인격의 상태로 발전할 수 있다는 가능성을 논리적으로 구축하고 있는 것이 군자론이다. 이러한 이상적 인간의 실제적인 삶의 모습을 생물체적 존재로부터 사회적 존재로의 발전의 양상에서 찾아보려는 것이 도덕실천론이다. 수양론은 현실적 인간이 이상적 인간으로 발전하기 위해 거쳐야 하는 자기통제의 양상에 대해 정리한 체계이다. 이렇게 유학 사상에서 전개하고 있는 이론들이 모두 인간의 변화가능성을 전제로 하고 있다는 사실은 두말할 나위도 없이 자명한 일이다.

바로 이렇게 "무한한 가변체"로서의 인간 이해의 입장으로부터 전통적으로 유학자들이 교육 활동에 대해 높은 가치를 부여해 온 근거를 찾을 수 있다. 가르침[教]은 남을 변화시키기 위해 베푸는 활동이고, 배움[學]은 스스로의 변화를 염두에 두고 남의 가르침을 받아들이는 일이므로, 모든 교육 활동은 인간의 변화가능성을 전제로 하고 있기 때문이다. 바로 여기에서 자기통제를 핵으로 하는 유학의 수양론을 이해하기 위해서는 우선적으로 그들의 교육론을 살펴보아야 할 까닭이 도출된다.

이러한 맥락에서 이 장에서는 유학 사상에서 제시되고 있는 교육과 공부에 관한 견해들을 정리해 보기로 하겠다. 이를 위해 우선 유학 사상에서 차지하는 교육론의 위상을 살펴보고, 이어서 유학자들이 제시하는 구체적인 교육론에 대해 고찰해 보기로 하겠다. 유학자들이 교육을 중시해 온 것은 시대에 따라 다르지 않았지만, 시대에 따라 구체적으로 강조해 온 내용은 선진유학자들의 견해와 성리학자들의 견해가 약간 다른 점도 있다. 그러므로 여기에서는 선진유학과 성리학의 관점

을 대비하면서 유학의 교육론을 고찰해 보기로 하겠다.[1]

1. 유학 사상에서의 교육론의 위상

유학 사상만큼 교육의 중요성을 깨닫고 이를 강조한 사상체계도 드물 것이다. 유학자들은 사람의 도란 어버이에게 효도하고 형제들과 우애로운 것 같은 가족관계의 윤리 규범에서 시작되는 것이므로, 이를 일상생활에서 인식하고 실천하는 것이 바로 군자가 되는 길이 된다고 주장한다. 자기 몸 가까이의 가족관계에서 친친(親親)과 경장(敬長)을 실천하는 일에서부터 사람의 도를 투철하게 인식하는 근거가 도출된다는 것이다.[2] 이러한 맥락에서 고찰해 보면, 유학 사상에서 교육을 그토록 중시하는 것은 유학자들이 도덕실천을 통해 도를 인식하는 활동의 핵심에 교육이 놓여 있다고 여기기 때문이다. 유학자들에게 교육론은 곧 도덕실천론으로 부각되는 것이다.

유학 사상에서 이렇게 교육을 중시해 온 결과는 오늘날에도 어김없이 나타나는 동아시아 사회의 과도한 교육열에서 잘 드러난다. 한국을 비롯한 동아시아 사회의 대학진학율은 세계 최고 수준이며, 구미 선진국에 유학하고 있는 학생 수도 전 세계에서 가장 많은 실정이다. 미

1 유학 사상의 교육론은 졸저(조긍호, 2012, pp. 636-673, 708-718)의 내용에 약간의 첨삭을 가하여 구성하였으며, 많은 경우 그 진술을 그대로 따왔다.

2 仁之實 事親是也 義之實 從兄是也 智之實 知斯二者弗去是也 禮之實 節文斯二者是也 (《孟子》, 離婁上 27); 堯舜之道 孝弟而已矣 (告子下 2); 親親 仁也 敬長 義也 無他 達之天下也 (盡心上 15)

국 국립교육통계 센터(National Center for Educational Statistics)의 자료에 나와 있는 미국의 고등교육기관(대학·대학원)에 등록한 전체 유학생 중 중국 · 한국 · 일본 · 대만 등 유교권 국가의 학생이 차지하는 비율은 1990년대 이후 매년 35%를 상회하고 있으며, 이 네 나라의 유학생이 항상 1 · 2 · 3 · 4위를 점하고 있다는 사실은 유학 사상이 얼마나 교육을 중시하고 있는가를 잘 드러내 주는 결과인 것이다.[3]

선진유학의 관점 유학자들의 교육에 대한 강조는 유학적 이상이 현실적으로 실현된 소강(小康)사회에서부터 이미 군주가 해야 할 중요한 일로 교육이 제시되고 있다는 사실에서 드러난다. 《예기(禮記)》 〈예운(禮運)편〉에서는 소강사회를 설명하면서 "우(禹) · 탕(湯) · 문(文) · 무(武) · 성왕(成王) · 주공(周公)의 여섯 군자들은……예를 삼가지 않은 사람이 없었다. 그들은 예를 삼감으로써 의를 밝히고, 신(信)을 이루고, 허물을 밝히고, 인(仁)을 모범으로 삼고, 겸양을 가르쳐서, 백성들에게 떳떳한 법도를 보여주었다"[4]고 진술하여, 백성들에게 인의도덕을 교육하는 일이 군주의 의무이어서, 교육이 소강사회를 이루는 첩경임을 진술하고 있다.[5]

---

3 이러한 사실은 졸저(조긍호, 2012, pp. 39-40, 주 32) 참조.

4 禹湯文武成王周公……此六君子者 未有不謹於禮者也 以著其義 以考其信 著有過 刑仁講讓 示民有常 (《禮記》, 禮運 290): 이는 王夢鷗 註譯(1969) 《禮記今註今譯》 (臺北: 臺灣商務印書館)의 禮運篇 p. 290을 가리킨다. 앞으로 《禮記》의 인용은 이 예를 따른다.

5 유학에서 그리는 이상(理想) 사회의 전형은 대동(大同)사회이다. 이는 고대 중국 최초의 왕조인 하(夏, B.C. 21세기~16세기)가 설립되기 이전의 요(堯) · 순(舜) 시대로 "大道가 행해져 천하가 공공의 것인 天下爲公의 시대"(大道之行也 天下爲公, 《禮記》, 禮運 290)로서, 아직 사유(私有)가 시작되지 않아 사람들 사이의

유학 사상에서는 이상적 인간 곧 군자와 성인이 사회적 책무를 자임하고 완수하는 구체적인 방법으로 교육과 현실 정치에 참여하여 어진 정사[仁政]을 펼치는 일을 들고 있는데,[6] 이 중에서 교육을 정사(政事)에 참여하는 일보다 더 중요시하고 있다. 공자는 "정치로써 백성들을 인도하고 형벌로 이끌면, 백성들이 형벌을 면하려고만 하지 잘못에 대해 부끄러워할 줄 모르지만, 덕으로 백성들을 인도하고 예로써 이끌면, 백성들이 잘못에 대해 부끄러워하고 또 선(善)에 이르게 된다"[7]고 보아, 이런 입장을 피력하고 있다. 여기서 "덕으로 백성들을 인도하고 예로써 이끈다"[道之以德 齊之以禮]는 것은 누구나가 도덕 주체임을 가르쳐주어, 스스로가 덕과 예에 따르도록 한다는 것으로, 교육을 통한 교화를 가리킨 말이다. 즉 교육을 통한 감화가 정치보다 선행되는 군자의 일이라는 것이 공자의 입장인 것이다. 맹자는 공자의 이러한 관점을 이어받아 다음과 같이 구체적으로 진술하고 있다.

경쟁이 없었던 완전한 평화의 시대였다. 그 이후 우(禹) · 탕(湯) · 무왕(武王)에 의해 설립된 하(夏) · 은(殷, B.C. 16세기~1046) · 주(周, B. C. 1046~256)의 삼대(三代) 시대(보통은 周 설립 초기까지)를 소강(小康)사회라 하는데, 이때는 "大道가 이미 숨어 천하가 개인의 집안처럼 된 天下爲家의 시대"(今大道旣隱 天下爲家, 《禮記》, 禮運 290)로, 私有와 경쟁이 보편화되어 敎育과 法에 의한 통치가 필요해진 시대였다. 그러나 이 사회도 대체로 교육과 법에 의해 평화가 이루어지던 시대로, 후대의 유학자들이 본받으려 한 사회였다. 이렇게 "유가는 완벽한 이상으로는 '천하위공'의 '대동'을 설정하지만, 자 · 타의 구별이 존재하는 현실에서 실제로 실현 가능한 이상으로는 '소강'을 추구"(이상익, 2001, p. 91)하였다고 볼 수 있다. 유학자들이 그리는 이상 사회에 대해서는 졸저(조긍호, 2012, pp. 541-556) 참조.

6 졸저(조긍호, 2006, pp. 397-399, 493-498) 참조.

7 子曰 道之以政 齊之以刑 民免而無恥 道之以德 齊之以禮 有恥且格 (《論語》, 爲政 3)

> 선정(善政)을 펴는 것은 선교(善教)를 통해 백성들의 마음을 얻는 것보다 못하다. 정치를 잘하면 백성들에게 두려운 마음을 갖게 하여 따르게 할 수 있으나, 가르침을 잘 베풀면 백성들로 하여금 스스로 사랑하여 따르게 할 수 있다. 정치를 잘하면 백성들을 부유케 하여 그들의 재물을 얻어 쓸 수 있을 뿐이지만, 가르침을 잘 베풀면 백성들의 마음을 얻을 수 있는 것이다.[8]

이렇게 유학자들은 교육을 군주의 의무일 뿐만 아니라 군자와 성인의 의무이기도 하다고 보고 있다. 이러한 맥락에서 공자는 스스로를 "배우기를 좋아하는 사람"[好學者][9] 및 "가르치기를 게을리하지 않는 사람"[誨人不倦者][10]이라고 자평하여 가르치고 배우는 일의 중요성을 강조하고 있다. 《논어》가 "배우고 항상 이를 익히면, 또한 기쁘지 아니 하겠는가?"[11]라고 하여 배움[學]이란 말로 시작되고 있다는 사실도 공자가 가르치고 배우는 일을 얼마나 중시하였는가를 단적으로 드러내고 있는 것이다.

교육을 강조하는 공자의 입장은 맹자와 순자에게 있어서도 마찬가지이다. 맹자는 "천하의 꽃다운 재주꾼들을 얻어서 이들을 가르치는 일은 군자의 세 가지 즐거움 가운데 하나로서, 천하를 지배하고 다스리는 일은 군자의 즐거움에 들지 못한다"[12]고 진술하여, 교육을 왕천하(王天

8 善政不如善教之得民也 善政民畏之 善教民愛之 善政得民財 善教得民心 (《孟子》, 盡心上 14)

9 子曰 十室之邑 必有忠信如丘者焉 不如丘之好學也 (《論語》, 公冶長 27)

10 子曰 若聖與仁 則吾豈敢 抑爲之不厭 誨人不倦 則可謂云爾已矣 (述而 33)

11 子曰 學而時習之 不亦說乎 (學而 1)

12 孟子曰 君子有三樂而王天下不與存焉……得天下英才而教育之 三樂也 君子有三樂而王天下不與存焉 (《孟子》, 盡心上 20)

下)하는 일보다 높이 평가하고 있으며, 순자도 그의 저술인 《순자》의 첫 머리를 "배움이란 멈출 수 없는 것"[13]이라는 말로 시작함으로써, 교육이란 완성된 인격체인 성인이 되는 과정으로서 잠시라도 버려둘 수 없는 것임을 강조하고 있다.[14]

선진유학자들이 이렇게 교육을 정사에 참여하는 일보다 중요하게 보고 있다는 사실은 《논어》에서 정(政)은 40회 나오는 데 비해, 학(學)과 교(敎)는 각각 64회와 7회나 출현하고 있으며, 《맹자》에서는 정 · 학 · 교가 각각 54회 · 32회 · 35회 출현하고, 《순자》에서는 각각 91회 · 81회 · 42회 출현하여,[15] 정(政)보다 학(學)과 교(敎)가 1.3~1.8배나 더 많이 언급된다는 사실에서 잘 드러난다.[16]

13 君子日 學不可已 (《荀子》, 勸學 1)

14 學惡乎始 惡乎終 日 其數則始乎誦經 終乎讀禮 其義則始乎爲士 終乎爲聖人 眞積力久則入 學至乎沒而後止也 故學數有終 若其義則不可須臾舍也 爲之人也 舍之禽獸也 (勸學 12)

15 《論語引得》, 《孟子引得》, 《荀子引得》 참조.

16 그렇다고 해서 유학자들이 현실 정치에 참여하는 일을 도외시했던 것은 아니다. 그들은 공통적으로 군자와 성인이 사회적 책임을 다해 온 천하의 사람들을 선으로 이끌고 편안하게 해주는 또 한 가지 방법은 현실 정치에 참여하여 인정(仁政)을 펼치는 일이라고 보고 있었다. 그리하여 공 · 맹 · 순은 오랫동안 주유천하(周遊天下)하면서 현실 정치에 참여할 기회를 찾으려 하였다. 그러나 현실에서 인정을 펼칠 기회를 얻는 일은 그 성사 여부가 외적 상황적 조건[天命]에 달린 일[在天者]로서, 실제로는 아무도 그들을 받아들이지 않았다. 그리하여 공자는 "천명을 모르면 군자가 아니다"(子日 不知命 無以爲君子也, 《論語》, 堯日 3)라는 입장에서, 현실 정치에 참여하여 자기 뜻을 펼치려는 꿈을 버리고 은퇴하였으며, 맹자와 순자도 마찬가지였다. 맹자는 "뜻을 얻으면 백성들과 인의의 도를 말미암고, 뜻을 얻지 못하면 홀로 그 도를 행하는 사람이 대장부"(得志 與民由之 不得志 獨行其道……此之謂大丈夫, 《孟子》, 滕文公下 2)라는 입장에서, "옛 사람들은 뜻을 얻으면 그 은택이 백성들에게 더해지고, 뜻을 얻지 못하면 몸을 닦아 세상에 드러나게 되는 법이어서, 궁하면 홀로 그 몸을 선하게 지키고, 영달하면 천하를 모두 선하게 하려 하였다"(古之人得志 澤加於民 不得志 修身見於世 窮則獨善其身 達則兼善天下, 盡心上 9)라고 보아, 현실 정치 참여의 길이 막혀도 부동심(不動心)을 잃지 않았다(公孫丑問日 夫子加齊之卿相 得行道焉 雖由此覇王 不

성리학의 관점 이러한 선진유학자들의 관점은 성리학자들에게로 그대로 이어지고 있다. 성리학의 완성자인 주희(朱熹, 호 晦庵, 1130~1200)는 제자인 유청지(劉淸之, 1139~1195)와 함께 유학 최고의 아동교육서인 《소학(小學)》을 편찬하였다. 그는 또한 본래 《예기》 49편 중 제42편으로 들어있던 《대학(大學)》을 제31편이던 《중용(中庸)》과 함께 따로 떼어내 《논어》 및 《맹자》와 묶어 사서(四書)로 합편하여 높임으로써, 유학 최고의 경전으로 받아들여지게 하였다. 그는 《대학장구(大學章句)》와 《대학혹문(大學或問)》 등을 저술하여, 《대학》을 군자지학(君子之學)의 기본 교재로 존숭함으로써, 이를 성인교육서의 핵심 교재로 삼았다. 이렇게 주희는 이후 유학자들이 유학의 가장 중핵적인 교재로 받아들이는 아동교육서와 성인교육서를 편찬함으로써 교육의 중요성을 부각시켰던 것이다.

주희는 친구인 여조겸(呂祖謙, 1137~1181)과 함께 정자(程子: 程顥와 程頤 형제) 등의 저술에서 "학문의 대체와 관련이 있고 일상생활에 절실한 글들을 채록하여 초학자(初學者)들을 위한 입문서"[17]로서 《근사록(近思錄)》을 편찬하였다. 모두 14권으로 이루어진 이 책에서 제1권은 성리학적 도(道)의 본체를 드러낸 것이고, 그 이외의 내용은 "대체로 학문 방법 및 일상생활에서 실천해야 할 내용과 관련된 것"[18]으로서 학문과

異矣 如此則動心否乎 孟子曰 否 我四十 不動心, 公孫丑上 2). 순자도 "군자는 천하가 자기를 알아주면 고통과 즐거움을 천하와 함께 하려 하지만, 천하가 자기를 알아주지 않으면 홀로 서 있어도 두려워하지 않는다"(天下知之 則欲與天下同苦樂之 天下不知之 則傀然獨立天地支間而不畏, 《荀子》, 性惡 18)는 당당함을 잃지 않았던 것이다.

17 葉采 저, 이광호 역주(2004), 《근사록집해(近思錄集解)》 1권, p. 5.

18 葉采/이광호, 2004, 《근사록집해(近思錄集解)》 1권, p. 17.

교육에 관한 내용으로 이루어져 있다. 이러한 사실도 성리학자들이 교육을 얼마나 중시하였는지를 드러내 준다.

조선조의 성리학자들도 교육을 중시하고 제자들을 널리 모아 이들을 교육하는 일을 자신들의 사명으로 여겼다. 조선조의 성리학자들이 교육을 얼마나 중시하였는지에 대해서는 사립교육기관인 서원(書院)의 설립이 조선조에 성행하였다는 사실에서도 드러난다. 서원은 선현(先賢)에 대한 제사라는 기능 이외에도, 과거시험에 대비하는 기능과 선현의 저술을 탐구하는 기능, 즉 교육 기능을 수행하였던 오늘날의 사립대학과 같은 곳이다.[19]

조선조 성리학자들의 교육에 대한 관심은 군자가 되는 배움[君子之學]에 집중되어 있었으나, 율곡(栗谷)의 입장은 자못 특이한 바가 있었다. 율곡은 《격몽요결(擊蒙要訣)》이라는 아동교육서를 지어 아동교육에 대해 지대한 관심을 표명하였을 뿐만 아니라, 당시 중국에서 만들어진 《소학》에 대한 각종 주석서 중에서 그 정수만을 뽑아 《소학집주(小學集註)》를 편찬하기도 하였다. 그는 《격몽요결》 〈독서장(讀書章)〉에서 《소학》을 사서와 함께 오서(五書)라 칭하고, 배우는 사람이 가장 먼저 읽어야 할 책으로 명기하였다.[20]

성리학자들은 이와 같이 아동기부터의 교육을 중시하였는데, 그들이 교육을 그토록 중시한 배경에는 교육을 통해 일상생활과 가족관계

---

19 Deuchler, 1992/2003, p. 25: 高宗 8년(1870) 興宣大院君에 의해 철폐된 서원의 수가 600여개소나 되었다(震檀學會 편, 1967, 《韓國史: 朝鮮後期篇》, pp. 383-384)는 사실은 조선 시대에 서원이 얼마나 성행하였는지 알 수 있게 한다.

20 凡讀書者…先讀小學……次讀大學 · 論語 · 孟子 · 中庸……次讀詩經 · 禮經 · 書經 · 易經 · 春秋……五書五經 循環熟讀 (《栗谷全書 二》, 擊蒙要訣, 讀書章 84-85)

및 다른 사람들과의 관계에서 요구되는 도덕 규범을 실천하고, 그 근본적인 이치, 곧 인간이 왜 도덕 규범을 실천해야 하는지에 대한 까닭[所以然]을 이해할 수 있다고 보았다는 사실이 놓여 있다. 《소학》을 통해 도덕 규범의 실천을 강조했다면, 《대학》을 비롯한 성인교육에서는 도덕 규범을 실천해야 하는 까닭의 이해를 도모하려 하였던 것이다.

2. 교육의 대상과 주체

유학자들은 인간은 누구나 사람으로서 해야 할 일을 배워서 익히면 군자와 성인의 상태에까지 이를 수 있다고 보아, 인간 존재의 무한한 가능성을 인정하고 받아들인다. 공자는 "타고난 성품은 누구나 서로 비슷하지만[性相近], 그 배우고 익히는 바에 따라 서로 크게 달라진다[習相遠]"[21]고 진술하여, 교육을 통한 인간의 변화가능성을 분명히 하고 있다. 타고난 본성이 비슷하다고 해도, 배움에 따라 서로 크게 달라질 수 있다는 것이다. 맹자도 스스로에게 갖추어져 있는 선단(善端)을 깨달아 이를 넓혀서 채우면,[22] "누구나 다 요(堯)·순(舜) 같은 성인이 될

21 子曰 性相近也 習相遠也 (《論語》, 陽貨 2): 여기서 공자가 性相近[도덕적 동기의 본유설]의 입장을 강조하고 있는지 아니면 習相遠[도덕적 동기의 학습설]의 입장을 강조하고 있는지는 분명하지 않은데, 이러한 애매한 진술은 후대의 학자들의 논쟁을 촉발하는 계기가 되었다. 예를 들면, 맹자는 性相近을 강조하는 논지를 전개하고 있는 반면, 순자는 習相遠을 강조하는 논지를 전개하여 서로 대립하고 있는 것이다(김형효, 1990; 정인재, 1981; 조긍호, 1998, 1999b; 陳大齊, 1954; 蔡仁厚, 1984 등).

22 凡有四端於我者 知皆擴而充之矣 若火之始然 泉之始達 苟能充之 足以保四海 苟不充之 不足以事父母 (《孟子》, 公孫丑上 6)

수 있는 가능성을 가지고 있음"[23]을 밝히고 있으며, 순자도 누구나 본유적으로 갖추고 있는 도덕적 인식과 실행의 능력을 발휘하여 도의 최고 규범인 예를 배우고 익히면 성인의 상태에 도달할 수 있는 가능성을 갖추고 있다고 본다.[24]

1) 교육의 대상

교육의 가능성을 이러한 인간의 무한한 가변성에서 찾으려는 것이 유학자들의 관점이다. 이렇게 인간이라면 누구나 무한한 가변성을 갖추고 있는 존재이기 때문에 누구나 가르침을 받아들일 수 있고, 따라서 교육의 대상에는 차별이 있을 수 없다는 입장이 도출된다. 누구나 가르침을 받으면 변화되어 선(善)을 이룰 수 있으므로, 가르침을 받지 못할 사람은 없다는 것이 유학자들의 공통적인 견해인 것이다.

선진유학자들의 관점 이러한 관점에서 공자는 가르침을 베풀면 누구나 착하게 된다고 보고 사람을 가리지 않아,[25] 예의를 갖추고 찾아오

---

23 曹交問曰 人皆可以爲堯舜 有諸 孟子曰 然 (告子下 2)

24 이러한 입장은《荀子》전체에서 산견되는 순자의 인성론과 수양론의 핵심이다. 예를 들면, 榮辱 31-32(可以爲堯禹……在注錯習俗之所積耳), 儒效 36(故聖人者人之所積也……故人知謹注錯 愼習俗 大積靡 則爲君子矣), 性惡 2-3(今之人化師法 積文學 道禮義者 爲君子), 性惡 13-14(塗之人可以爲禹……今使塗之人伏術爲學 專心一志 思索孰察 加日縣久 積善而不息 則通於神明 參於天地矣 故聖人者 人之所積而致也) 등에서 이러한 논지가 구체적으로 드러나고 있다.

25 子曰 有敎無類 (《論語》, 衛靈公 38): 何晏 등의 古注의 전통에서는 이를 "가르치는 데에는 그 대상을 가리지 않는다"(人在見敎 無有種類)고 보아, 가르침을 베풀기 이전의 그 대상 측면에서 해석하고 있으나, 朱熹의 新注에서는 "가르침을 받으면 모두가 선을 회복하므로, 그 대상의 선하고 악함을 다시 논하는 것은 옳지

는 사람에게는 누구에게나 가르침을 베풀었다.[26]

이러한 태도는 맹자에게도 그대로 이어졌다. 이러한 사실은 어떤 사람이 맹자를 평하여 "선생님께서 가르침을 베푸심에 있어, 가는 사람은 좇지 않고 오는 사람은 거절하지 않으셨다. 진실로 도를 배우겠다는 마음으로 찾아오면, 이를 모두 받아들이실 뿐이었다"[27]라고 말한 데에서 잘 나타난다.

순자도 누구나 배우고 익히는 바에 따라 성인이 될 가능성을 갖추고 있으므로, 교육의 대상을 가리지 않는 입장을 편다. 그는 "비록 왕이나 귀인 또는 사대부의 자손이라 할지라도 예의에 힘쓰지 않으면 서인(庶人)의 신분으로 낮추고, 비록 서인의 자손이라 할지라도 문식과 배움을 쌓고 몸가짐과 행동거지를 바르게 하여 예의에 힘쓴다면, 재상이나 사대부로 끌어올려야 한다"[28]고 진술하여, 가르침의 대상을 가리지 않는 관점을 피력하고 있다.

선진유학자들이 이렇게 사람이면 누구나 교육의 대상이 될 수 있다고 여겼다고 해서, 누구에게나 항상 똑같은 가르침을 베풀었던 것은 아니다. 공자의 제자들이 효(孝)·정(政)·인(仁)·군자(君子) 같은 여러 가지 문제에 대해 공자에게 여쭈어 보았을 때 공자의 대답은 모두 달랐으며, 심지어 같은 제자가 물은 똑같은 물음에 대해 답이 달랐던 경우

못하다"(故君子有敎 則人皆可以復於善 而不當復論其類之惡矣)고 보아, 가르침을 베푼 이후의 효과 측면에 초점을 맞추어 해석하고 있다.

26 子曰 自行束脩以上 吾未嘗無誨焉 (述而 7)

27 夫子之設科也 往者不追 來者不拒 苟以是心至 斯受之而已矣 (《孟子》, 盡心下 30)

28 雖王公士大夫之子孫也 不能屬於禮義 則歸之庶人 雖庶人之子孫也 積文學 正身行 能屬於禮義 則歸之卿相士大夫 (《荀子》, 王制 1-2)

도 있다.[29] 같은 물음에 대한 공자의 대답이 이렇게 달라지는 까닭은 받아들이는 사람의 자질이 서로 다르기 때문이다. 이러한 경우의 대표적인 예는 다음 인용문에 잘 드러나 있다.

> 자로(子路)가 "옳은 것을 들으면 바로 행해야 합니까?"하고 여쭙자, 공자께서 "부형께서 살아계시니, 어찌 들었다고 바로 실행할 수 있겠느냐?"라고 대답하셨다. 염유(冉有)가 "옳은 것을 들으면 바로 행해야 합니까?"하고 여쭙자, 공자께서 "들으면 바로 실행해야 한다"라고 대답하셨다. 공서화(公西華)가 "자로가 여쭈었을 때는 '부형이 살아계시다' 하시고, 염유가 여쭈었을 때는 '바로 실행해야 한다'고 말씀하시니, 저는 미혹되어 감히 여쭙습니다. 어찌 된 일입니까?" 하고 말씀드리자, 공자께서 "염유는 소극적인 성품이므로 부추겨 나아가게 한 것이고, 자로는 보통 사람보다 적극적인 성품이므로 붙잡아 물러나게 한 것이다"라고 대답하셨다.[30]

이 인용문에서 드러나고 있듯이, 공자는 모든 사람에게 똑같이 교육을 베푼 것이 아니라 피교육자의 타고난 성품과 익힌 바의 습성을 감안하여, 그 재질에 따라 서로 다른 교육을 베푸는 인재시교(因材施敎)를 원칙으로 하고 있었음을 알 수 있다. 이렇게 교육 대상자의 재질에

29 예를 들면, 孝에 대한 孟懿子(《論語》, 爲政 5), 孟武伯(爲政 6), 子游(爲政 7) 및 子夏(爲政 8)의 물음에 대한 孔子의 대답, 政에 대한 子貢(顔淵 7), 齊景公(顔淵 11), 子張(顔淵 14), 季康子(顔淵, 17, 19), 子路(子路 1), 仲弓(子路 2) 및 葉公(子路 16)의 물음에 대한 대답, 仁에 대한 樊遲(雍也 20; 顔淵 22; 子路 19), 顔淵(顔淵 1), 仲弓(顔淵 2), 司馬牛(顔淵 3), 子貢(衛靈公 9) 및 子張(陽貨 6)의 물음에 대한 대답, 君子에 대한 子貢(爲政 13), 司馬牛(顔淵 4) 및 子路(憲問 45)의 물음에 대한 대답이 모두 다르다.

30 子路問 聞斯行諸 子曰 有父兄在 如之何其聞斯行之 冉有問 聞斯行諸 子曰 聞斯行之 公西華曰 由也問聞斯行諸 子曰 有父兄在 求也問聞斯行諸 子曰 聞斯行之 赤也惑 敢問 子曰 求也退 故進之 由也兼人 故退之 (先進 21)

따라 베푸는 교육의 내용이 달라지는 인재시교의 원칙은 맹자에게서도 마찬가지이다. 이에 대해 맹자는 다음과 같이 말하고 있다.

> 군자가 사람을 교육하는 데는 다섯 가지 방법이 있다. 즉, 때맞추어 내리는 비가 초목을 적시어 자라게 하는 것 같이 해주는 방법[如時雨化之], 덕을 이루게 해주는 방법[成德], 자신의 재능을 통달시키게 해주는 방법[達材], 의문을 풀어주는 방법[答問], 그리고 직접 배우지 않고도 군자의 언행을 본받아 스스로 수양하게 해주는 방법[私淑艾] 등이다. 이 다섯 가지가 바로 사람을 교육하는 방법이다.[31]

주희는 《맹자집주》에서 이 장의 뜻을 "성현이 가르침을 베푸는 데는 각자 그 재질에 맞도록 하여, 작은 재질의 사람은 작게 성취케 하고, 큰 재질의 사람은 크게 이르게 함으로써, 어떤 사람도 버리지 않는 것이다"[32]라고 풀이하여, 맹자의 인재시교의 관점을 드러내는 것으로 보고 있다. 이렇게 맹자도 개인의 재질에 맞는 개별적 또는 개성적인 교수 방법을 중시하고 있다. 이러한 맹자의 인재시교의 입장은 그가 스스로 "가르치는 데에는 여러 가지 방법이 있다"면서, 심지어 "내가 달갑게 여기지 않아 거절하고 가르치지 않는 것도 역시 가르치는 방법의 하나"[33]라고 기술하고 있는 데에서 단적으로 표출되고 있다. "거절당한 사람이 만일 이에 능히 감동되어 물러가 스스로 자신의 과오를 닦고 살

31 孟子曰 君子之所以教者五 如時雨化之者 有成德者 有達財者 有問答者 有私淑艾者 此五者 君子之所以教也 (《孟子》, 盡心上 40): 朱熹는 達財의 財를 材와 같은 뜻으로 보고 있다.

32 聖賢施教 各因其材 小以成小 大以成大 無棄人也 (《孟子集註》, 盡心上 40)

33 孟子曰 教亦多術矣 予不屑之教誨也者 是亦教誨之而已矣 (告子下 16)

핀다면, 이 또한 내가 그를 가르치는 것"[34]이 되기 때문이라는 것이다.

성리학자들의 관점 사람은 누구나 군자와 성인이 될 수 있는 가능성을 가지고 있으므로, 모두가 교육의 대상이 되어야 한다는 입장은 성리학자들에게도 그대로 이어지고 있다. 주희는 《대학장구》 서(序)에서 "과거 하 · 은 · 주의 삼대가 융성하였을 때에 교육의 법이 점점 갖추어졌는데, 그러한 연후에 왕궁과 국도(國都)로부터 시골 마을에 이르기까지 학교(學校)가 설치되지 않은 곳이 없었다. 모든 사람이 나이 8세가 되면, 왕공의 자식으로부터 서인의 자손에 이르기까지 모든 아이들이 소학에 입학하여 배웠다"[35]고 진술하여, 교육의 대상에 차이를 두지 않고 모든 사람에게 교육을 실시하였음을 밝히고 있다.

율곡도 《소학집주》 총론(總論)에서 정자의 말을 인용하여 "옛사람들은 아이들이 밥을 먹고 말을 시작할 때부터 가르쳤다. 그러므로 《소학》의 법은 미리 예비함을 우선으로 삼는 것이다"[36]고 하여, 누구에게나 유아 시기부터 교육을 실시하여야 함을 진술하고 있다. 이와 같이 유학자들은 선진유학자들이나 성리학자나 마찬가지로 인간을 무한한 가변체로 간주하고, 누구나 교육의 대상으로 삼아야 함을 역설하고 있는 것이다. 누구나 일상생활에서 도덕실천을 해야 하는 존재들이기 때

34 其人若能感此 退自修省 則是亦我教誨之也 (《孟子集註》, 告子下 16)

35 三代之隆 其法寖備 然後 王公國都 以及閭巷 莫不有學 人生八歲 則自王公以下至於庶人之子弟 皆入小學 (《大學》, 大學章句序)

36 程子曰 古之人 自能食能言而教之 是故 小學之法 以豫爲先 (《小學》, 小學集註總論): 이는 栗谷의 《小學集註》의 편차에 따른 小學集註總論을 가리킨다. 앞으로 《小學》의 인용은 이 예를 따른다.

문이다.

성리학자들도 선진유학자들의 인재시교(因材施敎)의 원칙을 높이 평가하고 있다. 주희는 《논어집주》에서 효(孝)에 관한 제자들의 물음에 공자가 각기 다르게 대답한 데 대해, 정자의 말을 인용하여 "맹의자(孟懿子)에게 대답한 것은 보통 사람을 대상으로 하여 응답한 것이고, 맹무백(孟武伯)에게 대답한 것은 그가 걱정이 많은 사람이기 때문이었으며, 자유(子游)는 봉양은 잘하나 공경을 잘못할까 염려해서였고, 자하(子夏)는 강직하고 의로우나 온화한 빛이 혹 부족하기 때문이었으니, 각각 그 재질의 높고 낮음과 그 결함에 따라 응답해주셨으므로 말씀이 똑같지 않은 것"[37]이라 풀이하고 있으며, 인(仁)에 관한 서로 다른 대답에 대해서는 "대체로 성인(공자를 가리킴)의 말씀은 비록 높고 낮음과 크고 작음의 차이가 있어 서로 같지 않으나, 배우는 사람의 재질에 따라 각자의 몸에 간절한 것이어서 모두 덕으로 들어가는 요체가 됨은 애당초부터 다르지 않은 것이니, 독자들은 이 점을 깊이 생각해보아야 할 것"[38]이라 주문하고 있다. 이 외에도 주희는 《논어집주》와 《맹자집주》에서 거듭 인재시교의 관점에서 본문에 주석을 달아,[39] 교육의 대상에는 구별을 두지 않으나 그 재질에 따라 가르침의 내용이 달라야 함을 강조하고 있는 것이다.

37 程子曰 告懿子 告衆人者也 告武伯者 以其人多可憂之事 子游能養而或失於敬 子夏能直義而或少溫潤之色 各因其材之高下 與其所失而告之 故不同也 (《論語集註》, 爲政 8)

38 蓋聖人之言 雖有高下大小之不同 然 其切於學者之身 而皆爲入德之要 則又初不異也 讀者其致思焉 (《論語集註》, 顏淵 3)

39 예: 《論語集註》, 先進 21; 顏淵 4, 14, 17, 22; 子路 19; 陽貨 6; 《孟子集註》, 告子下 16; 盡心上 40.

2) 교육의 주체

그렇다면, 이러한 교육을 담당할 주체는 누구인가? 유학자들은 이를 도를 먼저 깨달은 사람, 곧 군자와 성인들의 책임이라고 본다. 그러나 교육의 주체가 오로지 군자와 성인에게만 국한되는 것인가? 일반인이 교육의 주체가 될 수는 없는가?

선진유학자들의 관점 공자는 스스로를 "사람들에게 도를 가르치는 데 게을리 하지 않았다"[40]고 자평하여, 교육을 자신의 책임으로 삼고 있었음을 드러내고 있다. 교육의 주체를 이렇게 도를 먼저 깨달은 군자와 성인의 책임이라고 보는 견해는 맹자에게서 두드러지게 나타난다. 이는 제자인 만장(萬章)과의 문답에서 맹자가 은(殷)나라 초기의 현인(賢人)인 이윤(伊尹)의 말을 인용해 제시한 다음 구절에 잘 드러나 있다.

> 하늘이 이 백성을 양생하심에 있어 선지자(先知者)로 하여금 아직 도를 알지 못하는 사람을 깨우쳐주고, 선각자(先覺者)로 하여금 아직 도를 깨우치지 못한 사람을 깨우쳐주도록 하였다. 나는 하늘이 낳은 백성 중에서 선각자이다. 따라서 나는 응당 내가 먼저 터득한 도를 가지고 세상 백성들을 깨우쳐주려 한다. 만약 내가 그들을 깨우쳐주지 않는다면, 다른 누가 하겠는가?[41]

---

40 子曰 若聖與仁 則吾豈敢 抑爲之不厭 誨人不倦 則可謂云爾已矣 公西華曰 正唯弟子不能學也 (《論語》, 述而 33)

41 天之生此民也 使先知覺後知 使先覺覺後覺也 予天民之先覺者也 予將以斯道覺斯民也 非予覺之而誰也 (《孟子》, 萬章上 7): 萬章下篇 1장에서 伯夷 · 伊尹 · 柳下惠 · 孔子와 비교하여 聖人의 품격을 논하면서 伊尹을 기술하는 데에도 같은 말이 나오고 있어, 맹자가 교육의 책임을 얼마나 통감하고 있는지 알 수 있게 한다.

이렇게 "중정(中正)의 도를 얻은 사람은 그렇지 못한 사람을 교육해야 하고, 재능 있는 사람은 재능 없는 사람을 교육해야 한다……만일 중정의 도를 얻은 사람이 그렇지 못한 사람을 버리고, 재능 있는 사람이 재능 없는 사람을 버려 교육하지 않는다면, 현명한 사람과 어리석은 사람의 차이는 거의 없을 것"[42]이라고 맹자는 주장한다. 이와 같이 교육을 통해 사람들에게 사람으로서의 도를 깨닫도록 해주는 일은 도를 먼저 깨달은 사람들의 책임이기 때문에 교육은 군자의 커다란 즐거움이 된다. 맹자는 군자삼락(君子三樂) 중 세 번째를 "천하의 영재를 얻어서 그들을 교육하는 것"[43]으로 들고 있는데, 이는 그가 교육을 군자의 책임으로 얼마나 중시하였는가에 대한 반증이다.

그러나 교육의 주체가 군자와 성인이기만 한 것은 아니다. 실생활에서는 누구나 다른 사람의 스승이 될 수 있다. 이러한 입장은 다음과 같은 공자의 진술에서 두드러지게 나타나고 있다.

> 나하고 다른 두 사람이 함께 가면, 그 가운데 반드시 나의 스승이 있는 법이다. 그 중의 착한 사람을 택하여 그를 따르고, 착하지 못한 사람을 택하여 나의 잘못을 고친다면, 누구나 나의 스승이 될 수 있는 것이다.[44]

이렇게 누구나가 스스로의 행실을 통하여 타인의 스승이 될 수 있는 교육의 주체라는 것이 공자의 입장이다. 그러므로 일상생활에서 누

---

42 中也養不中 才也養不才……如中也棄不中 才也棄不才 則賢不肖之相去 其間不能以寸 (離婁下 7)

43 得天下英才而教育之 三樂也 (盡心上 20)

44 子曰 三人行 必有我師焉 擇其善者而從之 其不善者而改之 (《論語》, 述而 21)

구나 "어진 사람을 보면 그와 같아질 것을 생각하고, 어질지 못한 사람을 보면 안으로 스스로를 반성해 보아야 한다"[45]는 것이다. 이러한 공자의 관점은 교육이 일상적 도덕의 실천체계라는 사실을 잘 드러내 준다. 곧 교육은 도의 인식뿐만이 아니라, 사람으로서 해야 할 일을 일상적으로 실천하는 데에 더 큰 의의를 두어야 하는 활동이라는 것이다.

성리학자들의 관점 교육을 군자의 책임으로 자임(自任)하는 태도는 선진유학자들에게 국한된 삶의 자세는 아니었다. 성리학자들도 교육을 군자의 책임으로 받아들이고 있다. 주희는 유청지와 함께 편찬한 《소학》에 붙인 〈소학서제(小學書題)〉에서 삼대 시대에 아동교육기관인 소학(小學)에서 사용하던 아동교육의 교재가 산일(散逸)되어 없어져, "이제 그 완전한 책을 비록 볼 수는 없지만 옛 사람들의 전기(傳記)에 여기저기 섞여 나오는 것이 많이 남아 있으므로……자못 대체로 수집하여 이 책을 만들어서 아동들에게 제공함으로써 그 강습에 이용하게 하노니, 행여 그들의 교화에 만분의 일이라도 보탬이 되게 하고자 한다"[46]고 《소학》을 편찬한 목적을 진술하고 있다.

또한 그는 《대학장구》에 붙인 서(序)에서도 "무릇 하늘이 사람들을 태어나게 하심에 인의예지의 본성을 부여해주지 않은 사람이 없건마는, 그 기질(氣質)을 받은 것이 혹 똑같지는 않으므로 누구나 그 본성에 갖추어져 있는 도덕성을 깨달아 온전히 하는 것은 아니"라면서, "한 사

45 子曰 見賢思齊焉 見不賢而內自省也 (里仁 17)

46 今其全書 雖不可見 而雜出於傳記者亦多……今頗蒐輯 以爲此書 授之童蒙 資其講習 庶幾有補於風化之萬一云爾 (《小學》, 小學書題)

람이라도 총명하고 지혜가 밝아 능히 그 본성을 다한 사람이 백성들 중에서 나오게 되면, 하늘은 그로 하여금 만백성의 군주와 스승으로 삼아 나머지 백성들을 가르치고 다스리게 함으로써, 그 본성을 회복하게 하는 사명을 내려주었다"[47]고 진술함으로써, 교육을 하늘이 부여한 군자의 책임으로 높이고 있다.

율곡도 《격몽요결》에 붙인 서문에서 자기가 이 책을 지은 목적에 대해 "이제 사람들이 배움이란 일상생활에 있는 줄을 모르고, 헛되이 멀고 높으며 행하기 어려운 데에 뜻을 두어 특별한 사람에게만 미루고, 스스로는 자포자기하니 불쌍하지 않을 수 없다"면서, "이에 간략하게 한 책을 지어, 대체로 마음을 세우고 몸을 가다듬어 부모를 봉양하고 남을 대접하는 방법을 서술하였다"[48]고 진술하고 있다. 이렇게 아직 사람의 도를 깨닫지 못하고 자포자기하는 사람들을 깨우치는 일을 군자의 책무라고 인식하여 교육의 책임을 자임하는 것은 선진유학자뿐만 아니라 모든 유학자들에게 공통적인 태도이었던 것이다.

율곡은 앞에서 진술한 공자의 관점을 이어받아 군자와 성인만이 교육의 주체인 것은 아니라고 본다. 그는 이러한 공자의 입장을 확대하여 누구나 서로 가르치고 배워야 함을 역설하고 있다. 그는 《격몽요결》의 서(序)에서 이 책을 통하여 "학도들로 하여금 마음을 닦고 설 바를 바로 세워 즉시 공부에 착수하게 할 뿐만 아니라, 나 자신도 또한 오랜

47 蓋自天降生民 則旣莫不與之以仁義禮智之性矣 然其氣質之稟 或不能齊 是以 不能皆有以知其性之所有而全之也 一有聰明睿智能盡其性者 出於其間 則天必命之 以爲億兆之君師 使之治而敎之 以復其性 (《大學》, 大學章句序)

48 今人不知學問在於日用 而妄意高遠難行 故推與別人 自安暴棄 豈不可哀也……故略書一册子 粗敍立心飭躬奉親接物之方 名曰 擊蒙要訣 (《栗谷全書 二》, 擊蒙要訣, 序 82)

구습에 얽매어 괴로워했었던 바 이 책으로 인해 스스로 경계하고 스스로를 돌아보고자 한다"[49]고 말하여, 교육이 그 대상에게만 향하는 것이 아니라 교육 주체가 스스로를 반성하는 활동도 된다는 효학반(斅學半)의 관점을 제시하고 있다.

3. 교육의 목표: 도(道)의 인식과 실천

그렇다면, 이러한 교육을 통하여 이루고자 하는 목표는 무엇인가? 한 마디로 유학자들이 설정하고 있는 교육의 목표는 스스로가 도덕 주체라는 인식과 스스로에게 갖추어져 있는 도덕성을 일상생활에서 실천하는 일이다. 유학은 성덕(成德)을 목표로 하여 지행합일(知行合一)을 추구하는 이론체계이기 때문에, 이는 선진유학자들이나 성리학자들에게 공통적인 관점이다.

선진유학자들의 관점 《논어》에서는 "온갖 기술자들은 공장에서 자기 일을 익힘으로써 그 맡은 일을 이루어내고, 군자는 배움으로써 그 도를 다 이루어내야 한다"[50]고 표현하여, 도의 인식과 실천이 교육의 목표임을 분명히 하고 있다. 여기서 군자가 배움으로써 그 도를 다 이루어낸다는 것은 기술자들이 자기 기술을 익힘으로써 맡은 바 소임을 다

49 欲使學徒觀此 洗心立脚 當日下功 而余亦久患因循欲 而自警省焉 (《栗谷全書 二》, 擊蒙要訣, 序 82)

50 子夏曰 百工居肆以成其事 君子學以致其道 (《論語》, 子張 7)

하듯이, 군자는 자기에게 갖추어져 있는 도덕성의 근원을 밝게 인식하여 일상생활에서 이를 실천해야 함을 말하는 것이다.

공자는 자기의 도의 핵심인 인(仁)은 가족관계라는 자기 몸 가까이에 있는 것임을 말하여, "군자는 근본에 힘써야 한다. 근본이 제대로 서 있어야 도가 거기서 나오기 때문이다. 부모에게 효도하는 것과 어른에게 공손한 것, 이것이 바로 인(仁)을 행하는 근본"[51]이라면서, 도덕실천은 자기 가까이에서부터 비롯해야 하는 것임을 강조하고 있다.

공자는 이러한 사실을 "인이 멀리 있는가? 그렇지 않다. 내가 인을 행하고자 하면 인이 곧바로 나에게 다가온다"[52]고 하여, 다음과 같이 자주 강조하고 있다.

> 자공(子貢)이 "만일 널리 백성들에게 은혜를 베풀어[博施] 능히 많은 사람들을 구제한다면[濟衆], 어떻습니까? 어질다[仁]고 할 만하겠습니까?"라고 여쭙자, 공자께서는 "어찌 인(仁)에만 머물겠느냐? 이런 사람은 반드시 성인일 것이니, 이는 요(堯)와 순(舜) 같은 고대의 성인도 오히려 어렵게 여겼던 경지이다. 무릇 인(仁)이란 내가 서고자 하면 남이 먼저 서게 해주고, 내가 이루고자 하면 남이 먼저 이루게 해주는 일이다. 가까이 자기 몸에서 취해 남에게로 미루어가는 일, 이것이 바로 인을 행하는 방도인 것이다"라고 대답하셨다.[53]

이 인용문에서 공자는 인(仁)이 박시제중(博施濟衆) 같이 멀리 떨어져 있거나 실천하기 어려운 일이 아니라 가까이 자기 주변에서 실행해

51 君子務本 本立而道生 孝弟也者 其爲人之本與 (學而 2)

52 子曰 仁遠乎哉 我欲仁 斯仁至矣 (述而 29)

53 子貢曰 如有博施於民而能濟衆 何如 可謂仁乎 子曰 何事於仁 必也聖乎 堯舜其猶病諸 夫仁者 己欲立而立人 己欲達而達人 能近取譬 可謂仁之方也已 (雍也 28)

야 하는 가깝고 쉬운 일이라는 사실을 분명히 하고 있다. 그렇기 때문에 공자는 "인을 행하는 일은 나로부터 시작되는 일이지 남으로부터 시작되는 일이 아니다"[54]라고 진술하여, 도덕실천은 가까이 자기에게서 시작하여 남에게까지 확대해야 하는 일임을 주장하고 있는 것이다.

《논어》에서는 학문에 뛰어났던 제자인 자하(子夏)의 다음과 같은 말이 등장하여, 교육의 목표는 도의 인식과 실천이라는 사실이 재삼 강조되고 있다.

> 자하는 "배우기를 널리 하고[博學] 뜻을 독실히 하며[篤志], 절실하게 묻고[切問] 가까이에서 생각하면[近思], 인이 바로 그 가운데 있게 된다"고 말하였다.[55]

여기서 박학(博學)과 절문(切問)은 도의 인식을 말하는 것이고, 독지(篤志)와 근사(近思)는 바로 일상적 도덕실천을 말하는 것이라 볼 수 있다.[56] 이렇게 《논어》에서는 널리 배우고 절실하게 물음으로써 도를 인식하고, 뜻을 독실하게 하여 자기 가까이에서 도를 실행하려는 의지를 가지고 실천하는 일을 교육의 목표로 설정하고 있는 것이다.

이러한 관점은 맹자와 순자에게 그대로 이어지고 있다. 맹자는 "인(仁)은 사람의 마음이고 의(義)는 사람의 길이다. 바른 길을 버리고 따르지 않으며, 바른 마음을 놓치고 찾을 줄 모르니 애석한 일이다. 사람

54 子曰……爲仁由己 而由人乎哉 (顔淵 1)

55 子夏曰 博學而篤志 切問而近思 仁在其中矣 (子張 6)

56 朱熹가 呂祖謙과 함께 초학자들을 위한 입문서로 편찬한 책의 제명을 《近思錄》이라 명명한 것은 이 구절에서 따온 것이다. 여기서 博學 · 篤志 · 切問 · 近思는 교육의 목표를 진술하고 있는 것이 아니라 학문의 방법을 진술한 것으로 볼 수도 있다. 이에 대해서는 다음 절에서 논의할 것이다.

은 기르던 개나 닭을 잃으면 찾을 줄 알면서도, 자기의 본심을 놓치고도[放心] 찾을 줄을 모른다. 학문의 도란 다른 것이 아니다. 다만 놓쳐버린 본심을 찾는 일일 뿐이다"[57]라고 주장하였다.

여기서 놓쳐버린 본심은 인의예지의 근거인 측은지심 · 수오지심 · 사양지심 · 시비지심의 사단을 말한다. 맹자는 이렇게 본심을 놓치거나 잃어버려 방심(放心)하게 되는 것은 마음의 생각하는 기능을 적극적으로 활용하지 않기 때문이라고 본다. 즉 "마음의 기관은 생각하는 기능을 갖추고 있어서 생각하면 본심을 인식하게 되고, 생각하지 않으면 이를 인식하지 못하게 되는데도"[58] 불구하고, 단지 생각하여 이를 구하지 않기 때문에 본심을 잃고 모든 도덕성의 근거가 자기 자신에게 갖추어져 있어서 스스로가 도덕 주체라는 사실을 인식하지 못하게 된다는 것이다.[59]

그러므로 교육의 기본적인 목표는 사람들로 하여금 자기에게 갖추어져 있는 인의의 도를 깨달아 스스로 자각함으로써, 이를 실생활에서 실천하도록 하는 일이라고 맹자는 보고 있다. 이러한 주장은 다음 진술에서 잘 표명되고 있다.

군자가 올바른 방법으로 깊이 탐구하여 나아가는 것은 스스로 깨달

57 仁人心也 義人路也 舍其路而不由 放其心而不知求 哀哉 人有鷄犬放 則知求之 有放心而不知求 學問之道無他 求其放心而已矣 (《孟子》, 告子上 11)

58 心之官則思 思則得之 不思則不得也 (告子上 15)

59 이러한 논지는 《孟子》 전 편에서 자주 발견된다. 예를 들면, 告子上 6(仁義禮智非由外鑠我也 我固有之也 弗思耳矣), 告子上 13(拱把之桐梓 人苟欲生之 皆知所以養之者 至於身而不知所以養之者 豈愛身不若桐梓哉 弗思甚也), 告子上 17(欲貴者人之同心也 人人有貴於己者 弗思耳), 告子下 2(夫道若大路然 豈難知哉 人病不求耳) 등에서 이러한 논지가 직접 표현되고 있다.

아 얻고자 하는 것[自得]이다. 스스로 깨달아 도를 얻으면 이에 처하는 것이 안정되고, 그렇게 되면 도를 활용하는 데 더욱 깊이가 있게 된다. 이렇게 도를 활용하는 데 깊이가 있게 되면, 자기의 좌우 가까이에서 항상 그 근원을 파악하게 된다. 그러므로 군자는 도를 깨달아 스스로 얻고자 하는 것이다.[60]

이러한 맥락에서 맹자는 등문공(滕文公)이 나라 다스리는 요체를 물어온 데 대해 "상(庠)· 서(序)· 학(學)· 교(校) 등의 교육기관을 설립하여 백성들을 교육하십시오……예전에 이들 교육기관에서는 모두 사람의 도리[人倫]를 밝히고 가르쳤습니다"[61]라고 하여, 교육을 권하고 있는 것이다. 여기서 백성들에게 가르쳐야 하는 인륜은 부자유친 · 군신유의 · 부부유별 · 장유유서 · 붕우유신 같은 오륜을 말한다.[62] 이러한 인륜은 자식이 부모에게 친애하고 동생이 형을 공경하는 것 같은 가까운 가족관계의 윤리를 실천하는 일로부터 비롯된다는 것이 맹자의 생각이다.[63] 맹자는 이를 "도는 가까이에 있는데도 이를 멀리에서 구하려 하고, 할 일은 쉬운데도 이를 어려운 데서 찾으려 한다. 누구나 다 어버이를 친애하고 어른을 공경한다면, 천하가 곧 화평하게 될 것"[64]이라 역설하고 있다. 이렇게 맹자도 교육은 인륜의 도를 인식하는 것에 못지않게

60 君子深造之以道 欲其自得之也 自得之 則居之安 居之安 則資之深 資之深 則取之左右逢其原 故君子欲其自得之也 (離婁下 14)

61 設爲庠序學校以敎之……皆所以明人倫也 (滕文公上 3)

62 人之有道也 飽食暖衣 逸居而無敎 則近於禽獸 聖人有憂之 使契爲司徒 敎以人倫 父子有親 君臣有義 夫婦有別 長幼有序 朋友有信 (滕文公上 4)

63 孩提之童 無不知愛其親也 及其長也 無不知敬其兄也 親親 仁也 敬長 義也 無他 達之天下也 (盡心上 15); 仁之實 事親是也 義之實 從兄是也 智之實 知斯二者弗去是也 禮之實 節文斯二者是也 (離婁上 27)

64 道在爾而求諸遠 事在易而求諸難 人人親其親 長其長 而天下平 (離婁上 11)

이를 실천하는 데에 그 목표를 두어야 함을 역설하고 있는 것이다.

이러한 관점은 순자에게도 그대로 이어지고 있다. 순자는 "마음이 도를 인식한[知道] 뒤에야 도를 옳은 것으로 받아들일 수[可道] 있고, 도를 옳은 것으로 받아들인 후에야 비로소 도를 지키고[守道] 도가 아닌 것을 하지 않을 수[禁非道] 있게 된다"[65]고 하여, 도의 인식[知道 · 可道]과 실천[守道 · 禁非道]이 교육의 목표라는 사실을 분명히 하고 있다. 순자는 "도를 밝게 인식하고, 이렇게 인식한 도를 실행하면 도를 체득한 사람"[66]이라고 하여, 도를 밝게 인식하는 찰도(察道)와 이를 실행하는 행도(行道)가 도를 체득한 체도자(體道者)가 되는 길이라고 진술하여 이러한 입장을 거듭 드러내고 있다.

앞에서 맹자는 도를 인식하는 방법으로 사고[思]를 중시함을 보았다. 그러나 순자는 사고보다 배움[學]을 더 중시한다. 순자는 "내가 일찍이 하루 내내 생각해[思] 보았지만, 이것은 잠시만이라도 배우는[學] 것만 못하였다"[67]라고 진술하여 이러한 관점을 드러낸다. 그리하여 순자는 "본받을 스승과 법도가 있는 것은 사람에게 크게 보배로운 일이지만, 본받을 스승과 법도가 없는 것은 사람에게 커다란 재앙"[68]이라고 본다.

반성적 사고보다 스승을 따라 배우는 일을 앞세우는 순자의 태도

65 心知道 然後可道 可道然後能守道 以禁非道 (《荀子》, 解蔽 11)

66 知道察 知道行 體道者也 (解蔽 13)

67 吾嘗終日而思矣 不如須臾之所學也 (勸學 4): 이러한 양자의 차이는 공자가 "배우기만 하고 생각하지 않으면 미혹되고[罔], 생각하기만 하고 배우지 않으면 위태롭게 된다[殆]"(子曰 學而不思則罔 思而不學則殆, 《論語》, 爲政 15)고 하여, 사고와 배움을 모두 중시한 데 대한 양자의 입장의 차이를 드러내고 있다. 즉 맹자는 반성적 사고를 중시하는 입장인 데 반해, 순자는 스승의 감화를 통한 배움을 중시하는 입장인 것이다.

68 故有師法者 人之大寶也 無師法者 人之大殃也 (儒效 34)

는 그로 하여금 도의 인식보다 실천을 더 중시하는 입장으로 유도한다. 앞에서 진술한 지도(知道)와 가도(可道)라는 도의 인식[察道]은 수도(守道)와 금비도(禁非道)라는 도의 실행[行道]의 전제조건으로서의 의미를 가질 뿐이라는 것이 순자의 관점이다. 순자는 이러한 입장을 "도를 인식하기만 하는 것은 이를 실행함만 못하다. 배움이란 배운 것을 실행하는 데에서 끝난다……알기만 하고 실행하지 않으면, 비록 아는 것이 많고 풍부하다 할지라도, 실생활에서는 어려움에 빠질 뿐"[69]이라 진술하고 있다.

성리학자들의 관점 교육의 목표를 사람의 도리의 인식과 이의 실천에 두고 있는 공자 · 맹자 · 순자 같은 선진유학자들의 관점은 성리학자들에게도 이어지고 있다. 성리학자들이 도의 인식과 실행을 교육의 근본 목표로 잡고 있는 것은 그들이 《소학》과 《대학》을 교육의 기본 교재로 삼고 있다는 데서 드러난다.[70] 주희는 "옛날의 가르침은 《소학》이 있고 《대학》이 있었는데, 그 도는 하나일 뿐이었다. 《소학》은 일상

69 知之不若行之 學至於行之而止矣……知之不行 雖敦必困 (儒效 33)

70 여기서 《大學》을 선진유학의 경전이 아니라 성리학자들의 핵심 경전으로 보는 견해에 대해서는 많은 비판이 따를 수 있을 것이다. 이는 본래 《禮記》의 제42편으로 들어 있던 것이었는데, 그 제31편이던 《中庸》과 함께 주희가 따로 떼어내어 《論語》 · 《孟子》와 함께 四書로 높임으로써, 유학 경전의 최고 반열에 오른 경전이다. "《論語》에서 공자가 직접 언급한 경전은 《詩經》과 《書經》뿐이었고"(김승혜, 1990, p. 15), 《禮記》는 기원전 1세기의 前漢(B.C. 206~A.D. 7) 시대 戴聖이 편찬한 것일 가능성이 높은 저술(김승혜, 1990, p. 321, 주 35)이라는 사실을 참고해 보면, 《大學》과 《中庸》을 중시한 것은 南宋(1127~1279)시대 이후의 일이다(김승혜, 1990, pp. 9-39 참조). 이러한 점에서 이는 선진(先秦)유학 시대에는 있지도 않았거나 또는 있었다 하더라도 별로 주목을 받지 못하였는데, 12세기에 들어서서 성리학자들이 四書의 하나로 존숭함으로써 비로소 중시되기 시작한 경전임은 분명한 사실인 것이다.

생활에서 실천해야 하는 일로서 군주를 섬기고 부모와 형을 섬기는 등의 일이고, 《대학》은 곧 이러한 일들의 이치를 밝히는 것으로서 그 실천한 위로 나아가 군주를 섬기고 부모를 섬기는 등의 일의 까닭이 무엇인지를 강구하여 곡진하게 하고자 하는 것”[71]이라고 하여, 《소학》을 통해 자기 몸 가까이에서 도를 실천하게 하고, 이어서 《대학》을 통해 도의 인식에 이르게 한 것임을 밝히고 있다. 이렇게 성리학자들도 도의 실천과 인식을 교육의 목표로 삼고 있는 것이다.

여기서 한 가지 짚고 넘어갈 것은 성리학자들은 도의 인식보다 도의 실천이 우선되어야 한다고 여기고 있다는 사실이다. 그들은 《소학》의 교육을 통해 아동들로 하여금 자기 몸 가까이에서부터 일상적 도를 실천하도록 한 뒤에, 《대학》의 교육을 통해 도의 명확한 인식에 도달해야 하는 것으로 보고 있다. 즉 도의 인식보다 이의 실천이 우선되어야 한다고 성리학자들은 간주한다. “《소학》의 도란 물 뿌리고 쓸며[灑掃], 응하고 대답하며[應對], 나가고 물러나는[進退] 예절로부터 비롯하여, 어버이를 사랑하고 어른을 공경하며[愛親敬長], 스승을 존경하고 벗과 친애하는[隆師親友] 데로 나아가는데, 이는 모두 몸을 닦고[修身] 집안을 가지런히 하며[齊家] 나라를 다스리고[治國] 천하를 평안히 하는[平天下] 일의 근본이 되기 때문”[72]에, 도의 인식보다 자기 몸 가까이에서부터 도를 실천하는 것이 우선되어야 할 일이라는 관점이 성리학자들의 입장인 것이다.

71 古之敎者 有小學 有大學 其道則一而已 小學是事 如事君事父兄等事 大學是發明此事之理 就上面講究委曲所以事君事親等事如何 (《小學》, 小學集註總論)

72 古者小學 敎人以灑掃應對進退之節 愛親敬長隆師親友之道 皆所以爲修身齊家治國平天下之本 (《小學》, 小學書題)

주희가 여조겸과 함께 《근사록》을 편찬하고, 그 제목을 "자기 몸 가까이에서 깨우침"[近思]이라고 붙여, "일상생활에서 몸소 실천해야 하는 내용"[73]을 위주로 한 까닭도 바로 여기서 찾을 수 있다. "근사"(近思)의 목적은 바로 도의 실천에 있는 것이다.

율곡도 《격몽요결》 서문에서 "사람이 이 세상에 태어나서 배우지 않으면 사람다운 사람이 될 수 없다"면서, "학문이란 것은 역시 이상스럽고 별다른 것이 아니고, 어버이 된 사람은 마땅히 자애롭고, 자식 된 사람은 마땅히 효도하며, 신하 된 사람은 마땅히 충성하고, 부부 된 사람들은 마땅히 유별(有別)하며, 형제 된 사람들은 마땅히 우애롭고, 젊은이 된 사람은 마땅히 어른을 공경하며, 친구 된 사람들은 마땅히 신의가 있어서, 일상의 모든 일에 있어서 일에 따라 마땅히 해야 할 바를 행할 뿐이지, 현묘(玄妙)하고 보기 힘들며 기이한 것에 마음을 빼앗겨서는 안 된다"[74]고 진술하여, 일상적 실천이 우선임을 확실히 하고 있다.

이상에서 보듯이, 성리학자들도 선진유학자들과 마찬가지로 교육의 목표를 도의 인식과 실천에 두고 있다. 그러나 그들은 도의 인식은 그 일상적 실천의 근거 위에서 이루어져야 한다는 입장을 한결같이 견지하고 있다는 특징을 드러내고 있는 것이다.

---

73 葉采/이광호, 2004, 《근사록집해(近思錄集解)》 1권, p. 17.

74 人生斯世 非學問無以爲人 所謂學問者 亦非異常別件物事也 只是爲父當慈 爲子當孝 爲臣當忠 爲夫婦當別 爲兄弟當友 爲少者當敬長 爲朋友當有信 皆於日用動靜之間 隨事各得其當而已 非馳心玄妙希覬奇效者也 (《栗谷全書 二》, 擊蒙要訣, 序 82)

4. 교육의 방법과 순서

교육의 목표가 이와 같이 사람으로서 해야 할 일의 인식과 이의 일상적 실천에 있다면, 이러한 목표를 이루기 위한 방법은 어떠해야 하는가? 선진유학자들은 이를 널리 배우고 도덕 규범에 따라 몸을 단속하는 일[博文約禮]에서 찾고 있으며, 성리학자들은 이를 경(敬) 상태에 머물러 사물의 이치를 궁구하는 일[居敬窮理]에서 찾고 있다.

선진유학자들의 관점 앞에서 보았듯이 《논어》에서 자하는 "널리 글을 배우고[博學], 뜻을 독실하게 하며[篤志], 절실하게 묻고[切問], 자기 몸 가까이에서 생각하는[近思] 일"[75]을 교수 및 학습의 방법으로 제시하고 있다. 여기서 "박학"과 "절문"은 도의 인식과 관련되는 교육 방법이고, "독지"와 "근사"는 도의 실천과 관련되는 교육 방법이라 볼 수 있다.[76] 이러한 자하의 관점은 공자의 "박문약례"(博文約禮)의 교육 방법을 그대로 표현한 것이다.

공자께서 "군자가 글을 널리 배우고[博學於文], 예로써 자기 몸을

---

75 子夏曰 博學而篤志 切問而近思 仁在其中矣 (《論語》, 子張 6)

76 《中庸》에서는 학문 방법에 대해 "널리 배우고, 자세히 물으며, 신중히 생각하고, 해야 할 일을 밝게 분별하며, 독실하게 행해야 한다"(博學之 審問之 愼思之 明辨之 篤行之, 《中庸》 20: 주희의 《中庸章句》의 편차에 따른 20장을 가리킴)고 하여, 《論語》 子張篇 6장에 나오는 子夏의 학문 방법과 같은 내용을 진술하고 있다. 여기서의 審問 · 愼思 · 篤行은 각각 《論語》의 切問 · 近思 · 篤志와 같은 것으로 볼 수 있으며, 따라서 《中庸》에서 제시되고 있는 학문 방법도 《論語》에서와 마찬가지로 도덕인식(博學 · 審問)과 도덕실천(愼思 · 明辨 · 篤行)의 두 가지로 나누어진다고 생각할 수 있을 것이다.

단속한다면[約之以禮], 또한 도에 어긋나지 않을 것이다"라고 말씀하셨다.[77]

이 인용문에서 글을 널리 배우는 "박문"(博文)은 자하의 "박학"과 "절문"에 해당되고, 예로써 몸을 단속하는 "약례"(約禮)는 "독지"와 "근사"에 해당하는 것으로 볼 수 있다. 그러므로 이는 도의 인식은 "박문"의 방법으로 이루고, 도의 실천은 "약례"의 방법을 통해 이루어야 함을 말하고 있는 것이라 해석할 수 있다. 주희는 이 인용문에 대한 주석에서 정자의 말을 인용해 "널리 글을 배웠다고 해도 예로써 몸을 단속하지 않으면, 산만하여 기준이 없게 된다. 그러므로 널리 배운 뒤에 또 능히 예를 지켜 행위 규범[規矩]을 따르면, 또한 도에 위반되지 않게 될 것이다"[78]고 진술하여, "박문"은 도의 인식을 위한 방법이고, "약례"는 도의 실천을 위한 방법이라는 사실을 분명히 하고 있다.

이렇게 공자가 "박문"과 "약례" 두 가지를 교육의 방법으로 강조하였다는 사실은 공자가 가장 아꼈던 제자인 안연(顔淵)의 다음과 같은 공자에 대한 평가에서 잘 드러난다.

안연이 크게 탄식하여……"선생님께서는 차근차근히 사람을 잘 이끄시어, 글로써 나의 깨달음을 넓혀주시고[博我以文], 예로써 나의 몸을 단속하게 해주셨다[約我以禮]"고 말했다.[79]

77 子曰 君子博學於文 約之以禮 亦可以弗畔矣夫 (雍也 25; 顔淵 15)

78 程子曰 博學於文而不約之以禮 必至於汗漫 博學矣 又能守禮而由於規矩 則亦可以不畔道矣 (《論語集註》, 雍也 25)

79 顔淵喟然嘆曰……夫子循循然善誘人 博我以文 約我以禮 (子罕 10)

주희는 《논어집주》에서 "박문약례(博文約禮)는 가르침의 순서를 말한 것이다. 공자의 도가 비록 높고 묘하나, 사람에게 가르치는 데에는 순서가 있는 것이다"[80]라고 풀이하여, "박문"을 통해 도를 인식한 후에 "약례"를 통하여 도의 실천을 도모하는 것이 공자가 제시하는 교육의 순서라고 진술하고 있다. 이렇게 공자는 도의 인식이 도의 실천에 선행되는 가르침의 내용이라 보아, 인식한 도를 바탕으로 하여 이를 일상생활의 장면에서 실천하는 데 이르도록 하는 것이 교육의 순서라는 입장을 제시하고 있는 것이다.

맹자는 "학문의 도는 그 놓쳐버린 본심을 찾는 일[求放心]일 뿐"[81]이라고 하여, 교육이란 인간이 갖추고 있는 인의예지의 본유적인 도덕성을 회복하는 일이라 보고 있다. 그는 "대부분의 사람들은 사람과 동물의 차이의 근거인 도덕성을 놓쳐버리고 말지만, 군자는 이를 잘 간직함으로써, 사람의 도를 잘 깨달아 이를 자연스럽게 실행할 수 있다"[82]고 하여, 도덕성의 회복은 도의 인식과 그 실천을 목적으로 하는 것임을 분명히 하고 있다. 이러한 도의 인식과 실천을 위해 필요한 교육의 방법에 대해 맹자는 다음과 같이 간략하게 진술하고 있다.

> 맹자는 "널리 배우고 상세히 가르침은 장차 돌이켜 몸을 단속해야 함을 알게 하기 위해서이다"라고 말하였다.[83]

---

80 博文約禮 敎之序也 言夫子道雖高妙 而教人有序也 (《論語集註》, 子罕 10)

81 學問之道無他 求其放心而已矣 (《孟子》, 告子上 11)

82 孟子日 人之所以異於禽獸者幾希 庶人去之 君子存之 舜明於庶物 察於人倫 由仁義行 非行仁義也 (離婁下 19)

83 孟子日 博學而詳說之 將以反說約也 (離婁下 15): 필자는 여기서의 約을 《論語》(雍也 25; 子罕 10; 顏淵 15)의 예를 따라 約禮(예로써 몸을 단속한다)의 約으로

이 인용문에서 드러나고 있듯이, 맹자도 공자와 마찬가지로 교육의 방법을 널리 자세히 배우는 "박학"(博學)과 자기 몸에 돌이켜 단속하는 "반약"(反約)에서 찾고 있으며, 그 순서는 "박학"이 우선이고 "반약"은 그에 이어지는 것으로 진술하고 있다. 맹자가 교육의 순서를 도의 인식을 우선으로 하고 도의 실천을 그에 따르는 것으로 잡고 있다는 사실은, 그가 "군자가 올바른 방법으로 깊이 탐구하여 나아가는 것은 도를 깨달아 얻고자 하는 것인데[도의 인식], 우선 도를 깨달아 인식하고 나면 후에 이에 처하는 것이 안정되고 또 이를 활용하는 데[도의 실천] 깊이가 있게 된다"[84]고 진술하고 있다는 점에서 잘 드러나고 있다. 이렇게 맹자도 공자와 같이 "선지후행"(先知後行)을 교육의 순서로 제시하고 있는 것이다.

순자는 교육의 목표를 도를 밝게 인식하고[察道] 이를 일상생활에서 실천하여[行道] 도를 체득한 사람[體道者]이 되는 일에서 찾고 있는데,[85] 이러한 교육의 방법과 순서에 대하여 《순자》 첫머리인 〈권학편〉에서 비교적 자세하게 언급하고 있다. 그가 제시하는 교육의 방법은 널리 배우는 "박학"(博學)과 배운 바를 자기에게 참험(參驗)하여 스스로의 행실이 올바른가 살펴보는 "참기"(參己)이다.

> 군자는 널리 배우고[博學], 배운 바를 매일 자기 몸에 참험하여 살펴보아야 한다[參己]. 그렇게 되면 도덕 인식이 밝아지고[知明] 행실

풀이하였다.

84 君子深造之以道 欲其自得之也 自得之 則居之安 居之安 則資之深 資之深 則取之左右逢其原 故君子欲其自得之也 (離婁下 14)

85 心知道 然後可道 可道然後能守道 以禁非道……知道察 知道行 體道者也 (《荀子》, 解蔽 11-13)

에 잘못이 없게 된다[行無過].[86]

여기서 박학은 도덕인식이 밝아지는[知明] 효과를 가져오는 교육 방법이고, 참기는 행실에 잘못이 없게 되는[行無過] 효과를 가져오는 교육 방법이다. 즉 도덕인식을 위한 교육 방법이 곧 "박학"이고, 도덕실천을 위한 교육 방법이 곧 "참기"인 것이다.

순자는 이러한 "박학"을 통한 도의 인식과 "참기"를 통한 도의 실천이라는 교육의 두 가지 목표에 분명한 순서를 부여하고 있다. 도의 인식이 도의 실천보다 선행되어야 한다는 것이다. 이러한 순자의 관점은 다음 인용문에 분명히 제시되고 있다.

> 그러므로 마음으로 도를 인식하지 않을 수 없다. 마음으로 도를 인식하지 못하면, 올바른 도를 옳은 것으로 여겨 선택하지 못하게 되고 그 대신 도가 아닌 것을 옳다고 여겨 선택하게 된다. 자기가 마음대로 하고 싶다고 해서, 자기가 옳다고 여기지 않는 것을 지키기 위해 옳다고 여기는 것을 하지 않으려고 할 사람이 누가 있겠는가? ……마음으로 도를 밝게 인식한[知道] 다음에라야 도를 옳은 것으로 여겨 선택하게 되고[可道], 도를 옳은 것으로 여겨 선택한 후에야 비로소 도를 지킴으로써[守道] 도 아닌 것을 하지 않을 수 있게[禁非道] 되는 것이다.[87]

---

86 君子博學 而日參省乎己 則智明而行無過矣 (勸學 2): 王先謙(1891)의 《荀子集解》에 인용된 俞樾은 본문 중 省乎 두 글자는 본래는 없었던 것으로, 후대인들이 參을 三으로 읽어 《論語》 學而 4장의 吾日三省吾身에 의거하여 잘못 첨가한 것으로 보고 있다. 따라서 그는 參을 驗의 뜻으로 보아, 參己를 "자기에게 참험하여 살펴본다" 또는 "자기에게 비추어 살펴본다"의 의미로 풀이하고 있다. 여기서는 이러한 俞說을 따랐다.

87 故心不可以不知道 心不知道 則不可道 而可非道 人孰欲得恣 而守其所不可 以禁其所可……心知道 然後可道 可道然後能守道 以禁非道 (解蔽 10-11)

이 인용문에서 순자는 도의 인식과 선택[知道 · 可道]은 도의 실천[守道 · 禁非道]의 선행 조건이라는 명확한 입장을 드러내고 있다. 그러므로 도의 인식[察道]을 위한 "박학"(博學)은 도의 실천[行道]을 위한 "참기"(參己)보다 선행해야 하는 교육 방법인 것이다.

그러나 도의 인식이 그 실천보다 선행되어야 한다고 보는 순자의 관점이 이 둘의 분리를 의미하는 것은 아니다. 다만 도의 실천은 이에 대한 명확한 인식의 바탕 위에서 이루어져야 한다고 볼 뿐이다. 순자는 "군자의 배움은 귀로 들어와 마음에 꼭 달라붙어, 온몸에 퍼지고 일상생활의 실천으로 드러나……모두 행위의 규범으로 작용하게 되지만, 소인의 배움은 귀로 들어와 곧바로 입으로 나가버리고 마니……어찌 사람의 몸을 아름답게 할 수 있겠는가?"[88]라고 진술하여, 도덕인식은 그 실천의 전제일 뿐 그 자체가 목표가 될 수는 없음을 분명히 하고 있는 것이다.

이상에서 드러나고 있듯이, 공자 · 맹자 · 순자 같은 선진유학자들은 도의 인식을 위한 교육 방법으로 널리 가르치고 배우는 일[博文 · 博學]을 들고 있고, 도의 실천을 위한 교육 방법으로 자기 몸의 단속[約禮 · 反約 · 參己]을 들고 있다. 또한 그들은 도의 인식이 도의 실천보다 선행되어야 할 교육의 목표라는 "선지후행"(先知後行)을 교육의 원칙으로 삼는 공통성이 있는 것이다.

성리학자들의 관점 조선조의 성리학자들은 이기적 욕구에 물든

88 君子之學也 入乎耳 箸乎心 布乎四體 形乎動靜……一可以爲法則 小人之學也 入乎耳 出乎口……曷足以美七尺之軀哉 (勸學 13-14)

인심(人心)을 버리고[遏人欲], 천리를 간직한 도심(道心)을 지향해 나가는 것[存天理]이 사람의 할 일이라고 보고, 이러한 알인욕(遏人欲)·존천리(存天理)가 마음을 다잡는 공부의 목표라고 여긴다. 이러한 사실을 지적하여 퇴계(退溪)는 다음과 같이 지적하고 있다.

> 대체로 마음을 다잡는 공부, 곧 심학(心學)의 방법은 비록 많지만, 그 요점을 종합해서 말하면, 사람의 욕구를 억제하고[遏人欲] 천리를 보존하는[存天理] 두 가지에 불과하다……여기서 알인욕(遏人欲)하는 일은 당연히 인심(人心)의 측면에 속하는 일이고, 존천리(存天理)하는 일은 당연히 도심(道心)의 측면에 속하는 일이라고 할 수 있다.[89]

여기서 사람의 욕구를 버리고 천리를 보존하는 것은 일상적으로 도를 실천하는 일[居敬]과 도의 원천을 강구하여 인식하는 일[窮理]을 통해 이루어진다는 것이 조선조 성리학자들의 주장이다. 퇴계는 이를 "만일 사람의 욕구에 물드는 폐단을 면하려고 하면 다른 데 기대어 구하려 하지 말고, 오직 온 힘을 다하여 거경(居敬)과 궁리(窮理)의 공부에 힘을 쓰면 된다"[90]고 표현하고 있다.

그런데 도의 인식을 위한 공부인 "궁리"는 도의 실천 공부인 "거경"의 기초 위에서 이루어져야 한다는 것이 성리학자들의 한결같은 입장이다. "경(敬)은 마음의 주재로서, 온갖 일의 근본이 되는 것"[91] 이어서,

---

89 大柢心學雖多端 總要而言之 不過遏人欲存天理兩事而已……凡遏人欲事 當屬人心一邊 存天理事 當屬道心一邊 可也 (《退溪全書 二》, 書, 答李平叔 259)

90 如欲免此 亦不待他求 惟十分勉力於窮理居敬之工 (《退溪全書 一》, 書, 答李叔獻 359)

91 敬者一心之主宰 而萬事之本根也 (《退溪全書 一》, 聖學十圖, 大學圖 203); 蓋心者

"경은 성인이 되고자 하는 학문[聖學]의 처음이자 마지막"[92]이 되는 요체라는 데에 퇴계와 율곡 등 조선조 성리학자들의 생각이 일치하고 있다. 경 상태에 머물러 도를 실천하는 "거경"은 사물의 이치를 깊이 탐구하는 "궁리"의 근본이 되기 때문에,[93] 따라서 거경은 성학(聖學)의 처음이자 마지막이 된다는 것이다. 이러한 사실을 율곡은 주자와 정자를 인용하면서 다음과 같이 단언하고 있다.

> 경(敬)은 성학의 처음이자 마지막이 되는 요체이다. 주자(朱子)는 "경 상태를 간직하는 것은 사물의 이치를 탐구하는 궁리의 근본이다. 아직 도를 깨닫지 못한 사람이 경 상태를 말미암지 않고 도를 깨달을 수는 없다"고 하였으며, 정자(程子)는 "도에 들어가는 데에는 경만한 것이 없다. 사물의 이치를 모두 깨달은[致知] 사람치고 경 상태에 머물지 않았던 사람은 없었다"고 말하였다. 이는 경이 배움의 처음이 됨을 말한 것이다. 또한 주자는 "이미 도를 깨우친 사람은 경을 말미암지 않고는 도를 간수할 수 없다"고 하였으며, 정자는 "경과 의가 이루어져야 덕이 외롭지 않게[德不孤] 되는데, 성인까지도 또한 경에 머무르실 뿐이었다"고 말하였다. 이는 경이 배움

一身之主宰 而敬又一心之主宰也 (《退溪全書 一》, 聖學十圖, 心學圖說 208); 爲學莫如先立其主宰 曰 何如可以能立其主宰乎 曰 敬可以立主宰 (《退溪全書 四》, 言行錄一, 論持敬 175)

92 敬爲聖學之始終 豈不信哉 (《退溪全書 一》, 聖學十圖, 敬齋箴 210); 敬之一字 豈非聖學始終之要也哉 (《退溪全書 一》, 聖學十圖, 大學圖 203); 敬者聖學之始終也 (《栗谷全書 一》, 聖學輯要, 修己上, 收斂章 431)

93 敬以爲主 而事事物物 莫不窮其所當然與其所以然之故……至如敬以爲本 而窮理以致知 反躬以踐實 此乃妙心法 而傳道學之要 (《退溪全書 一》, 疏, 戊辰六條疏 185-186); 持敬是窮理之本 未知者 非敬無以知 (《栗谷全書 一》, 聖學輯要, 修己上, 收斂章 431); 大抵敬字 徹上徹下 格物致知 乃其間節次進步處 又曰 今人皆不肯於根本上理會 如敬字只是將來說 更不做將去 根本不立 故其他零碎工夫無湊泊處 (《栗谷全書 一》, 聖學輯要, 修己上, 收斂章 433-434)

의 마지막이 됨을 말한 것이다.[94]

이 인용문에서 명백하게 드러나듯이, "거경"을 통한 도의 실천은 "궁리"를 통한 도의 인식보다 우선해야 할 일이라는 것이 율곡의 주장이다. 이러한 근거에서 그는 《성학집요(聖學輯要)》를 찬술하면서 《소학》 공부의 효과에 해당하는 〈수렴(收斂)장〉(마음을 다잡아 일상생활에서 실천해야 함을 역설한 장)을 《대학》 공부에 해당하는 〈궁리(窮理)장〉(도의 인식을 강조한 장)의 앞에 배치하여,[95] 도의 실천을 그 인식보다 중시하는 입장을 드러내고 있다.

여기서 도의 인식을 위한 교육 또는 학습의 방법으로서의 "궁리"는 공자가 말하는 "박문"과 맹자 및 순자가 말하는 "박학"과 같은 것이고, 도의 실천을 위한 학습의 방법으로서의 "거경"은 공자가 말하는 "약례"와 맹자의 "반약" 및 순자의 "참기"와 같은 것이라 볼 수 있다. 그러나 조선조 성리학자들의 "거경"은 "궁리"의 근본이기도 하다는 점에서 "약례 · 반약 · 참기"에 국한되는 것으로 보기는 힘들고, "박문 · 박학"도 "거경"을 위주로 하여야 하는 것으로 보아야 할 것이다. 이러한 점에서 성리학자들은 도덕실천이 도덕인식보다 선행하여야 한다는 "선행후지"

94 敬者聖學之始終也 故朱子曰 持敬是窮理之本 未知者 非敬無以知 程子曰 入道莫如敬 未有能致知而不在敬者 此言敬爲學之始也 朱子曰 已知者 非敬無以守 程子曰 敬義立而德不孤 至于聖人亦止如是 此言敬爲學之終也 (《栗谷全書 一》, 聖學輯要, 修己上, 收斂章 431)

95 《聖學輯要》에는 〈總說篇〉 다음에 〈修己上篇〉이 나오는데, 〈修己上篇〉에는 立志章, 收斂章, 窮理章이 순서대로 배치되어 있다. 김경호(2008, pp. 280-290)는 율곡의 공부 순서에 관한 입장은 그가 《聖學輯要》를 저술한 40세(1575) 이전과 이후가 다르다고 본다. 40세 이전에는 "궁리 → 거경 → 역행"이었다가 《聖學輯要》 이후에 "거경 → 궁리 → 역행"으로 입장이 변화하였다는 것이다.

(先行後知)의 입장을 견지하는 것으로 보인다.

그러나 그렇다고 해서 도덕실천만을 위주로 한다거나 도덕인식은 뒤로 미루어도 된다고 성리학자들이 주장하고 있는 것은 아니다. 양자는 비록 선후는 있지만, 함께 진행되어야 하는 것이다. 퇴계는 이러한 사실을 다음과 같이 진술하고 있다.

> 경을 근본으로 하여 궁리함으로써 완전한 도덕인식에 이르고, 경을 근본으로 하여 자기 몸을 돌이켜 봄으로써 실천함에 이르는 일, 이것은 마음을 다잡는 법을 이루고 도학을 세상에 퍼뜨리는 요체이다……도를 진정으로 깨닫는 일[眞知]과 이를 실제로 실행하는 일[實踐]은 차의 두 바퀴와 같아 하나라도 없어서는 안 된다. 이는 마치 사람의 두 다리가 서로 의지하여 앞으로 나아갈 수 있는 것과 같은 것이다. 그러므로 정자는 "완전한 도덕인식에 이른 사람치고 경 상태에 머물지 않았던 사람은 없었다"고 말하였고, 주자는 "몸소 실천하는 공부를 하지 않으면 또한 궁리하는 공부도 없다"고 하였다. 이것은 이 두 가지 공부는 합해서 말하면 서로 처음과 끝이 되고, 나누어서 말하면 각각이 또 처음과 끝을 가지고 있다는 말이다.[96]

이 인용문에서 퇴계는 거경(居敬)은 궁리(窮理)를 통한 치지(致知) 곧 도의 인식과 역행(力行)을 통한 도의 실천의 바탕이 됨을 분명히 하고 있다. 즉 "도를 인식하는 치지의 방법과 도를 실천하는 역행의 공부는 경 상태에 머무르는 거경에서 시작된다고 말할 수 있다"[97]는 것이 퇴

96 至如敬以爲本 而窮理以致知 反躬以實踐 此乃妙心法 而傳道學之要……抑眞知與實踐 如車兩輪 闕一不可 如人兩脚 相待互進 故程子曰 未有致知而不在敬者 朱子曰 若躬行上未有工夫 亦無窮理處 是以二者之功 合而言之 相爲始終 分而言之 則又各自有始終焉 (《退溪全書 一》, 疏, 戊辰六條疏 186)

97 其於致知之方 力行之功 亦可謂其始矣 (《退溪全書 一》, 疏, 戊辰六條疏 185)

계의 입장인 것이다. 그러므로 성리학자들의 교육 방법을 단순히 "거경 · 궁리"라고 하기보다는 "거경"을 위주로 한 "치지"와 "역행"이라고 보는 것이 옳을 것이다.[98]

율곡도 《성학집요》의 첫머리인 〈수기(修己)장〉의 총론(總論) 말미에 "몸을 닦는 공부는 거경과 궁리와 역행의 세 가지에서 벗어나지 않는다"[99]고 말하면서, 《격몽요결》의 〈지신(持身)장〉에서는 이 삼자의 관계에 대해 "삼가 몸가짐을 바르게 하는 거경으로 그 근본을 삼고, 이치를 궁구하는 궁리를 통해 착한 본성을 밝게 깨달으며, 힘써 실행하는 역행을 통해 그 실상을 실천해야 한다"[100]고 하여, "거경"을 "궁리"와 "역행"의 바탕으로 보고 있다.[101]

여기서 "거경"은 도덕인식과 도덕실천의 바탕이 되는 마음가짐과 몸가짐 및 행동거지를 삼가고 추스르는 일이다. 이렇게 마음가짐과 몸가짐을 삼가고 추스르는 일을 일상적 도덕실천의 한 양태라고 본다면, "거경"을 "치지"와 "역행"의 바탕이라고 보는 견해는 성리학자들의 "선행후지"의 교육관을 드러내고 있는 것이라고 생각할 수 있을 것이다.

---

98 신동은(2002, pp. 18–43)은 敬 · 知 · 行을 성리학의 세 가지 교육 영역이라고 제시하여 居敬을 致知 및 力行과 동급에 놓고 있으나, 위의 인용문들에서 보면 居敬은 致知와 力行의 바탕이 되는 준비상태 또는 기본이고, 致知와 力行은 그 바탕 위에서 이루어지는 교육 활동 또는 삶의 양식이라고 보는 것이 옳을 듯하다.

99 修己之功 不出於居敬窮理力行 (《栗谷全書 一》, 聖學輯要, 修己上, 總論 428)

100 居敬以立其本 窮理以明乎善 力行以踐其實 (《栗谷全書 一》, 擊蒙要訣, 持身章 84)

101 栗谷은 제자들과의 문답에서 이러한 사실을 거듭 밝히고 있다. 예를 들면 問 輯要存德性道問學章下通論曰 居敬窮理力行三者 於此章略發其端 愚意以爲尊德性兼居敬力行 而道問學只是窮理也 曰 然 力行兼於尊德性中矣 窮理則專屬於道問學(《栗谷全書 二》, 語錄上 240) 및 問 輯要所論居敬窮理力行三者 似未明白 曰 尊德性是居敬 博學於文是窮理 約之以禮是力行 但約禮於力行意似未足(《栗谷全書 二》, 語錄上 255) 같은 데에서 栗谷의 이러한 입장이 잘 드러나고 있다.

5. 공부의 내용: 도덕인식과 도덕실천의 합일

이상에서 보듯이, 유학자들은 선진유학자들이나 성리학자들 모두 사람의 도, 곧 도덕성을 스스로가 본유적으로 갖추고 있다는 사실을 분명히 인식하고[도덕인식], 일상생활의 과정에서 이를 실천하는 일[도덕실천]을 교육의 목표로 잡고 있다는 점에는 차이가 없다. 다만 이들은 도덕인식이 도덕실천에 선행하는 것으로 보느냐(선진유학) 아니면 도덕실천이 도덕인식에 선행하는 것으로 보느냐(성리학) 하는 견해에 차이를 보일 뿐이다.

두 가지 교육 목표의 시간적인 선·후에 대한 생각이 이렇게 다르다고는 하나, 선진유학자들과 성리학자들이 이 두 가지 목표 중 시간적으로 선행되는 것만을 중시하고(선진유학은 도덕인식; 성리학은 도덕실천) 나머지는 무시하는 것은 아니다. 그들은 모두 도덕인식과 도덕실천의 합일을 중시하고 있다. 이러한 지행합일(知行合一)이 성덕(成德)의 핵심이기 때문이다. 이러한 사실은 다음과 같은 공자의 하학상달(下學上達)의 입장과 주희의 지행상수론(知行相須論) 및 퇴계의 양륜론(兩輪論)의 관점에 잘 드러나고 있다.

> 공자께서 "아무도 나를 알아주는 사람이 없구나!"라고 탄식하시자, 자공(子貢)이 "어찌하여 선생님을 알아주는 이가 없다고 하십니까?" 라고 여쭈었다. 그러자 공자께서 "아무도 나를 알아주지 않아도, 나는 하늘을 원망하지 않고 사람을 탓하지 않는다. 나는 아래로 사람이 할 일을 배우면서, 위로 천리(天理)를 통달하노니[下學而上達],

나를 알아주는 이는 오직 하늘뿐일 것이다"라고 대답하셨다.[102]

도덕인식[知]과 그 실천[行]은 모름지기 서로 의존하는 것인데, 이는 마치 눈이 있어도 발이 없으면 나아가지 못하고, 발이 있어도 눈이 없으면 나아갈 길을 볼 수 없는 것과 같다. 이 양자의 선후(先後)를 논하자면 도덕인식인 지(知)가 우선이고, 그 경중(輕重)을 논하자면 도덕실천인 행(行)이 더 중요하다.[103]

내가 가만히 살펴보건대, 도덕인식[知]와 도덕실천[行] 두 가지는 마치 차의 두 바퀴나 새의 두 날개와 같아서 서로 선후(先後)가 되고 서로 경중(輕重)이 되는 것이다. 성현의 말씀에는 "먼저 깨닫고 나서 나중에 행해야 할 것"[先知而後行者]도 있고……"먼저 행하고 나서 나중에 깨달아야 할 것"[先行而後知者]도 있는 법이다……그러나 먼저 깨달을 것이라고 해서 그것을 완전히 깨달은 다음에라야 비로소 행해야 하는 것이 아니고, 먼저 행해야 할 것이라고 해서 그것을 완전히 행하고 난 다음에라야 비로소 깨닫게 되는 것도 아니다. 이치를 처음 깨닫기 시작할 때부터 완전한 깨달음에 이르러 그칠 때까지, 그리고 처음 행하기 시작할 때부터 그칠 곳을 알아 그만둘 때까지, 지(知)와 행(行)은 항상 서로 의뢰하고 함께 나아가야 하는 것이다.[104]

첫 인용문의 하학상달에 대해 정자(程子)는 "무릇 아래로 사람이 할

---

102 子曰 莫我知也夫 子貢曰 何爲其莫知子也 子曰 不怨天 不尤人 下學而上達 知我者其天乎 (《論語》, 憲問 37)

103 知行常相須 如目無足不行 足無目不見 論先後 知爲先 論輕重 行爲重 (《性理大全卷四十八》, 學六, 知行 759): 이는 光成文化社(1975) 朱熹의 《性理大全》 卷48의 學六 중 知行 p. 759를 가리킨다. 앞으로 《性理大全》의 인용은 이 예를 따른다.

104 竊意知行二者 如兩輪兩翼 互爲先後 相爲輕重 故聖賢之言 有先知而後行者……有先行而後知者……然先知者 非盡知而後始行也 先行者 非盡行而後始知也 自始知至知至至之 始行至知終終之 貫徹相資而互進也 (《退溪全書 一》, 書, 答李剛而問目 521)

일을 배우면, 곧 위로 천리에 통달하게 된다. 그러나 인사(人事)를 익히기만 하고 이에 대해 자세히 깨닫지 못하면, 또한 위로 통달할 수 없는 법이다"[105]라고 하여, 하학과 상달의 합일을 의미하는 것으로 풀고 있다. 둘째와 셋째 인용문에서 주자(朱子)와 퇴계는 도덕인식과 도덕실천의 상호의존성을 강조하고 있다.

이렇게 교육의 목표를 배우는 사람으로 하여금 도덕성의 본유성에 대해 인식하고, 이를 일상생활에서 실천하게 만드는 일에서 찾게 되면, 배우는 사람이 공부하는 목표도 바로 이렇게 도덕인식과 도덕실천에서 찾을 수밖에 없다. 도덕성이 스스로에게 태어날 때부터 갖추어져 있어서 이를 통해 사회관계에서 각자가 해야 할 일[所當爲]을 찾아 익히고, 사회관계에서 이렇게 도덕실천을 이루어야 하는 까닭[所以然]을 밝게 깨닫는 일이 바로 유학자들이 강조하는 공부의 핵심인 것이다. 곧 유학자들은 책상 앞에 앉아서만 하는 것이 공부가 아니라, 실생활의 장면에서 배운 바를 익히는 것도 중요한 공부의 내용이 된다고 보았다.

이렇게 도덕인식과 실천의 공부를 하는 데에는 교재가 없을 수 없다. 선진시대 유학자들은 아직 아동교육을 위한 주교재를 따로 제시하고 있지 않으나, 성리학자들은 아동교육을 위한 교재를 별도로 편찬하여 성인교육을 위한 교재와 구별하고 있다.[106] 그들은 《소학》을 통해 아동들에게 일상생활에서 사람이 해야 할 일을 가르쳐 익히게 하고, 성인

105 蓋凡下學人事 便是上達天理 然習而不察 則亦不能以上達矣 (《論語集註》, 憲問 37)

106 유학에서 보통 아동교육은 8세부터 시작하고, 성인교육은 15세부터 시작하는 것(人生八歲 則自王公以下 至於庶人之子弟 皆入小學……及其十有五年 自天子之元子衆子 以至公卿大夫元士之適子 與凡民之俊秀 皆入大學, 《大學》, 大學章句序)으로 되어 있다.

이 된 후에는 《대학》을 통해 사회관계에서 도덕성을 실천해야 하는 까닭을 깨우치도록 유도함으로써, 도덕실천과 도덕인식의 합일을 도모하려 한다.

퇴계는 《성학십도(聖學十圖)》에서 제3도를 〈소학도(小學圖)〉로 하고, 제4도를 〈대학도(大學圖)〉로 하여 《소학》과 《대학》을 교육의 교재로 중시하는 입장을 드러내고 있다. 그는 〈소학도〉에서 "대체로 《소학》과 《대학》은 서로를 의지하여 이루어지는 것으로, 그렇기 때문에 이 두 책은 하나이면서 둘이고, 둘이면서 하나이다"[107]라고 하여, 《대학》의 공부는 반드시 《소학》을 공부한 다음에 해야 함을 주장하고 있다. 퇴계는 어떤 문인이 "공부하는 선후의 과정과 그 규모"에 대해 묻자, "반드시 《소학》을 먼저 공부한 다음에 《대학》을 나중에 공부하여야 한다. 공부의 규모와 절차 및 조목은 이 두 책에 갖추어져 있으니, 공부하는 사람은 마음을 다하고 힘을 다하여 이를 추구해야 한다"[108]고 대답하여, 《소학》을 먼저 배우고 난 다음에 《대학》을 배워야 함을 분명히 하고 있다.

이렇게 성리학자들은 《소학》의 교육을 통해 우선 아동들로 하여금 일상생활의 가까운 데에서 행실을 바로 가지고 대인관계에서의 예절을 실행하는 일을 위주로 하였으며, 그 이후 《대학》과 기타 경전의 교육을 통해 그러한 도덕의 근거와 이를 실천해야 하는 당위를 깨닫도록 하는 일에 힘을 쏟도록 하였다. 주희는 이러한 일을 자주 언급하여 "《소학》은 사군(事君)·사부형(事父兄) 등의 일의 실천에 관한 것이고, 《대학》은

107 蓋小學大學相待而成 所以一而二 二而一者也 (《退溪全書 一》, 聖學十圖, 小學圖 202)

108 所問工夫先後立程規模 則須先小學後大學 而規模節目各具於書 在吾盡心全力以求之耳 (《退溪全書 二》, 書, 答李宏仲 214)

이러한 일들의 이치를 드러내 밝힘으로써 사군 · 사친 등의 일을 실천해야 하는 까닭이 무엇인지를 강구하여 곡진하게 밝히고자 한 것"이어서, "《소학》으로부터 시작하여 《대학》으로 나아가게 한 것이니……《대학》의 순서는 다만 《소학》에서 이루어진 공(功)에 의존할 뿐"[109]이라고 주장하였다.

이와 같이 도덕실천을 위주로 하는 아동교육의 핵심 교재는 《소학》이고, 도의 인식을 위주로 하는 청년기 이후 성인교육의 최우선적인 교재는 《대학》이라는 것이 성리학자들의 공통적인 의견인 것이다.[110]

1) 《소학(小學)》: 소당위(所當爲)의 실행과 함양

주희는 예로부터 전해 내려오는 아동교육서가 산일(散逸)되어 없어진 것이 많으므로, 제자인 유청지와 함께 "옛날의 전적(典籍)들을 크게 수집하여 《소학》을 편찬함으로써 아동교육의 교재로 활용케 하였다."[111] 성리학자들은 "《소학》의 도란 물 뿌리고 쓸며, 응하고 대답하며, 나가고 물러나는 예절로부터 비롯하여, 어버이를 사랑하고 어른을 공경하며, 스승을 존경하고 벗과 친애하는 데로 나아가는데, 이는 모두 몸을 닦고 집안을 가지런히 하며 나라를 다스리고 천하를 평안히 하는

109 朱子又曰 小學是事 如事君事父兄等事 大學是發明此事之理 就上面講究委曲所以事君事親等事是如何 又曰 古人由小學而進於大學 其於灑掃應對進退之間 持守堅定 涵養純熟 固已久矣 大學之序 特因小學已成之功 (《小學》, 小學集註總論)

110 《小學》과 《大學》에 대한 내용 정리는 졸저(조긍호, 2012, pp. 673-686, 708-718)를 참조하였으며, 경우에 따라서는 졸저의 글을 그대로 따오기도 하였다.

111 今頗蒐輯 以爲此書 授之童蒙 資其講習 (《小學》, 小學書題)

일의 근본이 되기 때문"[112]이었다. 이렇게 성리학자들은《소학》의 교육을 통해 아동들로 하여금 자기 몸 가까이에서부터 일상적 도를 실천하도록 한 뒤에,《대학》의 교육을 통해 도의 명확한 인식에 도달해야 하는 것으로 보고 있다. 즉, 도의 인식보다 자기 몸 가까이에서부터 도를 실천하는 것이 배움을 통해 우선적으로 공부해야 할 내용이라는 관점이 성리학자들의 입장인 것이다.

(1)《소학》의 구성과 내용: 입교(立教)·명륜(明倫)·경신(敬身)

주희는〈소학제사(小學題辭)〉에서 "《소학》의 교육 방법은 물 뿌리고 쓸며, 부름에 응하고 물음에 답하는 것, 그리고 집에 들어와서는 효도하고 밖에 나가서는 공손한 것 같은 일상적 행실이 조금도 예의에 어긋남이 없게 하고자 하는 데에 있다. 그리고 나서도 남는 힘이 있으면 시를 외우고 책을 읽으며 노래와 춤을 통해 음악을 배워, 생각이 바른 도리에서 벗어나지 않도록 해야 한다"[113]고 하여, 아동교육에 있어서 학문을 하는 것은 나중의 일이고, 우선은 일상생활의 예절을 몸 가까이에서 익히고 실행하는 일부터 시작해야 한다고 진술하고 있다. 즉 먼저 예의를 익히고 실천한 다음에, 그리고도 남는 힘이 있으면 이러한 실천의 바탕 위에서 그 이치와 이를 실천해야 하는 까닭에 대한 이해를 도모해야 한다는 것이 교육의 순서에 대한 주희의 입장이다. 이러한 맥락에서 성리학자들은《소학》을 모든 교육이 시작되는 출발점으로 중시하고 있는 것이다.

---

112 今頗蒐輯 以爲此書 授之童蒙 資其講習 (《小學》, 小學書題)

113 古者小學 敎人以灑掃應對進退之節 愛親敬長隆師親友之道 皆所以爲修身齊家治國平天下之本 (《小學》, 小學書題)

《소학》은 배움의 자세를 제시한 입교(立敎), 대인관계(부모-자식, 군주-신하, 남편-아내, 어른-아이, 친구-친구의 오륜)에서 실천해야 할 사항을 제시한 명륜(明倫), 일상생활에서 가져야 할 몸가짐과 마음가짐의 바른 길을 제시한 경신(敬身)의 세 가지의 규범을 강목(綱目)으로 하여, 각각에 대한 과거의 모범과 효과[稽古], 그리고 각각에 대한 아름다운 말[嘉言]과 아름다운 행실[善行]을 통해 이 세 강목을 실증해 보이려는 내용으로 구성되어 있다. 그러므로 《소학》에서 제시하고 있는 아동교육의 내용은 배움의 의지를 굳건히 하고 그 태도를 익히는 일[立敎], 사람의 다섯 가지 도[五倫]를 실천하는 세목을 익히는 일[明倫], 그리고 인륜을 실천하기 위해 필요한 경건한 몸가짐과 마음가짐을 간직하는 일[敬身]의 세 강목을 주축으로 구성되어 있는 것이다.

입교(立敎)에서는 가르침에 대한 방침과 가르침을 받는 태도가 제대로 세워져야 교육이 제대로 이루어질 수 있다는 생각에 기초해서, "스승의 측면에서는 가르쳐야 할 내용을, 그리고 제자의 측면에서는 배우는 태도 가운데 유의해야 할 내용"[114]을 제시하고 있다. 다음으로 명륜(明倫)에서는 사람이 대인관계에서 지켜야 할 다섯 가지 도리[五倫]와 관련된 세부 행동지침을 오륜(五倫) 각각에 대해 상세히 제시하고 있으며, 이어서 경신(敬身)에서는 몸가짐과 마음가짐을 바르게 하는 일의 세목이 상세히 제시되고 있다.

이 세 강목 중에서 《소학》의 편찬자들(주희와 유청지)이 가장 중시한 것은 마음가짐과 몸가짐을 바르게 하는 "경신"이다. 그들은 공자의

114 俾爲師者 知所以敎 而弟子知所以學 (《小學》, 立敎 序)

말을 인용하여 "군자는 삼가지[敬] 않을 수 없는데, 삼가야 할 일 중에서 '몸가짐을 삼가 바로 하는 것'[敬身]이 가장 큰 일이다. 내 몸은 부모의 가지이니, 감히 삼가지 않을 수 있겠는가? 자기 몸을 삼가지 못하면 이는 부모를 상하게 하는 것이요, 부모를 상하게 하면 이는 그 근본(뿌리)을 상하게 하는 것이니, 그 뿌리가 상하게 되면 가지 또한 따라서 망하게 될 것"[115]이라면서 경신의 중요성을 부각시키고 있다. 그들은 삼가 올바른 마음가짐을 가지는 일[敬身]은 사람의 도리[人倫]를 밝게 실천하는 바탕이 된다는 관점[116]에서 경신을 중시하는 것이다. 즉 "명륜"은 "경신"의 바탕 위에서 이루어질 수 있다는 것이 《소학》의 입장인 것이다.

또한 《소학》의 제5권 가언(嘉言)에서는 일상생활의 몸가짐을 삼가고 바로 하는 일[敬身]이 가르치고 배우는 태도와 자세[立教]를 바로 잡는 근거가 된다는 사실이 드러나고 있다.[117] 즉 "경신"이 바로 되어야 올바르게 "입교"할 수 있다고 《소학》의 편찬자들은 간주하는 것이다.

이러한 사실을 종합적으로 고찰해 보면, 성리학자들, 특히 《소학》의 편찬자인 주희와 유청지는 "경신 → 입교 → 명륜"으로 일상적 도덕 실천의 단계를 설정하고 있다고 추론할 수 있다. "《소학》이라는 책의 구성상, 그리고 내용상 무게 중심은 '몸을 경건하게 추스르는 일'[敬身]에 놓여 있는 것이다."[118] 즉 일상생활에서 마음가짐과 행동거지를 삼가

115 孔子曰 君子無不敬也 敬身爲大 身也者 親之枝也 敢不敬與 不能敬其身 是傷其親 傷其親 是傷其本 傷其本 枝從而亡 (《小學》, 敬身 序)

116 末章言敬愼威儀 論敬身也 又言君臣上下至朋友 則論敬身以明倫也 (《小學》, 小學集註總目, 稽古, 通論)

117 이러한 사실에 대해서는 졸저(조긍호, 2012, pp. 681-683) 참조.

118 de Bary, Wm. T., 1983/1998, p. 73.

고 바로 잡은[敬身] 다음에라야 가르침을 받고자 하는 바른 태도와 자세가 갖추어지고[立敎], 가르침을 받고자 하는 태도와 자세가 바로 잡힌 다음에라야 인간관계의 바른 도리를 실천할 수 있게 된다[明倫]는 것이 성리학자들이 중시하는 《소학》의 기본 관점인 것이다.

(2) 《소학》에서 추구하는 목표: 습여지장(習與智長) · 화여심성(化與心成)

이상과 같이 《소학》에서는 몸가짐을 삼가고 바로 하는 "경신", 배움의 태도와 자세를 가다듬는 "입교", 그리고 실생활의 부자 · 군신 · 부부 · 장유 · 붕우 관계에서 사람으로서 해야 일을 제대로 실천하는 "명륜"의 내용을 아동들에게 가르쳐 익히게 하려는 목적에서 편찬된 아동교육의 교재이다. 《소학》에서는 아동들에게 경신 · 입교 · 명륜의 원리나 그러한 실천을 해야 하는 당위성을 인식시키려고 하기보다는, 우선 몸가짐을 바로 하고, 배움의 자세를 가다듬으며, 다른 사람과의 관계에서 해야 할 바른 행동을 실천할 것을 요구한다. 그리하여 《소학》에서는 아침에 일어나서 제일 처음 할 일, 옷 입는 바른 자세, 물 뿌리고 청소하는 방법, 어른을 대할 때의 행동거지와 말하는 방법, 밥 먹을 때의 자세, 잠잘 때의 자세 등 아침에 일어나서부터 저녁에 잠자리에 들 때까지의 행동 양식들을 매우 구체적으로 제시하고 있으며, 이러한 행동의 모범이 되는 선현들의 행적 · 말씀 · 선행을 통해 이러한 실천의 표준을 실증하여 보이고 있다.

그렇다면 이러한 구체적인 행동 양식들의 익힘을 통해 이루고자 하는 목표는 무엇인가? 《소학》 교육에서 추구하는 목표를 그 편찬자인 주희는 〈소학서제〉에서 다음과 같이 진술하고 있다.

> 옛날에 초등교육기관인 "소학"에서 아동들을 가르치되, "물 뿌리고 청소하며, 부름에 응답하고 물음에 대답하며, 나아가고 물러나는 예절과, 어버이를 사랑하고 어른을 공경하며, 스승을 존숭하고 벗을 친애하는 방도"로써 하였으니, 이들은 모두 고등교육기관인 "태학"에서 가르치는 바의 "자기 몸을 닦고 집안을 가지런히 하며, 나라를 다스리고 천하를 평안하게 하는 일"의 근본이 되기 때문인 것이다. 이러한 일상적 행실을 어릴 때에 가르쳐 익히게 한 것은, 그 익힘이 지혜와 더불어 자라며[習與智長] 교화가 본래의 착한 마음과 더불어 이루어지게[化與心成] 함으로써, 혹시 성장한 후에 익힌 바를 거슬려 감당하지 못하는 일이 있지 않을까 하는 걱정을 없애고자 한 것이다.[119]

주희는 이 인용문에서 세 가지 점을 밝히고 있다. 우선 초등교육기관과 고등교육기관에서 가르치는 내용이 다르다는 것이다. 초등교육기관에서는 《소학》을 교재로 하여 일상생활의 기본 행동거지와 몸가짐을 익히게 하는 일을 위주로 하고, 고등교육기관에서는 《대학》을 비롯한 여러 경전을 통하여 수기치인(修己治人)의 학(學)을 가르친다는 것이 주희의 생각이다. 즉 아동교육에서는 일상적인 몸가짐과 행동거지의 습관 형성을 위주로 하는 반면, 성인교육에서는 수기치인의 도를 밝게 깨닫는 도덕인식을 위주로 한다는 것이다.

다음으로 어렸을 때 익히는 바른 마음가짐과 몸가짐 및 행동거지

119 古者小學 敎人以灑掃應對進退之節 愛親敬長隆師親友之道 皆所以爲修身齊家治國平天下之本 而使其講而習之於幼穉之時 欲其習與智長 化與心成 而無扞格不勝之患也 (《小學》, 小學書題)

는 성인이 된 후에 수기치인의 도를 깨우치는 바탕이 된다는 것이다. 바른 마음가짐과 몸가짐 및 행동거지를 충실히 익히지 않으면 성인이 된 후에 수기치인의 도를 바르게 인식할 수 없다는 것이 주희의 의견이다. 즉 어렸을 때 바른 습관을 길러놓지 않으면, 성인이 된 후에 깨우쳐야 할 수기치인의 도를 인식할 근거가 막혀 이를 감당하지 못하게[扞格而不勝] 될 위험이 있다는 것이다.

마지막으로 《소학》 교육의 목적은 이를 통해 익히게 되는 바른 습관을 근거로 해서 도덕적 인식이 자라나게 하는 "습여지장"(習與智長)과 외적 행동의 변화를 통해 내적으로 갖추고 있는 본래의 선심(善心)이 이루어지기를 도모하는 "화여심성"(化與心成)에 있다는 사실이다. 위의 두 가지 논점과 결부시켜 보면, 이 말은 아동교육을 통해 길러지고 이루어지는 바른 습관[習]과 외적인 행동의 변화[化]가 기초가 되어, 성인교육과 함께 명징(明澄)한 도덕인식[智]과 본래의 선성[心]의 성장[習與智長]과 실현[化與心成]이 이루어지게 된다는 의미로 풀이할 수 있다.

여기서 선진유학자들이나 성리학자들 모두 도덕인식과 그 실천을 교육의 목표로 설정하고 있다는 사실을 상기해 볼 필요가 있다. 이렇게 보면, 주희가 말하는 "습여지장"과 "화여심성"은 유학자들에게 있어 모든 교육 활동이 지향하는 목표가 된다. 다만 습(習)과 화(化), 곧 도덕 실천은 《소학》을 통한 아동교육에서 지향하는 제일의 목표인 반면, 지(智)와 심(心), 곧 도덕인식은 《대학》을 통한 청년기 이후의 성인교육에서 지향하는 제일의 목표가 되는 것으로, 이 둘이 함께 자라고[長] 실현되는[成] "습여지장"과 "화여심성", 이것이 바로 쉬지 않고 이루어져야 하는 모든 교육 활동이 지향하는 목표로 부각되는 것이다.

앞에서 《소학》의 세 강목[立教 · 明倫 · 敬身] 가운데 "경신"이 핵심임을 논의하였다. 이렇게 "《소학》 교육은 경(敬)의 태도를 확립함으로써 이후의 학습이 이에 근거하도록 하였고, 《대학》 교육은 《소학》에서 확립된 삼가고 조심하는 경의 태도를 견지하면서 학습과 실천을 확대해 나간다. 이러한 점에서 《소학》의 교육적 의의를 '근본배양'(根本培養)이라고 할 수 있다."[120] 이렇게 《소학》에서 지향하는 교육이 "근본배양"이라는 사실은 "《소학》은 사람을 만드는 틀"이라고 보는 주희의 견해,[121] "덕성을 기르고, 근본을 세우는 일은 《소학》에 달려 있다"는 퇴계의 관점,[122] "《소학》의 가르침을 아동 초기에 베풀면, 양지(良知)를 계발하여 나아갈 방향을 드러내고 아동을 바르게 길러 근본을 배양해서, 모든 일과 행위에 있어 남보다 앞서 바르게 하도록 함으로써, 가정에서 일상생활을 하는 데 도리가 아닌 것이 없게 된다"는 성혼(成渾, 1535~1598)의 견해[123] 등에서 그 근거를 찾을 수 있다.

이렇게 《소학》은 "유교적 인격주의"의 요체를 가장 잘 드러낸 일종의 자기수양서라고 볼 수 있다.[124] 자기 몸가짐을 삼가고 조심하는 "경신"을 통해 인격 수양의 근본을 배양한 다음, 배움의 자세를 바르게 하고[立教] 가족을 비롯한 대인관계에서 사람의 도리를 실천함으로써[明倫] 자기에게 갖추어져 있는 본래의 착한 마음과 지혜를 실현하고 자라

120 신동은, 2002, p. 54.

121 朱子曰 後生初學 且看小學書 那箇是做人底樣子 (《小學》, 小學集註總論)

122 養德性而立根本 在乎小學 廣規模而達幹支 在乎大學 (《退溪全書 二》, 記, 開寧鄉校聖殿重修記 368)

123 小學之教 加之幼穉之初 發良知而示趨向 正蒙養而培本原 先諸事爲 無非家庭日用之常 (《小學》, 小學集註跋)

124 de Bary, 1983/1998, pp. 67–74 참조.

나게 하는 근거를 이루게 하는 것이 바로 《소학》에서 추구하는 아동교육의 목표이며, 아동이 배워야 할 공부의 목표인 것이다.

2) 《대학(大學)》: 소이연(所以然)의 강구와 인식

율곡은 《소학집주》에 붙인 〈총론(總論)〉에서 주자의 말을 인용하여 "《소학》은 일상생활에서 실천해야 할 일에 대한 것이니, 이를테면 군주를 섬기고 부모와 형을 섬기는 등의 일이요, 《대학》은 이러한 일들의 이치를 밝히는 것으로서, 그 실천한 위로 나아가 군주를 섬기고 부모와 형을 섬기는 등의 일을 해야 하는 까닭이 무엇인지를 강구하여 곡진하게 하고자 하는 것"[125]이라고 하여, 아동교육서인 《소학》이 실생활에서 도덕성을 실천하는 일을 배우는 것을 제일 목표로 하는 것이라면, 성인교육서인 《대학》은 그렇게 도덕을 실천해야 하는 이유나 근거를 명백히 배우는 것을 목표로 한다는 사실을 밝히고 있다.

《대학》은 본래 《예기》 49편 중 제42편으로 들어있던 것인데, 한(漢)·당(唐) 시대에는 그리 존중되지 않다가, 북송(北宋) 시대에 와서 《예기》 제31편인 《중용》과 함께 《예기》에서 따로 떼어 다루어지게 된 경전이다. 특히 이는 정호(程顥, 호 明道, 1032~1085))와 정이(程頤, 호 伊川, 1033~1107)) 형제가 《논어》·《맹자》·《중용》과 대등하게 다뤄 연구와 검토를 한 이래, 남송(南宋)의 주희가 이에 주해를 붙여 《대학장구(大學章句)》를 출판하고, 이를 위의 세 책과 함께 사서(四書)로 합편하여

125 小學是事 如事君事父兄等事 大學是發明此事之理 就上面講究委曲所以事君事親等事如何 (《小學》, 小學集註總論)

높인 이래, 유학의 기본 경전으로 받아들여져 왔다.

《대학》에 대한 여러 주석서 가운데 가장 널리 받아들여져 온 것은 주희의 《대학장구》였다. 특히 조선조 성리학에서는 이를 정통 주로 인정해 왔다. 주희의 《대학장구》에서는 《대학》을 〈경(經)〉 1장과 〈전(傳)〉 10장으로 구분하여 제시하고 있는데, 〈경〉에서는 《대학》 전체의 기본 내용을 삼강령(三綱領)과 팔조목(八條目)으로 제시하고, 〈전〉에서는 이들 각각을 설명하는 형식으로 구성되어 있다. 이 중 삼강령은 이상적 인간의 특징을 진술한 것이고, 팔조목은 이상적 인간에 도달하는 단계를 서술한 것으로 볼 수 있다.

(1) 《대학》의 구성과 내용: 삼강령(三綱領)·팔조목(八條目)

아동기에 《소학》을 배움으로써 사람다운 몸가짐과 마음가짐을 익힌 바탕 위에서 오륜의 행실을 익히고 배움의 자세를 갖추고 난 다음, 15세 이후의 청년기가 되면 《대학》을 통해 그러한 도덕성을 실천해야 하는 근거와 이유를 배워야 한다는 것이 성리학자들이 제시하는 공부의 순서였다. 주희의 《대학장구》의 〈경(經)〉에서는 《대학》 전체의 기본 내용을 삼강령(三綱領)과 팔조목(八條目)으로 제시하고 있다. 이 중 삼강령은 이상적 인간의 특징을 진술한 것이고, 팔조목은 이상적 인간에 도달하는 단계를 서술한 것이다. 그러므로 《대학》에서 배워야 할 것은 삼강령과 팔조목이 전부이며, 여기에 유학적 삶의 목표와 표준 과정이 제시되고 있는 것이다.

삼강령: 이상적 인간의 특징 《대학》 첫 머리의 삼강령에는 "큰 배

움"[大學]의 도를 다음과 같이 세 가지로 제시함으로써, 이상적 인간이 지향해야 할 바를 세 가지로 정리하고 있다.

> 큰 배움[大學]의 도는 자기가 갖추고 태어난 본래의 착한 덕을 온 천하에 드러내어 밝히게 하는 데[明明德] 있고, 사람들을 친애하게 하는 데[親民] 있으며, 지극한 선에 머무르게 하는 데[止於至善] 있다.[126]

이렇게 《대학》에서는 대학의 도를 깨우쳐서 실천하는 이상적 인간의 특징을 지어지선(止於至善)·친민(親民)·명명덕(明明德)의 세 가지로 들고 있다. 여기서 "지어지선"은 도덕적 인격적 수양을 이룬 상태를 말하는 것으로, 이상적 인간의 여러 특징의 기초가 되는 것이다. 이는 공자가 말하는 수기이경(修己以敬)의 상태에 해당되는 것이라 볼 수 있다.[127]

---

126 大學之道 在明明德 在親民 在止於至善 (《大學》, 經): 여기서 둘째 구절을 親民이라 읽은 것은 古註와 《大學》 古本 및 王陽明의 독법(小島毅, 2004, pp. 124-137)을 따른 것이다. 朱熹의 新註에서는 程子의 전통을 따라 이를 新民이라 읽어, "백성들을 새롭게 한다"라고 풀이하고 있다. 그러나 王陽明의 주장에 따라 親民이 옳다고 하는 측에서는 i) 원본에 따라 親民으로 읽어도 文義에 어긋남이 없다, ii) 이것은 《大學》 三綱領의 첫 머리에 나오는 중요한 부분인데, 첫 머리부터 틀린 글자를 쓸 리가 없다 등의 전거를 대고 있다(권덕주, 1998, p. 16). 필자는 이러한 논리 이외에 이를 이상적 인간의 특징을 진술한 문장으로 볼 경우, 이는 공자의 修己以安人에 해당하는 것으로 보는 것이 타당하다는 입장에서, 이를 親民으로 읽고자 한다. 또한 여기서의 民을 新註에서는 "백성"의 뜻으로 풀고 있으나, 필자는 《詩經》 大雅 生民篇의 厥初生民 時維姜嫄의 예를 따라 보통의 여러 "사람"을 가리키는 뜻으로 풀어, 修己以安人의 人과 같은 뜻으로 보고자 한다.

127 子路問君子 子曰 修己以敬 曰 如斯而已乎 曰 修己以安人 曰 如斯而已乎 曰 修己以安百姓 修己以安百姓 堯舜其猶病諸 (《論語》, 憲問 45); 공자는 제자인 자로(子路)와의 문답에서 군자의 특징을 "자기를 닦음으로써 삼가는 사람"[修己以敬], "자기를 닦음으로써 사람들을 편하게 해주는 사람"[修己以安人], 그리고 "자기를 닦음으로써 온 천하 사람들을 편안하게 해주는 사람"[修己以安百姓]이라고 진술

이어서 "친민"은 일상생활에서 지선(至善)에 머물러 도덕적 인격적 완성을 이룬 다음, 이를 주변 사람들에게 확대하고 베풂으로써, 그들과의 사이에 친애함과 조화를 이룬 상태를 말하는 것이라 해석할 수 있다. 이렇게 본다면, 이는 공자가 말하는 수기이안인(修己以安人)의 상태를 의미하는 것이라 생각할 수 있을 것이다.

다음으로 "명명덕"은 자기의 착한 본심을 미루어 밝게 드러냄으로써, 온 천하의 사람들로 하여금 도덕 및 모든 일의 기초가 스스로에게 내재되어 있음을 깨달아 알도록 하는 상태를 말하는 것이라 해석할 수 있다.[128] 따라서 이는 공자의 수기이안백성(修己以安百姓)에 해당되는 특징이라 볼 수 있을 것이다.

이렇게 보면, 《대학》의 삼강령에서도 공 · 맹 · 순의 군자론 · 성인론과 일관되는 특징으로 이상적 인간의 상태를 그리고 있는 것으로 추론할 수 있다. 즉, 《대학》의 도를 배우고 실천하는 유학적 인간은 도덕적 인격적 완성을 이루어 이를 굳게 지키고[止於至善], 이러한 수양 결과를 일상생활에서 실천하여 사람들과의 사이에 친애함과 조화를 이루

하여, 군자의 특징을 이러한 수기(修己) · 안인(安人) · 안백성(安百姓)의 세 가지로 들고 있다. 이러한 공자의 군자론은 이후 유학자들이 제시하는 이상적 인간형론의 전형이 되고 있다. 이에 대해서는 졸저(조긍호, 2006, pp. 379-411) 참조.

128 新註에서는 明明德을 스스로의 至德을 닦아 일신을 수양하는 일, 즉 공자의 修己以敬을 가리키는 것으로 해석하고 있다. 그러나 여기서는 이를 온 천하의 사람들로 하여금 스스로의 至德을 밝게 깨달아 알도록 인도하는 修己以安百姓의 상태를 가리키는 것으로 보고자 한다. 이는 이 구절에 이어 八條目을 제시하는 구절이 "古之欲明明德於天下者 先治其國 欲治其國者 先齊其家……"로 시작되어, 明明德이 治國보다 넓은 平天下를 대신하는 말로 쓰이고 있다는 점에서 그 근거를 찾을 수 있다. 이 구절에 이어서 八條目을 제시한 구절은 "……家齊而后國治 國治而后天下平"으로 끝나고 있는데, 이는 앞의 古之欲明明德於天下者가 곧 古之欲平天下者의 뜻임을 알 수 있게 하는 증거가 되는 것이다.

며[親民], 더 나아가 온 천하의 사람들로 하여금 스스로가 도덕 주체라는 사실을 밝게 깨닫도록 하는 사명을 다하는[明明德] 사람인 것이다.

이상에서 보듯이, 《대학》에서는 개인적으로 삼가 바른 몸가짐과 행동거지를 함양하는 일에 머물지 않고, 다른 사람에 대한 관심과 배려를 주위 사람에게로 확장하고, 또 그들과 몸담아 함께 살아가고 있는 터전인 사회에 대한 책임을 자임(自任)하고 이를 완수하는 데까지 확대하여야 하는 것이 이상적 인간인 군자의 바른 삶의 자세임을 제시하고 있다.

팔조목: 수양의 단계 《대학》의 경(經)에는 삼강령 이외에 수양의 단계론을 제시한 팔조목(八條目)이 제시되고 있다.

> 옛날에 자기가 가진 밝은 덕을 온 천하에 밝게 드러내어 밝히고자 하는 사람은 먼저 자신의 나라를 다스렸고, 자기의 나라를 다스리고자 하는 사람은 먼저 자신의 집을 가지런히 하였으며, 자기의 집을 가지런히 하고자 하는 사람은 먼저 자신의 덕을 닦았다. 자기의 덕을 닦고자 하는 사람은 먼저 자신의 마음을 바로 잡았고, 자기의 마음을 바로 잡고자 하는 사람은 먼저 자신의 뜻을 참되게 하였으며, 자기의 뜻을 참되게 하고자 하는 사람은 먼저 자신의 지식을 넓혔다. 이렇게 지식을 넓히는 것은 사물의 이치를 궁구하는 데 달렸다. 그러므로 사물의 이치를 구명한[格物] 후에야 지식이 극진하게 되고, 지식이 극진하게 된[致知] 후에야 뜻이 참되어지고, 뜻이 참되어진[誠意] 후에야 마음이 바로 잡히고, 마음이 바로잡힌[正心] 후에야 덕이 닦여지고, 덕이 닦여진[修身] 후에야 집이 가지런해지고, 집이 가지런해진[齊家] 후에야 나라가 다스려지고, 나라가 다스려진[治國] 후에야 천하가 화평하여지는[平天下] 것이다.[129]

129 古之欲明明德於天下者 先治其國 欲治其國者 先齊其家 欲齊其家者 先修其身 欲

이것이 《대학》에 나오는 유명한 "격물(格物) → 치지(致知) → 성의(誠意) → 정심(正心) → 수신(修身) → 제가(齊家) → 치국(治國) → 평천하(平天下)"의 수양의 팔조목이다. 이는 마슬로우(Maslow, A.)의 동기위계설(動機位階說)[130]과 같은 논리적 구조를 가지고 있는 이론체계이다. 즉, 하위 단계의 욕구가 충족되어져야 그 다음 단계의 욕구가 출현한다는 것이다. 《대학》에서는 격물이 가장 하위의 욕구이고, 평천하가 최상위의 욕구라고 보는 셈이다.

여기서 "격물 → 치지 → 성의 → 정심 → 수신"까지는 "수기이경"의 단계, "제가"는 "수기이안인"의 단계, 그리고 "치국 → 평천하"는 "수기이안백성"의 단계를 가리키는 것이라 볼 수 있다. 이렇게 보면, 《대학》에서도 《논어》·《맹자》·《순자》 등에서와 마찬가지로 자기수양[修己]으로부터 비롯하여, 대인관계에서의 조화의 달성[安人]을 거쳐, 사회적인 책무의 자임과 완수[安百姓]의 경지에 이르는 것으로 이상적 인간상의 발달 단계를 그리고 있다 하겠다.

이를 앞의 삼강령과 결부시켜 보면, "격물 · 치지 · 성의 · 정심 · 수신"은 "지어지선"에 이르는 방법론이고, "제가"는 "친민"에 이르는 방법론이며, "치국 · 평천하"는 "명명덕"에 이르는 방법론이라 해석할 수 있을 것이다. 또 "격물 · 치지"는 도의 인식[궁리]을 목표로 하는 것인데 반해, "성의 · 정심 · 수신"과 "제가" 그리고 "치국 · 평천하"는 각각 "지어지선"과 "친민" 그리고 "명명덕"을 이루는 실천의 요목들이라고 볼

修其身者 先正其心 欲正其心者 先誠其意 欲誠其意者 先致其知 致知在格物 物格而后知至 知至而后意誠 意誠而后心正 心正而后身修 身修而后家齊 家齊而后國治 國治而后天下平 (《大學》, 經)

130 Maslow, 1954.

수도 있을 것이다.

이러한 관점에서 보면, 《대학》의 팔조목은 "치지 → 역행"의 순서로 "지"와 "행"의 관계에 접근하려 한다고 정리할 수 있다. 여기서 "격물"이 치지를 통해 도를 인식하는 방법이고, "성의 · 정심 · 수신 · 제가 · 치국 · 평천하"가 역행하여 도를 실천하는 방법이다. 물론 주희와 퇴계 및 율곡 같은 성리학자들은 격물 이전에 주경(主敬)을 통한 함양이 선행되어야 한다는 사실을 암묵적으로 전제하고 있지만 말이다.

(2) 《대학》에서 추구하는 목표: 수기치인지도(修己治人之道)의 인식과 실천

여러번 얘기하였듯이, 주희 이후 성리학에서 《소학》이 아동교육의 교재이었다면, 《대학》은 청년기 이후 성인교육의 핵심 교재였다. 《소학》에서 "주경"(主敬)을 통해 몸가짐과 행동거지를 삼가 바르게 하고[敬身], 일상생활과 대인관계의 도리를 익히며[明倫], 바른 배움의 자세를 확립하여[立敎] "함양"한 바탕 위에서, 나이 열다섯의 청년기가 되면 "이러한 사람으로서 해야 할 일의 이치를 드러내어 밝힘으로써 사군(事君)과 사친(事親) 등의 일을 행해야 하는 방도를 자세히 강구하여 밝게 깨우치게 하는 《대학》"[131]의 공부로 나아가야 한다는 것이 주희 및 퇴계 · 율곡 같은 성리학자들의 "선(先) 《소학》 → 후(後) 《대학》"의 관점인 것이다.

이렇게 《대학》 교육은 사람이 그 도리[人倫]를 행해야 하는 까닭과 그것을 마땅히 행해야 하는 방도를 밝게 깨달아[도덕인식] 이를 일상생

131 小學是事 如事君事父兄等事 大學是發明此事之理 就上面講究委曲所以事君事親等事是如何 (《小學》, 小學集註總論)

활에서 실행하게 하는 것[도덕실천]을 목표로 하고 있다. 퇴계는 이를 다음과 같이 진술하고 있다.

> [《대학》에서 목표로 삼는] 치지란 [《소학》에서 이룬] 경(敬)을 위주로 하여 온갖 일이나 사물에 대하여 "그 마땅한 바"[所當然]와 "그러한 까닭"[所以然]을 궁구하여, 오래 깊이 반복하고 완색해서 몸으로 체인(體認)함으로써 그 지극함을 다하는 것이다.[132]

여기서 사물의 그러한 까닭, 곧 소이연(所以然)을 체인한다는 것은 도덕인식이 지극함에 이르는 일을 말하고, 마땅히 그러한 바, 곧 소당연(所當然)을 체인한다는 것은 사람으로서 마땅히 해야 할 일을 인식하여 이를 실천함에 이름을 말하는 것이다. 이렇게 보면 《대학》은 인륜의 근거를 밝히는 데에 머물지 않고 이의 일상적 실천에도 그 목표를 두고 있는 교재임을 알 수 있다.

그런데 여기서 《대학》에서 제시하고 있는 도(道)란 《소학》의 그것보다는 상당히 넓은 개념으로 제시되고 있다는 점을 염두에 두어야 한다. 《소학》에서 함양해야 할 것은 대체로 개인으로서의 몸가짐과 마음가짐 및 행동거지를 삼가고 바로 하는 일에 국한되고 있다. 그러나 《대학》에서 인식하고 실천해야 할 도로 제시되고 있는 것은 이러한 수기(修己)의 도에 머무는 것이 아니라, 이를 인의의 도를 실천함으로써 주변 사람들을 편안하게 하고 온 천하에 도를 실현하는 치인(治人)의 도에까지 확장되고 있다. 즉 《대학》은 "수기치인지도"(修己治人之道)를 인식

132 臣請先以致知一事言之……敬以爲主 而事事物物 莫不窮其所當然與其所以然之故 沈潛反覆玩索體認 而極其至 (《退溪全書 一》, 疏, 戊辰六條疏 185)

하고 실천할 것을 목표로 삼는 성인교육의 교재인 것이다. 주희는 《대학장구》에 붙인 서(序)에서 이러한 사실을 분명히 하고 있다.

> [누구나 나이 여덟 살에 《소학》을 공부하여 함양한 후에] 열다섯이 되면……태학(太學)에 입학시켜 《대학》의 궁리(窮理)·정심(正心)과 수기치인의 도를 가르쳤다.[133]

여기서 사물의 이치를 궁구하는 궁리와 마음을 바르게 하는 정심은 수기의 한 조목들이라는 관점에서 보면, 《대학》은 "수기치인지도"의 인식과 실천을 목표로 하는 교재임을 알 수 있다. 이러한 사실은 "유학의 학문은 내성(內聖)을 본질로 삼고, 외왕(外王)은 그 공능의 표현으로 보아"[134] 군자통치(君子統治)를 이상으로 내세운다는 관점에서 볼 때 당연한 일이다. 그러므로 《대학》은 군자가 되는 일과 그러기 위해 해야 할 일을 제시하고 있는 경전이라 할 수 있다.

그러나 "내성외왕"(內聖外王) 곧 군자통치의 이념이 지향하는 것은, 유학을 공부하는 사람들이 누구나 치자가 되거나 치자 계층에 속하게 될 수 있는 것은 아닐지라도 모두 군자나 성인이 되기 위해 노력해야 하지만, 이미 치자 자신인 군주는 스스로 군자의 도를 익혀 성현의 도를 현실 정치에서 실현하기 위해 노력해야 한다는 관념이다. 이러한 관점에서 성리학자들은 군주가 배워야 할 학문의 기초를 《대학》에서 찾았다. 율곡이 《성학집요》를 찬술하고 당시 군주인 선조(宣祖)에게 올리는 글[進箚]에 이은 서(序)에서, "성현의 천 가지 계책과 만 가지 교훈이

133 及其十有五年……皆入大學 而敎之以窮理正心修己治人之道 (《大學》, 大學章句序)
134 蔡仁厚, 1984, p. 456.

《대학》에서 벗어나지 않으니, 《대학》은 바로 성인이 되는 학문[聖學]의 요체"이므로, "배움의 근본과 다스림의 차례가 《대학》에 찬연히 갖추어져 있는 바, 군주에게는 더욱 중요한 것으로 참으로 제왕의 도에 들어가는 지침이 된다"[135]고 밝혀, 《성학집요》가 《대학》을 기초로 하여 찬술된 것임을 분명히 하고 있다.[136]

이렇게 《대학》은 성리학자들이 군자 곧 이상적 인간이 되는 학문의 기초 교재로 중시한 경전이다. 이 책에는 군자의 세 가지 책무와 이를 이루는 차례와 방법이 제시되고 있어, 도덕인식과 도덕실천이 유학적 삶의 핵심 목표라는 사실을 분명히 드러내고 있는 것이다.

135 先正表章大學以立規模 聖賢千謨萬訓皆不外此 此是領要之法……爲學之本 爲治之序 粲然有條 而歸重於人主之身 誠帝王入道之指南也 (《栗谷全書 一》, 聖學輯要, 序 420)

136 율곡은 《聖學輯要》 序에서 이 책의 각 篇, 각 章이 《大學》의 순서를 따라 편찬된 것임을 밝히고 있다. (是大學之實跡也 合而名之曰 聖學輯要, 《栗谷全書 一》, 聖學輯要, 序 421)

제5장

인간의 향악(向惡)가능성과 그 통제의 문제: 자기억제론

유학 사상은 다른 동물들과는 달리 인간만이 고유하게 갖추고 있는 특성을 도덕성이라고 보아, 개인 존재를 덕성의 주체라고 파악한다. 그러므로 유학자들은 인간에게 이러한 도덕성이 본유적으로 갖추어져 있다는 사실에서 여타 동물과는 다른 인간 삶의 고유성과 독특성이 나오게 된다고 여긴다.

인간만이 고유하게 갖추고 있는 이러한 도덕성은 인간 삶의 과정에서 기본적으로 두 가지 중요한 기능을 수행한다고 볼 수 있다. 그 하나는 인간이 본유적인 선(善)에서 벗어나 악(惡)을 지향할 가능성을 제어하는 자기억제의 기능이다. 또 하나는 함께 삶을 영위하고 있는 다른 사람들에 대해 관심을 가지고 그들을 우선적으로 배려함으로써, 그들과 일체화를 이루어 조화로운 사회관계를 형성하고 유지하는 존재확대의 기능이다.

인간의 향악(向惡)가능성은 도덕성 이외에 생물체로서의 인간에게 본유적으로 갖추어져 있는 생물적 이기적 욕구와 자기지향의 사적 감정으로부터 나온다는 것이 유학자들의 관점이다. 그러므로 수양의 핵심은 이렇게 인간을 악으로 이끌기 쉬운 생물적 이기적 욕구와 사적 감정을 억제하는 일로부터 시작할 수밖에 없다는 것이 유학적 수양론의 주장이다. 이 장에서는 우선 유학자들의 욕구이론과 정서이론을 간단히 살펴보고, 이어서 자기억제를 통해 존재확대로 나아가는 수양의 길에 대해 논의해 보기로 하겠다.

1. 인간의 향악가능성

유학의 체계는 우주 안에서 인간이 차지하는 독특한 위상을 인간이 갖추고 태어나는 본성에서 찾으려는 인성론(人性論)을 바탕으로 하고 있다. 유학의 인성론은 사분체계론과 덕성우월주의의 두 축을 기조로 하여 성립하고 있다. 인간 심성의 구성요소를 이성 · 감성 · 욕구의 세 가지라고 보는 서구의 삼분체계론과는 달리, 유학 사상에서는 이 세 가지 이외에 도덕성이 인간의 심성에 본유하고 있다고 보는 사분체계론을 편다.

서구에서는 이성 · 감성 · 욕구의 삼분체계 중에서 인간에게만 고유한 특성은 이성이라고 보고, 이성의 합리적인 계산 능력이 심성의 나머지 요소들보다 우월하다는 이성우월주의의 심성론을 전개한다. 그러므로 서구에서는 동물과 인간의 가장 커다란 차이는 합리적인 판단과 선택에 있다고 여긴다. 즉 인간만이 합리적인 사고와 행동의 주체가 된다는 것이다.

이에 비해 유학 사상에서는 다른 동물들과는 달리 인간만이 갖추고 있는 고유특성은 도덕성이므로, 나머지 요소들은 도덕성에 의해 지배되도록 하는 것이 바람직한 삶을 이루는 첩경이라는 덕성우월주의의 관점을 제시한다. 그러므로 유학 사상에서는 동물과 인간의 핵심적인 차이는 도덕적인 판단과 선택에 있다고 본다. 곧 인간만이 도덕적인 사고와 행동의 주체가 된다는 것이다.

전통적으로 유학의 인성론은 동물과 다른 인간의 본성이 착한지 아니면 악한지 하는 문제에 따라 고찰되어 왔다. 인간만이 선(善)의 근거(도덕성)를 갖추고 있으므로, 인간은 본성적으로 선을 지향하는 존재라고 유학자들은 본다. 그러나 인간에게는 욕구와 감정 등 다른 동물도 갖추고 있는 내용도 본성으로 갖추어져 있다. 동물과 함께 갖추고 있는 이러한 욕구와 감정 때문에, 인간은 선에의 지향성인 도덕성을 갖추고 있음에도 불구하고, 여러 가지 폐단에 빠져 악으로 흐를 가능성이 나온다는 것이다. 그러므로 이러한 향악의 요소를 억제하고 인성에 본유한 선성(善性)이 제대로 회복되도록 할 필요성이 있다는 것이 유학자들의 생각이다. 바로 이렇게 인성에 본유한 향악의 가능성을 억제하여 선에의 지향성을 회복하는 일, 이것이 유학 사상에서 제시하는 수양론이 핵심 논지이다.

1) 유학의 욕구이론과 인간의 향악가능성

동기 또는 욕구는 어떤 목표를 향한 특정한 방향으로 행동을 활성화하고 지속하게 하는 힘이다.[1] 곧 동기 또는 욕구 행동의 가장 큰 특징은 목표지향성과 선택성이다. 이러한 동기 행동의 과정에는 목표의 가용성 평가, 이에 도달할 수 있는 전략의 고안과 선택 및 진전 정도의 평가와 같은 인지 과정과, 목표 달성 여부에 따른 쾌 · 불쾌 같은 정서 과정이 필연적으로 개재한다. 곧 이 세 과정(목표 설정, 전략 선택 및 성과 평가)은 분리할 수 없이 상호 연관된 체계인 것이다.[2]

인간이 갖추고 있는 다양한 욕구들은 생물체적 존재로서 갖추고 있는 생리적인 욕구들(배고픔·목마름·성욕 등), 인간 본성을 이루고 건전한 발달을 추구하는 과정에 개재하는 심리적인 욕구들(자율성·역능·관계성 추구 욕구 등) 및 사회적 존재로서 사회생활 과정에서 습득하는 사회적 욕구들(성취·친화·권력 추구 욕구 등)로 나누어 고찰하는 것이 서구 현대심리학의 일반적인 경향이다.[3]

유학자들도 인간의 욕구가 다양함을 전제한다. 이 중에는 생물체로서의 존재 특성에서 연유하는 것도 있고, 심리적인 근거 또는 사회적인 근거에서 연유하는 것도 있으며, 도덕적 지향성에서 발생하는 욕구

---

1 Petri, 1996, pp. 5–7; Reeve, 2005, pp. 6–7.

2 Geen, 1995a, pp. 2–6.

3 Reeve, 2005, p. 103, Figure 5.1; 이 세 가지 동기 중 생리적 욕구와 심리적 욕구는 인간 본성 속에 내재한 것으로서 누구에게나 공통적이지만, 사회적 욕구는 성장 과정에서 학습된 것으로 그 내용이나 강도에 문화 간 및 개인 간에 차이가 있을 수 있다는 것이 동기이론가들의 공통된 의견이다(Reeve, 2005, pp. 103, 71–288).

도 있다. 이러한 사실은 공자 · 맹자 · 순자 같은 선진(先秦)시대 유학자들로부터 비롯되는 유학 사상의 전통이다. 유학자들은 이러한 욕구의 다양한 유형에 관한 파악에 기초하여, 유학 사상 특유의 욕구이론을 제시하고 있다.[4]

이러한 유학의 욕구이론이 가장 집약적으로 드러나고 있는 것은 성리학자(性理學者)들의 인심도심설(人心道心說)에 관한 논의이다. 여기서 인심(人心)은 생물학적 기원을 갖는 이기적 동기체계를, 도심(道心)은 사회적 기원을 갖는 도덕적 동기체계를 가리킨다. 유학의 체계에서는 초기부터 전자를 억제하고, 후자를 권장하는 자세를 굳게 지키고 있다.

유학자들이 제시하는 욕구이론의 내용을 확인하기 위해 우선《논어》·《맹자》·《순자》 등 선진유학의 경전들에서 욕(欲)이란 글자가 어떤 내포를 가진 용어로 사용되고 있는지를 찾아보았다.[5] 이어서 욕구란 어떤 방향성을 가지고 특정 대상을 지향하는 것이라는 관점에서, 식(食) · 색(色) · 생(生) · 부(富) · 귀(貴) · 이(利) · 작(爵) 등에 관한 진술 중에서 욕구 또는 동기에 관한 진술임이 분명한 용례들을 분석에 포함시켰다.

(1) 욕구의 유형

이러한 분석을 통해 보면, 공자 · 맹자 · 순자 등 선진시대 유학자

4 유학의 욕구이론 관련 부분은 졸저(조긍호, 2007a, pp. 364–418; 2017a, pp. 262–334)의 내용을 기초로 재정리하였으며, 필요한 경우에는 해당 부분을 그대로 따오기도 하였다.

5 欲이란 글자는《論語》·《孟子》·《荀子》에 각각 45회 · 93회 · 242회 출현하는데(《論語引得》·《孟子引得》·《荀子引得》 참조), 이 중 명시적으로나 암묵적으로 그 추구 대상이 분명하게 제시되어 있는 각각 32회 · 50회 · 171회가 욕구나 동기에 관한 진술이라 보아 분석 대상으로 삼았다.

들이 직접적으로 제시하고 있거나 암묵적으로 인정하고 있는 인간의 욕구 또는 동기의 종류는 상당히 다양한데, 다음 네 가지 유형의 욕구가 인간에게 모두 갖추어져 있다는 사실에 대해서는 이들 유학자들의 생각이 일치하고 있다.

첫째는 생물체로서의 생존욕구이다. 여기에는 배고픔[食],[6] 목마름[飮],[7] 성욕[色],[8] 편안하게 거처함[居],[9] 생명유지[生 · 壽],[10] 감각적 쾌락[11] 및 편안함의 추구[安佚][12] 같은 욕구들이 포함된다. 이들은 모두 생물체로서의 생존과 관련되는 욕구들이거나, 이목구비(耳目口鼻)나 사지(四肢) 같은 감각기관들의 쾌락을 추구하려는 욕구들이다. 이러한 생존욕구의 본유성에 대한 유학자들의 생각은 다음의 인용문에 잘 드러나 있다.

> 무릇 사람에게는 한 가지로 똑같은 바가 있다. 굶주리면 배불리 먹기를 바라고, 추우면 따뜻해지기를 바라며, 피로하면 휴식을 취하기를 바란다. 또한 이익을 좋아하고, 손해를 싫어한다. 이것은 사람이 태어나면서부터 갖추고 있는 바로서, 그렇게 되기를 기다려서

6 《論語》, 學而 14; 鄕黨 8; 衛靈公 31, 37; 堯曰 1; 《孟子》, 梁惠王上 7; 告子上 7, 10; 告子下 1; 盡心下 24; 《荀子》, 修身 25; 榮辱 23, 31, 36; 非相 8; 王霸 19; 性惡 4, 15 등.

7 《論語》, 述而 15; 《孟子》, 公孫丑上 1; 告子上 5, 14; 盡心上 27; 《荀子》, 修身 25; 榮辱 23 등.

8 《論語》, 學而 7; 子罕 17; 衛靈公 12; 季氏 7; 《孟子》, 梁惠王上 7; 梁惠王下 5; 萬章上 1; 告子下 1; 《荀子》, 富國 3; 性惡 15; 《禮記》, 禮運 301; 經解 648 등.

9 《論語》, 學而 14; 子路 8; 《孟子》, 滕文公上 4; 盡心上 33; 《荀子》, 修身 25; 榮辱 31; 非相 9; 性惡 4 등.

10 《論語》, 顔淵 5, 10; 衛靈公 8; 《孟子》, 告子上 10; 《荀子》, 彊國 2, 12; 天論 34 등.

11 《孟子》, 梁惠王上 7; 離婁下 30; 告子上 7, 15; 盡心下 24; 《荀子》, 勸學 21; 榮辱 31; 王霸 13, 19; 正論 31; 禮論 5; 解蔽 20; 性惡 1, 6 등.

12 《荀子》, 修身 29; 榮辱 36; 非相 9; 王制 7; 王霸 13; 君道 16; 彊國 12; 正論 31; 禮論 4; 性惡 4, 6 등.

> 그러한 것이 아니다. 이는 성인인 우(禹)나 악인인 걸(桀)이나 똑같다.[13]

> 무릇 같은 종(種)끼리는 모두 서로 비슷한 법이다. 어찌 다만 사람에게서만 그렇지 않다고 의심할 수 있겠는가?……입으로 즐기는 맛에는 똑같이 좋아하는 것이 있고, 귀로 즐기는 소리에도 똑같이 좋아하는 소리가 있으며, 눈으로 즐기는 아름다움에도 똑같이 좋아하는 아름다움이 있는 법이다.[14]

둘째는 자기의 이익을 추구하고자 하는 이기적 욕구이다. 여기에는 부자가 되는 것[富],[15] 귀하게 되는 것[貴],[16] 이익을 보는 것[利],[17] 빈천(貧賤) 회피[18] 및 탐욕[慾 · 得][19] 같은 욕구들이 포함된다. 이들은 모두 개체로서의 자기의 이익을 다른 사람의 이익보다 앞세우고 먼저 추구하고자 하는 욕구들이다. 이러한 이기적 욕구가 인간에게 갖추어져 있다는 사실을 유학자들은 다음과 같이 진술하고 있다.

---

13 凡人有所一同 飢而欲食 寒而欲煖 勞而欲息 好利而惡害 是人之所生而有也 是無待而然者也 是禹桀之所同也(《荀子》, 榮辱 31; 非相 8-9에도 凡人有所一同을 제외한 똑같은 귀절이 나온다.)

14 凡同類者 擧相似也 何獨至於人而疑之……口之於味也 有同耆焉 耳之於聲也 有同聽焉 目之於色也 有同美焉 (《孟子》, 告子上 7)

15 《論語》, 學而 15; 里仁 5; 述而 11, 15; 泰伯 13; 顔淵 5; 季氏 7; 《孟子》, 梁惠王下 5; 公孫丑下 10; 離婁下 33; 萬章上 1, 3; 《荀子》, 修身 29; 榮辱 23, 36, 39; 王覇 19; 正論 29 등.

16 《論語》, 里仁 5; 術而 15; 泰伯 13; 顔淵 5; 《孟子》, 公孫丑下 10; 離婁下 33; 萬章上 1, 3; 告子上 17; 《荀子》, 修身 29; 榮辱 39; 王覇 19 등.

17 《論語》, 里仁 12, 16; 子罕 1; 子路 17; 憲問 13; 《孟子》, 梁惠王上 1; 離婁下 33; 告子下 4; 《荀子》, 修身 29, 38; 不苟 4, 17; 榮辱 23, 28, 31; 非相 9; 非十二子 35; 儒效 36; 王制 7; 富國 23; 王覇 5, 11, 18, 19, 33; 君道 16; 禮論 4; 性惡 1, 6; 大略 20 등.

18 《論語》, 里仁 5; 泰伯 13 등.

19 《論語》, 公冶長 10; 憲問 2; 季氏 7; 陽貨 15 등.

> 무릇 귀(貴)하기로는 천자(天子)가 되고 싶고, 부(富)하기로는 천하를 소유하고 싶은 것, 이는 사람의 본성으로 모두 똑같이 바라는 것이다.[20]

> 부(富)와 귀(貴)는 사람들이 누구나 바라는 바이다. 그러나 올바른 도(道)로써 얻은 것이 아니면, 이에 머무르지 말아야 한다.[21]

셋째는 사회적 존재로서 다른 사람과의 관계에서 비롯되는 사회적 경쟁욕구이다. 여기에는 자기표현과 자랑[言 · 辭 · 伐],[22] 투쟁[勝人 · 很 · 鬪爭],[23] 지배[王 · 制人],[24] 지위 추구[爵],[25] 명예 추구[功名],[26] 친애와 모임[群][27] 및 타인의 인정 추구[28] 같은 욕구들이 포함된다. 이들은 사회관계에서 자기를 표현하고 제시함으로써 타인으로부터의 수용을 추구하거나, 사회적 자원에 대해 타인과 직접 경쟁하고 있는 장면에서 작용하는 욕구들이다. 이러한 사회적 경쟁욕구의 본유성에 대해서는 다음 인용문에 잘 드러나 있다.

> 맹자는 "땅을 넓히고 백성의 수를 불리는 일은 군자가 바라는 바이

---

20 夫貴爲天子 富有天下 是人情之所同欲也 (《荀子》, 榮辱 39)

21 富與貴 是人之所欲也 不以其道得之 不處也 (《論語》, 里仁 5)

22 《論語》, 學而 14; 里仁 24; 顔淵 3; 憲問 2; 陽貨 19; 《荀子》, 勸學 21; 非相 15, 18; 非十二子 30; 正名 14 등.

23 《論語》, 憲問 2; 季氏 7; 《荀子》, 儒效 28; 王制 6, 9, 21; 富國 3; 彊國 7; 性惡 18 등.

24 《孟子》, 梁惠王上 7; 梁惠王下 15; 盡心上 21; 《荀子》, 王制 13; 王覇 19; 君道 16, 19 등.

25 《孟子》, 滕文公下 3; 告子上 16; 《荀子》, 正論 29; 性惡 15 등.

26 《孟子》, 離婁下 33; 萬章上 1; 《荀子》, 王制 7; 富國 3; 王覇 19 등.

27 《荀子》, 榮辱 28; 王制 21; 富國 6; 君道 8 등.

28 《論語》, 學而 1, 16; 里仁 14; 憲問 32; 衛靈公 18; 《荀子》, 修身 23; 榮辱 23, 29; 儒效 37 등.

나, 즐거워함은 여기에 있지 않다"고 말하였다.[29]

> 뜻이 굽고 사사로우면서도 남들이 자기를 공평하다고 인정해주기를 바라고, 행실이 더럽고 방탕하면서도 남들이 자기를 도덕적인 수양이 이루어졌다고 인정해주기를 바라며, 어리석고 비루하면서도 남들이 자기를 지혜롭다고 인정해주기를 바라는 것, 이것이 바로 보통 사람들이다.[30]

넷째는 동물과는 달리 인간을 진실로 인간답게 하는 근거로서의 도덕적 지향성의 욕구이다. 여기에는 선(善)에의 지향[欲仁 · 欲義 · 欲禮 · 欲善],[31] 도덕체득 및 실천,[32] 역할 수행,[33] 인정(仁政)을 펼침[34] 같은 욕구들이 포함된다. 이들은 동물들과는 달리 인간만이 본유적으로 갖추고 있는 도덕성을 체득하고, 이를 실생활 장면에서 실천하려는 의지를 낳는 욕구들이다. 이러한 도덕적 지향성 욕구의 본유성에 관한 공 · 맹 · 순의 주장은 다음 인용문들에 잘 드러나고 있다.

> 인(仁)이 멀리 있는가? 그렇지 않다. 내가 인을 행하고자 하면, 곧바로 인이 이르는 것이다.[35]

---

29 孟子曰 廣土衆民 君子欲之 所樂不存焉 (《孟子》, 盡心上 21)

30 志不免於曲私 而冀人之以己爲公也 行不免於汙漫 而冀人之以己爲脩也 其愚陋溝瞀 而冀人之以己爲知也 是衆人也 (《荀子》, 儒效 37)

31 《論語》, 述而 29; 顔淵 19; 堯曰 2;《孟子》, 梁惠王上 1; 離婁下 27; 告子上 7, 8, 10, 16; 告子下 1, 4; 盡心上 21; 盡心下 24;《荀子》, 修身 40; 榮辱 25; 王霸 11; 君道 4; 彊國 8, 20; 禮論 5; 性惡 7-8; 大略 20 등.

32 《論語》, 公冶長 9; 雍也 28; 子罕 17; 顔淵 2; 衛靈公 12, 23, 31;《孟子》, 梁惠王下 9; 離婁下 19;《荀子》, 修身 33 등.

33 《論語》, 衛靈公 9, 37;《孟子》, 滕文公下 9; 離婁上 2; 告子下 4 등.

34 《孟子》, 梁惠王下 5, 12; 離婁上 9;《荀子》, 君道 9, 21; 性惡 18 등.

35 子曰 仁遠乎哉 我欲仁 斯仁至矣 (《論語》, 述而 29)

> 군자가 인간의 성품이라고 여기는 것은 인간의 마음속에 뿌리박고 있는 도덕적 지향성[仁義禮智]이다.[36]

> 의[義: 도덕적 욕구]와 이[利: 이기적 욕구]는 사람이라면 누구나 다 가지고 있다. 비록 요(堯)·순(舜) 같은 성인도 사람들의 이익추구 욕구를 다 없앨 수는 없지만, 이익추구 욕구가 의를 좋아하는 마음(도덕적 욕구)을 이기지 못하게 할 수는 있다.[37]

성리학자들의 욕구이론은 인심도심설(人心道心說)인데, 여기서 인심(人心)은 생물적 생존욕구, 자기이익 추구의 이기적 욕구, 사회적 경쟁의 욕구를 통합해서 지칭하는 용어로, 그리고 도심(道心)은 도덕적 지향성의 욕구를 지칭하는 용어로 사용되고 있다. 이렇게 보면, 성리학자들도 선진유학자들이나 마찬가지로 인간에게 다양한 욕구들이 본유적으로 갖추어져 있다고 여기는 것이다.

(2) 욕구의 충족 조건: 재외자(在外者)와 재기자(在己者)

이상에서 보듯이, 유학자들은 인간에게는 누구에게나 생물학적 생존욕구, 이기적 욕구, 사회적 경쟁욕구 및 도덕적 지향성 욕구의 네 가지가 본유적으로 갖추어져 있다는 사실에 대해 견해가 일치하고 있다. 그런데 이 네 가지 욕구들은 그 충족 조건에서 차이가 있다는 것이 유학자들의 생각이다. 곧 이러한 욕구들은 욕구 당사자 밖의 환경 조건이나 상황 또는 타인에 의해 그 충족 여부가 결정되는 것들[在外者·在天者·在人者]과 욕구 당사자 스스로가 하기에 따라 그 충족 여부가 결정

36 君子所性 仁義禮智根於心 (《孟子》, 盡心上 21)

37 義與利者 人之所兩有也 雖堯舜 不能去民之欲利 然而能使其欲利不克其好義也(《荀子》, 大略 20)

되는 것[在己者 · 在我者]의 두 종류로 나뉜다는 것이다. 유학자들의 욕구 이론은 이러한 욕구 충족 조건의 차이에 관한 기본 전제에서 출발한다.

위의 네 가지 욕구들 가운데 생물학적인 생존 욕구, 이기적인 자기 이익 추구 욕구, 그리고 사회적인 경쟁의 욕구의 세 가지는 모두 외적인 조건에 의해 그 충족 여부가 결정되는 재외자(在外者)들이라는 것이 유학자들의 생각이다. 다음 인용문들은 그들의 이런 관점을 잘 드러내 주고 있다.

> 생명 유지의 문제[死 · 生]는 외적 조건[命]에 달려 있고, 부(富)와 귀(貴)도 외적 조건[天]에 달려 있다.[38]

> 입의 맛에 관한 것, 눈의 색깔에 관한 것, 귀의 소리에 관한 것, 코의 냄새에 관한 것, 사지의 안일에 관한 것, 이들은 누구에게나 갖추어져 있는 타고난 본성[性]이기는 하다. 그러나 이들은 외적 조건[命]에 의해 충족 여부가 결정되는 것이니, 군자는 이를 인간에게만 고유한 본성이라 일컫지 않는다.[39]

> 높은 지위에 올라 공물(貢物)과 봉록(俸祿)을 많이 받고, 위세(威勢)가 당당하며, 위로는 천자(天子)나 제후(諸侯)가 되고, 아래로는 재상의 지위에 오르는 것, 이것은 자기의 외부로부터 오는 영예(榮譽)로, 이를 외부 조건적 영예[勢榮]라고 한다.[40]

---

38 死生有命 富貴在天 (《論語》, 顔淵 5)

39 口之於味也 目之於色也 耳之於聲也 鼻之於臭也 四肢之於安佚也 性也 有命焉 君子不謂性也 (《孟子》, 盡心下 24)

40 爵列尊 貢祿厚 形勢勝 上爲天子諸侯 下爲卿相士大夫 是榮之從外至者也 夫是之謂勢榮 (《荀子》, 正論 29)

이에 비해 도덕적 지향성 욕구는 개인 스스로의 수양 정도에 따라 그 충족 여부가 결정되는 재기자(在己者)이다. 이러한 사실은 다음 인용문들에 잘 드러나 있다.

> 인(仁)을 행하는 것은 자기에게 달려 있는 일이지, 어찌 남에게 달려 있는 일이겠는가?[41]

> 인(仁)의 부자(父子)에 관한 것, 의(義)의 군신(君臣)에 관한 것, 예(禮)의 손님과 주인에 관한 것, 지(智)의 현명한 사람에 관한 것, 성인(聖人)의 천도(天道)에 관한 것, 이들은 하늘이 부여해준 본유적인 것[命]이다. 거기에는 사람이 고유하게 할 일[性]이 있으므로, 군자는 이를 외적인 근거를 갖는 일이라 일컫지 않는다.[42]

> 하고자 하는 바[志意]가 훌륭하게 닦여지고, 덕의 행실[德行]이 두터워지며, 지혜와 사려[知慮]가 명석해지는 것, 이것은 모두 자기 자신의 내부로부터 우러나온 영예(榮譽)로, 이를 도덕적 영예[義榮]라고 한다.[43]

이렇게 사람의 욕구에는 그 충족 여부가 외부 상황이나 환경 또는 다른 사람 같은 외적 조건에 달려 있는 재외자와 그 충족 여부가 스스로가 하기에 달려 있는 재기자의 두 가지가 있는데, 전자는 아무리 열심히 추구하더라도 충족하지 못하는 경우가 다반사이지만, 후자는 열심히 추구하기만 하면 항상 충족할 수 있다는 것이 유학자들의 의견이다.

---

41 爲仁由己 而由人乎哉 (《論語》, 顔淵 1)

42 仁之於父子也 義之於君臣也 禮之於賓主也 智之於賢者也 聖人之於天道也 命也 有性焉 君子不謂命也 (《孟子》, 盡心下 24)

43 志意修 德行厚 知慮明 是榮之由中出者也 夫是之謂義榮 (《荀子》, 正論 28-29)

충족 여부가 스스로에게 달려 있는 것[在我者]은 구하면 얻어지고, 내버려두면 없어지는 것이어서, 애써 노력하면 반드시 얻어지게 마련이지만, 충족 여부가 외적 조건에 달려 있는 것[在外者]은 구하는데 방법이 따로 있고, 또 얻어지느냐의 여부는 외적 조건[命]에 달려 있으므로, 애써서 구하려 해도 별로 잘 얻어지지 않는다.[44]

그러나 재외자 대신 재기자를 추구하는 것은 사람에게 있어 그리 쉬운 일이 아니다. 이는 도덕적 수양을 이룬 군자에게서나 가능한 일이다. 이러한 사실은 다음과 같은 지적에서 잘 드러나고 있는데, 바로 이 점이 후속되는 유학적 욕구이론의 토대가 되는 논점이다.

비루한 사람들은 이기적 욕구가 충족하지 못하면 어떻게 하면 이를 충족할 수 있을까 걱정하고, 이미 충족하고 나면 혹시 이를 잃어버리지 않을까 걱정한다. 그들이 이렇게 한번 얻은 것을 잃어버리지 않을까 걱정하게 되면, 아무 짓이나 마구 하게 된다.[45]

군자(君子)는 그 충족 여부가 자기에게 달려 있는 것[在己者]을 삼가 행하고, 외적 조건에 달려 있는 것[在天者]에 연연해 하지 않는다. 그렇기 때문에 군자는 날로 발전한다. 이에 비해 소인(小人)은 그 충족 여부가 자기가 하기에 달려 있는 것은 버려두고, 외적 조건에 달려 있는 것에 연연해 한다. 그렇기 때문에 소인은 날로 퇴보하는 것이다. 그러므로 군자가 날로 발전하고, 소인이 날로 퇴보하는 이치는 한 가지로서, 군자와 소인의 차이가 큰 것은 바로 자기에게 달려 있는 일을 꾸준히 행하느냐 아니면 외적 조건에 달려 있는 일을

44 求則得之 舍則失之 是求有益於得也 求在我者也 求之有道 得之有命 是求無益於得也 求在外者也 ((《孟子》, 盡心上 3)

45 其未得之也 患得之 旣得之也 患失之 苟患失之 無所不至矣 (《論語》, 陽貨 15)

열심히 추구하느냐 하는 데 그 까닭이 있는 것이다.[46]

성리학에서도 "인심(人心)은 곧 사(私)적인 욕구에서 나오는 것이고……도심(道心)은 곧 도덕적 지향성[義理]에서 기원하는 것이다……실로 사람의 겉으로 드러난 신체 조건에서 나오면 모두 인심이 아닐 수 없고, 사람의 내적인 도덕적 지향성에 근원을 두게 되면 곧 도심이 된다"[47]거나 "사람의 마음이 발동할 때에는 도덕적 지향성(효성·충성심·측은지심·수오지심·공경지심 등)에 따라 발동하는 경우가 있는데……이를 도심이라 하고, 신체 조건(배고픔·추위·피로감·성욕 등) 때문에 발동되는 경우가 있는데……이를 인심이라 한다"[48]고 하여, 인심에 속하는 생존욕구, 이기적 욕구, 사회적 경쟁 욕구 등은 외적 조건에 의해 유발되는 욕구이고, 도덕적 지향성은 개인 내적 근원에 의해 유발됨을 분명히 하고 있다.

이와 같이 유학 사상에서는 인간의 욕구 또는 동기는 그 충족 여부가 외적 조건에 달려 있어서 개인이 어찌하기 힘든 욕구들(생물적 욕구, 이기적 욕구, 경쟁욕구)과 그 충족 여부가 개인의 수양 여부에 달려 있어서 개인이 하기에 따라 달라지는 욕구(도덕적 지향성의 욕구)의 두 유형

---

46 故君子敬其在己者 而不慕其在天者 小人錯其在己者 而慕其在天者 君子敬其在己者 而不慕其在天者 是以日進也 小人錯其在己者 而慕其在天者 是以日退也 故君子之所以日進 與小人之所以日退一也 君子小人之所以相縣者在此耳 (《荀子》, 天論 28–29)

47 人心卽覺於欲者……道心卽覺於義理者……實以生於形氣 則皆不能無人心 原於性命 則所以爲道心 (《退溪全書 一》, 聖學十圖, 心學圖說 208)

48 情之發也 有爲道義而發者 如欲孝其親 欲忠其君 見孺子入井而惻隱 見非義而羞惡 過宗廟而恭敬之類 是也 此則謂之道心 有爲口體而發者 如飢欲食 寒欲衣 勞欲休 精盛思室之類 是也 此則謂之人心 (《栗谷全書 一》, 說, 人心道心圖說 282)

의 욕구로 나누어진다고 보고 있는 것이다.

(3) 생물적 이기적 욕구와 향악가능성

이상에서 보듯이, 유학 사상에서는 생물체로서의 생존욕구, 자기 이익 추구의 이기적 욕구 및 사회생활에서의 경쟁욕구 들은 그 충족의 여부가 개인이 어찌할 수 없는 외적 조건에 달려 있다고 본다. 바로 이러한 까닭에 이러한 욕구들을 무한정 추구하다 보면, 도덕적 지향성의 욕구를 잃어버릴 뿐만 아니라 여러 가지 폐단에 빠져, 결국 악으로 흐를 가능성이 높아진다는 것이 유학자들의 주장이다.

공자는 재외자에 속하는 욕구들은 사람이 그 충족의 여부를 스스로 통제할 수 없기 때문에, 이러한 욕구에 가리워지면 강직하지 못하게 되거나,[49] 사물의 이치에 어두워 의혹에 사로잡히게 되거나,[50] 무엇이든지 하지 않는 일이 없이 마구 덤비게 되거나,[51] 다른 사람의 원망을 많이 받게 되거나,[52] 일이 제대로 이루어지지 않거나,[53] 인륜을 크게 어지럽히는[54] 폐단에 빠지게 된다고 본다.

맹자도 도덕적 욕구를 제외한 나머지 욕구들은 사람이 스스로 통제할 수 없기 때문에, 이러한 욕구에 가리워지면 욕구의 바름[正]을 잃게 된다고 본다. 그리하여 이러한 생물적 이기적 욕구에 가려지게 되

---

49 子曰 棖也慾 焉得剛 (《論語》, 公冶長 10)

50 愛之欲其生 惡之欲其死 旣欲其生 又欲其死 是惑也 (顔淵 10)

51 其未得之也 患得之 旣得之也 患失之 苟患失之 無所不至矣 (陽貨 15)

52 子曰 放於利而行 多怨 (里仁 12)

53 無見小利……見小利 則大事不成 (子路 17)

54 欲潔其身而亂大倫 (微子 7)

면, 아무것이나 마구 먹고 마시거나,[55] 방탕 · 편벽 · 사악 · 사치한 일을 마구 저지르게 되고,[56] 또한 남의 것을 빼앗지 않으면 만족하지 못한다.[57] 이렇게 도덕적 욕구를 미루어 두고 이기적 생물적 욕구만을 추구하다 보면, 마음의 걱정거리를 풀어버리지 못하여,[58] 인생과 국가를 망치기도 한다.[59] 이와 같이 이기적 생물적 욕구만을 추구하는 것은 사물에 가려서 이에 이끌림으로써,[60] 자기의 도덕적 수양에 방해가 될 뿐만 아니라, 삶의 전체 과정을 그르치는 폐단에 빠지게 되는 것이다.

순자도 생존 욕구, 이기적 욕구 및 사회적 경쟁욕구들은 도덕적 욕구와는 달리 스스로 통제할 수 없는 욕구들이기 때문에, 이러한 욕구들을 제한 없이 추구하면, 천하의 온갖 폐해가 이로부터 일어나게 된다고 본다.[61] 이기적 욕구를 앞세우고 도덕적 욕구를 뒤로 돌리는 것은 치욕을 불러오는 일이며,[62] 이렇게 되면 욕구에 가리워 큰 이치에 어둡게 됨으로써,[63] 의혹에 빠진 채 무슨 일을 해도 즐겁지 않고,[64] 무엇이 화(禍)인지 복(福)인지도 모르게 된다.[65] 또한 사물의 노예가 되어[以己爲物

55 飢者易爲食 渴者易爲飮 (《孟子》, 公孫丑上 1); 飢者甘食 渴者甘飮 是未得飮食之正也 飢渴害之 (盡心上 27)

56 苟無恒心 放僻邪侈 無不爲已 (梁惠王上 7; 滕文公上 3)

57 苟爲後義而先利 不奪不饜也 (梁惠王上 1)

58 人悅之 好色 富貴 無足以解憂者 惟順於父母 可以解憂 (萬章上 1)

59 是君臣父子兄弟 終去仁義 懷利而相接 然而不亡者 未之有也 (告子下 4)

60 耳目之官 不思而蔽於物 物交物 則引之而已矣 (告子上 15)

61 天下害生縱欲 (《荀子》, 富國 2)

62 先利而後義者辱 (榮辱 25)

63 蔽於一曲 闇於大理 (解蔽 1)

64 以欲忘道 則惑而不樂 (樂論 7)

65 離道而內自擇 則不知禍福之所託 (正名 25)

役][66] 날로 퇴보하게 됨으로써,[67] 인륜도 저버리고,[68] 아무 일이나 마구 하는 소인이 되고 마는 것이다.[69] 그리하여 만일 군주가 이렇게 이기적 욕구만을 추구하면 난세가 되고,[70] 나라를 상하게 하여,[71] 결국에는 망하게 된다고 순자는 보고 있다.[72]

성리학자들은 이러한 재외자인 욕구를 인심이라 하여, 사람의 생물적 특징[形氣]에서 나오는 이기적[私]인 욕구의 근원이라고 본다. 이를 퇴계는 "인심이란 사람 욕구[人欲]의 근본이고, 인욕(人欲)이란 인심이 흘러내린 것"[73] 또는 "인심이란 말은 이미 도심과 상대해서 성립되는 것으로, 자기 몸의 이기적 측면에 속하는 것"[74]이라고 하여, 인심이 생물적 욕구와 이기적 욕구의 근원임을 확실히 하고 있다.

이렇게 인심은 생물적 이기적 욕구의 근원으로서, 이를 추구하면 여러 가지 폐단에 빠지게 된다는 것이 인심도심설의 주장이다. "사람이 착하지 못하게 되는 것은 욕구의 꾀임을 받게 되기 때문인데, 욕구의 꾀임에 빠졌음에도 이를 알지 못하면, 천리(天理: 도덕적 지향성)가 모두

---

66 故欲養其欲 而縱其情……夫是之謂以己爲物役 (正名 26-27)

67 小人錯其在己者 而慕其在天者 是以日退也 (天論 29)

68 人情何如……妻子具 而孝衰於親 嗜欲得 而信衰於友 爵祿盈 而忠衰於君 人之情乎 人之情乎甚不美 又何問焉 (性惡 15)

69 唯利所在 無所不傾 如是則可謂小人矣 (不苟 17)

70 故義勝利者爲治世 利勝義者爲亂也 (大略 20)

71 大國之主也 而好見小利 是傷國 (王覇 33)

72 挈國以呼功利 不務張其義 齊其信 唯利之求……如是則……國不免危削 綦之以亡 (王覇 5-6)

73 人心者 人欲之本 人欲者 人心之流 (《退溪全書 二》, 書, 答僑姪問目 307)

74 人心之名 已與道心相對而立 乃屬自家體段上私有底 (《退溪全書 二》, 書, 答李平叔 259)

없어져도 돌아올 줄 모르거나"[75] 그 본심을 잃어서 뜻을 빼앗기는 지경[76]에 빠지고 마는 것이다.

이상에서 보듯이, 선진유학자들이나 성리학자들 모두 생물적 이기적 욕구는 그 충족 여부가 외적 조건에 달려 있으므로, 이를 제한 없이 추구하다 보면 여러 가지 폐단에 빠질 뿐만 아니라 개인이 본유하고 있는 도덕적 지향성까지 잃어버리게 되어, 결국에는 악으로 흐를 수밖에 없다고 주장한다. 곧 인간의 향악성의 하나의 근원은 생물적 이기적 욕구의 무제한적인 추구에 있다는 것이다.

2) 유학의 정서이론과 인간의 향악가능성

기능적으로 정서는 인간의 건강과 생존에 중요한 역할을 한다. 정서 상태에 있을 때 사람을 포함한 모든 살아 있는 유기체는 그 유발 상황이나 자극에 대한 대처와 준비를 하게 되므로, 정서는 궁극적으로 유기체를 보호하는 역할을 한다.[77] 인간의 삶의 과정에서 정서가 가지는 이러한 적응적 가치를 염두에 두고 보면, 정서 경험은 인간의 삶의 장(場)인 환경 세계와 밀접하게 연결될 수밖에 없을 것이다. 문화는 인간이 삶을 영위하는 장인 환경 세계와 그 속에서 일어나는 여러 가지 사

75 甚哉 慾之害人也 人之爲不善 欲誘之也 誘之而弗知 則至於滅天理而不反 (《栗谷全書 一》, 聖學輯要, 修己中, 矯氣質章 467)

76 欲如口鼻耳目四肢之欲 雖人之所不能無 然多而不節 未有不失其本心者……凡百玩好皆奪志 (《栗谷全書 一》, 聖學輯要, 修己中, 養氣章 469)

77 Lazarus, 1991; Lazarus & Lazarus, 1994; Oatley et al., 2006.

건들을 이해하고 조직화하는 의미체계이다.[78] 이렇게 보면, 인간의 정서 경험은 필연적으로 문화와 관계를 맺지 않을 수 없으며, 문화유형에 따라 권장하거나 강조하는 정서의 내용이 달라질 것이라는 사실은 명약관화한 일이다.

그럼에도 불구하고, 인간 심성의 기본 요소로서의 정서를 대하는 동·서의 관점에 유사한 측면이 있는 것은 상당히 역설적이다. 서구나 동아시아에서 모두 정서를 부정적이거나 부차적인 관점에서 이해하는 전통이 강했던 것이다. 서구에서 이러한 태도는 데카르트(Descartes, R.) 이후 마음–몸, 인지–정서, 사고–감정, 이성–감성, 합리성–비합리성, 의식–무의식, 수의–불수의, 통제가능성–통제불능성의 이분법으로 인간을 이해하는 양식과 맞물리면서 더욱 강화되었다고 볼 수 있다.[79] 동아시아에서는 선진유학뿐만 아니라 성리학에서도 타인지향의 선한 정서인 사단(四端)의 정서는 보존하고 키워야 하지만, 자기중심적인 것으로 불선의 근원인 칠정(七情)을 비롯한 대부분의 정서는 기본적으로 고요한 마음을 흩뜨려놓는 작용을 하는 원천이므로, 철저히 통제되고 예(禮)에 맞게 조절되어야 한다고 보았다.

양의 동·서를 막론하고 통용되었던 이러한 이분법적 대비에서는 전통적으로 합리적 인지(서구) 또는 도덕적 선(동아시아)에 우선권을 두었으며, 이렇게 합리적 인지와 도덕적 선을 중시하는 태도는 정서의 연

78 Berry, Poortings, Segall, & Dasen, 1992, p. 1; Fiske et al., 1998, pp. 916–919; Miller, 1984, p. 973; Rohner, 1984, p. 119; Segall, Dasen, Berry, & Poortinger, 1999, p. 23.

79 White, 1993, pp. 31.

구에도 그대로 이어졌다.[80] 여기에서는 유학 사상에서 정서가 욕구와 함께 인간을 악으로 이끄는 요인의 하나로 간주해 왔다는 사실을 간단히 살펴보기로 하겠다.[81]

유학자들이 제시하는 정서이론의 내용을 확인하기 위해서는 우선 《논어》·《맹자》·《순자》·《예기》 등 선진유학의 경전들에서 정(情)이란 글자가 어떤 내포를 가진 용어로 사용되고 있는지를 찾아보았다. 《논어》에서 정(情)이란 글자는 단 두 번,[82] 《맹자》에 네 번 나오는데,[83] 모두 본질·실정·본성의 뜻으로 쓰일 뿐, 오늘날과 같은 정서 또는 감정의 의미는 없다. 그러므로 이들 경전에서 정서의 문제가 어떻게 다루어지고 있는지를 파악하기 위해서는 호(好)·오(惡)·원(怨)·외(畏)·치(恥) 같이 구체적으로 정서 상태를 가리키는 용어들이 어떻게 쓰이고 있는지를 고찰할 필요가 있다.

선진유학의 경전들 가운데 정(情)이 유개념(類槪念)으로서의 정서의 의미로 쓰이는 것은 《순자》에서가 처음이다. 정(情)이란 글자는 《순자》

80 물론 동아시아와는 달리 서구에서 정서를 긍정적으로 보는 견해가 전혀 없었던 것은 아니다. 18세기 말엽에 대두된 낭만주의 사조는 정서를 개인의 진실한 내면의 발현으로 보고, 이를 개인의 자유의 관념과 결합시켜 자유로운 정서의 표출을 강조하는 관점을 낳았으며, 이러한 시각은 오늘날까지도 남아서, 서구인들의 정서에 대한 태도의 한 축을 형성하고 있다(Lazarus & Lazarus, 1994; Oatley et al., 2006).

81 유학의 정서이론 관련 부분은 졸저(조긍호, 2007a, pp. 275-320; 2017a, pp. 336-398)의 내용을 기초로 재정리하였으며, 필요한 경우에는 해당 부분을 그대로 따오기도 하였다.

82 《論語引得》 참조: 上好信 則莫敢不用情 (《論語》, 子路 4); 曾子曰 上失其道 民散久矣 如得其情 則哀矜而勿喜 (子張 19)

83 《孟子引得》 참조: 夫物之不齊 物之情也 (《孟子》, 滕文公上 4); 聲聞過情 君子恥之 (離婁下 18); 乃若其情則可以爲善矣 乃所謂善也 (告子上 6); 是豈人之情也哉 (告子上 8)

에 모두 118회나 나오고 있는데, 이 가운데 대부분(91회)은 정(情) 한 글자만으로 의미를 가지는 것이고, 성정(性情, 2회)· 정성(情性, 18회)· 정욕(情欲, 4회)· 천정(天情, 3회)과 같이 두 글자가 연합해서 쓰임으로써 의미를 갖게 되는 경우가 27회나 된다.[84] 《순자》에서 쓰이는 정(情)도 대부분은 《논어》나 《맹자》에서와 마찬가지로 진실 · 진정 · 진실된 마음 등의 뜻을 가진다.

그러나 《순자》에서 정은 인간이 태어나면서부터 갖추고 있는 생물적 욕구와 정서적인 측면을 포괄하는 용어로 쓰이는 경우가 많다는 점이 특이한 사실이다. 대체로 성정 · 정성 · 정욕이라고 연용 되어 쓰일 때는 생물적 욕구 체계를 가리키는 의미를 갖지만, 천정(天情)으로 연용 되어 쓰일 때[85]와 정(情) 한 글자로만 쓰이는 몇몇의 경우[86]에는 개별적인 감정 반응을 포괄하는 유개념으로서 정서를 가리키는 의미로 사용되고 있다. 다음은 《순자》에서 정이 정서라는 유개념의 의미로 쓰이고 있는 예들이다.

> 사람의 육체가 갖추어지고 정신이 생겨나면, 여기에는 좋아함[好] · 미워함[惡] · 기쁨[喜] · 성냄[怒] · 슬픔[哀] · 즐거움[樂]이 갖추어져 있는데, 이를 "자연적 정서"[天情]라고 한다.[87]

> 사람의 본성에 갖추어져 있는 좋아함[好] · 미워함[惡] · 기쁨[喜] ·

84 《荀子引得》 참조.

85 《荀子》, 天論, 24, 25.

86 正名, 2, 22.

87 形具而神生 好惡喜怒哀樂臧焉 夫是之謂天情 (天論 24)

성냄[怒] · 슬픔[哀] · 즐거움[樂]을 일러 "정"(情)이라 한다.[88]

이러한 예들에서 보면, 순자는 정(情)에 정서의 의미를 부여하고 있으며, 따라서 선진유학자들 가운데 정을 정서의 유개념으로 사용하는 것은 순자가 효시를 이룬다.

《예기》에서는 유학자들이 억제해야 할 정서로 개념화하는 대표적인 정서인 칠정(七情)이 처음으로 언급되어, 정이 유개념으로서의 정서 또는 감정의 의미로 쓰이고 있다.

> 무엇을 사람의 감정[人情]이라고 부르는가? 이는 기쁨[喜] · 성냄[怒] · 슬픔[哀] · 두려움[懼] · 아끼고 사랑함[愛] · 미워함[惡] 및 가지고 싶어함[欲]이다. 이 일곱 가지는 배우지 않고도 능한 것이다 ……그리하여 성인은 사람의 "칠정"(七情)을 다스리려, 열 가지 올바른 길을 열어 주고, 신뢰와 친목을 닦으며, 사랑과 예양을 숭상하고, 투쟁과 약탈을 종식시키나니, 예(禮)가 아니고서는 어떻게 그렇게 할 수 있겠는가?[89]

그러므로 《순자》와 《예기》에서는 유개념으로서의 정(情)의 의미와 함께, 희(喜) · 노(怒) · 애(哀) · 락(樂) 구체적인 정서 용어를 분석해 보아야 유학의 정서이론에 접근할 수 있다. 여기에서는 이러한 선진유학자들의 정서이론의 탐색에 이어, 성리학자들, 특히 퇴계와 율곡을 비롯한 조선조 성리학자들의 대표적인 정서이론인 사단칠정설(四端七情說)의 내용도 살펴보기로 하겠다.

---

88 性之好惡喜怒哀樂 謂之情 (正名 2)

89 何謂人情 喜怒哀懼愛惡欲 七者弗學而能……故聖人之所以治人七情 脩十義 講信脩睦 尙辭讓 去爭奪 舍禮何以治之 (《禮記》, 禮運 301)

(1) 정서의 유형

이러한 분석을 근거로 삼으면, 유학자들이 직접적으로 제시하고 있거나 암묵적으로 인정하고 있는 인간의 정서의 종류는 상당히 다양한데, 이들은 자기를 1차적인 참조대상으로 하는 것과 타인을 1차적인 참조대상으로 하는 것의 두 가지 유형의 정서로 나눌 수 있다.

유학자들이 제시하는 정서 가운데 자기를 1차적인 참조대상으로 하는 정서가 "자기중심적 정서"이다. 이는 외부 대상이나 조건이 개인의 감정적 흥분을 촉발하여 경험되는 것으로서, 개인 자신에 대한 지향성이 큰 정서이다. 애(哀)와 애(愛)를 제외한 대부분의 칠정(七情)으로 대표되는 것이 자기중심적 정서이다.

이들 자기중심적 정서에는 칠정 중 "기쁨"[喜],[90] "성냄"[怒],[91] "두려움"[懼],[92] "미워함"[惡][93]의 정서와 그밖에 "성내고 원망함"[慍],[94] "걱정

90 《論語》, 里仁 21; 公冶長 6, 18; 季氏 13; 子張 19; 《孟子》, 梁惠王下 1, 9; 公孫丑上 8; 公孫丑下 10; 萬章上 2; 告子下 5, 13; 《荀子》, 修身 39, 40; 不苟 7, 8; 臣道 9; 議兵 16, 19, 20; 天論 24; 禮論 11, 38; 樂論 3, 5; 正名 2, 8; 賦 26, 33; 堯問 35.

91 《論語》, 雍也 2; 《孟子》, 梁惠王下 3, 9; 公孫丑下 12, 滕文公下 2; 離婁上 18; 萬章上 3; 《荀子》, 修身 39, 40; 不苟 12; 榮辱 20, 21; 仲尼 41; 儒效 16; 臣道 9, 10, 12; 議兵 16; 天論 24; 禮論 11; 樂論 3, 5; 正名 2, 8; 成相 4; 大略 12; 哀公 33.

92 《論語》, 里仁 21; 述而 10; 子罕 28; 顏淵 4; 憲問 30; 《孟子》, 公孫丑上 2; 滕文公下 2, 9; 《荀子》, 修身 33, 39; 不苟 4; 仲尼 45; 儒效 25; 富國 3; 王霸 10; 君道 5; 臣道 4, 8; 禮論 19; 宥坐 7; 哀公 29, 31.

93 《論語》, 里仁 3, 5, 6; 先進 24; 顏淵 10; 子路 24; 衛靈公 27; 陽貨 24, 26; 子張 20; 《孟子》, 梁惠王上 4; 公孫丑上 4, 6, 9; 滕文公下 3, 5, 7; 離婁下 20, 26; 萬章上 1; 萬章下 2,; 告子上 6, 8, 10, 12; 告子下 6, 11; 盡心上 26; 盡心下 37; 《荀子》, 修身 23, 40; 不苟 17; 榮辱 21, 27, 28, 29, 31; 非相 9; 仲尼 41; 儒效 1, 3, 13, 29, 36; 王制 6, 9, 32; 富國 2, 3, 27; 王霸 32; 君道 16; 議兵 6, 16, 19; 彊國 10; 天論 24, 27, 37; 正論 3, 10, 26, 27, 31; 禮論 1, 11, 38; 樂論 1, 5, 7; 解蔽 3, 10, 21; 正名 2, 8, 19, 21, 23, 24; 性惡 1; 君子 23; 成相 5, 11, 12, 13; 賦 26; 大略 36, 38; 宥坐 2; 子道 13; 哀公 29.

하고 근심함"[患],[95] "근심하고 괴로워함"[憂],[96] "원망함"[怨],[97] "두려워함"[畏],[98] "겁내고 무서워함"[恐],[99] "싫어함"[疾],[100] "분하게 여겨 화냄"[忿],[101] "슬프게 여기고 걱정함"[戚],[102] "자기를 내세우고 자랑함"[伐][103] 등이 포함된다. 유학자들에게 이들은 부정적으로 평가되어, 대체로 내적으로 통제하고 조절해야 할 정서로 제시되고 있다.

유학자들이 제시하는 정서 가운데 자기 이외의 타인과 도덕규범을 일차적인 참조대상으로 하는 정서가 "타인 · 규범 중심적 정서"이다. 이는 도덕적 지향성 또는 인의를 체득한 군자의 마음속으로부터 우러나오는 것이라는 점에서 "규범중심적 정서"이면서, 타인 및 사회에 대한 관심과 배려를 바탕으로 하는 것이라는 점에서 "타인지향적 정서"이

94 《論語》, 學而 1; 公冶長 18; 衛靈公 1.

95 《論語》, 學而 16; 八佾 24; 里仁 14; 顔淵 5, 18; 憲問 32; 季氏 1; 陽貨 15;《孟子》, 梁惠王下 15; 公孫丑下 9; 離婁上 23; 離婁下 9, 28; 告子上 10; 告子下 2, 15; 盡心上 18;《荀子》, 不苟 4 등 38회.

96 《論語》, 爲政 2; 雍也 9; 述而 3, 18; 子罕 28; 顔淵 4, 5; 憲問 30; 衛靈公 11, 31; 季氏 1;《孟子》, 梁惠王下 4; 公孫丑下 2; 滕文公上 4; 離婁上 9; 離婁下 28, 29; 萬章上 1, 2; 告子下 15; 盡心上 27; 盡心下 19;《荀子》, 不苟 7 등 51회.

97 《論語》, 里仁 12, 18; 公冶長 22, 24; 述而 14; 顔淵 2; 憲問 2, 10, 11, 36, 37; 衛靈公 14; 陽貨 9, 25; 微子 10; 堯日 2;《孟子》, 梁惠王上 7; 梁惠王下 5, 11; 公孫丑上 7, 9; 公孫丑下 13; 滕文公下 5; 萬章上 1, 3, 6; 萬章下 1; 告子下 3; 盡心上 12, 13; 盡心下 4;《荀子》, 勸學 7 등 32회.

98 《論語》, 子罕 5, 22; 先進 22; 季氏 8; 堯日 2;《孟子》, 梁惠王上 6; 梁惠王下 3, 11; 公孫丑上 1, 2, 4; 滕文公上 1; 滕文公下 5; 萬章下 4; 盡心上 14; 盡心下 4, 34.

99 《論語》, 公冶長 13; 泰伯 17; 季氏 1; 子張 4;《孟子》, 梁惠王上 7; 梁惠王下 3, 14; 公孫丑上 7; 滕文公上 2; 離婁上 16; 盡心下 1, 27;《荀子》, 榮辱 37 등 26회.

100 《論語》, 泰伯 10; 憲問 34; 衛靈公 19; 季氏 1.

101 《論語》, 顔淵 21; 季氏 10; 陽貨 16.

102 《論語》, 八佾 4; 述而 36.

103 《論語》, 公冶長 25; 雍也 13; 憲問 2.

기도 하다. 이는 측은 · 수오 · 사양 · 시비의 사단(四端)으로 대표된다.

이들 타인 · 규범 중심적 정서에는 칠정 중 "슬퍼함"[哀],[104] "아끼고 사랑함"[愛][105]과 그밖에 "마음속으로부터 우러나오는 기쁨"[悅 · 說],[106] "마음속으로부터 좋아함"[好],[107] "마음속으로부터 즐거워함"[樂],[108] "부끄러워함"[恥 · 羞惡],[109] "불쌍히 여김"[矜 · 惻隱],[110] "좋아함"[樂 · 喜

104 《論語》, 八佾 20, 26; 泰伯 4; 子張 1, 14, 19, 25; 《孟子》, 梁惠王下 5; 滕文公上 2; 離婁上 10; 告子上 11, 盡心下 33; 《荀子》, 修身 23; 王霸 12, 14, 22, 23; 天論 24; 禮論 20, 21, 28, 30, 31, 38, 39; 樂論 8; 解蔽 2, 24; 正名 2, 8; 君子 25; 大略 7, 31; 宥坐 6; 哀公 29, 30.

105 《論語》, 學而 5, 6; 顔淵 10, 22; 憲問 8; 陽貨 4, 21; 《孟子》, 梁惠王下 5; 滕文公上 5; 滕文公下 9 ; 離婁上 4; 離婁下 28; 萬章上 1, 2, 3; 告子上 4, 13, 14; 盡心上 14, 15, 26, 37, 45, 46; 盡心下 1; 《荀子》, 修身 30; 不苟 15; 非相 7; 非十二子 33; 仲尼 45, 49; 儒效 8; 王制 7, 33, 34; 富國 13, 20, 22, 23, 25, 30; 王霸 25, 31; 君道 5, 8, 10, 21, 22, 25; 臣道 2; 議兵 8, 19, 25, 27; 彊國 2, 4, 12; 天論 34; 禮論 20, 32, 37; 正名 8, 12; 成相 4, 9; 賦 29; 大略 1, 7, 16, 39; 子道 13, 17, 18; 法行 21.

106 《論語》, 學而 1; 公冶長 5; 雍也 10, 26; 子罕 23; 先進 3; 子路 16, 25; 陽貨 5; 堯曰 1; 《孟子》, 梁惠王下 10, 11; 公孫丑上 1, 3, 5; 公孫丑下 7, 8, 11, 12; 滕文公上 2, 4; 滕文公下 5, 9; 離婁上 12, 28; 離婁下 2, 27; 萬章上 1, 8; 萬章下 6, 7; 告子上 4, 7; 告子下 4, 5, 8; 盡心上 19, 31; 盡心下 23, 37.

107 《論語》, 學而 2, 14, 15; 里仁 3, 6; 公冶長 6, 14, 27; 雍也 2, 18; 述而 1, 10, 11, 19; 泰伯 10, 13; 子罕 17; 先進 6; 顔淵 20; 子路 4, 24; 憲問 44; 衛靈公 12, 16, 27; 陽貨 1, 8; 子張 5; 《孟子》, 梁惠王上 3; 梁惠王下 1, 3, 4, 5; 公孫丑上 2; 公孫丑下 2; 滕文公上 2; 滕文公下 9; 離婁上 7, 9, 22; 離婁下 20, 30; 萬章上 1, 8, 9; 告子上 6, 8; 告子下 13; 盡心上 8, 9; 盡心下 4, 11; 《荀子》, 勸學 4 등 165회.

108 《論語》, 學而 1, 15; 八佾 20; 里仁 2; 雍也 9, 18, 21; 述而 15, 18; 先進 12; 子路 15; 憲問 14; 季氏 5; 陽貨 21; 《孟子》, 梁惠王上 2,; 梁惠王下 1, 3, 4; 公孫丑上 4, 8; 公孫丑下 2; 離婁上 3, 8, 27; 離婁下 7, 29; 萬章上 7; 告子上 16; 告子下 4, 15; 盡心上 4, 8, 9, 20, 21, 35; 盡心下 34; 《荀子》, 修身 30 등 93회.

109 《論語》, 學而 13; 爲政 3; 里仁 9, 22; 公冶長 14, 24; 泰伯 13; 子罕 26; 子路 20; 憲問 1, 29; 《孟子》, 梁惠王上 5; 梁惠王下 3; 公孫丑上 6, 7; 離婁上 7; 離婁下 18; 萬章下 5; 告子上 6; 告子下 14; 盡心上 6, 7; 《荀子》, 非十二子 36, 38, 39; 儒效 11; 彊國 6; 禮論 20; 大略 21, 22; 宥坐 8; 法行 20.

110 《論語》, 衛靈公 21; 陽貨 16; 子張 3, 19; 《孟子》, 公孫丑上 6, 告子上 6.

好][111] 등이 포함된다. 유학자들에게 이들은 긍정적으로 평가되어, 대체로 수양의 과정에서 권장되는 정서들이다.

(2) 정서의 유발 조건: 재외자(在外者)와 재기자(在己者)

이상에서 보듯이, 유학자들은 인간에게 자기를 참조대상으로 하는 자기중심적 정서와 타인 및 규범을 참조대상으로 하는 타인 · 규범 중심적 정서가 갖추어져 있다는 사실에 대해 견해가 일치하고 있다. 그런데 이 두 가지 정서들은 그 발생 조건에서 차이가 있다는 것이 유학자들의 생각이다. 곧 이러한 정서들은 감정을 느끼는 당사자 외부의 환경 조건이나 상황 또는 타인에 의해 발생되는 정서[在外者]와 감정을 느끼는 당사자의 도덕적 지향성에 근거를 두고 있어서 타인에 대한 관심과 배려 또는 감정 당사자의 도덕적 수양 수준에 따라 발생되는 정서[在己者]의 두 종류로 나뉜다는 것이다. 유학자들의 정서이론은 그들의 욕구이론과 마찬가지로 이러한 정서 발생 조건의 차이에 관한 기본 전제에서 출발한다.

칠정 중 희(喜) · 노(怒) · 구(懼) · 오(惡)와 그밖에 온(慍) · 환(患) · 우(憂) · 원(怨) · 외(畏) · 공(恐) · 질(疾) · 분(忿) · 척(戚) · 벌(伐) 같은 자기중심적 정서들은 "타인이나 외적 조건에 의해 유발되는 감정"[예: 喜 · 懼 · 怨 · 怒 · 惡 · 疾 · 畏 · 恐 등]이거나 "자기의 욕구나 기대 및 포부의 충족이나 봉쇄로 말미암아 유발되는 감정"[예: 慍 · 患 · 憂 · 伐 등]들이다. 곧 이는 외적인 조건에 따라 개인이 느끼는 긍정적 또는 부정적인 감정, 곧 재외자(在外者)로서의 정서들이다. 다음과 같은 구절들에서 이러

111 《論語》, 雍也 21; 季氏 5.

한 예들을 볼 수 있다.

> 남이 나를 알아주지 않는다고 해서 성내고 원망하지[慍] 않는다면, 또한 군자다운 일이 아니겠는가?[112]

> 공손한 사람은 남을 업신여기지 않고, 검소한 사람은 남의 것을 빼앗지 않는다. 남을 업신여기고, 남의 것을 빼앗는 군주는 오로지 남들이 자기에게 순종하지 않을까 염려하고 두려워한다[恐].[113]

> 소인은 유능하면 거만하고 잘난 체하며 편벽되고 사특한 일을 하여 교만하게 남을 업신여기지만, 유능하지 못하면 시기하고 미워하며 원망하고 헐뜯어서 남을 거꾸러뜨린다.[114]

위의 첫 인용문에서는 "성내고 원망하는 감정"[慍]이 남이 나를 알아주지 않는 일, 곧 외적인 조건에 의해 유발됨을 지적하고 있다. 두 번째 인용문에서는 "두려운 감정"[恐]의 유발 조건이 남의 불순종이라는 외적 상황에 있음을 드러내고 있다. 그리고 세 번째 인용문에서는 시기 · 미움 · 원망 · 헐뜯음[妬嫉怨誹]이 모두 남을 전복시키려는 목적, 곧 외적인 목표에서 유발됨을 말하고 있다. 이와 같이 자기중심적 정서는 모두 외적 조건에 의해 유발되는 재외자라는 것이 유학자들의 관점이다.

이에 비해, 칠정 중 애(哀)와 애(愛) 및 사단의 정서 그리고 열(悅·說) · 호(好) · 락(樂) · 치(恥) · 긍(矜) · 요(樂·喜好) 같은 타인 · 규범 중심적 정서들은 "마음속으로부터 우러나오는 감정"[예: 說 · 好 · 樂 · 恥 · 羞

112 人不知而不慍 不亦君子乎 (《論語》, 學而 1)

113 恭者不侮人 儉者不奪人 侮奪人之君 惟恐不順焉 (《孟子》, 離婁上 16)

114 小人能則倨傲僻違 以驕溢人 不能則妬嫉怨誹 以傾覆人 (《荀子》, 不苟 4)

惡 등]이거나 "타인에 대한 관심과 배려에서 우러나오는 감정"[예; 矜·哀·愛·惻隱 등]들이다. 곧 이는 개인의 내적인 수양 정도와 도덕적인 지향성에 따라 개인이 느끼는 긍정적 또는 부정적인 감정, 곧 재기자(在己者)로서의 정서들이다. 다음과 같은 구절들에서 이러한 예들을 볼 수 있다.

> 자공(子貢)이 "가난하면서도 아첨하지 않고, 부유하면서도 교만하지 않으면, 어떻습니까?"라고 여쭙자, 공자께서는 "괜찮다. 그러나 가난하면서도 즐거워하고[樂] 부유하면서도 예(禮)를 좋아하는 것[好]만은 못하다"라고 대답하셨다.[115]

> 이제 어떤 어린애가 막 우물에 빠지려는 것을 어떤 사람이 보았다면, 누구나 놀라고 불쌍히 여기는 마음[惻隱之心]을 가질 것이다. 이런 감정이 생겨나는 까닭은 그 어린애의 부모와 교제를 트려 해서도 아니고, 같은 마을에 사는 친구들에게서 칭찬을 받으려 해서도 아니며, 도와주지 않았을 때 듣게 될 비난을 두려워해서도 아니다. 이는 사람이라면 누구에게나 자연스러운 일인 것이다.[116]

> 군자는 스스로 귀하게 될 수는 있어도, 남이 반드시 자기를 귀하게 여기도록 만들 수는 없으며, 스스로 유용한 사람이 될 수는 있어도 남이 반드시 자기를 기용하도록 만들 수는 없다. 그러므로 군자는 자기 수양이 이루어지지 않은 것을 부끄러워하지 남에게서 치욕을 받는 것을 부끄러워하지 않는다. 스스로가 신뢰롭지 못한 것을 부끄러워하지, 남에게서 신뢰받지 못하는 것을 부끄러워하지 않는다.

---

115 子貢曰 貧而無諂 富而無驕 何如 子曰 可也 未若貧而樂 富而好禮者也 (《論語》, 學而 15)

116 今人乍見孺子將入於井 皆有怵惕惻隱之心 非所以內交於孺子之父母也 非所以要譽於鄕黨朋友也 非惡其聲而然也 (《孟子》, 公孫丑上 6)

> 또 스스로 능력이 없는 것을 부끄러워하지, 남에게 쓰임 받지 못하는 것을 부끄러워하지 않는다. 이렇기 때문에 군자는 명예의 꾀임을 받지 않고, 남의 헐뜯음을 두려워하지 않으며, 도를 따라 행하여 단정하게 자기를 바르게 함으로써, 외부 사물이나 타인에 의해 넘어지거나 비뚤어지지 않는다. 무릇 이러한 사람을 일러 "참된 군자"[誠君子]라고 부른다.[117]

위의 첫 인용문에서는 즐거움[樂]과 좋아함[好]이 외적 조건과는 상관없이 도덕적 수양에서 유발됨을 지적하고 있다. 두 번째 인용문에서는 곤경에 빠진 사람을 불쌍하게 여기는 마음[惻隱之心]이 외적 요인에 의해서가 아니라 도덕적 지향성에서 나오는 것임을 분명히 하고 있다. 그리고 세 번째 인용문에서는 부끄러움[恥]이 다른 사람의 평가 같은 외적 요인에 의해 유발되는 것이 아니라 자기의 도덕적 수양의 정도에 따라 유발되는 것이라는 사실을 언급하고 있다. 이와 같이 타인 · 규범 중심적 정서는 자기의 수양 정도나 도덕적 지향성에 따라 유발되는 재기자라는 것이 유학자들의 관점이다.

(3) 자기중심적 정서와 향악가능성

이상에서 보듯이, 유학 사상에서는 칠정과 같은 자기중심적 정서들은 타인 등 외적 조건이나 외적 기준에 맞추어 자기의 현 상태를 비교해 봄으로써 개인이 느끼는 긍정적 또는 부정적인 감정, 곧 재외자(在外者)로서의 정서들이어서, 그 유발의 여부가 개인이 어찌할 수 없는 외적 조건에 달려 있다고 본다. 바로 이러한 까닭에 이러한 감정들을

117 君子能爲可貴 不能使人必貴己 能爲可信 不能使人必信己 能爲可用 不能使人必用己 故君子恥不脩 不恥見汙 恥不信 不恥不見信 恥不能 不恥不見用 是以不誘於譽 不恐於誹 率道而行 端然正己 不爲物傾側 夫是之謂誠君子 (《荀子》, 非十二子 36)

추구하거나 이에 휘둘리다 보면, 사단과 같은 도덕적 지향성의 감정을 잃어버릴 뿐만 아니라 여러 가지 폐단에 빠져, 결국 악으로 흐를 가능성이 높아진다는 것이 유학자들의 주장이다.

공자는 사단과 같은 타인 · 규범 중심적 정서는 군자가 느끼는 것이고, 자기중심적 정서는 소인이 느끼는 것이라고 표현하여, 이러한 관점을 밝히고 있다. 이를 그는 "군자는 마음이 넓고 편안하되, 소인은 항상 걱정이 많다"[118]거나 "군자는 태연하되 교만하지 않지만, 소인은 교만하고 태연하지 못하다"[119]라고 표현하고 있다. 이렇게 "자기중심적 정서"들은 외적 조건 그 자체나 외적 조건과 자신의 현 상태(포부·욕구·원망)의 일치 여부에 따라 유발되는 재외자에 속하는 정서들이어서, 스스로의 노력에 따라 유발될 수 없을 뿐만이 아니라, 도덕적 수양에 방해가 되거나 집단의 조화를 해칠 수 있다는 것이다.[120]

자기중심적 정서의 향악성에 대해 집중적으로 고찰하고 있는 사람은 순자이다. 그는 자기 자신이 하기에 달린 도덕적 수양에서 오는 즐거움과 이에 미치지 못하는 데서 오는 치욕을 "도의적 즐거움"[義榮]과 "도의적 치욕"[義辱]이라 하여, 외적 조건에서 유발되는 "조건적 즐거움"[勢榮]과 "조건적 치욕"[勢辱]과 구분하면서, 이들 사이의 관계를 다음과 같이 진술하고 있다.

> 그러므로 군자는 조건적 치욕[勢辱]을 받을 수는 있어도 도의적 치욕[義辱]은 받지 않는다. 소인은 조건적 즐거움[勢榮]은 누릴 수 있

118 君子坦蕩蕩 小人長戚戚 (《論語》, 述而 36)

119 君子泰而不驕 小人驕而不泰 (子路 26); 君子……泰而不驕 (堯曰 2)

120 子曰 放於利而行 多怨 (里仁 12); 顔淵曰 願無伐善 無施勞 (公冶長 25)

어도 도의적 즐거움[義榮]은 누리지 못한다.[121]

이렇게 순자는 유발 조건이 외적 대상이나 상황에 달려 있는 재외자(在外者)인 정서는 조건적 즐거움[勢榮]이나 조건적 치욕[勢辱]을 가져오게 된다고 본다. 따라서 그 유발 조건이 밖에서 주어지는 이러한 자기중심적 정서들은 대체로 사람의 마음을 가려 도를 올바로 인식하지 못하게 하고,[122] 결과적으로 사람을 악으로 인도하는 원천이 된다는 것이 순자의 생각이다.

성리학자들은 칠정은 재외자에 속하는 자기중심적 정서의 대표로서, 선악이 혼재해 있어서 악으로 흐르기 쉬운 것이라고 본다는 점에서는 일치된 견해를 보이고 있다. 퇴계는 "칠정은 외부 사물의 자극에 따라 발동"[123]되는 정서로서, "선악이 정해지지 않은 것"[124]이거나 "본래는 선하지만 악으로 흐르기 쉬운 것"[125]이라 보고 있다. 칠정의 발동이 중도에 맞지 않아 그 이(理)를 잃게 되면, 악하게 된다는 것이다. 곧 성리학자들은 인간이 악하게 되는 원천 가운데 하나가 칠정이 그 이치를 잃는 것에 있다고 보는 것이다.

---

121 是榮之由中出者也 夫是之謂義榮……是榮之從外至者也 夫是之謂勢榮……是辱之由中出者也 夫是之謂義辱……是辱之由外至者也 夫是之謂勢辱……故君子可以有勢辱 而不可以有義辱 小人可以有勢榮 而不可以有義榮 (《荀子》, 正論 29-30)

122 胡爲蔽 欲爲蔽 惡爲蔽……凡萬物異 則莫不相爲蔽 此心術之公患也 (解蔽 3)

123 喜怒哀懼愛惡欲 何從而發乎 外物觸其形而動於中 緣境而出焉爾 (《退溪全書 一》, 書, 答奇明彦 406)

124 七情善惡未定也 (《退溪全書 一》, 書, 答奇明彦 406)

125 七情本善而易流於惡 (《退溪全書 一》, 書, 答奇明彦 412)

2. 유학적 수양의 핵심: 자기억제와 알인욕(遏人欲)

이상에서 보듯이, 유학 사상에서는 본유적으로 착한 본성을 부여받고 태어나는 인간이 악으로 향하는 위험에 빠지게 되는 까닭은 스스로가 통제할 수 없는 외적 조건에 의해 그 충족 여부가 결정되는 생물적 이기적 욕구를 아무런 제한도 없이 추구하거나, 외적 조건에 의해 유발되는 자기중심적 정서에 휘둘려 갈피를 잡지 못하는 데에 있다고 본다. 그러므로 유학 사상에서는 이러한 사(私)적인 욕구와 감정을 억제하여 본래의 선한 본성을 유지하는 것을 수양의 핵심이라 여긴다.

조선조 성리학에서는 생물적 이기적 욕구인 인심(人心)과 자기중심적 정서의 대표인 칠정(七情)을 억제하는 일을 수양의 두 가지 주축 중의 하나라 보아 알인욕(遏人欲)이라 표현하고 있다. 성리학자들의 알인욕의 관점은 선진유학자들의 자기억제보다 훨씬 엄격한 면을 보이고 있다. 여기에서는 선진유학자들의 자기억제론을 먼저 살펴보고, 이어서 성리학자들의 알인욕론에 대해 고찰해 보기로 하겠다.

1) 선진유학의 자기억제론

선진유학의 경전들에서는 도덕적 지향의 욕구를 제외한 나머지 욕구들(생물적 욕구, 이기적 욕구, 경쟁욕구)과 타인 · 규범지향적 정서를 제외한 자기중심적 정서들은 그 충족의 여부와 유발의 여부가 전적으로 외적 조건에 달려 있으므로, 이의 무절제한 추구는 사람을 악으로 이끄는 원천이 된다고 본다. 그러므로 이러한 재외자(在外者)인 욕구와 감정은 적극적으로 억제해야 인간의 본연적인 선성(善性)이 회복된다고 주장한다.

(1) 생물적 이기적 욕구의 억제

인간에게 생물적 생존욕구와 자기이익 추구의 이기적 욕구 및 사회생활의 경쟁에서 이기고자 하는 욕구가 갖추어져 있다는 사실은 인간도 개체로서의 생명을 유지해야 하는 생물체라는 관점에서 당연한 일이다. 그러나 이러한 욕구들은 그 충족의 여부가 스스로 통제할 수 없는 외적 조건에 따라 달라지게 마련이다. 그러므로 이러한 욕구들을 무한정 추구하다 보면, 본래의 도덕적 지향성을 잃어버리고 여러 가지 폐단에 빠지거나 악으로 이끌리게 될 가능성이 농후하다. 그러므로 이러한 향악(向惡)의 가능성을 차단하고 본래의 착함을 유지하도록 하기 위해서는 이러한 사적 욕구들을 억제할 필요가 생긴다는 것이 선진유학자들의 관점이다.

공자의 관점 공자는 생존 욕구[死 · 生]와 이기적 욕구[富 · 貴]의 충족 여부가 외적 조건에 달려 있어서 스스로 통제할 수 없는 것임을 분명히 하여,[126] 도덕적 욕구 이외의 나머지 욕구들이 스스로의 통제 범위를 벗어나는 욕구라는 사실을 밝히고 있다. 이렇게 도덕적 지향의 욕구 이외의 욕구들은 내재적인 통제 가능성이 없어서, 이를 그대로 방치하거나 추구할 경우 여러 가지 폐단에 빠지게 되기 때문에, 이들을 절제하고 제어할 필요가 있다는 것이 공자의 생각이다. 이러한 외적 조건의

---

126 死生有命 富貴在天 (《論語》, 顔淵 5)

통제를 받는 욕구의 절제와 제어에 관한 공자의 논지는 다음과 같은 진술들 속에서 엿볼 수 있다.

> 부(富)가 구해서 얻어질 수 있는 것이라면, 비록 마부 같은 천한 일이라도 마다 않고 하겠지만, 구해서 얻어질 수 있는 것이 아니라면, 나는 내가 좋아하는 일(도덕적 지향 욕구의 추구)을 따르겠다.[127]

> 군자는 먹는 데서 배부르기를 구해서는 안 되고, 거처하는 데서 편안하기를 구해서는 안 된다.[128]

> 뜻있는 선비와 어진 사람은 살기를 도모하다가 인(仁)을 해치는 일은 없지만, 자기 몸을 버려서 인(仁)을 이루는 일은 있다.[129]

> 부(富)와 귀(貴)는 사람들이 바라는 바이다. 그러나 그 도(道)로써 얻은 것이 아니면, 이에 머무르지 말아야 한다.[130]

> 어진 사람은 그 말을 참고 조심한다.[131]

> 군자에게는 경계해야 할 일이 세 가지가 있다. 젊었을 때에는 혈기가 안정되어 있지 않으므로 여색[色]을 경계해야 하고, 장년기에 이르러서는 혈기가 바야흐로 강하므로 싸움[鬪: 남을 이기려는 욕구]을 경계해야 하며, 노년기에 이르러서는 혈기가 이미 쇠잔했으므로 탐욕[得]을 경계해야 한다.[132]

---

127 子曰 富而可求也 雖執鞭之士 吾亦爲之 如不可求 從吾所好 (述而 11)

128 子曰 君子食無求飽 居無求安 (學而 14)

129 子曰 志士仁人 無求生以害仁 有殺身以成仁 (衛靈公 8)

130 富與貴 是人之所欲也 不以其道得之 不處也 (里仁 5)

131 子曰 仁者其言也訒 (顔淵 3)

132 孔子曰 君子有三戒 少之時 血氣未定 戒之在色 及其壯也 血氣方剛 戒之在鬪 及其老也 血氣旣衰 戒之在得 (季氏 7)

위의 첫 번째부터 세 번째 인용문까지는 생존 욕구의 절제를 강조하고 있고,[133] 네 번째와 다섯 번째 인용문에서는 이기적 욕구와 자기제시 욕구의 제어를 논술하고 있으며,[134] 그리고 마지막 인용문에서는 생존 욕구[色], 사회적 욕구[鬪] 및 이기적 동기[得] 의 세 가지는 인생의 청년기, 장년기 및 노년기에 특히 삼가고 제어해야 한다고 보는 흥미 있는 견해를 밝히고 있다. 각 시기의 신체적인 에너지[血氣]의 성쇠에 따라 제어 또는 절제해야 할 욕구가 달라진다는 것이다.

이와 같이 생물적, 이기적 및 사회적 경쟁욕구는 그 충족 여부가 외적 조건에 달려 있어서 스스로가 통제할 수 있는 욕구가 아닐 뿐만 아니라, 이러한 욕구를 무분별하게 추구하다 보면 도덕적 수양, 대인관계, 외계 인식 및 일 처리 같은 삶의 전체 과정에서 많은 문제를 일으키는 폐단에 빠지게 된다. 그러므로 이러한 욕구들은 될 수 있는 대로 제어하고 통제하는 것이 바른 삶의 자세라는 주장이 《논어》에서 도출되

133 《論語》에서 생존 욕구의 절제에 대해서는 이 밖에도 子路 8; 憲問 11; 衛靈公 8, 31, 37; 季氏 7 등에서 언급되고 있다.

134 이기적 욕구의 제어에 대해서는 이 밖에도 學而 15; 述而 15; 泰伯 13; 子路 17; 憲問 13; 季氏 7 등에서 언급되고 있다; 자기 제시 욕구의 제어는 이 밖에도 學而 14; 里仁 24; 憲問 2; 陽貨 19와 같이 여러 곳에서 강조되고 있다. 《論語》에서는 특히 자기 제시 욕구의 제어를 강조하고 있는데, 《論語》에 출현하는 124회의 言 중에서 자기 제시 욕구의 제어와 관련된 표현이 대략 1/3 정도(40여 회)에 이른다는 사실이 이를 입증한다(《論語引得》 참조). 이러한 표현에는 앞에서 제시한 "말을 참고 조심하는 것" 말고도 "말에는 믿음이 있도록 해야 한다"(言而有信, 學而 7; 言必信, 子路 20), "일에는 민첩하고, 말은 신중히 해야 한다"(敏於事而愼於言, 學而 14; 君子欲訥於言 而敏於行, 里仁 24), "말보다 행동이 앞서야 한다"[先行 其言而後從之, 爲政 13; 古者 言之不出 恥躬之不逮也, 里仁 22]거나 "禮가 아니면 말하지 말라"(非禮勿言, 顔淵 1)는 것이 있다. 이렇게 자기 제시 욕구의 제어를 강조하는 것은 "말을 잘 꾸미고 얼굴 빛을 곱게 하는 사람은 仁이 부족"(巧言令色 鮮矣仁, 學而 3; 陽貨 17)하게 마련이어서, "말을 삼가는 것[訥]은 仁에 가까워지는 한 가지 조건"(剛毅木訥 近仁, 子路 27)이 된다고 보았기 때문이다.

는 욕구이론의 특징이다.

맹자의 관점 맹자도 도덕적 욕구를 제외한 나머지 욕구들은 사람이 스스로 통제할 수 없기 때문에,[135] 이러한 생물적 이기적 및 사회적 경쟁욕구에 가리워지면 욕구의 바름[正]을 잃게 된다고 본다. 이러한 폐단에서 벗어나는 길은 사적 욕구를 절제하는 수밖에 없다. 이러한 사실을 맹자는 다음과 같이 진술하고 있다.

> 마음을 기르는 데는 욕심을 줄이는 것[寡欲]보다 더 좋은 방법이 없다. 그 사람됨이 욕심이 적으면, 본래 착한 마음을 간직하지 못하는 바가 있다고 하더라도 그런 경우는 드물게 마련이고, 반대로 그 사람됨이 욕심이 많으면, 어쩌다가 본래의 착한 마음을 간직하는 수가 있다고 하더라도 그런 경우 또한 드물게 마련이다.[136]

이 인용문에서 보듯이, 맹자는 외적 조건에 의해 그 충족 여부가 결정되는 욕구들을 줄이는 과욕(寡欲)이, 이들이 가져오는 여러 가지 폐해에서 벗어나 사람이 타고난 본래의 선성(善性)을 유지하고 기르는 가장 확실한 방법이라고 주장한다. 곧 공자와 마찬가지로, 맹자도 이기적, 생물적 및 사회적 욕구를 절제하는 일을 수양의 전제 조건으로 설정하고 있다. 이렇게 재외자 욕구들을 억제함으로써 마음의 선함을 유지하는 것, 이것이 성덕(成德)에 이르는 바른 삶의 자세라는 주장이 《맹

135 求則得之 舍則失之 是求有益於得也 求在我者也 求之有道 得之有命 是求無益於得也 求在外者也 (《孟子》, 盡心上 3)

136 養心莫善於寡欲 其爲人也寡欲 雖有不存焉者寡矣 其爲人也多欲 雖有存焉者寡矣(盡心下 35)

자》에서 도출되는 욕구이론의 특징이다.

순자의 관점 순자도 생존 욕구, 이기적 욕구 및 사회적 욕구들은 도덕적 욕구와는 달리 스스로 통제할 수 없는 욕구들이기 때문에, 이러한 욕구들을 제한 없이 추구하면, 천하의 온갖 폐해가 이로부터 일어나게 된다[137]고 본다. 이러한 폐단에서 벗어나는 길은 생물적, 이기적 및 사회적 경쟁욕구의 추구를 절제하는 수밖에 없다고 보는 점에서도 순자는 공·맹과 같은 입장이다. 이러한 입장은 다음과 같은 진술에 잘 드러나 있다.

> 무릇 수양[治]에 대해 말하면서 사람들의 욕구가 모두 없어지기를 기다리는 것은 욕구를 지도해 줌[道欲]이 없이 욕구가 있다는 사실에 곤란해 하는 것이다. 무릇 수양에 대해 말하면서 사람들의 욕구가 적어지기를 기다리는 것은 욕구를 절제하는 법[節欲]을 가르쳐 줌이 없이 욕구가 많다는 사실에 곤란해 하는 것이다.……욕구는 충족되든 충족되지 못하든 간에 일어나게 마련이지만, 사람이 구하는 것은 가능한 바를 좇는다. 충족되지 못할지라도 욕구가 일어나는 것은 하늘[天]로부터 자연적으로 받은 바이기 때문이고, 가능한 바를 좇는 것은 마음[心]으로부터 나온 것이기 때문이다……마음이 가능하다고 여기는 것이 이치에 맞으면, 비록 욕구가 많다고 해도 수양이 잘 이루어지는데 무슨 해가 되겠는가?……마음이 가능하다고 여기는 것이 이치에 맞지 않으면, 비록 욕구가 적다고 해도 어찌 혼란스러움[亂]에만 그칠 것인가? 그러므로 수양이 잘 이루어지느냐 아니면 그렇지 못하냐 하는 것[治亂]은 마음이 가능하다고 여기는 것이 무엇이냐에 달려 있는 것이지, 사람이 본성적으로 바라는

137 天下害生縱欲 (《荀子》, 富國 2)

> 바가 얼마나 많으냐에 달려 있는 것이 아니다……욕구란 비록 다 채우지는 못할지라도 이에 가까이 갈 수는 있고, 다 없애지는 못할지라도 구하는 바를 절제할 수는 있는 것이다.[138]

이 인용문에서는 생물적, 이기적 및 사회적 경쟁욕구의 절제[節欲]와 도덕적 욕구에 의한 이러한 욕구의 제어[道欲]를 욕구 추구의 폐단에서 벗어나는 방법으로 제시하고 있다.[139] 이렇게 욕구를 줄이는 절욕(節欲)과 욕구를 올바르게 인도하는 도욕(道欲)을 통해 욕구의 바름을 얻고, 그럼으로써 혼란에서 벗어나 바른 몸가짐의 상태로 나아가는 것, 이것이 군자가 되는 지름길이라는 것이 《순자》에서 도출되는 욕구이론의 특징이다.

(2) 자기중심적 정서의 억제

유학자들은 인의 체득 및 실천과 관련된 사단과 같은 타인·규범중심적 정서는 적극 권장하는 대신, 외적 조건이나 상황에 따라 유발되는 칠정과 같은 자기중심적 정서는 적극 억제해야 한다는 태도를 보이고 있다. 곧 전자는 모두 개인의 도덕적 수양에 근거를 둔 재기자에 속하는 정서들이어서, 스스로 하는 노력에 따라 함양·계발되므로 권장해야 마땅하지만, 후자는 외적 조건과 자신의 현 상태가 일치 또는 불일치하는 데서 유발되는 재외자에 속하는 정서들이어서, 스스로가 어

---

138 凡語治而待去欲者 無以道欲 而困於有欲者也 凡語治而待寡欲者 無以節欲 而困於多欲者也……欲不待可得 而求者從所可 欲不待可得 所受乎天也 求者從所可 所受乎心也……心之所可中理 則欲雖多 奚傷於治……心之所可失理 則欲雖寡 奚止於亂 故治亂在於心之所可 亡於情之所欲……欲雖不可盡 可以近盡也 欲雖不可去 求可節也 (正名 19−22)

139 이 밖에도 修身 29, 40; 不苟 4; 榮辱 37, 39; 儒效 19; 王制 7; 彊國 7; 正論 32 등에서 절욕(節欲)과 도욕(道欲)에 대해 논술하고 있다.

찌할 수 있는 것이 아니므로 내적으로 통제하고 조절해야 마땅하다는 것이다.

공자의 관점 공자는 칠정 가운데 외적 조건에 따라 유발되는 성격이 강한 "기쁨"[喜] · "성냄"[怒] · "두려움"[懼] · "미워함"[惡] 같은 정서와 그 밖에 이들과 유사한 "성내고 원망함"[慍], "걱정하고 근심함"[患], "근심하고 괴로워함"[憂], "원망함"[怨], "두려워함"[畏], "겁내고 무서워함"[恐], "싫어함"[疾], "분하게 여겨 화냄"[忿], "슬프게 여기고 걱정함"[戚], "자기를 내세우고 자랑함"[伐] 같은 정서를 억제하고 배척한다.

공자는 이러한 자기중심적 정서는 외적 조건에 따라, 또는 외적 조건이 자신의 포부나 바람 및 욕구와 일치하거나[喜 · 欲 · 伐] 불일치하기[怒 · 懼 · 惡 · 慍 · 患 · 憂 · 怨 · 畏 · 恐 · 疾 · 忿 · 戚] 때문에 나타나는 것이라 보고 있다. 이러한 사실은 다음 진술에서 잘 드러나고 있다.

> 군자는 도(道)를 도모하지 먹을 것을 도모하지 않는다.……군자는 도를 걱정하지 가난함을 걱정하지 않는다.[140]

> 사람들이 나를 알아주지 않더라도 성내고 원망하지 않는다면, 또한 군자답지 아니하겠는가?[141]

첫 번째 인용문은 군자의 걱정거리는 도를 이루는 일이지 외적 조건인 가난이나 호구지책에 있지 않음을 말하여, 도덕적 수양을 이루지 못한 사람들의 특징인 자기중심적 정서가 외적 조건에 의해 유발됨을

140 子曰 君子謀道 不謀食……君子憂道 不憂貧 (《論語》, 衛靈公 31)

141 人不知而不慍 不亦君子乎 (學而 1)

말하고 있다. 또한 두 번째 인용문에서는 외적 조건과 자신의 포부가 일치하지 않는 것(사람들이 나의 가치를 제대로 인정해 주지 않는 것)이 자기중심적 정서의 유발 조건이 될 수 있음을 말하고 있다.

이렇게 "자기중심적 정서"들은 외적 조건 그 자체나 외적 조건과 자신의 현 상태(포부·욕구·원망)의 일치 여부에 따라 유발되는 재외자에 속하는 정서들이어서, 스스로의 노력에 따라 유발될 수 없을 뿐만이 아니라, 도덕적 수양에 방해가 되거나 집단의 조화를 해칠 수 있기 때문에, 통제하고 억제해야 한다고 공자는 보고 있는 것이다.

맹자의 관점 맹자에게서도 칠정 가운데 희(喜)·노(怒)·구(懼)·오(惡)를 비롯하여, "걱정하고 근심함"[患], "근심하고 괴로워함"[憂], "원망함"[怨], "두려워함"[畏], "겁내고 무서워함"[恐]과 같이 자기 자신을 참조대상으로 하는 자기중심적 정서들은 대체로 부정적으로 평가되어, 통제되고 억제되어야 할 정서로 인식되고 있다. 이러한 자기중심적 정서들이 억제되고 통제되어야 하는 까닭은 이들이 외부 대상이나 조건에 의해 유발되는 재외자[142]에 속하는 정서들이기 때문이다. 이들이 재외자에 속하는 정서들이라는 사실은 다음과 같은 진술들에서 드러난다.

> 손가락이 남보다 못하면 이를 싫어할[惡] 줄 알지만, 마음이 남보다 못하면 이는 싫어할 줄 모른다.[143]

---

142 孟子曰 求則得之 舍則失之 是求有益於得也 求在我者也 求之有道 得之有命 是求無益於得也 求在外者也 (《孟子》, 盡心上 3)

143 指不若人 則知惡之 心不若人 則不知惡 (告子上 12)

> 가르치는 사람은 반드시 올바른 길로써 하는데, 올바른 길로써 가르치는데도 행해지지 않으면, 이어서 성을 내게[怒] 된다.[144]

여기서 첫 번째 인용문에서는 남보다 못한 손가락이라는 외부 대상에 의해 싫어하는 감정[惡]이 유발되고 있다. 두 번째 인용문에서는 자기가 올바른 길로 가르치는데도 상대방이 이를 받아들이지 않으므로, 외적 조건과 자기의 기대가 일치하지 않기 때문에 성을 내는 감정[怒]이 유발되고 있다. 이와 같이 "자기중심적 정서"들은 외부 대상이나 조건 자체 또는 외부 대상에 대해 개인이 가지고 있는 기대가 일치하느냐의 여부에 따라 유발되는 정서들이다. 따라서 이러한 정서의 유발에는 도덕 주체로서 개인의 능동성이나 주도성이 전혀 개입되지 못하여, 도덕적 수양에 도움이 되지 않으므로, 통제되거나 억제되어야 한다고 맹자는 주장하는 것이다.

순자의 관점 공자 · 맹자와 마찬가지로, 순자도 대부분의 칠정과 원(怨) · 공(恐) · 환(患) · 우(憂) 같은 외적 조건에 의해 유발되는 자기중심적 정서의 억제를 강조한다. 그는 유발 조건이 외적 대상이나 상황에 달려 있는 이런 재외자(在外者)인 정서는 조건적 즐거움[勢榮]이나 조건적 치욕[勢辱][145]을 가져오게 된다고 본다. 따라서 그 유발 조건이 밖에서 주어지는 이러한 자기중심적 정서들은 대체로 사람의 마음을 가려 도를 올바로 인식하지 못하게 하고, 결과적으로 사람을 악으로 인도하

144 教者必以正 以正不行 繼之以怒 (離婁上 18)

145 故君子可以有勢辱 而不可以有義辱 小人可以有勢榮 而不可以有義榮 有勢辱無害爲堯 有勢榮無害爲桀 (《荀子》, 正論 29-30)

는 원천이 된다는 것이 순자의 생각이다.

그렇기 때문에, 순자는 대부분의 정서는 통제되고 조절되어야 한다고 본다. 이러한 사실을 《순자》에서는 《서경(書經)》을 인용하여, 다음과 같이 제시하고 있다.

> 《서경》에 이르기를 "자기대로의 좋아하는 감정을 억누르고, 오직 옛 성왕이 정하신 법을 따르며, 또 자기대로의 싫어하는 감정을 나타내지 말고, 반드시 옛 성왕의 법을 따르라"고 하였으니, 이것은 군자가 공의(公義)로써 사욕(私欲)을 이겨야 함을 말한 것이다.[146]

이렇게 좋아함과 싫어함 같은 대부분의 개인적인 감정은 철저히 통제되고 억제되어야 한다는 것이 바로 순자의 생각이다. 이와 같이 순자도 공자나 맹자와 마찬가지로 자기중심적 정서의 폐단을 밝혀서 정서의 통제와 억제의 근거를 분명히 제시하고 있는데, 이는 그의 정서이론의 근간을 이루는 논리체계가 되고 있다.

2) 성리학의 알인욕론(遏人欲論)

성리학의 욕구이론은 인심도심설이 중심이고, 정서이론은 사단칠정설이 중심이다. 인심도심설에서 도심(道心)은 재기자(在己者)인 도덕적 지향성을 말하고, 인심(人心)은 재외자(在外者)인 생물적 이기적 욕구를 가리킨다. 사단칠정설에서 사단(四端)은 재기자인 도덕적 정서, 곧 타인 · 규범중심적 정서를 말하고, 칠정(七情)은 재외자인 자기중심적

146 書曰 無有作好 遵王之道 無有作惡 遵王之路 此言君子之能以公義勝私欲也 (修身 40; 天論 37)

정서를 가리킨다. 성리학자들도 재외자인 인심과 칠정은 향악의 근거가 되므로 적극적으로 억제하여야 한다고 보며, 이를 알인욕(遏人欲)이라는 말로 표현하여 성리학적 수양론의 핵심으로 잡고 있다.[147]

말하자면, 성리학에서는 인심을 억제하는 것이 자기억제의 핵심이라고 보는 것이다. 여기서 인심(人心)은 생물적 이기적 욕구를 말하고, 도심(道心)은 도덕적 욕구를 말하는 것이지만, 인심에는 자기지향적인 사적 감정인 칠정(七情)이 포함되고, 도심에는 타인지향적 감정인 사단(四端)이 포함되는 것이다.[148] 그러므로 "알인욕"은 생물적 이기적 욕구와 사적 감정을 억제하는 일을 말한다.

이러한 성리학의 알인욕의 관점은 생물적 이기적 욕구와 자기중심적 정서의 억제를 강조하는 선진유학의 입장과 같다. 그러나 성리학자들은 선진유학자들보다 생물적 이기적 욕구와 칠정의 향악성(向惡性)을 더욱 강조함으로써 도덕적 지향성에 의한 이의 철저한 통제를 중시하는 엄격한 자세를 굳게 지니고 있었던 것으로 보인다.

선진유학자들이 생물적 이기적 욕구의 향악성을 전제하고, 이러한 바탕 위에서 도덕적 욕구에 의한 제어를 주장한다는 점은 지금까지 보아온 바와 같다. 그러나 그들은 생물적 욕구나 이기적 욕구가 생물체로서의 존재인 인간에게 어쩔 수 없는 필요악이어서, 이를 철저히 배격해야 한다는 입장을 취하지는 않는다. 그들은 "생존 욕구의 충족은 도덕

---

147 大抵心學雖多端 總要而言之 不過遏人欲存天理兩事而已……凡遏人欲事當屬人心一邊 存天理事當屬道心一邊 可也 (《退溪全書 二》, 書, 答李平叔 259)

148 人心七情是也 道心四端是也 (《退溪全書 二》, 書, 答李宏仲問目 226); 人心爲七情道心爲四端 (《退溪全書 二》, 書, 答李平叔 259); 四端專言道心 七情合人心道心而言之也 (《栗谷全書 一》, 書, 答成浩原 199)

적 욕구의 충족과 마찬가지로 사람의 삶에서 소중한 것"[149]이라고 보아, 욕구가 많은 것[多欲]을 경계하여 욕구를 줄일 것[寡欲][150]과 욕구의 추구를 절제하고[節欲] 욕구가 올바른 방향으로 자리를 잡도록 인도하는 일[道欲][151]을 주장했지, 욕구를 모두 없앨 것[無欲]과 제거할 것[去欲]을 주장하지는 않았던 것이다. 곧 생물적 욕구나 자기이익을 보전하려는 욕구, 그리고 타인과의 경쟁 관계에서 빚어지는 사회적 욕구들은 생존을 위해 필요한 것이므로, 이런 욕구를 가지고 있다는 사실 자체가 아니라 이런 욕구가 많아서[多欲] 이에 이끌림으로써,[152] 이의 노예가 되는 것[以己爲物役][153]이 위험한 일이라는 것이다.

그러므로 욕구 추구에서 오는 이해득실을 잘 숙고해서,[154] 바랄 것[所欲]과 바라지 않을 것[所不欲], 해야 할 일[所爲]과 하지 않을 일[所不爲]를 분별함으로써,[155] 항상 바랄 일만을 바라고 할 일만을 행하는 것[156]

149 所重 民食喪祭 (《論語》, 堯曰 1)

150 養心莫善於寡欲 其爲人也寡欲 雖有不存焉者寡矣 其爲人也多欲 雖有存焉者寡矣 (《孟子》, 盡心下 35)

151 凡語治而待去欲者 無以道欲 而困於有欲者也 凡語治而待寡欲者 無以節欲 而困於多欲者也……欲不待可得 而求者從所可 欲不待可得 所受乎天也 求者從所可 所受乎心也……心之所可中理 則欲雖多 奚傷於治……心之所可失理 則欲雖寡 奚止於亂 故治亂在於心之所可 亡於情之所欲……欲雖不可盡 可以近盡也 欲雖不可去 求可節也 (《荀子》, 正名 19−22)

152 耳目之官 不思而蔽於物 物交物 則引之而已矣 (《孟子》, 告子上 15)

153 故欲養其欲 而縱其情……夫是之謂以己爲物役 (《荀子》, 正名 26−27)

154 見其可欲也 則必前後慮其可惡也者 見其可利也 則必前後慮其可害也者 而兼權之熟計之 然後定其欲惡取舍 如是則常不失陷矣 (不苟 17)

155 聖人淸其天君 正其天官……養其天情 以全其天功 如是則知其所爲 知其所不爲矣 (天論 25)

156 人有不爲也 而後可以有爲 (《孟子》, 離婁下 8); 無爲其所不爲 無欲其所不欲 如此而已矣 (盡心上 17)

이 바로 욕구 조절과 억제[寡欲·節欲·道欲]의 요체라고 선진유학자들은 보고 있는 것이다. 인간의 욕구에 대해 가지는 선진유학자들의 이러한 유연함은 욕구의 완전한 배격[遏人欲]을 주장하는 성리학의 엄격한 경직성과는 다소 거리가 있는 것으로 보인다.

그러나 이러한 거리가 양자의 이론 사이의 근본적인 차이를 가져오는 것은 아니고, 다만 정도의 차이만이 있을 뿐이다. 인간 욕구의 철저한 부정을 강조하는 도교·불교와 경합하면서 유학적 형이상학(形而上學) 체계의 정립에 몰두했던 성리학자들이 이러한 엄격성을 지향했던 것은 시대적 요청에 부응했던, 어찌 보면 당연한 논리적 귀결이라 볼 수 있을 것이다.

(1) 인심의 억제

인심도심설에 따르면, 인심이란 사람의 생물적 특징[形氣]에서 나오는 이기적[私]인 욕구의 근원이다. 이렇게 인심은 생물적 이기적 욕구의 근원으로서, 이를 추구하면 여러 가지 폐단에 빠지게 되므로,[157] 이를 억제하고 도덕적 욕구의 근원인 도심을 보존하도록 해야 한다는 것이 인심도심설의 주장이다. 퇴계는 이를 다음과 같이 간결하게 표현하고 있다.

> 대체로 마음을 다잡는 공부[心學]의 방법은 비록 많지만, 그 요점을 종합해서 말하면, 사람의 욕구를 억제하고[遏人欲] 천리를 보존하

157 甚哉 慾之害人也 人之爲不善 欲誘之也 誘之而弗知 則至於滅天理而不反 (《栗谷全書 一》, 聖學輯要, 修己中, 矯氣質章 467); 欲如口鼻耳目四肢之欲 雖人之所不能無 然多而不節 未有不失其本心者……凡百玩好皆奪志 (《栗谷全書 一》, 聖學輯要, 修己中, 養氣章 469)

는[存天理] 두 가지에 불과하다……여기서 욕구를 억제하는 일은 인심의 측면에 속하는 것이고, 천리를 보존하는 일은 도심에 속하는 것이라 할 수 있다.[158]

이것이 퇴계의 유명한 알인욕(遏人欲)·존천리(存天理)의 입장인데, 이는 본래 성학십도(聖學十圖)의 심학도설(心學圖說)에서 제시된 것이다.[159] 율곡도 "평상시에 엄숙하고 삼가함으로 자신을 지켜서, 생각이 떠오를 때마다 그것이 어디에서 연유하고 있는지를 잘 살펴야 한다. 그래서 만일 그것이 생물적 이기적 욕구[人心]에서 발동되었음을 알게 되면, 힘을 다하여 이를 이기고 다스려서 이것이 자라나지 않도록 해야 한다. 그런데 만일 그것이 인의예지[道心]에서 발동되었음을 알게 되면, 한결같이 이를 간직하고 지켜서 변하거나 옮겨가지 않도록 해야 한다"[160]라고 말하여, 똑같은 견해를 밝히고 있다. 이러한 관점을 그는 "대체로 인심은 마구 자라나도록 해서는 안 되며, 이를 절제하고 단속하는 일을 중히 여겨야 하고, 도심은 마땅히 간직하고 길러내야 하며, 이를 미루어 나가고 넓히는 일을 아름답게 여겨야 한다"[161]라고 표현하고 있기도 하다.

---

158 大抵心學雖多端 總要而言之 不過遏人欲存天理兩事而已……凡遏人欲事當屬人心一邊 存天理事當屬道心一邊 可也 (《退溪全書, 二》, 書, 答李平叔 259)

159 自精一擇執以下 無非所以遏人欲而存天理之工夫也 愼獨以下 是遏人欲處工夫 戒懼以下 是存天理處工夫 (《退溪全書, 一》, 聖學十圖, 心學圖說 208)

160 惟平居 莊敬自持 察一念之所從起 知其爲聲色臭味而發 則用力克治 不使之滋長 知其爲仁義禮智而發 則一意持守 不使之變遷 (《栗谷全書 一》, 聖學輯要, 修己上, 窮理章 453)

161 大抵人心不可滋長 而節約爲貴 道心宜保養 而推廣爲美也 (《栗谷全書 二》, 語錄上 232)

이상과 같이, 생물적 이기적 욕구가 인간을 불선으로 이끄는 원천이고, 따라서 불선의 근원인 인심은 실생활에서 억제되어야 이상적 인간상에 도달할 수 있다는 인심도심설의 주장[遏人欲]은 선진유학자들이 내세우는 "생물적 이기적 욕구의 억제"라는 욕구이론의 교의와 맥을 같이 하는 것이다.

(2) 칠정의 억제

성리학자들은 칠정은 선악이 혼재해 있는 정서로서, 악으로 흐르기 쉬운 것이라고 본다. 퇴계는 "칠정은 외부 사물의 자극에 따라 발동"[162]되는 정서로서, "선악이 정해지지 않은 것"[163]이거나 "본래는 선하지만 악으로 흐르기 쉬운 것"[164]이라 보고 있다. 칠정의 발동이 중도에 맞지 않아 그 이(理)를 잃게 되면, 악하게 된다는 것이다. 곧 인간이 악하게 되는 원천 가운데 하나가 칠정이 그 이치를 잃는 것에 있다고 퇴계는 본다.

율곡도 사단은 순선이지만, 칠정에는 선 · 악이 혼재해 있다고 본다. 그는 "사단은 오로지 착한 마음[道心]만을 가리켜 말하지만, 칠정은 이기적인 마음[人心]과 착한 마음을 합하여 말하는 것이다"[165]라고 하여, 이러한 견해를 표명하고 있다. 이렇게 선 · 악이 혼재해 있는 칠정이 악으로 흐르게 되는 것은, 희(喜) · 노(怒) · 애(哀) · 구(懼) · 애(愛) · 오

162 喜怒哀懼愛惡欲 何從而發乎 外物觸其形而動於中 緣境而出焉爾 (《退溪全書 一》, 書, 答奇明彦 406)

163 七情善惡未定也 (《退溪全書 一》, 書, 答奇明彦 406)

164 七情本善而易流於惡 (《退溪全書上 一》, 書, 答奇明彦 412)

165 四端專言道心 七情合人心道心而言之也 (《栗谷全書 一》, 書, 答成浩原 199)

(惡)·욕(欲)을 마땅히 느껴야 할 때[所當]와 느끼지 말아야 할 때[所不當]를 분명히 구분하지 못하고, 혼동하기 때문이다.[166]

이렇게 성리학자들은 칠정이 사람을 악으로 흐르게 할 수 있는 가능성이 있기 때문에, 이는 될 수 있는 대로 억제되어야 한다고 본다. 이러한 칠정이 악으로 흐를 가능성이 높아지는 것은, 이것이 외부 대상에 의해 유발되는 타율적인 정서라는 점, 그리고 포부·기대·욕구 같은 자기의 현재 상태를 기준으로 하여 유발되는 자기중심적 정서인 만큼 이기적 욕구와 결합될 가능성이 높아진다는 점 때문이다. 그러므로 이러한 자기중심적인 타율적 정서는 성덕을 지향하는 과정에서 방해가 되거나 부정적인 영향을 미치므로, 철저히 통제하고 조절해야 한다는 것이 성리학자들의 공통된 견해인 것이다.

이상에서 보듯이, 선악 미정인 칠정은 인간을 불선으로 이끄는 원천이고, 따라서 불선의 근원인 칠정은 실생활에서 억제되어야 이상적 인간상에 도달할 수 있다는 사단칠정설의 입론은 선진유학자들이 내세우는 자기중심적 정서의 억제라는 정서이론의 주장과 맥을 같이 하는 것이다.

166 夫人之情 當喜而喜 臨喪而哀 見所親而慈愛 見理而欲窮之 見賢而欲齊之者 (已上喜哀愛欲 四情) 仁之端也 當怒而怒 當惡而惡者 (怒惡 二情) 義之端也 見尊貴而畏懼者 (懼情) 禮之端也 當喜怒哀懼之際 知其所當喜 所當怒 所當哀 所當懼 (此屬是) 又知其所不當喜 所不當怒 所不當哀 所不當懼者 (此屬非 此合七情 而知其是非之情也) 智之端也 善情之發 不可枚擧 大概如此 若以四端準于七情 惻隱屬哀 羞惡屬惡 恭敬屬懼 是非屬于其當喜怒與否之情也 七情之外更無四端矣 (《栗谷全書 一》, 書, 答成浩原, 199)

3. 수양이 가능한 근거: 도덕적 지향성

이상에서 보듯이, 생물적 이기적 욕구와 자기중심적 정서는 외적 조건에 따라 그 충족과 유발의 여부가 달려 있는 재외자이기 때문에, 이를 제한 없이 추구하거나 이에 휘둘리다 보면 여러 가지 폐단에 빠지거나 잘못을 범하는 등 악으로 향할 가능성이 높아진다는 것이 유학자들의 주장이다. 그러므로 이러한 사적 욕구와 정서를 억제하고 인간에게 본유적으로 갖추어져 있는 도덕적인 본성을 회복하여야 사회관계의 조화를 유지할 수 있을 뿐만 아니라, 이상적 인격을 이룬 군자나 성인의 상태에 이를 수 있다는 것이다. 이렇게 사적 욕구와 감정을 억제하는 것이 유학적 수양론의 핵심이다.

1) 실심(失心) · 방심(放心)의 원천: 사적 욕구와 감정의 추구

생물적 이기적 욕구와 자기중심적 정서를 추구하다 보면 악으로 빠지게 되는 것은 이들이 몰고 오는 폐단으로 인해 본유의 도덕성을 잃어버리기 때문이다. 이러한 사실을 맹자와 순자는 다음과 같이 진술하고 있다.

> 한 그릇의 밥과 한 그릇의 국을 얻으면 살고 얻지 못하면 죽는다고 하더라도, 꾸짖고 소리치면서 주면 길가는 나그네도 받지 않고, 발로 차면서 주면 거지라도 달갑게 여기지 않을 것이다. 그러나 만종(萬鍾)이나 되는 많은 양의 재물(財物)을 주면 예의를 가리지 않고 받으니, 만종의 봉록이 나에게 무슨 보탬이 있기에 그러는 것일까?

집을 아름답게 꾸미고, 처첩(妻妾)의 봉양을 받으며, 내가 알고 있는 궁핍한 사람이 내게 고맙게 여기도록 생색을 내기 위해서인가? 지난 번에 몸을 위해서는 꾸짖거나 발로 차면서 주면 비록 죽을지라도 받지 않다가 이번에 집을 꾸미기 위해서는 받고, 지난 번에 몸을 위해서는 죽을지라도 받지 않다가 이번에 처첩의 봉양을 받기 위해서는 받으며, 지난 번에 몸을 위해서는 죽을지라도 받지 않다가 이번에 알고 있는 궁핍한 사람이 나를 고맙게 여기도록 생색을 내기 위해서는 받으니, 비록 많은 양의 재물일지라도 이번에도 또한 받지 않을 수는 없는 것인가? 이를 일러 본래의 착한 본심(本心)을 잃어버렸다 하는 것이다.[167]

비록 사람에게 갖추어져 있는 것이 어찌 인의(仁義)의 마음이 아니리요마는 그 본래의 착한 마음[良心]을 잃게 되는 까닭은, 역시 대도시 부근의 산에서 나뭇꾼들이아침마다 도끼로 나무를 찍어서 베어가니 나무가 없어져 산이 아름다워질 수가 없는 것과 같이, 이기적 욕구를 따르기 때문이다.[168]

무엇이 사람의 마음을 가려지게 만드는가? 좋아서 하고 싶은 것[欲]이 가려지게 만들고, 싫어하는 것[惡]이 가려지게 만든다……무릇 모든 사물을 변별하게 되면, 서로 가려지지 않는 것은 아무것도 없다. 이것이 "마음 씀의 공통적인 걱정거리"[心術之公患]인 것이다.[169]

167 一簞食 一豆羹 得之則生 弗得則死 嘑爾而與之 行道之人弗受 蹴爾而與之 乞人不屑也 萬鍾則不辨禮義而受之 萬鍾於我何加焉 爲宮室之美 妻妾之奉 所識窮乏者得我與 鄕爲身 死而不受 今爲宮室之美爲之 鄕爲身 死而不受 今爲妻妾之奉爲之 鄕爲身 死而不受 今爲所識窮乏者得我而爲之 是亦不可以已乎 此之謂失其本心 (《孟子》, 告子上 10)

168 雖存乎人者 豈無仁義之心哉 其所以放其良心者 亦猶斧斤之於木也 旦旦而伐之 可以爲美乎 (告子上 8)

169 胡爲蔽 欲爲蔽 惡爲蔽……凡萬物異 則莫不相爲蔽 此心術之公患也 (《荀子》, 解蔽 3)

위의 첫 인용문에서 맹자는 많은 양의 재물을 얻고자 하는 이기적 욕구가 본래의 착한 마음을 잃어버리는 원천이라고 주장한다. 이러한 논지가 두 번째 인용문에서도 제기되고 있다. 이기적 욕구의 무제한적인 추구가 인간에게 본래 갖추어져 있는 선성(善性)을 해쳐 실심(失心)하거나 방심(放心)하게 되는 데에서 인간의 향악가능성이 나오게 된다는 것이다.

세 번째 인용문에서 순자는 칠정 같은 자기중심적 정서의 폐단에 대해 밝히고 있다. 여기서 "욕오(欲惡)는 말하자면 호오(好惡)와 같은 것으로,"[170] 이에 가려진다는 것은 좋아서 하고자 하는 것과 싫어서 피하고자 하는 것, 곧 욕구와 감정 때문에 바른 것을 보지 못하는 폐단을 말한다. 이렇게 정서와 욕구는 인식능력[知]과 도덕적 행위능력[能]이 제대로 기능을 발휘하지 못하도록 가림으로써, 본래의 선심(善心)을 잃게 만드는 역할을 한다고 순자는 파악하고 있는 것이다.

이와 같이 사적 욕구와 감정은 인간에게 본유적인 착한 본성을 잃게 만듦으로써 사람으로 하여금 악으로 향하게 만들 가능성을 높이게 된다는 것이 유학자들의 관점이다. 그러므로 유학자들은 잃거나 놓쳐버린 착한 본성을 되찾는 일이 중요함을 역설하는 것이다.

> 인(仁)은 사람의 마음이고, 의(義)는 사람의 길이다. 바른 길을 버리고 따르지 않으며, 바른 마음을 놓치고 찾을 줄 모르니 애석한 일이다. 사람은 기르던 개나 닭을 잃으면 찾을 줄 알면서도, 자기의 본심을 놓치고도[放心] 찾을 줄을 모른다. 배움의 도란 다른 것이 아

170 蔡仁厚, 1984, p. 420.

니다. 다만 놓쳐버린 본심을 찾는 일[求放心]일 뿐이다.[171]

이 인용문에서 맹자가 말하는 배움의 도란 유학적 수양의 과정을 의미하는 것이라고 볼 수 있다. 곧 놓쳐버린 본심을 찾아 본유적인 착한 본성을 유지하는 일이 유학적 수양의 대체라는 것이다.

2) 자기통제의 원동력: 도덕적 지향성

이렇게 잃어버린 본심을 찾는 일은 이를 잃게 만든 원천을 제거하는 일에서부터 시작해야 한다. 그것이 바로 사적 욕구와 감정의 추구를 절제하는 자기억제와 알인욕(遏人欲)이다. 그렇다면, 이와 같이 사적 욕구와 감정을 억제할 수 있는 원동력은 어디에서 나오는 것인가?

(1) 덕성 주체로서의 인간의 고유성: 도덕성의 본유성

유학자들은 인간은 태어날 때부터 사회관계의 조화를 추구하고 사회관계를 맺고 있는 다른 사람에 대해 관심을 가지고 배려하는 도덕성을 본유적으로 갖추고 있다고 여긴다. 인간에게 본유적으로 도덕성이 갖추어져 있다고 보는 것은 공자로부터 비롯되는 유학 사상의 기본 논지이자 전통이다.

> 자공(子貢)이 "한마디 말로써 죽을 때까지 행해야 할 만한 것이 있겠습니까?"라고 여쭙자, 공자께서는 "그것은 자기를 미루어 남에게까지 미쳐가는 일[恕]일 것이다. 이는 곧 자기가 바라지 않는 일을 남

171 仁人心也 義人路也 舍其路而不由 放其心而不知求 哀哉 人有鷄犬放 則知求之 有放心而不知求 學問之道無他 求其放心而已矣 (《孟子》, 告子上 11)

에게 베풀지 않는 일이다"라고 대답하셨다.[172]

> 측은지심을 사람이면 누구나 가지고 있고, 수오지심을 사람이면 누구나 가지고 있으며, 공경지심(이는 사양지심과 같은 것이다)을 사람이면 누구나 가지고 있고, 시비지심을 사람이면 누구나 가지고 있다. 측은지심은 인(仁)이고, 수오지심은 의(義)이며, 공경지심은 예(禮)이고, 시비지심은 지(智)이다. 인의예지의 도덕성은 외부로부터 사람에게 스며들어온 것이 아니고, 사람이 본디부터 갖추고 있는 것이다. 다만 이러한 사실을 깨닫지 못하고 있을 뿐이다.[173]

> 사람이 사람 된 까닭은 동물과는 달리 다만 두 다리로 서고, 몸에 털이 없다는 사실에서 연유하는 것은 아니다. 이는 사람이 옳고 그름을 분별하는 도덕성[辨]을 가지고 있다는 데서 연유하는 것이다……그러므로 사람의 도리에 옳고 그름을 가려 행동하는 도덕성[辨]이 없을 수는 없다.[174]

위의 첫 번째 인용문에서는 도덕성의 인간 본유성에 대한 공자의 입장이 잘 드러나 있다. 여기서 공자는 도덕성의 기초를 타인에 대한 관심과 배려의 체계에서 찾는 관점을 드러내고 있다. 이러한 공자의 관점은 공자가 "나의 도는 하나의 이치로 꿰뚫어져 있다"고 한 데 대해, 증자(曾子)가 이를 "자기를 다하는 충(忠)과 자기를 남에게까지 미루어

172 子貢問日 有一言而可以終身行之者乎 子曰 其恕乎 其所不欲 勿施於人 (《論語》, 衛靈公 23)

173 惻隱之心 人皆有之 羞惡之心 人皆有之 恭敬之心 人皆有之 是非之心 人皆有之 惻隱之心 仁也 羞惡之心 義也 恭敬之心 禮也 是非之心 智也 仁義禮智非由外鑠我也 我固有之也 弗思耳矣 (《孟子》, 告子上 6)

174 故人之所以爲人者 非特以其二足而無毛也 以其有辨也……故人道莫不有辨 (《荀子》, 非相 9-10)

가는 서(恕)"라고 해석한 데에서도 잘 드러나고 있다.[175]

두 번째 인용문에서 맹자는 인의예지의 도덕성을 사람이면 누구나 갖추고 있다고 하여 도덕성의 인간 본유성을 확실히 하고 있다. 맹자에는 이 외에도 "측은지심 · 수오지심 · 사양지심 · 시비지심이 없으면 사람이 아니다"라면서 "사람이 이러한 사단(四端)을 갖추고 있다는 사실은 그에게 팔 · 다리가 달려 있는 것과 같이 자연스러운 일"이라고 본다.[176] 이렇게 맹자는 도덕성의 인간 본유성에 대해 공자보다 더 구체적인 사례를 들어 설명하고 있다.

이어서 세 번째 인용문에서 순자는 다른 동물과의 차별성을 예로 들어 도덕성이 인간을 인간답게 하는 특성임을 주장하고 있다. 이러한 입장은 무생물, 식물, 동물과의 비교로 범위를 넓혀도 마찬가지라고 순자는 본다. 즉 "무생물은 기(氣)만 가지고 있고, 식물은 이에 더해 생명력[生]도 가지고 있으며, 동물은 이 두 가지 외에 지각력[知]도 가지고 있지만, 사람은 이 세 가지 이외에 도덕성[義]도 가지고 있기에, 천하에서 가장 귀한 존재가 된다"[177]는 것이다.

이와 같이 공자 · 맹자 · 순자 같은 선진유학자들은 모두 다른 생물체들과는 달리 인간에게는 도덕성이 본유적으로 갖추어져 있으며, 이

---

175 子曰 參乎 吾道一以貫之 曾子曰 唯 子出 門人問曰 何謂也 曾子曰 夫子之道 忠恕而已矣 (《論語》, 里仁 15): 주희는 《論語集註》에서 忠을 盡己之謂忠, 恕를 推己之謂恕라 풀이하고 있다.

176 無惻隱之心 非人也 無羞惡之心 非人也 無辭讓之心 非人也 無是非之心 非人也 惻隱之心 仁之端也 羞惡之心 義之端也 辭讓之心 禮之端也 是非之心 智之端也 人之有是四端也 猶其有四體也 (《孟子》, 公孫丑上 6)

177 水火有氣而無生 草木有生而無知 禽獸有知而無義 人有氣有生有知 亦且有義 故最爲天下貴也 (《荀子》, 王制 20)

점이 바로 인간을 인간답게 하는 근거라고 본다. 성리학자들은 인간에게 갖추어져 있는 이러한 본유적인 도덕성을 도심(道心)이라 하여, 선진 유학자들과 마찬가지로 도덕성의 인간 본유성을 이론 전개의 바탕으로 삼고 있다. 이러한 사실은 퇴계와 율곡 같은 조선조 성리학자들의 기본 논지이다.

> 도심은 도덕성[義理]에 밝게 깨우친 것이다……도심은 하늘로부터 부여받은 사람의 바른 본성[性命之正]에 뿌리를 두고 있다.[178]

> 사람의 정(情)이 발동할 때에는, 도의(道義)를 위해서 발동하는 경우가 있다. 예를 들면, 어버이에게 효도를 하려 하거나, 군주에게 충성하려 하거나, 어린아이가 우물에 빠지려는 것을 보고 측은해하거나, 옳지 않은 일을 보고 부끄러워 싫어하거나, 종묘를 지날 때에 공손하고 삼가는 것 등이 이런 종류로서, 이를 도심이라 한다.[179]

이와 같이 성리학자들, 특히 조선조의 성리학자들은 인간에게 본유하고 있는 도심이 곧 도덕성이라고 보아, 도덕성의 인간 본유성을 강조한다. 바로 이러한 도덕성이 인간의 향악성을 제어할 수 있는 근거로 작용하게 되는 것이다.

(2) 자기통제력의 출처: 도덕적 지향성

이와 같이 도덕성이 인간 심성의 중핵적 요소이어서, 생물적 이기적 욕구와 사적 감정 반응의 체계가 도덕성의 체계에 의해 통제받아야

178 道心卽覺於義理者……原於性命 則所以爲道心 (《退溪全書 一》, 聖學十圖, 心學圖說 208)

179 情之發也 有爲道義而發者 如欲孝其親 欲忠其君 見孺子入井而惻隱 見非義而羞惡 過宗廟而恭敬之類 是也 此則謂之道心 (《栗谷全書 一》, 說, 人心道心圖說 282)

하는 까닭을 유학자들은 두 가지 근거에서 찾고 있다. 그 하나는 앞에서 계속 논의해 왔듯이 도덕성의 인식과 실천은 본인이 하기에 달려 있는 것, 곧 스스로 통제할 수 있는 것[在我者 · 在己者]이지만, 생물체적 욕구의 충족과 감정 반응의 유발 조건은 외부 상황의 요인에 달려 있는 것, 곧 본인이 스스로 통제할 수 없는 것[在外者 · 在天者]이기 때문이다.[180]

또 하나는 생물적 이기적 욕구와 사적 감정 반응의 관장 기관은 눈 · 코 · 입 · 귀 · 피부 같은 감각기관[五官]이지만, 도덕성의 관장 기관은 마음[心]으로서, 마음은 사람의 한 가운데 자리 잡고 있어서 감각기관을 다스리는 군주가 되기 때문이다. 마음이 가지는 이러한 통제력에 대해서는 맹자와 순자에게서 중요한 논거를 찾아볼 수 있다.

> 공도자(公都子)가 "누구나 다 똑 같은 사람인데, 어떤 사람은 대인(大人)이 되고 또 어떤 사람은 소인(小人)이 되는 까닭은 무엇입니까?"라고 여쭙자, 맹자께서 "사람 몸에 있는 큰 것[心]을 따르면 대인이 되고, 작은 것[耳目之官]을 따르면 소인이 된다"라고 대답하셨다. 공도자가 다시 "똑 같은 사람인데, 누구는 큰 것을 따르고, 또 누구는 작은 것을 따르는 까닭은 무엇입니까?"라고 여쭙자, 맹자께서 "눈과 귀 같은 감각기관은 생각하지 못하고 외부의 사물에 가려진다. 감각기관[耳目之官]이 외부 사물과 교접하면, 거기에 이끌려 버릴 뿐이다. 그러나 마음의 기관[心]은 생각을 한다. 마음으로 생각을 하면, 스스로가 도덕 주체라는 사실을 인식할 수 있고, 생각

180 求則得之 舍則失之 是求有益於得也 求在我者也 求之有道 得之有命 是求無益於得也 求在外者也 (《孟子》, 盡心上 30); 若夫心意修 德行厚 知慮明 生於今而志乎古 則是在我者也 故君子敬其在己者 而不慕其在天者 小人錯其在己者 而慕其在天者 君子敬其在己者 而不慕其在天者 是以日進也 小人錯其在己者 而慕其在天者 是以日退也 (《荀子》, 天論 28-29)

하지 않으면 그렇지 못하다. 이 두 가지 기관은 하늘이 나에게 부여해 준 것이니, 우선 그 큰 것을 확고하게 세우면 그 작은 것이 이 자리를 빼앗을 수 없어서, 이런 사람만이 대인이 될 뿐인 것이다"라고 대답하셨다.[181]

> 귀·눈·코·입·몸의 오관(五官)은 각각 특유하게 외부 사물에 접하여 이를 받아들일 뿐, 서로의 기능을 바꾸어 할 수는 없는데, 이를 일러 "자연적인 기관"[天官]이라 한다. 마음[心]은 사람의 한 가운데에 자리 잡고 있어서 오관을 다스리는 것으로, 이를 일러 "자연적인 군주"[天君]라고 한다.[182]

> 마음[心]은 몸[五官]의 군주이고, 정신활동의 주인이다. 마음은 명령을 내리기는 하지만 명령을 받지는 않으며, 스스로 금하고 스스로 시키며, 스스로 빼앗고 스스로 취하며, 스스로 행하고 스스로 그친다.[183]

이 인용문들에서는 욕구와 감정의 담당기관은 이(耳)·목(目)·구(口)·비(鼻) 같은 감각기관[耳目之官·五官]이고 도덕인식과 실천의 기관은 마음(心)이라는 사실, 마음은 감각기관을 제어할 수 있는 통제력을 갖추고 있다는 사실이 공통적으로 제시되고 있다. 여기서 마음이 도덕성의 주관 기관이고 감각기관은 욕구와 정서의 주관 기관인데, 마음이

---

181 公都子問曰 鈞是人也 或爲大人 或爲小人 何也 孟子曰 從其大體爲大人 從其小體爲小人 曰 鈞是人也 或從其大體 或從其小體 何也 曰 耳目之官不思而蔽於物 物交物 則引之而已矣 心之官則思 思則得之 不思則不得也 此天之所與我者 先立乎其大者 則其小者不能奪也 此爲大人而已矣 (《孟子》, 告子上 15)

182 耳目鼻口形能 各有接而不相能也 夫是之謂天官 心居中虛 以治五官 夫是之謂天君 (《荀子》, 天論 24-25)

183 心者形之君也 而神明之主也 出令而無所受令 自禁也 自使也 自奪也 自取也 自行也 自止也 (解蔽 14-15)

감각기관에 대한 통제력을 가지고 있다는 말은 곧 도덕성이 욕구와 감정에 대한 통제력을 갖추고 있다는 얘기가 된다.

이렇게 유학 사상에서는 생물적 이기적 욕구와 사적 감정에 대한 절제와 제어력은 인간에게 본유적인 도덕성에서 찾을 수 있다고 본다. 곧 유학 사상에서 자기통제력의 출처는 개인이 도덕성을 본유적으로 갖추고 있는 덕성 주체라는 사실에서 나오게 된다는 것이다.

바로 이러한 맥락에서 유학자들은 인간 심성의 중핵 요소인 도덕성이 그 하위요소들, 특히 욕구와 정서에 대해 통제력을 행하는 장치로서 도덕적 지향성의 욕구와 정서를 상정하여 각각 생물적 이기적 욕구와 사적 감정을 제어하도록 하고 있다. 유학의 욕구이론에서는 도덕적 지향성의 욕구가 갖추어져 있다고 보고, 이러한 도덕적 지향성의 욕구를 인간의 중핵적 욕구로 설정하여, 이에 여타 욕구를 통제할 수 있는 가능성을 열어놓고 있다.[184] 또한 유학의 정서이론에서는 사단과 같은 타인 · 규범지향적 정서(도덕지향적 정서)가 갖추어져 있다고 보고, 이러한 도덕지향적 정서를 인간의 중핵적 정서로 설정하여, 이에 칠정과 같은 여타 욕구를 통제할 수 있는 가능성을 부여하고 있다.[185] 말하자면, 유학 사상에서는 인간을 악으로 이끌 가능성이 있는 생물적 이기적 욕구와 사적 감정을 억제하여 이에 통제력을 행사할 수 있는 원동력을 인간에게 본유적인 도덕성에 근거를 두고 있는 도덕적 지향성에서 찾고 있는 것이다.

---

184 이에 대해서는 유학의 욕구이론에 대한 졸저(조긍호, 2017a, pp. 272–273, 278–285, 306–309)의 내용 참조.

185 이에 대해서는 유학의 정서이론에 대한 졸저(조긍호, 2017a, pp. 346–347, 353–362, 379–383)의 내용 참조.

이러한 이론적 배경을 바탕으로 하여 선진유학자들은 강한 덕성중심주의의 견해를 굳게 간직하고 있으며, 이러한 태도는 이후 전개된 모든 유학 사상의 전통이 되어 왔던 것이다. 이와 같이 인간 심성을 구성하는 구성체들 가운데 도덕성이 핵심이라는 덕성우월론의 관점에 서게 되면, 심성을 구성하는 요소들 사이의 관계도 도덕성의 요소를 중핵으로 하고, 나머지 요소들, 특히 욕구와 감정의 체계는 도덕성에 지배되는 부차 체계라고 볼 수밖에 없다. 여기에서 바로 이성중심주의의 맥락 아래 인지우월론의 관점에서 전개되어 온 현대 서구심리학과는 다른 양상을 띠는 덕성중심주의의 유학심리학이 성립할 수 있는 근거를 찾아볼 수 있는 것이다.

4. 자기통제의 목표: 도덕인식과 그 실천

유학자들은 이렇게 인간의 향악성을 제어할 수 있는 원동력을 본유적인 도덕성에서 찾는다. 이러한 자기통제력의 문제를 고찰할 때 주의해 보아야 할 것은 유학자들이 교육의 목표로 설정하고 있는 도덕인식 및 도덕실천이 수양의 과정에서 차지하는 위상의 문제이다. 앞에서 유학자들은 도덕인식과 도덕실천은 유학의 근본 목적인 성덕(成德)이라는 한 가지 목표로 통합되는 것이어서, 따로 떼어 고찰할 수가 없다고 여기고 있다는 사실을 고찰한 바 있다. 스스로에게 갖추어져 있는 도덕성과 스스로가 도덕 주체라는 사실에 대한 인식은 일상생활에서 도덕을 실천할 것을 목표로 하는 것이고, 또 후자(도덕실천)는 전자(도덕

인식)를 근거로 하는 것이기 때문이다.

이렇게 도덕적 인식과 이의 일상적 구현은 도덕 주체로서 인간이 이루어야 하는, 서로 분리할 수 없는 양 측면이라는 것이 유학 사상의 특징이다. 유학자들은 인식 없는 실행이나 실행을 전제로 하지 않는 인식은 모두 공허한 것으로 보고 배격하는 입장을 취하며, 도덕 주체인 인간에게서 이 두 측면(인식과 실행)이 통합되는 것이 바로 덕을 이루어 군자가 되는 길이라고 보고, 이를 교육 활동뿐만 아니라 수양 활동의 목표로도 부각시키고 있는 것이다.[186]

도덕적 인식과 그 실행이 통합되어야 한다는 것은 공자로부터 이어지는 유학의 전통이다. 유학의 가장 핵심 경전인 《논어》는 공자의 "배우고(지적 능력에 의한 인식) 그것을 항상 익히면(도덕적 행위 능력을 통한 실행) 또한 기쁘지 아니 하겠는가?"[187]라는 말씀에서 시작하여, 도덕적 인식과 그 실행의 통합을 강조하는 유학의 전통을 열고 있다. 이러한 입장을 공자는 "도(道)를 깨달아 알기만 하는 사람은 그것을 실천해 보아서 좋아하는 사람만 못하고, 그것을 좋아하기만 하는 사람은 그것을 체현하여 즐기는 사람만 못하다"[188]고 표현하기도 하여, 도덕성의 인식과 실행이 통합되어야 함을 역설하고 있는 것이다.

맹자도 공자의 입장을 이어받아, 도덕적 인식과 실행의 통합이 중요하다는 사실을 강조하여 "군자가 올바른 방법으로 깊이 탐구하여 나

186 김승혜, 1990; 勞思光, 1967/1986; 蔡仁厚, 1984; Nisbett, 2003; Tu, Wei-Ming, 1985.

187 學而時習之 不亦說乎 (《論語》, 學而 1)

188 知之者不如好之者 好之者不如樂之者 (雍也 18)

아가는 것은 스스로 깨달아 얻고자 하는 것이다(도덕 인식). 스스로 깨달아 도를 얻으면 이에 처하는 것이 안정되고, 그렇게 되면 도를 활용하는 데 더욱 깊이가 있게 된다(도덕 실천)"[189]고 지적하고 있다.

도덕적 인식과 실천의 통합에 대해서 공자와 맹자보다 더 집중적으로 논의하고 있는 사람은 순자이다. 순자에게 도는 곧 인도(人道)이고,[190] 이는 곧 예의(禮義)이다.[191] 예의는 일상생활, 사적 감정, 자연 질서, 사회 질서 같은 인간 생활 전반의 규범이므로,[192] 이는 실생활의 실천을 전제로 하는 것이다.[193] 그렇다면, 이러한 예의에 대한 인식은 이의 실천과 불가분의 관계에 있을 수밖에 없다. 양자 사이의 관계에 대한 순자의 입장은 다음 진술문에 잘 드러나 있다.

> 마음이 도를 인식한[知道] 다음에야 도를 옳은 것으로 받아들이게 되고[可道], 도를 옳은 것으로 받아들인 다음에야 비로소 도를 지키고[守道], 그럼으로써 도가 아닌 것을 금할 수[禁非道] 있게 된다 ……도를 인식하여 밝게 깨닫고[知道察], 인식한 도를 실행하면[知

---

189 君子深造之以道 欲其自得之也 自得之 則居之安 居之安 則資之深 (《孟子》, 離婁下 14)

190 道者非天之道 非地之道 人之所以道也 君子之所道也 (《荀子》, 儒效 9-10)

191 禮者人道之極也 (禮論 13)

192 宜於時通 利以處窮 禮信是也 凡用血氣志意知慮 由禮則治通 不由禮則勃亂提僈 食飮衣服 居處動靜 由禮則和節 不由禮則觸陷生疾 容貌態度 進退趨行 由禮則雅 不由禮則夷固辟違 庸衆而野 故人無禮則不生 事無禮則不成 國家無禮則不寧 (修身 24-26); 天地以合 日月以明 四時以序 星辰以行 江河以流 萬物以昌 好惡以節 喜怒以當 以爲下則順 以爲上則明 萬物變而不亂 貳之則喪也 禮豈不至矣哉 立隆以爲極 而天下莫之能損益也 (禮論 11-12); 使本末終始 莫不順比 足以爲萬世則 是禮也 (禮論 24)

193 唐君毅, 1986; 牟宗三, 1979; 張其昀, 1984; 蔡錦昌, 1989; 蔡仁厚, 1984; 馮友蘭, 1948/1977; 黃公偉, 1974; Cua, 1985; Dubs, 1927.

道行], 도와 일체를 이룬 사람[體道者]이 되는 것이다.[194]

이 인용문에서 "도를 인식하고, 옳은 것으로 받아들이는 일"[知道·可道]은 "도를 인식하여 밝게 깨달은 상태"[知道察]에 해당하고, "도를 지키고, 도 아닌 것을 금하는 일"[守道·禁非道]은 "인식한 도를 실행하는 상태"[知道行]에 해당하는 것이다. 그러니까 도의 인식[察道]은 도를 인식하여 옳은 것으로 받아들이는 일을 말하고, 도의 실행[行道]은 도를 지키고 도 아닌 것을 금하는 일을 말하는 셈이다. 이렇게 지도찰(知道察)·지도행(知道行)의 구절에 근거하여 마음이 능히 지도(知道)·가도(可道)·수도(守道)·금비도(禁非道)할 수 있다는 말을 살펴보면, 순자가 주장하는 도의 체득[體道]은 실제로 도덕인식과 도덕실천의 두 측면의 결합을 통하여 이루어지는 것임을 알 수 있다.[195]

이상의 논의들에서 분명히 드러나듯이, 유학 사상에서는 도덕적 인식과 실행은 서로 분리하여 생각할 수 없으며, 양자의 통합이 이상적 인간이 되는 지름길이라고 본다. 따라서 유학 사상에서 보는 도덕성의 문제를 고찰하기 위해서는 도덕적 인식만이 아니라, 그 실천의 문제를 함께 고려할 필요가 있다. 이렇게 도덕적 인식과 이의 실천의 통합을 이룬 사람들이 바로 군자(君子)나 성인(聖人)인 것이다.

이에 비해, 생물적 이기적 욕구와 사적인 감정 반응이 삶의 중심이 되고 있는 사람이 소인(小人)이다. 도덕성을 밝게 인식하여 이를 일상생

194 心知道 然後可道 可道然後能守道 以禁非道……知道察 知道行 體道者也 (《荀子》, 解蔽 11-13)

195 蔡仁厚, 1984, p. 416.

활에서 실천하는 군자[196]는 이러한 욕구와 감정을 잘 통제하여, 이들이 항상 도덕성의 지도 아래 있도록 한다.[197] 이러한 맥락에서 보면, 유학자들은 수양의 길을 스스로에게 갖추어져 있는 도덕성을 인식하고 이를 실천함으로써 성덕을 이루어 군자가 되는 일에서 찾으려 한다. 이러한 수양의 길에서 핵심은 도덕성이 갖는 자기통제력에서 나온다는 것이 공자로부터 이어지는 유학의 전통인 것이다.

이렇게 도덕적 지향성에 의한 자기통제력을 강조하는 것은 성리학자들도 마찬가지이다. 성리학자들은 경(敬) 상태에 머무르는 거경(居敬)을 수양의 핵심이라 보고, 이러한 수양의 방안으로 생물적 이기적 욕구[人心]과 사적 감정[七情]을 억누르는 일, 곧 알인욕(遏人欲)과 본유적인 도덕성을 회복하고 간직하는 존천리(存天理)의 두 가지로 보고 있다.[198] 이러한 사실을 율곡은 다음과 같이 진술하고 있다.

> 경 상태에서는 안으로 욕구가 싹트지 않고, 밖으로 사물의 유혹이 들어오지 못한다……경은 사람의 욕구[人欲]를 대적하는 방도로서, 사람이 항상 경 상태에 있게 되면, 천리가 스스로 밝아지고, 사람의 욕구는 위로 떠오르지 못하게 되는 것이다.[199]

196 子曰 君子喻於義 小人喻於利 (《論語》, 里仁 16)

197 子曰 富與貴是人之所欲也 不以其道得之 不處也……君子去仁 惡乎成名 君子無終食之間違仁 造次必於是 顚沛必於是 (里仁 5); 顔淵問仁 子曰 克己復禮爲仁……顔淵曰 請問其目 子曰 非禮勿視 非禮勿聽 非禮勿言 非禮勿動 (顔淵 1); 君子不憂不懼 (顔淵 4); 君子謀道 不謀食……君子憂道 不憂貧 (衛靈公 31)

198 大抵心學雖多端 總要而言之 不過遏人欲存天理兩事而已……凡遏人欲事當屬人心一邊 存天理事當屬道心一邊 可也 (《退溪全書 二》, 書, 答李平叔 259)

199 敬則內欲不萌 外誘不入……敬所以抵敵人欲 人常敬則天理自明 人欲上來不得 (《栗谷全書 一》, 聖學輯要, 修己中, 正心章 476)

이렇게 성리학자들이 말하는 수양의 방도로서의 알인욕은 이기적 욕구와 감정의 통제를 말하고, 존천리는 도덕성의 회복과 실천을 의미한다. 그러므로 수양의 핵심을 도덕적 자기통제와 도덕성의 회복과 실천에서 찾으려 하는 것은 선진유학자들이나 성리학자들 모두 공통되는 유학 사상의 기본 입장이다.

여기서 생물적 이기적 욕구와 사적 감정의 제어를 뜻하는 알인욕이 도덕성의 회복과 실천을 뜻하는 존천리의 바탕이라는 사실에 주목해야 한다. 말하자면 자기통제를 통하여 향악가능성으로부터 벗어나는 일이 도덕인식과 실천의 전제 조건이 되는 셈이다. 이러한 점에서 자기억제와 알인욕이 유학적 수양론에서 차지하는 필수적인 위상이 도출되는 것이다.

제6장
도덕적 승화와 존재확대의 문제: 자기개선론

유학의 경전들에서는 생물학적 생존욕구, 자기이익 추구의 이기적 욕구, 사회적 장면에서의 경쟁욕구 및 도덕적 지향성의 욕구들과 칠정 같은 자기중심적 정서와 사단을 비롯한 규범지향적 정서 등 현대심리학에서 다루는 거의 모든 욕구들과 정서들이 언급되고 있다. 이러한 욕구와 정서들 가운데 유학자들이 가장 중요하게 여겨 권장하는 것은 도덕적 지향성의 동기와 규범지향적 정서 들이다.

유학자들은 이러한 도덕적 지향성의 욕구와 규범지향적 정서 들은 재기자(在己者)에 속하는 것이어서, 그 충족과 유발의 여부가 개인의 수양 수준에 달려 있다고 본다. 곧 도덕적 지향 욕구는 그 충족 조건이 개인의 노력의 정도에 달려 있고, 규범지향적 정서의 유발 여부도 개인의 함양 정도에 달려 있어서 실생활에서 사람이 스스로 통제할 수 있기 때문에, 유학자들이 중시하고 권장하는 것이다.

유학자들에 따르면, 도덕적 지향 욕구와 규범지향적 정서 이외의 다른 욕구와 감정들은 모두 그 충족과 유발 여부가 외적 환경 조건에 달려 있는 재외자(在外者)들이다. 그러므로 이는 사람이 노력한다고 해서 충족되거나 유발되는 것이 아닐 뿐만 아니라, 이러한 외적 욕구와 감정은 인간이 올바른 길에서 벗어나 악으로 향하게 만들 가능성이 있기 때문에, 억제하고 조절해야 할 필요가 있다고 유학자들은 본다.

유학의 욕구이론과 정서이론은 이렇게 재기자인 도덕적 지향 욕구와 감정을 적극 권장하고, 재외자인 그 밖의 욕구와 감정을 억제해야 한다는 주장을 중심으로 성립되고 있다. 이러한 욕구와 감정의 통제와 조절은 자기 수양의 요체로서, 자기개선과 자기향상을 이루어 군자가 되는 길에서 중핵적인 과제가 된다는 것이 유학의 경전들에서 도출되는 욕구 및 정서 이론의 핵심 내용인 것이다.

유학자들은 이러한 욕구와 감정의 통제가 유학적 수양의 최종목표가 될 수는 없다고 여긴다. 이러한 욕구와 감정의 제어와 조절은 자기수양을 이루기 위한 전제일 뿐, 자기수양이 이에서 머물러서는 안된다는 것이다. 욕구와 정서에 관한 유학의 이론들에서는 제2의 교의를 재외자(생물적 이기적 욕구와 자기중심적 감정)의 억제로 잡고 있지만, 이는 재기자(도덕적 욕구와 규범중심적 정서)를 권장하는 제1의 교의에 이어, 재외자를 재기자의 수준으로 승화하여 본유적인 도덕성을 보존·양성해야 한다는 제3의 교의를 성취하기 위한 전제일 뿐이다.[1]

유학이 성덕(性德)을 지향하는 체계라는 점에 비추어 볼 때 이는 당

1 이에 대해서는 졸저(조긍호, 2007a, pp. 275-320, 364-418; 2017a, pp. 277-319, 351-387) 참조.

연한 논리적 귀결이다. 이러한 맥락에서 유학적 수양의 목표는 개인이 갖추고 있는 모든 욕구와 감정이 도덕성의 지도를 받아 도덕적 수준으로의 승화를 이룸으로써 이상적 인격의 상태에 이르는 일이다. 공자는 자기의 연령 단계에 비추어 본 인간발달의 과정에 관한 논의에서 이러한 상태를 "마음에 하고 싶은 대로 해도 도리에 어긋나지 않은 상태"[從心所欲 不踰矩]라 보아,[2] 스스로도 일흔 살에 이르러 도달한 상태라고 고백하고 있다.

유학적 수양의 목표는 이렇게 욕구와 정서의 억제와 승화를 통해 이상적 인격의 상태를 이루는 데 있다. 그런데 이러한 자기수양의 목표가 스스로의 인격적 완성에 이르는 것만으로 그치는 것은 아니다. 도덕성은 타인에 대한 관심과 배려의 체계이므로, 도덕적 인격을 이룬다는 것은 사회관계를 맺고 있는 다른 사람들을 내 속에 받아들여 그들과 일체화를 이루는 일을 이미한다. 그러므로 유학적 수양의 최종목표는 자기의 존재확대에 있는 것이다.

1. 자기수양의 최종목표: 이상적 인간상의 지향

유학자들에 따르면, 인간의 삶의 목표는 이상적 인간인 군자(君子)나 성인(聖人)이 되는 데 있다. 군자론은 이상적 인간상을 설정하여 이에 도달하는 일을 인간 삶의 목표로 제시하고 있는 유학 사상의 중추이

2 七十而從心所欲 不踰矩 (《論語》, 爲政 4)

다. 물론 군자와 성인이 도달한 경지가 어떤 상태이냐 하는 문제는 인간이 태어날 때부터 갖추고 있는 본성이 무엇이냐에 따라 달라질 것이므로, 군자론은 인성론을 바탕으로 하여 성립하는 논리체계이다. 수양론은 인성론에서 정위하고 있는 바의 현실태(現實態)로서의 인간이 군자론에서 설정하고 있는 바의 가능태(可能態)로서의 이상적 상태에 도달하기 위해 노력해야 할 바를 제시하고 있는 방법론의 체계이다.

1) 유학의 이상적 인간상: 존재확대인

이렇게 수양론은 인성론과 군자론을 이어주는 연결고리이다. 그러므로 수양의 목표를 이해하기 위해서는 유학 사상에서 이상적 인간상을 어떠한 상태로 설정하고 있는가 하는 점을 우선적으로 살펴보아야 한다. 유학자들이 그리고 있는 이상적 인간상의 전형은 공자가 제시하는 군자상에서 드러나고 있다.

> 자로(子路)가 군자에 대해 여쭙자, 공자는 "군자는 자기를 닦음으로써 삼가는 사람이다"[修己以敬]라고 대답하셨다. 자로가 "그것뿐입니까?"라고 여쭙자, 공자는 "군자는 자기를 닦음으로써 사람들을 편안하게 해 주는 사람이다"[修己以安人]라고 대답하셨다. 자로가 거듭 "그것뿐입니까?"라고 여쭙자, 공자는 "군자는 자기를 닦음으로써 온 백성들을 편안하게 해 주는 사람이다[修己以安百姓]. 자기를 닦음으로써 온 백성들을 편안하게 해 주는 일은 옛 성인인 요(堯)·순(舜)도 이를 오히려 어렵게 여겼다"라고 대답하셨다.[3]

---

3 子路問君子 子曰 修己以敬 曰 如斯而已乎 曰 修己以安人 曰 如斯而已乎 曰 修己以安百姓 修己以安百姓 堯舜其猶病諸 (《論語》, 憲問 45)

이 인용문에서 공자는 군자의 특징을 "자기를 닦음으로써 삼가는 일"[修己以敬], "자기를 닦음으로써 주위의 사람들을 편안하게 해 주는 일"[修己以安人], 그리고 "자기를 닦음으로써 온 천하 사람들을 편안하게 해 주는 일"[修己以安百姓]의 세 가지로 보고 있다. 여기서 "수기이경"(修己以敬)은 자기 인격의 수양, "수기이안인"(修己以安人)은 대인관계에서의 조화의 달성, 그리고 "수기이안백성"(修己以安百姓)은 사회적 책무의 자임(自任)과 완수를 의미하는 것이다. 그러므로 공자는 개인적 인격의 수양과 완성뿐만 아니라, 타인에 대한 관심과 배려 및 사회에 대한 책임감을 이상적 인간의 기본적인 특징으로 보고 있는 것이다. 즉, 인간은 스스로가 타고난 도덕적 인격을 완성해야 할 뿐만 아니라, 기본적으로 이를 타인과 사회에 대한 배려와 책임감으로 승화시켜야 하는 존재라고 공자는 보고 있는 것이다.

이상적 인간의 특징을 수기(修己)·안인(安人)·안백성(安百姓)의 세 가지로 보는 공자의 입장은 맹자에게 그대로 이어지고 있다. 맹자는 이들 각각을 "성지청자"(聖之淸者: 순수하고 깨끗한 성인), "성지화자"(聖之和者: 사회관계의 융화를 도모한 성인), "성지임자"(聖之任者: 사회적인 책임을 다한 성인)라 부르고 있다.[4] 그러므로 맹자도 공자와 마찬가지로 성인의 특징을 자기 인격의 수양, 대인관계의 조화 추구, 그리고 사회적 책무의 자임과 완수의 세 가지로 보고 있는 것이다.

이렇게 이상적 인간의 특징을 세 가지로 입론하는 유학자들의 관점은 군자가 되는 길을 정리하여 제시하고 있는 《대학(大學)》에 잘 드러

4 伯夷聖之淸者也 伊尹聖之任者也 柳下惠聖之和者也 孔子聖之時者也 孔子之謂集大成 (《孟子》, 萬章下 1)

나고 있다. 《대학》에서는 대학의 도를 깨우쳐서 실천하는 이상적 인간의 특징을 "지어지선(止於至善)·친민(親民)·명명덕(明明德)"[5]의 세 가지로 들고 있다. 여기서 "지어지선"은 도덕적 인격적 수양을 이룬 상태를 말하는 것으로, 공자의 "수기이경"의 상태에 해당되는 것이라 볼 수 있다. 이어서 "친민"은 일상생활에서 지선(至善)에 머물러 도덕적 인격적 완성을 이룬 다음, 이를 주변 사람들에게 확대하고 베풂으로써, 그들과의 사이에 친애함과 조화를 이룬 상태를 말하는 것으로, "수기이안인"의 상태를 의미하는 것이다.[6] 다음으로 "명명덕"은 자기의 착한 본심을 미루어 밝게 드러냄으로써, 온 천하의 사람들로 하여금 도덕 및 모든 일의 기초가 도덕 주체로서의 스스로에게 내재되어 있음을 깨달아 알도록 하는 상태를 말하는 것으로, "수기이안백성"에 해당되는 특징이라 볼 수 있다.[7]

《순자(荀子)》에서 군자는 소인(小人)과 대비하여 이상적 인간형으로도 그려지고 있지만, 성인과 대비하여 아직 완전한 인격체에 도달하지는 못한 상태의 사람을 지칭하는 용어로도 쓰이고 있다. 따라서 순자가 그리고 있는 이상적 인간형의 대표적인 모습은 소인과 대비된 군자와 성인에게서 찾아볼 수 있는데, 그도 이상적 인간의 특징을 공·맹 및

5 大學之道 在明明德 在親民 在止於至善 (《大學》, 經)

6 여기서 둘째 구절을 親民이라 읽은 것은 古註와 《大學》 古本 및 王陽明의 독법(小島毅, 2004, pp. 124-137)을 따른 것이다. 이에 대해서는 제4장의 〈주 126〉 참조.

7 朱熹의 新註에서는 明明德을 스스로의 至德을 닦아 일신을 수양하는 일, 즉 공자의 修己以敬을 가리키는 것으로 해석하고 있다. 그러나 여기서는 이를 온 천하의 사람들로 하여금 스스로의 至德을 밝게 깨달아 알도록 인도하는 修己以安百姓의 상태를 가리키는 것으로 보고자 한다. 그 근거에 대해서는 제4장의 〈주 128〉 참조.

《대학》에서와 같이 세 가지 특징으로 보고 있다.[8] 이와 같이 군자와 성인의 특징을 자기 완성, 관계 완성, 그리고 사회 완성의 세 가지로 잡고 있는 것은 모든 유학자들의 공통된 의견이다.[9]

군자와 성인 같은 이상적 인간이 이러한 세 가지 특징을 통합하여 간직하고 있다는 사실은 그들에게 있어서 인간의 존재확대가 이루어지고 있음을 의미하는 것이다. 자기 수양을 통해 개체로서의 인격 수련이 이루어진 위에, 대인관계에서의 조화를 이룸으로써 관계당사자들을 자신 속에 받아들여 주변의 타인들에게로 존재확대가 이루어지고, 이어서 사회인으로서 가지는 사회적 책무를 자임하고 이를 완수하려 노력함으로써 함께 삶을 영위하고 있는 공동체까지도 자신에게로 받아들여 사회로까지 존재확대를 이루고 있는 사람, 곧 자기의 범위를 타인 및 사회로까지 넓힌 존재확대인이 이상적 인간상이라는 입론이 유학 사상의 관점인 것이다. 그렇다면, 자기중심적인 소인의 상태로부터 어떠한 과정을 거쳐 이러한 존재확대를 이루게 되는가 하는 문제가 곧 유학의 수양론의 핵심이 될 것이다.

8 故君子之於禮(a) 敬而安之 其於事也(b) 徑而不失 其於人也(c) 寡怨寬裕而無阿 其爲身也(d) 謹修飭而不危 其應變故也(e) 齊給便捷而不惑 其於天地萬物也(f) 不務說其所以然 而致善用其材 其於百官之事 技藝之人也(g) 不與之爭能 而致善用其功 其待上也(h) 忠順而不懈 其使下也(i) 均徧而不偏 其交遊也(j) 緣義而有類 其居鄉里也(k) 容而不亂 (《荀子》, 君道 6-7): 여기에서 a · b · d · e · f는 자기 수양과 관련된 군자의 특징을, c · j · k는 대인관계와 관련된 군자의 특징을, 그리고 g · h · i는 사회적인 책무와 관련된 군자의 특징을 나타낸다.

9 군자와 성인의 세 가지 특징에 대한 자세한 내용은 졸저(조긍호, 2006, pp. 381-411; 2008, pp. 208-256; 2021, pp. 49-78) 참조.

2) 이상적 인간상에 도달하는 과정

유학자들이 이상적 인간상을 표현하는 대표적 용어인 군자와 성인 중에서 이상적 인간의 모범으로 받아들여지고 있는 것은 성인이다. 성인에 대해서는 일찍이 공자도 "성인은 요 · 순도 이를 오히려 어렵게 여겼거늘"[10] "성(聖)과 인(仁)을 내가 어찌 감히 넘보리오?"[11]라고 높이 평가한 경지이다. 공자는 또한 "성인은 내가 아직 만나 보지 못하였다. 그러니 군자라도 만나 볼 수 있다면 좋겠다"[12]거나 "군자에게는 두려워할 것이 세 가지가 있으니, 천명(天命)과 대인(大人)과 성인(聖人)의 말씀이다"[13]라고 하여, 성인을 군자보다 상위 개념으로 잡고 있다.

맹자도 제자인 공손추(公孫丑)와의 문답에서 공손추가 "선생님은 이미 성인이십니까?"라고 묻자 "아! 그 무슨 말인가?……무릇 성인은 공자께서도 스스로 이러한 경지에 있지 않다고 하셨거늘, 그 무슨 소리를 함부로 하고 있느냐?"고 나무라면서, "나는 아직 이루지 못하였다. 나의 소망은 오직 공자를 배우는 것일 뿐이다"[14]라고 하여, 성인의 경지를 높이 평가하고 있다. 즉, 성인은 시(時) · 공(空)을 초월하는 절대적인 존재이기 때문에,[15] "인륜의 표준"[16]으로서 "백대 후에도 본받을 스승"[17]

---

10 子曰 何事於仁 必也聖乎 堯舜其猶病諸 (《論語》, 雍也 28)

11 若聖與仁 則吾豈敢 (述而 33)

12 子曰 聖人吾不得而見之矣 得見君子者斯可矣 (述而 25)

13 孔子曰 君子有三畏 畏天命 畏大人 畏聖人之言 (季氏 8)

14 然則夫子旣聖矣乎 曰 惡 是何言也……夫聖孔子不居 是何言也……吾未能有行焉 乃所願則學孔子也 (《孟子》, 公孫丑上 2)

15 이러한 논지는 《孟子》에 나오는 聖人에 대한 기술의 배경을 이루고 있는데, 이러한 논점을 직접 언급하고 있는 구절도 많다. 예를 들면, 離婁下 1장에서는 舜과 文王을 비교하면서 "이 두 사람은 피차의 땅의 거리가 천리 이상 떨어져 있고,

이 될 만큼, 그 감화력이 위대한 존재라고 맹자는 보고 있는 것이다.

순자도 이상적 인간의 최종 단계를 성인이라 보아, 군자보다 높게 평가하고 있다. 이를 그는 "배움의 궁극적인 의의는 사(士)가 되는 데에서 시작하여 성인(聖人)이 되는 데에서 끝난다"[18]고 하여 성인을 최고의 등급에 올려놓고, 이에 도달하는 과정 또는 사-군자-성인의 차이를 수신(修身)·비상(非相)·유효(儒效)·애공(哀公)편 등에서 자주 언급하고 있다.[19]

이렇게 유학자들은 성인을 최고등급의 이상적 인간상으로 보고, 이러한 성인은 보통 사람으로서는 도달하기 어려운 상태라고 여긴다. 이러한 배경에서 공자는 수양을 통해 이룰 수 있는 이상적 인간형의 전형은 군자라고 보아, 이에서 이상적 인간의 특징을 추론해내는 전통을 열고 있다. 여기에서는 이상적 인간의 특징을 군자론을 중심으로 진술하고 있는 공자를 따라 이상적 인간에 도달하는 유학적 단계론을 우선 고찰해 보고, 이어서 성리학의 존천리론을 살펴봄으로써 존재확대의 과정에 대한 유학자들의 입론을 정리해 보기로 하겠다.

또 피차의 세대의 차이가 천년 이상이나 된다. 그렇지만 두 분이 다 뜻을 이루어 중국에서 왕도·덕치를 행한 점이 마치 부절을 맞춘 듯이 일치한다. 즉, 앞선 聖人이나 뒤에 난 聖人이나 그 법도는 하나였던 것이다"(地之相去也 千有餘里 世之相後也 千有餘歲 得志行乎中國 若合符節 先聖後聖 其揆一也)라고 기술하고 있다.

16 聖人 人倫之至也 (離婁上 2)

17 聖人 百世之師也 (盡心下 15)

18 學惡乎始 惡乎終 其數則始乎誦經 終乎讀禮 其義則始乎爲士 終乎爲聖人 (《荀子》, 勸學 12)

19 荀書以士君子聖人爲三等 修身非相儒效哀公篇可證 故云 始士終聖人 (《荀子集解》, 勸學 12)

(1) 선진유학의 점진적 확대론

공자는 스스로의 경험에 비추어 인간의 발달 과정을 연령의 함수로 보는 매우 독특한 이론을 제시하고 있다.

> 나는 열다섯에 배움에 뜻을 두었고[志于學], 서른에 도에 굳건히 설 수 있게 되었으며[而立], 마흔에는 외부 사물에 의해 미혹되지 않게 되었고[不惑], 쉰에는 천명을 알게 되었으며[知天命], 예순에는 어떤 것을 들어도 저절로 깨닫게 되었고[耳順], 일흔에는 무엇이나 마음에 하고자 하는 바를 좇아도 도리에 어긋나지 않게 되었다[從心所欲 不踰矩].[20]

이 인용문의 각 연령 수준에서 공자가 도달했다고 밝힌 단계들이 심리학적으로 어떤 의미를 갖는가 하는 점에 대해서는 앞으로 많은 연구가 뒤따라야 할 것이다. 예를 들면, 이립(而立)은 자아정체성(自我正體性, ego-identity)의 확립과, 불혹(不惑)은 정서적 안정 및 자기통제와, 지천명(知天命)은 통일된 인생관의 확립과, 이순(耳順)은 자기객관화와, 그리고 종심소욕 불유구(從心所欲 不踰矩)는 존재확대와 관계가 있는 것으로 해석해 볼 수 있을 것이다. 이렇게 공자가 각 연령단계에서 갖추어야 할 특성을 나열함으로써 이상적 인간에 도달하는 과정을 제시하고 있다.

그런데 이러한 연령 단계 중 지학(志學)으로부터 불혹(不惑)까지는 자기 인격의 수양과 밀접한 관계가 있는 특징들을 나타낸다. 이에 비해 지천명(知天命)은 자기만이 해야 할 역할의 인식과 관련이 있다. 이는

---

20 吾十有五而志于學 三十而立 四十而不惑 五十而知天命 六十而耳順 七十而從心所欲 不踰矩 (《論語》, 爲政 4)

자기 인생의 존재의의가 현실 정치에 참여하는 데 있는지, 아니면 교육을 통한 도(道)의 전수(傳授)에 있는지를 확실하게 이해하는 것을 의미한다. 이순(耳順)은 대체로 어떤 것을 들어도 저절로 깨우치게 되는 특징, 즉 지식의 확충으로 풀이하고 있으나, 이는 자기객관화를 통한 편안하고 조화로운 상태를 이루는 단계로 볼 수도 있다. 지천명(知天命)을 통해 확인한 자기의 고유 역할을 실제 사회생활을 통해 펼치고, 그 결과 타인들과 조화로운 관계를 유지하는 자기객관화를 귀가 순조로워지는 이순의 핵심이라 볼 수 있을 것이다. 그리고 종심소욕(從心所欲)의 상태는 이제 인간적으로 완성되어 항상 어떤 일을 하든지 사람의 도리에 맞는 삶의 경지에 도달한 상태, 즉 자기 인격의 수양과 대인관계의 조화뿐만이 아니라 사회적 책임도 다함으로써 이루어진 완성된 삶의 상태를 지칭하는 것이라 생각할 수 있다.

이와 같이 지천명으로부터 종심소욕까지는 수기(修己)의 결과를 안인(安人)과 안백성(安百姓)의 경지로 확대한 상태를 의미하는 것이라 볼 수 있다. 이렇게 보면, 공자의 연령 단계론은 "수기 → 안인 → 안백성"의 확대론으로 정리할 수 있을 것이다. 공자의 단계론을 이와 같이 "수기 → 안인 → 안백성"의 점진적 확대론으로 볼 수 있다는 사실은 제자인 자로(子路)와의 문답 속에 제시된 수기–안인–안백성의 군자론에서부터 드러나고 있다. 공자는 제자인 자로의 군자에 대한 거듭되는 물음에 수기–안인–안백성의 순서로 대답한 다음, 맨 마지막에 "수기이안백성은 요 · 순도 오히려 어렵게 여긴 경지"라고 말하여,[21] 이러한 확대

21 子路問君子 子曰 修己以敬 曰 如斯而已乎 曰 修己以安人 曰 如斯而已乎 曰 修己以安百姓 修己以安百姓 堯舜其猶病諸 (憲問 45)

론을 직접 피력하고 있다.

공자는 또한 백성들에게 널리 베풀고 뭇사람들을 구제[博施濟衆]하는 안백성의 상태는 "요 · 순도 오히려 어렵게 여긴 경지"라고 하여, 확대론을 거듭 피력하고 있다. 공자는 제자인 자공(子貢)과의 문답 직후에 "무릇 인(仁)이란 자기가 서고자 하는 곳에 남을 먼저 세워주고, 자기가 이루고자 하는 일을 남이 먼저 이루도록 해 주는 것이다. 능히 자기 몸 가까이에서 취하여 이를 미루어갈 수 있으면, 인을 행하는 방도라고 이를 만하다"고 하여,[22] 안인과 수기는 안백성의 전 단계임을 분명히 하고 있다. 이렇게 수기를 거쳐 안인의 상태에 이르고, 안인을 거쳐 안백성의 상태에 이르는 점진적 확대 과정이 이상적 인간상에 도달하는 단계라고 보는 것이 공자의 점진적 확대론의 기본 입장이다.

이러한 공자의 점진적 확대론은 맹자와 순자도 이어받고 있는 유학 사상의 전통이다. 맹자가 "성지청(聖之淸) → 성지화(聖之和) → 성지임(聖之任)"의 점진적 확대론을 제시하고 있다는 사실은 그가 직접 "군자에게 있어서 다른 사람들과 더불어 선을 이루는 일보다 더 큰 일은 없다"[23]고 표현하고 있다는 점에서도 잘 드러난다. 또한 각각 성지청과 성지화의 전형으로 평가하고 있는 백이(伯夷)와 유하혜(柳下惠)[24]에 대해 맹자 스스로가 "백이는 좁고, 유하혜는 소홀하다"[25]고 비판하기도 하

22 子貢曰 如有博施於民而能濟衆 何如 可爲仁乎 子曰 何事於仁 必也聖乎 堯舜其猶病諸 夫仁者 己欲立而立人 己欲達而達人 能近取譬 可謂仁之方也已 (雍也 28)

23 大舜有大焉 善與人同 舍己從人 樂取於人以爲善 自耕稼陶漁 以至爲帝 無非取於人者 樂取人以爲善 是與人爲善者也 故君子莫大乎與人爲善 (《孟子》, 公孫丑下 8)

24 伯夷聖之淸者也 伊尹聖之任者也 柳下惠聖之和者也 孔子聖之時者也 孔子之謂集大成 (萬章下 1)

25 孟子曰 伯夷隘 柳下惠不恭 隘與不恭 君子不由也 (公孫丑上 9)

였지만, 성지임의 전형인 이윤(伊尹)에 대해서는 시종 높이 평가하고 있다[26]는 사실에서도 그가 "성지청 → 성지화 → 성지임"의 점진적 확대론을 견지하고 있음을 확인할 수 있다.

순자는 이상적 인간에 도달하는 단계를 "사(士) → 군자 → 성인"의 3단계 확대론으로 설정하고 있다. 이러한 사실은 "배움의 궁극적인 의의는 사(士)가 되는 데에서 시작하여 성인이 되는 데에서 끝난다"[27]

---

26 이 세 사람에 대한 기술은 《孟子》 전 편을 통하여 伯夷는 8개 장(公孫丑上 2, 9; 滕文公下 9; 離婁上 13; 萬章下 1; 告子下 6; 盡心上 22; 盡心下 15), 柳下惠는 5개 장(公孫丑上 9; 萬章下 1; 告子下 6; 盡心上 28; 盡心下 15), 그리고 伊尹은 8개 장(公孫丑上 2; 公孫丑下 2; 萬章上 6, 7; 萬章下 1; 告子下 6; 盡心上 31; 盡心下 38)에서 산견된다. 이 중 백이와 유하혜를 비판한 公孫丑上 9장을 제외하고는 대체로 백이는 聖之淸의 전형으로, 유하혜는 聖之和의 전형으로, 그리고 이윤은 聖之任의 전형으로 표현되고 있어, 맹자가 이 세 사람을 얼마나 높이 평가했는지를 잘 알 수 있다.
이 세 사람 중 이윤은 전혀 맹자의 비판을 받고 있지 않다는 점에서 맹자가 가장 높이 평가하고 있는 것으로 볼 수 있으며, 公孫丑上 9장에서 "백이는 좁고, 유하혜는 소홀하다"라고 비판한 것은 맹자 자신의 처신에 대한 合理化를 위한 탄식이 아니었을까 추측된다. 즉, 맹자가 처했던 戰國 시대도 백이가 처했던 殷 나라 말기의 紂王 때와 마찬가지로 난세였는데, 백이는 이 혼란을 피해 숨어 버려서 淸을 견지했음에 반하여, 맹자는 仁義王道를 실현하려는 꿈을 버리지 않고 제후국을 순방하였으며, 그렇다고 유하혜 같이 낮거나 높은 관직을 가리지 않고 맡아 항상 和를 추구하지도 못하고, 가는 곳마다 자기의 뜻이 받아들여지지 않으면 버리고 떠났으므로, 맹자 자신이 보기에 仁義王道를 펴 보려는 뜻도 가지지 않고 숨어 버린 백이는 지나치게 좁고, 仁義王道를 펼 만한 자리가 아닌데도 머무르곤 했던 유하혜는 지나치게 소홀했다고 비판해야 자기의 처신이 合理化될 수 있다고 생각한 것은 아닐까 추측할 수 있는 것이다. 그러나 이윤은 역시 난세인 夏 나라 말기의 桀王 때에 湯을 도와 殷 나라의 성립에 결정적 역할을 했으므로, 맹자가 추구하는 仁義王道의 실현을 이룬 인물로 나무랄 점을 찾기 어려웠을 것이며, 또한 그를 추켜올림으로써, 이를 통해 자기의 처신을 合理化하는 발판을 삼으려 했다고 생각할 수도 있을 것이다.
어떻든 伯夷 · 柳下惠 · 伊尹의 세 인물은 聖人의 특징 각각을 전형적으로 대표할 수 있는 인물이라고 맹자가 보고 있는 것만은 틀림없는 사실인 것이다.

27 學惡乎始 惡乎終……其義則始乎爲士 終乎爲聖人 (《荀子》, 勸學 12): 왕선겸(王先謙)은 《순자집해(荀子集解)》에서 이 구절을 해설하면서 "《순자》에서는 사 · 군자 · 성인을 세 등급으로 보고 있다"(荀書以士君子聖人爲三等)라 하여, 이러한

는 구절에서 잘 드러나고 있다. 순자는 "지(志)·행(行)·지(知)의 세 방면에서 인격의 등급을 논하고 있는데,"[28] 이렇게 뜻과 행실과 지혜를 닦는 과정에 있는 사람이 사(士)이고, 상당히 닦여 있지만 아직 미진한 상태에 있는 사람이 군자(君子)이며, 완전히 도와 일체가 되어 억지로 노력함이 없이도 스스로 편안하게 된 사람이 성인(聖人)이라는 것이 바로 순자의 생각인 것이다.[29] 이렇게 보면, 뜻·행실·지혜의 세 측면에서의 점진적인 축적[30]의 과정을 통해 "사 → 군자 → 성인"의 단계를 거쳐 이상적 인간의 상태에 도달하게 된다는 다방면 동시점진주의(同時漸進主義)가 바로 순자가 보는 이상적 인간상에 도달하는 점진적 확대론의 특징이다.

이와 같이 공자·맹자·순자 등 선진유학자들은 자기 인격의 함양을 이룬 다음, 주변 사람들과의 조화로운 관계를 형성하고, 이어서 본인에게 주어진 사회적인 책임을 자임(自任)하고 완수하는 점진적 확대의 과정을 거쳐 존재확대를 이루는 일, 이것이 이상적 인간상에 이르는

사실을 확인해 주고 있다.

28 蔡仁厚, 1984, p. 495: 蔡仁厚는 《荀子》의 儒效篇 37-38(志忍私 然後能公 行忍情性 然後能修 知而好問 然後能才 公修而才 可謂小儒矣 志安公 行安修 知通統類 如是則可謂大儒矣)을 논의하면서 이렇게 보고 있다.

29 行法至堅 不以私欲亂所聞 如是則可謂勁士矣 (儒效 19); 行法至堅 好修正其所聞 以橋飾其情性 其言多當矣 而未喻也 其行多當矣 而未安也 其知慮多當矣 而未周密也 上則能大其所隆 下則能開道不己若者 如是則可謂篤厚君子矣 (儒效 19): 《荀子集解》에서는 첫 구절의 法은 正, 至는 志로 보고 있다; 修百王之法 若辨白黑 應當時之變 若數一二 行禮要節而安之 若生四枝 要時立功之巧 若詔四時 平正和民之善 億萬之衆 而博若一人 如是則可謂聖人矣 (儒效 19-20): 《荀子集解》에서는 平正의 正을 政으로, 博若一人의 博을 傳로 보고 있다.

30 이 세 측면에서의 축적을 표현하는 순자의 진술은 위의 인용문(儒效 37-38) 이외에도 榮辱 28; 非相 15, 19; 王覇 3; 君道 7, 16; 天論 28; 正論 6, 28-29; 解蔽 13 등 여러 곳에서 산견된다.

과정이라는 점진적 확대론을 수양론으로 제시하고 있는 것이다.

(2) 성리학의 거경론(居敬論)

성리학에서 제시하는 이상적 인간이 되는 길은 향악의 근거인 인심(人心)을 억제하고[遏人慾] 본유적인 선성(善性)의 근거인 도심(道心)을 보존하는[存天理] 일로 귀결된다.

> 대체로 마음을 다잡는 공부[心學]의 방법은 비록 많지만, 그 요점을 종합해서 말하면, 사람의 욕구를 억제하고[遏人欲] 천리를 보존하는[存天理] 두 가지에 불과하다 ……여기서 욕구를 억제하는 일은 인심의 측면에 속하는 것이고, 천리를 보존하는 일은 도심에 속하는 것이라 할 수 있다.[31]

이것이 성리학자들이 제시하는 알인욕(遏人欲)·존천리(存天理)의 수양론인데, 이렇게 인심을 억제하고 도심을 간직하는 데에는 이 두 가지가 섞이지 않도록 정밀하게 잘 살피고[精] 도심이 자리를 잡도록 한결같이 노력해야 한다[一]는 것이 성리학자들의 생각이다. 이러한 입장은 순(舜)이 우(禹)에게 선위하면서 해주었다는 "인심은 오직 위태롭고 도심은 오직 은미하니, 오로지 정밀하고 한결같이 하여, 진실로 그 중도를 잡으라[人心惟危 道心惟微 惟精惟一 允執厥中]"는 《서경(書經)》〈대우모편(大禹謨篇)〉의 말을 주희(朱熹)가 《중용장구(中庸章句)》의 〈서(序)〉에서 인용하고, 이에 다음과 같은 해설을 붙이면서 비롯되었다.

> 인심은 오직 위태롭고 도심은 오직 은미하니, 오로지 정밀하고 한

31 大抵心學雖多端 總要而言之 不過遏人欲存天理兩事而已……凡遏人欲事當屬人心一邊 存天理事當屬道心一邊 可也 (《退溪全書 二》, 書, 答李平叔 259)

> 결같이 하여, 진실로 그 중도[中]를 잡으라……이를 논해 보면, 마음이 허령(虛靈)함과 지각(知覺)함은 하나일 뿐이지만, 인심과 도심이 다름이 있음은, 인심은 부여받은 신체적 조건[形氣]의 사사로움에서 나오고, 도심은 천명에 따른 본성[性命]의 바른 데서 비롯되어, 지각되는 바가 같지 않기 때문이다. 그러므로 인심은 위태롭고 편안하지 않으며, 도심은 미묘하여 보기 어렵다. 그러나 몸[形]을 갖지 않은 사람이 없으므로, 비록 성인과 같은 상지(上智)라 하더라도 인심이 없을 수 없으며, 또한 본성[性]을 가지고 있지 않은 사람이 없으므로, 비록 아주 어리석은 하우(下愚)라 하더라도 도심이 없을 수 없는 것이다. 그리하여 이 두 가지가 가슴 속에 섞여 있는데도 이를 다스릴 방도를 알지 못하면, 위태로운 인심은 더욱 위태롭게 되고 은미한 도심은 더욱 은미하게 되어, 천리(天理)의 공변됨이 끝내 사람 욕구[人欲]의 사사로움을 이기지 못하게 될 것이다. 여기서 정밀함[精]은 두 가지를 살펴서 섞이지 않게 하는 것이고, 한결같이 함[一]은 본심의 바름을 지켜 떠나지 않게 하는 것이다. 그러니 이를 일삼아 좇아서 잠시라도 그침이 없게 함으로써, 반드시 도심으로 하여금 항상 몸의 주인이 되게 하고 인심은 매번 도심의 명령을 듣게 하면, 위태로운 인심은 안정되고 은미한 도심은 밝게 드러나서, 움직이고 고요히 머무르고 말하고 행동하는 것이 모두 넘치거나 모자라는 착오가 없게 될 것이다.[32]

이 인용문에서 보듯이, 주희는 인심을 억제하고 도심을 보존하는 방법을 정일(精一: 정밀하게 살피고, 마음을 한결같이 하는 일)에서 찾

---

32 人心惟危 道心惟微 惟精惟一 允執厥中……蓋嘗論之 心之虛靈知覺 一而已矣 而以爲有人心道心之異者 則以或生於形氣之私 或原於性命之正 而所以爲知覺者不同 是以或危殆而不安 或微妙而難見耳 然人莫不有是形 故雖上智不能無人心 亦莫不有是性 故雖下愚不能無道心 二者雜於方寸之間 而不知所以治之 則危者愈危 微者愈微 而天理之公 卒無以勝夫人欲之私矣 精則察夫二者之間而不雜也 一則守其本心之正而不離也 從事於斯 無少間斷 必使道心常爲一身之主 而人心每聽命焉 則危者安 微者著 而動靜云爲 自無過不及之差矣 (《中庸章句》, 序)

고 있는데, 이러한 정일의 방법을 조선조의 성리학자들은 경(敬) 상태에 머무르는 일, 곧 거경(居敬)이라 보고 있다.[33] 이렇게 조선조 성리학자들은 주희의 "정밀하게 살피고, 마음을 한결같이 하는 일[精一]"이 곧 거경의 상태에 해당된다고 보고,[34] 거경을 인심을 제어하고[遏人欲] 도심을 보존하는[存天理] 구체적인 방법으로 삼고 있는 것이다.

이러한 "경(敬)은 마음의 주재로서, 온갖 일의 근본이 되는 것"[35] 이어서, "경은 성인이 되고자 하는 학문[聖學: 유학 전체를 가리킴]의 처음이자 마지막이 되는 요체"[36]라는 데 퇴계와 율곡의 생각이 일치하고 있다. 이러한 거경은 성학(聖學)의 또 하나의 방법으로서 사물의 이치를 깊이 탐구하는 궁리(窮理)의 근본이 되기 때문에[37] 성학의 처음이자 마

33 이러한 입장은 퇴계가 《聖學十圖》의 제8도를 〈心學圖〉로 하면서 붙인 해설에서 "정밀하게 선을 택하고 한결같이 이를 잡아 지킨다는 말 이하는 알인욕하고 존천리하는 공부가 아닌 것이 없다"(自精一擇執以下 無非所以遏人欲而存天理之工夫也, 《退溪全書 一》, 聖學十圖, 心學圖說 208)라 진술하고, 율곡이 위에 인용된 주희의 설명에 대해 "이 말은 요·순·우가 서로 전해준 '마음을 다잡는 법'[心法]으로, 만세의 '성인이 되는 학문'[聖學]의 연원이어서, 지금까지 유학자들의 주석이 많았지만, 그 가운데에서 주희의 설이 가장 정밀하고 확실하다"(人心惟危 以下十六字 乃堯舜禹傳授之心法 萬世聖學之淵源 先儒訓釋雖衆 獨朱子之說最爲精確, 《栗谷全書 一》, 聖學輯要, 修己上, 窮理章 453)라고 보아, 주희의 정일론(精一論)을 높이 평가한 데에서 그 근거를 찾을 수 있다. 이렇게 조선조 성리학자들은 성리학적 수양 방법인 居敬의 본원을 朱子의 精一에 대한 해설에서 찾고 있는 것이다.

34 윤사순, 1997, pp. 267-271.

35 敬者一心之主宰 而萬事之本根也(《退溪全書 一》, 聖學十圖, 大學經 203); 蓋心者一身之主宰 而敬又一心之主宰也 (《退溪全書 一》, 聖學十圖, 心學圖說 208); 爲學莫如先立其主宰 曰 何如可以能立其主宰乎 曰 敬可以立主宰 (《退溪全書 四》, 言行錄一, 論持敬 175)

36 敬爲聖學之始終 豈不信哉 (《退溪全書 一》, 聖學十圖, 敬齋箴 210); 敬之一字 豈非聖學始終之要也哉 (《退溪全書 一》, 聖學十圖, 大學經 203); 敬者聖學之始終也 (《栗谷全書》 一, 聖學輯要, 修己上, 收斂章 431)

37 敬以爲主 而事事物物 莫不窮其所當然與其所以然之故……至如敬以爲本 而窮理

지막이 된다는 것이다.[38]

그렇다면, 어떻게 해야 경 상태에 머무를 수 있게 되는가? "유학에서 경이라는 개념이 본격적으로 내세워져 문제시된 것은 송대의 정이(程頤, 호 伊川, 1033~1107)부터"[39]인데, 그와 그의 제자들은 거경의 구체적인 방법을 다음과 같이 네 가지로 제시했다.

> 어떤 사람이 "경 상태를 이루려면 어떻게 힘을 써야 합니까?"라고 물었다. 이에 대해 주희는 "정자(程子)는 일찍이 '마음을 하나에 집중시켜서 다른 곳으로 흩어지지 않도록 해야 한다'[主一無適]고 하였고, 또한 '몸가짐을 정돈하여 가지런히 하고, 마음을 엄숙하게 지녀야 한다'[整齊嚴肅]고도 하였다. 그리고 그 문하생인 사씨(謝氏)는 '항상 밝게 사람의 도리를 지키는 일'[常惺惺法]이라 말하였고, 또한 윤씨(尹氏)는 '마음을 거두어들여 다른 생각이 그 속에 들어오지 못하게 하는 일'[其心收斂 不容一物]이 그 요체라고 말하였다"라고 대답했다. 요컨대, 경(敬)이란 한 마음의 주재자요, 만사의 근본인 것이다.[40]

以致知 反躬以踐實 此乃妙心法 而傳道學之要 (《退溪全書 一》, 疏, 戊辰六條疏 185-186); 持敬是窮理之本 (《栗谷全書 一》, 聖學輯要, 修己上, 收斂章 431); 大抵敬字 徹上徹下 格物致知 乃其間節次進步處 又曰 今人皆不肯於根本上理會 如敬字只是將來說 更不做將去 根本不立 故其他零碎工夫無湊泊處 (《栗谷全書 一》, 聖學輯要, 修己上, 收斂章 433-434)

38 敬者聖學之始終也 故朱子曰 持敬是窮理之本 未知者非敬無以知 程子曰 入道莫如敬 未有能致知而不在敬者 此言敬爲學之始也 朱子曰 已知者非敬無以守 程子曰 敬義立而德不孤 至于聖人 亦止如是 此言敬爲學之終也 (《栗谷全書 一》, 聖學輯要, 修己上, 收斂章 431); 蓋此心旣立 由是格物致知 以盡事物之理 則所謂尊德性而道問學 由是誠意正心 以修其身 則所謂先立其大者而小者 不能奪 由是齊家治國以及乎天下 則所謂修己以安百姓 篤恭而天下平 是皆未始一日而離乎敬也 然則敬之一字 豈非聖學始終之要也哉 (《退溪全書 一》, 聖學十圖, 大學經 203)

39 김성태, 1989, p. 5.

40 或曰 敬若何以用力耶 朱子曰 程子嘗以主一無適言之 嘗以整齊嚴肅言之 門人謝氏之說 則有所謂常惺惺法者焉 尹氏之說 則有其心收斂 不容一物者焉云云 敬者一心

이 인용문에서는 주일무적(主一無適)·정제엄숙(整齊嚴肅)·상성성법(常惺惺法)·불용일물(不容一物)의 네 가지가 대표적인 경 공부의 방법으로 제시되고 있다. 퇴계는 이 밖에도 여러 곳에서 이 네 가지 경 공부의 방법에 대해 언급하고 있으며,[41] 율곡도 이 네 가지 경 공부의 방법을 받아들이고 있다.[42]

이러한 거경의 상태는 앞에서 보았듯이, 궁리의 근본이어서 사물의 이치를 올바로 이해하게 하는 기능과 함께 이렇게 깨달은 도를 일상생활에서 실천하여 도덕적 완성을 이루게 하는 등 다양한 기능을 갖는다. 이에 대해 퇴계와 율곡은 각각 다음과 같이 언급하고 있다.

> 경을 간직하는 것[持敬]은 생각과 배움을 함께 달성하고[兼思學], 움직이거나 정지해 있는 기거동작이 일관되며[貫動靜], 마음과 행동이 합일되고[合內外], 드러난 것과 숨어 있는 것이 일치하게[一顯微] 만드는 도이다.[43]

> 대개 도(道)의 묘한 것은 헤아릴 수가 없고 정해진 바가 없으나, 오직 경(敬)하면 능히 엉겨 모여서 이 이치가 항상 있게 된다. 마음을

之主宰 而萬事之本根也 (《退溪全書 一》, 聖學十圖, 大學經 203)

41 蓋心者一身之主宰 而敬又一心之主宰也 學者熟究於主一無適之說 整齊嚴肅之說 與夫其心收斂 常惺惺之說 其工夫也盡而優 入於聖域而不難矣 (《退溪全書 一》, 聖學十圖, 心學圖說 208); 敬之爲說者多端 何如不陷於忘助之病乎 曰 其爲說雖多 而莫切於程射尹朱之說矣 (《退溪全書 四》, 言行錄一, 論持敬 175)

42 又曰 主一之謂敬 無適之謂一……程子曰 整齊嚴肅則心自一 一則無非僻之干矣 嚴威儼恪 非敬之道 但敬須從此入 上蔡謝氏曰 敬是常惺惺法 和靖尹氏曰 敬者 其心收斂 不容一物之謂 或問 三先生言敬之異 朱子曰 譬如此室 四方皆入得 若從一方入至此 則三方入處皆在其中矣 (《栗谷全書 一》, 聖學輯要, 修己中, 正心章 476)

43 持敬者 又所以兼思學 貫動靜 合內外 一顯微之道也 (《退溪全書 一》, 進聖學十圖箚 197)

> 경하게 하면 능히 엉겨 모여서 덕이 마음에 있게 되고, 용모를 경하게 가지면 능히 엉겨 모여서 덕이 용모에 있게 되며, 귀 · 눈 · 코 · 입에 이르기까지 모두 그렇지 않은 것이 없다. 그러나 경하지 않으면, 마음이 방일하여 온 몸이 해이하게 이지러져서, 비록 사람의 형체를 갖추고 있다 해도 실제로는 혈기를 가진 살덩어리일 뿐으로, 사물과 전혀 다를 바가 없게 된다. 이렇게 경이란 덕을 모으는 근본이고, 인간의 본성을 완성하고 실천하는[踐形盡性] 요체인 것이다.[44]

이렇게 퇴계와 율곡은 거경의 기능을 유학적 수양론의 핵심 위치에 올려놓고 있다. 한 마디로 경 상태는 주의 분산 없는 주의 집중의 인지적 기능[主一無適 · 不容一物][45]과 함께 실생활에서 도에 합치하는 목표를 선택하고 이에 적합한 행동을 활성화하는 동기적 기능[整齊嚴肅 · 常惺惺法][46]도 지니는, 심적 자기조절의 전체 과정에 해당한다고 볼 수 있다. 거경(居敬)의 기능을 이렇게 심적 자기조절이라고 보면, 경이 생물적 이기적 욕구[人心]를 제어하고 도덕적 욕구[道心]를 발양시키는 기능을 한다는 사실은 쉽게 이해된다. 이를 율곡은 다음과 같이 진술하고 있다.

> 경 상태에서는 안으로 욕구가 싹트지 않고, 밖으로 사물의 유혹이 들어오지 못한다.……경은 사람의 욕구[人欲]를 대적하는 방도로서, 사람이 항상 경 상태에 있게 되면, 천리가 스스로 밝아지고, 사

44 蓋道妙莫測 靡有攸定 惟敬則能凝聚得此理常在 如心敬則能凝聚得德在心上 貌敬則能凝聚得德在貌上 以至耳目口鼻之類 無不皆然 或有不敬 則心君放逸 而百體解弛 雖曰有人之形 而其實塊然血氣之軀 與物無以異矣 此敬之一字 乃聚德之本 而爲踐形盡性之要也 (《栗谷全書 一》, 聖學輯要, 修己中, 正心章 477)

45 김성태, 1989, pp. 160−181.

46 한덕웅, 1994, pp. 91−96.

람의 욕구는 위로 떠오르지 못하게 되는 것이다.[47]

이렇게 경(敬)에 힘입어 생물적 이기적 욕구[人欲]를 제어할 수 있기 때문에 "악을 버리고 선을 따르는 일은 역시 경을 위주로 하는 일[主敬]과 도에 대한 올바른 이해[明理]에 달려 있을 수밖에 없는 것이다."[48] 이렇게 욕구 통제의 기능을 통해 "경은 온갖 사악함을 다 이기게 되므로,"[49] 거경(居敬)은 곧 욕구를 도덕적인 수준으로 승화하는 직접적인 방도가 되어, 알인욕뿐만 아니라 존천리를 이루는 길이 된다는 것이 바로 조선조 성리학자들의 입장이었던 것이다.

2. 존재확대의 길: 욕구와 감정의 도덕적 승화

인간이 본유하고 있는 제반 욕구와 감정 중에서 유학자들이 가장 중요하게 여겨 권장하는 것은 도덕적 지향성의 욕구와 타인 · 규범지향적 정서이다. 이는 성덕(性德)을 지향하는 유학의 체계에서 당연한 논리적인 귀결이다. 유학자들은 이러한 도덕적 지향성의 욕구와 규범지향적 감정은 재기자(在己者)에 속하는 것이어서, 그 충족과 유발의 여부가 개인의 수양 수준에 달려 있다고 본다. 곧 도덕적 지향 욕구와 규범지향적 감정은 그 충족과 유발의 조건이 개인의 노력에 달려 있으므로,

47 敬則內欲不萌 外誘不入……敬所以抵敵人欲 人常敬則天理自明 人欲上來不得(《栗谷全書 一》, 聖學輯要, 修己中, 正心章 476)

48 其欲去惡而從善 亦在主敬與明理而已 (《退溪全書 二》, 書, 答金而精 94)

49 敬勝百邪 (《栗谷全書 一》, 聖學輯要, 修己中, 正心章 476)

실생활에서 사람이 스스로 통제할 수 있기 때문에, 유학자들이 중시하고 권장하는 것이다. 유학자들에 따르면, 도덕적 지향 욕구 이외의 다른 욕구들과 자기중심적 감정들은 모두 그 충족과 유발의 여부가 외적 환경 조건에 달려 있는 재외자(在外者)이다. 그러므로 이는 사람이 노력한다고 해서 충족되거나 유발되는 것이 아닐 뿐만 아니라, 이러한 외적 욕구와 감정은 인간이 올바른 길에서 벗어나 악으로 향하게 만들 가능성이 있기 때문에, 억제하고 조절해야 할 필요가 있다고 유학자들은 본다.

유학의 욕구와 정서 이론은 이렇게 재기자인 도덕적 지향 욕구와 규범지향적 정서를 적극 권장하고, 재외자인 그 밖의 욕구와 정서를 억제해야 한다는 주장을 중심으로 성립되고 있다. 이러한 동기와 정서의 통제와 조절은 자기 수양의 요체로서, 자기개선과 자기향상을 이루어 군자가 되는 길에서 중핵적인 과제가 된다는 것이 유학의 경전들에서 도출되는 욕구이론의 핵심 내용인 것이다.

이렇게 도덕적 욕구의 권장과 생물적 이기적 욕구의 억제, 그리고 타인 · 규범지향적 정서의 권장과 자기중심적 정서의 억제는 유학적 수양의 핵심 과정이다. 이러한 욕구와 감정의 통제와 조절을 통해, 도덕적 지향의 욕구와 규범지향적 정서가 모든 욕구와 정서의 유발과 그 충족의 중심이 되는 욕구와 정서의 승화와 자기개선을 이룰 수 있고, 따라서 이러한 욕구와 정서의 승화를 통해 도덕적 완성의 경지[成德]에 도달할 수 있다는 것이 유학적 수양론의 기본 관점이라 볼 수 있다.

성리학자들은 한 걸음 더 나아가 이러한 욕구와 정서 승화의 방법론으로서 거경(居敬)을 제시하고 있다. 곧 사람은 거경을 통해 생물적 이기적 욕구와 칠정의 근원인 인심을 제어하고, 도덕적 지향 욕구와 사단의 근원인 도심을 확충함으로써, 인심이 도심의 명령을 따라 도심의 상태로 변모되는 욕구와 정서의 승화를 이룰 수 있는 존재이며, 이러한 욕구와 정서의 승화가 곧 자기 수양과 자기개선의 바탕이라는 것이 성리학자들의 핵심 주장인 것이다. 이러한 자기 수양을 통한 욕구의 승화에 대한 강조가 유학 사상에서 도출되는 욕구와 정서 이론의 기본 요지이다.

1) 욕구의 도덕적 승화

이와 같이 유학 사상에서는 재기자 · 재아자에 속하는 도덕적 지향성의 욕구는 적극 권장하는 대신, 재천자 · 재외자에 속하는 생존 욕구와 이기적 및 사회적 경쟁의 욕구는 적극 억제해야 한다는 자세를 굳게 지니고 있다. 이렇게 욕구를 통제하고 조절함으로써, 욕구의 폐해에서 벗어나 마음의 평온과 선함을 유지하는 일은 도덕적 수양과 자기개선을 이루는 전제 조건이다. 따라서 통제와 조절을 통해 항상 도덕적 욕구가 생물적 이기적 욕구에 대해 통제력을 갖도록 하는 욕구의 승화를 이루는 일이 바로 군자의 경지에 이를 수 있는 핵심이라고 유학자들은 보는 것이다.

(1) 선진유학의 관점

도덕적 지향성의 욕구가 여타 욕구들에 대해 통제력을 행사함으로써 도덕적 지향성 욕구가 삶의 중심 욕구로 승화되는 일에 대해 공자는 유명한 연령단계 발달론에서 이미 밝힌 바 있다. 공자는 "일흔 살에 이르러, 무엇이든지 마음에 하고자 하는 대로 행해도 도리에 어긋나지 않게 되었다"[50]고 진술하여, 발달의 최고 단계로 설정하고 있다. 공자는 일흔 살이 되어서야 비로소 마음에 떠오르는 것은 무엇이든지 도덕 규범[規矩]에 어긋나지 않는 상태에 이르게 되었다고 하여, 욕구의 도덕적 승화가 이루어졌다고 스스로 자평하고 있는 것이다. 공자에 이어 이후의 유학자들은 이러한 욕구의 도덕적 승화가 이루어져, 도덕 규범에 비추어 옳은 것만 하고 싶어지는 상태에 이른 사람이 이상적 인격을 이룬 군자와 성인이라고 여기는 전통을 형성하였다.[51]

공자의 관점 공자는 도덕적 지향성의 욕구 이외의 나머지 욕구들은 내재적인 통제 가능성이 없기 때문에, 이를 그대로 내버려 둘 경우 여러 가지 폐단에 빠지므로, 이를 적극적으로 억제하고 조절할 필요가 있다고 본다. 그런데 이러한 욕구들은 최종적으로 도덕적 지향성의 욕구에 따라 제어되어야 한다는 것이 《논어》에서 제시되고 있는 입장이다. 다음 진술문은 이러한 관점을 잘 피력하고 있다.

> 자공(子貢)이 정사(政事)에 대해 여쭙자, 공자께서 "경제적인 풍요를 이루어 생존 및 이기적 욕구를 충족시키고[足食], 국가 안보를 튼튼히 하며[足兵], 도덕적 수양이 이루어져 백성들 사이에 믿음이 있도록 해야 한다[民信之]"라고 대답하셨다. 자공이 "만일 부득이 이 셋

50 七十而從心所欲 不踰矩 (《論語》, 爲政 4)

51 선진유학자들의 욕구 승화에 대한 관점은 졸저(조긍호, 2017a, pp. 293-301)의 내용을 거의 그대로 따왔다.

중에서 하나를 버려야 한다면, 무엇을 먼저 버려야 합니까?"라고 여쭙자, 공자께서는 "국가 안보를 버려야 한다"라고 대답하셨다. 자공이 다시 "만일 부득이 나머지 둘 중에 하나를 버려야 한다면, 무엇을 먼저 버려야 합니까?"라고 여쭙자, 공자께서는 "경제적인 풍요(생존 및 이기적 욕구의 충족)를 버려야 한다. 옛날부터 사람은 누구나 다 죽었으나, 백성들 사이에 신의가 없으면(도덕적 지향 욕구가 충족되지 않으면) 사람으로서 스스로 존립할 수가 없는 것이다"라고 대답하셨다.[52]

공자는 이러한 입장을 "군주를 섬길 때에는 자기 직무를 성실히 하고(도덕적 욕구가 기본적이고), 식(食)은 뒤로 미루어야 한다(생존 욕구와 이기적 욕구는 부차적이다)"[53]라거나 "군자는 도덕적 욕구[道]를 추구하지, 생존 욕구[食]를 추구하지 않는다……군자는 도덕적 욕구를 충족할 것을 걱정하지, 이기적 욕구를 충족하지 못할까봐 걱정하지 않는다"[54]라는 진술에서 거듭 표현하고 있다.

그러나 "생존 욕구[食]의 충족은 도덕적 욕구[喪祭]의 충족과 마찬가지로, 사람들의 삶에서 소중한 것"[55]이고, 어떤 면에서 생존 욕구는 도덕적 욕구보다 더 강한 것[56]이기 때문에, 도덕적 욕구에 의한 나머지 욕구의 제어는 상당히 어려워진다. 더욱이 이러한 도덕적 욕구는 그 자체로 실현하기 어렵다는 사실이 욕구 제어와 승화의 문제를 더욱 복잡

52 子貢問政 子曰 足食 足兵 民信之矣 子貢曰 必不得已而去 於斯三者何先 曰 去兵 子貢曰 必不得已而去 於斯二者何先 曰 去食 自古皆有死 民無信不立 (《論語》, 顔淵 7)

53 子曰 事君 敬其事而後其食 (衛靈公 37)

54 子曰 君子謀道 不謀食……君子憂道 不憂貧 (衛靈公 31)

55 所重民食喪祭 (堯曰 1)

56 吾未見好德如好色者也 (子罕 17; 衛靈公 12)

하게 만드는 요인이 된다. 도덕적 욕구를 만족시키는 일이 아주 어렵다는 사실은 다음과 같은 진술에서 잘 드러난다.

> 자공(子貢)이 "저는 다른 사람이 저에게 해주지 않았으면 하는 일을 저도 역시 다른 사람에게 해주지 않으려 합니다"라고 말씀드리자, 공자께서 "사(賜: 자공의 이름임)야! 이 단계는 아직 네가 미칠 바가 아니다"라고 말씀하셨다.[57]

도덕적 욕구의 충족이 어렵다는 사실은 이 밖에도 인(仁)의 실현 또는 성인이 되는 일의 어려움을 논술한 여러 곳에서 제시되고 있다.[58] 그러나 이러한 도덕적 동기는 내재적으로 통제 가능한 동기이기 때문에, 스스로의 노력에 따라 충족되는 것이다.[59] 따라서 공자는 사람들이 끊임없는 노력을 통해 도덕적 동기를 실현해야 한다고 본다.[60] 이러한 주장은 다음과 같은 진술에서 잘 드러나고 있다.

> 자공이 "한마디 말로써 평생토록 행해야 할 만한 것이 있습니까?"라고 여쭈었다. 이에 대해 공자께서는 "그것은 '자기를 미루어 남에게까지 미쳐가는 일'[恕]일 것이다. 이는 자기가 바라지 않는 일을 남에게 베풀지 않는 일이다"라고 말씀하셨다.[61]

---

57 子貢曰 我不欲人之加諸我也 吾亦欲無加諸人 子曰 賜也 非爾所及也 (公冶長 11)

58 子貢曰 如有博施於民而能濟衆 何如 可謂仁乎 子曰 何事於仁 必也聖乎 堯舜其猶病諸 (雍也 28); 克伐怨欲 不行焉 可以爲仁矣 子曰 可以爲難矣 仁則吾不知也 (憲問 2) 등.

59 夫仁者 己欲立而立人 己欲達而達人 能近取譬 可謂仁之方也已 (雍也 28); 爲仁由己 而由人乎哉 (顔淵 1) 등.

60 君子去仁 惡乎成名 君子無終食之間違仁 造次必於是 顚沛必於是 (里仁 5)

61 子貢問曰 有一言而可以終身行之者乎 子曰 其恕乎 己所不欲 勿施於人 (衛靈公 23)

평생토록 힘써야 할 이러한 도덕적 욕구의 핵심은 “자기의 사욕을 극복하여 예(禮)로 돌아감으로써[克己復禮] 인(仁)을 이루는 일이다. 이렇게 하루라도 사욕을 이겨 예로 돌아가면, 천하가 모두 인으로 돌아오게 되는 것이다.”[62] 이렇게 하여 인을 체현하는 것이 바로 이상적인 인간이다. 공자는 스스로의 경험에 비추어, 이렇게 되면 바라는 것이 모두 사람의 도리에 맞는 것뿐이어서, “언제나 마음이 바라는 바대로 행하여도 도리에 어긋나지 않는”[從心所欲 不踰矩] 궁극적인 이상적 인간의 경지에 이를 수 있다고 본다. 곧 이러한 이상적 인간의 상태는 모든 욕구가 도덕적 지향성에 따라 제어되어 도덕적 욕구의 상태로 승화된 경지인 것이다.

맹자의 관점 맹자는 생존 욕구와 이기적 욕구의 폐단에서 벗어나는 일은 욕구를 줄이는 일[寡欲][63]에만 그쳐서는 안 되고, 한 걸음 더 나아가 도덕적 욕구에 의해 다른 욕구들을 제어해야 한다고 본다. 다음 진술문은 이러한 관점을 잘 드러내고 있다.

> 생[生: 생존 욕구] 또한 내가 바라는 것이고, 의[義: 도덕적 욕구] 또한 내가 바라는 것이다. 그런데 이 두 가지를 함께 얻을 수 없다면, 삶(생존 욕구)을 버리고 의(도덕적 욕구)를 취해야 한다. 삶[生] 또한 내가 바라는 것이지만, 삶보다 더 간절하게 바라는 것[義]이 있으므로, 구차하게 삶을 얻고자 하지 않는 것이다……이렇게 삶보다 더 간절하게 바라는 것이 있는데……오직 어진 사람만이 이러한 마음

---

62 克己復禮爲仁 一日克己復禮 天下歸仁焉 (顔淵 1)

63 養心莫善於寡欲 (《孟子》, 盡心下 35)

> 을 갖는 것은 아니다. 사람은 누구나 다 이러한 마음을 가지고 있지만, 오직 어진 사람만이 이런 마음을 잃지 않고 간직하는 것이다.[64]

이 인용문에서는 도덕적 욕구에 의한 생존 욕구의 제어에 대해 논술하고 있다. 그런데 이렇게 욕구를 절제하거나, 제어할 수 있는 것은 마음이라는 기관의 생각하는 기능 때문이라고 맹자는 본다. 곧 "눈과 귀 같은 감각기관은 생각하지 못하고 외부의 사물에 가리운다. 감각기관이 외부의 사물과 만나면 거기에 이끌려버릴 뿐이지만, 마음의 기관은 생각을 한다. 이렇게 생각을 하면 욕구의 바름을 얻고, 생각하지 못하면 얻지 못하는데, 이것은 하늘이 사람에게 부여해 준 능력으로, 먼저 그 큰 것(도덕적 동기의 주관자인 마음)을 바로 세우면, 그 작은 것(생물적 이기적 욕구의 주관자인 감각기관)이 큰 것의 자리를 빼앗을 수 없는 것이다."[65]

그러나 욕구의 절제나 도덕적 지향 욕구에 의한 나머지 욕구의 제어가 그렇게 쉬운 일은 아니다. 생존 욕구나 이기적 욕구가 충족되지 않은 채로 도덕적 지향 욕구를 추구하는 바른 마음을 가진다는 것은 아주 어려운 일로, 보통 사람들은 생존 욕구나 이기적 욕구가 충족되지 않으면 도덕적 지향의 욕구를 추구하지 못하는 것이다.[66] 그렇지만 도덕적 지향 욕구는 자발적인 통제가 가능한 것[在我者]이므로, "마음과

64 生亦我所欲也 義亦我所欲也 二者不可得兼 舍生而取義者也……是故所欲有甚於生者……非獨賢者有是心也 人皆有之 賢者能勿喪耳 (告子上 10)

65 耳目之官 不思而蔽於物 物交物 則引之而已矣 心之官則思 思則得之 不思則不得也 此天之所與我者 先立乎其大者 則其小者不能奪也 (告子上 15)

66 無恒產 而有恒心者 惟士爲能 若民則無恒產 因無恒心 (梁惠王上 7); 民之爲道也 有恒產者 有恒心 無恒產者 無恒心 (滕文公上 3)

뜻을 한결같이 하지 못하면 깨달아 알지 못하지만,"[67] "그 마음을 다하면 스스로에게 갖추어져 있는 도덕적 동기의 본성[性]을 깨달아 알게 되는 것"[68]이다.

이러한 상태는 바로 욕구의 승화가 이루어진 상태라고 할 수 있는데, 그렇게 되면 "해야 할 일"[所爲]과 "해서는 안 될 일"[所不爲] 및 "바라야 할 것"[所欲]과 "바라서는 안 될 것"[所不欲]을 잘 구별하게 된다. 곧 "사람은 하지 않는 일이 있게 된 후에야 해야 할 일을 이룰 수 있게 되므로,"[69] 소위(所爲)와 소불위(所不爲), 소욕(所欲)과 소불욕(所不欲)[도덕적 욕구와 그 밖의 욕구들]을 잘 구별하여야 "할 일만을 행하고 해서는 안 될 일은 하지 않으며, 바랄 것만을 바라고 바라서는 안 될 것은 바라지 않는 경지"[70]에 이르게 된다. 이것이 바로 욕구의 승화가 이루어진 상태이다. 이렇게 되면 "인의[仁義: 도덕적 동기]에 배가 불러서 맛있는 음식(생물적 이기적 욕구)을 더 이상 바라지 않게"[71] 되는 바, 이러한 욕구의 승화에 관해서 맹자는 공자와 같은 입장을 전개하고 있는 것이다.

순자의 관점 앞에서 보았듯이, 순자는 생물적 이기적 욕구의 폐해에서 벗어나는 방안으로 욕구를 줄이고 절제하는 일[節欲]뿐만 아니라, 이러한 욕구를 올바른 방향으로 인도하는 일[道欲]을 들고 있다.[72] 그렇

67 不專心致志 則不得也 (告子上 9)

68 盡其心者 知其性也 (盡心上 1)

69 人有不爲也 而後可以有爲 (離婁下 8)

70 無爲其所不爲 無欲其所不欲 如此而已矣 (盡心上 17)

71 飽乎仁義也 所以不願人之膏粱之味也 (告子上 17)

72 凡語治而待去欲者 無以道欲 而困於有欲者也 凡語治而待寡欲者 無以節欲 而困於

다면, 이러한 절욕(節欲)과 도욕(道欲)의 기준은 무엇인가? 순자는 "무릇 사람이 어떤 것을 취할 때에 항상 순수하게 좋아하는 것만 들어오는 것은 아니며, 어떤 것을 버릴 때에 순수하게 싫어하는 것만 나가는 것은 아니므로, 사람은 언제나 바로 재어볼 수 있는 저울을 갖추어야[權具] 한다"[73]고 보고 있다. 그리하여 이 저울에 욕구의 실상을 잘 달아보는 것이 욕구 통제의 방법이라는 것이 바로 순자의 생각이다. 이러한 생각은 다음 진술문에 잘 드러나 있다.

> 좋아서 가지고 싶은 것[欲]을 보면 반드시 앞뒤로 싫어할 만한 점[惡]이 없는지 생각해 보고, 이로울 만한 것[利]을 보면 반드시 앞뒤로 해로움을 끼칠 만한 점[害]이 없는지를 생각해 보아야 한다. 이렇게 양쪽을 모두 달아보고[兼權] 자세히 재어본[熟計] 다음에, 좋아하고 싫어하며 취하고 버릴 것을 결정해야 한다. 이렇게 하면, 항상 욕구의 폐단에 빠지지 않을 것이다.[74]

여기서 저울이란 바로 도(道)로서, 따라서 절욕(節欲)과 도욕(道欲)을 위해서는 그 기준이 되는 도를 먼저 인식하지 않을 수 없게 된다.[75] 그런데 사람에게 이 도는 곧 예(禮)이므로,[76] 예에 따른 욕구의 조절이 곧 절욕과 도욕이라고 보아, 순자는 다음과 같이 말했다.

多欲者也 (《荀子》, 正名 19-20)

73 凡人之取也 所欲未嘗粹而來也 其去也 所惡未嘗粹而往也 故人無動而不與權具 (正名 24)

74 見其可欲也 則必前後慮其可惡也者 見其可利也 則必前後慮其可害也者 而兼權之 熟計之 然後定其欲惡取舍 如是則常不失陷矣 (不苟 17)

75 何謂衡 曰 道 故心不可以不知道 (解蔽 10)

76 禮者人道之極也 (禮論 13)

> 눈으로 하여금 예(禮)가 아니면 보려 하지 않게 하고, 귀로 하여금 예가 아니면 들으려 하지 않게 하며, 입으로 하여금 예가 아니면 말하려 하지 않게 하고, 마음으로 하여금 예가 아니면 생각하지 않게 해야 한다.[77]

이렇게 되면, 예를 무엇보다도 좋아하게 된다[78]고 순자는 보고 있는데, 이것이 바로 욕구의 승화가 이루어진 상태라고 볼 수 있을 것이다. 순자는 이렇게 예를 무엇보다 좋아하도록 욕구의 승화가 이루어지면, 덕을 지키는 굳은 의지[德操]가 갖추어져서,[79] 소위와 소불위, 소욕과 소불욕을 잘 분별하게 되며,[80] 항상 즐겁고 혼란하지 않을 뿐만 아니라[81] 날로 발전하게 되어,[82] 자기를 소중히 여겨 사물을 부리는 상태[重己役物]가 이루어진다고 본다.[83] 본시 예란 욕구를 기르려는 것이지 없애고자 하는 것은 아니어서,[84] 이렇게 도덕적 지향의 욕구[禮]에 따른

---

77 使目非是無欲見也 使耳非是無欲聞也 使口非是無欲言也 使心非是無欲慮也 (勸學 21): 여기서의 是는 사람의 正道, 곧 禮를 말하는 것인데, 이는《論語》, 顔淵 1장의 非禮勿視 非禮勿聽 非禮勿言 非禮勿動과 같은 입장이다.

78 及至其致好之也 目好之五色 耳好之五聲 口好之五味 心利之有天下 (《荀子》, 勸學 21): 여기서의 之는 禮를 가리킨다.

79 是故權利不能傾也 群衆不能移也 天下不能蕩也 生乎由是 死乎由是 夫是之謂德操 (勸學 21)

80 聖人淸其天君 正其天官……養其天情 以全其天功 如是則知其所爲 知其所不爲矣 (天論 25)

81 以道制欲 則樂而不亂 (樂論 7)

82 君子敬其在己者 而不慕其在天者 是以日進也 (天論 29)

83 心平愉 則色不及傭 而可以養目 聲不及傭 而可以養耳……故無萬物之美 而可以養樂 無勢列之位 而可以養名 如是而加天下焉 其爲天下多 其私樂少矣 夫是之謂重己役物 (正名 27-28)

84 禮起於何也 曰 人生而有欲 欲而不得 則不能無求 求而無度量分界 則不能不爭 爭則亂 亂則窮 先王惡其亂也 故制禮義以分之 以養人之欲 給人之求 使欲必不窮乎物 物必不屈於欲 兩者相持而長 是禮之所起也 故禮者養也 (禮論 1)

여타 욕구의 제어가 곧 욕구의 승화가 된다는 것이 바로 순자의 예론(禮論)에 전개된 욕구이론의 핵심인 것이다.

(2) 성리학의 관점

성리학자들은 생물적 이기적 욕구의 근원인 인심의 폐단에서 벗어나는 일은 단순히 이를 억제하거나 절제하는 일에만 머물러서는 안 되고, 도심으로 이를 제어함으로써 도심의 주재가 이루어지도록 해야 한다고 주장한다. 퇴계는 "인심이란 도심과 상대해서 성립하는 것으로, 사람 몸의 이기적 측면에 속한 것이어서, 이렇게 인심은 이미 이기적인 한 방향에 떨어져 있는 것이기 때문에, 다만 도심의 명령을 들어서, 도심과 하나가 되도록 해야 한다"[85]라는 말로 이러한 논점을 전개하고 있다. 율곡은 이러한 주장을 다음과 같이 좀 더 적극적으로 표현하고 있다.

> 마음을 다스리는 사람은, 어떤 생각이 발동할 때 이것이 도심임을 알게 되면, 이를 넓혀서 채워야 한다. 그러나 이것이 인심임을 알게 되면, 정밀하게 잘 살펴서 반드시 도심을 가지고 이를 제어함으로써, 인심이 항상 도심의 명령을 따르도록 해야 한다. 이렇게 되면, 인심도 또한 도심이 될 것이다.[86]

율곡은 이렇게 인심이 도심에 의해 제어되어 도심과 하나가 되면,

---

85 人心之名 已與道心相對而立 乃屬自家體段上私有底 蓋旣曰私有 則已落在一邊了 但可聽命於道心而爲一 (《退溪全書 二》, 書, 答李平叔 259)

86 治心者 於一念之發 知其爲道心 則擴而充之 知其爲人心 則精而察之 必以道心節制 而人心常聽命於道心 則人心亦爲道心矣 (《栗谷全書 一》, 說, 人心道心圖說 282-283)

"이와 의(理義: 도덕적 욕구)가 항상 보존되고, 물욕(物欲: 생물적 이기적 욕구)이 뒤로 물러날 것이니, 이로써 만사를 응대하면, 중도[中]에 맞지 않는 일이 없게 될 것"[87]이라고 주장하고 있다.

이렇게 도심에 따른 인심의 제어가 이루어져서 인심 또한 도심이 될 수 있는 것은 인심과 도심이 서로 다른 두 마음이 아니기 때문이다. 퇴계는 이를 "인심은 욕구에 눈을 뜬 것이고……도심은 의리(義理)에 눈을 뜬 것이지만, 이는 두 가지 종류의 마음이 있다는 말은 아니다"[88]라고 표현하고 있다. 이렇게 인심과 도심은 선악 혼재이냐 아니면 순선(純善)이냐 하는 정도의 차이를 나타낼 뿐이어서,[89] 순선인 도심 상태로 승화되는 일이 가능한 것이다. 이러한 사실을 율곡은 다음과 같이 진술하고 있다.

> 이러므로 인심과 도심은 서로를 겸할 수 없고[不能相兼: 인심이면서 동시에 도심일 수는 없고], 서로 처음과 끝이 되는 것이다[相爲終始: 인심이었다가 도심으로 바뀔 수도 있고, 도심이었다가 인심으로 바뀔 수도 있다]……직접 성명(性命)의 바름에서 나온 도심일지라도, 이것을 따라 선(善)으로 완성시키지 못하고 여기에 이기적인 욕구[私意]가 개재되면, 처음에는 도심이었다 하더라도 끝내는 인심이 되고 말 것이다. 이에 비해, 신체적 조건[形氣]에서 나온 인심이라 하더라도, 바른 이치[正理]를 거스르지 않으면, 도심과 어그러지지 않을 것이다. 이때 혹시 바른 이치를 거스르는 일이 있다고 하더라도,

87 夫如是則理義常存 而物欲退聽 以之酬酌萬變 無往而非中矣 (《栗谷全書 一》, 聖學輯要, 修己上, 窮理章 453)

88 人心卽覺於欲者……道心卽覺於義理者 此非有兩樣心 實以生於形氣 則皆不能無人心 原於性命 則所以爲道心 (《退溪全書 一》, 聖學十圖, 心學圖說 208)

89 道心純是天理 故有善而無惡 人心也 有天理也 有人欲 故有善有惡 (《栗谷全書 一》, 說, 人心道心圖說 282)

잘못을 알아서 제압함으로써 그 욕구를 따르지 않게 되면, 처음에는 인심이었다 하더라도 끝내는 도심이 되는 것이다.[90]

여기서 인심과 도심이 "서로 처음과 끝이 된다"는 것은 이 둘 사이의 위계구조를 말한 것이다. 따라서 도심에 따라 인심을 제어하게 되면, "자아중심적 · 개체지향적인 인심"이 "상호의존적 · 대인관계지향적인 도심"[91]으로 통합되는 욕구의 승화가 이루어진다는 것이 퇴계와 율곡의 주장인 것이다.

성리학자들이 이렇게 사람의 욕심을 버리고[遏人欲] 천리를 보존함으로써[存天理] 욕구의 승화를 이루는 방법으로 제시하는 것이 경 상태에 머무르는 거경(居敬)이다. 말하자면, 거경은 인심을 제어하고[遏人欲] 도심을 보존하는[存天理]함으로써 욕구의 승화를 이루는 구체적인 방법인 것이다.

2) 정서의 도덕적 승화

유학 사상에서는 재기자 · 재아자에 속하는 사단과 같은 타인과 규범지향적 정서는 적극 권장하는 대신, 재천자 · 재외자에 속하는 칠정과 같은 자기중심적 정서는 적극 억제해야 한다는 자세를 굳게 지니고 있다. 이렇게 정서를 통제하고 조절함으로써, 정서의 폐해에서 벗어나

90 是故人心道心不能相兼 而相爲終始焉……今人之心 直出於性命之正 而或不能順而遂之 間之以私意 則是始以道心 而終以人心也 或出於形氣 而不咈乎正理 則固不違於道心矣 或咈乎正理 而知非制伏 不從其欲 則是始以人心 而終以道心也(《栗谷全書 一》, 書, 答成浩原 192)

91 한덕웅, 1994, p. 37.

마음의 평온을 유지하는 일은 도덕적 수양과 자기개선을 이루는 전제 조건이다. 따라서 유학자들은 자기중심성을 제어함으로써 항상 타인 및 규범지향적 정서가 자기중심적 정서에 대해 통제력을 갖도록 하는 정서의 승화를 이루는 일이 바로 수양의 핵심이라고 본다.

(1) 선진유학의 관점

사단을 중심으로 하는 타인 및 규범 중심적 정서의 권장과 칠정을 중심으로 하는 자기중심적 정서의 억제는 유학적 수양의 핵심 과정 가운데 하나이다. 이러한 정서의 조절을 통해 개인적 욕구나 자기 집착으로부터 벗어나서, 사단이 정서 체험의 중심이 되는 정서의 승화와 자기개선을 이룰 수 있고, 따라서 도덕적 완성의 경지[成德]에까지 나아갈 수 있다는 것이 유학적 수양론의 대지라고 볼 수 있다. 이러한 자기 수양을 통한 정서의 조절과 승화의 강조가 유학 사상에서 도출되는 정서 이론의 특징이다.[92]

공자의 관점 공자는 외적 조건이나 상황에 의해 유발되는 자기중심적 정서는 개인 스스로가 관장할 수 있는 것이 아니므로 내적으로 통제하고 조절해야 하지만, 인의의 체득 및 실천과 관련된 타인 · 규범 지향적 정서는 개인의 도덕적 수양 여부에 따라 유발되는 정서, 곧 재기자들이어서 개인의 노력 여하에 따라서 달라지게 마련이므로 이를 일상생활에서 잘 지키고 키워나가도록 권장해야 한다고 보아, 유학적 정

92 선진유학자들의 정서 승화에 대한 관점은 졸저(조긍호, 2017a, pp. 367-375)의 내용을 거의 그대로 따왔다.

서이론의 초석을 놓고 있다.

군자는 이러한 정서의 조절과 통제를 이룬 사람이기 때문에 "걱정하지도 않고, 두려워하지도 않으며,"[93] "항상 착한 사람을 기리고, 능력이 없는 사람을 불쌍히 여기며,"[94] "남과 경쟁하지 않고,"[95] "도를 걱정할 뿐, 부귀나 빈천에 대해 걱정하지 않는다."[96] 그렇기 때문에 "군자는 태연하되 교만하지 않지만, 소인은 교만하고 태연하지 못하며,"[97] "군자는 마음이 넓고 편안하되, 소인은 항상 걱정이 많은 것이다."[98] 이렇게 자기의 감정을 조절하여 평온한 마음을 가져야 군자의 경지에 나아갈 수 있다고 공자는 보고 있는 것이다.

이러한 감정의 통제와 조절은 군자가 언행을 일치시키거나,[99] 자기 잘못을 고쳐,[100] 자기개선을 이루는 근본이 된다.[101] 이는 공자의 다음과 같은 진술에서 잘 드러난다.

> 사마우(司馬牛)가 군자에 대해 여쭙자, 공자께서 "군자는 걱정하거나 두려워하지 않는다"고 대답하셨다. 사마우가 다시 "걱정하지도

93 君子不憂不懼……內省不疚 夫何憂何懼 (《論語》, 顔淵 4)

94 君子……嘉善而矜不能 (子張 3)

95 君子矜而不爭 (衛靈公 21)

96 君子憂道不憂貧 (衛靈公 31)

97 君子泰而不驕 小人驕而不泰 (子路 26); 君子……泰而不驕……君子無衆寡 無小大 無敢慢 斯不亦泰而不驕乎 (堯曰 2)

98 君子坦蕩蕩 小人長戚戚 (述而 36)

99 子貢問君子 子曰 先行 其言而後從之 (爲政 13); 古者言之不出 恥躬之不逮也 (里仁 22); 君子恥其言之過其行也 (憲問 29)

100 子曰 德之不修 學之不講 聞義不能徙 不善不能改 是吾憂也 (述而 3)

101 不患無位 患所以立 不患莫己知 求爲可知也 (里仁 14); 不患人之不己知 患其不能也 (憲問 32); 君子病無能焉 不病人之不己知也 (衛靈公 18)

않고 두려워하지도 않으면, 그런 사람을 군자라 부를 수 있단 말씀입니까?"라고 여쭙자, 공자께서는 "안으로 살펴보아 잘못이 없는데, 무엇을 걱정하며 또 무엇을 두려워하겠느냐?"라고 대답하셨다.[102]

이렇게 자기 잘못을 고쳐 자기개선을 이루면, 마음이 평온해져서 정서적 안정이 이루어지므로, 걱정할 것도 없고 두려워할 것도 없게 된다고 공자는 보고 있는 것이다.

이상에서 보듯이, 그 유발의 조건이 자기의 수양에 달려 있는 타인 · 규범 중심적 정서를 권장하고, 유발 조건이 상황이나 타인에게 달려 있는 자기중심적 정서의 억제를 강조하며, 이러한 정서의 조절과 통제를 통해 자기개선을 이루고, 결과적으로 정서적 안정을 취하는 일이 군자가 되는 지름길이라고 보는 것이 바로 공자가 제시하는 정서이론의 핵심인 것이다.

맹자의 관점 유학자들 중에서 처음으로 사단설을 제시한 맹자는 자기가 남보다 못함을 부끄러워하는 일을 강조하고 권장함으로써,[103] 도덕적 수양의 근거를 인간의 자연스러운 정서에서 찾는 관점을 택하고 있다. 이는 그의 사단설 말미에 제시되고 있는 다음의 진술에서 잘 드러나고 있다.

102 司馬牛問君子 子日 君子不憂不懼 日 不憂不懼 斯謂之君子矣乎 子日 內省不疚夫何憂何懼 (顔淵 4)

103 孟子日 恥之於人大矣 爲機變之巧者 無所用恥焉 不恥不若人 何若人有 (《孟子》, 盡心上 7)

> 무릇 나에게 갖추어져 있는 사단을 모두 넓혀서 채울 줄 알면 마치 불이 처음 타오르고 샘물이 처음 넘쳐흐르듯 할 것이니, 진실로 이를 채울 수 있으면 온 천하를 보전하고도 남음이 있을 것이지만, 진실로 이를 채우지 못하면 부모를 섬기기에도 부족할 것이다.[104]

이렇게 인 · 의 · 예 · 지라는 덕성의 근거인 측은 · 수오 · 사양 · 시비의 네 가지 시초가 사람에게 갖추어져 있고, 그렇기 때문에 인간의 본성은 착하다는 것이 맹자의 성선설이다. 이러한 사단은 기본적으로 대인관계에서 타인을 지향 대상으로 하는 사회적 정서라고 볼 수 있는데,[105] 사람은 자기에게 본래부터 갖추어져 있는 이러한 선의 기초를 확충하도록 노력해야 한다는 것이 바로 맹자의 생각이다. 곧 그는 이러한 사단을 비롯한 타인 · 규범 중심의 정서를 함양할 것을 적극적으로 권장하는 입장을 취하는 것이다.

맹자가 사단과 같은 타인 · 규범 중심적 정서가 아닌 자기중심적 정서를 통제해야 한다고 보는 까닭은, 이들이 모두 감각기관[耳目之官]의 욕구에 이끌려 발생하는 외적 근원에서 온다고 보기 때문이다.

> 눈과 귀 같은 감각기관은 생각하지 못하고, 외부 사물에 가려진다. 감각기관이 외부의 사물과 교접하면, 거기에 이끌릴 뿐이다.[106]

그러므로 사람은 본성에 내재한 사단은 잘 확충하여 기르고, 이렇게 외적 근원을 갖는 자기중심적 욕구와 이로부터 발생하는 감정은 조

---

104 凡有四端於我者 知皆擴而充之矣 若火之始然 泉之始達 苟能充之 足以保四海 苟不充之 不足以事父母 (公孫丑上 6)

105 정양은, 1970/2005b, pp. 195−200; 한덕웅, 1994, pp. 108−134, 221−222.

106 耳目之官 不思而蔽於物 物交物 則引之而已矣 (《孟子》, 告子上 15)

절하고 통제하도록 노력해야 한다고 맹자는 보고 있다. 곧 "사람에게는 귀한 부분도 있고 천한 부분도 있으며, 작은 것도 있고 큰 것도 있는데, 작은 것으로 큰 것에 해를 끼쳐서는 안 되며, 천한 것으로 귀한 것에 해를 끼쳐서도 안 된다. 그 작은 것을 기르는 사람은 소인(小人)이고, 그 큰 것을 기르는 사람은 대인(大人)"[107]이라는 것이다.

여기서 맹자가 말하는 정서의 통제가 무엇을 의미하는가를 생각해 볼 필요가 있다. 일상생활에서 정서의 통제는 대체로 인간관계 안에서의 통제를 의미하는 것이다. 그러므로 정서의 통제는 말하자면, 인간관계에서 칠정과 같은 자기중심적 정서의 작용을 억제하라는 뜻이라고 추론해 볼 수 있다. 그러나 칠정은 외부 사물에 감촉되자마자 발동되는 것이므로,[108] "자극에 따라 통제할 사이도 없이 발로된다. 아무리 억제하더라도 그것은 육체의 자극에 대한 반응이므로 제지할 도리가 없다. 때로는 억제가 생명의 위협을 초래한다. 캐논(Cannon, W.)이 정서는 위급 반응(emergency reaction)이라고 한 것은 이런 의미로 해석된다."[109]

이렇게 칠정과 자기중심적 정서들이 의식적으로 억제할 사이도 없이 나타나는 성질의 것이라면, 어떻게 이를 통제해야 할 것인가? 사회적 정인 사단이 중요한 역할을 하는 것은 이 지점에서라고 유학자들은 본다. 곧 인간관계에서 물리적 자극인 타인의 신체에 대한 반응으로 칠

107 體有貴賤 有小大 無以小害大 無以賤害貴 養其小者爲小人 養其大者爲大人 (告子上 14): 여기서 귀하고 큰 것은 생각의 기관인 심(心), 천하고 작은 것은 감각적 욕구와 자기중심적 정서의 기관인 이목지관(耳目之官)을 가리킨다.

108 喜怒哀懼愛惡欲 何從而發乎 外物觸其形而動於中 緣境而出焉爾 (《退溪全書 一》, 書, 答奇明彦 406)

109 정양은, 1970/2005b, p. 200.

정이 나타나더라도, 사단의 발로가 강하게 되면 칠정이 자연히 약화된다는 것이다.[110] 말하자면, 타인의 물리적 존재에 반응(칠정)하지 말고, 심리적 속성에 반응(사단)함으로써, 자연스럽게 사단만 남고 칠정은 사라지도록 하자는 것이다. 후대의 유학, 특히 성리학에서는 이렇게 칠정보다 사단이 언제나 인간관계에서 주도적인 정서가 되도록 하는 방법을 중요하게 여긴다. 유학자들이 존양(存養)과 성찰(省察)을 통하여 부단히 연마하는 수양의 중핵은 바로 이것이라고 볼 수 있다.[111]

이렇게 마음에 내재한 사단 같은 규범 지향적 정서는 잘 기르고 보존해야 하지만, 외적 근원을 갖는 자기중심적 욕구와 감정은 조절하고 통제함으로써, 도덕적 수양을 쌓아 자기개선을 이루고, 결과적으로 정서적 안정을 도모하도록 해야 한다는 것이 맹자가 제시하는 정서이론의 핵심 내용인 것이다.

순자의 관점 순자도 또한 정서, 특히 인간을 악으로 향하게 할 가능성이 있는 자기중심적 정서의 통제와 억제를 주장한다. 그러나 이러한 정서는 사람이 선천적으로 갖추고 있는 자연스러운 것[天情][112]으로서, 이를 모두 멸식시킬 수는 없는 일이다. 그렇다면, 어떻게 해야 하는

---

110 정양은(1970/2005b, pp. 198-200)은 사단은 인간관계에서 사회적 자극인 타인의 심적 속성에 의해 유발되는 사회적 정서이지만, 칠정은 물리적 환경 세계 속의 물리적 자극에 의해 유발되는 비사회적 정서라고 보았다. 그는 인간관계에서도 칠정이 유발될 수 있지만, 이는 물리적 자극인 타인의 신체에 대한 반응일 뿐이지, 사회적 자극인 타인의 심적 속성에 대한 반응은 아니라고 주장한다.

111 정양은, 1970/2005b, p. 200.

112 形具而神生 好惡喜怒哀樂臧焉 夫是之謂天情 (《荀子》, 天論 24); 性之好惡喜怒哀樂 謂之情 (正名 2)

가? 이러한 문제에 대해 순자는 다음과 같은 의견을 제시하고 있다.

> 성인은 "마음씀의 걱정거리"[心術之患]와 그 "가려지고 막히는 폐해"[蔽塞之禍]를 알고 계셨다. 그리하여 좋아서 하고 싶어 하는 감정도 없고, 싫어서 피하고자 하는 감정도 없이……모든 사물을 함께 벌여 놓고, 그 가운데에 기준을 드리움으로써, 모든 변별적 감정이 서로 가려 올바른 마음의 도리를 어지럽히지 못하도록 하셨다.[113]

> 좋아서 하고 싶을 만한 것을 보거든 반드시 앞뒤로 그 싫어할 만한 점이 없는지 생각해 보고, 이로울 만한 것을 보거든 반드시 앞뒤로 그 해로울 만한 점이 없는지 생각해 보아서, 양자를 함께 달아 보고[兼權], 잘 살펴본 다음에, 접근할 것인지 아니면 피할 것인지를 정해야 한다.[114]

이 인용문에서 보듯이, 바람직하지 못한 정서의 폐해에서 벗어나는 일은 호 · 오(好·惡), 희 · 노(喜·怒) 같은 서로 반대되는 감정을 촉발하는 조건들을 함께 고려하여[兼權], 어느 한쪽으로 치우치지 않고 중용을 취하는 일이다. 이렇게 중용을 취하는 일은 도덕적 인식과 행위의 담당 기관, 곧 심(心)이 있기 때문에 가능한 일이다.[115] 이 심(心)이 선천적인 주재자[天君]로서, 정(情) · 욕(欲)의 담당 기관인 감각기관[天官]을

113 聖人知心術之患 見蔽塞之禍 故無欲無惡……兼陳萬物 而中縣衡焉 是故衆異不得相蔽以亂其倫也 (解蔽 10)

114 見其可欲也 則必前後慮其可惡也者 見其可利也 則必前後慮其可害也者 而兼權之孰計之 然後定其欲惡取舍 (不苟 17)

115 心者形之君也 而神明之主也 出令而無所受令 自禁也 自使也 自奪也 自取也 自行也 自止也 故口可劫而使墨云 形可劫而使屈申 心不可劫而使易意 是之則受 非之則辭 (解蔽 14-15)

주도적으로 지배해야 겸권(兼權)이 가능하다는 것이다. 이러한 점을 순자는 다음과 같이 표현하고 있다.

> 귀 · 눈 · 코 · 입 · 몸(피부)은 각각 특유하게 외부 사물에 접하여 이를 받아들일 뿐, 서로의 기능을 바꾸어 할 수는 없는데, 이를 일러 천관(天官)이라 한다. 심(心)은 사람의 한 가운데에 자리 잡고 오관(五官)을 다스리는 것으로, 이를 일러 천군(天君)이라 한다.[116]

정서 통제의 문제와 관련하여 한 가지 지적해야 할 것은, 순자도 공자나 맹자와 마찬가지로, 모든 정서의 통제를 주장하는 것이 아니라, 도덕적 수양에 긍정적인 영향을 미치는 정서는 적극적으로 권장하고 있다는 사실이다. 이러한 대표적인 정서가 "부끄러워함"[恥]이다. 순자는 치(恥)가 도덕적 수양의 원동력이 될 수 있음을 지적하고 있다.

순자에 따르면, "부끄러워해야 할 것은 아직 자기 덕이 닦이지 않았거나, 스스로 아직 신임과 능력이 부족한 사람으로 남아 있는 것이지, 남에게 오욕을 받거나, 남이 믿어주지 않거나, 남에게 기용되지 않은 것이 아니다, 그러므로 군자는 헛된 명예나 남의 비난에 휘둘리지 말고, 스스로 도에 따라 실천하고, 단정하게 자기 수양을 함으로써, 외부 사물에 마음이 흔들리지 않도록 해야 한다."[117] 이와 같이 순자는 "부끄러워함"이라는 정서는 자기 수양의 계기를 제공해주는 정서이므로, 이를 통해 자기 덕을 닦음으로써, 신임이 두텁고 능력이 뛰어난 사람

116 耳目鼻口形能 各有接而不相能也 夫是之謂天官 心居中虛 以治五官 夫是之謂天君 (天論 24–25)

117 故君子恥不脩 不恥見汙 恥不信 不恥不見信 恥不能 不恥不見用 是以不誘於譽 不恐於誹 率道而行 端然正己 不爲物傾側 夫是之謂誠君子 (非十二子 36)

이 되도록 노력해야 한다고 보았다. 곧 부끄러움 같은 타인 · 규범 지향의 정서는 자기 수양과 자기개선의 밑바탕이 되는 심적 경험이라는 것이다.

이렇게 순자도 도덕 수양에 도움이 되는 부끄러움 같은 정서는 적극 권장해야 하지만, 그 밖에 대부분의 정서들은 올바른 도의 인식과 실행을 방해하는 원천 가운데 하나여서, 적극적인 수양을 통해 조절하고 통제해야 한다고 보고 있다. 그렇게 함으로써만 도덕적 인식과 실천의 담당 기관인 심(心)이 제대로 기능을 발휘하게 되어, 자기개선을 이룰 수 있게 된다는 것이다. 순자도 이렇게 정서 통제를 통한 자기개선이 군자가 닦아야 할 수양의 핵심이라고 파악하고 있으며, 이는 유학자들의 공통적인 견해인 것이다.

(2) 성리학의 관점

선진유학에서는 사회관계의 상황에서 유발되는 타인 또는 규범 중심적인 정서는 적극적으로 추구하고 확충해야 하지만, 외부 사물과 맺는 관계에서 유발되어 개인의 이기적인 욕구를 부추기는 정서는 적극적으로 조절하고 통제해야 한다고 보는 이중 기준으로 정서 문제에 접근해 왔다. 성리학자들은 전자(타인·규범 지향적 정서)는 사단(四端)을 가리키고, 후자(자기중심적 정서)는 칠정(七情)을 가리킨다는 사단칠정설을 통해 정서의 문제에 접근하고 있는데, 이 중에서 사단을 확충하고 칠정을 조절하는 것이 수양의 핵심이라고 보아, 선진유학과 같은 관점을 제시하고 있다.

이와 같이 칠정을 비롯한 여러 자기중심적 정서를 억제하고, 사단을 비롯한 타인 · 규범 지향의 정서를 권장하는 것이 유학적 정서이론의 핵심이다. 이러한 정서의 통제와 조절을 통해 자기 수양을 하고, 그럼으로써 자기개선을 이룰 수 있게 된다. 성리학, 나아가서 유학의 근본 목적은 사람의 욕심을 버리고, 천리를 보존함으로써[遏人欲 · 存天理] 성인의 길을 배우는 데[聖學] 있다.[118] 곧 이기적인 욕구에 물든 마음[人心]을 버리고, 천리를 간직한 마음[道心]을 지향해 나아가는 것이 사람의 도리라고 보는 이론체계가 바로 성리학인 것이다. 여기서 사람의 욕심을 버리고, 천리를 보존하는 방법으로 제시되는 것이 바로 경 상태에 머무르는 거경(居敬)이다. 이는 "경(敬) 상태를 이루는 심적 조절 방법"[119]인데, 이러한 "경은 성학(聖學)의 처음이자 마지막이 되는 요체"[120]라고 퇴계와 율곡은 보고 있다. "경은 마음의 주재로서, 온갖 일의 근본이 되는 것"[121]이기 때문이다.

한덕웅은 거경을 심적 자기조절의 전 과정과 연관시키고 있다. 그에 의하면, "경 상태는 주의 분산 없는 주의 집중의 기능과 관련해서 사물 지각이나 판단에서의 주관적 오류를 극복토록 하는 인지적 기능도 지니지만, 인간의 목표 추구 활동을 활성화하고, 행동적 표출을 자신의 판단에 일치시키도록 방향 지워주는 동기적 기능도 지닌다. 그리고 행동 결과를 목표 설정에서 마련된 기준과 비교함으로써 환류하는 기능

118 大抵心學雖多端 總要而言之 不過遏人欲存天理兩事而已 (《退溪全書 二》, 書, 答李平叔 259)

119 한덕웅, 1994, p. 76.

120 敬爲聖學之始終 豈不信哉 (《退溪全書 一》, 聖學十圖, 敬齋箴 210); 敬者 聖學之始終也 (《栗谷全書 一》, 聖學輯要, 修己上, 收斂章 431)

121 敬者 一心之主宰 而萬物之根本也 (《退溪全書 一》, 聖學十圖, 大學經 203)

도 지닌다. 따라서 경은 심적 자기조절이 이루어지는 전 과정에서 영향을 미친다."[122]

이렇게 거경을 심적 자기조절이 이루어지는 전 과정이라고 보면, 인간에게 정서의 조절과 통제는 거경을 통해 이루어진다고 볼 수 있을 것이다. 유학의 기본 논지에 따르면, 거경 상태에서 이루어지는 이러한 정서의 조절과 통제는, "선악 미정"[123]이거나 "본래는 선하지만 악으로 흐를 가능성이 있는"[124] 칠정(七情)에 대한 조절과 통제가 된다. 곧 이는 인간의 삶에서 칠정의 작용을 억제하여 선한 방향으로 이끌어감으로써, 정서를 승화시키는 것을 의미한다. 정양은은 이때 사회적 정인 사단(四端)의 역할이 중요하다고 보고 있다. 곧 인간관계에서 칠정이 생겨나더라도, 사단의 작용이 강하게 되면, 칠정이 자연히 약화될 것이라는 주장이다. 다시 말하면, 타인의 물리적인 존재에 반응[七情]하지 말고, 사회적 자극인 심적 속성에 반응[四端]하도록 하는 것이다.[125] 이렇게 유학에서는 인간관계에서 언제나 칠정보다는 사단이 작용함으로써 정서의 승화가 이루어지는 것을 중요시하는데, 그 방법이 바로 거경인 것이다.

이상과 같이, 인간을 불선으로 이끄는 원천인 칠정을 거경의 과정을 통해 철저히 억제하여 사단이 지배적인 정서가 되도록 노력함으로써, 사단의 선한 정서가 개인의 삶 전체를 지배하도록 해야 한다는 사

---

122 한덕웅, 1994, p. 93.

123 七情善惡未定也 (《退溪全書 一》, 書, 答奇明彦 406)

124 七情本善而易流於惡 (《退溪全書 一》, 書, 答奇明彦 412)

125 정양은, 1970/2005b, pp. 198-200.

단칠정설의 입장은 선진유학자들이 내세우는 "조절과 통제를 통한 정서의 승화"라는 정서이론의 주장과 맥을 같이 하는 것이다.

3. 자기개선과 존재확대

이렇게 도덕적 욕구 및 규범 지향적 정서의 권장과 생물적 이기적 욕구 및 자기중심적 정서의 억제는 유학적 수양의 핵심 과정이다. 이러한 욕구와 정서의 통제와 조절을 통해, 도덕적 욕구와 감정이 모든 욕구와 감정의 유발과 그 충족의 중심이 되는 욕구와 감정의 승화와 자기개선을 이룰 수 있고, 따라서 이러한 욕구와 감정의 승화를 통해 도덕적 완성의 경지[成德]에 도달할 수 있다는 것이 유학적 수양론의 기본 관점이라 볼 수 있다. 성리학자들은 한 걸음 더 나아가 이러한 욕구 및 감정 승화의 방법론으로서 거경을 제시하고 있다. 곧 사람은 거경을 통해 생물적 이기적 욕구의 근원인 인심과 칠정을 제어하고, 도덕적 욕구의 근원인 도심과 사단을 확충함으로써, 인심과 칠정이 도심과 사단의 명령을 따라 도심의 상태로 변모되는 욕구 및 감정의 승화를 이룰 수 있는 존재이며, 이러한 욕구와 감정의 승화가 곧 자기 수양과 자기개선의 바탕이라는 것이 성리학자들의 핵심 주장인 것이다.

1) 욕구 · 감정의 승화와 자기개선

이렇게 거경을 통해 인심이 도심으로 변화됨으로써 욕구 및 감정의 승화가 이루어질 수 있다는 유학자들의 생각은, 인간을 항상 자기개선을 지향하는 과정 속의 존재, 곧 "무한한 가변체"로 파악하는 관점에서 직접 도출된다. 욕구 및 감정의 승화와 이를 통한 자기개선의 모색은 미래를 향해 무한히 열려 있는 과정적 존재로 인간을 파악할 때에만 가능한 태도이기 때문이다. 이와 같이 "욕구와 감정의 승화와 이를 통한 자기개선을 중시하는 태도"는 상황에 따른 인간의 "가변성"과 "자기개선"을 강조하는 동아시아 집단주의의 배경에 욕구와 감정의 승화를 통한 자기개선을 중시하는 유학 사상이 자리 잡고 있다는 사실을 확인해 주는 논거가 된다.

이러한 배경에서 동아시아 집단주의 사회인들에게서 자기의 단점을 찾아 이를 고치려는 자기개선의 동기가 자기의 장점을 찾아 이를 확충하려는 자기고양의 동기보다 강하게 나타나는 경향이 도출되는 것으로 볼 수 있다. 집단주의 사회에서는 사람이 다양한 상황과 관계에 의해 규정된다고 보며, 이러한 상황과 관계에 따른 역할 · 지위 및 책임이 사회행위의 원동력이라고 여긴다. 따라서 이러한 다양한 상황과 관계에 맞추어 스스로의 행위를 적합하게 조정할 것이 요구되므로, 상황과 관계에 따른 행위의 가변성을 인정하고 강조하게 된다. 결국 사람들 사이의 연계성의 확립이 문화적 명제로 부각되는 집단주의 사회에서는 타인에 대한 배려와 조화의 유지를 강조하게 되고, 결과적으로 정적인 자기상이나 자기에 대한 정적인 감정보다는 자기의 부적인 측면과 부적 감정에 더 민감하고, 또 이러한 경험을 더 쉽게 수용할 가능성이 높다.[126]

126 조긍호, 1999a,b, 2000; Diener & Diener 1995; Diener & Larsen, 1993; Fiske et

이와 같이 집단주의 사회에서는 자기비판과 이를 통한 자기개선의 방향으로 문화적 압력이 존재하게 되어, 자기의 부적 측면에 주의를 기울이고 이를 정교화하게 된다. 그 결과, 집단주의 사회에서 자기화(self-making)는 집단의 기대에 비추어 보아 자기에게 결여된 것이 무엇인가를 찾아내어, 이를 수정하는 자기개선이 주축이 되며, 이러한 자기개선이 자존심의 근거가 된다.[127] 그리하여 집단주의 사회에서는 집단 내의 조화와 사회관계 속에서 자기가 차지하는 적합한 위치에 주의를 기울이게 되어, 조화를 해치거나 남에게 피해를 줄지도 모르는 부적 측면의 확인과 개선에 힘쓰게 되므로, 이러한 노력이 곧 행복감의 바탕이 된다.[128]

이상에서 보듯이, 집단주의 사회에서는 자기를 계속 상황에 조화롭게 적응시켜 개선할 수 있는 과정(process)으로서의 존재로 보는 반면, 개인주의 사회에서는 자기를 안정적이고 고정된 실체(entity)로 파악한다.[129] 그리하여 집단주의 사회에서는 자기의 부적 측면이나 부적 정서

al., 1998; Heine & Lehman, 1995; Kitayama & Markus, 1994, 1995; Kitayama et al., 1997; Markus & Kitayama, 1994a, b.

127 Fiske et al., 1998; Kitayama et al., 1997.

128 Diener & Diener, 1995; Heine & Lehman, 1995; Kwan et al., 1997.

129 Fiske et al., 1998; Kitayama et al., 1997: 최인철(Choi, 2002; Choi & Choi, 2002)은 이러한 문제와 관련하여, 집단주의 문화권에 살고 있는 동아시아인들은 개인주의 문화권에 살고 있는 미국인들보다 자기개념 명확도(self-concept clarity)는 낮게, 자기개념 유연성(self-concept flexibility)은 높게 지각함을 발견했다. 그에 따르면, 한국 대학생들은 미국 대학생보다 자기개념 명확도는 매우 낮고(Choi, 2002), 자기개념 유연성은 매우 높다(Choi & Choi, 2002). 따라서 한국 대학생들은 상황에 따라 자기 성격이나 동료 집단에서의 상대적 위치 또는 삶의 가치에 대한 평가가 매우 달라질 뿐만 아니라(Choi, & Choi, 2002), 서로 일치하지 않는 자기평가를 옳은 것으로 믿는 경향(Barnum effect)도 더 강한 것(Choi, 2002)으로 나타나고 있다.

는 자기개선의 과정에서 필연적으로 요구되는 것으로 보아 무난히 수용하며, 삶의 과정에서 겪는 실패는 더 많은 노력이 필요하다는 징표로 받아들인다.[130]

이와 같이 동아시아 집단주의 사회에서는 상황에 따른 심성 및 행위의 가변성을 인정하고 강조하기 때문에, 개인의 내적 특성과 행위의 불일치 또는 사회 행위의 상황간 불일치는 문제로 부각되지 않고, 따라서 이 사회에서는 일관성 추구의 동기가 별로 작용하지 않게 된다.[131] 집단주의 사회에서는 관계의 조화에 가치를 두므로, 개인의 내적 속성이 원만한 사회적 평형의 유지와 갈등할 때 이를 따르는 것은 이기적이고, 미성숙하며, 불성실한 징표로 받아들여지기 때문이다.[132]

동아시아 집단주의 사회인들에게서 실제로 나타나는 이러한 동기 행동들은 모두 전통적으로 동아시아인들이 인간을 "무한한 가변체"로 파악하는 관점에서 "생물적 이기적 욕구와 감정을 도덕적 욕구와 감정으로 승화시키는 일"을 군자가 되는 과정에서 강조해온 배경에서 나오게 된 것이라 추론할 수 있다. 즉 유학 사상에서 강조하는 욕구와 감정의 승화는 동아시아인들의 삶의 과정에서 그들의 지배적인 동기 행동의 양식(자기개선 동기의 강조)으로 그대로 드러나고 있는 것이다.

130 Morris & Peng, 1994; Pittman, 1998.

131 Fiske et al., 1998; Heine & Lehman, 1997; Markus & Kitayama, 1991a; Nisbett et al., 2001.

132 Fiske et al., 1998, p. 938.

2) 자기개선: 존재확대의 방안

생물적 이기적 욕구와 사적 감정의 통제를 거쳐 모든 욕구와 감정이 도덕적 차원으로 승화됨으로써, 하고자 하는 일마다 모두 도덕 규범에 맞는 상태[從心所欲 不踰矩]에 이르는 일이 인간발달의 최종단계라고 보는 것이 공자의 발달단계론의 요지이다.[133] 이렇게 욕구와 감정의 도덕적 차원으로의 승화가 이루어지는 일은 공자 자신도 일흔 살에 비로소 가능했다고 보고하고 있을 정도로 매우 힘든 일이다. 그러므로 이는 "자기를 닦음으로써 온 천하의 사람들은 편안하게 해주는 일"[修己以安百姓] 만큼이나 힘든 일이라는 것이 공자의 생각이다.[134]

여기서 "자기를 닦음으로써 온 천하 사람들을 편안하게 해주는 일"은 "자기를 닦음으로써 스스로 삼가게 되는 일"[修己以敬]과 "자기를 닦음으로써 주위 사람들을 편안하게 해주는 일"[修己以安人]에 이어지는 군자의 단계로서, 인간이 이룰 수 있는 최대한도로 존재확대가 이루어진 상태를 말하는 것이다.[135] 이렇게 보면, 개인이 가지고 있는 모든 욕구와 감정을 도덕적 차원으로 승화하여 도덕적 욕구와 감정이 그의 삶을 전반적으로 지배하는 상태가 바로 인간의 존재확대가 최대한도로 이루어진 상태가 되는 셈이다.

앞 장에서 유학 사상에서는 생물적 이기적 욕구와 자기중심적 감정은 외적 조건에 의해 그 충족이나 유발의 여부가 달려 있으므로, 기

133 七十而從心所欲 不踰矩 (《論語》, 爲政 4)

134 修己以安百姓 堯舜其猶病諸 (憲問 45)

135 子路問君子 子曰 修己以敬 曰 如斯而已乎 曰 修己以安人 曰 如斯而已乎 曰 修己以安百姓 修己以安百姓 堯舜其猶病諸 (憲問 45)

본적으로 인간을 악으로 이끄는 향악(向惡)의 원천이 된다고 여긴다는 사실을 고찰하였다. 따라서 이러한 사적 욕구와 감정을 아무런 제한 없이 추구하다 보면, 여러 가지 폐단에 빠져 인간에게 본유적인 도덕적 지향성을 잃게 되므로, 결국 악으로 빠지게 만든다는 것이다. 그러므로 이를 적극적으로 억제하고 인성에 본유되어 있는 선성(善性)을 회복하여, 욕구와 감정이 도덕적 차원으로 승화가 이루어지도록 해야 하는 일이 인간의 삶의 목표라고 유학자들은 간주한다. 이것이 유학적 수양론의 기본 논지이다.

그러므로 생물적 이기적 욕구와 사적 감정이 도덕적 차원으로 승화되기 전에는 여러 가지 잘못을 저지르게 되는 것이 인간 삶의 모습이다. 그러므로 이러한 잘못을 찾아내어 이를 고쳐나가는 일, 그리하여 자기개선을 이루는 일이 수양의 핵심이다. 이렇게 자기의 잘못을 찾아 이를 고쳐나가는 일은 존재확대를 이루는 일의 요체가 된다는 것이 유학자들의 생각이다.

공자는 "내게 잘못이 있으면, 사람들이 반드시 알려주니, 나는 참 다행이다"[136]라고 표현하여, 잘못을 고치는 일이 바로 스스로를 개선하는 첩경이 됨을 역설하고 있다. 그는 "잘못을 하고도 고치지 않는 것이 바로 잘못"[137]이라고 보고, "잘못이 있으면, 고치기를 꺼리지 말아야 한

136 子曰 丘也幸 苟有過 人必知之 (《論語》, 述而 30): 子張篇 2장에는 공자의 제자인 자공(子貢)이 했다는 "군자의 허물은 일식 · 월식과 같아서, 잘못이 있으면 사람들이 모두 알아보고, 잘못을 고치게 되면 사람들이 모두 우러러 본다"(子貢曰 君子之過也 如日月之食焉 過也 人皆見之 更也 人皆仰之)는 말이 나와, 《論語》에서 자기개선을 얼마나 강조하고 있는지 알 수 있게 한다.

137 子曰 過而不改 是謂過矣 (靈衛公 29)

다"[138]고 강조한다. 이렇게 잘못을 고치는 일은 매우 어려운 일이어서, 군자와 소인의 구별은 잘못을 고치느냐 아니면 이를 고치지 않고 꾸미느냐에 달려 있다는 것이 공자의 관점이다.[139] 이렇게 자기를 성찰하여 잘못을 고침으로써 항상 자기개선을 이루려 노력하는 자세,[140] 이것이 《논어》에서 강조하는 수양의 핵심이다. 이렇게 수양의 방안으로 자기개선을 중시하는 공자의 관점은 맹자와 순자에게도 그대로 이어지는 유학 사상의 핵심 요지인 것이다.[141]

이렇게 자기의 잘못을 찾아 이를 고치는 자기개선은 생물체적 존재, 개체적 존재 및 미성숙한 존재에 머물러 있던 개인이 도덕적 존재, 사회적 존재 및 성숙한 존재로 확대되어가는 과정의 첩경이다. 즉 자기개선을 이루기 전에는 생물적 이기적 욕구와 자기중심적 감정에 휘둘리던 생물체적이고 개체적이며 미성숙한 존재이던 상태에서, 이러한 사적 욕구와 감정에서 벗어나 자기개선을 이룬 뒤에는 도덕적이고 사회적이며 성숙한 존재, 곧 소인(小人)에서 군자(君子)로 존재확대를 이룬 존재로 변모하게 된다는 것이 유학의 수양론에서 주장하고 있는 요체인 것이다.

---

138 過則勿憚改 (學而 8; 子罕 24)

139 子曰 人之過也 各於其黨 觀過 斯知仁矣 (里仁 7); 子夏曰 小人之過也 必文 (子張 8)

140 子曰 見賢思齊焉 見不賢而內自省也 (里仁 17); 子曰 三人行 必有我師焉 擇其善者而從之 其不善者而改之 (述而 21); 司馬牛問君子 子曰 君子不憂不懼 曰 不憂不懼 斯謂之君子矣乎 子曰 內省不疚 夫何憂何懼 (顔淵 4)

141 且古之君子 過則改之 今之君子 過則順之 古之君子 其過也 如日月之食 民皆見之 及其更也 民皆仰之 今之君子 豈徒順之 又從而爲之辭 (《孟子》, 公孫丑下 9); 君子博學 而日參省乎己 則智明而行無過矣 (《荀子》, 勸學 2)

제3부

동·서 자기관의 회통(會通)

인간은 개체적 존재이면서 동시에 사회적 존재이다. 생물체로서의 인간은 다른 사람들과 구별되는 분명한 경계를 가진 독립적인 개체로서 존재한다. 먹고 마시고 잠자고 성적인 대상을 추구하면서 살아간다는 측면에서 인간은 다른 동물들과 다를 것이 전혀 없는 동물 무리의 일원일 뿐이다. 그러나 인간은 다른 동물과는 비교할 수 없을 정도로 복잡하고 커다란 사회를 이루어 살아가고 있는 사회적인 동물이다.[1] 물론 벌이나 개미 같은 곤충들도 사회를 이루어 살아가고 있으나, 이루고 있는 사회의 종류나 크기 및 복잡성 등에서 인간 사회와는 비교하기 힘들며, 더욱이 그 속에서 개체성과 사회성의 측면을 공유하면서 살아간다는 점에서 인간의 사회는 곤충의 사회와는 매우 다르다. 이렇게 인간

1 일찍이 아리스토텔레스는 이런 점을 지적하여 인간을 "사회적 동물"(zoon politicon)이라 부르고 있으며, 사회심리학자인 Aronson(1972)은 자기가 저술한 사회심리학 교과서의 제목을 *The Social Animal*이라고 붙여, 인간의 사회적 존재 특성을 부각시키고 있다.

은 사회를 떠나서는 살 수 없는 존재이면서 동시에 개체성을 유지하고 지향하면서 살아가는 존재인 것이다.

이 책에서는 제1부에서 서구와 동아시아 사회에서 이루어진 자기 관련 연구들을 대비하여 살펴 보았다. 서구인들은 인간을 자유의 보유자, 이성 주체, 안정적 실체로 개념화하여 인식하는 자유주의 사조의 전통을 바탕으로 하여, 인간의 존재의의가 개체성에서 도출되는 것으로 간주하고, 따라서 개체적 특성을 중심으로 인간의 삶을 이해하려는 특징을 보임이 확인되었다. 그리하여 일상생활의 과정에서 서구인들은 개체로서 갖는 독립성 · 자율성 · 독특성을 높이 평가하고 추구하며, 적극적으로 자기를 드러내어 주장하려 하고, 자기의 장점을 찾아 확충하는 일에서 자기향상을 도모하려는 경향을 강하게 보인다. 이렇게 서구인들은 인간의 사회성보다는 개체성에 초점을 맞추어 자기와 자기발전의 문제에 접근해 왔던 것이다.

이에 비해 동아시아인들은 인간을 사회적 관계체, 덕성 주체, 무한한 가변체로 파악하는 유학 사상의 전통 위에서, 인간의 존재의의의 출처를 사회성에서 찾아, 이러한 사회적 특성을 중심으로 하여 인간의 삶을 이해하려는 특징을 보이고 있다. 그리하여 일상생활의 과정에서 동아시아인들은 사회적 존재로서의 연계성 · 상호의존성 · 조화성을 높이 평가하고 추구하며, 사회의 조화를 해치기 쉬운 사적 욕구와 감정을 가능한 한 억제하려 하며, 자기의 잘못과 단점을 찾아 고쳐나가는 자기개선을 통해 자기발전을 도모하려는 경향을 보인다. 이렇게 동아시아인들은 인간의 개체성보다는 사회성에 초점을 맞추어 자기와 자기발전의 문제에 접근해 왔던 것이다.

그러나 인간은 개체적 존재이면서 동시에 사회적 존재라는 사실을 염두에 두고 보면, 개체성과 사회성 중 어느 한쪽만을 중심으로 하여 자기와 자기발전의 문제에 접근해온 지금까지의 연구들은 각각 인간의 반쪽에만 관심을 기울여온 것이라 할 수 있다. 인간을 온통 하나의 인격체로 보고 이해하기 위해서는 개체성과 사회성에 대한 연구 접근이 통합될 필요가 있는 것이다. 여기에서는 이 책의 결론을 겸해 이러한 필요성에 대해 논의해 보기로 하겠다.

제7장

개체성 지향과 사회성 지향의 통합

서구 문화 전개의 대세를 장악한 경향은 개인화의 흐름이었다. 물론 서구에서도 중세에 이르기까지의 긴 기간은 집단과 사회를 앞세우는 경향이 지배하고 있다가, 르네상스와 기독교개혁 운동의 여파로 개인과 개인의 자유에 눈을 뜨기 시작했고, 그 결과 개인과 사회 사이의 관계가 뒤집어졌던 것이다. "단순한 상황의 산물이건, 인간 본성의 잠재적 가능성에 의한 예정된 목적에서건, 어쨌거나 인간 본성의 개인화와 내면화는 점점 더 복잡해지는 서구 사회와의 상관관계 속에서 필연적으로 성취될 수밖에 없었다. 이런저런 이념적 충돌이 있었음에도 이 개인화 과정의 문화적 역동성이 지금까지 약화된 적이 결코 없었고, 개인주의적 가치체계가 전체론적 가치체계를 압도"[1]하게 되었던 것이다.

1 Laurent, 1993/2001, pp. 158-159.

이러한 배경에서 서구에서는 사회의 존재론적인 구성단위를 독립적이고 평등한 개체로서의 개인으로 보아, 개인이 가지고 있는 내적 특성(성격·능력·의도·욕구·감정·태도 등)에서 그가 하는 모든 행위의 원동력을 찾으려는 경향이 나타나게 되었다. 그러므로 서구의 사회과학계에서는 인간과 사회의 이해를 위한 분석의 단위를 개인으로 잡고 문제에 접근하는 경향이 현저하게 되었다. 이러한 맥락에서 보면, 서구인들이 자기와 자기발전의 문제에 접근하면서 개체성을 강조하는 경향을 띠게 된 것은 어쩌면 당연한 논리적인 귀결이었던 것이다.

이에 비해 동아시아 사회에서는 오래 전부터 유학 사상이 사회를 지배하는 이념체계로 군림해 왔다. 유학은 인간 삶의 근거를 부모-자식, 남편-아내, 형-아우, 군주-신하, 친구-친구 사이의 관계에서 찾으려는 이론체계이다. 그러므로 유학은 개체로서의 개인보다는 개인들로 이루어진 관계와 이러한 관계들의 집합체인 집단(예: 가족·문중·족벌 등)을 사회 구성의 기본단위라고 보아, 인간과 사회의 이해를 위한 분석의 단위를 이러한 관계와 집단으로 잡고 문제에 접근하는 경향을 띠게 되었다. 그러므로 동아시아인들은 자기와 자기발전의 문제에 대해서도 개체적 특성이 아니라 사회적 존재 특성(사회성)을 강조하는 경향을 띨 수밖에 없었던 것이다.

그러나 인간은 개체적 존재만도 아니고 사회적 존재만도 아니다. 그러므로 개체성이나 사회성 어느 한 측면만 보아서는 인간을 제대로 이해했다고 볼 수 없고, 이 두 측면을 함께 고려하여야 온전한 인간이해에 도달할 수 있을 것이다. 바로 여기에서 개체성 지향의 서구 자기론과 사회성 지향의 동아시아 자기론이 통합을 이루어야 할 이론적 필요성이 도출된다.

1. 인간의 두 측면: 개체 지향성과 사회 지향성

개체적 존재이면서 동시에 사회적 존재인 인간의 두 측면에 대한 논의는 다양한 영역에서 진행되어 왔다. 우선 한 사회가 추구하는 가치에 따라 문화유형이 달라진다는 이론들에서 이러한 인간 존재의 두 측면을 이해하기 위한 노력의 일단을 볼 수 있다. 또한 개인이 심리적으로 추구하는 동기와 관련된 논의들에서도 개체성과 사회성의 두 측면으로 인간의 문제를 바라보려는 진지한 시도들이 드러난다. 그리고 무엇보다도 최근의 진화론에서 자연선택(natural selection)의 진화적 압력(evolutionary pressure)이 개체성 지향과 사회성 지향의 두 방향으로 전개돼왔다는 관점들이 제시되고 있는데, 이러한 주장도 인간 존재의 두 측면에 접근하려는 열정적인 관심의 표현으로 보인다.

1) 추구 가치의 두 유형: 개인우선문화와 집단우선문화

"개인과 집단 사이의 관계를 어떻게 정립할 것인가의 문제는 모든 문화가 다루어야 하는 문화의 심층구조 원리(deep structure principle of culture)로서, 여기에는 두 가지 기본적인 선택지가 있을 뿐이다: 그것은 개인을 집단보다 우선하느냐 아니면 집단을 개인보다 우선하느냐 하는 것이다."[2] 가치의 문제를 이렇게 이항 대립의 양식으로 개념화하는 것은 전 세계적으로 보편적인 경향인데, 그 가운데 가장 대표적인 것이 개인을 중심의 위치에 놓을 것인지 아니면 집단을 중심의 위치에 놓을 것인지 하는 문제이다.[3]

전통적으로 서구의 철학 사상은, 특히 중세 이후 근대 세계로 접어들면서 성장한 자유주의 사조에서는 개인을 중시하는 경향이 두드러진 반면, 동아시아의 철학, 그 중에서도 특히 유학 사상은 집단과 사회를 중시하는 입장을 전개해 왔으며, 이러한 맥락에서 서구와 동아시아의

2 Greenfield, 2000, p. 229.

3 Kluckhohn, 1956: 많은 철학자들과 사회과학자들이 직면했던 근본적인 물음은 바로 "사회 질서가 어떻게 가능한가?"(Kagitcibasi, 1997, p. 8) 또는 "개인이 어떻게 사회의 원인이면서 또한 결과일 수 있는가?"(Allport, G. W., 1968, p. 8) 하는 문제였으며, 이러한 사색은 개인과 사회 또는 집단의 접점에서 개인을 강조할 것인가 아니면 사회 또는 집단을 강조할 것인가를 선택하는 문제로 귀결되어졌던 것이다(Allport, G. W., 1968; Fiske et al., 1998; Greenfield, 2000; Kagitcibasi, 1997; Kim, 1995; Nisbett, 2003; Triandis, 1995). 이렇게 개인과 집단의 관계에서 개인을 우선시키는지 아니면 집단을 우선시키는지 하는 "문화의 심층구조 원리"에 따라 다양한 문화를 두 가지 유형(개인중시 문화와 집단중시 문화)으로 분류하려는 시도는 지금까지 역사학 · 사회학 · 인류학 · 심리학과 같은 여러 분야에서 많이 제시되어 왔다. 이러한 문화분류체계 가운데 상당히 오래되고 또 일반인에게 널리 알려진 것이 Tönnies(1887/1957)가 제시한 "공동사회"와 "이익사회"의 분류체계이다. "공동사회"는 사회의 성원들이 하나의 공동체에 오래 함께 살아 서로 잘 알고, 협동과 신뢰를 바탕으로 관계를 맺고 유지하며, 공동 작업을 통해 공동체의 필요에 충당할 목적으로 물자를 생산하고, 신뢰 · 협동 · 보수주의가 일상적 삶의 바탕이 되는 사회이다. 이와 달리, "이익사회"는 성원들 사이에 수요-공급 원칙에 따라 계약을 바탕으로 관계가 이루어지고, 개인의 가치는 시장원리에 따라 결정되며, 개인적 이익을 얻기 위해 생산 활동에 참여하고, 교환과 경쟁이 일상적 삶의 바탕이 되는 사회이다(Kim, 1995, p. 8 참조). 여기서 전자의 "공동사회"는 개인보다 집단을 강조하는 집단주의 경향을 강하게 띠는 사회이고, 후자의 "이익사회"는 집단보다 개인을 강조하는 개인주의 경향을 강하게 띠는 사회라 볼 수 있는데, 이러한 사실은 개인주의-집단주의 차원의 주창자인 Hofstede(1980, p. 151)도 인정하고 있는 바이다. 이렇게 문화유형을 개인주의-집단주의의 틀로 분류하는 것은 학계의 오랜 전통이었던 것이다.

국가들에서 각각 개인주의(individualism: 집단보다 개인 우선시)와 집단주의(collectivism: 개인보다 집단 우선시) 문화가 발달한 배경을 찾아볼 수 있다.[4]

이렇게 문화유형을 개인주의-집단주의의 틀로 분류하는 것이 일반적인 경향이라면, 한 사회의 문화 내용을 집단주의로 분류할 것인지 아니면 개인주의로 분류할 것인지 하는 기준은 무엇인가? 이 두 문화유형의 규범적 차이에 관해서는 다양한 논의가 제시되어 왔는데, 이들은 대체로 호프스테드(Hofstede, G.)와 트리안디스(Triandis, H.)의 두 문화유형에 대한 개념 규정에 기초하여 이루어져 왔다.[5] 이제 이들의 정의를 차례로 제시하면 다음과 같다.

> 개인주의는 개인 간의 연계성이 느슨한 사회를 말한다: 모든 사람은 자기 자신과 자기의 직속 가족을 돌보면 되는 것으로 생각한다. 반대로 집단주의는 태어날 때부터 줄곧 개인이 강하고 단결이 잘된 내집단(內集團, ingroup)에 통합되어 있으며, 평생 내집단이 무조건 개인을 계속 보호해 주는 그런 사회를 가리킨다.[6]

> 개인주의는 기본적으로 스스로를 집합체와는 독립적이라고 여기는, 서로 느슨하게 연계된 개인들로 구성된 사회 형태로 정의된다: 이들은 주로 자신의 선호 · 욕구 · 권리 및 스스로가 타인과 수립한 계약에 의해 동기화되고, 타인들의 목표보다는 자기의 목표에 우선권을 부여하며, 타인과의 상호작용에 대한 합리적인 이해득실의

4 조긍호, 2003a, 2006, 2007a, b, 2008; Kagitcibasi, 1997; Kim, 1995; Nisbett, 2003; Triandis, 1995.

5 Bond, 1994; Kagitcibasi, 1997; Kim, 1995; Schwartz, 1994.

6 Hofstede, 1991/1995, p. 84.

> 분석을 강조한다. 이에 비해 집단주의는 본래 스스로를 하나 또는 그 이상의 집합체(가족·공동작업자·부족·국가)의 일부분으로 보는, 밀접하게 연계된 개인들로 구성된 사회 형태로 정의된다: 이들은 주로 이러한 집합체에 의해 부과된 의무와 규범에 의해 동기화되고, 자신의 개인적 목표보다는 이러한 집합체의 목표에 우선권을 부여하려는 준비가 갖추어져 있으며, 이러한 집합체의 성원들과의 연계성을 강조한다.[7]

이러한 정의들은 두 문화유형의 차이를 드러내는 많은 연구들의 성과에 기초해서 내려진 것들이다. 한 예로, 트리안디스는 개인 수준 및 문화 수준에서 개인주의와 집단주의를 측정한 여러 연구들을 개관하여, 개인주의는 독립성 · 자립성 · 경쟁 · 쾌락추구 · 내집단으로부터의 거리의 요인들을 포괄하며, 집단주의는 상호의존성 · 사회성 · 가족통합의 요인들을 포괄하는 개념체계임을 제시하고 있는데,[8] 이러한 사실들에 바탕을 두고 그는 이 두 문화유형의 차이는 자기 규정, 목표 우선성, 사회행위의 원동력 및 관계 중시 여부의 네 가지 측면에서 정리해 낼 수 있다고 보고 있다.[9]

7 Triandis, 1995, p. 2.

8 Triandis, 1988, 1990.

9 Triandis, 1995, pp. 43–44: 개인주의는 자기를 독립적인 개체로 보아 독립적 자기로 규정하고, 개인목표와 집단목표가 서로 결합되지 않는 것으로 보아 개인목표를 앞세우며, 개인적 태도 · 욕구 · 권리 · 계약 같은 개인적 요인을 사회행위를 지도하는 원동력으로 간주하고, 사회관계를 유지할 것인지의 여부는 그 관계로부터 얻게 되는 이해득실의 합리적 계산에 의존해서 결정하게 되는 사회이다. 이에 반해 집단주의는 자기를 타인과 맺는 관계 속의 존재로 보아 상호의존적 자기로 규정하고, 개인목표와 집단목표가 서로 결합되는 것으로 보아 집단목표를 앞세우며, 관계 속의 규범 · 의무 · 책임 같은 관계적 요인을 사회행위의 원동력으로 간주하고, 관계의 유지가 개인에게 불리할지라도 관계를 계속 유지하는 것을 중요하게 생각하는 사회이다.

이러한 연구 결과들과 위의 정의들을 종합해 보면, 두 문화유형의 규범적인 차이가 잘 드러난다. 곧 집단주의 사회가 사회성과 가족 통합, 내집단 성원들과 갖는 연계성과 상호의존성, 내집단에 대한 관심과 배려 및 헌신이 강조되는 사회라면, 개인주의 사회는 내집단과 거리 두기, 자기이익 추구와 경쟁 및 개인의 독립성과 개체성이 강조되는 사회인 것이다. 말하자면, 개인주의는 사회성보다 개체성을 우선시하는 관점으로 서구 사회에서 전형적인 문화유형이고, 집단주의는 개체성보다 사회성을 우선시하는 관점으로 동아시아 사회에서 전형적인 문화유형인 것이다.[10]

2) 심리적 동기의 두 유형: 주도성 동기와 유대성 동기

동기란 설정된 어떤 목표를 추구하고자 하는 행동을 촉발(initiation)하여 어느 정도의 강도(intensity)를 가지고 이 행동을 지속(persistence)하도록 유도하는 유기체 내적인 추동력을 말한다.[11] 이때 추구하고자 하는 목표의 종류에 따라 동기는 세 가지로 나뉜다. 그 하나는 생물체로서의 생존을 위해 음식 · 물 · 수면 · 체온유지 · 이성을 추구목표로 하는 생리적 욕구들이다. 이러한 생리적 수준의 동기는 선천적으로 갖

10 Hofstede, 1991/1995. p. 87, 표 3-1 참조; Schwarz(1997, p. 79)는 자율성(autonomy)-보수성(conservatism), 평등성(egalitarianism)-위계성(hierarchy), 극복성(mastery)-조화성(harmony)의 가치대립으로 문화차를 설명하고 있는데, 이 세 쌍 중 앞선 가치(자율성 · 평등성 · 극복성)는 서구 개인주의 사회에서 중시하는 가치이고, 뒤의 가치(보수성 · 위계성 · 조화성)는 동아시아 집단주의 사회에서 중시하는 가치이다.

11 Geen, 1995a, pp. 2-5.

추어진 동기이다. 또 하나는 인간 본성의 건강한 발달을 위한 동기인 심리적 욕구들로서, 자율성(autonomy)·유능성(competence)·관계성(relatedness) 지향의 동기들이다. 이러한 심리적 동기도 선천적으로 갖추어져 있는 것이다. 나머지는 사회생활을 하면서 학습되어진 목표를 추구하고자 하는 사회적 욕구로, 성취(achievement)·친애(intimacy)·권력(power) 지향의 동기들이다. 이는 후천적으로 학습된 동기들이다.[12]

이 세 가지 동기 가운데 여기서의 논의와 관련하여 중요한 것은 심리적 동기들이다. 생리적 동기들은 신체적 결핍 상태(배고픔·목마름·졸림·추움·성적 갈망 등)로부터 유발되는 것으로, 기본적으로 반응적(reactive)인 성격의 욕구들이다. 이에 비해 심리적 동기들은 그 자체 흥미(interest)와 즐거움(enjoyment)을 가져다주는 것으로, 환경 속에서의 자기발전을 위한 지향적(proactive) 추구의 원동력이 되는 욕구들이다. 따라서 이는 결핍에 대한 반응으로 나타나는, 그래서 선천적으로 고정적인 생리적 동기나, 후천적으로 습득된 가치를 추구하는, 그래서 사회화 과정에 따라 그 내용이 달라지는 사회적 동기들과는 질적으로 다른 성격의 동기이다.[13]

이렇게 자기발전을 지향하는 심리적 동기들은 "개체로서의 개인의 복지를 증진시키려는 동기와 개인을 더 큰 사회공동체에 통합시키려는 동기의 두 유형으로 나뉜다."[14] 여기서 전자는 "개인을 직접적인 공동체로부터 분리하고, 사회 환경 내의 타인과는 독립적으로 또는 타인의 희

---

12 Reeve, 2005, p. 103, Figure 5.1 Types of Needs 참조.

13 Reeve, 2005, pp. 102-103.

14 Geen, 1995a, p. 6.

생을 통해서라도 개인적 이득을 확보하려는 행동과 관련된 동기"이고, 후자는 "개인을 타인과 밀접하게 이끌고, 개인과 사회 환경 사이의 공동체감을 촉진시키는 행동을 산출하는 동기"[15]이다.

베이칸(Bakan, D.)은 이 두 종류의 동기는 인간 실존의 두 가지 근본적인 양식(two fundamental modalities of human existence)을 반영하는 것이라 보고, 전자를 "개인으로서의 유기체의 존재"에 해당하는 주도성(agency)의 동기, 후자를 "각 개인을 구성 부분으로 하는 더 큰 유기체에 개인이 참여하는" 유대성(communion)의 동기라 부르고 있다.[16] 자기주장(assertiveness) · 독립(independance) · 성취(achievement) · 권력(power) · 지배성(dominance)의 욕구들이 주도성과 연결되는 동기들이고, 친화(affiliation) · 친밀(intimacy) · 애착(attachment) · 공감(empathy) · 이타성(altruism) · 사회적 용인(approval)의 욕구들이 유대성과 연결되는 동기들이다.[17]

이러한 두 종류의 동기는 개인주의와 집단주의 사이의 근본적인 차이에 상응하는 것이다. 곧 주도성 동기들은 개인을 타인이나 집단보다 앞세우며, 개인의 자율성과 독립성을 추구하는 동기라는 점에서 개인주의 문화에서 중시하는 동기들이고, 유대성 동기들은 개인보다 타인이나 집단에 대한 관심을 앞세우며, 집단에 대한 소속을 지향하는 동기라는 점에서 집단주의 문화에서 중시하는 동기들이다.[18] 이렇게 개체

15 Geen, 1995a, p. 249.

16 Bakan, 1966, p. 15.

17 Geen, 1995a, p. 249.

18 Wiggins, 1992.

지향의 주체성 동기와 관계 지향의 유대성 동기가 각각 개인주의와 집단주의 사회의 지배적인 동기가 되는 까닭은, 이 두 동기가 각각 두 문화유형의 문화적 명제와 일치하기 때문이다.

마커스와 기타야마에 따르면, 개인주의 사회의 문화적 명제는 독립성과 개별성의 유지에 있으므로, 이 사회에서는 개체적 존재 특성을 드러내는 동기를 바람직하고 긍정적인 것으로 경험하게 되고, 결국 강한 개체 지향의 동기를 갖게 된다. 이와는 대조적으로 집단주의 사회의 문화적 명제는 연결성 · 사회통합 · 대인간 조화의 추구이기 때문에, 사회관계적 특성을 드러내는 동기들은 이 사회의 성원들에게 전형적으로 긍정적이고도 바람직한 것으로 경험되며, 따라서 집단주의 사회의 성원들은 타인 및 집단과 맺는 관계 지향의 동기들을 강하게 갖게 된다.[19]

집단주의 사회의 문화적 명제와 합치하는 이러한 관계 지향 동기를 사회 포괄 욕구(need for social inclusion) 또는 소속 욕구(need to belong)라 부르기도 하는데, 이들 연구자들은 이러한 관계 지향의 욕구들은 타인 존재에 의해 유발되는 평가우려 · 사회불안 · 인상관리 같은 여러 가지 사회 행동의 근거라고 보아, 이를 다양한 사회적 동기의 배경이 되는 근본 동기(meta-motivation)로 보고 있다.[20]

---

19 Markus & Kitayama, 1991a, p. 240.

20 Baumeister & Leary, 1995; Geen, 1991, pp. 393-394; 1995a, pp. 249-251; 1995b, pp. 52-54; Geen & Shea, 1997, pp. 40-42; 이들은 이러한 사회 포괄 욕구를 근본 동기로 보는 까닭을 공포관리이론(terror management theory: Greenberg, Pyszczynski & Solomon, 1986; Solomon, Greenberg, & Pyszczynski, 1991)에서 찾고 있다. 이 이론에 따르면, 사회로 대표되는 인간의 문화는 개인의 취약성(vulnerability)과 죽음의 운명(personal mortality)에 직면하는 완충장치(buffer)를 제공한다는 것이다. 곧 사회는 각자가 자기에게 부여된 역할을 실연할 수 있는 배경 또는 문화적 연극(cultural drama)을 제공하는데, 이의 성공적 수

이러한 소속 욕구에서 나오는 타인에 대한 배려는 개인의 정체감 수준을 개인적 자기(personal self)에서 관계적 자기(relational self)나 집단적 자기(collective self)로 이동시키는 배경이 된다.[21] 앞에서 보았듯이, 집단주의 사회는 상호의존적 자기관이 특징인 사회이다. 상호의존적 자기관은 관계적 자기나 집단적 자기로 스스로를 동일시하는 것이다. 이렇게 보면, 소속 욕구가 바로 이러한 상호의존적 자기관을 갖게 하는 배경이라고 볼 수 있다. 그러므로 사회 포괄 욕구나 소속 욕구는 어느 문화권에서나 나타나는 보편적인 동기이기는 하지만,[22] 개인주의 문화권보다는 집단주의 문화권에서 더 두드러지는 동기라 할 수 있을 것이다.

3) 진화의 두 방향: 개체성 지향과 사회성 지향

모든 생물체는 자연선택(自然選擇)의 원리에 따라 도태되거나 생존

행은 사회에의 통합과 사회적 자원의 확보 · 사회적 수용 · 자존감의 유지를 통해 삶에 의미를 부여하고, 개인이 경험하는 실존적 공포[죽음의 공포와 죽음 후의 無化 공포; Batson과 Ventis(1982)는 이를 인간의 가장 보편적이고도 심각한 심리적 문제라고 보았는데, Schumaker(1997)는 이러한 실존적 공포가 보편적인 종교 동기의 근거라 주장한다]를 제거해 준다는 것이다. 반면, 문화적 연극에 따른 역할 수행의 실패는 사회의 배척을 가져오고, 결과적으로 실존적 공포에 대한 사회적 완충장치가 상실되게 만든다. 따라서 사람은 실존적 공포를 관리하기 위해 문화적 연극 속에서 주어진 역할을 수행하려는 동기를 갖게 되고, 이것이 사회 포괄 욕구로 나타난다는 것이다. 이러한 공포관리이론은 죽음의 공포를 강조하면, 자기 문화의 세계관과 동일시하고 이를 옹호하는 행동이 두드러지게 나타난다는 연구 결과들(예: Arndt, Greenberg, Solomon, Pyszczynski, & Simon, 1997; Greenberg, Pyszczynski, Solomon, Rosenblatt, Veeder, Kirkland, & Lyon, 1990)로 입증되고 있다.

21 Brewer & Gardner, 1996.

22 Baumeister & Leary, 1995.

한다는 진화론(進化論)은 기본적으로 생명체들의 이기성(利己性)을 전제로 한다. 번식을 통한 존재의 지속은 무자비한 생존경쟁, 곧 생존 단위들 사이의 이기적인 투쟁을 바탕으로 한다는 것이 진화론의 기본 전제이다. 다윈 이래 이러한 진화론이 부딪친 가장 풀기 어려운 수수께끼 가운데 하나는 자기의 생존 기회를 희생하면서까지 동종의 타 개체를 돕는 이타성(altruism)의 문제였다.[23] 이타행동은 모든 생명체의 자기보존을 위한 이기성과는 역행되는 행동으로, 자기의 번식 가능성을 심각하게 위협할 수도 있을 것이기 때문이다.[24]

이타행동의 문제는 자기보다 남을 우선적으로 배려한다는 점에서 곧 사회성과 도덕성의 문제라고 볼 수 있는데, 이는 최근 영유아의 사회성 발달 과정에 대한 발달심리학자들의 연구, 유전적으로 현생 인류(Homo Sapience)와 가장 근연종(近緣種)인 고릴라 · 침팬지 · 오랑우탄 · 보노보 같은 영장류 유인원(類人猿, Great Apes)의 이타행동에 대한 영장류학자들의 연구 및 인간 종의 사회성 발달에 대한 진화심리학자들의 연구들을 통해 접근되고 있다. 이러한 연구들의 근저에 개체로서의 자기보존 지향성이 놓여 있다는 사실에 대해서는 두말할 나위도 없이 당연한 일이다.[25]

23 Cronin, 1991/2016, p. 23.

24 표준적으로 진화심리학자들에게 "이타행동(altruism)은 행위자는 적합성 부담(fitness cost)을 지면서 수혜자는 이득을 보는 상호작용을 지칭하는 것"(Kurland & Gaulin, 2005, p. 448)으로 받아들여진다. 곧 자기의 번식적 이기성은 포기하면서, 타 개체에게 이득을 주는 행위가 이타행동인 것이다.

25 이 분야의 연구들에 대해서는 졸저(조긍호, 2017a, pp. 590-600; 2017b, pp. 383-424)를 참조하고, 어떤 부분에서는 그 내용을 그대로 따오기도 하였다.

(1) 영유아의 선(善)에 대한 선호

전통적으로 아동의 도덕성 발달에 관한 연구들에서는 피아제(Piaget, J.)와 콜버그(Kohlberg, L.)를 따라 인간의 도덕성은 인지발달의 부산물로 출현하고 발달하는 것으로 받아들여져 왔으나,[26] 최근의 발달 연구들에서는 생후 3~4개월의 영아에게서도 도덕성과 사회성의 양상이 관찰되고 있다. 이러한 결과가 얻어진 것은 전통적으로 언어 행동이나 구체적인 행동 지표를 종속측정치로 삼아 인지능력이나 사회성의 발달을 다루던 관행에서 벗어나, 언어 습득이나 복잡한 행동발달 이전 시기의 영유아의 특정 행동(예: 응시하기, 손을 뻗치기 등)을 종속측정치로 삼아 연구를 진행하게 된 데에서 그 연원을 찾을 수 있다. 이러한 연구들을 통해서 언어가 학습되기 이전의 영유아들도 이미 타인에 대한 관심을 가지고 있으며, 또한 선(善)에 대한 선호와 악(惡)에 대한 처벌 의지를 갖추고 있음이 밝혀져, 도덕성이 인간에게 본유적으로 갖추어져 있다는 사실에 대한 증거들이 쌓이고 있는 것이다.

생후 1년이 채 되지 않은 영아들도 애매한 상황에 부딪쳤을 때 타인의 해석을 이용하여 자신의 해석을 구성하는 사회적 참조(social referencing)의 현상을 보인다. 이 시기의 영아에게 애매하게 생긴 장난감을 제시하면 이들은 흔히 뒤에 앉아 있는 엄마를 쳐다보며, 이때 엄마가 긍정 정서를 보내면 그 장난감에 접근하지만, 엄마가 부정 정서를 보내면 장난감에서 회피하는 행동을 보인다.[27] 만 1세 경에 즈음하여 나타나는 이러한 영아의 사회적 참조 행동은 이 나이 또래의 영유아도

26 이에 대해서는 졸저(조긍호, 2017a, pp. 554-560; 2017b, pp. 221-236) 참조.

27 Walden & Ogan, 1988.

애매한 상황에 처하면 타인의 행동을 참조하며, 그들의 반응에 따라 자신의 행동을 조정한다는 점을 함의한다.[28] 최근의 연구에서는 5~6개월 된 영아에게서도 이러한 사회적 참조 행동이 나타남이 관찰되었다.[29]

유아의 인지발달 수준을 고려한다면, 이 시기의 영아들이 이러한 사회적 참조 행동을 보인다는 것은, 사람들이 타인에 대한 사회적 정보를 추구하여 세상에 대한 지식을 구성하는 행동은 태어날 때부터 갖추어져 있는 것으로 볼 수 있음을 의미하는 것이다. 또한 영유아들은 갓 태어났을 때부터 타인의 고통에 대한 정서 반응(예: 따라 울기, 우는 아이 달래기, 곤경에 빠진 아이 도와주기 등)을 보인다는 사실도 관찰되었다.[30] 도덕성이란 타인에 대한 관심으로부터 비롯된다는 사실을 생각해 보면, 이러한 결과는 도덕성의 인간 본유성을 시사하는 증거가 된다.

생후 6개월 된 영아들은 제삼자가 언덕을 올라가는 것을 도와주는 인형과 방해하는 인형을 보여준 다음 선택하게 했을 때, 전자에게 더 많이 손을 뻗쳐 가지려고 하는 선호 행동을 보였으며,[31] 이러한 경향은 심지어 생후 3개월짜리 영아들에게서도 관찰되었다.[32] 또한 생후 5개월 된 영아들도 제삼자를 돕는 인형이 보상받는 경우를 제삼자를 방해하는 인형이 보상받는 경우보다 더 좋아하였으며, 남을 돕는 인형이 받은 보상과 방해한 인형이 받은 보상 중에서 골라 가지게 하면 후자의 것을

28 김근영, 2014.

29 Vaillant-Molina & Bahrick, 2012; Walden, Kim, McCoy, & Karrass, 2007.

30 Warneken & Tomasello, 2009a.

31 Hamlin, Wynn, & Bloom, 2007.

32 Hamlin & Wynn, 2011; Hamlin, Wynn, & Bloom, 2010.

빼앗아 가지려 하였다.[33] 이렇게 선한 행동을 하는 대상을 그렇지 않은 대상보다 더 선호하거나, 규칙의 준수자를 보상해주고 규칙위반자를 처벌하려는 경향이 매우 어렸을 때부터 관찰된다는 결과들은 인간에게 도덕성이 태어날 때부터 갖추어져 있다는 사실을 시사한다.

이렇게 언어 습득 이전의 매우 어렸을 때부터 다른 사람으로부터 세상에 대한 정보를 얻으려 하고, 타인들의 상태에 대해 관심을 보이며, 더욱이 착한 행동을 하는 사람을 그렇지 않은 사람보다 선호할 뿐만 아니라, 규칙준수자를 보상하고 규칙위반자를 처벌하려는 행동을 보인다는 사실은 도덕성의 인간 본유성에 대한 훌륭한 증거라고 볼 수 있다. 곧 인간은 태어나면서부터 자신에 대한 관심과 자기이익 추구의 경향(개체성 지향)뿐만 아니라, 타인에 대한 관심과 배려의 경향(사회성 지향)도 갖추고 있다는 것이다.

(2) 영장류의 자발적 도움행동

고릴라 · 침팬지 · 오랑우탄 · 보노보 같은 유인원 중에서도 침팬지는 인류와 가장 가까운 근연종으로, 유전부호(genetic code)의 96%를 공유할 정도로 양자 사이의 유사성은 매우 크다.[34] 양자 사이의 이러한 유전적 유사성은 행동적 측면에서 다양한 유사성을 산출하고 있는데, 이러한 행동적 유사성이 가장 잘 드러나는 분야가 이타행동의 영역이다.[35] 이러한 배경에서 침팬지와 인간 유아 사이의 이타행동의 관련성에 관한 문제는 최근 이삼십 년 동안 진화심리학자들의 많은 관심을

33 Hamlin, 2012, 2013: Hamlin, Wynn, Bloom, & Mahajan, 2011.

34 Varki & Nelson, 2007.

35 McCullough & Tabak, 2010, p. 263.

끌어온 주제였다. 이러한 연구들은 대체로 타 개체의 목표추구 행동에 대한 의도적이고 자발적인 도움(helping) 행동의 장면에서 이루어져 왔다.[36]

생후 14개월 된 영아들은 처음 만난 어떤 어른이 양손 가득 물건을 나르다가 한 개를 사고로 떨어뜨리면 다가가서 그것을 집어주며, 양손 가득 물건을 들고 옷장 문을 열려고 하면 다가가서 문을 열어주었다. 이런 도움행동은 아무런 물질적 보상이나 칭찬이 없어도 자발적으로 나타났다. 그런데 어른이 들고 있던 물건을 우연히 떨어뜨리는 것이 아니라 일부러 집어던지거나 또는 옷장 문을 열려고 하는 것이 아니라 다른 일을 하다가 우연히 옷장에 부딪치는 통제조건에서는 이런 자발적인 도움행동이 나타나지 않았다. 곧 통제조건의 영아들은 떨어뜨린 물건을 집어주거나 옷장 문을 열어주지 않았던 것이다.[37]

이러한 자발적 도움행동은 인간 영아에게서 뿐만 아니라 침팬지에게서도 나타나는 것으로 밝혀져, 도덕성의 인간 본유성에 관한 추론에 무게를 더해주고 있다. 어떤 연구에서는 동물원에서 인간이 기른 침팬지의 행동을 관찰해 보았다. 이 침팬지는 사람이 물건을 잔뜩 가지고 가다가 우연히 하나가 떨어지는데도 두 손이 꽉 차 있어 떨어진 물건을 집어 올릴 수 없는 것을 보면, 그에게 다가가서 이 물건을 집어 주었다. 이 침팬지는 인간 영아와 마찬가지로 물건을 가지고 가던 사람이 의도적으로 떨어뜨린 물건은 집어다 주지 않았다.[38]

---

36 Tomasello, 2009; Warneken & Tomasello, 2009a, b.

37 Warneken & Tomasello, 2006, 2007.

38 Warneken & Tomasello, 2006.

동물원에서 큰 침팬지에게서 나타나는 이러한 자발적인 도움행동은 자연상태에서 자란 침팬지(자연상태에서 자기 엄마가 기른 침팬지)에게서도 관찰되고 있다. 연구자들은 우선 자연상태에서 자란 침팬지에게 방문에 달린 핀을 빼면 문이 열리는 것을 시범해 보여주고, 따라 하도록 훈련을 시켰다. 이어서 이 침팬지로 하여금 어떤 다른 침팬지가 자기가 여는 방법을 훈련했던 그 문을 열려고 애쓰는 광경을 목도하게 하였다. 이를 본 침팬지는 그 핀을 제거해서, 동료 침팬지가 나갈 수 있도록 도와주었다. 이때 침팬지는 아무런 보상이 없어도 같은 도움행동을 하였다. 놀랍게도 이 침팬지는 다른 동료 침팬지가 문을 열려고 애쓰는 것이 아니라 다른 일을 하다가 문에 부딪치는 통제조건에서는 문을 열어주는 행동을 하지 않았다.[39]

이러한 결과들은 침팬지 같은 유인원들도 타 개체에 대해 관심을 가지고 그들이 곤경에 처해 있는 것을 목도하면, 아무런 보상이 없어도 자발적으로 타 개체들을 도와주는 도덕성을 본유하고 있다는 사실을 알 수 있다. 이러한 연구들로부터 타 개체에 대해 관심을 가지고 그들을 배려하는 사회적 지향성은 인간만이 아니라 거의 모든 영장류의 본유적인 특성이라고 추론할 수 있는 것이다.

(3) 인간 종의 집단생활과 대뇌(大腦) 발달

현생 인류를 특징짓는 가장 중요한 특징 중의 하나는 유난히 커다란 뇌(腦, brain)를 가지도 있다는 사실이다. 인간의 뇌의 무게는 성인의 경우 약 1,300그램이다. 그러나 지구상에 살고 있는 동물들 중에는 인

39 Warneken, Hare, Melis, Hanus, & Tomasello, 2007.

간보다 큰 뇌를 가지고 있는 동물도 많다. 아프리카 코끼리의 뇌는 약 4,200그램으로 인간 뇌의 세 배 이상이나 크며, 몇몇 고래의 뇌는 무려 9,000그램에 이르기도 하는 것으로 알려져 있다.[40]

뇌의 기능과 관련하여 이러한 뇌의 절대적인 크기보다 중요한 것은 뇌 크기와 신체 크기 사이의 비율, 곧 대뇌화(encephalization) 지수이다. 인간의 대뇌화 지수는 8에 가까운데, 뇌에 들어 있는 뉴런의 총 개수에서 인간(약 115억 개)과 비슷한 범고래(grampus, 약 110억 개)의 대뇌화 지수보다 50% 이상 더 높으며, 인간과 가장 근연종인 침팬지의 대뇌화 지수보다 약 2배 이상이나 된다. 게다가 진화 과정에서 가장 최근에 발달되어 고등정신기능과 사회성을 담당하는 영역인 신피질(neocortex)만을 대상으로 할 경우, 뇌의 나머지 부분에 대한 신피질의 상대적 크기를 가리키는 신피질 비율(neocortex ratio)은 인류를 비롯한 영장류의 경우 다른 동물들과는 비교할 수 없을 정도로 높아진다.[41] 이러한 사실은 영장류의 대뇌화 지수가 다른 동물보다 높은 까닭은 전적으로 영장류에게서 신피질이 매우 진화했기 때문임을 의미하는 것이다. 즉 영장류, 그 중에서도 특히 인류가 그렇게 큰 뇌를 가지게 된 것은 신피질의 비약적인 발달 때문인 것이다.

인간의 경우 뇌는 몸의 전체 용적에서 약 2%의 비중을 차지할 뿐이다. 그러나 뇌가 신진대사를 위하여 사용하는 에너지는 인간이 사용하는 전체 에너지의 20%에 이른다. 물론 뇌가 활발히 활동할 때의 에너

40 Lieberman, 2013/2015, p. 50.

41 Lieberman, 2013/2015, p. 51, 그림 2-4 참조.

지 소비비율은 이보다 훨씬 높아진다.[42] 이런 점에서 보면 뇌는 매우 소비지향적인 기관이며, 어찌 보면 "우리 인간은 뇌를 먹여 살리기 위해 살고 있다고 해도 과언이 아니다."[43] 인류를 비롯한 영장류가 이렇게 커다랗고 소비적인 뇌를 가지게 된 것은 그것이 생존과 번식에 중요한 문제를 해결하는 데 기여하는 바가 있었기 때문에 선택된 진화적인 해결책이었을 것이다.

이 수수께끼를 풀기 위해 고인류학자(古人類學者)이자 진화인류학자인 던바(Dunbar, R.)는 "사회적 뇌 가설"(social brain hypothesis)을 제시하고 있다.[44] 이 가설은 영장류, 그 중에서도 특히 인류의 신피질이 커진 이유는 이것이 큰 집단을 이루어 많은 동료들과 서로 협력하면서 살아가는 데, 곧 사회성이 증진되는 데 도움을 주었기 때문이라고 주장한다. 그는 화석(化石) 연구를 통해 원원류(原猿類)로부터 영장류와 오스트랄로피테쿠스(Australopithecus) 이래의 호모(Homo) 속에 이르는 고(古)인류, 그리고 현생인류(Homo Sapience)에 이르기까지의 대뇌의 크기

---

42 태아기의 뇌는 전체 신진대사의 60%까지 소비하며, 이 비율은 생후 1년까지 유지되다가 아동기에 20% 수준으로 점차 감소하는 것으로 알려져 있다(Aiello, Bates, & Joffe, 2001; Leonard & Robertson, 1992).

43 Lieberman, 2013/2015, p. 52.

44 Dunbar, 1993, 1998, 2008, 2011, 2014/2015; 이 문제에 대한 설명 이론으로는 "사회적 뇌 가설" 이외에도, 큰 뇌는 창의적 능력을 보태주어 원시 조상들이 부딪치는 생활상의 여러 문제들에 대처하는 방안을 강구하는 데 도움을 주었을 것이라는 "치명적 혁신 가설"(fatal innovation hypothesis, Gottfredson, 2007)의 관점과, 큰 뇌를 가지고 있는 덕분에 동맹형성과 문화 학습이 가능하게 되고, 이것이 사회적인 경쟁 상황에서의 어려움을 극복하는 데 도움을 주었을 것이라는 "사회적 경쟁 가설"(social competition hypothesis, Flinn, Geary, & Ward, 2005)의 관점이 있다. 그러나 이런 관점들은 사회적 뇌 가설에 비해 설명력에 한계가 있는 것으로 드러나고 있다(Buss, 2012/2012, pp. 622-626; Lieberman, 2013/2015, pp. 52-54).

를 측정하고, 각 종(種)이 모여 살고 있는 평균적인 집단의 크기 사이에 거의 직선적인 관계가 있음을 밝혀내었다. 즉 원숭이류와 영장류 및 호모속과 현생 인류에 이를수록 대뇌의 크기, 특히 신피질의 크기가 커지며, 또한 사회집단의 크기도 이에 비례하여 커지고 있다는 것이다.[45]

이렇게 사회적 뇌 가설에 따르면, 진사회성(eusociality) 동물인 영장류는 다른 포유류들과는 달리 사회집단을 형성하여 삶을 유지하는 특징을 보이는데, 영장류로부터 고인류를 거쳐 현생 인류에 이르는 진화과정에서는 사회집단의 크기가 커지는데 따라 대뇌의 크기가 정비례하여 커지게 되었다는 것이다. 열대 우림 속의 나무 위에서 생활하던 대형 유인원과 갈라져 광활한 육상으로 내려와 살게 되면서, 우리의 원시조상인 호모 속은 포식동물의 위협에 직접 노출되었고, 포식동물로부터의 보호를 위해 더 큰 집단을 형성하여 살게 되었을 가능성이 높다.[46] 집단생활이란 기본적으로 집단성원들에 대한 관심과 배려를 요구하므로, 집단의 크기가 커지면 자연히 관심을 기울여야 할 대상이 많아지게 되고, 그 인지적 수요를 감당하기 위해 결과적으로 대뇌의 크기가 커질 수밖에 없었다고 볼 수 있다는 것이다.[47]

던바는 각 영장류의 종별로 각각의 신피질 비율을 토대로 효과적이고 응집력 있는 사회집단의 최대 크기를 계산해 내었다. 그 결과 침팬지에게 있어 가장 효과적인 사회집단의 최대 크기는 50 정도인데 반해, 인간의 사회집단의 최대 크기는 150 정도로 나타났다. 이렇게 계산

45 Dunbar, 1992; Sawaguchi, 1988; Schoenemann, 2006.

46 Hill & Dunbar, 1998.

47 Gamble, Gowlett, & Dunbar, 2014/2016, p. 38.

된 150을 "던바의 수"(Dunbar's number)라고 하는데, 이는 사람들이 대략 150명 정도의 가족 및 친구들과 서로 동질감을 느끼고 우정을 주고받는 관계를 이루어 살고 있음을 말하는 것이다.[48] 흥미롭게도 고대로부터 현대에 이르기까지 인간이 만든 사회조직의 상당수는 대략 이런 규모로 작동하는 것으로 밝혀지고 있다.[49]

이러한 사회적 뇌 가설의 설명 양식이 시사하는 것은 인간에게 있어 집단적인 사회생활은 종 특유의 본성적인 삶의 양식이라는 사실이다. 호모 속의 원시조상들이 수상(樹上)생활을 하는 침팬지로부터 갈라져 나와 육상생활과 이족보행(二足步行)을 하게 되면서 그 이전보다 포식동물의 위협을 더 많이 느끼게 되었고, 이러한 위험에 대처하기 위하여 집단의 크기를 늘릴 수밖에 없었다는 것이 사회적 뇌 가설의 전제이다. 그 결과 함께 생활하는 사회집단의 크기가 커지면서, 타 개체에 대한 관심과 배려를 원활히 하여야 하는 데서 나오는 인지적 과부하(cognitive over-load)가 문제로 등장하게 되었고, 이를 해결하기 위해 진화적으로 선택한 해결책이 바로 고등정신 기능과 사회성의 기능을 담당하는 신피질을 발달시킴으로써, 뇌의 크기를 키울 수밖에 없었다는

48 Dunbar, 2008.

49 역사상 실재했던 마을의 규모, 다양한 기독교 종파의 교구 규모, 그밖에 기업이나 군대조직의 규모 및 아프리카와 남아메리카에 아직도 남아 있는 수렵-채취민의 집단 등이 대체로 150명 정도이다. 한 예로 오늘날의 군대조직에서 독자적으로 행동조치를 취할 수 있는 최소 단위는 중대인데, 그 규모는 150명 정도이다. 또한 45명의 응답자들에게 매년 크리스마스 카드를 보내는 사람의 수를 조사해 본 결과 평균이 154명이었으며, 250명의 사람들에게 자기의 삶에서 중요하다고 생각하는 사람의 수를 자세히 기록하게 한 결과 얻어진 평균도 150명이었다(Dunbar, 1993; Dunbar, 2014/2015, p. 78, 표 3-1; Gamble et al., 2014/2016, pp. 31-38 참조). 이러한 사실들은 던바의 수가 현대의 사회생활에도 그대로 적용되고 있음을 드러내는 것이다.

것이다. 이러한 관점에서 보면, 타인에의 관심과 배려는 집단생활을 하는 영장류 특히 인류의 본유적인 특성이고, 따라서 인류에게 있어서 도덕성은 원초부터 갖추어져 있는 본성임이 분명한 것이다.

(4) 이타성의 진화기제

진화생물학자와 진화심리학자들의 최근의 핵심적인 관심사는 이러한 실험과 관찰을 통해 밝혀진 이타행동의 진화기제를 밝혀보려는 것이다. 진화란 자연선택의 원리에 의한 이기적 투쟁의 결과라는 진화론의 기본 명제에 비추어 보면, 얼핏 보기에 이타행동은 자연선택의 법칙에 어긋나는 것처럼 보인다. 곧 진화란 진화의 단위[50]가 가진 포괄적합도(inclusive fitness)를 높임으로서 이루어지는데, 이타행동에 의해 자손을 낳기 전에 죽기라도 한다면 자기 유전자를 후대에 전달할 수 없으므로, 이타행동은 진화 과정에서 선택되지 못하고 도태될 수밖에 없을 것이기 때문이다. 그러나 이타행동이 진사회성 곤충이나 인간을 비롯한 영장류의 특징적인 행동이라는 사실은 어떻게 설명할 수 있는가?

현대진화론에서 이러한 문제는 "포괄적합도"의 개념으로 접근한다.[51] 여기서 "포괄적합도는 어떤 개체나 생물의 성질이라기보다는 그 행동이나 효과의 성질이다. 따라서 포괄적합도는 어떤 개체가 지닌 번

50 보통 진화론은 진화의 단위를 무엇으로 잡느냐에 따라 고전진화론과 현대진화론으로 구분된다. 진화의 단위 문제는 매우 복잡한 문제인데, 복제되어 후대에 전달되는 자기복제자(replicator)를 무엇으로 보느냐의 문제로 정리할 수 있다. Darwin(1859)의 고전진화론에서는 자기복제되는 진화의 단위를 개체(organism)라고 보지만, 1960년대 이후, 특히 Williams(1966) 이후의 현대진화론에서는 복제되는 진화의 단위를 유전자(gene)라고 본다. 그러니까 고전진화론이 "개체 중심의 관점"을 택해 왔다면, 현대진화론은 "유전자 중심의 관점"에서 개체는 다만 유전자의 운반체일 뿐이라고 여긴다.

51 Hamilton, 1964.

식성공도(번식적합도)에다가 그 개체의 행동이 유전적 친족의 번식 성공에 미치는 효과를 더한 것이다."[52] 유전자 중심의 관점에서 보면, 포괄적합도를 높이는 일이라면 유전자의 운반체로서의 개체를 희생해서라도 친족의 생식성공도를 높임으로써 유전자의 복제 성공을 가져오는 방안을 생각할 수 있고, 이것이 바로 이타행동이라는 것이다. 이렇게 보면 이타행동은 자연선택의 원리 속에 자연스럽게 통합된다는 것이 현대진화론의 관점이다. 즉 이타행동을 통해 협력자(시혜자)는 부담(cost)을 지게 되지만, 수혜자는 이득(benefit)을 얻게 되는데, 양자 사이의 근연도 등 특정 확률이 "이득대비 부담비율"(cost-to-benefit-ratio: c/b)보다 커지면, 이타행동이 포괄적합도를 높이는 유리한 행동 양식으로 부각된다는 것이다.

타 개체에게 이익을 가져오는 이타행동은 친족 사이, 직접 접촉하고 있는 동일 집단의 성원들 사이, 직접 접촉하고 있지 않은 동일 집단의 성원들 사이 및 집단 수준에서 나타나고 있는데, 현대진화론에서는 이들 각 수준에서 타 개체를 자기보다 우선적으로 배려하는 이타행동이 나타나는 기제를 설명하기 위한 이론이 각각 다르게 제시되고 있다.[53]

아무런 유전적 연관성이 없는 개체보다는 유전적 연관성이 깊은 친족(kin)에 대한 이타행동이 훨씬 자주 그리고 강하게 나타난다. 곤경에 빠진 친척을 돕는 행동이 타 성원에 대한 이타행동보다 커지는 것은 친족은 나의 유전자를 공유하고 있으므로, 친족을 돕는 것은 나의 유

52 Buss, 2012/2012, p. 44.

53 Nowak, 2006.

전자가 후세에 전수될 수 있는 가능성이 높아지기 때문이다. 이렇게 유전적 근연도가 높은 친족들 사이에 나타나는 이타행동은 친족선택(kin selection)의 개념으로 접근할 수 있는데,[54] 이 이론에 따르면, 친족 사이의 근연도 r이 이득대비 부담비율보다 큰 조건(r 〉 c/b)에서 친족 사이에 이타행동이 늘어난다.

직접 자주 접촉하고 있을 뿐만 아니라 앞으로의 상호작용에 대한 기대도 매우 높은 성원들에 대한 이타행동은 그렇지 않은 성원에 대한 이타행동보다 크게 나타나는데, 이렇게 직접 접촉하고 있는 집단의 구성원에 대한 이타행동은 직접적 교호성(direct reciprocity)의 개념으로 설명할 수 있다.[55] 앞으로 계속 직접 접촉할 가능성이 높은 타 개체를 더 잘 돕는 것은 장래에 자기가 곤경에 빠졌을 때 상대방으로부터 도움을 받을 가능성이 높아지기 때문이라는 것이 이 관점의 골자이다. 이 이론에 따르면, 한 집단의 성원들 중 특정 성원과의 계속적인 접촉 확률 w가 이득대비 부담비율보다 큰 조건(w 〉 c/b)에서 두 성원 사이의 이타행동이 늘어난다.

직접 접촉하지 못하는 성원일지라도 그가 동일 집단의 성원이라는 사실을 알게 되면, 타 집단의 성원에 대해서보다 더 잘 도와주는 경향이 있다. 이러한 간접적 교호성(indirect reciprocity)이 이타행동을 증진시

---

54 Hamilton, 1964.

55 Trivers, 1971; "죄수 곤경 게임"(prisoner's dilemma game)의 연구들에서는 죄수 곤경 게임이 반복적으로 이루어지면, 게임 당사자 사이에 협력 행동이 늘어난다는 사실이 밝혀지고 있는데(Axelrod, 1984/2012), 이는 반복적인 게임을 통해 직접적 교호성이 늘어나기 때문이다. 이러한 점에서 반복적인 죄수 곤경 게임의 상황은 이타행동의 진화기제에 대한 직접적 교호성 이론의 전략적 바탕이 된다고 볼 수 있다(Nowak, 2006, pp. 1560-1561).

키는 까닭은 곤경에 빠진 동일 집단의 낯선 개체를 도와주면 협력자(시혜자)라는 명성(reputation)을 얻게 되고, 이러한 명성은 시혜자가 비슷한 곤경에 빠졌을 때 모르는 개체로부터 도움을 받을 확률을 높이게 되므로 이타행동이 늘어난다는 것이 간접적 교호성 이론의 골자이다.[56] 이 이론에서는 어떤 개체의 명성에 대해 알게 될 확률(q)이 이득대비 부담비율보다 큰 조건(q 〉 c/b)에서 이타행동이 늘어난다.[57]

위에서 살펴본 것은 모두 개체 수준의 이타행동의 진화 기제에 대한 설명양식들이었다. 그러나 자연선택은 개체 수준에서뿐만 아니라 집단 수준에서도 일어난다.[58] 이렇게 이타행동의 진화는 집단 수준의 집단선택(group selection) 또는 다수준선택(multilevel selection)의 개념으로 접근하여 이해할 수도 있다.[59] 이러한 집단 수준의 접근에서는 집단 사이의 경쟁을 통해 협력자가 많은 집단이 수혜자만 있는 집단보다

56 Nowak & Sigmund, 1998.

57 직접 접촉하지 못하는 구성원에 대한 이타행동을 간접적 교호성(indirect reciprocity)의 개념 이외에 연결망 교호성(network reciprocity)의 개념 또는 신호이론(signaling theory)으로 설명하려는 시도도 있다(Maynard Smith & Harper, 2003). 이 이론은 협력자들은 자기들의 이타행동을 통해서 자기가 가진 유전형적 장점(예: 지능, 신체적 힘, 자원의 풍부함, 친절성, 배우자나 동맹자로서의 가치 등)을 신호로 내보내고, 이 신호를 받는 개체들은 그를 선호함으로써, 이러한 개체들끼리 연쇄망 군집(network cluster)을 형성하게 되어 이타행동이 증가한다고 본다. 여기서는 이러한 연쇄망의 평균 이웃의 수(k)가 이득대비 부담비율보다 큰 조건(k 〉 c/b)에서 이타행동이 증가하게 된다고 예측한다.

58 이 문제는 진화론자들 사이에 의견 대립이 심한 주제이다. 위의 개체 수준의 이타행동의 진화를 설명하는 이론의 주창자들은 모두 진화는 개체 수준 또는 유전자 수준에서 이루어질 뿐이라고 주장한 반면, 진화론의 창시자인 Darwin이나 현대의 Edward Wilson(열렬한 유전자 중심 진화론자였던 Wilson은 최근 입장을 바꾸어 집단 수준의 진화가 가능하다는 이론을 전개하고 있다)은 개체선택과 함께 집단선택의 관점을 제시하고 있다. 이에 대해서는 Wilson(2012/2013, pp. 67-75) 참조.

59 Wilson & Wilson, 2007.

더 번영하게 되어, 이타행동이 늘어나게 된다고 본다. 이 이론에 따르면, 집단의 최대 크기(n)와 집단의 수(m)의 비율과 "부담대비 이득비율"(benefit-to-cost-ratio: b/c) 사이에 [b/c 〉 1 + n/m]의 관계가 성립할 때, 집단선택에 의한 이타행동이 증가한다.

이타행동을 이렇게 시혜자의 부담과 수혜자의 이득 사이의 비율로 계산해서 이해하는 관점에 따라 분석하게 되면, 시혜자의 이타행동도 장기적으로는 자기에게 번식적 이득을 가져오게 되는 것이므로, 이타행동도 결국 이기적인 관점으로 환원해서 이해하는 것이 아니냐는 반론이 나올 수 있다. 그러나 시혜자는 이런 장기적인 이득을 기대하고 곤경에 빠진 사람을 돕는 행동을 하는 것이 아니라, 다만 수혜자의 필요에 의해 그를 곤경으로부터 구출하겠다는 동기에 따라 즉각적으로 행동할 뿐이다.

또한 어떤 사람은 시혜자는 스스로의 돕는 행동으로 인해 쾌락을 얻기 위해 남을 돕는 것이기 때문에, 이는 궁극적으로 이기적인 행동이라고 주장하기도 한다. 그러나 타인이 자기의 도움을 받고 이득을 얻는 것을 보면서 얻는 즐거움을 도움행동으로 인해 사회적 인정이나 물질적 보상과 같은 자기이익을 누림으로써 얻는 쾌락과 같은 것으로 볼 수는 없다.[60] 더욱이 곤경에 빠진 사람이 얻는 복지를 보면서 얻는 즐거움은 내적 동기에 따른 쾌락(intrinsic pleasure)이고, 따라서 본질적으로 이타적인 성격의 것이다. 뿐만 아니라 이타행동을 수행하는 것이 본질적으로 내적인 자기보상을 가져오는 것이라면, 이타행동을 유발하는 심

60 Batson, 2010; Batson, Dyck, Brandt, Batson, Powell, McMaster, & Griffitt, 1988.

리적 기제는 그 자체 생물학적으로 갖추어져 있는 본유성을 갖는 것이라 해석할 수 있는 것이다.[61]

2. 자기 관련 연구 관점의 동 · 서 차이: 개체성 지향과 사회성 지향

이 책의 제1부에서는 서구 자유주의와 동아시아 유학 사상에서 인간을 파악하는 관점을 살펴보고, 이러한 인간관의 차이로부터 두 지역인들이 자기를 이해하는 관점의 차이를 도출해 낸 다음, 두 지역에서 전개해 온 자기 관련 연구의 특징적인 내용들을 고찰해 보았다. 그 결과 서구 개인주의 사회에서의 자기 관련 연구는 인간의 개체성에 초점을 맞추어 온 반면, 동아시아 유학 사상에서는 인간의 사회성에 초점을 맞추어 자기와 자기 수양의 문제에 접근해 왔다는 사실을 확인할 수 있었다.

1) 서구 자기 관련 연구의 이론적 초점: 개체성 지향

앞에서 보았듯이, 서구 개인주의의 배경인 자유주의의 체계에서는 인간의 사회적 특성보다는 개인으로서 지닌 개체성을 통해 인간 이해의 문제에 접근하여, 독립된 개체로서 지닌 자유와 권리를 존중한다.

61 de Waal, 2007; Warneken & Tomasello, 2009b, p. 456, 각주 1.

서구인들은 개인을 "자유의 보유자"로 인식하는 것이다. 그러므로 그들은 사회행위의 목표를 개체로서 지닌 독특성의 확대와 자율성의 신장에서 찾는다.

자유주의자들은 합리성을 중시하는 관점에서 이러한 합리성의 원천인 이성을 존중하는 입장을 보인다. 곧 그들은 개인을 "이성 주체"로 인식하는 것이다. 개인은 이러한 이성의 합리적인 계산 능력을 통해, 자기의 욕구를 적극적으로 추구함으로써 개인적 이익을 최대화하려 노력하며, 자기의 사적 감정도 적극적으로 표출하려 한다. 자유주의자들은 이러한 자기이익의 추구와 적극적인 자기주장을 자유의 보유자인 이성 주체의 당연한 권리라고 여겨 강조한다.

또한 자유주의자들은 인간이란 본래부터 완비적 실체로 태어난다고 여긴다. 인간은 태어날 때부터 고정되고 안정된 능력과 여러 특성들을 갖추고 있으며, 이러한 능력과 제반 특성들은 성장하면서 거의 변화되지 않고 일관적으로 유지된다는 것이다. 이렇게 "완비적 실체"로 개인을 이해하므로, 자유주의자들은 안정성과 일관성을 강조하는 경향을 띠며, 개인이 보유하고 있는 내적 속성들은 일관되는 안정성을 가지는 것으로 받아들인다.

이렇게 자유주의 사상에서는 개체성 · 합리성 · 실체성을 기반으로 하여 인간을 이해함으로써, 개체로서 지닌 자율성과 독특성, 자기이익 추구와 적극적인 자기주장, 그리고 사회행위와 그 원천이 되는 제반 능력의 일관성과 안정성을 강조하는 개인주의적인 삶의 태도를 중시한다. 그러므로 삶의 과정에서 서구인들의 관심은 대체로 독립적인 자기의 개별성과 독특성 및 수월성을 확인하고 이를 드러내는 데에 쏠려 있다. 그들은 자기와 타인의 차이를 찾아내고, 이로부터 자기만의 고유성을 확인하여 이를 적극적으로 확충함으로써, 자기에 대한 만족감을 높여가는 데에서 "사람됨" 또는 "자기화"의 의미를 찾는 것이다. 이러한 자유주의자들의 관점으로부터 서구심리학에서 전개된 긍정적인 자기평가 경향과 통제에 대한 관념 및 이에 바탕을 둔 자기조절론들이 자연스럽게 도출된다.

앞에서 보았듯이, 서구인들에게 있어서 자기존중감은 자기의 독특성과 수월성 및 자기에 대한 만족감을 바탕으로 하는 것이다. 이러한 사실은 일찌기 로젠버그가 제시하여 자기 관련 심리학의 연구에서 가장 많이 사용되는 "자기존중감 척도"(SES)의 문항들이 모두 자기독특성이나 수월성 또는 자기만족도에 근거를 둔 것이라는 점에서 잘 드러난다.[62] 그렇기 때문에 서구인들은 이 척도에서 측정한 자기존중감의 수준이 매우 높은 것으로 드러나고 있다. 어떤 연구자들은 SES로 측정한 자기존중감 점수들을 사후종합분석(meta-analysis)해 본 결과, 서구인(주로 유럽계 미국인과 캐나다인)의 자기존중감의 분포는 대체로(약 93%) 이론적 중간점보다 상위에 편포하며, 중간점 이하인 사람은 7% 미만임에 반해,[63] 일본인의 자기존중감은 대체로 이론적 중간점에서 약간 하위에 분포하고 있다는 사실을 밝혀내었다.[64] 또한 로젠버그 이외의 다른 척도들로 서구인들의 자기존중감을 측정한 연구들에서도 사용된 척도에

62 Rosenberg, 1965: 이러한 문항들의 예로는 "나는 내가 좋은 특성들을 많이 가지고 있다고 생각한다", "다른 사람들과 동등한 기준에서 비교해 보면, 나는 충분히 가치있는 사람이다", "전반적으로 나는 나 자신에 대해 만족한다" 등이 있다.

63 Heine et al., 1999, Figure 1, p. 776.

64 Heine et al., 1999, Figure 2, p. 777.

상관없이 서구인들의 자기존중감의 평균 또는 중앙치는 이론적 중간점보다 상위에 편포하고 있다는 사실이 확인되기도 하였다.[65]

서구인들이 이렇게 자기독특성을 주축으로 하는 자기관을 가지고 있다는 사실은 자기가 가지고 있는 능력과 긍정적인 특성의 독특성을 사실 이상으로 과장하여 인식하는 "허구적 독특성" 지각 경향이 서구인에게서 과도하게 나타난다는 사실에서도 드러난다. 미국 대학생들을 대상으로 한 연구에서, 자기의 지도력이 평균 이상이라고 생각하는 학생은 70%에 이르고, 60%의 학생들은 남들과 잘 어울리는 능력이 상위 10%안에 든다고 보고 있으며, 심지어 자기의 사교성이 상위 1% 이내에 든다고 생각하는 학생도 25%에 이르는 것으로 나타나고 있다.[66] 이러한 자기독특감을 사실과 다르게 과잉지각하는 경향은 서구인들로 하여금 "비현실적인 낙관주의"에 빠지게 만드는 원천으로 작용한다.[67]

이러한 사실들은 서구인들에게 있어 "자기화"는 자기의 독특성과 수월성을 주축으로 하는 자기만족감을 근거로 하여 이루어지는 것임을 알 수 있게 한다. 그들은 자기완비적(self-contained)이고 독립적이며 자율적인 개체로서의 자기가 갖추고 있는 독특성을 찾아내고 이를 확충함으로써, 점점 더 남들과 확실하게 구분되는 데에서 가치로운 존재로서의 자기의 의미를 찾으려 하는 것이다.[68] 이러한 과정에서 개인은 남들과 점점 더 견고한 경계를 가진 "분리된 존재"(seperated person)가 되

65 Baumeister et al., 1989.

66 Myers, 1987.

67 Heine & Lehman, 1995.

68 Markus & Kitayama, 1991a.

어 가는 것이며, 이러한 자기견고화와 자기고양을 통한 자기만족감의 추구가 서구인들이 이상적 인간이 되는 길의 핵심으로 여기는 "자기실현"의 밑바탕이 되는 것이다.

이렇게 자기를 사실 이상으로 매우 긍정적으로 평가하는 경향은 서구인들의 통제에 대한 관념과 그대로 이어진다. 서구인들은 자기와 환경세계 중에서 변화시키고 통제해야 할 대상은 자신이 아니라 환경세계라고 본다. 이렇게 서구인들이 통제력의 원천을 자기에게서, 그리고 통제의 대상을 외부 환경세계에서 찾는 것은 "자유의 보유자"로서 개인은 자율적인 합리적 선택 능력을 가지고 있는 존재이고, 따라서 모든 통제력의 원천이 자유의 보유자이면서 "이성의 주체"인 개인에게 있다고 간주하는 입장에서 나오는 당연한 논리적인 귀결인 것이다.

이렇게 환경세계를 자기에게 맞도록 변화시킬 수 있다는 신념은 스스로가 그러한 제반 능력을 보유한 유능한 사람이라는 생각인 자기효능감에 대한 신념으로 이어진다. 서구인들에게 있어서 이러한 자기효능감은 자기의 독특성과 수월성에 대한 신념에 바탕을 두고 발달되며, 이러한 자기의 유능성에 기반을 두고 있는 자기효능감은 스스로가 갖추고 있는 환경통제력과 함께 자기점검과 자기조절의 근거로 작용한다.

현대 서구심리학에서 제시된 자기조절이론들에 따르면, 개인은 스스로가 선택하여 설정한 목표를 달성하기 위하여 환경세계만을 변화시키려고는 하지 않는다. 그들은 환경세계에 비추어 자기의 목표를 수정하거나 목표 달성을 위한 노력의 수준을 변화시키기도 하는데, 이것이 바로 자기조절이다. 그러나 이러한 자기조절이 집단주의 사회인들이 추구하는 자기의 잘못이나 단점을 고치는 자기개선을 의미하는 것은 아니다. 이는 설정된 목표의 달성을 통하여 얻게 될 더 큰 보상을 획득하기 위하여 현재의 작은 욕구의 충족을 뒤로 미루는 만족 지연(delayed gratification)일 뿐으로, 자기이익 추구의 목적을 위한 행동임에는 변함이 없는 것이다.

이상과 같이 현대 서구심리학에서 자기에 관한 관심들은 모두 인간의 개체성의 발달에 초점을 맞추어 연구가 이루어졌다고 볼 수 있다. 즉 개체로서의 자기의 주도성(agency)에 초점을 맞추어, 자기의 독특성과 수월성 그리고 장점의 고양과 증진 및 확충을 자기실현의 방안으로 여기는 전제에서 자기의 문제에 접근해 온 것이다. 이러한 연구들의 배경에는 인간의 존재의의를 개체성에서 찾아 개인을 "자유의 보유자"로 인식하고, 동물과 다른 인간의 고유특성을 이성의 능력에서 찾아 개인을 "이성의 주체"로 여기며, 여러 가지 행위의 원동력(능력·성격·의도·감정 등의 내적 속성)을 완비하여 갖추고 있는 "안정적 실체"로 받아들이는 자유주의의 인간관이 놓여 있는 것이다.[69]

2) 동아시아 자기 관련 연구의 이론적 초점: 사회성 지향

사회적 존재로서의 개인이 조화로운 사회관계를 형성하고 유지하

69 서구 사회에서 이렇게 개체성을 중심으로 하여 인간을 이해하는 관점을 지니게 된 데에는 그들의 기독교적 전통도 크게 작용하였다고 볼 수 있다. 기독교는 신과 개인 사이의 계약을 신앙의 근거로 삼는다. 특히 기독교개혁 이후에는 이러한 종교적 개인주의가 개신교 신앙의 근거가 되고 있다. 기독교에서는 환경을 이용하여 인간의 복지에 활용하는 것을 신의 소명으로 받아들인다. 그러므로 기독교도들은 자기의 작용력을 통해 세계를 변화시키려는 열망을 지니고 있는 것이다(Weisz et al., 1984, p. 966).

는 일을 인간 삶의 기반이라고 여기는 것이 유학 사상의 특징인데, 이러한 사회관계의 조화를 해칠 가능성이 있는 사(私)적인 욕구와 감정을 억제하고 조절하며, 자기의 단점을 찾아 고치는 자기개선을 이루어, 태어날 때부터 갖추고 있는 도덕성을 보전함으로써 이상적 인간의 상태에 도달할 수 있다는 것이 유학자들의 자기통제론, 곧 수양론의 요지이다. 그러므로 수양론은 인간 삶의 핵심을 꿰뚫고 있는 유학적 인간론의 정수인 것이다.

인간의 존재의의를 개인으로서의 개체성에서 찾지 않고 사회적 존재로서의 특성, 곧 사회성에서 찾으려는 입장이 유학 사상이 성립하는 바탕이다. 개인은 누구나 누군가의 자식 · 형제 · 조카로 태어나서, 누군가의 자식 · 부모 · 형제 · 신하 · 친구로 살다가, 누군가의 부모 · 형제 · 신하 · 선배로 죽는 "사회적 관계체"이다. 인간의 삶은 이렇게 사회관계 속에서 이루어지는 것이므로, 사회관계를 떠나서는 인간의 존재의의 자체가 사라지고 만다는 것이 유학의 관점이다. 그러므로 유학자들은 누구나 관계 상대방과 연대감을 가지고 상호의존적으로 조화로운 관계를 형성하고 유지하기 위해 힘써야 한다고 본다.

유학은 여타의 동물들과는 달리 인간만이 갖추고 있어서 인간을 인간답게 만드는 고유특성을 도덕성이라고 간주한다. 즉 인간은 관계를 맺고 함께 살아가고 있는 다른 사람들에 대해 관심을 가지고 그들을 우선적으로 배려할 수 있는 "덕성의 주체"라고 여기는 것이 유학 사상의 특징이다. 그러나 인간은 이렇게 도덕성만을 갖추고 있는 것이 아니라, 생물체로서 스스로의 생명을 유지하려는 생존욕구와 기타 여러 가지 이기적 욕구 및 이의 충족 과정에서 비롯되는 사적인 감정도 갖추고 있는 존재이다. 이러한 이기적이고 사적인 욕구와 감정들은 사회관계의 조화를 깨뜨리고 개인을 잘못된 길로 이끄는 향악(向惡)의 원천인데, 이를 억제하고 바른 길로 인도할 수 있는 것은 인간이 갖추고 있는 도덕성 때문이라는 것이 유학자들의 관점이다.

또한 인간은 완선(完善)의 상태로 태어나는 것이 아니라 도덕성의 근거를 갖추고 있을 뿐이어서, 배움과 가르침을 통해 스스로에게 갖추어져 있는 도덕성의 싹을 잘 간직하고 키워나가야 하는 존재라는 것이 유학 사상의 또 다른 특징이다. 즉 유학은 인간 존재를 소인(小人)의 상태로 태어나서 이상적 인격체인 군자(君子)의 상태로 변모할 수 있는 "무한한 가변체"라고 여긴다. 바로 인간 존재가 가지고 있는 이러한 가변성에서 인간에게 내재하고 있는 향악성을 억제하고 자기개선을 이룸으로써 도덕성을 함양할 수 있는 근거를 찾고자 하는 것이 바로 유학 사상이다.

이와 같이 유학은 사회성 · 도덕성 · 가변성의 가치를 축으로 하여 인간을 이해하려는 사상체계이다. 유학의 체계에서 인간 존재의 사회성은 자기통제의 논리적 배경(사회관계의 조화 유지)을 형성하고, 도덕성은 자기통제의 대상(자기의 사적인 욕구와 감정)을 제시하며, 가변성은 자기통제를 거쳐 이루려는 목표(자기개선)를 규정하고 있는 것이다. 이러한 유학 사상에서 통제는 개인 속에 내재해 있는 생물적 이기적 욕구와 이의 충족 과정에서 경험하는 사적 감정을 억제하는 일을 의미한다. 그러므로 유학 사상에서 자기통제론은 향악(向惡)의 원천인 이기적 사적 욕구와 감정을 절제하는 자기억제와 자기의 단점과 잘못을 찾아 고쳐나가는 자기개선을 통해 도덕적 완성을 이루어 이상적 인간의 상태에 도달하는 수양론으로 전개되고 있다.

이러한 배경에서 유학자들의 수양론은 개인 속에 내재해 있는 향악의 원천을 찾아 이를 억제하는 일로부터 시작한다. 이렇게 보면, 유학자들의 수양론이 인간의 억제와 통제에만 초점을 맞추고 있는 것으로 보이기 쉽다. 그러나 유학자들의 수양론은 도덕 주체로서의 인간이 자기 속에 갖추어져 있는 도덕의 근거[四端 · 道心]를 찾아, 이를 간직하고 함양하는 일로 이어진다는 사실을 명심해야 한다. 인간은 스스로에게 갖추어져 있는 도덕적 지향성을 인식하고, 이를 일상생활에서 키워냄으로써 자기개선을 이루어, 이상적 인격(군자와 성인)의 상태에 도달할 수 있는 존재라는 것이 유학 사상의 기본 관점인 것이다.

이러한 유학자들의 입장은 그들의 수양론에 잘 반영되어 있다. 공자의 수양론은 자기의 사적인 욕구와 감정을 극복하는 일[克己]에 머무르지 않고, 이어서 조화로운 사회생활의 규범체계인 예(禮), 곧 도덕성의 체계로 돌아가는 일[復禮]이 수양의 핵심이라는 수기론(修己論)이다. 맹자의 수양론은 욕구의 과도한 추구를 억제하는 일[寡欲]을 넘어서서, 마음의 생각하는 기능을 다하여 스스로에게 갖추어져 있는 도덕성의 근거를 확실히 간직함[存心 · 養性]으로써, 도덕주체로서의 인식을 명확히 하는 존심론(存心論)이 핵심이다. 순자의 수양론은 욕구의 절제[道欲 · 節欲]에 이어, 인도의 표준인 예를 인식한 다음 이에 자세히 통달하여 예의 체계를 체득[體道]하는 체도론(體道論)이 중심이다.

공자는 욕구와 감정을 통제하는 일을 자기를 극복하는 일[克己]이라 하여, 자기억제에 적극적인 가치를 부여하고 있다. 그에 따르면 극기는 예의 체계로 돌아가는 일[復禮]의 전제로서, 생물적 존재인 인간이 사회적 존재로 승화하는 근거가 되는 것이다. 곧 공자에게 자기억제는 생물적 개체적 존재로 머물기 쉬운 인간이 사회적 존재 특성을 실현함으로써 덕을 존숭하는 경지[崇德]에 이를 수 있는 전제 조건인 셈이다.

공자는 예에 의해 자기 몸을 단속함으로써 자기의 행위가 도덕성의 체계에 비추어 어긋나지 않았는지 살펴보는 자기성찰을 수양의 가장 중요한 방법으로 제시하였다. 그는 이러한 자기성찰은 사람으로서 지향해야 할 바를 익히는 배움을 전제로 하여 이루어지는 것이라고 보아, 배움을 매우 중시하였다. 배운 바를 매일 익히고 이에 비추어 자기를 돌아보면, 자기의 잘못이 드러나게 된다는 논리였던 것이다. 그리하여 자기의 잘못을 고쳐 나감으로써, 같은 잘못을 두 번 다시 범하지 않게 되는 자기개선을 이루는 일이 공자가 제시하는 수양의 방법이었다.

맹자도 생물적 이기적 욕구의 절제를 수양의 핵심으로 강조하고 있다. 그는 이러한 욕구, 특히 생물적 욕구는 생존에 필요한 것이어서 모두 없앨 수는 없으므로, 이러한 욕구의 과도한 추구를 줄이는 과욕(寡欲)을 중시한다. 즉, 생존을 위해 무욕(無欲)할 수는 없으므로, 다욕(多欲)을 절제하는 일이 중요하다는 것이다. 다욕은 본심을 잃게 만드는 요체이기 때문이다.

맹자는 욕구의 절제에서 한 걸음 더 나아가, 도덕적 지향성에 의해 나머지 욕구들을 제어함으로써, 도덕적 지향성이 욕구 추구를 지도하는 욕구의 승화가 이루어져야 한다고 본다. 이렇게 욕구의 승화가 이루어지면, 소욕(所欲)과 소불욕(所不欲), 소위(所爲)와 소불위(所不爲)를 잘 구분하여 사람의 도리를 밝게 인식하는 명도(明道)가 이루어진다는 것이다. 생물적 이기적 욕구의 절제와 욕구 승화를 통해 도덕적 지향성이 인간 본성 속에 갖추어져 있음을 깨달아, 바랄 것만 바라고 해야 할 일만 행하게 되는 일이 곧 수양의 핵심이라는 것이 맹자의 수양론인 존심론의 대지인데, 맹자도 공자와 마찬가지로 자기성찰과 자기개선을 수양의 핵심 방안으로 강조하고 있다.

순자는 욕구의 추구를 절제하는 절욕(節欲)과 욕구가 올바른 방향을 잡도록 인도하는 도욕(道欲)을 수양의 핵심으로 제시하고 있다. 그는 인간이 생물적 이기적 욕구를 가지고 있다[有欲]거나 이러한 욕구가 많다[多欲]는 사실은 하등 문제될 것이 없다고 본다. 그러므로 그는 욕구를 모두 없애는 거욕(去欲)이나 욕구를 줄이는 과욕(寡欲)을 수양의 방법으로 제시하지 않는다. 순자는 욕구의 추구가 예의 체계를 벗어나서 절도를 잃는 것이 문제라고 여긴다. 따라서 욕구의 추구를 절제하고, 욕구의 추구가 올바른 방향을 잡도록 인도해 주는 일이 수양의 핵심이라는 것이다.

순자가 수양의 방법으로 중시하는 것은 마음을 기르는 양심(養心)과 혈기와 행동 양식을 다스리는 치기(治氣)이다. 그는 감각기관 같은 육체의 주인은 마음이므로, 이를 잘 길러 혈기를 예의 체계에 맞도록 다스리는 일이 욕구 추구를 절제하고, 욕구가 예에 맞추어 방향을 잡도록 인도함으로써 자기개선을 이루는 첩경이라고 보았다. 이러한 치기와 양심을 통해 자기개선을 이룸으로써 인간의 욕구와 감정이 예에 의하여 바르게 방향을 잡아 편안하게 되는 정안례(情安禮)의 상태에 이르게 된다는 것이 순자의 체도론의 핵심이다.

자기억제에 이어 자기개선을 강조하는 선진유학자들의 이러한 수양론은 성리학자들의 거경론(居敬論)으로 그대로 이어지고 있다. 성리학자들의 거경론은 향악의 근거인 사적 욕구와 감정을 억제하는 일, 곧 알인욕(遏人欲)에 머무르지 않고, 스스로에게 갖추어져 있는 도덕성의 근거를 잃어버리지 않고 마음속에 간직하는 일, 곧 존천리(存天理)로 이어져서, 욕구와 감정의 승화와 자기개선을 통해 이상적 인격의 상태에 도달해야 함을 강조하는 이론체계인 것이다.

이상과 같은 유학자들의 자기통제론은 모두 인간의 사회성의 발달에 초점을 맞추고 있는 것으로 볼 수 있다. 즉 개인들 사이의 유대성(communion)의 증진에 초점을 맞추어, 자기억제와 자기개선을 통해 개인들 사이의 연계성과 상호의존성 및 조화성을 추구함으로써 자기를 확대하는 일을 이상적인 인간이 되는 방안으로 여기는 전제에서 자기통제의 문제에 접근해 온 것이다. 이러한 연구들의 배경에는 인간의 존재의의를 사회성에서 찾아 개인을 "사회적 관계체"로 인식하고, 동물과 다른 인간의 고유특성을 도덕성에서 찾아 개인을 "덕성의 주체"로 여기며, 자기억제와 자기개선을 통해 스스로가 갖추고 있는 도덕성을 실현하여 자기확대를 이룰 수 있는 "과정적 가변체"로 파악하는 유학사상이 놓여 있다.

이렇게 유학 사상에서 도출되는 인간관과 자기론이 모두 인간 존재의 사회성의 발달에 초점을 맞추고 있다는 사실에서 보면, 유학 사상의 핵심은 바로 "인간의 존재확대"라고 요약할 수 있을 것이다.[70] 유학자들은 인간이 인간된 까닭에 관한 관점[人性論]을 통해 존재확대의 가능성을 따져보고, 존재확대의 이상적 모형[君子論]을 제시함으로써 이

70 이에 관해서는 졸저(조긍호, 2003a, pp. 149-150, 주 31; 2019, pp. 105-106) 참조.

를 삶의 목표로 설정한 다음, 그 목표를 이루기 위한 방법[道德實踐論·修養論]을 제시하고 있는 것이다. 이러한 인간 존재의 확대에 대한 강조는 유학 사상에서 추구하는 가치들로부터 직접 도출된다.

우선 "사회성"의 강조를 통해 유학자들은 "개체적 존재로부터 사회적 존재로의 확대"를 도모하였다고 볼 수 있다. 개체로서의 자기에 대한 관심과 배려를 관계를 맺고 있는 타인과 사회에 대한 관심과 배려로 확대하는 일이 올바른 삶의 자세라는 주장이 군자론·도덕실천론·수양론의 이론적 핵심인 것이다.

다음으로 "도덕성"의 강조를 통해 유학자들은 "생물적 존재로부터 도덕적 존재로의 확대"를 꾀하였다고 볼 수 있다. 도덕성을 통해 인간은 욕구적 존재에서 인간적이고 도덕적인 존재로 변모하게 되는데, 유학 사상의 이론적 기반인 인성론에서부터 이러한 논리체계가 부각되고 있는 것이다.

마지막으로 "가변성"의 강조를 통해 유학자들은 "미성숙한 존재에서 성숙한 존재로의 확대"를 꿈꾸었다고 볼 수 있다. 교육과 배움을 통해 스스로가 도덕 주체라는 사실을 인식하고, 이를 바탕으로 한 자기성찰과 자기반성의 결과 자기개선을 이룸으로써, 소인의 상태에서 벗어나 군자가 될 수 있다는 것이 수양론의 체계이다. 곧 인간은 도덕성의 씨앗을 가지고 태어나지만, 후천적으로 수양을 통해 본유적으로 갖추고 있는 도덕성의 씨앗을 활짝 꽃피울 수 있는 가능성을 지니고 있으며, 이를 통해 동물적이고 욕구적인 미성숙한 개체로부터 사회적이고 도덕적인 성숙한 인간으로 발전할 수 있다는 것이 수양론에서 전개하는 존재확대론의 논리적 근거인 것이다.

이렇게 유학 사상에서 제시하는 인간의 존재확대의 길은 타인에 대한 관심을 가지고 그들을 배려하여, 자기 자신뿐만 아니라 다른 사람들도 군자의 경지에 이르도록 도와줌으로써, 인간이 추구해야 할 도(道) 속에서 다른 사람과 자신의 일체화(一體化)를 이루는 일이다. 이렇게 타인에 대한 관심과 배려를 인간 삶의 기본적 동인으로 삼는 유학 사상은 역사적으로 이를 기본 철학으로 삼고 살아왔던 동아시아 사회에 집단주의적인 삶의 양식이 꽃피게 한 사상적 배경이었던 것이다.

3. 결론: 온전한 인간 이해를 위한 두 지향의 통합

위에서 인간은 개체적 존재이면서 동시에 사회적 존재라는 사실을 중시 가치의 두 유형, 심리적 동기의 두 유형, 진화적 압력의 두 지향성을 중심으로 하여 살펴보았다. 이러한 맥락에서 보면, 인간에 대한 온전한 이해는 이 두 측면(개체성과 사회성)을 포괄하는 관점의 연구에 의해서 이루어질 수 있을 것임이 분명해진다.

그러나 지금까지 서구와 동아시아에서 진행된 자기 관련 연구와 이론체계들은 각각 어느 하나의 측면에만 초점을 맞추고 진행되어 왔다고 볼 수 있다. 즉 서구의 연구들은 인간의 사회적 존재 특성은 도외시하고 개체적 특성에만 초점을 맞추어 진행되어 왔으며, 동아시아 유학 사상에서는 인간의 개체적 존재 특성은 거의 무시하고 사회적 특성만을 지나치게 강조하는 경향을 띠어 왔던 것이다. 그러므로 이들 연구들은 인간 존재의 반쪽 측면에만 초점을 맞추어 연구를 진행해오고 있었다는 사실을 부인하기 힘들다.

물론 동아시아 유학 사상에서 인간 존재의 개체적 특성을 완전히 도외시하고 있는 것은 아니다. 앞에서 보았듯이, 공자는 이상적 인간인 군자의 상태를 "자기의 인격을 닦음으로써 삼가게 된 사람"[修己以敬], "자기의 인격을 닦음으로써 주위 사람들을 편안하게 해주는 사람"[修己以安人], "자기의 인격을 닦음으로써 온 천하의 사람들을 편안하게 해주는 사람"[修己以安百姓]의 세 가지로 보아,[71] 군자란 "자기 인격의 수양 → 사회관계의 조화 추구 → 사회적인 책무의 자임(自任)과 완수"로 확대해 가는 인간상인 것으로 보고 있다.

그런데 여기에서 주목해야 할 것은 안인(安人)과 안백성(安百姓)도 모두 수기(修己)를 근거로 하고 있다는 사실이다. 이렇게 공자는 개체로서의 인격 수양을 인간의 존재확대의 전제 조건이라고 보아, 수기의 중요성을 강조하고 있다. 다만 이러한 수기의 목표를 사회성을 근거로 하는 존재확대에 두고 있을 뿐, 공자의 관점이 절대로 인간의 개체적 존재 특성을 무시하는 것은 아닌 것이다.

유학자들이 모든 일의 원천은 도덕 주체로서의 자기 자신이라는 인문주의(人文主義)의 입장에서, 항상 모든 책임을 스스로에게서 찾고[反求諸己],[72] 따라서 스스로를 통제함으로써 환경세계와 조화를 이루

71 子路問君子 子曰 修己以敬 曰 如斯而已乎 曰 修己以安人 曰 如斯而已乎 曰 修己以安百姓 (《論語》, 憲問 45)

72 君子求諸己 小人求諸人 (《論語》, 衛靈公 20); 君子病無能焉 不病人之不己知也 (衛靈公 18); 不患人之不己知 患不知人也 (學而 16); 不患無位 患所以立 不患莫己知 求爲可知也 (里仁 14); 不患人之不己知 患其不能也 (憲問 32); 愛人不親 反其仁 治人不治 反其智 禮人不答 反其敬 行有不得者 皆反求諸己 其身正 而天下歸之 (《孟子》, 離婁上 4); 萬物皆備於我矣 反身而誠 樂莫大焉 (盡心上 4); 同遊而

는 일을 지향하고 있다는 사실은 유학 사상이 절대로 개체로서의 인간 존재를 무시한 것은 아니라는 또 다른 반증이 된다. 드 배리(de Bary, Wm.)가 유학 사상을 "도덕적 · 문화적 개인주의"[73]라 부르는 것은 바로 이러한 점을 지적하여 말하는 것이다. 그러나 그럼에도 불구하고 유학 사상이 인간의 개체성보다는 사회성과 도덕성을 기반으로 하여 구축되고 있다는 것은 틀림없는 사실이다.

또한 서구의 연구들이라고 해서 모두 사회적 존재로서의 인간의 사회 지향성을 완전히 무시해 왔던 것은 아니다. 서구 현대 성격심리학에서 제시된 이상적 인간상은 주체성 · 자기수용 · 자기통일 · 문제중심성 · 따뜻한 대인관계의 다섯 가지 특징을 보유하고 있는 사람으로 그려지고 있다.[74] 여기서 주체성 · 자기수용 · 자기통일 · 문제중심성은 모두 개체로서의 개인에 대한 관심에서 도출되는 자기실현과 관련되는 특성들인데 반해, 따뜻한 대인관계는 "사랑, 이해와 수용적 태도로 타인과의 따뜻한 관계를 유지"[75]하는 특징을 가리키는 것임을 주목해 볼

不見愛者 吾必不仁也 交而不見敬者 吾必不長也……失之己 而反諸人 豈不亦迂哉(《荀子》, 法行 21-22)

73 de Bary, 1983/1998, p. 130.

74 현대 성격심리학에서는 이상적 인간의 상태를 자기실현(Adler, A., Jung, C., Maslow, A.), 생산성(Fromm, E., Rogers, C.), 적응성(Lawton, G.), 통일성(Cattel, R., Elkin, H., Seeman, J.), 성숙성(Allport, G.), 자율성(Riesman, D.) 등 다양한 관점에서 제시하고 있는데, 김성태(1976, 1989)는 이러한 다양한 이상적 인간상의 모습을 "성숙인격"(成熟人格, mature character)으로 묶어 정리하고 있다. 그는 이들 서구의 현대 성격심리학자들이 나열하여 제시하고 있는 이상적 인간상의 특징이 모두 52가지임을 밝혀내고, 이들을 내용상의 유사성을 기준으로 군집분석(群集分析)하여, 이들이 이러한 5가지 군집으로 묶임을 확인해 내고 있다.

75 김성태, 1976, pp. 1-27; 1989, pp. 199-243.

필요가 있다. 이는 서구인들도 인간의 사회적 유대성을 제외하고는 이상적 인간이 되기 어렵다는 사실을 잘 인식하고 있음을 보여주는 사례인 것이다.[76]

이와 같이 서구와 동아시아에서 진행된 연구들이 각각 인간의 개체성과 사회성에 초점을 맞추어 이를 지나치게 강조하고 있기는 하지만, 서구인들이라고 해서 인간의 사회적 지향성을 완전히 무시하는 것은 아니고, 동아시아인들이라고 해서 인간의 개체적 지향성을 전혀 도외시하는 것은 아니다. 지난 세기의 후반부에 싹트기 시작한 문화비교 연구와 진화심리학의 연구를 통하여 이제는 상당한 정도로 인간 존재의 두 측면(개체적 지향성과 사회적 지향성)에 대한 이해의 물꼬가 트이기 시작하였다. 이러한 이해를 바탕으로 하여, 인간 존재를 구속하고 있는 이 두 측면을 통합적으로 고려하는 연구들이 더욱 활발하게 이루어질 필요성이 절실하게 대두되고 있는 것이 작금의 현실이다.

1) 문화이중성의 증가

문화 연구에서 가장 조심해야 할 것은 "생태학적 오류"(ecological fallacy)에 빠지지 않는 일이다.[77] 한국의 문화가 국가 또는 사회 수준의 분석에서 집단주의의 성향을 보유하고 있다고 해서, 한국인이 누구나 서구와 같은 개인주의 문화권의 성원들보다 더 집단주의적이거나, 한

76 서구의 이상적 인간형론에 대해서는 졸저(조긍호, 2006, pp. 222-278; 2008, pp. 257-279) 참조.

77 Hofstede, 1980, pp. 23~25.

국인이 개인주의적인 특징을 전혀 가지고 있지 않다고 생각하는 것이 생태학적 오류이다. 즉, 어느 한 사회의 문화가 집단주의 또는 개인주의라고 해서, 그 사회의 성원들이 모두 집단주의자 또는 개인주의자는 아니다. 한 개인은 집단주의의 성향과 개인주의의 성향을 모두 보유하고 있지만, 이 두 성향의 분포에 양적인 차이가 있을 뿐이다. 개인주의 성향을 집단주의 성향보다 더 많이 보유하고 있는 사람(개인주의자)보다 집단주의 성향을 개인주의 성향보다 더 많이 보유하고 있는 사람(집단주의자)이 더 많다면 그 사회의 문화는 개인주의보다 집단주의의 특징을 띠게 될 뿐인 것이다.[78]

근대 사회로 오면서 사회구조가 더욱 복잡해지고 지역 사이의 이동이 더욱 빈번해지면서, 다른 문화의 사람들이나 문화 내용과 접촉하는 일이 많아지게 되었다. 그리하여 타 문화의 내용에 익숙해짐으로써 이를 받아들여 내면화하여, 한 개인이 서로 다른 문화 내용을 공유하는 일이 늘어나게 되었다. 이러한 문화이중성은 상대 문화의 가치에 대한 수용력을 높여, 인간 존재의 이중적 측면(개체적 지향성과 사회적 지향성)을 별 무리없이 받아들이는 요인으로 작용하게 된다.

(1) 근대화 · 도시화 · 핵가족화와 개인중심성향의 증가

한 사회의 성원들의 문화성향을 다르게 하는 요인들은 다양하지만, 대표적인 것으로 연령, 교육수준, 거주지역, 경제적 풍요, 아동 양

78 Bond & Smith, 1996; Schwartz, 2004; Smith, Bond, & Kagitcibasi, 2006, pp. 38~54; Triandis, 1995, pp. 5~6, 35~36, 62~68; 이 문제에 관해서는 졸저(조긍호, 2003a, pp. 109~113; 2007a, pp. 440~445) 참조.

육방식 및 핵가족화 같은 요인들을 들 수 있다. 곧 연령이 낮을수록,[79] 고등교육을 받았을수록,[80] 도시에 거주할수록,[81] 경제적으로 풍요로울수록,[82] 그리고 부모가 아동 양육 과정에서 독립성을 강조하고, 핵가족화한 가정에서 자랐을수록[83] 개인중심성향이 강하고, 반면에 연령이 높아지거나, 교육수준이 낮거나, 농촌에 거주하거나, 가난하거나, 아동 양육 과정에서 의존성을 강조했을수록 집단중심성향이 강한 것이다.[84] 한국에서도 젊은 세대일수록 기성세대에 비해,[85] 고등교육을 받은 사람일수록 교육수준이 낮은 사람에 비해,[86] 그리고 도시인일수록 농촌 지역에 거주하는 사람에 비해[87] 개인중심성향이 강한 것으로 드러나고 있

---

79 Gudykunst, 1993; Triandis et al., 1988.

80 Triandis, 1995, p. 66.

81 Kagitcibasi, 1996; Triandis, 1990.

82 Hofstede, 1980, 1991; Triandis, 1990, 1995.

83 Adamopoulos & Bontempo, 1984; Markus & Kitayama, 1991a, b.

84 도시화, 고등교육 및 경제적 풍요 같은 요인이 개인주의와 관련이 깊다는 생각(Hofstede, 1980, 1991; Triandis, 1990, 1995)은 개인주의와 근대화(modernization)가 관련이 깊다는 가정을 그럴 듯하게 보이도록 한다(Bond, 1994; Kagitcibasi, 1997). 이러한 관점을 Hofstede(1991/1995)는 "근대화는 개인주의화와 상응된다"(p. 74)고 표현하고 있다. 이러한 입장에서 간주하는 근대화는 대체로 도시화와 서구화 및 경제성장을 의미하는 것이었는데(Kagitcibasi, 1997; Marsella & Choi, 1994), 근대화가 곧 서구화와 도시화를 유도하는 것만은 아니고(Kagitcibaci, 1996; Marsella & Choi, 1994; Sinha & Tripathi, 1994), 또한 근대화와 개인주의화가 곧 경제발전의 원동력이라는 사실의 근거가 희박하다는 사실이 밝혀짐으로써(Schwartz, 1994), 근대성이 곧 개인중심성향과 일치한다는 등식은 성립할 수 없는 것으로 드러나고 있다(Bond, 1994; Kagitcibasi, 1997; Marsella & Choi, 1994; Schwartz, 1994). 이에 관해서는 졸저(조긍호, 2003a, pp. 110-113, 주 5) 참조.

85 김의철, 1997; 한규석 · 신수진, 1997; Han & Ahn, 1990.

86 나은영 · 민경환, 1998; 나은영 · 차재호, 1999; 차재호 · 정지원, 1993; 한규석 · 신수진, 1997; Han & Ahn, 1990.

87 장성수 · 이수원 · 정진곤, 1990.

다. 이러한 사실은 집단주의 사회나 개인주의 사회 어디에도 개인중심성향자와 집단중심성향자가 혼재해 있음을 의미하는 것이다.

이렇게 한국에서도 교육수준이 높고, 도시에 거주하는 젊은 사람들은 집단주의의 경향보다 개인주의의 경향을 강하게 보이는 것이 사실이다. 따라서 이들만을 놓고 보면, 한국이 아직까지도 집단주의 문화가 지배하는 사회인지 의심이 간다. 한국의 젊은이들은 같은 한국 사회에 살고 있는 나이든 사람들의 눈으로 보면, 지극히 개인주의적인 것으로 보인다. 그러나 이들도 같은 연령층의 서구의 젊은이들과 비교해 보면, 아직도 상당히 집단주의적인 경향을 보이고 있다.

이렇게 우리나라와 같이 동아시아 유교권 국가에서도 근대화 · 도시화 · 핵가족화의 세례를 받고 자란 젊은 세대들은 서구 문화에 대해서 뿐만 아니라 서구적 제 가치에 대해서도 개방적인 것이 사실이다. 그러므로 이들은 이전 세대에 비해 서구적 가치의 지향수준과 동아시아적 가치의 지향수준이 모두 높은 경향을 보일 가능성이 있다. 따라서 이들은 나이든 세대가 보이는 것과 같은 전통문화에의 고착 현상에서는 비교적 자유로울 가능성이 높다.

(2) 세계화와 문화교류의 증가

20세기 중엽 이후 밀어닥치기 시작한 세계화(globalization)의 물결이 전 지구를 휩쓸고 있다. 처음에 경제 영역에서 시작된 세계화의 추세는 "1990년대 초부터 몇 가지 우호적 조건과 합류하면서, 단순히 경제 영역을 넘어 구체적 모습을 갖추기 시작했다. 그 직접적인 계기는 컴퓨터 · 인터넷 같은 정보 기술상의 혁명, 냉전의 종언, 우루과이 라운

드에서의 무역 자유화 타결과 세계무역기구(WTO) 설립이다."[88] 특히 세계무역기구가 출범한 1995년 이래 이러한 세계화의 물결은 전 지구적인 화두가 되고 있다.

그러나 세계화라는 개념은 대단히 혼란스러운 것이어서, 이것이 과연 무엇을 의미하는지에 관해서는 아직 논란이 끊이지 않고 있다. 많은 학자들이 세계화의 개념 정립을 위해 노력해 왔는데, 이들은 서로 중복되는 다섯 가지 의미체계로 요약할 수 있다.[89] 첫째는 국가들 사이의 국경을 가로지르는 관계의 증대, 곧 국제화의 의미로 사용되는 세계화이다. 둘째는 개방된 세계 경제를 창출하기 위해 국가 간의 물적, 인적 요소의 이동을 제약하는 정부의 규제가 제거되는 과정, 곧 자유화의 의미로 사용되는 세계화이다. 셋째는 다양한 사물과 경험이 전 세계의 모든 사람에게 확산되는 보편화 과정을 지칭하는 세계화이다. 넷째는 이전에 존재하던 문화나 지방적 자율성을 파괴하면서, 근대적 사회구조가 전 세계로 확산되는 서구화 또는 근대화의 의미로 사용되는 세계화이다. 그리고 다섯째는 사회 공간이 더 이상 영토적 장소의 관점에서 파악되지 않고, 지리의 재편성이 일어나는 탈영토화의 의미로 쓰이는 세계화이다.

이렇게 세계화는 국제화 · 자유화 · 보편화 · 서구화 · 탈영토화라는 다양한 층위의 의미를 가지는 복잡한 개념이지만, 보통 경제 · 사회 · 문화 같은 인간 삶의 여러 영역에서 이루어지는 개방화라는 의미로 받아들이고 있다. 국제화는 국가 간 경계의 개방을, 자유화는 경제 활동

88 강정인, 2002, p. 219.

89 Scholte, 2000, pp. 15-17; 강정인, 2002, pp. 217-219 참조.

에 대한 정부의 규제를 철폐하는 경제 개방을, 보편화는 삶을 지배하는 가치의 개방을, 서구화는 비서구 지역에서 진행되고 있는 서구의 문물과 제도에 대한 개방을, 그리고 탈영토화는 공간적 제약을 허물어뜨리는 개방을 의미하는 것이라 해석할 수 있다.

이러한 세계화는 정보화와 함께 20세기 후반부터 본격적으로 전개되어, "개인과 개인, 집단과 집단, 국가와 국가, 문명과 문명 간의 시간적 간격과 공간적 경계를 해체하고 있다."[90] 이러한 세계화 · 정보화라는 전 지구적 격변이 가져오게 될 문화적 효과에 대한 논의는 동질화(homogenization) · 양극화(polarization) · 혼융화(hybridization)의 세 가지로 정리할 수 있다.[91]

여기서 동질화 명제는 세계화에 따라 전 세계의 문화가 서구 특히 미국 문화에 동화되어, 서구 문화 곧 미국 문화로 균질화될 것이라는 관점이다. 양극화 명제는 세계화가 진행되면서 서로 다른 문화 사이의 차이가 더욱 두드러져 양극화되고, 문명 사이의 갈등이 심화되어, 결국 문명 사이의 충돌로 이어질 것이라는 관점이다. 혼융화 명제는 세계화가 진행되어 서로의 문화에 대해 잘 이해하게 됨으로 말미암아, 상대방 문화의 장점을 수용하여 자신들의 문화 내용과 결합함으로써, 문화의 혼융 현상이 나타날 것이라는 관점이다.

이러한 세 가지 가능성 중에서 가장 그럴 듯하고 또 바람직한 것은

90 강정인, 2002, p. 211.

91 이 분류의 영어 원어는 Holton(1998, pp. 167−180)의 용어이다. 이를 강정인(2002, pp. 225−227)은 동질화 · 양극화 · 혼융화라고 번역하여 사용하고 있다. Nisbett(2003, pp. 219−229)은 사고양식의 동 · 서 차이가 겪게 될 미래상을 예측하면서, 똑같은 분류를 각각 서구화(Westernization) · 차이확산(continued divergence) · 수렴(covergence)이라 표현하고 있다.

혼융화 명제이다. 세계화를 통한 교류 확대로 인해 다른 문화에 대한 이해도가 높아지고, 상대방 문화의 장점을 수용함으로써 서로가 서로에게 조금씩 다가가는 일이 벌어져, 다양한 문화가 평화롭게 공존할 수 있을 것이기 때문이다.

2) 동 · 서 이론적 관점의 통합

지난 세기의 후반부는 이렇게 근대화 · 도시화 · 핵가족화로 인한 개인중심성향의 증대와 세계화로 인한 개방화의 증가로 인해, 다양한 문화에 대한 관심이 획기적으로 높아진 시대였다. 이러한 문화에 대한 관심은 호프스테드의 문화 가치 차원에 관한 광범위한 연구 이래,[92] 같은 시기에 폭발적으로 관심이 높아진 진화심리학의 대두와 함께 사회심리학자들의 연구 관심이 시 · 공간적으로 확장되는 경향을 낳았다. 그리하여 그때까지 보편심리학이라고 간주되고 있던 서구, 특히 미국 심리학은 미국의 문화 전통에 국한되어 통용되는 토착심리학일 뿐이며, 인간의 심성과 행동을 이해하는 조망이 원시인류의 삶의 모습에 대한 논리적 실증적 추론을 포괄하도록 확장될 필요가 있다는 사실을 심리학자들이 인식하게 되었던 것이다. 이러한 시 · 공간적인 조망 확대의 필요성에 대한 인식은 지금까지 진행되어 온 자기 관련 연구의 문제에도 불어닥치고 있다.

92 Hofstede, 1980, 1991.

(1) 문화차 연구의 심층적 전환

초기의 문화비교 연구들은 서구 개인주의 사회와 동아시아 집단주의 사회에 살고 있는 사람들이 드러내는 인지 · 정서 · 동기 행동의 제반 차이를 찾아내어 밝히는 일에 주목하여 왔다. 즉 "다양한 문화들은 서로 다르다"라는 전제에서 이러한 차이의 실상을 찾아내려 노력해 왔던 것이다. 이 시기의 문화비교 연구는 곧 문화차 연구를 의미하는 것이었다. 서구인들은 자기존중감을 중시하는데 동아시아인들은 그렇지 않다든가, 자기의 독특성을 과대평가하는 허구적 독특성 지각 경향은 서구인들에게서는 두드러지는데 동아시아인에게서는 나타나지 않는다든가 하는 연구들이 그 예이다. 그러나 문화비교 연구들이 진행되면서, 이러한 차이 중심의 연구들은 서구의 자민족중심주의(ethnocentrism)에 빠져서 문제를 너무 안이하게 보는 배경에서 유래하고 있다는 인식이 대두되었다.

예를 들면, 초기의 자기존중감에 관한 연구들에서는 일률적으로 서구인들의 자기존중감 수준이 동아시아인들의 그것보다 높게 나오고 있는데, 이를 동아시아인들과는 달리 서구인들에게는 자기존중감이 실생활 장면에서 중요하게 작용하기 때문이라고 해석하는 경향이 주류를 이루었다. 그러나 이와 같은 경향은 이러한 연구들에서 개인의 독특성과 수월성을 기준으로 하여 자기존중감 수준을 측정하는 도구[93]를 통해 자기존중감 수준을 측정하기 때문이었던 것으로 드러나면서 상황은 달라졌다.

93 Rosenberg(1965)의 Self-Esteem Scale(SES)

이러한 요인(자기독특성과 수월성)은 서구인의 자기존중감을 좌우하는 요인일 뿐, 동아시아인의 자기존중감을 좌우하는 요인은 아니었다. 동아시아인의 자기존중감은 부모나 친구 같은 내집단원으로부터 받는 인정과 수용감에 근원을 두고 있는 것이다. 이러한 사실들이 밝혀지자, 자기존중감은 동아시아인들에게나 서구인들에게나 마찬가지로 중요한데, 다만 이를 좌우하는 요인(자기존중감의 근원)에 문화 사이의 차이가 있을 뿐이라는 좀 더 심층적인 수준의 해석이 제시되었던 것이다.[94]

이러한 예를 한 가지만 더 들어보기로 하자. 문화비교에 관한 초기의 연구들에서는, 서구인들은 자기의 독특성을 과장하여 인식하는 "허구적 독특성" 지각 경향이 동아시아인들보다 크다는 사실들이 지속적으로 밝혀져 왔다. 이러한 연구자들의 견해는, 서구인들은 개인주의 사회에서 강조하고 중시하는 여러 가지 능력(지능·기억력·운동 능력)이나 개체성 특성(독립성·자립성·자기주장성)뿐만 아니라, 집단주의 사회에서 중시하는 배려성 특성(동정심·배려성·타인 사정 이해심)에서도 비교 대상이 되는 다른 사람보다 자기가 더 특출하다고 생각한다는 것이었다. 그들은 문화차에 관해 가지고 있는 기존 관념에 기대어 모든 특성과 능력을 통합하여 전체적으로 분석함으로써, 개인주의 사회인이 보이는 허구적 독특성 지각 경향이 집단주의 사회인이 보이는 그것보다 항상 크다는 결과를 거듭 제시하고 있었던 것이다.

그러나 얻어낸 자료를 특성 유형별로 분석해 보면, 허구적 독특성 지각 경향은 개인주의 사회에서만 나타나는 특징이 아니라는 사실이

94 자기존중감 근원의 문화차에 관한 문제는 제1장 2절의 "3) 자기존중감의 근원과 그 측정의 문제" 참조.

바로 드러난다. 곧 능력이나 개체성 특성의 경우에는 개인주의자가 집단주의자보다 허구적 독특성 지각 경향을 크게 보이지만, 배려성 특성의 경우에는 집단주의자의 허구적 독특성 지각 경향이 개인주의자의 그것보다 더 큰 것이다.[95]

이러한 결과는 이 현상에 대한 해석을 완전히 새로운 시각에서 하도록 요구한다. 곧 문화 유형에 따라 권장하고 강조하는 특성이 다르고, 해당 사회에서 권장하는 특성에 대해서는 어느 사회에서나 허구적 독특성의 지각 현상이 나타난다는 것이다. 이러한 해석을 통해, 정적(正的) 자기상의 추구는 개인주의 사회만의 특징이라고 생각하던 이전까지의 관점이 변화하게 되었다. 곧 정적 자기상의 추구는 어느 사회에서나 중요하지만, 정적 자기상을 낳는 특성들에서는 문화 간에 차이가 있을 수 있다는 좀 더 성숙한 해석이 유도되었던 것이다. 이러한 연구들을 통해, 보편적인 현상(정적 자기상의 추구)과 문화특수적인 현상(정적 자기상의 근원)을 구분해서 볼 수 있게 되는 것이다.

이러한 태도가 문화비교 연구를 바람직한 방향으로 이끌 수 있을 것으로 보인다. 단순한 문화차의 나열이 아니라, 심층적인 보편적 심리현상과 표층적인 현상적 차이를 구분해서 보는 성숙한 태도로 문화비교 연구를 진행한다면, 문화 다양성과 이러한 다양성을 유발하는 근본적인 요인에 대한 이해가 이루어지기 쉬울 것이기 때문이다. 이러한 심층적인 연구를 통해 지금까지 자기의 문제에 접근하는 동·서 양 진영의 연구가 갖고 있었던 한계를 불식하는 계기가 마련될 수도 있을 것이다.

95 허구적 독특성 지각 경향의 문화차에 관한 문제는 제1장 2절의 "2) 자기존중감의 근원과 독특성 추구 경향의 문화차" 참조.

(2) 개체성 지향 연구와 사회성 지향 연구의 회통

진화심리학자들이 이타행동의 진화 문제에 관심을 가지면서부터, 인간은 생존을 통해 유전체의 전달을 지향해야 하는 개체로서의 존재일 뿐만 아니라, 외계의 도전에 대처하여 생존을 영위하기 위해 타 성원과 함께 집단의 형성을 지향해야 하는 사회적 존재이기도 하다는 사실이 분명해졌다.[96] 이러한 사실은 개체로서의 독특성과 유능성을 추구하는 지향성과 집단을 형성하여 성원들과 조화로운 관계를 추구하는 지향성이 인간에게 유전적으로 대물림 되어 왔음을 의미한다. 즉, "자연선택의 진화적 압력이 자기선명화(self-definition)와 대인간 연계성(interpersonal relatedness)의 두 가지 기본적인 발달의 방향으로 작용해 왔으며, 이 두 가지는 변증법적인 양식(dialectical fashion)으로 상호작용하고 있다"[97]는 것이다.

이러한 두 가지 지향성은 진화적으로 인간의 생존에 기본적인 본유 특성이므로, 이 중 어느 하나만을 강조하고 나머지를 무시하게 되면 인간의 정상적인 심리 발달 과정에서 여러 가지 문제를 유발할 수밖에 없다. 서구 사회에서와 같이 개체지향성을 지나치게 강조하면, 소외(alienation), 자기애적 자기몰입(narcissistic self-absorption), 고립(isolation), 타집단의 가치절하(devaluation) 등의 폐단에 빠져, 결과적으로 개체성

---

96 서은국(2014, pp. 190-192)에 의하면, 인간이 가장 행복을 느낄 때는 좋아하는 사람과 맛있는 음식을 먹을 때라고 한다. 그런데 이 두 가지는 모두 생존과 직결되는 사항들이다. 맛있는 음식은 개체로서의 생존에 직결되는 요체이고, 좋아하는 사람은 사회적인 생존을 보장해주는 요체이다. 이렇게 인간은 개체적 지향성과 사회적 지향성을 충족할 때 자기발전이 이루어지고, 결과적으로 행복감을 느끼도록 진화적으로 설계된 생존기제인 것이다.

97 Guisinger & Blatt, 1994, p. 104.

의 발달도 저하되고 만다.[98] 이에 비해 유학 사상에서와 지나치게 사회 지향성을 강조하면, 집단 규범이나 가치에 몰두하여 독립성이나 자율성 및 독특성의 발달이 저해될 것이다.

이렇게 개체성과 사회적 연대성의 두 가지 지향성은 모두 삶의 전체 과정에서 서로의 발달에 대해 변증법적으로 상호 영향을 미친다. "점점 더 분화되고 성숙한 개체감을 갖게 되는 것은 만족스러운 대인관계가 이루어져야 가능하게 되고, 성숙한 대인관계의 발달은 성숙한 자기정체성의 발달의 결과 이루어지는 것이다."[99] 그러므로 인간 발달의 과정에서 개체성 지향과 사회성 지향의 두 측면에 모두 관심을 쏟아 양자가 함께 원만한 발달을 이루도록 노력할 필요가 나오게 된다.[100]

이러한 맥락에서 보면, 지금까지 서구심리학에서 진행되어온 자기 관련 연구들(제2장)과 동아시아 유학 사상에서 도출되는 자기 관련 이론체계(제2장과 제2부)는 모두 개체 지향성과 사회 지향성이라는 한 측면의 인간 본성에만 지나치게 경도되어 연구가 진행되어왔다고 할 수 있다. 그러므로, 앞으로는 서로가 상대방의 강조점을 받아들여 통합적인 관점에서 연구를 할 필요가 나온다.

이러한 연구의 한 예로 도덕성에 관한 최근의 연구를 들 수 있다.

---

98 Guisinger & Blatt, 1994, pp. 107−108.

99 Guisinger & Blatt, 1994, p. 108.

100 이 두 측면의 자기개념을 설정하고 이를 측정하며, 양자 사이의 상호 관련성을 분석해 봄으로써 이러한 필요에 부응하는 실증 연구를 할 수도 있을 것이다. Niedenthal과 Beike(1997)는 세 개의 관련된 실증 연구를 통해 상호관계적 자기개념(interrelated self−concept)과 개별적 자기개념(isolated self−concept)을 측정하고, 이들 사이의 제반 차이와 상호 관련성을 확인하는 연구를 실시하여, 이러한 연구의 수행가능성을 보여주고 있다.

전통적으로 서구심리학에서는 도덕성은 동성 부모에 대한 동일시를 거쳐 그의 행동양식을 내면화함으로써 갖추어지는 것이거나(정신역동이론), 인지 발달의 결과 갖추어지는 도덕적 판단 능력이거나(인지발달이론), 쾌락추구와 고통의 회피라는 행동의 원리에 의해 학습되어진 행동습관(행동주의 학습이론)일 뿐이라고 보아, 도덕성의 인간 본유성을 부정하고 있었다.[101] 그러나 앞에서 보았듯이, 최근의 영유아발달 연구, 영장류의 도움행동 연구 및 진화심리학의 이타행동과 집단행동 연구의 결과 들에서 보면, 도덕성은 인간에게 태어날 때부터 갖추어져 있는 본유적인 특성임이 밝혀지고 있다.

이러한 도덕성의 인간 본유성에 관해서는 유학자들이 2,500여년 전부터 줄기차게 주장해 온 바이다. 인간은 덕성의 주체로서, 도덕성의 본유성은 인간의 조건이자 존재 이유라는 관점은 유학자들이 인간을 파악하는 핵심 명제였던 것이다. 이렇게 보면, 도덕성에 관한 유학 사상의 이론적 관점은 최근 진화심리학과 영유아발달심리학을 통해 실증적인 증거를 확보하게 되었다고 볼 수 있다.

바로 이러한 동·서의 만남이 이론적 관점과 이에 대한 실증적 방법론이 회통하는 좋은 예가 될 수 있을 것이다.[102] 문제에 대한 과학적 실증적 접근 방법은 동아시아보다 서구의 학문체계에서 훨씬 크게 발달한 것이 사실이므로, 동아시아 유학 사상에서 제시되는 이론적 관점

101 전통적인 심리학의 도덕성 연구에 대해서는 졸저(조긍호, 2017b, pp. 204-266) 참조.

102 한덕웅(2003, 제2부, pp. 205-370)은 성리학의 사단칠정설을 현대심리학의 방법론을 통해 접근하여, 동아시아의 이론적 관점과 서구 방법론의 회통가능성을 실증적으로 보여주고 있다.

을 서구의 과학적 방법론으로 확인하는 것, 곧 동도서기(東道西器)를 지향하는 것이 바로 양자가 상호 보완적으로 회통(會通) 또는 통섭(統攝, consilience)[103]하는 진정한 모습이라 할 수 있을 것이다.

103 Wilson, 1998.

참고문헌

유학경전 관련 자료

光成文化社 刊 (1975).《性理大全》. 서울: 광성문화사.

大東文化研究院 刊 (1971).《栗谷全書》(1~2권). 서울: 成均館大學校 출판부.

大東文化研究院 刊 (1971).《退溪全書》(1~5권). 서울: 成均館大學校 출판부.

民族文化推進會 編 (1976).《국역 퇴계집》(수정판). 서울: 경인문화사.

民族文化推進會 編 (1997).《국역 율곡집》(중판). 서울: 솔.

成百曉 譯註 (1997).《論語集註》. 서울: 傳統文化研究會.

成百曉 譯註 (1998).《大學 · 中庸集註》. 서울: 傳統文化研究會.

成百曉 譯註 (1998).《書經集傳》(상 · 하). 서울: 傳統文化研究會.

成百曉 譯註 (1999).《孟子集註》. 서울: 傳統文化研究會.

楊倞 (818).《荀子注》. (服部宇之吉編,《漢文大系》卷十五. 東京: 富山房, 1972.)

葉采 (1248?).《近思錄集解》. (이광호 역주.《근사록집해》(Ⅰ · Ⅱ). 서울: 아카넷. 2004.)

王夢鷗 註譯 (1969).《禮記今註今譯》. 臺北: 臺灣商務印書館.

王先謙 (1891).《荀子集解》. (服部宇之吉編,《漢文大系》卷十五. 東京: 富山房, 1972.)

李相玉 譯著 (1993).《禮記》(上 · 中 · 下). 서울: 명문당.

李珥 (1575?).《小學集註》. (成百曉 역주.《小學集註》. 서울: 전통문화연구회. 1993.)

張基槿 譯 (1980).《孟子新譯》. 서울: 汎潮社.

鄭長澈 譯解 (1992).《荀子》(惠園東洋古典 19). 서울: 惠園出版社.

趙岐 (130-201?).《孟子章句》. (服部宇之吉編,《漢文大系》卷一. 東京: 富山房, 1972.)

朱熹 (1177).《論語集註》. (京城書籍組合編,《原本備旨 論語集註》. 서울: 太山文化社, 1984.)

朱熹 (1177).《孟子集註》. (京城書籍組合編,《原本備旨 孟子集註》. 서울: 太山文化社, 1984.)

朱熹 (1177). 《大學集註》. (京城書籍組合編, 《原本備旨 大學 · 中庸》. 서울: 太山文化社, 1984.)
朱熹 (1177). 《中庸集註》. (京城書籍組合編, 《原本備旨 大學 · 中庸》. 서울: 太山文化社, 1984.)
朱熹 · 呂祖謙 (1187). 《小學》. (윤호창 역. 《小學》. 서울: 홍익출판사. 2009.)
蔡沈 (1209). 《書經集傳》. (成百曉 역주. 《書經集傳》. 서울: 전통문화연구회. 1998.)
何晏 (248). 《論語集解》. (服部宇之吉 編, 《漢文大系》 卷一. 東京: 富山房, 1972.)
Harvard-Yenching Institute (1940). 《論語引得》. HYI Sinological Index Series, Supplement 16. Cambridge, Massachusetts: Harvard University Press.
Harvard-Yenching Institute (1940). 《孟子引得》. HYI Sinological Index Series, Supplement 17. Cambridge, Massachusetts: Harvard University Press.
Harvard-Yenching Institute (1950). 《荀子引得》. HYI Sinological Index Series, Supplement 22. Cambridge, Massachusetts: Harvard University Press.

심리학 및 기타 관련 자료

강정인 (2002). 〈세계화 · 정보화와 동아문명의 정체성: 서구중심주의와 아시아적 가치〉. 《한국정치외교사논총》, 24(2), 211-238.
권덕주 (1998). 〈대학 해제〉. 김시준 역해, 《대학 · 중용》 (혜원동양고전 3, pp. 8-35.). 서울: 혜원출판사.
권석만 (2019). 《긍정심리학: 행복의 과학적 탐구》. 서울: 학지사. (제1쇄, 2008)
김경호 (2008). 《인격 성숙의 새로운 지평: 율곡의 인간론》. 경기: 정보와 사람.
김근영 (2014). 《사회적 참조》. 미간행 원고, 서강대학교.
김성태 (1976). 《성숙인격론》. 서울: 고려대학교 출판부.
김성태 (1989). 《경과 주의》 (증보판). 서울: 고려대학교 출판부.

김승혜 (1990). 《원시유교》. 서울: 민음사.
김영한 (1975). 〈서평: Steven Lukes (1973), Individualism〉. 《서양사론》, 16집, 107-114.
김의철 (1997). 〈한국 청소년의 가치체계〉. 한국정신문화연구원 편, 《한국 청소년 문화: 심리-사회적 형성요인》. 경기: 한국정신문화연구원.
김형효 (1990). 《맹자와 순자의 철학 사상: 철학적 사유의 두 원천》. 서울: 삼지원.
김혜숙 (1995). 〈귀인상황의 공개성과 (집단)자아존중이 자기고양귀인과 집단고양귀인에 미치는 영향〉. 《한국심리학회지: 사회》, 9(1), 45-63.
김혜숙 (1997). 〈귀인상황의 공개성과 집단자아존중이 경쟁상황에서의 과제수행 결과에 대한 귀인에 미치는 영향〉. 《아주사회과학논총》 (아주대학교 사회과학연구소), 12, 1-19.
나은영 · 민경환 (1998). 〈한국문화의 이중성과 세대차의 근원에 관한 이론적 고찰 및 기존자료 재해석〉. 《한국심리학회지: 사회문제》, 4(1), 75-93.
나은영 · 차재호 (1999). 〈1970년대와 1990년대 간의 한국인의 가치관 변화와 세대차 증감〉. 《한국심리학회지: 사회 및 성격》, 13(2), 37-60.
노명식 (1991). 《자유주의의 원리와 역사: 그 비판적 연구》. 서울: 민음사.
唐君毅 (1986). 《中國哲學原論: 原性篇》. 臺北: 學生書局.
勞思光 (1967). 《中國哲學史: 古代篇》. 臺北: 三民書局. (정인재 역. 《중국철학사: 고대편》. 서울: 탐구당, 1986.)
牟宗三 (1979). 《名家與荀子》. 臺北: 學生書局.
蒙培元 (1990). 《中國心性論》. 臺北: 學生書局. (이상선 역. 《중국심성론》. 서울: 법인문화사, 1996.)
민석홍 (1984). 《서양사개론》. 서울: 삼영사.
박종현 (2001). 《헬라스 사상의 심층》. 서울: 서광사.
박혜경 (2011). 〈허위독특성 편향의 문화차: 문화와 자기고양에 대한 재고〉. 《한국심리학회지: 사회 및 성격》, 25(2), 127-142.
서은국 (2014). 《행복의 기원》. 파주, 경기: 21세기북스.
小島毅 (2004). 《朱子學と陽明學》. 東京: 放送大學 出版會. (신현승 역. 《사대부의 시대: 주자학과 양명학 새롭게 읽기》. 서울: 동아시아,

2004.)
신동은 (2002). 《소학의 실천교육 원리와 현대적 의의》. 미간행 박사학위논문, 연세대학교.
서은국 (2014). 《행복의 기원》. 파주, 경기: 21세기북스.
안신호 · 이승혜 · 권오식 (1993). 〈정서의 구조: 한국어 정서단어 분석〉. 《한국심리학회지: 사회》, 7(1), 107–123.
윤사순 (1997). 《한국 유학 사상사론》. 서울: 예문서원.
이만영 · 이흥철 (1990). 〈형용사 서술의미의 구조에 관한 연구: 정서관련 어휘를 중심으로〉. 《한국심리학회지: 실험 및 인지》, 2, 118–138.
이상익 (2001). 《유가 사회철학 연구》. 서울: 심산문화.
이수원 (1993). 〈사회적 갈등의 인지적 기제: 사회적 자아중심성〉. 《한국심리학회지: 사회》, 7(2), 1–23.
이수원 (1994). 〈사회적 자아중심성: 타인이해에서 성향주의의 원천〉. 《한국심리학회지: 일반》, 13(1), 129–152.
張其昀 (1984). 《中華五千年史: 戰國學術編》. 臺北: 華岡書城. (中國文化研究所 譯. 《中國思想의 根源》. 서울: 文潮社, 1984).
장성수 · 이수원 · 정진곤 (1990). 〈한국인의 인간관계에 나타난 분배정의에 관한 연구〉. 《교육논총》 (한양대학교 한국교육문제연구소), 3, 217–265.
정양은 (1970). 〈감정론의 비교연구: 사회적 감정을 중심으로〉. 《한국심리학회지》, 1(3), 77–90. (정양은 편, 《이인 정양은 선생 심리학논문집》 (pp. 185–201). 두륜회. 2005b.)
정양은 (1976). 심리구조이론의 동 · 서 비교. 《한국심리학회지》, 2(2), 68–79. (정양은 편, 《이인 정양은 선생 심리학논문집》 (pp. 202–213). 두륜회. 2005b.)
정영숙 (1994). 〈어머니에 대한 배려가 자기통제에 미치는 효과〉. 미간행 박사학위 논문, 서울대학교.
정영숙 (1995). 〈두 유형의 사회적 기대가 자기통제에 미치는 효과〉. 《한국심리학회지: 사회》, 9(1), 85–97.
정영숙 (1996). 〈어머니에 대한 배려가 아동의 과제수행 열심도에 미치는 효과〉. 《한국심리학회지: 사회》, 10(1), 159–170.
정인재 (1981). 〈순자의 지식론〉. 강성위 외. 《동서 철학의 향연》 (pp. 323–

357). 대구: 이문사.
조긍호 (1989). 정보화 사회와 인간의 추론 양상. 한국심리학회 편, 《정보화 사회에서의 인간요인》 (1989년도 추계심포지움 자료집, pp. 83-125). 서울: 한국심리학회.
조긍호 (1993). 〈대인평가의 문화간 차이: 대인평가 이원모형의 확대 시론〉. 《한국심리학회지: 사회》, 7(1), 124-149.
조긍호 (1996a). 〈문화유형과 타인이해 양상의 차이〉. 《한국심리학회지: 일반》, 15(1), 104-139.
조긍호 (1996b). 〈삶의 질과 주관적 안녕: 비교 문화적 고찰〉. 《사회과학연구》 (서강대학교 사회과학연구소), 5, 229-283.
조긍호 (1997a). 〈문화유형과 정서의 차이: 한국인의 정서 이해를 위한 시론〉. 《심리과학》 (서울대학교 심리과학연구소), 6(2), 1-43.
조긍호 (1997b). 〈한국인의 주관적 안녕과 정서의 조절〉. 《사회과학연구》 (서강대학교 사회과학연구소), 6, 27-86.
조긍호 (1998). 《유학심리학: 맹자 · 순자 편》. 서울: 나남출판.
조긍호 (1999a). 〈문화유형에 따른 동기의 차이〉. 《한국심리학회지; 사회 및 성격》, 13(2), 233-273.
조긍호 (1999b). 〈선진유학에서 도출되는 심리학의 문제〉. 최상진 · 윤호균 · 한덕웅 · 조긍 호 · 이수원, 《동양심리학: 서구심리학에 대한 대안 모색》 (pp. 31-161). 서울: 지식 산업사.
조긍호 (2000). 〈문화유형과 동기의 차이: 한국인의 동기 이해를 위한 시론〉. 《한국심리학회지: 사회 및 성격》, 14(2), 83-122.
조긍호 (2002). 〈문화성향과 허구적 독특성 지각 경향〉. 《한국심리학회지: 사회 및 성격》, 16(1), 91-111.
조긍호 (2003a). 《한국인 이해의 개념틀》. 서울: 나남출판.
조긍호 (2003b). 〈문화성향과 통제 양식〉. 《한국심리학회지: 사회 및 성격》, 17(2), 85-106.
조긍호 (2005). 〈문화성향에 따른 유사성 판단의 비대칭성〉. 《한국심리학회지: 사회 및 성격》, 19(1), 45-63.
조긍호 (2006). 《이상적 인간형론의 동 · 서 비교: 새로운 심리학의 가능성 탐색 Ⅰ》. 서울: 지식산업사.
조긍호 (2007a). 《동아시아 집단주의의 유학사상적 배경: 심리학적 접근》.

서울: 지식산업사.
조긍호 (2007b). 〈동아시아 집단주의와 유학사상: 그 관련성의 심리학적 탐색〉. 《한국심리학회지: 사회 및 성격》, 21(4), 21-53.
조긍호 (2008). 《선진유학사상의 심리학적 함의》. 서울: 서강대학교 출판부.
조긍호 (2012). 《사회관계론의 동 · 서 비교: 새로운 심리학의 가능성 탐색 Ⅱ》. 서울: 서강대학교 출판부.
조긍호 (2017a). 《유학심리학의 체계 Ⅰ: 유학사상과 인간 심리의 기본구성체》. 서울: 서강대학교 출판부.
조긍호 (2017b). 《심리구성체론의 동 · 서 비교: 새로운 심리학의 가능성 탐색 Ⅲ—도덕심리학의 새 지평》. 서울: 서강대학교 출판부.
조긍호 (2019). 《문화, 유학사상, 그리고 심리학》. 서울: 학지사.
조긍호 (2021). 《유학심리학의 체계 Ⅱ: 사회적 존재로서의 인간의 삶》. 서울: 학지사.
조긍호 · 김은진 (2001). 〈문화성향과 동조행동〉. 《한국심리학회지: 사회 및 성격》, 15(1), 139-165.
조긍호 · 김지용 · 홍미화 · 김지현 (2002). 〈문화성향과 공감 및 고독의 수준〉. 《한국심리학회지: 사회 및 성격》, 16(3), 15-34.
조긍호 · 명정완 (2001). 〈문화성향과 자의식의 유형〉. 《한국심리학회지: 사회 및 성격》, 15(2), 111-139.
중앙일보 (1998). 10월 29일자 9면. 〈자율 · 창의가 21세기 이끈다: 각국 교육개혁 바람.〉
震檀學會 편 (1967). 《韓國史: 朝鮮後期篇》. 서울: 을유문화사.
陳大齊 (1954). 《荀子學說》. 臺北: 中華文化出版.
차경호 (1995). 〈한국, 일본 및 미국 대학생들의 삶의 질의 비교〉. 한국심리학회 편, 《삶의 질의 심리학》 (pp. 113-144). 서울: 한국심리학회.
차재호 · 정지원 (1993). 〈현대 한국 사회에서의 집합주의〉. 《한국심리학회지: 사회》, 7(1), 150-163.
蔡錦昌 (1989). 《荀子思想之本色》. 臺北: 唐山出版社.
蔡仁厚 (1984). 《孔孟荀哲學》. 臺北: 學生書局.
최상진 (1995). 〈한국인의 통제 유형〉. 임능빈 편, 《동양사상과 심리학》 (pp. 535-543). 서울: 성원사.
馮友蘭 (1948). *A short history of Chinese philosophy*. 臺北: 雙葉書店. (정인

재 역. 《중국철학사》. 서울 : 형설출판사, 1977.)
한규석 (1991). 〈사회심리학 이론의 문화특수성: 한국인의 사회심리학 연구를 위한 고찰〉. 《한국심리학회지: 사회》, 6(1), 132-155.
한규석 (2002). 《사회심리학의 이해》 (개정판). 서울: 학지사.
한규석 · 신수진 (1999). 〈한국인의 선호가치 변화: 수직적 집단주의에서 수평적 개인주의로〉. 《한국심리학회지: 사회 및 성격》, 13(2), 293-310.
한덕웅 (1985). 《조직행동의 동기이론》 (수정증보판). 서울: 법문사.
한덕웅 (1994). 《퇴계심리학》. 서울: 성균관대학교 출판부.
한덕웅 (1999). 〈한국 유학의 심리학〉. 최상진 · 윤호균 · 한덕웅 · 조긍호 · 이수원, 《동양심리학》 (pp. 163-286). 서울: 지식산업사.
한덕웅 (2003). 《한국유학심리학: 한국유학의 심리학설과 유교문화에 대한 심리학적 접근》. 서울: 시그마프레스.
한덕웅 (2004). 《인간의 동기심리》. 서울: 박영사.
黃公偉 (1974). 《孔孟荀哲學證義》. 臺北: 幼獅書店.

Abelson, R. P. (1976). Script processing in attitude formation and decision making. In J. S. Carrol & J. W. Paine (Eds.), *Cognition and social behavior* (pp. 33-46). Hillsdale, NJ: Erlbaum.
Adamopoulos, J., & Bontempo, R. (1984). A note on the relationship between socialization practice and artistic preference. *Cross-Cultural Psychology Bulletin, 18*, 4-7.
Aiello, L. C., Bates, N., & Joffe, T. (2001). In defence of the expensive tissue hypothesis. *Evolutionary anatomy of the primate cerebral cortex* (pp. 57-78). Cambridge, UK: Cambridge University Press.
Alicke, M. D. (1985). Global self-evaluation as determined by the desirability and controllability of trait adjectives. *Journal of Personality and Social Psychology, 49*, 1621-1630.
Allik, J., & McCrae, R. R. (2004). Toward a geography of personality traits: Patterns and profiles across 36 cultures. *Journal of Cross-Cultural Psychology, 34*, 13-28.
Alloy, L. B., Abramson, L. Y., & Viscuci, D. (1981). Induced mood and

the illusion of control. *Journal of Personality and Social Psychology, 41*, 1129–1140.

Alloy, L. B. & Ahrens, A. H. (1987). Depression and pessimism for the future: Biased use of statistically relevant information in predictions for self vs. others. *Journal of Personality and Social Psychology, 52*, 366–378.

Allport, G. W. (1935). Attitudes. In C. Murchinson (Ed.), *A handbook of social psychology* (pp. 798–844). Worchester, MA: Clark University Press.

Allport, G. W. (1943). The ego in contemporary psychology. *Psychological Review, 50*, 451–478.

Allport, G. W. (1968). The historical background of modern social psychology. In G. Lindzey & E. Aronson (Eds.), *The handbook of social psychology* (2nd ed., Vol. 1, pp. 1–80). Reading, MA: Addison–Wesley.

Arkin, R. M., & Baumgardner, A. H. (1985). Self–handicapping. In J. H. Harvey & G. Weary (Eds.), *Attribution: Basic issues and applications* (pp. 169–202). New York: Academic Press.

Arndt, J., Greenberg, J., Solomon, S., Pyszczynski, T., & Simon, L. (1997). Suppression, accessibility of death–related thoughts and cultural world–view defense: Exploring the psychodynamics of terror management. *Journal of Personality and Social Psychology, 73*, 5–18.

Aron, A., & Aron, E. N. (1986). *Love and the expansion of self: Understanding attraction and satisfaction*. New York: Hemisphere.

Aron, A., Aron, E. N., & Smollan, D. (1992). Inclusion of Other In the Self Scale and the structure of interpersonal closeness. *Journal of Personality and Social Psychology*, 63, 596–612.

Aron, A., Aron, E. N., Tudor, M., & Nelson. G. (1991). Close relationships as including other in the self. *Journal of Personality and Social Psychology*, 60, 241–253.

Aronson, E.. (1972). *The social animal*. San Francisco, CA: Freeman.

Ashmore, R. D., & Jussim, L. (1998). Toward a second century of the scientific analysis of self and identity. In R. Ashmore & L. Jussim (Eds.), *Self and identity: Fundamental issues*. New York: Oxford University Press.

Averill, J. R. (1982). *Anger and aggression: An essay on emotion*. New York: Springer.

Axelrod, R. (1984). *The evolution of cooperation*. New York: Basic Books. (이경식 역. 《협력의 진화: 이기적 개인의 팃포탯 전략》. 서울: 시스테마. 2012.)

Bagozzi, R. P., Wong, N., & Yi, Y. (1999). The role of culture and gender in the relationship between positive and negative affect. *Cognition and Emotion, 13*, 641-672.

Bakan, D. (1966). *The duality of human existence*. San Francisco, CA: Jossey-Bass.

Bandura, A. (1977). Self-efficacy: Toward a unifying theory of behavioral change. *Psychological Review, 84*, 191-215.

Bandura, A. (1978). The self system in reciprocal determinism. *American Psychologist, 33*, 344-358.

Bandura, A. (1991). Social cognitive theory of self-regulation. *Organizational Behavior and Human Decision Processes*, 50, 248-287.

Bandura, A. (1997). *Self-efficacy: The exercise of control*. New York: Freeman.

Bandura, A. (2000). Self-efficacy. In A. E. Kazdin (Ed.), *Encyclopedia of psychology* (Vol. 7, pp. 212-213). Washington, DC: American Psychological Association.

Barnlund, D. C. (1975). *Public and private self in Japan and the United States.* Tokyo, Japan: Simul Press.

Baron, R. M., & Kenny, D. A. (1986). The moderator-mediator variable distinction in social psychological research: Conceptual, strategic, and statistical considerations. *Journal of Personality and Social Psychology, 23,* 363-377.

Batson, C. D. (2010). Empathy-induced altruistic motivation. In M. Mikulincer & P. R. Shaver (Eds,), *Prosocial motives, emotions, and behavior: The better angels of our nature* (pp. 15–34). Washington, DC: American Psychological Association.

Batson, C. D., Dyck, J. L., Brandt, J. R., Batson, J. G., Powell, A. L., McMaster, M. R., & Griffitt, C. (1988). Five studies testing two new egoistic alternatives to the empathy–altruism hypothesis. *Journal of Personality and Social Psychology, 55,* 52–77.

Batson, C. D., & Ventis, W. L. (1982). *The religious experience: A social-psychological perspective.* New York: Oxford University Press.

Baumeister, R. F. (1986). *Identity: Cultural change and the struggle for self.* New York: Oxford University Press.

Baumeister, R. F. (1998). The self. In D. T. Gilbert, S. T. Fiske, & G. Lindzey (Eds.), *The handbook of social psychology* (4th ed., Vol. 1, pp. 680–740). Boston, MA: McGraw–Hill.

Baumeister, R. F., Campbell, J. D., Krueger, J., & Vohs, K. D. (2003). Does high self–esteem cause better performance, interpersonal success, happiness, or healthier lifestyles? *Psychological Science in the Public Interest, 4,* 1–44.

Baumeister, R. F. & Finkel, E. J. (2010). *Advanced social psychology: The state of the science.* New York: Oxford University Press.

Baumeister, R. F., Hamilton, J. C., & Tice, D. M. (1985). Public vs. private expectancy of success: Confidence booster or performance pressure? *Journal of Personality and Social Psychology, 48,* 1447–1457.

Baumeister, R. F., & Leary, M. R. (1995). The need to belong: Desire for interpersonal attachments as a fundamental human motivation. *Psychological Bulletin, 117,* 497–529.

Baumeister, R. F., Tice, D. M., & Hutton, D. G. (1989). Self–presentational motivations and personality differences in self–esteem. *Journal of Personality, 57,* 547–579.

Baumeister, R. F., & Vohs, K. D. (2001). Narcissism as addiction to esteem. *Psychological Inquiry, 12,* 206–210.

Berry, J. W., Poortinga, Y. H., Segall, M. H., & Dasen, P. R. (1992). *Cross-cultural psychology: Research and applications.* New York:

Cambridge University Press.

Bettencourt, B. A., & Dorr, N. (1997). Collective self-esteem as a mediator of the relationship between allocentrism and subjective well-being. *Personality and Social Psychology Bulletin, 23*, 955-964.

Bharati, A. (1985). The self in Hindu thought and action. In A. J. Marsella, G. A. DeVos, & F. L. K. Hsu (Eds.), *Culture and self: Asian and Western perspectives* (pp. 185-230). New York: Tavistock.

Bohrnstedt, G. W., & Felson, R, B, (1983). Explaining the relations among children's actual and perceived performances and self-esteem: A comparison of several causal models. *Journal of Personality and Social Psychology, 45,* 43-56.

Bond, M. H. (1994). Into the heart of collectivism: A personal and scientific journey. In U. Kim, H. C. Triandis, C, Kagitcibasi, S. C. Choi, & G. Yoon (Eds.), *Individualism and collectivism: Theory, method, and applications* (pp. 66-76). Thousand Oaks, CA: Sage.

Bond, M. H., & Cheung, T. S. (1983). College students' spontaneous self-concepts: The effect of culture among respondents in Hong Kong, Japan, and the United States. *Journal of Cross-Cultural Psychology, 14*, 153-171.

Bond, M. H., & Forgas, J. P. (1984). Linking person perception to behavior intention across cultures: The role of cultural collectivism. *Journal of Cross-Cultural Psychology, 15*, 337-352.

Bond, M. H., Hewstone, M., Wan, K. C., & Chiu, C. K. (1985). Group-serving attributions across intergroup contexts: Cultural differences in the explanation of sex-typed behaviors. *European Journal of Social Psychology, 15,* 435-452.

Bond, M. H., & Hwang, K. K. (1986). The social psychology of Chinese people. In M. H. Bond (Ed.), *The psychology of Chinese people* (pp. 213-266). New York: Oxford University Press.

Bond, M. H., & Smith, P. B. (1996). Culture and conformity: A meta-analysis of studies using Asch's (1952b, 1956) line judgement task. *Psychological Bulletin, 119*, 111-131.

Brewer, M. B., & Gardner, W. (1996). Who is this "we"? Levels of collective identity and self representations. *Journal of Personality and Social Psychology, 71*, 83–93.

Briggs, J. (1970). *Never in anger: Portrait of an Eskimo family*. Cambridge, MA: Harvard University Press.

Brown, J. D. (1986). Evaluations of self and others: Self–enhancement biases in social judgment. *Social Cognition, 4*, 353–376.

Brown, J. D. (1998). *The self.* Boston, MA: McGraw–Hill.

Bruneau, T. J., & Ishii, S. (1988). Communicative silence: East and West. *World Communication, 23*, 17–46.

Buss, D. (2012). *Evolutionary psychology: The new science of the mind* (4th ed.). Pearson Education, Inc. (이충호 역. 《진화심리학: 마음과 행동을 탐구하는 새로운 과학》. 서울: 웅진지식하우스, 2012.)

Campbell, W. K. (2001). Is narcissism really so bad? *Psychological Inquiry, 12*, 214–216.

Campbell, W. K., Rudich, E. A., & Sedikides, C. (2002). Narcissism, self–esteem, and the positivity of self–views: Two portraits of self–love. *Personality and Social Psychology Bulletin, 28*, 358–368.

Carver, C. S. (1979). A cybernetic model of self–attention processes. *Journal of Personality and Social Psychology, 37,* 1251–1281.

Carver, C. S., & Scheier, M. F. (1981). *Attention and self-regulation: A control theory approach to human behavior*. New York: Springer–Verlag.

Carver, C. S., & Scheier, M. F. (1982). Outcome expectancy, locus of attribution for expectancy, and self–directed attention as determinents of evaluations and performance. *Journal of Experimental Social Psychology, 18,* 184–200.

Carver, C. S., & Scheier, M. F. (1990). Origins and functions of positive and negative affect: A control–process view. *Psychological Review, 97,* 19–35.

Chang, W. C., Chua, W. L., & Toh, Y. (1997). The concept of psychological control in the Asian context. In K. Leung, U. Kim, S. Yamaguchi,

& Y. Kashima (Eds.), *Progress in Asian social psychology* (Vol. 1, pp. 95–117). Singapore: Wiley.

Cheung, F. M. (1986). Psychopathology among Chinese people. In M. H. Bond (Ed.), *The psychology of Chinese people* (pp. 171–212). Hong Kong: Oxford University Press.

Choi, I. (2002). *Who trusts fortune telling? Self-concept clarity and the Barnum effect*. Unpublished manuscript, Seoul National University, Seoul, Korea.

Choi, I., & Choi, Y. (2002). Culture and self–concept flexibility. *Personality and Social Psychology Bulletin, 28*, 1508–1517.

Cialdini, R. B., & De Nicholas, M. E. (1989). Self–presentation by association. *Journal of Personality and Social Psychology, 57*, 626–631.

Coyne, J. C. & Gotlieb, I. H. (1983). The role of cognition in depression: A critical appraisal. *Psychological Bulletin, 94*, 472–505.

Crocker, J. (1982). Biased question in judgement of covariation studies. *Personality and Social Psychology Bulletin, 8*, 214–220.

Cronin, H. (1991). *The ant and the peacock: Altruism and sexual selection from Darwin to today*. Cambridge, UK: Cambridge University Press. (홍승효 역. 《개미와 공작: 협동과 성의 진화를 둘러싼 다윈주의 최대의 논쟁》. 서울: 사이언스북스, 2016.)

Crowne, D. P., & Marlowe, D. (1964). *The approval motive: Studies in evaluative dependence*. New York: Wiley.

Cua, A. S. (1985). *Ethical argumentation: A study in Hsün Tzu's moral epistemology*. Honolulu, HI: University of Hawaii Press.

Curtona, C. E., (1982). Transition to college: Loneliness and the process of social adjustment. In L. A. Peplau & D. Perlman (Eds.), *Loneliness: A sourcebook of current theorym research and therapy* (pp. 291–309). New York: Wiley.

Darwin, C. (1859). *On the origin of the species.* London: Murray.

Das, V. (1992). Moral orientations to suffering: Litigimation, power and healing. In L. Chen, A. Kleinman, & N. Ware (Eds.), *Health and social change in international perspectives*. Beverly Hills, CA: Sage.

Davis, M. H., Conklin, L., Smith, A., & Luce, C. (1996). Effect of perspective taking on the cognitive representation of persons: A merging of self and other. *Journal of Personality and Social Psychology, 70*, 713–726.

Davis, M. H., & Stephan, W. G. (1989). Attributions for exam performance. *Journal of Applied Social Psychology, 10*, 235–248.

de Barry, Wm. T. (1983). *The liberal tradition in China.* Hong Kong: The Chinese University of Hong Kong Press. (표정훈 역. 《중국의 "자유" 전통》. 서울: 이산. 1998.)

DeNeve, K., & Cooper, H. (1998). The happy personality: A meta-analysis of 137 personality traits and subjective well-being, *Psychological Bulletin, 124*, 197–229.

Deuchler, M. (1992). *The Confucian transformation of Korea: A study of society and ideology.* Boston, MA: Harvard University Press. (이훈상 역. 《한국 사회의 유교적 변환》. 서울: 아카넷. 2003.)

DeVos, G. A., Marsella, A. J., & Hsu, F. L. K. (1985). Introduction: Approaches to culture and self. In A. J. Marsella, G. A. DeVos, & F. L. K. Hsu (Eds.), *Culture and self: Asian and Western perspectives* (pp. 2–23). New York: Tavistock.

de Waal, F. (2007). With the little help from a friend. *PLoS Biology, 5,* 1405–1408.

Diener, E. (1984). Subjective well-being. *Psychological Bulletin, 95*, 542–575.

Diener, E. (2000). Subjective well-being: The science of happiness and a proposal for a national index. *American Psychologist, 55*, 34–43.

Diener, E., & Diener, M. (1995). Cross-cultural correlates of life satisfaction and self-esteem. *Journal of Personalty and Social Psychology, 68*, 653–663.

Diener, E., Diener, M., & Diener, C. (1995). Factors predicting the subjective well-being of nations. *Journal of Personality and Social Psychology, 69*, 851–864.

Diener, E., & Fujita, F. (1994). Social comparisons and subjective well-being. In B. P. Buunk & F. X. Gibbons (Eds.), *Health, coping, and well-being* (pp. 329–357). Mahwah, NJ: Erlbaum.

Diener, E., & Larsen, R. J. (1993). The experience of emotional well-being. In M. Lewis & J. M. Haviland (Eds.), *Handbook of emotion* (pp. 405–415). New York: Guilford.

Diener, E., & Suh, E. M. (1999). National differences in subjective well-being. In D. Kahneman, E. Diener, & N. Schwarz (Eds.), *Well-being: The foundations of hedonic psychology*. New York: Russell-Sage.

Diener, E., & Suh, E. M. (2000). Measuring subjective well-beingto compare the quality of life of cultures. In E. Diener & E. M. Suh, *Culture and subjective well-being* (pp. 3–12). Cambridge, MA: The MIT Press.

Diener, E., Suh, E. M., Lucas, R. E., & Smith, H. L. (1999). Subjective well-being: Three decades of progress. *Psychological Bulletin, 125,* 276–302.

Diener, E., Suh, E. M., Oishi, S., & Shao, L. (1996). *Norms for affect: national comparisons.* Paper presented at the Ninth Conferenceof International Society for Research on Emotions. Toronto, Canada.

Diener, E., Suh, E., Smith, H. L., & Shao, L. (1995). National and cultural difference in reported subjective well-being: Why do they occur? *Social Indicators Research, 34*, 7–32.

Dollard, J., & Miller, N. E. (1950). *Personality and psychotherapy*. New York: McGraw-Hill.

Dubs, H. H. (1927). *Hsüntze: The moulder of ancient Confucianism*. London; Arthur Probsthain.

Dülmen, R. v. (1997). *Die Entdeckung des Individuums 1500-1800*. Frankfurt am Main: Fischer Taschenbuch Verlag. (최윤영 역. 《개인의 발견: 어떻게 개인을 찾아가는가 1500–1800》. 서울: 현실문화연구. 2005.)

Dunbar, R. I. (1992). Neocortex size as a constraint on group size in primates. *Journal of Human Evolution, 22,* 469–493.

Dunbar, R. I. (1993). Coevolution of neocortex size, group size and language in humans. *Behavioral and Brain Sciences, 16*, 681–735.

Dunbar, R. I. (1998). The social brain hypothesis. *Evolutionary Anthropology, 6,* 178–190.

Dunbar, R. I. (2008). Mind the gap: or why humans aren't just great apes. *Proceedings of the British Academy, 154*, 403–423.

Dunbar, R. I. (2011). Evolutionary basis of the social brain. In J. Docety & J. Cacioppo (Eds.), *Oxford handbook of social neuroscience* (pp. 28–38). Oxford, UK: Oxford University Press.

Dunbar, R. I. (2014). *Human evolution*. London: Penguin Books. (김학영 역. 《멸종하거나, 진화하거나》. 서울; 반니, 2015.)

Early, P. C. (1989). Social loafing and collectivism: A comparison of the United States and the People's Republic of China. *Administrative Science Quarterly, 34*, 565–581.

Early, P. C. (1993). East meets West meets Mideast: Furthur exploration of collectivistic and individualistic work groups. *Academy of Management Journal, 36,* 319–348.

Early, P. C. (1994). Self or group? Cultural effects of training on self–efficacy and performance. *Administrative Science Quarterly, 39*, 89–117.

Edgerton, R. B. (1992). *Sick societies: Challenging the myth of primitive harmony*. New York: Free Press.

Ekman, P. (1972). Universals and cultural differences in facial expression of emotions. In J. K. Cole (Ed.), *Nebraska Symposium on Motivation, 1971* (Vol. 19, pp. 207–283). Lincoln, NB: University of Nebraska Press.

Ekman, P. (1982). *Emotions in the human face* (2nd ed.). Cambridge, England: Cambridge University Press.

Felson, R. B. (1984). The effect of self–appraisals of ability on academic performance. *Journal of Personality and Social Psychology, 47*, 944–952.

Fenigstein, A., & Levine, M. P. (1984). Self–attention, concept activation, and the causal self. *Journal of Experimental Social Psychology, 20*, 231–245.

Fenigstein, A., Scheier, M. F., & Buss, A. H. (1975). Public and private self–consciousness: Assessment and theory. *Journal of Consulting and Clinical Psychology, 43*, 522–528.

Fiske, A. P., Kitayama, S., Markus, H. R., & Nisbett, R. E. (1998). The cultural matrix of social psychology. In D. T. Gillbert, S. T. Fiske, & G. Lindzey (Eds.), *The handbook of social psychology* (4th ed., Vol. 2, pp. 915–981). Boston, MA: McGraw–Hill.

Fiske, S. T., & Taylor, S. E. (1984). *Social cognition*. Reading, MA: Addison–Wesley.

Fiske, S. T., & Taylor, S. E. (1991). *Social cognition* (2nd ed,). New York: McGraw–Hill.

Flavell, J. H. (1979). Metacognition and cognitive monitoring: A new area of psychological inquiry. *American Psychologist, 34*, 906–911.

Flinn, M. V., Geary, D. C., & Ward, C. V. (2005). Ecological dominance, social competition, and coalitionary arms race: Why humans evolved extraordinary intelligence? *Evolution and Human Behavior, 26*, 10–36.

Freedman, J. (1978). *Happy people: What happiness* is, *who has it, and why*. New York: Harcourt Brace Jovanovich.

Gabrenya, W. K., Latané, B., & Wang, Y. (1983). Social loafing in cross–cultural perspective: Chinese on Taiwan. *Journal of Cross-Cultural Psychology, 14*, 368–384.

Gabrenya, W. K., Wang, Y., & Latané, B. (1985). Social loafing on an optimizing task: Cross–cultural differences among Chinese and Americans. *Journal of Cross-Cultural Psychology, 16*, 223–242.

Gamble, C., Gowlett, J., & Dunbar, R. I. (2014). *Thinking big: How the evolution of social life shaped the human mind*. London, UK: Thames & Hudson Ltd. (이 달리 역. 《사회성: 두뇌 진화의 비밀을 푸는 열쇠》. 서울: 처음북스, 2016.)

Geen, R. G. (1991). Social motivation. *Annual Review of Psychology, 42*,

377–399.

Geen, R. G. (1995a). *Human motivation: A social psychological approach.* Pacific Grove, CA: Brooks/Cole.

Geen, R. G. (1995b). Social motivation. In B. Parkinson & A. M. Colman (Eds.), *Emotion and motivation* (pp. 38–57). London: Longman.

Geen, R. G., & Shea, J. D. (1997). Social motivation and culture. In D. Munro, J. F. Schumaker, & S. T. Carr (Eds.), *Motivation and culture* (pp. 33–48). New York: Routledge.

Gibbons, F. X. (1986). Social comparison and depression: Company's effect on misery. *Journal of Personality and Social Psychology, 51*, 140–149.

Giles, H., Coupland, N., & Wiemann, J. M. (1992). "Talk is cheap, but my word is my bond": Beliefs about talk. In K. Bolton & H. Kwok (Eds.), *Sociolinguistics today: Eastern and Western perspectives.* London: Routledge.

Gilovich, T., Keltner, D., Chen, S, & Nisbett, R. E. (2013). *Social psychology* (3rd ed.). New York: W. W. Norton.

Goethals, G. R., Messick, D. M., & Allison, S. T. (1991). The uniqueness bias: Studies of constructive social comparison. In J. Suls & T, A. Wills (Eds.), *Social comparison: Contemporary theory and research.* Hillsdale, NJ: Erlbaum.

Gottfredson, L. S. (2007). Innovation, fatal accidents, and the evolution of general intelligence. In M. J. Roberts (Ed.), *Integrating the mind.* Hove, UK: Psychology Press.

Gray, J. (1995). *Liberalism.* London: Open University Press. (손철성 역. 《자유주의》. 서울: 이후. 2007.)

Greenberg, J., & Pyszczynski, T. (1985). The effects of an overheard ethnic slur on evaluations of the target: How to spread a social disease. *Journal of Experimental Social Psychology, 21*, 61–72.

Greenberg, J., Pyszczynski, T., & Solomon, S. (1982). The self-serving attributional bias: Beyond self-presentation. *Journal of Experimental Social Psychology, 18*, 56–67.

Greenberg, J., Pyszczynski, T., & Solomon, S. (1986). The causes and consequences of a need for self-esteem: A terror management theory. In R. F. Baumeister (Ed.), *Public self and private self* (pp. 189-212). New York: Springer.

Greenberg, J., Pyszczynski, T., Solomon, S. Rosenblatt, A., Veeder, M., Kirkland, S., & Lyon, D. (1990). Evidence for terror management theory Ⅱ: The effects of mortality salience on reactions to those who threaten or bolster the cultural worldview. *Journal of Personality and Social Psychology, 58*, 308-318.

Greenberg, M. S., Vasquez, C. V., & Alloy, L. B. (1988). Depression vs. anxiety: Differences in self and other schemata. In L. B. Alloy (Ed.), *Cognitive processes in depression* (pp. 109-142). New York: Guilford.

Greenfield, P. M. (1994). Independence and interdependence as developmental scripts: Implications for theory, research and practice. In P. M. Greenfield & R. R. Cocking (Eds.), *Cross-cultural roots of minority child development* (pp. 1-40). Hillsdale, NJ: Erlbaum.

Greenfield, P. M. (2000). Three approaches to the psychology of culture: Where do they come from? Where can they go? *Asian Journal of Social Psychology, 3*, 223-240.

Greenwald, A. G. (1980). The totalitarian ego: Fabrication and revision of personal history. *American Psychologist, 35,* 603-618.

Greenwald, A. G. (1981). Self and memory. In G. H. Bower (Ed.), *The psychology of learning and motivation* (Vol. 15, pp. 201-236). New York: Academic Press.

Greenwald, A. G., & Pratkanis, A. R. (1984). The self. In R. S. Wyer, Jr. & T. K. Srull (Eds.), *Handbook of social cognition* (Vol. 3, pp. 129-178). Hillsdale, NJ: Erlbaum.

Griffin, D. W., & Bartholomew, K. (1994). Models of the self and other: Fundamental dimensions underlying measures of adult attachment. *Journal of Personality and Social Psychology, 67*, 430-445.

Gudykunst, W. B. (Ed.), (1993). *Communication in Japan and the United*

States. Albany, NY: State University of New York Press.

Gudykunst, W. B., Matsumoto, Y., Ting–Toomey, S., Nishida, T., Kim, K., & Heyman, S. (1996). The influence of cultural individualism–collectivism, self–construals and individual values on communication styles across cultures. *Human Communication Research, 49*, 104–111.

Guisinger, S., & Blatt, S. J. (1994). Individuality and relatedness: Evolutionof a fundamental dialectic. *American Psychologist, 49*, 104–111.

Hall, E. T. (1966). *The hidden dimension.* New York: Doubleday Anchor Books.

Hall, E. T. (1976). *Beyond culture.* Garder City, NY: Doubleday Anchor Books.

Hamlin, J. K. (2012). *When antisocial others are good: Data from 5-and 3-month-olds.* Unpublished manuscript, University of British Columbia.

Hamlin, J. K. (2013). Moral judgment and action in preverbal infants and toddlers: Evidence for innate moral core. *Current Directions in Psychological Science, 22*, 186–193.

Hamlin, J, K., & Wynn, K. (2011). Young infants prefer prosocial to antisocial others. *Cognitive Development*, 26, 30–39.

Hamlin, J. K., Wynn, K., & Bloom, P. (2007). Social evaluation by preverbal infants. *Nature, 450*, 557–559.

Hamlin, J. K., Wynn, K., & Bloom, P. (2010). Three–month–olds show a negativity bias in their social evaluations. *Developmental Science, 13*, 923–929.

Hamlin, J. K., Wynn, K., Bloom, P., & Mahajan, N. (2011). How infants and toddlers react to antisocial others. *Proceedings of the National Academy of Sciences, 108* (50), 19931–19936.

Hamilton, W. D. (1964). The genetical evolution of social behavior, Ⅰ and Ⅱ. *Journal of Theoretical Biology, 7*, 1–52.

Han, S. Y., & Ahn, C. Y. (1990). Collectivism and its relationships to age, education, mode of marriage, and living in Koreans. 《한국심리학회지: 사회》, 5(1), 116-128.

Hasegawa, T., & Gudykunst, W. B. (1998). Silence in Japan and the United States. *Journal of Cross-Cultural Psychology, 29,* 668-684.

Heelas, P. (1986). Emotion talk across cultures. In R. Harré (Ed.), *The social construction of emotions* (pp. 234-266). Oxford, England: Blackwell.

Heine, S. J., Kitayama, S., Lehman, D. R., Takata, T., Ide, E., Leung, C., & Matsumoto, H. (2001). Divergent consequences of success and failure in Japan and North America: An investigation of self-improving motivations and malleable selves. *Journal of Personality and Social Psychology, 81,* 599-615.

Heine, S. J., & Lehman, D. R. (1995). Cultural variation in unrealistic optimism: Does the West feel more invulnerable than the East? *Journal of Personality and Social Psychology, 68,* 595-607.

Heine, S. J., & Lehman, D. R. (1997). The cultural construction of self-enhancement: An examination of group-serving biases. *Journal of Personality and Social Psychology, 72,* 1268-1283.

Heine, S. J., Lehman, D. R., Markus, H. R., & Kitayama, S. (1999). Is there a universal need for positive self-regard? *Psychological Review, 106,* 766-794.

Hewstone, M., Bond, M. H., & Wan, K. C. (1983). Social facts and social attributions: The explanation of intergroup differences in Hong Kong. *Social Cognition, 2,* 142-157.

Higgins, E. T. (1987). Self-discrepancy: A theory relating self and affect. *Psychological Review, 94,* 319-340.

Higgins, E. T. (1989). Self-discrepancy theory: What patterns of self-beliefs cause people to suffer? In L. Berkowitz (Ed.), *Advances in experimental social psychology* (Vol. 22, pp. 93-136). New York: Academic Press.

Higgins, E. T., Bond, R. N., Klein, R., & Strauman, T. (1986). Self-discrepancies and emotional vulnerability: How magnitude, accessibility, and type of discrepancy influence affect. *Journal of Personality and Social Psychology, 51*, 5–15.

Hill, R. A., & Dunbar, R. I. (1998). An evaluation of the roles of predation rate and predation risk as selective pressures on primate grouping behavior. *Behavior*, 411–430.

Hinkley, K., & Anderson, S. M. (1996). The working self–concept in transference: Significant–other activation and self change. *Journal of Personality and Social Psychology, 71,* 1279–1295.

Hofstede, G. (1980). *Culture's consequences: International differences in work-related values.* Beverly Hills, CA: Sage.

Hofstede, G. (1991). *Cultures and organizations: Software of the mind.* London: McGraw–Hill. (차재호 · 나은영 역. 《세계의 문화와 조직》. 서울: 학지사. 1995.)

Hofstede, G, & McCrae, R. R. (2004). Personality and culture revisited: Linking traits and dimensions of culture. *Cross-Cultural Research, 38,* 52–88.

Holmberg, D., Markus, H. R., Herzog, A. R., & Franks, M. (1997). *Self-making in American adults: Content, structure and function.* Unpublished manuscript, University of Michigan.

Holtgraves, T. (1997). Styles of language use: Individual and cultural variability in conversational indirectness. *Journal of Personality and Social Psychology, 73*, 624–637.

Holton, R. J. (1998). *Globalization and the nation-state.* London: Macmillan.

Holyoak, K. J., & Gordon, P. C. (1983). Social reference points. *Journal of Personality and Social Psychology, 44*, 881–887.

Hsu, F. L. K. (1971). Psychological homeostasis and jen: Conceptual tools for advancing psychological anthropology. *American Anthropologist, 73*, 23–44.

Hsu, F. L. K. (1985). The self in cross–cultural perspective. In A. J. Marsella, G. A. DeVos, & F. L. K. Hsu (Eds.), *Culture and self: Asian and Western perspective* (pp. 24–55). New York: Tavistock.

Ingram, R. E., & Smith, T. W. (1984). Depression and internal vs. external focus of attention. *Cognitive Therapy and Research, 8*, 139–151.

Isen, A. M. (1984). Toward understanding the role of affect in cognition. In R. Wyer & T. Srull (Eds.), *Handbook of social cognition* (PP. 174–236). Hillsdale, NJ: Erlbaum.

Isen, A. M., Daubman, K. A., & Nowicki, G. P. (1987). Positive affect facilitates creative problem solving. *Journal of Personality and Social Psychology, 52*, 1206–1217.

Iyengar, S. S., & Lepper, M. R. (1999). Rethinking the value of choice: A cultural perspective on intrinsic motivation. *Journal of Personality and Social Psychology, 76*, 349–366.

Izard, C. E. (1971). *The face of emotion*. New York: Appleton–Century–Crofts.

Izard, C. E. (1977). *Human emotions*. New York: Plenum.

Jahoda, M. (1958). *Current concepts of positive mental health*. New York: Basic Books.

James, W. (1890). *The principles of psychology* (Vols. 1–2). New York: Dover. (정양은 역. 《심리학의 원리》 (전3권). 서울: 아카넷. 2005a.)

Johnson, F. (1985). The Western concept of self. In A. J. Marsella, G. A. DeVos, & F. L. K. Hsu (Eds.), *Culture and self: Asian and Western perspective* (pp. 91–138). New York: Tavistock.

Jones, E. E., & Nisbett, R. E. (1972). The actor and the observer: Divergent perceptions of the causes of behavior. In E. E. Jones, D. E. Kanouse, H. H. Kelley, R. E. Nisbett, S. Valins, & B. Weiner (Eds.), *Attribution: Perceiving the causes of behavior* (pp. 79–94). Morristown, NJ: General Learning Press.

Jones, W. H., Freemon, J. E., & Goswick, R. A. (1981). The persistence of loneliness: Self and other determinants. *Journal of Personality, 49*, 27–48.

Jourard, S. M., & Landsman, T. (1980). *Healthy personality: An approach from the viewpoint of humanistic psychology* (4th ed.). New York: Macmillan.

Kagitcibasi, C. (1990). Family and socialization in cross–cultural perspective:

A model of change. In J. Berman (Ed.), *Cross-cultural perspectives: Nebraska Symposium on Motivation, 1989* (pp. 135–200). Lincoln, NB: University of Nebraska Press.

Kagitcibasi, C. (1996). *Family and human development across cultures: A view from the other side*. Hillsdale, NJ: Erlbaum.

Kagitcibasi, C. (1997). Individualism and collectivism. In J. W. Berry, M. H. Segall, & C. Kagitcibasi (Eds.), *Handbook of cross-cultural psychology* (2nd ed., Vol. 3, pp. 1–49). Boston, MA: Allyn & Bacon.

Kahneman, D., Slovic, P., & Tversky, A. (Eds.) (1982). *Judgment under uncertainty: Heuristics and biases.* New York: Cambridge University Press.

Kahneman, D., & Tversky, A. (1973). On the psychology of prediction. *Psychological Review, 80,* 237–251.

Kanagawa, C., Cross, S., & Markus, H. (2001). "Who am I?" : The cultural psychology of the conceptual self. *Personality and Social Psychology Bulletin, 27,* 90–103.

Kanfer, F. H. (1970). Self–regulation: Research, issues, and speculations. In C. Neuringer & J. L. Michael (Eds.), *Behavior modification in clinical psychology* (pp. 178–220). New York: Appleton–Century–Crofts.

Kanfer, F. H. (1990). Motivation and individual differences in learning: An integration of developmental, differential, and cognitive perspectives. *Learning and Individual Differences, 2*, 219–237.

Karau, S. J., & Williams, K. D. (1993). Social loafing: A meta–analytic review and theoretical integration. *Journal of Personality and Social Psychology, 65*, 681–706.

Kashima, Y., & Kashima, E. (1998). Culture and language: The case of cultural dimensions and personal pronoun use. *Journal of Cross-Cultural Psychology, 29*, 461–486.

Kasri, F. (1997). Cross cultural concepts of subjective well–being. MS thesis. San Fracisco State University, San Francisco.

Kelley, H. H. (1967). Attribution theory in social psychology. In D. Levine

(Ed.), *Nebraska Symposium on Motivation* (Vol. 15, pp. 192–238). Lincoln, NB: University of Nebraska Press.

Kim, U. (1995). *Individualism and collectivism: A psychological, cultural and ecological analysis*. Nordic Institute of Asian Studies (NIAS) Report Series, No. 21. Copenhagen, Denmark: NIAS Books.

King, A. Y. C., & Bond, M. H. (1985). The Confucian paradigm of man: A sociological view. In W. S. Tseng & D. Y. H. Wu (Eds.), *Chinese culture and mental health* (pp. 29–46). New York: Academic Press.

Kitayama, S., & Karasawa, M. (1995). Self: A cultural psychological perspective. *Japanese Journal of Experimental Social Psychology, 35*, 113–165.

Kitayama, S., & Markus, H. R. (1994). Introduction to cultural psychology and emotion research. In S. Kitayama & H. R. Markus (Eds.), *Emotion and culture: Empirical investigations of mutual influence* (pp. 1–19). Washington, DC: American Psychological Association.

Kitayama, S., & Markus, H. R. (1995). Construal of self as cultural frame: Implications for internationlizing psychology. In N. R. Goldberger & J. B. Veroff (Eds.), *The culture and psychology reader* (pp. 366–383). New York: New York University Press.

Kitayama, S., Markus, H. R., & Kurokawa, M. (1994). *Cultural views of self and emotional experience: Does the nature of good feelings depend on culture?* Unpublished manuscript, Kyoto University, Kyoto, Japan.

Kitayama, S., Markus, H. R., & Lieberman, C. (1995). The collective construction of self–esteem: Implications for culture, self and emotion. In J. Russel, J. Fernandez–Dols, T. Manstead, & J. Wellenkamp (Eds.), *Everyday conceptions of emotion: An introduction to the psychology, anthropology, and linguistics of emotions* (pp. 523–550). Dordrecht, Netherlands: Kluwer.

Kitayama, S., Markus, H. R., Matsumoto, H., & Norasakkunkit, V. (1997). Individual and collective processes of self–esteem management: Self–enhancement in the United States and self–criticism in Japan.

Journal of Personality and Social Psychology, 72, 1245–1267.

Kitayama, S., Markus, H. R, Tummala, P., Kurokawa, M., & Kato, K. (1990). *Culture and self-cognition.* Unpublished manuscript, University of Oregon.

Kleinman, A. (1988). *Rethinking psychology: From cultural category to personal experience*. New York: Free Press.

Kluckhohn, C. (1956). Toward a comparison of value emphasis in different cultures. In L. D. White (Ed.), *The state of the social sciences* (pp. 116–132). Chicago, IL: University of Chicago Press.

Kuiper, N. A., & Derry, P. A. (1982). Depressed and nondepressed content self–reference in mild depression. *Journal of Personality, 50*, 67–79.

Kunda, Z. (2000). *Social cognition: Making sense of people*. Cambridge, MA: MIT Press.

Kurland, J. A., & Gaulin, S. J. C. (2005). Cooperation and conflict among kin. In D. Buss (Ed.), *The handbook of evolutionary psychology* (pp. 447–482). Hoboken, NJ: John Wiley & Sons.

Kwan, V. S. Y., Bond, M. H., & Singelis, T. M., (1997). Pancultural explanation for life satisfaction: Adding relationship harmony to self–esteem. *Journal of Personality and Social Psychology, 73*, 1038–1051.

Langer, E. J. (1975). The illusion of control. *Journal of Personality and Social Psychology, 32*, 311–328.

Laurent, A. (1993). *Historie de l'individualisme*. Paris: Presses Universitaires de France. (김용민 역. 《개인주의의 역사》. 서울: 한길사. 2001.)

Lazarus, R. S. (1991). *Emotion and adaptation*. New York: Oxford University Press.

Lazarus, R. S., & Lazarus, B. N. (1994). *Passion and reason: Making sense of our emotions*. New York: Oxford University Press. (정영목 역. 《감정과 이성》. 서울: 문예출판사, 1997.)

Leary, M. R. (2007). Motivational and emotional aspects of the self. *Annual Review of Psychology, 58*, 317–344.

Leary, M. R., & Baumeister, R. F. (2000). The nature and function of self-esteem: Sociometer theory. In M. Zanna (Ed.), *Advances in experimental social psychology* (Vol. 32, pp. 1-62). San Diego, CA: Academic Press.

Lee, H. O., & Boster, F. J. (1992). Collectivism-individualism in perceptions of speech rate: A cross-cultural comparison. *Journal of Cross-Cultural Psychology, 23,* 377-388.

Leonard, W. R., & Robertson, M. L. (1992). Nutritional requirements and human evolution: A bioenergetics model. *American Journal of Human Biology, 4,* 179-195.

Levy, R. I. (1984). The emotions in comparative perspective. In K. R. Scherer & P. Ekman (Eds.), *Approaches to emotion* (pp. 397-412). Hillsdale, NJ: Erlbaum.

Lewinsohn, P. M., Mischel, W., Chaplin, W., & Barton, R. (1980). Social competence and depression: The role of illusory self-perceptions. *Journal of Abnormal Psychology, 89,* 203-212.

Lewis, M. (1993). Self-conscious emotions: Embarrassment, pride, shame, and guilt. In M. Lewis & J. M. Haviland (Eds.), *Handbook of emotions* (pp. 563-573). New York: Guilford.

Li. J., Wang, L., & Fischer, K. W. (2004). The organization of Chinese shame concepts. *Cognition and Emotion, 18,* 767-797.

Lieberman, M. D. (2013). *Social.* Brockman, Inc. (최호영 역. 《사회적 뇌: 인류 성공의 비밀》. 서울: 시공사, 2015.)

Liu, I. M. (1986). Chinese cognition. In M. H. Bond (Ed.), *The psychology of Chinese people* (pp. 73-105). Hong Kong: Oxford University Press.

Locke, E. A. (1968). Toward a theory of task motivation and incentives. *Organizational Behavior and Human Performance, 3,* 157-189.

Locke, E. A. (1991). Goal theory versus control theory: Contrasting approach to understanding work motivation. *Motivation and Emotion, 15,* 9-28.

Locke, E. A., & Latham, G. P. (1990). *A theory of goal setting and task performance*. Upper Sadle River, NJ: Prentice-Hall.

Locke, E. A., Shaw, K. N., Saari, L. M., & Latham, G. P. (1981). Goal setting and task performance: 1969-1980. *Psychological Bulletin, 90*, 125-152.

Lu, L., & Shih, J. B. (1997). Sources of happiness: A qualitative approach. *Journal of Social Psychology, 137,* 181-187.

Lukes, S. (1973). *Individualism*. New York: Harper & Row.

Lutz, C. (1988). *Unnatural emotions: Everyday sentiments on a Micronesian atoll and their challenge to Western theory*. *Chicago*, IL: University of Chicago Press.

Lyubomirsky, S., & Ross, L. (1997). Hedonic consequences of social comparison: Happy and unhappy people. *Journal of Personality and Social Psychology, 73*, 1151-1157.

MacFarland, C., & Ross, L. (1982). The impact of causal attributions on affective reactions to success and failure. *Journal of Personality and Social Psychology, 43,* 937-946.

Maehr, M. (1974). Culture and achievement motivation. *American Psychologist, 29,* 887-896.

Maehr, M., & Nicholls, J. (1980). Culture and achievement motivation: A second look. In N. Warren (Ed.), *Studies in cross-cultural psychology* (Vol. 2, pp. 221-267). New York: Academic Press.

Marks, G. (1984). Thinking one's abilities are unique and one's opinions are common. *Personality and Social Psychology Bulletin, 10*, 203-208.

Markus, H. R., & Kitayama, S. (1991a). Culture and the self: Implications for cognition, emotion, and motivation. *Psychological Review, 98*, 224-253.

Markus, H. R., & Kitayama, S. (1991b). Cultural variation in the self-concept. In J. Strauss & G. R. Goethals (Eds.), *The self: Interdisciplinary approaches* (pp. 18-48). New York: Springer.

Markus, H. R., & Kitayama, S. (1994a). A collective fear of the collective: Implications for selves and theories of selves. *Personality and Social Psychology Bulletin, 20,* 568-579.

Markus, H. R., & Kitayama, S. (1994b). The cultural construction of self and emotion: Implications for social behavior. In S. Kitayama & H. R. Markus (Eds.), *Emotion and culture: Empirical investigations of mutual influence* (pp. 89–130). Washington, DC: American Psychological Association.

Markus, H. R., Mullally, P. R., & Kitayama, S. (1997). Self–ways: Diversity in modes of cultural participation. In U. Neisser & D. Jopling (Eds.), *The conceptual self in context* (pp. 13–61). New York: Cambridge University Press.

Markus, H. R., & Nurius, P. (1986). Possible selves. *American Psychologist, 41*, 954–969.

Markus, H. R., & Wurf, E. (1987). The dynamic self–concept: A social psychological perspective. *Annual Review of Psychology, 38*, 299–377.

Marriott, M. (1976). Hindu transactions: Diversity without dualism. In B. Kapferer (Ed.), *Transaction and meaning: Directions in the anthropology of exchange and symbolic behavio*r (pp. 109–143). Philadelphia, PA: Institute for the Study of Human Issues.

Marsella, A. J., & Choi, S. C. (1994). Psychological aspects of modernization and economic development in East Asian Nations. *Psychologia, 36,* 201–213.

Maslow, A. H. (1954). *Motivation and personality*. New York: Happer & Row. (2nd ed. in 1970.)

Maslow, A. H. (1968). *Towards a psychology of being* (2nd ed.). New York: Van Nostrand.

Matsumoto, D. (1989). Cultural influence on the perception of emotion. *Journal of Cross-Cultural Psychology, 20,* 92–105.

Matsumoto, D. (2000). *Culture and psychology: People around the world* (2nd ed.). Belmont, CA: Wadsworth.

Matsumoto, D., & Ekman, P. (1989). American–Japanese cultural differences in the recognition of universal facial expression of emotion. *Motivation and Emotion, 13*, 143–157.

Matsumoto, D., Kudoh, T., Scherer, K., & Wallbott, H. (1988). Antecedents of and reactions to emotions in the United States and Japan. *Journal of Cross-Cultural Psychology, 19,* 267–286.

Maynard Smith, J., & Harper, D. (2003). *Animal signals.* Oxford: Oxford University Press.

McArthur, L. Z., & Baron, R. M. (1983). Toward an ecological theory of social perception. *Psychological Review, 90,* 215–247.

McCullough, M. E., & Tabak, B. A. (2010). Prosocial behavior. In R. F. Baumeister & E. J. Finkel (Eds.), *Advanced social psychology: The state of the science* (pp. 263–302). New York: Oxfoed University Press.

Miller, J. G. (1984). Culture and the development of everyday social explanation. *Journal of Personality and Social Psychology, 46,* 961–978.

Miller, J. G. (1986). Early cross–cultural commonalities in social explanation. *Developmental Psychology, 22,* 514–520.

Miller, J. G. (1991). A cultural perspective on the morality of beneficence and interpersonal responsibility. *International and Intercultural Communication Annual, 15,* 11–23.

Miller, J. G. (1997). Cultural conceptions of duty. In D. Munro, J. F. Schumaker, & S. C. Carr (Eds.), *Motivation and culture* (pp. 178–192). New York: Routledge.

Miller, J. G., & Bersoff, D. M. (1992). Cultural and moral judgement: How are conflicts between justice and interpersonal responsibilities resolved? *Journal of Personality and Social Psychology, 62,* 541–554.

Miller, J. G., Bersoff, D. M., & Harwood, R. L. (1990). Perceptions of social responsibilities in India and the United States: Moral imperatives or personal decision? *Journal of Personality and Social Psychology, 58,* 33–47.

Miller, J. G., & Luthar, S. (1989). Issues of interpersonal responsibility and accountability: A comparison of Indians' and Americans' moral judgement. *Social Cognition, 3*, 237–261.

Mischel, W. (1981). Metacognition and the rules of delay. In J. H. Flavell & L. Ross (Eds.), *Social cognitive development: Frontiers and possible futures* (pp. 240–271). New York: Cambridge University Press.

Miyake, K., Campos, J., Kagan, J., & Bradshaw, D. L. (1986). Issues in socioemotional development. In H. Stevenson, H. Azuma, & K. Hakuta (Eds.), *Child development and education in Japan* (pp. 239–261). New York: Freeman.

Morling, B. (1997). *Cotrolling the environments and controlling the self in the United States and Japan*. Paper presented at the Second Conference of the Asian Association of Social Psychology, Kyoto.

Morling, B., Kitayama, S., & Miyamoto, Y. (2002). Cultural practices emphasize influence in the U.S. and adjustment in Japan. *Personality and Social Psychology Bulletin*, 28, 311–323.

Morris, M. W., & Peng, K. (1994). Culture and cause: American and Chinese attributions for social and physical events. *Journal of Personality and Social Psychology, 67*, 949–971,

Mullen, B., & Riordan, C. A. (1988). Self–serving attributions in naturalistic setting: A mata–analytic review. *Journal of Appled Social Psychology, 18*, 3–22.

Myers, D. G. (1987). *Social psychology* (2nd ed.). New York : McGraw–Hill.

Myers, D. G. (2010). *Social psychology* (10th ed.). New York : McGraw–Hill.

Niedental, P. M., & Beike, D. R. (1997). Interrelated and isolated self–concept. *Personality and Social Psychology Review, 1*, 106–128.

Nisbett, R. E. (2003). *The geography of thought: How Asians and Westerners think differently...and why*. New York: Free Press.

Nisbett, R. E., Peng, K., Choi, I., & Norenzayan, A. (2001). Culture and systems of thought: Holistic vs. analytic cognition. *Psychological Review, 108*, 291–310.

Nisbett, R. E., & Ross, L. (1980). *Human inference: Strategies and shortcomings of social judgment*. Englewood Cliffs, NJ: Prentice-Hall.

Nowak, M A., (2006). Five rules for the evolution of cooperation. *Science, 314,* 1560-1563.

Nowak, M. A. & Sigmund, K. (1998). Evolution of indirect reciprocity by image scoring. *Nature, 393,* 573-577.

Oatley, K. Keltner, D., & Jenkins, J. M. (2006). *Understanding emotions* (2nd ed.). Cambridge, MA: Blackwell.

Paulhus, D, L. (1991). Measurement and control of reponse bias. In J. P. Robinson, P. R. Shaver, & L. S. Wrightsmsn (Eds.), *Measures of personality and social psychological attitudes* (pp. 17-59). San Diego, CA: Academic Press.

Paulhus, D. L. (2001). Normal narcissism: Two minimalist accounts. *Psychological Inquiry, 12,* 228-230.

Paulhus, D. L., & Levitt, K. (1987). Desiarable responding triggered by affect: Automatic egotism? *Journal of Personality and Social Psychology, 52*, 245-259.

Pelham, B. W. (1993). On the highly positive thoughts of the highly depressed. In R. B. Baumeister (Ed.), *Self-esteem: The puzzle of low self-regard* (pp. 183-199). New York: Plenum.

Petri, H. L. (1996). *Motivation: Theory, research, and applications* (4th ed.). Pacific Grove, CA: Brooks/Cole.

Pittman, T. S. (1998). Motivation. In D. T. Gilbert, S. T. Fiske, & G. Lindzey (Eds.), *The handbook of social psychology* (4th ed., Vol. 1, pp. 549-590). Boston, MA: McGraw-Hill.

Pyszczynski, T., & Greenberg, J. (1987). Self-regulatory preservation and the depressive self-focusing style: A self-awareness theory of reactive depression. *Psychological Bulletin, 102*, 122-138.

Pyszczynski, T., Holt, K., & Greenberg, J. (1987). Depression, self-focused attention, and expectancies for positive and negative future life events for self and others. *Journal of Personality and Social Psychology, 52,* 994-1001.

Quattrone, G. A. (1986). On the perception of group variability. In S. Worchel & W. G. Austin (Eds.), *The psychology of intergroup relations* (Vol. 2, pp. 25–48). Chicago, IL: Nelson–Hall.

Ratzlaff, C., Matsumoto, D., Kouznetsova, N., Raroque, J., & Ray, R. (2000). Individual psychological culture and subjective well–being. In E. Diener & E. M. Suh, *Culture and subjective well-being* (pp. 37–59.). Cambridge, MA: The MIT Press.

Reeve, J. (2005). *Understanding motivation and emotion* (4th ed.). Hoboken, NJ: Wiley.

Rhodewalt, F., Madrin, J. C., & Cheney, S. (1998). Narcissism, self–knowledge organization, and emotional reactivity: The effect of daily experiences on self–esteem and affect. *Personality and Social Psychology Bulletin, 24,* 75–87.

Rohner, R. (1984). Toward a conception of culture for cross–cultural psychology. *Journal of Cross-Cultual Psychology, 15,* 111–138.

Rose, P. (2002). The happy and unhappy faces of narcissism. *Personality and Individual Differences, 33,* 379–391.

Rosenberg, M. (1965). *Society and the adolescent self-esteem.* Princeton, NJ: Princeton University Press.

Ross, L. (1977). The intuitive psychologist and his shortcomings: Distortions in the attribution process. In L. Berkowitz (Ed.), *Advances in experimental social psychology* (Vol. 10, pp. 174–221). New York: Academic Press.

Roth, D. L., & Ingram, R. E. (1985). Factors in the Self–Deception Questionare: Associations with depression. *Journal of Personality and Social Psychology, 48,* 243–251.

Rothbaum, F., Weisz, J. R., & Snyder, S. S. (1982). Changing the world and changing the self: A two–process model of perceived control. *Journal of Personality and Social Psychology, 42,* 5–37.

Rotter, J. B. (1966). Generalized expectancies for internal versus external control of reinforcement. *Psychological Monographs, 80* (1, Whole No. 609).

Rotter, J. B. (1975). Some problems and misconceptions related to the construct of internal versus external control of reinforcement. *Journal of Consulting and Clinical Psychology, 43,* 36–67.

Ruehlman, L. S., West, S. G., & Pasahow, R. J. (1985). Depression and evaluative schemata. *Journal of Personality, 53,* 46–92.

Russell, B. (1959). *Wisdom of the West: A historical survey of Western philosophy in its social and political setting*. London: Crescent Books. (이명수 · 곽강제 역. 《서양의 지혜: 그림과 함께 보는 서양 철학사》. 서울: 서광사. 2003.)

Ryff, C., Lee, Y., & Na, K. (1995). *Through the lens of culture: Psychological well-being at midlife.* Unpublished manuscript, University of Michigan.

Sackeim, H. A. (1983). Self–deception, self–esteem, and depression: The adaptive value of lying to oneself. In J. Masling (Ed.), *Empirical studies of psychoanalytical theories* (Vol. 1, pp. 101–157). Hillsdale, NJ: Analytic Press.

Sackeim, H. A., & Gur, R. C. (1979). Self–deception, other–deception, and self–reported psychopathology. *Journal of Consulting and Clinical Psychology, 47,* 231–215.

Sanchez–Burks, J., Lee, F., Choi, I., Nisbett, R. E., et al. (2003). Conversing across cultures: East–West communication styles in work and non–work contexts. *Journal of Personality and Social Psychology, 85,* 363–372.

Sastry, J., & Ross, C. E. (1998). Asian ethnicity and the sense of personal control. *Social Psychology Quarterly, 61,* 101–120.

Sawaguchi, T. (1988). Correlations of cerebral indices for 'extra' cortical parts and ecological variables in primates. *Brain, Behavior, and Evolution,* 32, 129–140.

Schank, R. C., & Abelson, R. P. (1977). *Scripts, plans, goals, and understanding: An inquiry into human knowledge structure*. Hillsdale, NJ: Erlbaum.

Scheier, M. F., & Carver, C. S. (1988). A model of behavioral self–

regulation: Translating intention into action. In L. Berkowitz (Ed.), *Advances in experimental social psychology* (Vol. 21, pp. 303–346). New York: Academic Press.

Schmutte, P. S., Lee, L. Y., & Ryff, C. D. (1995). *Reflections on parenthood: A cultural perspective*. Madison, WI: University of Wisconsin Press.

Schoenemann, P. T. (2006). Evolution of the size and functional areas of the human brain. *Annual Review of Anthropology, 35*, 379–406.

Scholte, J. A. (2000). *Globalization: A critical introduction*. New York: St. Martin's Press

Schumaker, J. F. (1997). Religious motivation across cultures. In D. Munro, J. F. Schumaker, & S. C. Carr (Eds.), *Motivation and culture* (pp. 193–208). New York: Routledge.

Schwartz, J. M., & Smith, W. P. (1976). Social comparison and the inference of ability difference. *Journal of Personality and Social Psychology, 34*, 1268–1275.

Schwartz, S. H. (1994). Beyond individualism–collectivism: New cultural dimensions of values. In U. Kim, H. C. Triandis, C. Kagitcibasi, S. C. Choi, & G. Yoon (Eds.), *Individualism and collectivism: Theory, method, and applications* (pp. 85–119). Thousand Oaks, CA: Sage.

Schwartz, S. H. (1997). Values and culture. In D. Munro, J. F. Schumaker, & S. C. Carr (Eds.), *Motivation and culture* (pp. 69–84). New York: Routledge.

Schwartz, S. H. (2004). Mapping and interpreting cultural difference around the world. In H. Vinken, J. Soeters, & P. Ester (Eds.), *Comparing cultures: Dimensions of culture in a comparative perspective* (pp. 43–73). Leiden, NL: Brill.

Sedikides, C. (1993). Assesment, enhancement, and verification determinants of the self–evaluation process. *Journal of Personality and Social Psychology, 65*, 317–338.

Sedikides, C., Gaertner, L., & Toguchi, Y. (2003). Pancultural self–enhancement. *Journal of Personality and Social Psychology, 84*, 60–79.

Sedikides, C., Gaertner, L., & Vevea, J. L. (2005). Pancultural self–enhancement reloaded: A meta–analytic reply. *Journal of Personality and Social Psychology, 89,* 539–551.

Sedikides, C., & Gregg, A. P. (2001). Narcissists and feedback: Motivational surfeits and motivational deficits. *Psychological Inquiry, 12,* 237–239.

Sedikides, C., & Gregg, A. P. (2008). Self–enhancement: Food for thought. *Perspectives on Psychological science, 3,* 102–116.

Sedikides, C., Rudich, E. A., Gregg, A. P., Kumashiro, M., & Rusbult, C. (2004). Are normal narcissists psychologically healthy?: Self–esteem matters. *Journal of Personality and Social Psychology, 87,* 400–416.

Sedikides, C., & Skowronski, J. J. (2000). On the evolutionary functions of the symbolic self: The emergence of self–evaluation motives. In A. Tesser, R. Felson, & J. Suls (Eds.), *Psychological perspectives on self and identity* (pp. 91–117). Washington, DC: American Psychological Association.

Sedikides, C., & Skowronski, J. J. (2002). Evolution of the self: Issues and prospects. In M. R. Reary & J. P. Tangney (Eds.), *Handbook of self and identity* (pp. 594–609). New York: Guilford.

Segall, M. H., Dasen, P. R., Berry, J. W., & Poortinga, Y. H. (1999). *Human behavior in global perspective: An introduction to cross-cultural psychology* (2nd ed.). Boston, MA: Allyn & Bacon.

Seligman, M. E. P. (1975). *Helplessness: On depression, development, and death.* San Francisco, CA: Freeman. (윤진 · 조긍호 역. 《무기력의 심리》. 서울: 탐구당. 1983.)

Seligman, M. E. P. (2000, October). *Positive psychology: A progress report.* Paper presented at the Positive Psychology Summit 2000. Washington, DC.

Seligman, M. E. P. (2002). *Authentic happiness.* New York: Free Press.

Seligman, M. E. P., & Csikszenmihalyi, M. (2000). Positive psychology: An introduction. *American Psychologist, 55,* 5–14.

Shikanai, K. (1978). Effects of self–esteem on attribution of success–failure. *Japanese Journal of Experimental Social Psychology, 18,* 47–55.

Shweder, R. A. (1993). The cultural psychology of the emotions. In M. Lewis & J. M. Haviland (Eds.), *Handbook of emotions* (pp. 417–431). New York: Guilford.

Singelis, T. M. (1994). The measurement of independent and interdependent self–construals. *Personality and Social Psychology Bulletin, 20,* 580–591.

Sinha, D., & Tripathi, R. C. (1994). Individualism in a collectivist culture: A case of coexistence of opposites. In U. Kim, H. C. Triandis, C. Kagitcibasi, S. C. Choi, & G. Yoon (Eds.), *Individualism and collectivism: Theory, method, and applications* (pp. 123–136). Thousand Oaks, CA: Sage.

Sinha, J. P., & Verma, J. (1994). Social support as a moderator of the relationship between allocentrism and psychological well–being. In U. Kim, H. C. Triandis, C. Kagitcibasi, S. C. Choi, & G. Yoon (1994). *Individualism and collectivism: Theory, method, and applications* (pp. 267–275). Thousand Oaks, CA: Sage.

Smith, E. R., & Henry, S. (1996). An in–group becomes part of the self: Response time evidence. *Personality and Social Psychology Bulletin, 22,* 635–642.

Smith, P. B., Bond, M. H., & Kagitcibasi, C. (2006). *Understanding social psychology: Living and working in a changing world.* London: Sage.

Smith, T. W., Ingram, R. E., & Roth, D. L. (1985). Self–focused attention and depression: Self–evaluation, affect, and life stress. *Motivation and Emotion, 9,* 381–389.

Snyder, C. R., & Fromkin, H. L. (1980). *Uniqueness: The human pursuit of difference.* New York: Plenum.

Snyder, C. R. & Smith, T. W. (1982). Symptoms as self–handicapping strategies: The virtues of old wine in a mew bottle. In C. Weary & H. Mirels (Eds.), *Integrations of clinical and social psychology* (pp. 104–127). New York: Oxford University Press.

Snyder, M. (1974). The self-monitoring of expressive behavior. *Journal of Personality and Social Psychology, 30*, 526–537.

Snyder, M. (1987). *Public appearances, private realities: The psychology of self-monitoring.* New York: Freeman.

Snyder, M., Stephan, W. G., & Rosenfield, D. (1976). Egotism and attribution. *Journal of Personality and Social Psychology, 33*, 435–441.

Solomon, S., Greenberg, J., & Pyszczynski, T. (1991). A terror management theory of social behavior: The psychological functions of self-esteem and cultural worldviews. In M. P. Zanna (Ed.), *Advances in experimental social psychology* (Vol. 24, pp. 91–159). New York: Academic Press.

Srull, T. K., & Gaelick, L. (1983). General principles and individual differences in the self as a habitual reference point: An examination of self–other judgments of similarity. *Social Cognition, 2,* 108–121.

Steele, C. M. (1988). The psychology of self–affirmation: Sustaining the integrity of the self. In L. Berkowitz (Ed,), *Advances in experimental social psychology* (Vol. 21, pp. 261–302). New York: Academic Press.

Sternberg, R. J. (1984). Toward a triarchic theory of human intelligence. *Behavior and Brain Sciences, 7,* 269–315.

Stigler, J. W., Smith, S., & Mao, L. (1985). The self–perception of competence by Chinese children. *Child Development, 56*, 1259–1270.

Suh, E. M. (2000). Self, the hyphen between culture and subjective well–being. In E. Diener & E. M. Suh, *Culture and subjective well-being* (pp. 63–86). Cambridge, MA: The MIT Press.

Suh, E., & Diener, E. (1995). Subjective well–being: Issue for cross–cultural research. 한국심리학회 편, 《삶의 질의 심리학》 (pp. 147–165). 서울: 한국심리학회.

Suh, E. M., Diener, E., Oishi, S., & Triandis, H. C. (1998). The shifting basis of life satisfaction judgments across cultures: Emotions vs. norms. *Journal of Personality and Social Psychology, 74*, 482–493.

Swann, W. B., Jr., & Bosson, J. K. (2010). Self and identity. In S. T. fiske, D. T. Gilbert, & G. Lindzey (Eds.), *Handbook of social psychology* (5th ed., Vol. 1, pp. 589–628). Hoboken, NJ: John Wiley & Sons.

Tajfel, H. (1981). *Human groups and categories: Studies in social psychology*. Cambridge, England: Cambridge University Press.

Takata, T. (1987). Self–depreciative tendencies in self–evaluation through social comparison. *Japanese Journal of Experimental Social Psychology, 27*, 27–36.

Tarlow, E. M., & Haaga, D. A. F. (1996). Negative self–concept: Specificity to depressive symptoms and relation to positive and negative affectivity. *Journal of Research in Personality, 30*, 120–127.

Taylor, S. E. (1983). Adjustment to threatening events: A theory of cognitive adaptation. *American Psychologist, 38,* 1161–1173.

Taylor, S. E., & Brown, J. D. (1988). Illusion and well–being: A social psychological perspective on mental health. *Psychological Bulletin, 103*, 193–210.

Taylor, S. E., & Brown, J. D. (1994a). Positive illusion and well–being revisited: Separating fact from fiction. *Psychological Bulletin, 116,* 21–27.

Taylor, S. E., & Brown, J. D. (1994b). "Illusion" of mental health does not explain positive illusions. *American Psychologist, 49,* 972–973.

Taylor, S. E., & Fiske, S. T. (1975). Point of view and perceptions of causality. *Journal of Personality and Social Psychology, 32*, 439–445.

Taylor, S. E., & Fiske, S. T. (1978). Salience, attention, and attribution: Top of the head phenomena. In L. Berkowitz (Ed.), *Advances in experimental social psychology* (Vol. 11, pp. 249–288). New York: Academic Press.

Taylor, S. E., Peplau, L. A., & Sears, D. O. (2003). *Social psychology* (11th ed.). Upper Saddle River, NJ: Prentice–Hall.

Taylor, S. E., Peplau, L. A., & Sears, D. O. (2006). *Social psychology* (12th ed.). Upper Saddle River, NJ: Prentice-Hall.

Tennen, H., & Herzberger, S. (1987). Depression, self-esteem, and the absence of self-protective attributional biases. *Journal of Personality and Social Psychology, 52,* 72-80.

Tesser, A. (1988). Toward a self-evaluation maintenance model of social behavior. In L. Berkowitz (Ed.), *Advances in experimental social psychology* (Vol. 21, pp. 181-227). San Diego, CA: Academic Press.

Tiger, L. (1979). *Optimism: The biology of hope.* New York: Simon & Schuster.

Tomasello, M. (2009). *Why we cooperate?* Cambridge, MA: The MIT Press. (허준석 역, 《이기적 원숭이와 이타적 인간: 인간은 왜 협력하는가?》. 서울: 이음. 2011.)

Tönnies, F. (1887/1957). *Community and society* (C. P. Loomis, Trans.). East Lansing, MI: Michigan State University Press.

Triandis, H. C. (1988). Collectivism versus individualism: A reconceptualization of a basic concept of cross-cultural psychology. In G. K. Verma & C. Bagley (Eds.), *Cross-cultural studies of personality, attitudes and cognition* (pp. 60-95). London: Macmillan.

Triandis, H. C. (1989). The self and social behavior in differing cultural contexts. *Psychological Review, 96,* 506-520.

Triandis, H. C. (1990). Cross-cultural studies of individualism and collectivism. In J. J. Berman (Ed.), *Cross-cultural perspectives: Nebraska Symposium on Motivation, 1989* (pp. 41-133). Lincoln, NB: University of Nebraska Press.

Triandis, H. C. (1994). Major cultural syndromes and emotion. In S. Kitayama & H. R. Markus (Eds.), *Culture and emotion: Empirical studies of mutual influence* (pp. 285-306). Washington, DC: American Psychological Association.

Triandis, H. C. (1995). *Individualism and collectivism.* Boulder, CO: Westview.

Triandis, H. C. (2000). Cultural syndromes and subjective well-being. In E.

Diener & E. M. Suh (Eds.), *Culture and subjective well-being* (pp. 13–36). Cambridge, MA: The MIT Press.

Triandis, H. C., Bontempo, R., Villareal, M. J., Asai, M., & Lucca, N. (1988). Individualism and collectivism: Cross–cultural perspectives on self–ingroup relationships. *Journal of Personality and Social Psychology, 54*, 323–338.

Triandis, H. C., McCusker, C., & Hui, C. H. (1990). Multimethod probes of individualism and collectivism. *Journal of Personality and Social Psychology, 59,* 1006–1020.

Trivers, R. (1971). The evolution of reciprocal altruism. *Quarterly Review of Biology, 46,* 35–57.

Tu, Wei–Ming (1985). Selfhood and otherness in Confucian thought. In A. J. Marsella, G. A. DeVos, & F. L. K. Hsu (Eds.), *Culture and self: Asian and Western perspective* (pp. 231–251). New York: Tavistock.

Tu, Wei–Ming (1996). *Confucian tradition in East Asian modernity*. Cambridge, MA: Harvard University Press.

Tversky, A. (1977). Features of similarity. *Psychological Review, 84*, 327–352.

Vaillant–Molina, M., & Bahrick, L. E. (2012). The role intersensory redundancy in the emergence of social referencing in 5½–month–old infants. *Developmental Psychology, 48*, 1–9.

Varki, A., & Nelson, D. L. (2007). Genomic comparisons of humans and chimpanzees. *Annual Review of Anthropology, 36,* 191–209.

Veenhoven, R. (1994). *Correlates of happiness: 7837 findings from 603 studies in 69 countries 1911-1994* (3 vols.). Rotterdam: Erasmus University Press.

Verkuyten, M., & Masson, K. (1996). Culture and gender differences in the perceptin of friendship by adolescents. *International Journal of Psychology, 31*, 207–217.

Walden, T. A., Kim, G., McCoy, C., & Karrass, J. (2007). Do you believe in magic? Infants' social looking during violations of expectations.

Developmental Science, 10, 654–663.

Walden, T. A., & Ogan, T, A, (1988). The development of social referencing. *Child Development, 59,* 1230–1240.

Warneken, F., Hare, B., Melis, A. P., Hanus, D., & Tomasello, M. (2007). Spontaneous altruism by chimpanzees and children. *PLoS Biology, 5,* 1414–1420.

Warneken, F., & Tomasello, M. (2006). Altruistic helping in human infants and young chimpanzees. *Science, 311,* 1301–1303.

Warneken, F., & Tomasello, M. (2007). Helping and cooperation at 14 months of age. *Infancy, 11,* 271–294.

Warneken, F., & Tomasello, M. (2009a). Varieties of altruism in children and chimpanzees. *Trends in Cognitive Science, 13,* 397–402.

Warneken, F., & Tomasello, M. (2009b). The roots of human altruism. *British Journal of Psychology, 100,* 455–471.

Watson, D. C., & Clark, L. A. (1988). Negative affectivity: The disposition to experience aversive emotional states. *Psychological Bulletin, 96,* 465–490.

Watson, D. C, & Tellegan, A. (1985). Toward a consensual structure of mood. *Psychological Bulletin, 98,* 219–235.

Watson, P. J., Sherbak, J., & Morris, R. J. (1998). Irrational beliefs, individualism–collectivism, and adjustment. *Personality and Individual Differences, 24,* 173–179.

Weinberger, D. A., Schwartz, G. E., & Davidson, R. J. (1979). Low–anxious, high–anxious, and repressive coping styles: Psychometric patterns and behavioral and physiological reponses to stress. *Journal of Abnormal Psychology, 88,* 369–380.

Weiner, B. (1979). A theory of motivation for some classroom experiences. *Journal of Educational Psychology, 21,* 3–25.

Weiner, B. (1986). *An attributional theory of emotion and motivation.* New York: Springer.

Weinstein, N. D. (1980). Unrealistic optimism about future life events. *Journal of Personality and Social Psychology, 39,* 806–820.

Weisz, J. R., Rothbaum, F. M., & Blackburn, T. C. (1984). Standing out and standing in: The psychology of control in America and Japan. *American Psychologist, 39,* 955–969.

Weldon, E. (1984). Deindividuation, interpersonal affect and productivity in laboratory task groups. *Journal of Applied Social Psychology, 14,* 469–485.

Wheeler, L., Reis, H., & Bond, M. H. (1989). Collectivism–individualism in everyday social life: The Middle Kingdom and the melting pot. *Journal of Applied Social Psychology, 57,* 79–86.

White, G. M. (1993). Emotions inside out: The anthropology of affect. In M. Lewis & J. M. Haviland (Eds.), *Handbook of emotions* (pp. 29–39). New York: Guilford.

White, R. W. (1959). Motivation reconsidered: The concept of competence. *Psychological Review, 66,* 297–333.

Wiggins, J. S. (1992). Agency and communion as conceptual coordinates for the understanding and measurement of interpersonal behavior. In W. M. Grove & D. Cicchetti (Eds.), *Thinking clearly about psychology* (pp. 89–113). Minneapolis, MN: University of Minnesota Press.

Williams, G. C. (1966). *Adaptation and natural selection.* Prinston, NJ: Prinston University Press.

Wilson, D. S., & Wilson, E. O. (2007). Rethinking the theoretical foundation of sociobiology. *Quarterly Review of Biology, 82,* 327–348.

Wilson, E. O. (1998). *Consilience: The unity of knowledge.* New York: Knopf. (최재천 역. 《통섭: 지식의 대통합》. 서울: 사이언스북스. 2005.)

Wilson, E. O. (2012). *The social conquest of earth.* Norton & Com. (이한음 역. 《지구의 정복자》. 서울: 사이언스북스. 2013.)

Wilson, S. R. (1997). Self–actualization and culture. In D. Munro, J. F. Schumaker, & S. C. Carr (Eds.), *Motivation and culture* (pp. 85–96). New York: Routledge.

Witkin, H. A. (1969). *Social influences in the development of cognitive style.* New York: Rand McNally.

Witkin, H. A., & Berry, J. W. (1975). Psychological differentiation in cross–

cultural perspective. *Journal of Cross-Cultural Psychology, 6*, 4–87.

Witkin, H. A., & Goodenough, D. R. (1977). Field dependence and interpersonal behavior. *Psychological Bulletin, 84*, 661–689.

Yamauchi, H. (1988). Effects of actor's and observer's roles on causal attributions by Japanese subjects for success and failure in competitive situations. *Psychological Reports, 63,* 619–626.

Yamauchi, H. (1990). Actor and observer attributions by Japanese subjects for success and failure in non-competitive situations. *Psychologia, 33,* 212–219.

Yang, K. S. (1986). Chinese personality and its change. In M. H Bond (Ed.), *The psychology of the Chinese people* (pp. 106–170). Hong Kong: Oxford University Press.

Zebrowitz, L. A. (1990). *Social perception.* Pacific Grove, CA: Brooks/Cole.

찾아보기

내 용

ㄱ

ㄴ

ㄷ

ㅇ

ㅊ

ㅍ

ㅎ

인 명

(국한문)

(구미 어문)

고전장·쪽

《論語》

學而(제1)